人物で読み解く日本史365人

佐藤優［監修］

新星出版社

監修者の言葉

近年はグローバリズムの一環で、異文化を学ぶベースとして世界史を学ぶ方が増えており、そのために2020年に発行された『人物で読み解く世界史365人』を手に取られた方も多いだろう。孫子の「彼を知り己を知れば百戦殆《あや》うからず」という言葉ではないが、外国人とコミュニケーションをとるために異文化を知るための知識を増やすことも大切だが、外国人に自分たちの文化を解説できるように知識を蓄えておくことも重要なのである。ほとんどのロシア人がプーシキンの詩を暗唱できるように、日本の知識を増やしてほしいことから、本書は『人物で読み解く日本史365人』となっている。

日本の歴史において重要な働きをした人々を取り上げているため、本書を読むことで**日本という国の成り立ちや現代に至るまでの歩みを学ぶことができる。**日本史の教科書に名前が載っている人物を中心に、古代から現代にかけて時代を九つに分け、政治、軍事、科学、芸術、宗教、経済などといったさまざまなジャンルから代表的な人物が選ばれている。かつて勉強していても、具体的にどんな功績があった人物なのかを忘れていることも多いため、１日一人のペースで読んでいけば、１年で365人の日本史の歴史人物について学ぶことができる本書は、学び直しにちょうどよい一冊とも言えるだろう。

中には「知る人ぞ知る」といった隠れた偉人も混ざっているため、非常に楽しめる内容となっている。

「高校で日本史を専攻していたから、今さら日本史を学び直す必要はない」

もしもそんなふうに考える人がいれば、私はNOと言いたい。

「歴史は常に勝者によって書かれる」

第二次世界大戦時にイギリス首相を務めた、ウィンストン・チャーチルのものとされるこの言葉が示すように、その国の正史は基本的に各時代の権力者がまとめたものである。そして、権力者は時代によって変化するため、彼らにとって都合が悪いことは隠され、好ましくない人間は貶《おとし》められることが世界各国の歴史で繰り返されてきた。

日本でも戦前と戦後で評価がガラリと変わり、忘れ去られてしまった歴史上の偉人は数限りなく存在し、現代人の価値観やモラルの変化、新しい史料の発見、そして遺物を分析する科学技術の進歩によって定説が覆されることは珍しくなくなっている。本書でも取り上げている、江戸幕府中興の祖として尊敬された８代将軍・徳川吉宗や、汚職政治家として批判された、10代将軍・徳川家治の側用人から老中に出世した田沼意次などがその好例といえるだろう。

ほかにも、**この十数年で評価が変わったり、新事実が発見されたりしている**ケースが多数含まれているため、学生時代に日本史を勉強した方にこそ、ぜひ本書を読んでいただきたい。

歴史――過去を知っても意味がないと考える方もいるが、それは違う。

歴史に名を残した人々の多くは、さまざまな困難に遭遇し、その時にできる最善の決断を下してきた。例えば、終戦後にGHQによって実施された東京裁判で戦犯として死刑判決を受けた東条英機を本書では取り上げているが、当時の世界情勢と日本が置かれた立場を説明することで、彼が戦争に突き進んだ理由を知ることができる。そしてそれは、「反面教師」として後世に生きる人々に対する教訓となっている。

歴史を学ぶことは過去の歴史から未来に進むヒントを見つけることでもある。これは世界史でも日本史でも変わらない真理だろう。

「現在」を生きる私たちは、本書で取り上げた365人をはじめとする多くの先祖たちが築き上げた歴史を継承している。そして、今度は「未来」に生まれる私たちの子孫に受け継いでもらう準備をするために、本書でこの国の歴史に関する知識や関心を増やしていただければ幸いである。

佐藤優

目次 CONTENTS

第3章 鎌倉時代に活躍した人々

第4章 南北朝時代と室町時代に活躍した人々

第5章 戦国時代と安土桃山時代に活躍した人々

第6章　江戸時代に活躍した人々

第7章 幕末に活躍・誕生した人々

第8章 明治時代に活躍・誕生した人々

第9章　大正時代から昭和時代に活躍・誕生した人々

第1章

弥生時代から
奈良時代に活躍した人々

001 政治

卑弥呼（ひみこ）

生没年不詳

中国の歴史書に残る日本初の女王

３世紀末に中国で編纂された正史『三国志』には、当時の倭人（日本人）の政治、外交、社会、文化、風俗などがまとめられた項目があり、その中で邪馬台国という国の女王として紹介されている人物。なお、日本人のことを紹介した項目とは、厳密には『三国志』の中の魏王朝の歴史をまとめた「魏書」の部分に収録されている、「烏《う》丸《がん》鮮《せん》卑《び》東《とう》夷《い》伝《でん》」倭人条のことで、一般的に「魏志」倭人伝と略されることが多い。

「魏志」倭人伝によると、当時の日本列島には100余りの国があったが、激しい争いが70〜80年にもわたり、国々は大いに乱れていた。そこで諸国は話し合いをした結果、それまで通例だった男王をいったん廃止して、邪馬台国に住む**卑弥呼**という巫女を王に立てることにした。すると、それまで盛んだった豪族間の争いが鎮まり、29の小国が**卑弥呼**に従うことになったという。

卑弥呼はまじないや占いで未来を予測するという「鬼道《きどう》」を使う巫女を輩出する一族の生まれで、幼い頃から予知能力に優れていた。自然災害、戦の勝敗、その年の作物の出来の予測以外に、治癒能力をも身につけていたとされる。

「魏志」倭人伝で紹介されている時点でかなりの高齢だったそうで、武装した兵士が守る宮殿に住み、1000人の女性たちを召し使いとして抱えていた。女王になってからは宮殿の奥深くに籠って人前に姿を現すことはほぼなく、**卑弥呼**との対面が許されていたのは彼女が独身を貫いたこともあり、実の弟だけであった。そして、弟が**卑弥呼**が受けた神託を持ち帰り、大人《だいじん》と呼ばれる当時の有力者たちがその神託を頼りに話し合って政治を動かしていた。

つまり、**邪馬台国は女性が祭祀を司り、男性が政治を司る共立的統治形態**である「ヒメヒコ制」を採用していたということになる。

239（景初３※）年、**卑弥呼**は魏に使節を出して、奴隷や布などの貢物を贈った。この行いに対して、魏の皇帝は**卑弥呼**を倭国の王と認め、「親魏倭王」の称号と金印、また銅鏡100枚と絹織物などの返礼の品を与えた。こうして、魏と友好関係を結んだことで、**卑弥呼**は敵対していた国よりも優位に立とうとしたとされる。

245（正始６）年頃、現在の熊本県北部にあったと推測されている狗奴国との間で争いが勃発する。これは狗奴国が邪馬台国に代わり、大陸との交易を企んでいたことから**卑弥呼**と狗奴国の男王卑《ひ》弥《み》弓《く》呼《こ》が敵対関係にあったからである。

そこで**卑弥呼**は、魏の皇帝に支援を要請するために使者を派遣した。それに応えて、魏の皇帝も使者を送り、狗奴国に邪馬台国との戦いをやめるように命じた。その結果、この争いは247（正始８）年頃に収束したと見られるが、**卑弥呼**は魏の支援軍が到着する前に亡くなってしまった。

卑弥呼が亡くなると、直径約100メートル以上の巨大な墓が造成され、100人以上の生口《せいこう》（奴隷）が殉死したという。その後、邪馬台国は男王を戴くことになるが、次第に豪族間の争いが激しくなっていき、再び女王が擁立されることになった。

そこで白羽の矢が立ったのは、**卑弥呼**と同じ一族出身の壱与《いよ》（台与《とよ》）という13歳の少女だった。壱与が女王になると、それまでの争いが再び鎮まったという。

新たな女王となった壱与は、**卑弥呼**に倣って魏に奴隷や真珠などを献上。さらに、265（泰始元）年に魏を滅ぼし、続いて280（太康元）年に呉を滅ぼして中国を統一した西晋（晋）にも使者も送り、献上品を贈ったとされている。

邪馬台国のその後は記録が発見されていないため不明だが、3世紀半ばに誕生したヤマト政権によって、4世紀初め頃に滅ぼされたと推測されている。

なお、「魏志」倭人伝に記されている邪馬台国までの道順では、陸地に到着しない。このため、邪馬台国の場所はいまだ不明で、江戸時代からさまざまな説が唱えられており、九州説と畿内説が二大学説となっている。

九州は古くから北部を中心に栄えてきた土地で、「魏志」倭人伝に登場する「伊都国」と「奴国」は、福岡県に存在していたことがほぼ確実視されているため、邪馬台国も九州のどこかに存在していたのではないか、というのが九州説。

卑弥呼が魏に贈られた銅鏡と推定されている「三角縁神獣鏡」は、畿内を発祥の地とする前方後円墳から出土することが多いうえ、発見当時国内最大規模の大型建造物の遺構をもち、邪馬台国の中心地と見られている纒向《まきむく》遺跡が奈良県桜井市の三輪山近くにあるから、というのが畿内説。

どちらも、もっともらしい仮説をもつが、不明な点も多いため、この論争にはいまだ決着がついていない。

※卑弥呼の時代に日本ではまだ元号は使われていないため、本項の西暦の後ろに記載されている元号はすべて当時の中国の王朝のものである。

もっと深く知りたい人のための推薦図書

- **『魏志倭人伝の謎を解く 三国志から見る邪馬台国』**渡邉義浩／中央公論新社
- **『邪馬台国論争』**佐伯有清／岩波書店
- **『アマテラスの誕生 ― 古代王権の源流を探る』**溝口睦子／岩波書店

002 政治 軍事

神武天皇（じんむてんのう）

生没年不詳

九州から現在の奈良県まで東征をしてきた初代天皇

８世紀前半に編纂された**『古事記』や『日本書紀』に初代天皇として紹介されている**人物。なお、「神武」は８世紀後半に淡海三船《おうみのみふね》が選定した漢風諡号《かんぷうしごう》で、諱《いみな》（本名）は『古事記』では**神倭伊波礼毘古命**《かむやまといはれびこのみこと》、『日本書紀』では**神日本磐余彦天皇**《かみやまといはれびこのすめらみこと》などと記されている。

神々の世界である高天原を統べる女神・天照大御神の孫（天孫）・ニニギノミコトの子孫にあたり、官撰正史である『日本書紀』の記述によると、庚午年1月1日（庚辰の日）に日向国（現在の宮崎県）の高千穂で誕生したとされている。これは西暦に換算すると紀元前711年にあたる。

東方に美しい国（現在の奈良県にあたる大和国）があることを知った**神武天皇**は、45歳の時に各地の荒ぶる神々や豪族たちを服従させながら東方に向かう「東征」を行うことを決める。高千穂からまず九州北部を目指し、本州に入ると瀬戸内海沿岸を通って大和国を目指していた**神武天皇**一行は、胆駒山（現在の大阪府と奈良県の境にある生駒山）で地元の豪族・長髄彦《ながすねひこ》の激しい抵抗にあってしまう。そこで、紀伊半島を南下して熊野から大和国を目指そうとするが、今度は熊野の土地神に呪われて苦境に陥る。子孫の窮地を救うために天照大御神が遣わした八咫烏《やたがらす》に導かれ、大和国に入った**神武天皇**は橿原宮で即位することで初代天皇となったのである。

なお、明治時代に制定された「皇紀」は正式には「神武天皇即位紀元」といい、**神武天皇**の即位年を元年としたものである。『日本書紀』の記述から算定すると、皇紀元年＝紀元前660年となり、これは歴史的には縄文時代晩期から弥生時代初期のあたりに相当する。**神武天皇**の享年が『古事記』では137、『日本書紀』では127と現実的ではないため、**神武天皇**は架空の存在とする説もある。一方、神秘性を演出するため、人間離れした要素を脚色しているだけで、実在の人物とする説も根強い。

ただし、中国史書にある「春の耕作期と秋の収穫期をもって、年紀とした」との記述から、**神武天皇**をはじめとする享年100を超える数代の天皇については、春秋暦（春秋二倍暦、もしくは四倍暦）が用いられていたとする主張もある。

今でいう１年を春秋の２年と数えるこの方式をあてはめれば、**神武天皇**が東征に出立したのが45歳ではなく実際にはその半分の22～23歳、即位も紀元前660年よりもずっと時代が下ってのこととなる。

佐藤優の言葉

歴史的には実証できないが、確実にいたと信じられている神武天皇。神話的物語を科学の立場で否定せず、どのような思想や価値観を伝えているかを解釈することが重要になる。

003　政治　軍事

応神天皇（おうじんてんのう）

生没年不詳

多数の渡来人たちから大陸の文化を取り入れた天皇

『日本書紀』では**誉田天皇**《ほむたのすめらみこと》と呼ばれている第15代天皇。大分県宇佐市に鎮座している宇佐神宮の御祭神である**八幡神と同一視されている**が、記紀には**応神天皇**と八幡神がつながるような記述は存在せず、奈良時代から平安時代にかけて神仏習合が行われる過程で、**応神天皇**と八幡神を同一視するようになったと考えられている。

父である第14代仲哀天皇は三韓征伐を促す神託を受けるが、それを信じなかったために神罰を受け、**応神天皇**が生まれる前に崩御してしまう。そのため、母である神功《じんぐう》皇后は身重の体で新羅に出兵し、戦いが終わるまで腹に石をくくりつけて**応神天皇**の出産を遅れさせたことから、別名「胎中天皇」とも呼ばれる。

神功皇后が三韓を制圧した帰途に筑紫（現在の福岡県の大部分）で生まれた**応神天皇**は、異母兄たちが天皇の地位を狙って挙兵したこともあり、陸路ではなく船で瀬戸内海を渡り大和入りしたという伝承がある。そのため、神武天皇の東征神話は**応神天皇**の筑紫から大和への旅路をもとに創作されたとする説もある。

生まれたばかりの赤ん坊である**応神天皇**が政治を執るわけにもいかず、神功皇后が摂政となり権勢を誇った。そのため、摂政3年目に立太子したものの、正式な即位は神功皇后が100歳で崩御した後となっている。そして、即位41年に（『日本書紀』では130歳、『古事記』は111歳で）崩御したとされている。神武天皇の場合と同じく、古代の天皇の**年齢については現実味が薄いものの**、記紀でのその他の叙述は**応神天皇**の頃になると前代に比べて**史実性の高いものが増えており**、中国南朝の宋の正史である『宋書』倭国伝に記された「倭の五王」の最初の王・讃《さん》を**応神天皇**に比定する説もある。

応神天皇のもとには渡来人が多数訪れており、朝鮮半島の百済から渡来した学者の王《わ》仁《に》からは、『論語』や『千字文《せんじもん》（千の異なった文字で書かれた漢文の長詩）』を献上されている。そのほかにも縫製や酒造など、さまざまな優れた文物や技術が大陸から伝わり、なかでも、鉄製の農具の伝来によって農業は大いに発展した。

『古事記』には、**応神天皇**が盛んに領地を巡幸して視察を行い、各地の氏族と婚姻によって新たにつながっていったというような武勇伝が多く記されており、20人を超える皇子女をもうけたとされる。そのため、後に男系が断絶した第16代仁徳天皇の皇統も、今上天皇につながる第26代継体天皇の皇統も、**応神天皇**がその男系祖先となっている。

004 政治 軍事

雄略天皇（ゆうりゃくてんのう）

生没年不詳

皇位を奪うために手段を選ばない史上最も好戦的な天皇

諱は『古事記』では**大長谷若建命《おおはせつわかたけのみこと》**、『日本書紀』では**大泊瀬幼武天皇《おおはせつわかたけのすめらみこと》**などと記されている第21代天皇。専制君主として反抗的な地方豪族を武力で制圧し、**ヤマト政権の権力を飛躍的に拡大させた**君主である。兄である第20代安康天皇が暗殺されると、これに反応の薄い兄弟たちを激しく非難し、ことごとく誅殺。さらに安康天皇が後継となる皇太子を指名していなかったことから、継承権のある従兄たちまでをも殺しつくして自らが皇位を継承した。

在位中には大和や河内（現在の大阪府東部）の豪族を制圧し、さらには南朝鮮も征服。中国の南朝へも遣使したとされ、正史『宋書』倭国伝に登場する讃・珍《ちん》・済《せい》・興《こう》・武《ぶ》という５人の倭国の王（倭の五王）のうち、武王が**雄略天皇**にあたることが日中両国の史料からほぼ確実視されている。

倭の五王は遣宋を行うことで、中国の威を借りて日本国内を平定しようという意図があったが、武王を最後に遣宋は途絶えている。このことからは武王＝雄略の時代にある程度の支配体制が完成したことが推定でき、1968（昭和43）年に埼玉県行田市の稲荷山古墳から出土した鉄剣がその傍証となっている。

鉄剣に刻まれた銘は「辛亥年」「**獲加多支鹵《わかたける》大王**」と解読され、後に熊本県玉名郡の江田船山古墳から出土した太刀銘も同様であることが判明している。「辛亥年」は西暦471年のことで、ちょうど**雄略天皇**の時代にあたることから、５世紀後半における**雄略天皇の権勢が、少なくとも北関東から九州にまで及んでいた**と推測される。また銘文には「大王」とあるが、これは**雄略天皇**が宋の配下にある「王」から、倭国の「大王」に格上げされたことを示していると考えられる。

独善的で誤って人を処刑することも多かったことから、「**大悪天皇《はなはだあしきすめらみこと》**」と誹謗されることもあった**雄略天皇**だが、奈良時代に編纂された『万葉集』の巻頭を飾る歌は彼の御製とされており、良くも悪くも古代において特別な存在であったことがうかがえる。

また「媛女《をとめ》のい隠る岡を金鉏《かなすき》も五百箇《いほち》もがも鉏《す》きはぬるもの」（乙女が隠れた岡を、金属の鋤が500個もあれば、岡を鋤でならして見つけ出せるのに）という歌を詠むなど、精力的な求婚譚が伝えられているが、これは単なる好色ではなく、多くの妻を迎えて子をもうけることで皇統を広げ、勢力を誇示する意図もあったのである。

もっと深く知りたい人のための推薦図書

・『**倭の五王　王位継承と五世紀の東アジア**』河内春人／中央公論新社

005 政治

推古天皇（すいこてんのう）

554〜628年

蘇我氏の支えを受け即位した我が国初の女帝

第33代天皇にして**初の女性天皇**。諱は**額田部皇女**《ぬかたべのひめみこ》といい、第30代敏達天皇の大后（皇后）として七人の子女をもうける。しかし、蘇我馬子による「崇峻天皇弑逆《しいぎゃく》事件」が起こると、蘇我氏に擁立されて女帝として即位。「朕《ちん》は女人なり。性、物を解へず。宜しく天下の政は、皆太子に附くべし」（詔第一一八詔）とあるように、政務は摂政の甥・厩戸皇子（聖徳太子）に全面的に任せている。**治世中に「冠位十二階」や「十七条の憲法」の制定、暦の使用、『天皇記』『国記』など史書の編纂、遣隋使の派遣など開明的な政策**を次々と実施し、それらは蘇我氏と聖徳太子による提案といわれているが、同時に推古朝でなければ実現は難しかったともいわれる。

そもそも**推古天皇**の擁立前は、次期天皇として敏達天皇の子・押坂彦人大兄皇子を推す声があったが、蘇我氏の血を引いていない皇子は権力者である馬子によって退けられ、やがて候補に挙がったのが額田部皇女だったのである。

そこには崇峻天皇弑逆事件の真犯人である馬子が、今後その責任を一切追及されないよう、次の天皇は自分に極めて近く信のおける存在から選ぶ必要があり、姪という血縁の近さが有利に働いたと考えられる。

一方、**推古天皇**にも野心があったといわれている。彼女は実子・竹田皇子の即位を願っていたが、反蘇我氏の勢力が亡き敏達天皇の最初の大后が生んだ押坂彦人大兄皇子を強く推挙する動きがあったことから、馬子と共謀して反蘇我氏の動きを封じ込めるため、竹田皇子即位までの“中継ぎ”として母である**推古天皇**自身が即位したというのである。

しかしそんな**推古天皇**の願いも空しく、肝心の竹田皇子は夭折。その結果、女帝は長年にわたって大王の座に君臨し続けることになった。

620（推古天皇28）年、聖徳太子と蘇我馬子は『天皇記』『国記』を編纂して女帝に献上するが、２年後に太子が49歳で薨去し、さらに４年後には馬子も亡くなる。政権の要ともいえる二人の死後、**推古天皇**は75歳で小墾田宮において崩御するが、死の前日には後継者候補といわれた二人の皇子を呼び出し、はじめに押坂彦人大兄皇子の子・田村皇子（後の第34代舒明天皇）に謹しんで物事を明察するように諭し、続いて聖徳太子の子・山背大兄王にも人の意見を聞き入れる器量を養うよう戒めたという。

後継者の直接指名は避けた**推古天皇**だが、その遺言には、最愛の竹田皇子と同じ墓に埋葬してほしい、という一言が残されていたと伝わっている。

もっと深く知りたい人のための推薦図書

・**『女帝の古代王権史』**義江明子／筑摩書房

006 政治

聖徳太子（しょうとくたいし）

574〜622年

女帝の摂政として活躍した皇子

叔母にあたる推古天皇の治世を支えた皇族。**聖徳太子**とは「太子信仰」により神格化された後世につけられた名で、『日本書紀』に記された彼の諱は「**厩戸《うまやとの》皇《み》子《こ》**」である。第31代用明天皇とその大后・穴穂部間人皇女との間に生まれるが、用明天皇は蘇我稲目の娘・堅塩媛を母に、穴穂部間人皇女は同じく稲目の娘・小姉君を母にもつため、厩戸皇子は蘇我氏と強い血縁関係にあった。

593（推古天皇元）年、摂政および皇太子となり、翌年には「仏教興隆の詔」を発令。高句麗から来日した高僧・慧《え》慈《じ》に師事し、仏教のみならず大陸の政治制度や文化を貪欲に吸収し、絶大な権力者・蘇我馬子の協力をもとに、それまで**豪族たちが相争っていた倭国を、天皇を中心としたより統一感のある国家として造りかえようとする。**

603（推古天皇11）年には、**血縁に関係なく実力によって冠位を決め、仮に格の低い氏族の出身でも高い地位につけるという画期的な制度「冠位十二階」を定めた**。これは後の律令制の源になっている。その翌年には、豪族や臣下たちへの心構えを説いた「十七条の憲法」を制定している。

意外だが**聖徳太子**は幾度も朝鮮半島に出兵を実施している。600（推古天皇８）年には、馬子の弟・境部《さかいべの》摩《ま》理《り》勢《せ》が新羅へ遠征し、その２年後には**聖徳太子**の弟・来目皇子、さらにその翌年にも別の弟・当麻皇子が遠征している。しかし成果は得られず、新羅を武力で屈服させることは不可能だった。そこで**聖徳太子**は朝鮮半島を飛び越えて、大国・隋と国交を結び、**東アジアにおける自国の立場を優位にしようと画策**する。

かの有名な『隋書』に見られる「日出処の天子、書を日没処の天子に致す」の一節のように、遣隋使**小《お》野《のの》妹《いも》子《こ》**らを隋に送り、大国と対等の外交を行うべく尽力した。

しかし、後半生は政治の中心である飛鳥から15キロ以上も離れた斑鳩宮に移り住んだと記録されており、その地で仏教研究に深く没頭し、かつてのような刷新的な政策を打ち出さなくなる。理由は謎に包まれているが、太子の政治への意欲消失の遠因を、蘇我氏の強固な権力にみる説が有力である。

実際、「冠位十二階」は蘇我一族だけは特例として除外されており、馬子は臣民でありながら、他の豪族たちに冠位を“与える”側に立っていたのである。「世襲ではなく個人の能力を鑑みる」という大テーマを打ち出した点では革新的であったが、蘇我氏によって根本の部分で大きな矛盾を抱えていたのである。

007 政治

蘇我馬子（そがのうまこ）

?〜626年

蘇我氏の全盛期を築いた剛腕政治家

飛鳥時代の政治家で、敏達朝に臣下の最高位である大臣《おおおみ》となり、以降は用明・崇峻・推古と**蘇我の血を引く天皇を擁立して実権を握り、蘇我氏の全盛期を築いた**。生年は不詳だが、『扶桑略記』の「626（推古天皇34）年に76歳で亡くなった」との記述が正しければ、551（欽明天皇12）年前後に生まれた可能性が高い。

馬子が活躍した６世紀後半、朝廷は仏教を敬う崇仏派の蘇我氏と、神道を敬う排仏派の物部《もののべ》氏が激しく対立していた。**馬子**は物部守屋《もりや》と皇位継承や対高句麗外交を巡って対立を深めてゆき、病に苦しむ第31代用明天皇が仏教への帰依を表明すると、排仏派の守屋は劣勢に立たされる。さらに**馬子**は、次期天皇の有力候補であった穴穂部皇子を殺害し、諸皇子や群臣を味方につけて、物部氏を討つべく軍を派遣する。

587（用明天皇２）年、宿敵・物部氏を滅ぼし、父・稲目の代から続く崇仏派と排仏派の争いに決着をつけた**馬子**は、甥にあたる第32代崇峻天皇を即位させ、仏教を推進する政策を打ち出す。日本で最初の本格寺院である法興寺（飛鳥寺）を建立したのも、我が国初の尼僧・善信尼を百済に留学させたのも**馬子**である。

しかし、崇峻天皇は次第に自分をしのぐ力をもつ**馬子**を疎むようになった。そこで**馬子**は、592（崇峻天皇５）年、配下の東漢駒《やまとのあやのこま》に命じて天皇を暗殺させる。君主殺害という大逆をもって、**蘇我馬子**を大悪人とする論調が後世にも長く流布するようになった。

その後、姪にあたる額田部皇女を第33代天皇として擁立し、蘇我氏の血を濃く引く厩戸皇子（聖徳太子）を立太子させる。ここに史上初の女帝・推古天皇が誕生し、**馬子**は先帝殺害の非を問われることもなく推古朝においても権勢をふるう。

605（推古天皇13）年には聖徳太子が隠居状態となるが、**馬子**は依然として飛鳥で国政を主導し、遣隋使の派遣や外交の必要上からも難波津を整備。晩年には太子とともに、『天皇記』や『国記』を編纂する。

馬子の人物像は『古事記』『日本書紀』の記述によるところが大きいが、その編纂に藤原氏が深く関与していることを忘れてはいけない。乙巳《いっし》の変で蘇我宗家を滅ぼしたことを正当化するため、『日本書紀』など後に成立した書物では、蘇我氏は皇室乗っ取りを目論む悪逆非道な豪族として悪事のみを誇張して描き、あえてその歴史的功績を黙殺している傾向があると近年は指摘されている。

もっと深く知りたい人のための推薦図書

- **『蘇我氏―古代豪族の興亡』**倉本一宏／中央公論新社
- **『謎の豪族 蘇我氏』**水谷千秋／文藝春秋

008 政治

天智天皇（てんじてんのう）

626〜671年

蘇我宗家を滅ぼし政治の実権を取り戻した天皇

645（皇極天皇４）年に蘇我宗家を滅ぼし、**日本における中央集権の礎を築いた**天皇。第34代舒明天皇と第35代皇極天皇の間に生まれ、即位前は**中大兄皇子**《なかのおおえのおうじ》と呼ばれていた。この呼び名は「皇位継承権をもつ二番手の皇子」という意味で、蘇我馬子の娘・法提郎女を母にもつ古人大兄皇子が、当時は次期天皇の最有力候補と目されていたから。

血筋の正当性から見れば、両親ともに皇族の**中大兄皇子**こそが次期天皇にふさわしかったが、代々の天皇を自分たちの血族から輩出してきた蘇我氏がそれを妨げていた。圧倒的な力をもつ蘇我氏の意向が優先される政権運営と天皇即位、そんな蘇我氏全盛の時代をじっとうかがいながら生きてきたのが、**中大兄皇子**だったといえるだろう。

645年、中大兄皇子は腹心の中臣鎌足らと謀り、皇極天皇の面前で時の最高権力者、蘇我入鹿《いるか》を騙し討ちにするというクーデター「乙巳の変」を実行する。

『日本書紀』ではこのクーデターを、**中大兄皇子**と中臣鎌足が非道な蘇我氏を成敗したという視点で、あたかも勧善懲悪のごとく描いている。

しかしこの事件の実態は、事前に入鹿を騙して刀を奪い、天皇の御前という神聖なる場で、しかも朝鮮半島の三国の使者が献納品を献上するという厳かな儀式に乱入し、入鹿の背後から斬りかかって殺害するという残虐なものであった。このため「この蘇我入鹿は皇族を滅ぼし皇位を奪おうとしたのです」という、皇極天皇に対する入鹿殺害の言い訳についても、**中大兄皇子**の言葉通りに捉えるべきなのかは諸説ある。

同時代一流の知識人であった僧・旻《みん》の蘇我入鹿評は極めて高く、中臣鎌足の業績を記した『藤氏家伝』にすら、「私の学堂に出入りしている者で、蘇我入鹿に匹敵する者はいない」とまで書かれるほど、入鹿は当時を代表する逸材として知られていた。大陸の先進的な知識を学び頭角を現していた入鹿を天皇の目の前で斬殺し、その死体を雨が降る庭にそのまま放置した事件の首謀者が、**中大兄皇子**と中臣鎌足だったのである。

入鹿の父・蝦夷《えみし》は息子の死の翌日、すみやかに自害したと『日本書紀』には記録されているが、これも真相は闇の中である。とはいえ二人の死によって蘇我氏の嫡流である蘇我宗家は滅亡した。

翌年には「改新の詔」が宣言され、さまざまな改革が実施される。そして、乙巳の変から一連の諸改革までの総称が、日本史の授業で必ず学ぶ「大化の改新」なのである。

なお、この前後の**中大兄皇子**の動きは戦略家らしい素早さに満ちている。入鹿殺害事件の首謀者であるゆえに、母親の同母弟・軽皇子を第36代孝徳天皇として即位させて自らはその皇太子となり、かつてのキングメーカー蘇我氏のように実務を掌握。天皇よりも身軽な立場でさまざまな改革を行っていったのである。そして同時に、孝徳天皇の子・有間皇子など、自らの立場を脅かしかねない存在を非情な手段で一掃していったのである。**中大兄皇子**が“二番手”と呼ばれる最大の原因であった“一番手”の異母兄・古人大兄皇子などは、出家して吉野に隠遁していたにもかかわらず、迅速に謀反の疑いをかけられ殺されている。

中大兄皇子は孝徳天皇が崩御しても即位せず、皇極天皇を再び第37代斉明天皇として重祚《ちょうそ》（退位した天皇が再び皇位に就くこと）させる。さらに、661（斉明天皇７）年に斉明天皇が崩御しても、皇太子のまま称制（即位式を挙げず政治を執ること）を実施してなかなか皇位に就かなかった。

自分の思う通りに生きてきた**中大兄皇子**だが、その生涯で最大の失策が、663（天智天皇２）年に行われた「白村江の戦い」だろう。これは、中国の唐と手を組んだ新羅が朝鮮半島を統一したという、当時の東アジアの情勢が関係している。

日本と長らく友好関係を維持してきた百済は、660（斉明天皇６）年に唐と新羅によって滅ぼされてしまう。朝鮮半島が唐と親しい新羅に支配されてしまうと、距離的に唐が日本を侵略しやすくなることを危惧した**中大兄皇子**は、朝廷に滞在していた百済の王子・扶余豊璋《ふよほうしょう》を支援して百済復興のために唐と新羅の連合軍と戦うことを決定。

日本と百済遺民による連合軍は、朝鮮半島付近の海・白村江で唐と新羅の連合軍と激突するが、結果は日本側の惨敗であった。この後、**中大兄皇子**は国土防衛政策の一環として近江大津宮（現在の滋賀県大津市北部）に遷都し、水城《みずき》や山城《やまじろ》（朝鮮式山城）を造成、烽《とぶひ》（狼煙《のろし》）での情報伝達の整備や北九州への防人《さきもり》の配備を行うが、負担が増えた民衆から恨みを買うこととなる。

668（天智天皇７）年、**中大兄皇子**はついに第38代**天智天皇**として即位し、**日本最古の全国的な戸籍「庚午年籍」を作成**し、公地公民制が導入されるための礎を築いた。彼には皇族女性が生んだ息子がおらず、同母弟の大海人皇子《おおあまのみこ》（後の第40代天武天皇）を皇太弟とするが、本音では実子の大友皇子への皇位継承を望んでいた。**天智天皇**のこうした私情が、彼の死後、古代日本最大の内乱「壬申の乱」を引き起こすことになる。

もっと深く知りたい人のための推薦図書

- **『天智天皇』**森公章／吉川弘文館
- **『古代史再検証「大化の改新」』**関裕二／廣済堂出版

009 **政治**

天武天皇（てんむてんのう）

631?〜686年

壬申の乱を制し新しい皇統を開始した天皇

天智天皇にとっては両親（舒明天皇と皇極天皇）が同じ、弟にあたる第40代天皇。即位前は**大海人皇子**と呼ばれるが、これは幼少期の養育を受け持った尾張系の大海氏に由来するといわれている。

671（天智天皇10）年、病床の天智天皇は自らを補佐してきた皇太弟の**大海人皇子**を呼び寄せ、彼への譲位を申し出た。この時、**大海人皇子**は皇位継承を辞退し、甥の大友皇子を推薦したと伝わっている。さらに出家して皇位に関心がないことを内外に示すと、都から遠く離れた大和国の吉野山に隠棲した。これは、弟として天智天皇の気質を知り尽くしていた**大海人皇子**が自分への譲位は兄の本意ではないことを察知したためとされる。

もし譲位を受け入れていれば、これまで天智天皇が粛清してきたほかの皇子たちと同じように謀反の疑いをかけられ、命を奪われていた可能性は高く、人々は迅速に吉野山へ逃れた**大海人皇子**のことを「虎に羽をつけて放ったようなものだ」と噂したという。

やがて、天智天皇が崩御すると**大海人皇子**と大友皇子の衝突は不可避となる。当時の**大海人皇子**は円熟期といってよい40代。一方、大友皇子はまだ20代の半ばのうえ、生母が伊賀国（現在の三重県西部）の豪族の娘で血筋的に劣っていた。

大友皇子側の攻撃的な動きを察知した**大海人皇子**は、672（天武天皇元）年、まず吉野から東側に遁走し、配下に美濃国（現在の岐阜県南部）にある不破の関（都と東国との物流の要所）を塞ぐよう命じたことで、**古代日本最大の内乱「壬申の乱」が始まった**のである。

大海人皇子は吉野山から伊勢国（主に現在の三重県北中部地域）を通過して美濃国に至る過程で、東海道・東山道の諸勢力に使者を派遣し、これに多くが応じたといわれる。なお、大友皇子も各地に援軍要請を出しているが、西国を統括する者は**大海人皇子**を支持して動かず、東国は不破の関を押さえた敵の軍勢に阻まれ、不首尾に終わっている。

近江大津宮から脱出してきた長男・高市皇子《たけちのみこ》と合流し、**大海人皇子**は二手に分けた軍勢の一方を彼に任せて進軍を開始する。まずは大和方面で大友皇子軍を撃退したのを皮切りに、連勝を重ねていった。壬申の乱の最後の決戦は、瀬田川（現在の滋賀県大津市）にかかる長橋を舞台とした「瀬田の唐橋の戦い」であった。大友皇子側は橋板を外して**大海人皇子**を待ち受けるが、**大海人皇子**側の圧倒的な兵力差によって防衛線を突破されてしまう。そして、敗北の翌日に大友皇子が自ら命を絶ったことで国を二分した大乱が終結したのである。

なお、大友皇子が即位したかは不明だが、明治時代に弘文天皇の名が贈られ、公式に第39代天皇として扱われている。そのため、**大海人皇子**は第40代天皇となる。

戦いに勝利した**大海人皇子**は、天智天皇が新しく定めた近江大津宮ではなくこれまで政治の中心であった飛鳥に戻り、**天武天皇**として即位する。そして、即位後に来日した耽羅《タムラ》（現在の韓国の済州島）からの使者に対して、「即位祝賀の使者は受けるが、前の天皇（天智天皇）への弔喪使は受けない」と通達したという。つまり、兄・天智天皇の後継者ではなく、自分はあくまでも新しい皇統の創始者であると強調したのである。

即位後は精力的に改革を推し進め、**「八色《やくさ》の姓《かばね》」で氏姓制度を再編するとともに、律令制の導入に向けて制度改革を推進**。681（天武天皇10）年には、律令を定め法式を改める大事業に取りかかった。これは存命中には完成せず、689（持統天皇3）年に令（律令国家における行政法・民法）のみが発布された。いわゆる「飛鳥浄御原令」である。

天武天皇が確立した諸制度には、後の大宝律令・養老律令と異なる点が見受けられるが、実質的な内容は同じであり、その後の律令官人制の骨格をなすものであった。

政務を議論する複数の納言からなる太政官、その下に民官・法官・兵政官・大蔵・理官・刑官の六官、さらにその他の官司があったと推定されている。さらに、大臣を一人も置かず、法官、兵政官などを従えて直接政務を執ったといわれている。

力のある皇族に権限を分け与えて権力を分散させるようなことはせず、すべての権力を自らに集中させた**天武天皇**は、日本史上でも類まれなる実務肌の天皇であった。そのため、「天皇」とは**天武天皇**ただ一人の君主のために用いられた“尊称”であり、彼のカリスマ性を引き継ぐために、天皇を“君主の号”とすることが後世に定められたともいわれている。つまり**「天皇」という言葉そのものが、天武天皇から生まれたという説がある**のだ。これを裏付けるように、『日本書紀』の持統紀には、単に「天皇」と書いて持統天皇ではなく**天武天皇**を指した箇所がある。

なお、これまで倭とされていた国号を現在の「日本」にしたのは、**天武天皇**とする説もある。これは、天武朝に成立し、『日本書紀』の編纂に利用された『日本世記』の存在などがその根拠とされている。

しかし、偉大な天皇も病には勝てず、686（天武天皇15）年頃から病床に伏すようになり、皇后である鸕野讚良皇女《うののさららのひめみこ》が代わって統治者としての存在感を強めていった。

010 政治

中臣鎌足（なかとみのかまたり）

614〜669年

天智天皇の絶対的な信頼を勝ち取った藤原氏の祖

中大兄皇子とともに乙巳の変を実行した人物。中臣氏は朝廷で神事や祭祀を司る家系で排仏派であったことから、蘇我氏全盛期には零落していた。そのため、**鎌足**は蘇我氏の専横に不満を抱き、心ひそかにクーデターを計画。ともに蘇我氏と戦い政権を奪い取り、そして天皇として担げる人物を探していたといわれている。

そこで**鎌足**が目をつけたのが、第35代皇極天皇の子・中大兄皇子（後の第38代天智天皇）であった。蹴鞠の会で中大兄皇子が飛ばしてしまった沓《くつ》を、**鎌足**が拾って皇子に捧げ、言葉を交わしたのが二人の出会いで、意気投合した二人は学問僧・南淵請安《みなぶちのしょうあん》の塾に通うことで周囲の目を欺き、**蘇我氏の嫡流・蘇我宗家打倒を計画**していった。

645（皇極天皇４）年の乙巳の変において、**鎌足**と中大兄皇子は計画通りに飛鳥板蓋宮で蘇我宗家の当主・蘇我入鹿を騙し討ちにするが、入鹿の父である先代の蝦夷（馬子の子）がまだ生き残っていた。そのため**鎌足**と中大兄皇子は蘇我宗家との全面衝突に備えるが、皇族や有力豪族は軒並み中大兄皇子を支持したため、孤立した蝦夷は覚悟を決めて蘇我宗家の邸宅に火を放ち、自ら命を絶ったと伝わっている。

一連の功績から中大兄皇子は**鎌足**を信頼し、大化の改新で**鎌足**を新たに設けた内臣《うちつおみ》（天皇直属の補佐役）という役職に任命して重用。さらに、『万葉集』に収録された**鎌足**の「われはもや安見児《やすみこ》得たり 皆人の 得難にすとふ 安見児得たり」という歌から、二人がプライベートでも強い絆で結ばれていたことがうかがえる。

当時の朝廷では天皇のために地方から献上された采女《うねめ》と呼ばれる容姿端麗な女性が働いており、天皇や皇子の手がつく可能性があったことから、臣下の男たちにとっては高嶺の花だった。**鎌足**の歌は即位後の天智天皇から安見児という名の采女を賜った喜びを詠んだものだが、采女を賜るほどの天皇の寵愛を誇った一首とも解釈できる。

晩年、病床に伏した**鎌足**は天智天皇から**最上位の冠位・大織冠《たいしょっかん》と「藤原」の姓を賜り**、その功績をねぎらわれた。**鎌足**自身は生涯名乗ることはなかったが、息子の不比等から藤原姓を名乗り、平安時代に子孫たちによって摂関政治が行われるのである。

佐藤優の言葉

中臣鎌足のおかげで大化の改新は実行され、中国流の律令制の導入によって国家体制の効率化がなされた。同時に中国文明の影響が日本にとって死活的に重要になる。

011 文学

山上憶良（やまのうえのおくら）

660〜733?年

日本史上有数の子煩悩として知られる万葉歌人

奈良時代に編纂された**和歌集『万葉集』に、80首もの歌が収録されている優秀な歌人**。歴史学では皇別氏族（天皇家を祖とする豪族）の山上氏出身とされているが、文学的な観点から**憶良**を百済系の渡来人とする説を唱えている文学者もいる。いずれにしても無役であったため、若い頃の**憶良**についてはよくわかっていない。

701（大宝元）年に第42代文武天皇が遣唐使の派遣を決めた際に、その末席に「無位山於億良」と『続日本紀』にその名を記されることで、**憶良**の名は初めて歴史に登場するが、「無位」とあるように、41歳で無位ということは下級貴族としてあまり恵まれた生活を送っていなかったことがうかがえる。

唐では儒教や仏教などの学問を修めた**憶良**だが、帰国後もなかなか出世には縁がなく、初めて伯耆国（現在の鳥取県中部から西部の地域）の国司に任じられたのは57歳の時だった。ほかの貴族たちがあまり題材としない庶民の生活の苦しさや家族の愛情を詠んだ詩歌が多いのは、こうした不遇の時代が長かったことも影響しているのかもしれない。

ただし、62歳の時には首《おびと》皇子（後の第45代聖武天皇）の教育係に選ばれていることから、**憶良**の才覚や人柄は朝廷の上層部にも認められていたことが推測できる。

67歳で筑前守となり、同じく筑前国（現在の福岡県西部）にある大宰府の長官として赴任していた大伴旅人《おおとものたびと》と交流をもつようになると、歌人として名高い旅人に触発されるように、**憶良**はこの地で後世に残る多くの歌を詠んでいる。事実、『万葉集』に収められている**憶良**の歌の大半は、筑前時代以降のものである。

なお、旅人の邸宅で開かれた**梅花の宴で出席者たちとともに詠んだ32首の歌の序文が、今上天皇の元号「令和」の典拠となっている**。

代表作は『万葉集』巻五に所収された「貧窮問答歌」で、長歌と反歌1首からなるこの歌は、**憶良**自身を投影したと思われる貧しい役人と、それよりもさらに貧しい農民が問答をする形式で、平易な日常語によって律令体制下における庶民の生活の惨状を写実的に描き出している。この歌は、**憶良**が筑前守の任を終えて帰京する732（天平4）年前後に詠まれたものといわれ、一種の社会批評とも解される。

また、子どもへの思いを詠んだ「銀も 金も玉も 何せむに まされる宝 子に如かめやも」という1首は、子どもに対する**憶良**の慈愛の深さを後世に伝えている。

もっと深く知りたい人のための推薦図書

・**『山上憶良の研究』**東茂美／翰林書房
・**『中西進　万葉論集　第八巻　山上憶良』**中西進／講談社

012 文学

柿本人麻呂（かきのもとのひとまろ）

生没年不詳

後世に和歌の神として信仰された万葉歌人

儀式の際に優れた和歌を詠むことを職務とする宮廷歌人で、白鳳時代（大化の改新から平城京遷都まで）に活躍した人物。『万葉集』には長歌19首短歌75首が収録されており、特に長歌のもつ雄大さや荘厳さは群を抜いている。

ただし、**人麻呂**の経歴や生没年は謎に包まれており、『古事記』では「柿本」の姓は第５代孝昭天皇の流れを汲むものとされているが、飛鳥時代から平安期にかけての正史、いわゆる六国史に**人麻呂**の名は登場しない。**柿本人麻呂**は『万葉集』にのみ登場する。

複数の皇子や皇女に歌を奉じており、第41代持統天皇の時代の宮廷歌人であったと目されるが、石見国（現在の島根県西部）やその他の地方で詠んだ歌も多いことから、地方回りの下級官人だったとする説もある。

『百人一首』で**人麻呂**の歌とされている「あしひきの山鳥の尾のしだり尾の長々し夜をひとりかも寝む」という歌は、『万葉集』では作者未詳として掲載されていることから、その作品においても不明な点は多い。

とはいえ、**人麻呂**が優れた歌人であることは揺るぎなく、『万葉集』の編纂に携わった大伴家持は、**人麻呂**を山部赤人《やまべのあかひと》と並ぶ超一流と評価して「幼年未逕山柿之門」（歌を学ぶならまずこの二人の門を叩くべし）と褒めている（ただし、「山」のほうは山上憶良を指しているとの説もある）。

さらに『古今和歌集』の撰者である紀貫之は、その序文で「かの御時に、正三位柿本人麿なむ歌の聖なりける」と記し、以後**人麻呂**は「歌聖」と尊称されるようになり、やがて和歌の上達のご利益を授けてくれる神として信仰を集めるようになった。

皇室の折々の遊興に応じ献上した「雑歌」や、自らの妻に寄せた「相聞歌」、第40代天武天皇の皇子らに哀悼を捧げた「挽歌」と多彩な歌を残し、その作品には対句や枕詞が修辞的に多用され、一句一語に熟慮推敲の跡がうかがえる。**歌を一つの作品として練り上げるというような作風は人麻呂以前には見られないもので、その意味で日本最古の「文学者」とも呼べる存在**である。

生没年は不詳だが、1723（享保８）年が一千年忌にあたるとして、朝廷から２社の柿本神社（現在の兵庫県明石市と島根県益田市）に対して、御祭神として祀る**人麻呂**に正一位の位階が贈られ、**人麻呂**信仰が最高潮に達した。

013　政治

持統天皇（じとうてんのう）

645〜702年

孫皇子が育つまでの中継ぎながら辣腕を振るった女帝

第40代天武天皇の皇后であり、推古・皇極（斉明）両帝に次いで3人目の女帝となる第41代天皇になった人物。父親は第38代天智天皇で、蘇我入鹿の従兄弟・蘇我倉山田石川麻呂の娘・遠智娘を母にもつ。つまり、傍系ではあるが蘇我氏の血を引いている。

即位前の名前は**鸕野讚良皇女**《うののさららのひめみこ》といい、13歳で同母姉の大田皇女と一緒に叔父の大海人皇子に嫁いでいるが、姉が夭折したことで彼女が正妃として公私ともに夫を支えた。

672（天武天皇元）年に起きた壬申の乱では、『日本書紀』に「大海人皇子とともに謀を定め」と記されていることから、乱の計画に関わったことがうかがえ、「**持統天皇**こそが壬申の乱の首謀者だった」という説も存在する。なお、**持統天皇**は皇后時代に夫の政務に助言をしているが、古代において皇后が政治に関わることは珍しいことではなく、**持統天皇**が特別に僭越だったわけではない。

686（朱鳥元）年に天武天皇が崩御し、翌年には皇太子であった実子・草壁《くさかべ》皇子も続けて薨去してしまうと、**持統天皇**は草壁皇子の子で孫にあたる7歳の軽皇子への皇位継承を望む。しかし、当時の価値観では幼すぎて立太子も難しかったため、彼が育つまでの中継ぎとして、690（持統天皇4）年に自ら天皇として即位したのである。

天皇としては先代からの懸案だった「飛鳥浄御原令」の実施徹底をはかっている。「飛鳥浄御原令」は現存せず詳細には不明な点も多いが、日本最古の体系的な律令法だと考えられる。そして、同じく天武天皇が計画した藤原京への遷都を実現させた。

藤原京は現在の奈良県橿原市あたりに造営され、日本で初めて条坊制（碁盤の目のように区画を仕切ったもの）を敷いた都機能を備える本格的な都だった。香具山、耳成山、畝傍山の大和三山が取り込まれた設計となっており、そのうち香具山について**持統天皇**の詠んだ「春過ぎて 夏来たるらし 白栲《しろたえ》の 衣乾したり 天の香具山」の歌は『万葉集』に収められ、後に『百人一首』にも選ばれている。

持統天皇は律令の制定、戸籍の整備、本格的な都の造営などを行ったことで国家としての政治の基礎を作り上げた。そして、律令の整備に合わせてこの時期に、**「倭」という国号から現在の「日本」への変更が確定した**ことも特筆すべき事柄であろう。

697（文武天皇元）年、**持統天皇**に譲位された軽皇子が第42代文武天皇として即位するが、その後も日本史上初の太上天皇（上皇）として崩御するまで孫を支え続けた。

014 政治

藤原不比等（ふじわらのふひと）

659〜720年

臣下で初めて天皇の外祖父となり外戚政治に成功

第38代天智天皇の腹心・中臣鎌足の次男として生まれ、朝廷での地位を不動のものとすると、姓を中臣から父が贈られた「藤原」に変え、平安時代に繁栄する**藤原氏の実質的な祖**とされる人物。なお、天智天皇の落胤だったとする史料もあるが、これは藤原氏の隆盛を裏付けるため、後年の創作である可能性が高い。

父の鎌足は生地である大和国高市郡藤原にちなんで、天智天皇から藤原朝臣姓を与えられた。ただし第40代天武天皇が定めた「八色の姓」では朝臣を与えられた52氏の中に「藤原」の姓が見られないことから、その後、**不比等**が朝臣としての藤原姓を復活させたものと見られる。なお、藤原を名乗っていた中臣氏の傍系は「中臣」姓に戻されており、藤原姓を名乗るのを許されたのは**不比等**の血筋のみである。

壬申の乱の際、敗者となった大友皇子側についたことで中臣氏の有力者たちは処罰を受け、天武朝の初期には朝廷の中枢から一掃された。**不比等**は当時まだ13歳と若く、乱にも関与していなかったため処罰は免れたが、『日本書紀』にその名が登場するのは689（持統天皇３）年、**不比等**31歳の時だったことを考えると、有力な後ろ盾をもたずに下級官人からの立身を余儀なくされたと推測されている。

天武天皇と第41代持統天皇の間に生まれた草壁皇子に仕えていたという説もあり、何らかの理由で父親譲りの才覚が持統天皇の目に留まると、彼女が譲位を望む孫・軽皇子の擁立に貢献する。**不比等**が非常に幸運だったのは、軽皇子の生母・阿《あ》閉《へ》皇女に仕えていた女官の県犬養《あがたいぬかいの》三《み》千《ち》代《よ》を後妻に迎えたことであろう。三千代の手助けもあり、**不比等**は娘の宮子を第42代文武天皇として即位した軽皇子に嫁がせ、宮子が首皇子を生んだことで天皇家との外戚関係をもつことに成功する。**不比等**は首皇子が将来即位することを願い、自ら孫に帝王学を教え込んだともいわれる。

ところが、707（慶雲４）年に文武天皇が25歳の若さで崩御してしまう。首皇子はこの時６歳。当時の通例では政務を担える年齢でないと立太子も不可能で、しかも皇族ではなく臣下出身の母をもつ首皇子は血筋的に不利であった。

別の皇子が即位してしまうと首皇子の即位はほぼ不可能となる。そこで**不比等**は、かつて天智天皇が皇位継承についてまとめたとされる『不改常典』を持ち出して「皇位継承は嫡子相続であると天智天皇が決めたこと」と主張。首皇子が即位するまでの中継ぎとして阿閉皇女を担ぎ出し、彼女を第43代元明天皇として即位させたのである。

彼女の夫である草壁皇子は皇太子時代に亡くなっているため、元明天皇は過去の３人の女帝たちと異なり皇后経験なしに即位した唯一の女性天皇となる。

皇后経験がないため、必然的に政務経験も乏しかった元明天皇はほぼ**不比等**の傀儡となり、710（和銅３）年の平城京遷都もほぼ**不比等**が主導した。なお、持統天皇が遷都してからまだ間もない藤原京を捨てようとしたのは、真新しい都で首皇子を即位させたいという願いだけでなく、飛鳥から離れた場所に遷ることで古くから朝廷に仕えた豪族たちの影響力を弱め、母親が臣下出身の首皇子を守る意図もあったと考えられる。

714（和銅７）年には念願だった首皇子の元服が行われ立太子されるが、皇子が病弱であったことに加えて、外戚となった藤原氏に反発する皇族も多く、即位は先延ばしになってしまう。その結果、中継ぎの天皇がもう一人必要となり、元明天皇の娘・氷高《ひだか》皇女が未婚のまま第44代元正天皇として即位することとなる。

結局、首皇子が第45代聖武天皇として即位するのは724（養老８）年のことで、**不比等**はその４年前に病で他界し、孫の晴れ姿を見ることはできなかった。

しかし、後妻の三千代との間に生まれた安宿媛が聖武天皇に嫁ぎ、史上初めて臣下出身で皇后（光明皇后）になったことで、武智麻呂《むちまろ》・房前《ふささき》・宇合《うまかい》・麻呂《まろ》の４人の**不比等**の息子たちは兄として皇后を支えるために朝廷内での地位を固めてゆき、**大貴族としての藤原氏の立場を確かなものにした**。なお、武智麻呂の子孫は「南家」、房前の子孫は「北家」、宇合の子孫は「式家」、麻呂の子孫は「京家」と呼ばれるが、平安時代に摂関政治を行ったのは藤原氏の中でも北家の人々となる。

なお、**不比等**は平城京内では平城宮に隣接した場所に邸宅を構えていたが、その広さは他の貴族たちと比べても突出したもので、**不比等**の死後、光明皇后によって敷地の一部を使い法華寺と海龍王寺が建立されている。

また、山城国山階（現在の京都府京都市山科区）にあった中臣氏の氏寺・山階寺を「興福寺」と改名し、現在の位置に移転。「古都奈良の文化財」の一部として世界遺産にも登録されるほどの興福寺の荘厳さからも**不比等**の権力のほどがうかがえる。

不比等のことを「史」の字で表記した史料もあるが、後世に「**不比等**」の文字が定着したのは、まさしく「比べるものがない」ほどの栄華を極めたからであろう。

もっと深く知りたい人のための推薦図書

- 『**藤原氏一権力中枢の一族**』倉本一宏／中央公論新社
- 『**持統天皇と藤原不比等**』土橋寛／中央公論新社
- 『**天孫降臨の夢 藤原不比等のプロジェクト**』大山誠一／NHK出版

015 文学

太安万侶（おおのやすまろ）

?〜723年

日本神話や古代の天皇の歴史を書物にまとめた人物

日本神話や天皇の系譜がまとめられた『古事記』や『日本書紀』の編纂に関わった人物。初代神武天皇の皇子・神《かむ》八《や》井《い》耳命《みみのみこと》を祖とする豪族の多《おお》氏出身で、**安万侶**は15代目にあたるとされ、彼が「多」の字を「太」に改めた。

かつてはその実在を疑問視する声もあったが、1979（昭和54）年に奈良県奈良市の茶畑から古代人の墓が発見され、青銅製の墓誌（埋葬者の略歴等を記したもの）の銘文から**安万侶**の墓であることが分かり、その実在が証明されたのである。墓誌によると723（養老７）年に死去したことがわかっている。

安万侶の父という説がある多品《ほん》治《じ》が壬申の乱では大海人皇子側として戦い、『古事記』や墓誌に勲等を受けていたことが記されていることなどから、**安万侶**自身も壬申の乱で何らかの武功を挙げている可能性が高い。平城京左京に住んでいたことから、それなりの地位であったことがうかがえる（右京よりも左京は格式が上となる）。

711（和銅4）年、第43代元明天皇からの勅命を受け、語部の舎人・稗田阿礼《ひえだのあれ》が誦習する『帝紀』や『旧辞』の筆記を行う。『帝紀』とは天皇家の系譜を記したもの、『旧辞』とは古代の神話や伝承をまとめたもののことで、この時に**安万侶**が４カ月をかけて完成させたのが、**日本神話や天皇家の成り立ちを現代に伝える『古事記』**である。

『帝紀』や『旧辞』は第29代欽明天皇の時代に成立したものでかなり古く、諸家に伝わっているものは真実と異なっていたり、虚偽を加えていたりすることが多かったという。また、第33代推古天皇の時代に、聖徳太子と蘇我馬子が『天皇記』という歴史書を編纂しているが、乙巳の変で蘇我宗家の邸宅とともに消失しており、その後は白村江の戦いや壬申の乱で新しい歴史書の編纂をする余裕がなかったことから、正しい歴史と伝承を残し、天皇家の正統性を示すために『古事記』の編纂が行われたのである。

当時はひらがなやカタカナが存在しないため、『古事記』は変体漢文や万葉仮名など漢字のみで記述されているが、日本語で読めるよう一字一字に配慮がなされている点に**安万侶**の非凡な文才が見て取れる。

なお、『古事記』は勅命で編纂されたが正史ではなかった。そのため、720（養老４）年に正史である『日本書紀』が成立するが、**安万侶**はその編纂にも携わっている。

なお、奈良県磯城郡田原本町多の地には多氏の祖神を祀る多坐弥志理都比古神社が鎮座しており、**安万侶**もそこに祀られている。

016　政治

長屋王（ながやおう）

676?～729年

高貴な血筋ゆえに冤罪をかけられた悲劇の皇族

第40代天武天皇の長男・高市皇子の子で、生母は第43代元明天皇の姉である御名部皇女、さらに妃は元明天皇の娘であり第44代元正天皇の妹でもある吉備内親王と血筋的に天皇家に近く、藤原不比等の死後は有力皇族として政治を主導する立場となり、第45代聖武天皇の時代には左大臣となっている。

８世紀前半、人口増加により農民に分け与える口分田が不足していたため、律令制の維持のために**長屋王**は722（養老6）年に百万町歩開墾計画を打ち上げ、翌年には開墾奨励のために**「新たに墾田を行ったらその土地を三世代にわたって私有できる」という三世一身法を発布**するなど、思い切った政策を実施している。

皇族の重鎮であるがゆえに、**長屋王**は「皇后は皇族女性のみ」という不文律を重視し、不比等の娘・安宿媛が聖武天皇の皇后になることに反対していた。そのため、安宿媛の４人の兄たち（藤原四子）に疎まれ、彼らに追い落とされてしまう。

728（神亀５）年に安宿媛が出産し皇太子となっていた基王が亡くなると、その翌年、基王の死は**長屋王**の呪詛が原因だという嫌疑がかけられたのである。

この結果、**長屋王**の邸宅は六衛府の兵に囲まれることになり、**長屋王**の一族は自害に追いやられる（側室だった不比等の娘が生んだ**長屋王**の子どもたちは助命された）。

長屋王の死後、安宿媛は臣下出身で初めて皇后となり、光明皇后と呼ばれるようになる。そして、藤原四子は皇后の兄という立場を活用して聖武天皇の政権を動かしていく予定であったが、737（天平9）年に天然痘が大流行して４人全員が亡くなったことから、その死は「**長屋王**の呪い」と恐れられた。

冤罪のせいか『日本霊異記』では**長屋王**が身分の低い僧侶を笏《しゃく》で打ち据える傲慢な人物のように描かれているが、その一方で、日本に仏教の戒律を伝え東大寺に戒壇を設けた鑑真は、**長屋王**から贈られた千着の袈裟を見て心を動かされ、日本への渡来を決意したという逸話が残されている。また、『続日本紀』に「**長屋王**を誣告《ぶこく》（虚偽の罪を申告すること）して恩賞を得ていた中臣宮処東人が、かつて**長屋王**に仕えていた大伴子虫によって斬殺された」との記述があり、同書が編まれた平安時代初期の朝廷では、**長屋王**は冤罪であったという認識があったことがうかがえる。

なお、昭和から平成にかけて実施された発掘調査で、大量の木簡とともに**長屋王**の邸宅跡が発見されたことで、1200年ぶりに脚光を浴びることとなった。

もっと深く知りたい人のための推薦図書

・**『奈良貴族の時代史 長屋王家木簡と北宮王家』**森公章／講談社
・**『長屋王』**寺崎保広／吉川弘文館

017 政治

聖武天皇（しょうむてんのう）

701〜756年

仏教の力で不安定な社会情勢を鎮めようとした天皇

第42代文武天皇と藤原不比等の娘・宮子の間に生まれた皇子で、即位前は**首《おびと》皇子**と呼ばれた。当時は「天皇は両親ともに皇族であるべき」という不文律が存在したため、父が亡くなった時点でまだ幼かった**首皇子**は皇太子になることも難しい立場であった。しかし、外祖父である不比等の働きかけによって、彼が成人するまでの中継ぎとして元明・元正両帝が即位したことで、無事に第45代天皇として即位することができた。

しかし、それゆえに彼の治世には藤原氏の影響が避けられず、政務を任せられる成人のみ皇太子になれるという当時の慣例を破り、夫人（第三位の天皇の妻）として迎えた不比等の娘・安宿媛が生んだ基王を生後間もなく皇太子に立てている。そして、基王が1歳にも満たず亡くなると、別の夫人との間に第二皇子となる安積親王が誕生していたにもかかわらず、長女の安倍内親王を皇太子としている。これは、安倍内親王が光明皇后となった安宿媛の娘であったため、そちらを優先したと考えられている。

なお、安積親王は744（天平16）年に17歳で急死している。安倍内親王の即位は確実だが、女帝は結婚できなかったため、その死は安積親王が将来的に皇太子に選ばれることを阻止するための藤原氏の策謀とする説もある。

737（天平9）年に天然痘が大流行し**聖武天皇**の政権を支えていた藤原四子が亡くなり、740（天平12）年には光明皇后の甥・藤原広嗣が反乱を起こした。さらに、飢饉や地震が度々起こっていたこともあり、社会情勢は非常に不安定となった。そのため、**聖武天皇**は何かから逃れるように**遷都を繰り返し、やがて仏教に救いを求めるようになった**。

仏教への帰依を深めた**聖武天皇**は、741（天平13）年には国分寺建立の詔を、743（天平15）年には東大寺盧舎那仏像（大仏）の造立の詔を出し、仏教の力によって厄災を封じて不安定な社会情勢を鎮める鎮護国家を目指した。**しかし、遷都も大仏造立も民衆への負担が重くのしかかり、彼が望んだような成果は得られなかった**という。

749（天平21）年には孝謙天皇に譲位した**聖武天皇**は、以降は太上天皇（上皇）として娘の治世を支え続け、756（天平勝宝8）年に崩御した際に「道祖王《ふなどおう》を皇太子に」という遺言を残した。道祖王は第40代天武天皇の子・新田部皇子の息子で、当時の朝廷で有力者だった橘氏とも藤原氏とも血縁がなかった。そのため、この遺言に関しては「氏族間の争いを避けるためにあえて中立の人間を選んだ」や「藤原氏の影響力低下を狙った」など、さまざまな意図が推測されている。

018　政治

光明皇后（こうみょうこうごう）

701～760年

臣下出身で初めて皇后となった女性

藤原不比等とその後妻・県犬養三千代との間に生まれた娘で、第45代聖武天皇の皇后となった人物。皇后となる前は**安宿媛**《あすかべひめ》と呼ばれており、異母姉である宮子が生んだ聖武天皇は同じ年の甥にあたり、彼が不比等に養育されたことから一緒に育った幼馴染みの関係でもあった。聖武天皇が皇太子の時代に嫁ぎ、即位後は夫人（第三位の天皇の妻）となる。彼女が待望の第一皇子・基王を生み、すぐに皇太子に立てられたことで、次は**安宿媛**の立后問題が持ち上がることとなった。

当時の皇后は天皇の政務を支え、天皇が病や崩御によって政務を執れなくなった場合はその代理を担うこともあった。そのため皇族であることが求められ、臣下出身の**安宿媛**が皇后となることには反対意見も多かった。その筆頭が有力皇族の長屋王で、彼は生まれたばかりの基王の立太子にも反対していた。

長屋王は両親ともに皇族で、さらに聖武天皇の叔母である吉備内親王を妃に迎えて4人の男子に恵まれていた。そのため、血筋的には基王よりも長屋王の息子が皇太子に選ばれてもおかしくない状態だったのである。

基王が1歳に満たず亡くなってしまうと、その死は長屋王による呪詛が原因であるとの疑いをかけられたことで、長屋王は一族とともに自害してしまう（長屋王の変）。そして障害がなくなったことで**安宿媛**は皇后となり、**光明皇后**と呼ばれるようになる。

長屋王の変は彼女を皇后にするための藤原氏の策謀との見方がほぼ確定しているが、**光明皇后**自身の国母としての意識は非常に高く、夫である聖武天皇に倣って仏教に深く帰依し、**貧窮者や孤児を救うための施設「悲田院」や、医療施設である「施薬院」を設置**するなど民衆のための福祉活動を行ってきた。さらに夫の死後はその遺品を東大寺に奉献し、現代に伝わる正倉院の基礎を築いた。このため、「皮膚病患者（現代のハンセン病と考えられている）の希望を受け入れ、皮膚に流れる膿を皇后が口で吸いだしてあげると、その患者は阿弥陀如来の姿を現した」といった仏教色が濃い**光明皇后**伝説が語られるようになったのである。

しかし、聖武天皇が東大寺や大仏造立に専念するあまりその他の政務が滞るようになると、**光明皇后**は甥の仲麻呂を重用して政務の実権をほぼ掌握する。彼女が生んだ安倍内親王が皇太子に選ばれ、第46代孝謙天皇として即位したため、彼女の影響力は亡くなるまで衰えなかったという。

もっと深く知りたい人のための推薦図書

・**『光明皇后　平城京にかけた夢と祈り』**瀧浪貞子／中央公論新社

019 政治

藤原房前（ふじわらのふささき）

681〜737年

藤原四子の次男にして平安時代に繁栄する藤原氏北家の祖

藤原不比等の次男で、兄の武智麻呂や弟の宇合・麻呂とともに妹の光明皇后を支えた人物。717（霊亀３）年に参議となり、続けて議政官に任じられている。この出世は兄を差し置いたもので、当時は不比等が存命で彼もまた議政官の一員であったことから、「一氏族につき議政官となるのは一名のみ」という当時の慣習を破った異例の抜擢であった。このため、かつては**房前**が兄よりも優秀だったために父親から後継者として優遇されたと見なされていたが、近年はこの時に武智麻呂が参議となった場合、もともとの位階が高いために議政官になった際の地位も高くなって皇族から警戒されるため、まだ位階が低かった**房前**を参議にしたという見方がなされている。

ただし、不比等はすでに701（大宝元）年に制定した「大宝律令」において、自分と同時に息子の誰かが参議になれる抜け道を仕込んでいた。朝廷とは官僚機構が天皇を支えるものと定め、それまでの「有力氏族の集まり」という形を廃し、さらに血統や家格ではなく能力によって役職に就ける建前を採ったことにより、臣下である藤原氏が政権中枢に入り込む余地を作ったのである。実際、慣例に甘んじていた皇族たちは**房前**だけでなく武智麻呂、宇合、麻呂たち藤原四子に押しのけられ、影響力を低下させていった。

房前は兄である武智麻呂を立てていたが、720（養老４）年に不比等が亡くなると、第43代元明天皇（当時は上皇）や第44代元正天皇の発言力が増し、彼女たちが信頼していた有力皇族・長屋王と協調できる**房前**が重用されるようになったのである。これには、武智麻呂が東宮《とうぐうの》傅《ふ》（皇太子の教育係）として首皇子（後の第45代聖武天皇）に対する影響力が大きく、それを削ぐために**房前**を利用しようとしたと考えられている。

実際、長屋王と**房前**は協力して元明天皇の政権を運営していた。しかし、聖武天皇の治世に入り不比等の娘・安宿媛の立后問題が持ち上がると、妹と藤原氏のために藤原四子は力を合わせるようになり、その結果、長屋王の変が起きたと考えられている。

本来、長男である武智麻呂が興した「南家」が藤原氏では嫡流となるはずだったが、武智麻呂の次男・仲麻呂が764（天平宝字８）年に恵美押勝の乱を首謀したため南家は没落。宇合が興した「式家」や、麻呂が興した「京家」もさまざまな理由で衰退していったため、最終的に**房前が興した「北家」が藤原氏の主流として平安時代の摂関政治を主導していく**ことになる。

020 宗教

行基（ぎょうき）

668～749年

朝廷に弾圧されるも大仏造立に協力した僧侶

全国を巡って寄付を募り東大寺の大仏造立に貢献したことから、第45代聖武天皇、婆羅門《ばらもん》僧正（インドから渡来し、大仏開眼会の導師を務めたボーディーセーナ）、良弁《りょうべん》とともに「東大寺の四聖」に数えられている僧侶。

和泉国大鳥郡（現在の大阪府堺市）で生まれた**行基**は、15歳で仏門に入り、24歳で受戒（僧侶や尼僧になるために遵守すべき戒めを受けること）した後、蘇我馬子が創建した飛鳥寺に入って修行したといわれている。

当時の日本では仏教とは国家のためのもので、僧侶や尼僧は国の厳格な管理下に置かれ、国家鎮護を祈る法会や祈禱に専念させられていた。そのため、40代後半の**行基**が寺院の外に出て庶民に布教するようになると、朝廷によって異端者と見なされ、その活動が弾圧されるようになる。

ところが、**行基**は布教をやめるどころか、**支持者を組織化すると寺院の建立や橋の建設、さらに干ばつに苦しむ農民のために灌漑用水を整備するなど社会事業に尽力した。**僧侶と土木工事に代表される社会事業は一見すると無関係に思えるが、これは大乗仏教における菩薩道実践の一環であったと考えられる。大乗仏教の菩薩道では「他者への救済を実践することも修行である」との思想があり、**行基**もまたこの菩薩道を実践していたと推察される。中でも、各地の街道に布施屋と呼ばれる救護施設を設置したことで、地方から平城京に貢納のために行き来する多くの人々が救済されたのである。

この結果、**行基**の人気は絶大なものとなり、朝廷も弾圧ではなく味方に取り込むことを考えるようになり、ついに聖武天皇から大仏造立への協力を頼まれたのである。そして、**行基**はこの要請に応えて大仏造立を助けたことから、大僧正の位を授かった。

しかし、**行基**は大仏開眼会が行われる3年前に82歳で亡くなってしまう。そこで、752（天平勝宝4）年に国内外から1万人の僧侶を集めて開催された大仏開眼会は、**行基**やその支持者たちの貢献に報いるため、**行基**の筆頭弟子・景静が司会を務めた。

そして、**行基**の姿を見て社会事業や民間への布教を行う僧侶が増え、本当の意味での仏教の普及が一歩進むことになるのである。ただし、聖武天皇は「もし一枝の草、一すくいの土をもって、造立に協力したいと願う者があれば、これを許可せよ」と民衆が大仏造立に協力することを願っておきながら、東大寺が完成すると民衆の参詣を禁じるなど、依然として仏教は国家のものという姿勢を崩さなかった。

021 宗教

鑑真（がんじん）

688?～763年

視力を失いながらも日本渡航をあきらめなかった高僧

現在も奈良県奈良市にある唐招提寺を開いた渡来僧。中国・唐の揚州の生まれである**鑑真**は、14歳で仏門に入ると律宗と天台宗について学んだという。特に律宗では道宣が開いた南山律宗の継承者とされ、故郷の大明寺に戻ってからは「江南一の大師」と称され、多くの人々から敬意を集めた。

742（天平14）年、第10次遣唐使として唐に派遣されていた栄叡と普照という留学僧が訪れたことで**鑑真**の人生は大きく変わることとなる。当時の日本では仏教は国家のためのものとされ、僧侶や尼僧は国の管理下に置かれたが、裏を返せばその生活を手厚く保障されていた。さらに、寺社仏閣を建立するため農民には重税を課していたが、僧侶や尼僧は税を免除されていたため、税を逃れるために仏門に入る者が増えてしまった。

この結果、日本の仏教界は乱れ始めた。そこで**朝廷は唐から高僧を日本に招き、正式な受戒の儀式を教わることで、日本の仏教を根本から立て直そうと考えた**のである。

なお、受戒とは新たに僧侶や尼僧となる者が、戒律を遵守することを10人以上の僧尼の前で誓うという儀式のことで、戒律を授けることを授戒という。栄叡と普照はその授戒ができる高僧を招請するため唐に渡り、各地を訪ね歩いた結果、戒律に詳しい律宗の名僧で、4万回もの授戒の経験をもつ**鑑真**のもとにたどり着いたのである。

しかし、唐から日本への船旅は危険を伴うものであり、当初**鑑真**は高齢の自分ではなくほかの僧を紹介しようとするが、適任者がおらず自らが渡日することを決意した。

実は栄叡と普照が**鑑真**を訪れる前に、長屋王が「山川異域　風月同天　寄諸仏子　共結来縁」（国は異なっているが　同じ空を戴いているのだから　この贈り物によって　縁を結びましょう）と刺繍された千枚の袈裟を唐に寄進しており、その袈裟を手にして刺繍の言葉に感銘を受けた思い出が、**鑑真**に渡来を決断させたとも伝えられる。

743（天平15）年、**鑑真**は日本行きの船に乗ろうとするが、弟子の密告により失敗。以降も乗った船が暴風雨で難破するなど渡航は何度も失敗し、5回目の失敗で**鑑真**は漂流の挙句に失明してしまう。それでもあきらめず、6度目にしてようやく遣唐使船での渡航に成功したのは、日本行きを決意してから10年が経過した753（天平勝宝5）年のことだった。

来日した鑑真は大歓迎を受け、第46代孝謙天皇の勅により戒壇（受戒の儀式を行う施設）の設立と授戒についての一切を任され、東大寺に戒壇を築いたのち、**鑑真**専用の戒壇を設けた唐招提寺が建立されたのである。

佐藤優の言葉

日本で仏教の土着化に尽力し、仏教が日本で今日に至るまで大きな影響力をもっているのも鑑真による遺産が大きい。歴史における個人の役割が決定的に重要になる事例だ。

022 政治

孝謙天皇（こうけんてんのう）・称徳天皇（しょうとくてんのう）

718〜770年

日本史上唯一の女性皇太子を経て即位した女帝

第45代聖武天皇と光明皇后との間に生まれ、日本史上唯一となる女性でありながら皇太子となり、第46代天皇となった人物。即位前は**安倍内親王**《あべないしんのう》と呼ばれ、吉備真備が教育係を務めるなど、英才教育を施されたという。

749（天平21）年に父から譲位されて**孝謙天皇**として即位する。過去の女帝は即位前に夫を亡くしているか、未婚のまま即位して生涯独身を通すかのどちらかであった。当時は「女性は夫に従うもの」という価値観が根強かったため、女帝とその夫のどちらが偉いのかという問題が発生するからである。さらに、過去の天皇はすべて男系子孫であり女系子孫による皇位継承を忌避するため、**孝謙天皇**も独身であることが求められ、必然的に後継問題が持ち上がることになったのである。

父である聖武上皇は、崩御の際に新田部皇子の子・道祖王を皇太子とする遺言を残すが、**孝謙天皇**の母である光明皇太后と彼女が重用していた甥の藤原仲麻呂は、藤原氏と血縁関係も婚姻関係もない道祖王の即位を認めなかった。そこで**孝謙天皇**は聖武上皇の喪中に不行跡を働いたことを理由に、道祖王を皇太子から廃してしまう。

代わりに立太子したのは、第40代天武天皇の孫にあたる大炊王《おおいおう》（舎人《とねり》皇子の子）であった。藤原氏の血縁ではなかったが、大炊王は夭折した仲麻呂の長男の妻と再婚しており、仲麻呂の傀儡にちょうどよい人材だったのである。

その結果、大炊王は第47代淳仁天皇として即位し、皇位を譲った**孝謙天皇**は上皇となるが、760（天平宝字4）年に光明皇太后が崩御すると**孝謙上皇**は病に倒れ、その際に看病してくれた僧侶の道鏡《どうきょう》を寵愛するようになった。そして、道鏡との仲を諫めた淳仁天皇や仲麻呂と対立するようになり、764（天平宝字8）年に仲麻呂が道鏡を排除するために恵美押勝の乱を起こすと、**淳仁天皇を廃して淡路（現在の兵庫県淡路島）に流し、自らが第48代称徳天皇として重祚した**のである。

称徳天皇は皇太子を置かず、道鏡に太政大臣禅師、法王と次々と高位を与えて政務に携わらせた。その結果、道鏡を天皇として即位させようとする陰謀「宇佐八幡神託事件」が起きる。この事件は和気清麻呂によって阻止されるが、道鏡は皇位を狙った危険分子として**称徳天皇**の崩御後に下野薬師寺（現在の栃木県下野市）に追放され、第49代光仁天皇を正当化するため女帝と道鏡の関係は汚らわしいものと貶められることとなる。

もっと深く知りたい人のための推薦図書

- **『孝謙・称徳天皇　出家しても政を行ふに豈障らず』**勝浦令子／ミネルヴァ書房
- **『奈良朝の政変と道鏡』**瀧浪貞子／吉川弘文館

023 政治

藤原仲麻呂（ふじわらのなかまろ）

706〜764年

藤原南家が没落するきっかけを作った野心家

藤原南家の祖である武智麻呂の次男として生まれ、叔母である**光明皇后に重用されたことから朝廷内での地位を固め、第46代孝謙天皇の政権を主導した**人物。

幼い頃から聡明だった**仲麻呂**は、読書家で算道にも精通していたという。官吏としてのスタートは内舎人だったが、737（天平９）年の天然痘の大流行により父や叔父たちが相次いで亡くなったことで、彼らに代わるために異例の早さで出世を遂げた。

藤原四子に代わって第45代聖武天皇の政権を主導したのは、光明皇后の異父兄にあたる橘《たちばなの》諸《もろ》兄《え》であったが、**仲麻呂**は光明皇后の信認が厚くその後も順調に出世していく。

諸兄は確実に後継問題が起きる女帝には否定的な立場だった。そのため、孝謙天皇が即位すると朝廷における諸兄の影響力は低下し、756（天平勝宝８）年には失言の責任をとって左大臣を辞職してしまう。その結果、**仲麻呂**はさらに権力を高め、聖武上皇が遺言で皇太子に指名した道祖王を廃し、夭折した長男の妻と再婚した大炊王を立太子させるために暗躍する。

諸兄の子・奈良麻呂をはじめとする他の氏族はそうした**仲麻呂**の専横に憤り、757（天平勝宝９）年に**仲麻呂**を排除し別の皇族を新たな天皇に擁立する反乱計画（橘奈良麻呂の変）を企てる。しかし、密告により事前に情報を入手していた**仲麻呂**は奈良麻呂一派を捕らえ、彼らが擁立しようとしていた皇族たち（道祖王や長屋王の側室腹の子である黄文王など）まで拷問に処して獄死に至らせたのである。

孝謙天皇が上皇となり大炊王が第47代淳仁天皇として即位すると、**仲麻呂**は右大臣となり淳仁天皇から「**恵《え》美《み》押《おし》勝《かつ》**」という名を賜る。これは「中臣鎌足の時代から100年にわたって天皇10代を支え続け、人民に恵みを与えてきた美（恵美）と、橘奈良麻呂の変に際してもこれに押し勝った（押勝）」という意味で、実際は淳仁天皇の発案ではなく、**仲麻呂**が自分で新しい名前を考えた自作自演と考えられている。

760（天平宝字４）年には、祖父の藤原不比等ですら生前には恐れ多いと辞退した律令下の名誉職である太政大臣に就任。これは皇族以外で初めてのことで、**仲麻呂**の権力は頂点に達する。しかし、間もなく朝廷内での後ろ盾だった光明皇太后が崩御し、孝謙上皇との関係も彼女が道鏡への寵愛することを諌めたことで悪化してしまう。その結果、恵美押勝の乱と呼ばれる反乱を起こすことになり、最期は朝敵として斬首されたという。

もっと深く知りたい人のための推薦図書

- **『藤原仲麻呂と道鏡　ゆらぐ奈良朝の政治体制』**鷺森浩幸／吉川弘文館
- **『藤原仲麻呂 ― 古代王権を動かした異能の政治家』**仁藤敦史／中央公論新社

024 文学

大伴家持（おおとものやかもち）

718?〜785年

『万葉集』の編纂に携わったとされる歌人

新元号「令和」の出典となったことで再注目された**『万葉集』の編纂に携わった**とされる人物。なお、「令和」の二文字は『万葉集』巻五、「梅花の歌三十二首」の序文から採られたもので、三十二首の歌は**家持**の父・旅人が太宰府の邸宅で開催した梅見の宴会で、出席者たちによって詠まれたものとなる。

大伴氏は天孫降臨の際に随行した天忍日命を祖とする歴史の古い名門氏族だが、奈良時代に入ると藤原氏や橘氏ら有力氏族の政争に巻き込まれ、勢力が衰えてしまった。そもそも、旅人が728（神亀５）年に太宰府に赴任することになったのも、有力皇族の長屋王と藤原四子の権力争いの煽りを受けた結果であった。「令和」の出典となった序文は中国の南北朝時代に記された『文選』の「帰田賦」の一部を借用したもので、その原文は政治の腐敗を嘆いた内容のものであったこと、さらに旅人の宴会に集まった人々の多くは藤原氏によって中央から弾かれた者であることを考えると、「梅花の歌三十二首」の序文にも藤原氏への批判の意図が秘められていた可能性は高い。

そして**家持**が確かに『万葉集』を編纂した人物なら、高貴な身分の者だけでなく防人に代表される地方の庶民の歌を収録することで、藤原氏に有利な改ざんが行われない、真実の歴史を歌によって後世に伝えようとしたのかもしれない。

父の跡を継いで大伴氏の長となった**家持**は、大伴氏存続のためにも抗争の外に身を置こうとする。しかし、757（天平勝宝9）年に起きた橘奈良麻呂の変に加担していた一族の者が処罰された余波で、因幡国（現在の鳥取県東部）に左遷されている。

因幡へ移ってからの**家持**の歌はほとんど『万葉集』には収められておらず、実際に詠まなかったのかは不明だが、この左遷が何かしら**家持**にとっての転機となったのかもしれない。『万葉集』20巻に収録された4516首のうち473首を詠んでいる**家持**は、後に「三十六歌仙」の一人に数えられるが、因幡国から平城京に戻ってからの**家持**は我慢をやめたのか、藤原仲麻呂の暗殺計画に参加したり、氷上川継の乱への関与が疑われて解官されたり、優雅な歌人のイメージとはかけ離れた人生を送っている。

晩年には東北地方の蝦夷（朝廷の支配に従わない人々）を征討する責任者を任され、鎮守府将軍となっている。そして、没後に藤原種継《たねつぐ》暗殺事件への関与の疑いで官籍から除名されたことから、**家持**は武人としての素養もかなり高かったことがうかがえる。

佐藤優の言葉

歌人として有名だが現代的に言うならば高級官僚でもあった。高級官僚として出世するには文化的素養が重視される時代は、21世紀の官僚の俗物性と比較すると羨ましくなる。

025 政治

吉備真備（きびのまきび）

695～775年

地方豪族出身ながら中央政界で異例の大出世をした男

備中国（現在の岡山県西部）下道郡に勢力を持っていた皇別氏族・下道《しもつみち》氏の出身で、地方出身ながらその優秀さを認められて第45代聖武天皇の皇太子・阿倍内親王の教育係に抜擢され、後に女帝となった彼女の政権を支えた人物。なお、**真備**自身が姓を下道から「吉備」に改めている。

あまり有力な氏族ではない下道氏の**真備**が、717（養老元）年に出発した第９次遣唐使の一員に選ばれたのはその優秀さをもってしても異例であった。それゆえ後年に「**真備**は陰陽の術を使って出世した」という逸話が語られることとなる。なお、この時一緒に入唐したのが、唐で客死する阿倍仲麻呂である。

18年もの長きにわたり唐で過ごした**真備**は、さまざまな学問を幅広く学んだという。あまりに長い滞在であるため、唐の玄宗皇帝が**真備**の才を惜しみ、阿倍仲麻呂のように唐に留まることを求めたという逸話が生まれた。それほどの人材のため、734（天平６）年に帰国すると、唐で吸収した知識を買われて朝廷内で重用されるようになる。

なお、**真備**が唐から連れて帰った袁晋卿《えんしんけい》が後に帰化して、呉音だった**漢字の読み方を漢音に改めようと努め、カタカナを作ったともいわれている**が、実は**真備**たち遣唐使の帰国によって天然痘が日本に持ち込まれたという疑惑がある。実際、**真備**の帰国翌年から天然痘の大流行が始まり多くの犠牲者を出すが、その中には聖武天皇の政権を主導していた藤原四子も含まれていた。

真備は藤原四子に代わって政権を主導することになった橘諸兄に重用されるが、太宰府に左遷されていた式家の藤原広嗣は地方出身で有力氏族出身でもない**真備**の出世を不服に思い、「**真備**のような家柄の低い輩を重用するから飢饉や地震などで世が乱れる」と主張しその更迭を求めたことから、740（天平12）年に藤原広嗣の乱が起きている。

この乱の後に、**真備**は阿倍内親王の教育係となるが、彼女が第46代孝謙天皇として即位することで、藤原仲麻呂が台頭し、逆に諸兄の影響力が低下したことで地方に左遷され、752（天平勝宝４）年に２度目の遣唐使に参加。翌年には帰国の途についたものの依然として地方への赴任が続く**真備**だったが、孝謙上皇と藤原仲麻呂が対立すると平城京に呼び戻され、764（天平宝字８）年に勃発した恵美押勝の乱では唐で学んだ張良（劉邦の軍師）の軍略を用い、孝謙上皇の参謀として活躍したといわれている。

このため、重祚した第48代称徳天皇から信頼され、地方出身の豪族としては破格の右大臣にまで昇進したのである。

026 政治

和気清麻呂（わけのきよまろ）

733〜799年

命がけで皇統を守り平安京遷都でも活躍した男

備前国（主に現在の岡山県東南部）の藤野郡を本拠地とする和気氏の出身で、第48代称徳天皇の時代に起きた「宇佐八幡神託事件」で、女帝から寵愛されていた**道鏡が天皇として即位するのを阻止した人物**。和気氏は第11代垂仁天皇の皇子・鐔石別命《ぬてしわけのみこと》を祖とする皇別氏族だが、吉備真備の下道氏と同じく、当時はそれほど有力な氏族ではなかった。

しかし、769（神護景雲3）年に朝廷の崇敬を集めている宇佐八幡宮より「道鏡を皇位に就かせれば天下泰平となる」との神託があったと都に伝えられたことで、それまでさしたる活躍のなかった**清麻呂**は人々の注目を集めることとなる。

称徳天皇は女帝として独身を余儀なくされ、実子がいなかった。そのため次の天皇を巡る駆け引きが水面下で繰り広げられていた時期であったため、宇佐八幡宮が知らせてきた神託の内容は朝廷を大混乱に陥れたという。道鏡を寵愛して政務に携わらせてきた称徳天皇としても、他の皇族からの反発を考えればそのまま神託に従うわけにもいかず、神託の確認のため側近の尼僧・和気広虫《ひろむし》を勅使に任じようとした。しかし、広虫は当時病を患っていて長旅には耐えられないことから、彼女の弟である**清麻呂**が代役を務めることになったのである。

清麻呂の出発にあたって、道鏡は「吉報をもたらせば官位を上げる」ともちかけると同時に、意に沿わない返答を持ち帰れば厳罰に処すると脅したという。一方で、道鏡の儒学の師である路豊永《みちのとよなが》は「道鏡が皇位に就くようなことがあれば代々天皇家に申し訳なく自分は隠遁する」との旨を**清麻呂**に哀訴したともいわれている。

そして、宇佐八幡宮から帰還した**清麻呂**は「天の日継は必ず帝の氏を継がしめむ。無道の人は宜しく早く掃い除くべし」（皇位は皇族の者に継がせるべき。道鏡はすぐに排除すべし）という神託を報告。この結果に怒った道鏡によって、**清麻呂**は**別部穢麻呂**《わけべのきたなまろ》と改名させられ、姉の広虫とともに大隅国（主に現在の鹿児島県東部）に流されてしまう。なお、意味や縁起が悪い名前への改名を強いるのは称徳天皇がよく行った処罰であるため、実際に**清麻呂**への制裁を主導したのは女帝本人だったという説もある。

長いものに巻かれず皇統を守り抜いた清廉さを評価され、称徳天皇の崩御後に**清麻呂**は朝廷に復帰して重用され、第50代桓武天皇の時代には、治水や土木技術などの実務に才を発揮して長岡京や平安京への遷都にも貢献している。そのため、現在の京都御所を見守るように、蛤御門の前に鎮座する護王神社に御祭神として祀られている。

Column

1

日本史における貴人の名前①

かつて日本では災害や天変地異による社会不安を払拭するために、元号を変更する「改元」が比較的よく行われた。そのため、一人の天皇の治世に複数の元号が存在することは珍しいことではなかった。しかし、明治時代になり「一世一元の制」が制定され、一人の天皇につき元号が一つに固定されるようになると、元号がその天皇の追号《ついごう》（諡号の一種）を兼ねるようになった。「諡号」とは生前の功績から命名される死後の名前であるため、在位中の天皇のことは今上天皇と呼ぶことになっている。2019年４月に退位なされた上皇陛下を「平成上皇」と呼ばないのも同じ理由からである。

ちなみに、平安時代初期の天皇までは漢風諡号と国風（和風）諡号の２種類の諡号をもつのが普通であった（厳密には８世紀末に漢風諡号を奉じるようになり、それ以前の天皇には遡って奉じている）。例えば、初代天皇である**神武天皇**の場合は、これ自体が天皇号（天皇としての名前）であると同時に漢風諡号となっており、これとは別に**神日本磐余彦天皇**《かむやまといはあれびこのすめらみこと》という国風諡号と、**彦火火出見**《ひこほほでみ》という諱（本名）と、**狭野尊**《さののみこと》という幼名（成人するまでの諱）をもっていたのである。

なお、諱とは「忌み名」という意味であるが、これは古代日本では言霊の力が信じられており、自分より身分が高い人の諱を呼ぶことを禁忌としたためである。そのため、高貴な人の諱と自分の諱が同じであるために改名することは珍しくなかった。江戸幕府の５代将軍・**徳川綱吉**にいたっては、溺愛する娘の名前が「鶴」であったため、庶民が「鶴」という漢字を用いることだけでなく、鶴の紋様の使用を禁じる「鶴字法度」を出した。同時代に活躍した**井原西鶴**が一時期「西鵬《さいほう》」と名乗ったのはこのためである。

この風習は江戸時代まで受け継がれ、高貴な人物の諱を呼べるのは両親などの直系尊属か仕えている主君のみで、その人物と同格または格下の人間の場合は、その人物が朝廷から叙任された役職や官職で呼ぶことが常識とされた。

例えば、**徳川家康**の場合は1566（永禄９）年に三河守に叙任されてからは「三河守」という受領名で、1596（慶長元）年に内大臣に叙任されてからは「内府」という内大臣の通称で呼びかけるのが一般的であった。

なお、大河ドラマ『真田丸』で人気を博した**真田昌幸**が劇中で「安房守《あわのかみ》」と呼ばれていたが、史実では昌幸が安房守に正式に叙任されるのは1594（文禄3）年のことで、それ以前は勝手に安房守を自称していただけだった。実は戦国武将には勝手に受領名を名乗ることが珍しくなく、若き日の**織田信長**も叙任されていないのに勝手に「上総介」や「上総守」といった受領名を名乗っていたことがある。こうした受領名の自称は、往々にしてライバルとなる武将への対抗心から行われたという。

第2章

平安時代に活躍した人々

027 政治

桓武天皇（かんむてんのう）

737~806年

平城京から平安京への遷都を実行した天皇

即位前は**山部《やまべ》王**と呼ばれていた第50代天皇。奈良時代の皇統は第40代天武天皇の子孫によって占められていたが、第48代称徳天皇が女帝として実子をもうけることができず、しかも藤原仲麻呂によって彼女に血筋が近い皇族が多数粛正されていたことから、第38代天智天皇の孫にあたる白壁《しらかべ》王が62歳で第49代光仁天皇として即位した。**山部王**は光仁天皇にとって第一皇子にあたるが、そもそも父親自身に皇位を継ぐ可能性がほぼなかったことから、皇族としてではなく官僚としての教育を受けていたという。

予想外の光仁天皇の即位は、彼が称徳天皇の異母姉妹・井上《いのえ》内親王を正妃に迎えており、彼女が高齢出産した他部《おさべ》王が成人するまでの中継ぎのためであった。天智系と天武系の血筋を受け継いだ皇太子が存在したことで、百済系渡来人の高野新笠《たかののにいがさ》を母に持つ**山部王**が即位する可能性はゼロに近かったが、772（宝亀3）年に井上内親王が夫を呪詛した罪により皇后位を廃され、皇太子だった他部王も母に連座してその地位を追われる事件が起きたことで状況が一変する。**山部王**は事件の翌年に新しい皇太子に立てられ、781（宝亀12）年には父から譲位されて44歳で**桓武天皇**として即位したのである。

なお、他部王の立太子に尽力した藤原永手《ながて》（北家）が772年に亡くなっており、井上内親王の廃后と他部王の廃太子の事件はその後に起こっていることから、**桓武天皇**の擁立に貢献した藤原百川《ももかわ》（式家）が藤原氏内での権力を掌握するために暗躍した可能性が有力視されている。**桓武天皇**も百川のおかげで皇太子になることができたとして多大な信頼を寄せており、百川の兄である良継《よしつぐ》の娘・乙牟漏《おとむろ》を皇后に迎えて安殿《あて》親王（後の第51代平城天皇）と神野《かみの》親王（後の第52代嵯峨天皇）を、百川の娘・旅子との間にも大伴親王（後の第53代淳和天皇）をもうけている。

自身が権勢を振るうために、後ろ盾が弱かった**山部王**を百川が傀儡にしようとしたのかは、彼が**桓武天皇**の即位前に亡くなっているため不明である。しかし、百川の死によって独自の判断に基づいた親政を行うことになった**桓武天皇**の治世で、特に注目すべきは**長岡京と平安京への遷都と、奈良時代末期に崩壊しかけていた律令制度の立て直し**、そして3度の蝦夷征討であろう。

遷都はそれまでほぼ未開の地であった山城国に移ることで、皇統が天武系から天智系に切り替わったことを示し、平城京での影響力を増大させていた南都六宗（既存の仏教寺院勢力）との関係を断ち切ることが目的であったとされるが、**桓武天皇**の母と同じく渡来系で山城国が本拠地だった秦《はた》氏の財力をあてにする意図もあったようだ。

しかし、長岡京（現在の京都府長岡京市・向日市周辺）に遷都して間もない785（延暦4）年、長岡京の造営を任されていた藤原種継（式家）が遷都反対派によって暗殺されると、この事件への関与を疑われた皇太弟・早良《さわら》親王（**桓武天皇**の同母弟）が廃太子となり、淡路島への配流が決定。無実を訴える早良親王は抗議のために食を断って命を落としたとされている。そしてその後、**桓武天皇**の近親者に不幸が相次ぎ、追い打ちをかけるように日照りによる飢饉や深刻な水害にも見舞われたことで、それらが「早良親王の呪い」であるという噂が立ったのである。実は、**桓武天皇**が皇太子となるきっかけとなった井上内親王と他部王の母子も、775（宝亀6）年に幽閉先で同じ日に亡くなっており、その時も天変地異が起きて祟りの噂が立っていた。そのため、「天皇にその資格がないために世が乱れるのだ」と民衆から思われることを危惧した**桓武天皇**は、794（延暦13）年に**平安京への再遷都**を実行したのである。

「平安」という新しい都の名前には、こうした怨霊騒動から逃れたいという**桓武天皇**の願望が込められていると見られている。

律令制度の立て直しの一環として行われたのが、公出挙《くすいこ》や雑徭《ぞうよう》（国司が農民を使役できる労役）などの軽減である。特に、春に稲を貸し付けて秋の収穫で回収する利息付きの貸し付けにあたる公出挙は貧民救済のために始まった制度だが、当時は強制的になって農民の大きな負担になっていた。さらに、国司交代時に事務引き継ぎが適切に行われた旨を記した文章「解由状《げゆじょう》」を後任者から前任者に渡す習慣があったため、解由状を検査して地方行政に問題が起きていないかをチェックする勘解由使《かげゆし》を設置している。

そして徴兵による兵士の質の低下を改善するため、東北と九州を除く各地の軍団を廃止し、弓馬の扱いが巧みな郡司の子弟や有力農民を健児《こんでい》（従来の軍団兵士より税や労役の負担を減らす代わりに専門性を高めた兵士）に採用したのである。

奈良時代末期は東北での蝦夷の反乱が激しくなり、**桓武天皇**が命じた蝦夷征討は初回こそ敗退したものの、第2次征討は優勢で終わり、第3次征討で征夷大将軍に任命した坂上田村麻呂の活躍もあり、北上川の中流域までの平定に成功。一定の成果を挙げた。

こうした大胆な政策は**桓武天皇**が元官僚だった影響とされるが、新都造営に続く度重なる蝦夷征討は朝廷の財政を圧迫し、結局は農民を苦しめる結果に終わった。

もっと深く知りたい人のための推薦図書

- **『桓武天皇 当年の費えといえども後世の頼り』**井上満郎／ミネルヴァ書房
- **『桓武天皇—造都と征夷を宿命づけられた帝王』**西本昌弘／山川出版社
- **『平安京遷都期 政治史のなかの天皇と貴族』**中川久仁子／雄山閣

028 軍事

坂上田村麻呂（さかのうえのたむらまろ）

758～811年

蝦夷の反乱を鎮圧した古代屈指の猛将

恵美押勝の乱で孝謙上皇の側で戦った武将・坂上苅田麻呂の子で、後に**征夷大将軍として活躍した**人物。母については諸説あるが、坂上氏は第15代応神天皇の時代に渡来した阿知使主《あちのおみ》の末裔・東漢《やまとのあや》氏の家系で、武芸に秀でた一族として宮廷を護衛する任務などに当たっていた。

当時の坂上氏は地方の豪族として一定の勢力を保っていたものの、さほど大きな影響力をもっていたわけではなく、常に没落の危機にさらされていた。その危機故に、坂上氏は軍事力を宮廷に提供する武人となるために武芸に励み、**田村麻呂**も幼い頃からさまざまな武芸に触れてきたものと考えられている。

なお、当時の法体系・大宝律令に基づいた**田村麻呂**の位階は、785（延暦4）年の時点で従五位下であった。これは貴族として扱われる位階にあたることから、地方豪族出身であった**田村麻呂**が、27歳にして武人としてかなり大きな影響力をもつ立場にあったことがうかがえる。

古代日本では朝廷の支配に従わない東北の人々を「蝦夷《えみし》」と呼んでおり、奈良時代末期は彼らの反乱が頻発していた。それを鎮圧するために派遣される朝廷軍の指揮官として臨時に設けられたのが、後に武家の棟梁の肩書きとなる征夷大将軍という役職である。武人としての教育を受けていた**田村麻呂**も、当然のように蝦夷征討に派遣されることになるが、実は791（延暦10）年に征東副使に任命された時点で、彼はほとんど実戦の経験がなかったという。しかし、以降数回の蝦夷征討に従軍し経験を積んだ**田村麻呂**は、797（延暦16）年に征夷大将軍に任命され、801（延暦20）年に実施された第3次蝦夷征討を指揮することになった。この結果、北上川の中流域まで平定に成功し**田村麻呂**は、軍事と行政の拠点となる胆沢城（現在の岩手県奥州市）を築き、その影響によって蝦夷の族長・阿弖流為《あてるい》と母禮《もれ》を降伏させている（ただし、**田村麻呂**の助命嘆願を無視して朝廷は阿弖流為と母禮を処刑したため、**田村麻呂**は蝦夷の人々から恨まれることとなった）。803（延暦22）年にも志波城（現在の岩手県盛岡市）を築き、**田村麻呂**は東北の支配領域をさらに拡大させたのである。

こうした功績によって、**田村麻呂**は坂上氏として初の参議に昇進し、朝廷においても発言力をもつようになった。その武勇は晩年になっても衰えず、810（大同5）年に起きた薬子の変では、第52代嵯峨天皇側で兵を運用して事態の収拾に努めている。

佐藤優の言葉

国家の安全保障上の危機と天皇が判断し、最高軍事指導者である征夷大将軍に任命された。彼はほかの神々を信じる人々を朝廷に帰順させるために重要な役割を果たした。

029　政治

嵯峨天皇（さがてんのう）

786〜842年

復位を求めた兄の上皇との対立を余儀なくされた天皇

第50代桓武天皇の第二皇子として生まれ、即位前は**神野《かみの》親王**と呼ばれた第52代天皇。**都の警察裁判権を司る検非違使《けびいし》を設置**したり、**墾田永年私財法を改正**したり、律令制を確固なものとして補強したことで知られている。

桓武天皇の皇太子は同母兄の安殿《あて》親王で、806（延暦25）年に彼が第51代平城天皇として即位すると皇太弟に立てられた。本来なら平城天皇の皇子・高丘親王がその地位に就くはずであったが、平城天皇は病弱で当時４歳の高丘親王の成長を待つことが難しく、**神野親王**の立太子には桓武天皇の意向が働いたと考えられている。

809（大同４）年、平城天皇が病状悪化を理由に退位し、**神野親王**は**嵯峨天皇**として即位した。平城天皇は上皇となるが国政に介入したため、兄弟の仲は次第に悪化していった。これは平城上皇に寵愛されていた女官・藤原薬子とその兄・仲成（式家）が、自分たちが権力を握るために上皇を煽ったためと考えられている。

なお、平城上皇は天皇在位中に、父が設置した勘解由使を改良した観察使という役職を設け、地方行政を改革していた。そのため観察使には上皇支持者が多く、**嵯峨天皇**は観察使の影響力を減らすためにその処遇を格下げするが、これを不快に思った平城上皇は平城京に移り、復位の動きを見せ始めたのである。

そこで**嵯峨天皇**は上皇に従うふりをして坂上田村麻呂など天皇側の人間を平城京に送り、上皇側の動きを牽制して事態を収拾した。一連の騒動は平城上皇が薬子に操られたために起きたとして「薬子の変」と呼ばれているが、近年は平城上皇の責任も認める風潮から「平城上皇の変」と呼ぶ場合もある。

その後の**嵯峨天皇**の治世は大きな事件は起きず、天皇が漢詩をこよなく愛したことから、『凌雲集』や『文華秀麗集』などの勅撰漢詩集が編纂されるなど、華やかな宮廷文化が花開いた。また、817（弘仁8）年には干ばつ対策として墾田永年私財法の改正を行い、農業の開発を進めていく。**嵯峨天皇**は空海や最澄を支援したことでも知られており、行政や文化的な面でも優秀な君主であった。

しかし、女性を愛し50人近い皇子女の生活費を支えるために朝廷の財政状況が悪化。その対策として、皇族が皇籍を離れて臣下の地位に降りる**「臣籍降下」を行った天皇**としても知られている。この際に降下した皇子女が賜った姓が「源」で、**後の源氏二十一流の先駆け**の系統として知られている。

もっと深く知りたい人のための推薦図書

- 『**〈謀反〉の古代史：平安朝の政治改革**』春名宏昭／吉川弘文館
- 『**嵯峨天皇と文人官僚**』井上辰雄／塙書房

030 宗教

空海（くうかい）

774～835年

さまざまな分野で活躍し自身が信仰の対象となった天才僧侶

平安時代初期の仏教界に多大な影響を与えた**真言宗の開祖**で、死後に第60代醍醐天皇から贈られた諡号「弘法大師」の名前でも有名な人物。**空海**は讃岐国（現在の香川県）の郡司・佐伯田公《さえきのたぎみ》の子として生まれ、幼名を**真魚**《まお》といった。地方豪族の子にすぎなかった**空海**の生涯に大きな影響を与えたのが、第50代桓武天皇の教育係であった母方の伯父・阿刀大足《あとのおおたり》の存在であった。幼い頃から聡明であった**空海**は、この大足を頼って788（延暦7）年に平城京を訪れ、多大な援助を受けながら論語や孝経といった当時の最先端の教育を身につけたといわれる。

18歳で官吏の育成機関である大学寮に入学した**空海**は、そこで儒学・仏教・道教などを学ぶ。しかし、官吏となるための教育では飽き足らず、人生の根本的問題と直面するために793（延暦12）年頃から山林で修行を行うようになっていった。恐らくはこの時期に密教や中国語などの知識を、中国人の渡来僧などから学んだと考えられている。なお、**空海**がどこで得度（正式な僧侶になるための儀式）を受けたかは諸説あるが、「**空海**」という法名（僧侶としての名前）は師僧から授かったものではなく、海辺の洞窟で悟りを開いた時に空と海が見えたことにちなんで自ら命名したものといわれている。

804（延暦23）年、第18次遣唐使の一員として**空海**は唐に渡るが、彼が乗った船は悪天候のために遭難し、当初の目的地とは異なる福州（現在の中国福建省）の海岸に漂着したうえ、海賊の疑いをかけられてしまう。そこで**空海**は幅広い知識と高い文章力を活用し、福州の行政官への嘆願書を代筆して疑惑を晴らしたという。

無事に唐の都・長安に到着した**空海**は、青龍寺の高僧・恵果《けいか》にその才を認められ密教の奥義を伝授される。そして、密教以外のさまざまな分野の知識も身につけた**空海**は、806（大同元）年に帰国。漢詩や書道に優れたことから第52代嵯峨天皇に重用され、高野山の金剛峯寺と都の教王護国寺（東寺）を賜り、両寺を拠点に**国家のために密教の修法を行い、密教理論の体系化に努めた**。一方で、庶民教育のために綜芸種智院を開いたり、干ばつに悩まされていた讃岐国に溜池（満濃池）を築くなど治水工事を指揮したり、宗教以外の分野でも**空海**は活躍し、多くの人々の帰依を集めた。

そのため、後に**空海**自身を信仰の対象とする「大師信仰」が生まれ、**空海**は835（承和２）年に病により亡くなり高野山の奥の院に葬られているが、大師信仰ではその奥の院で**空海**は現在も瞑想を続けていると信じられている。

もっと深く知りたい人のための推薦図書

- **『空海の哲学』**竹村牧男（講談社）
- **『最澄と空海　日本仏教思想の誕生』**（KADOKAWA）

031　宗教

最澄（さいちょう）

767～822年

後に仏教界の一大勢力となる比叡山を開いた秀才僧

比叡山延暦寺を総本山とする日本の**天台宗の開祖**で、第56代清和天皇から贈られた「伝教大師」の諡号でも知られる。**最澄**の生まれには諸説あるが、近江国滋賀郡（現在の滋賀県大津市）近辺に勢力をもっていた三津首《みつのおびと》という一族の出身で、幼名は**広野《ひろの》**だったといわれている。熱心な仏教徒だった両親の影響で、14歳で得度（正式な僧侶になるための儀式）を受け、厳しい修行の傍らで勉学にも励み、785（延暦4）年には大和国の東大寺戒壇院において具足戒（僧侶として守るべき戒め）を受け、18歳で官僧（国家が認定した僧侶）として活動を開始した。その後は修行のために比叡山に籠り、ある時は宮中で行われる法要に参加して経文や経題を読み上げたり、またある時には大規模な写経事業を主導したり、宗派に囚われず仏教全体の発展に努めていたと考えられている。

こうした活動が認められ、**最澄**は中国天台宗の本拠地・天台山への留学生《るがくしょう》に選ばれ、804（延暦23）年の第18次遣唐使に参加する。この時に別の船で唐に渡ったのが空海であるが、**最澄**の立場は現代でいう国費留学生、対する空海の立場は私費留学生のようなもので、朝廷からの期待は**最澄**のほうが大きかった。

その期待に応え、**最澄**は唐で数々の経典や書物を授かり、さらに当時は仏教界の新しい概念であった「密教」についても深い知識を得た。そして翌年に帰国すると、**最澄**は法華経の教えに基づき、すべての人間が仏に成り得るという天台宗の教えを広めるため、天台法華円宗を含む五つの宗派を認めるよう朝廷に上奏を行う。この上奏文には、「一つの網だけでは鳥を獲ることはできない」という意味の一文が含まれており、多数の宗派を公認することで広く人々を救済するという**最澄**の画期的な考えが読み取れる。この上奏によって、**最澄**は日本における天台宗の開祖となった。

空海との交流と対立、多くの宗派を認めたことで起きた「三一権実諍論」など、さまざまな問題を抱えながらも、**最澄**は天台宗の普及に尽力。ただし、天台宗は朝廷に認められながら、延暦寺には戒壇院が存在しなかった。そこで、天台宗独自の戒律（大乗戒）で儀式が行えるように、**最澄**は何度も朝廷に上奏を行うが、他宗派の猛烈な反対に遭い、認められたのは**最澄**の死後7日後のことであった。

しかし、戒壇院の設置により**比叡山には全国から優秀な僧侶が集まるようになり、政治にも介入するほどの仏教界の一大勢力となった**。その権威によってますます人が集まり、浄土宗の開祖である法然のような新しい宗派を開く人材が育つのである。

佐藤優の言葉

最澄は日本国家のイデオロギーを形成する上で重要な役割を果たし、比叡山延暦寺は日本仏教の中心地のひとつとして優秀な宗教指導者を生んだ。

032 政治

藤原冬嗣（ふじわらのふゆつぐ）

775〜826年

史上初の蔵人頭に任命され藤原北家の繁栄を決定づけた男

第50代桓武天皇の政権で公卿となった藤原内麻呂（北家）の次男で、第52代嵯峨天皇の側近として活躍した人物。同母兄の真夏は第51代平城天皇の側近であったため、後に起きる薬子の変では**冬嗣**もまた兄と対立することになる。なお、母の百済永継《くだらのながつぐ》は女官として朝廷に出仕した際に桓武天皇の寵愛を受けており、後に勅撰漢詩集『経国集』を編纂する良岑安世《よしみねのやすよ》を生んでいる。

冬嗣の幼少期については現存する史料が少なく、795（延暦14）年には蔭位《おんい》の制（高位の父祖の地位に応じて一定の地位に就ける制度）によって官職を得ており、現代の近衛兵にあたる左衛士大尉を務めていた。ただし、801（延暦20）年には刑部省（司法行政を司る省）で裁判や律令の解釈を行う判事という役目に就いていることから、スピード出世できるほど官僚としては優秀であったことがうかがえる。

平城上皇と嵯峨天皇が対立した際、上皇が寵愛した藤原薬子（式家）は天皇の秘書役にあたる「尚侍《ないしのかみ》」という役職に就いていた。尚侍は臣下が天皇に提出する文書を取り次ぐ役目を担っていたため、天皇側の機密情報が上皇側に漏れることを恐れた嵯峨天皇は、天皇の側近として機密文書を扱う「蔵人《くろうど》」という役職を新たに設け、その役所である蔵人所の長官・蔵人頭《くろうどのとう》に**冬嗣**を抜擢したのである。この人事は嵯峨天皇の**冬嗣**に対する信頼の深さの表れと考えられている。

このほかにも、**奈良時代に作られた法制度を平安の世に適合させる「弘仁格式」の編纂・整備を行う**だけでなく、『日本書紀』に続く正史となる**『日本後紀』の編纂にも携わる**など、**冬嗣**は官僚としてさまざまな業績を残している。

薬子の変の翌年に**冬嗣**は公卿となり、晩年には官僚の実質的な最高位である左大臣の地位まで上り詰め、当時の政界における中心人物となった。しかし、権力争いを見てきた**冬嗣**は油断せず、一族の子弟を教育するための大学別曹・勧学院を設立したり、当時すでに形骸化しつつあった貧民の救済施設・施薬院を復興させたり、藤原氏の結束を強める努力を怠らなかったという。

なお、薬子の変によって藤原北家のライバルであった藤原式家が衰退すると、今度は藤原北家内で勢力争いが起きることになった。しかし、嵯峨天皇の皇子・正良《まさら》親王（後の第54代仁明天皇）に嫁いだ**冬嗣**の娘・順子が道康親王（後の第55代文徳天皇）を生んだことで、**冬嗣**の家系が藤原北家の本流となるのである。

033　政治

藤原良房（ふじわらのよしふさ）

804〜872年

天皇家の外戚として権力を握り、他氏排斥を行った男

藤原冬嗣の次男で、**臣下として初めて摂政となった人物**。父親の影響力は**良房**にも及んでおり、823（弘仁14）年には第52代嵯峨天皇の皇女・潔姫を妻に迎える。当時は皇女と臣下が婚姻することは原則的に禁じられていたが、潔姫が臣籍降下によって源姓を賜ったこと、さらに冬嗣に対する嵯峨天皇の厚い信頼がこの待遇を可能にしたと考えられている。**良房**本人も政治的力量を有し、父の影響力をうまく利用することで、父同様の立身出世を成功させていく。

825（天長2）年頃に蔵人の地位に就き、行政方面の中判事、官僚育成を目的とする大学寮のトップである大学頭などの要職を歴任し、834（承和元）年には31歳の若さで参議となっている。この頃には嵯峨天皇は上皇となり、その実子である第54代仁明天皇が即位していたため、**良房**は親子二代にわたって天皇からの厚い信頼を受けていた。

仁明天皇に嫁いだ**良房**の妹・順子は道康親王を生んでおり、**良房**はこの甥に皇位を継承させたいと考えていたが、仁明天皇の皇太子には第53代淳和天皇（当時は上皇）の皇子・恒貞親王（生母が嵯峨天皇の皇女・正子内親王）が立てられていた。

しかし、840（承和7）年に淳和上皇が崩御し、842（承和9）年に嵯峨上皇が病床に伏すと、恒貞親王の立場は危ういものとなってしまう。このため、恒貞親王に仕えていた伴健岑《とものこれみね》とその友人である橘逸勢《たちばなのはやなり》が、彼の身柄を安全な場所に移そうと画策するが、阿《あ》保《ぼ》親王（在原業平の父）の密告によって計画は**良房**の知るところとなる。最終的に健岑と逸勢は謀反人として流罪となり、恒貞親王も廃太子されてしまった。承和の変と呼ばれるこの事件によって、有力氏族であった伴氏と橘氏の勢力を削いだうえ、道康親王が皇太子に立てられ、**良房**は天皇家への影響力を強めていく。

そして、850（嘉祥3）年に道康親王が第55代文徳天皇として即位すると、**良房**は潔姫との間に生まれた娘・明子を彼に嫁がせた。そして明子が第四皇子にあたる惟仁《これひと》親王を生むと、紀氏の母をもち後ろ盾が弱い第一皇子の惟喬《これたか》親王を差し置いて、生後8カ月の孫を皇太子に立てさせたのである。

858（天安2）年に文徳天皇が崩御すると、惟仁親王はわずか9歳で第56代清和天皇として即位する。当時太政大臣だった**良房**は外祖父として実質的な摂政に就任し、強大な権力を握った。このため天皇の外祖父となる政略は**良房**の子孫に受け継がれ、藤原北家の権勢は天皇家をもしのぐほど強大化していくのである。

034 文学

在原業平（ありわらのなりひら）

825〜880年

『伊勢物語』の主人公のモデルとされる伝説的な色男

平安時代初期に活躍した歌人で、数々の女性と浮き名を流した伝説的な色男として語られることが多い人物。父は第51代平城天皇の皇子・阿保親王、母は第50代桓武天皇の皇女・伊都内親王と非常に優れた血筋だったが、父の意向で兄の行《ゆき》平《ひら》とともに臣籍降下して「**在原**」の姓を賜っている。第52代嵯峨天皇の皇子女が行った臣籍降下は朝廷の財政負担を減らすためのものだが、**業平**の臣籍降下は少し事情が異なる。

810（大同５）年に薬子の変が起きた結果、皇統は第52代嵯峨天皇の血筋に移っていた。父が崩御するまで都に入ることを許されないなど、皇位を巡る争いに振り回されていた阿保親王が息子たちの臣籍降下を望んだのも、皇位継承の野心がないことを表明させることで権力抗争から遠ざけようとする親心であったと考えられている。

第56代清和天皇から第57代陽成天皇の治世にかけて、**業平**は主に武官として働いていた。その生活の中で、母の身分の低さゆえに皇位に就くことができなかった第55代文徳天皇の第一皇子・惟喬親王に仕えていたとされる。どこか自分と同じような立場の皇族との交流が、**業平**の和歌の源流なのではないかという説もある。

最終的な地位としては、蔵人頭や右近衛権中将という軍事面における要職に就いているが、それは亡くなる３年前ぐらいのことで、当時隆盛を極めていた藤原氏に比べればかなり遅い出世であったことが見て取れる。

業平は**平安時代の歌物語『伊勢物語』の主人公のモデル**とされており、歴史書の『日本三代実録』でも、彼のことを「体貌閑麗、放縦不拘（容姿が良く、奔放な性格をしている）」、「略無才学、善作倭歌（漢詩の才能はあまりないが、よい和歌を詠む）」と紹介している。このため、『伊勢物語』に描かれているような、清和天皇の女御《にょうご》（天皇の妃）となった藤原高子《たかいこ》や、惟喬親王の妹で清和天皇の治世に伊勢斎宮に選ばれた恬子《やすこ》内親王といった高貴な女性たちとの禁断の恋によって、権力者たちから疎まれた可能性は高い（特に**業平**の蔵人頭就任は高子が生んだ陽成天皇の治世のことで、国母となっていた高子の口添えがあったために実現したと考えられている）。

しかし、貴族としては不遇だったがゆえに、歌人としての才能が磨かれ後世に名を残したともいえる。初の勅撰和歌集である**『古今和歌集』の序文に記された六歌仙**（代表的な６人の歌人）の一人に選ばれたうえに30首の和歌が掲載されており、**業平**は武官としての活動よりも歌人としてのイメージが強くなっている。

035 文学

小野小町（おののこまち）

生没年不詳

存在を危ぶむほど謎に包まれた日本の美女の代名詞

平安時代前期に活躍した歌人で、絶世の美女とされている女性。日本で愛らしい女性を「小町娘」と呼ぶのは彼女に由来する。しかし、生前の**小町**の姿を描いた絵や彫刻などは存在せず、「百人一首」にも選ばれている「花の色は 移りにけりな いたづらに 我が身世にふる ながめせし間に」という彼女の代表的な和歌や伝説などから、美女と推測されているにすぎない。なお、後世に描かれた**小町**の絵は十二単などを着用しているが、彼女が活躍したのは遣唐使が廃止される前で国風文化が花開いていない時代であるため、実際の**小町**は奈良時代の女性とそれほど変わらない髪型や服装をしていた。

出生についても謎が多く、一般的に出羽国（現在の山形県と秋田県）の郡司・小野良真《おののよしざね》の娘で、小野篁《おののたかむら》の孫といわれているが、良真の存在は確証が乏しいうえ、篁の場合は生没年がはっきりしているものの**小町**の活躍した時期と年代が噛み合わないため真相は不明のままである。なお、篁は記録によると身長が約180cmあり武芸も得意だったとされ、実在する孫の好古も藤原純友の乱の鎮圧を任命された軍事貴族であるため、本当に**小町**が篁の孫娘であった場合、従来の「手弱女《たおやめ》（しなやかで優美な女性）」のイメージとはかけ離れている可能性もある。

これほどに出自について不明点が多い**小町**が歴史に名を残したのは、最初の勅撰和歌集である『古今和歌集』の序文に記された**六歌仙（代表的な６人の歌人）に女性としてただ一人選ばれている**ほど、優れた和歌の才能をもっていたからである。平安時代、和歌は貴族にとって必要不可欠なコミュニケーションツールであったため、必然的に天才歌人として**小町**が神聖視されることになった。

また、出自について謎が多いもののかろうじて実在の人物であると考えられているのは、実在が証明されている在原業平や良岑宗貞《よしみねむねさだ》（六歌仙の一人・遍照《へんじょう》）といった同時代の有名歌人たちと和歌を贈り合った記録が多数残されているからである。

ミステリアスな美女は創作意欲をかき立てるのか、芸能や文学の題材に用いられることが多い。中でも謡曲の『通小町』や『卒塔婆小町』によって、深草少将の求愛が失敗に終わる百夜通《ももよがよい》や年老いた小町が美貌を失い没落する老衰落魄譚などの**小町**伝説のベースが築かれた。特に『卒塔婆小町』は昭和の文豪・三島由紀夫によって現代能楽としてリライトされるなど、後世に多大な影響を与えている。

036 政治 宗教

菅原道真（すがわらのみちざね）

845〜903年

藤原氏によって無実の罪で左遷され非業の死を遂げた天才

平安時代前期に活躍した学者にして貴族で、現代では**学問の神として崇敬を集めている**人物。官吏を育成する大学寮で、歴史や漢文学の指導官である文章博士を世襲する菅原氏の出身。**道真**も幼い頃から漢詩を作るなど文学の才能に優れ、当初は学者として出世を果たしていた。しかし、886（仁和２）年に讃岐守に任命されたことから、**道真**は文章博士を辞して讃岐国に赴任することになった。

左遷といわれたこの人事に落ち込んだ**道真**だが、現地では大干ばつに苦しむ農民のために雨乞いの儀式を行うなど民生の向上に努めたという。そうした行動が評価されたのか、都に戻った**道真**は第59代宇多天皇の側近に抜擢され、891（寛平３）年には蔵人頭に任命されている。宇多天皇には優秀な**道真**を登用することで、勢力を強める藤原氏を牽制する意図があったからである。

そのため、897（寛平９）年に宇多天皇が第60代醍醐天皇に譲位して上皇になったあとも、**道真**は上皇の側近として重用され続け、899（昌泰２）年には右大臣に昇進している。しかし、901（昌泰４）年に謀反の疑いをかけられ大宰府に左遷されてしまう。

昌泰の変と呼ばれるこの事件は、**道真**とほぼ同等の地位にあった藤原時平や、**道真**の出世に反感を抱いていた貴族たちによる陰謀と見られている。そして、冤罪によって政治中枢から追われた**道真**は、失意のまま903（延喜３）年に大宰府で亡くなっている。

道真の死後、その冤罪に関わったとされる藤原氏の要人が次々と病死し、923（延喜23）年には醍醐天皇の皇子・保明親王までもが薨去している。朝廷の人々はこれを**道真**の祟りだと恐れ、**道真**の名誉を回復することでその怒りを鎮めようとした。

しかし、930（延長８）年に天皇の日常生活の場であり公卿や殿上人が伺候する内裏の清涼殿に雷が落ち、朝廷の要人に多数の死者が出てしまった。そのため、**道真**は**日本三大怨霊の一人**として恐れられるようになるが、当時は怨霊を神として祀ることで祟りを鎮める御霊《ごりょう》信仰が盛んだったこともあり、947（天暦元）年には北野の地に**道真**を神として祀る神殿（現在の北野天満宮）が造営された。

平安末期から鎌倉時代に移り行く中で、怨霊としての性格より、生前の**道真**が優れた学者であったことから学問の神として崇敬を集めるようになった。また、雷は雨をもたらし豊作を促すと考えられていたことから、雷神でもある**道真**は農耕の神としても信仰されるようになったのである（実際、雷による稲の生長は科学的に立証されている）。

佐藤優の言葉

現代でも、中央省府や大企業の人事抗争は熾烈だ。政争によって左遷された人には怨霊にまでなった道真の気持ちが皮膚感覚でわかると思う。

037 政治

醍醐天皇（だいごてんのう）

885〜930年

「道真の祟り」に怯えることになった偉大な天皇

第59代宇多天皇の第一皇子として生まれた第60代天皇。出生当時は宇多天皇が臣籍降下をして**源定省**《みなもとのさだみ》と名乗っており、**醍醐天皇**も**維城**《これざね》と名付けられていた。しかし、祖父である第58代光孝天皇の継承問題から皇族に復帰した際に諱を**敦仁**《あつぎみ》と改名。臣下の身分に生まれるも、その後天皇となった唯一の存在としても知られている。

即位後は摂政や関白などを置かず、藤原時平や菅原道真など有能な人物を重用し、天皇親政を行っており、延喜の荘園整理令の発布や、第52代嵯峨天皇の命令で編纂された「弘仁格式」や第56代清和天皇の命令で編纂された**「貞観格式」を取捨・改定して「延喜格式」を完成**させるなど、律令制度の復興に尽力。正史の**『日本三代実録』や最初の勅撰和歌集『古今和歌集』の編纂を命じる**など、文化面での功績も多い。また、疫病の流行や天災の際には税の免除や大赦を行い、民衆の立場に寄り添った考えを忘れなかったことから、その治世は非常に安定したという。そのため、醍醐天皇の政治を手本にして善政を敷いた第62代村上天皇の治世と合わせて、両帝の治世はそれぞれの年号から「延喜天暦の治」と呼ばれ、後世に天皇政治の理想とされている。

輝かしい功績を持つ**醍醐天皇**の唯一の瑕疵《かし》とされるのが、901（昌泰4）年に起きた昌泰の変において、菅原道真を大宰府に左遷した事件であろう。

藤原氏が勢力強化を目論み、道真を失脚させるために謀反を企んだという罪を被せたとされるこの事件で、**醍醐天皇**が道真を庇わなかったのは、近年では父である宇多上皇の影響力を削ぐために、その寵臣である道真を天皇自身が邪魔に感じていたために、比較的に天皇の命令に忠実だった藤原時平の進言に乗ったと考えられている。

実際、事件後に宇多上皇の政治的影響力は減じ、**醍醐天皇**の親政はより強固になっており、時平は延喜の荘園整理令の施行に協力的であった。

しかし、909（延喜9）年に時平が亡くなり、その後は皇位を継承するはずの息子や孫に先立たれるという悲劇に見舞われると、**醍醐天皇**は「道真の祟り」に怯えて過ごすことになる。923（延喜23）年、道真を右大臣の地位に復帰させることでその怒りを鎮めようするが、不穏な状況はその後も続き、930（延長8）年には天皇の住居である清涼殿に雷が落ち、道真の左遷に関わった朝廷の要人が多数死亡してしまう。

事件を間近で目撃した**醍醐天皇**はショックで病床に伏し、同年に第61代朱雀天皇に譲位を行った7日後に崩御している。

もっと深く知りたい人のための推薦図書

・**『菅原道真　学者政治家の栄光と没落』**滝川幸司／中央公論新社
・**『平安宮廷の日記の利用法　『醍醐天皇御記』をめぐって』**堀井佳代子・著　倉本一宏・監修／臨川書店

038 軍事 宗教

平将門（たいらのまさかど）

?〜940年

関東に新しい朝廷を開く夢破れ、江戸の守護神となった男

下総国（現在の千葉県北部とその周辺地域）を拠点にした武士で、939（天慶２）年に**武士の最初の反乱を起こし**、死後は日本三大怨霊の一人に数えられ恐れられた人物。**将門**が反乱を起こした原因を知るためには、当時の地方について知らなければならない。外戚政治によって藤原氏が台頭し、ほかの有力な氏族を排斥した９世紀が終わると、地方では豪族が領地を守るために武装したり、紛争を鎮圧するために都から派遣された軍事貴族が土着化したりするようになった。これが武士の始まりとされており、地方の武士たちは皇族や大貴族に仕えて官位を授かることで自分たちの権威を保った。武士の別称が「侍」というのは、武士がもともと「貴人の側に侍る者」だったことに由来する。

土着化した軍事貴族の中には臣籍降下した天皇の子孫も存在し、**将門**の一族は平の姓を賜った桓武天皇の末裔にあたることから、桓武平氏と呼ばれている。

父・良持（良将）はかつて鎮守府将軍を務め、若き日に摂政や関白を務めた大貴族・藤原忠平に仕えたことがある**将門**は、血筋だけでなく恵まれた経歴をもっていた。しかし、延長年間（923〜931年）に父の遺領を巡って父の兄弟（国香《くにか》・良兼・良正）と対立するようになる。そして、935（承平５）年に起きた合戦で国香が亡くなると、**将門**は都に呼び出されて事情聴取を受けるが、朱雀天皇の元服を祝う恩赦によって下総国に戻ることができている。ここまでは、一族内の内紛と見なされたようである。

しかし、官物の弁済を巡って常陸介・藤原維幾に追われた豪族の藤原玄明を庇護した**将門**は、維幾から出された玄明の追捕依頼を無視するだけでなく、939年に兵を率いて常陸国（現在の茨城県の大部分）の国府を襲撃し、維幾から国司の印と国府の財を収めた倉の鍵を奪ったのである。これは明らかに国家への反逆行為であった。

その後、下野国（現在の栃木県）や上野国（現在の群馬県）の国府も襲撃して支配下に置いた**将門**は、**自らが「新皇《しんのう》」として即位することを朝廷に対して宣言**したのである。

ほぼ同時期に、瀬戸内海でも海賊の棟梁となった藤原純友が反乱を起こしたことから、将門と純友が手を結んで都を挟み撃ちにすると考え、大混乱に陥った朝廷は、**将門**の従兄弟にあたる貞盛《さだもり》（国香の息子）と、武勇の誉れ高い藤原秀郷（貞盛にとっては母の兄弟でもある）に討伐を命じた。

940（天慶３）年に将門の戦死によって乱は終結し、以降も1028（長元元）年に平忠常の乱、1051（永承６）年に前九年の役、1083（永保３）年に後三年の役と武士の反乱が

起きている。しかし、1180（治承4）年に源頼朝が平氏打倒のために挙兵した際、九条兼実はその驚きを日記『玉葉』に「宛も**将門**の如し」と記しており、約200年も引きずるほど、都の貴族たちは**将門**の反乱に衝撃を受けたようである。そして、多くの**将門**伝説が生み出された。

特に有名なのが、都の七条河原にさらされた**将門**の首が何カ月たっても腐敗せず、ある日、関東を目指して飛び去ったという「**将門**の首伝説」であろう。このため**将門**は、菅原道真や崇徳上皇とともに日本三大怨霊の一人に数えられ、多くの人々から恐れられたが、その一方で、**将門**を英雄視する関東の武士団は少なくなかった。

その一つが、**将門**の叔父であり、乱のあとに**将門**の領地である下総国相馬郡を与えられた良文を祖とする江戸氏である。実は、江戸氏の所領であった武蔵国柴崎村には**将門**の墳墓があり、これが現在の東京都千代田区大手町にある**将門**の首塚にあたるのだが、江戸氏によって築かれた可能性が高い。

鎌倉時代後期、管理する者がいなくなり**将門**の墳墓が荒れ果てると、柴崎村の村民は祟りに悩まされるようになったという。しかし、時宗の僧侶の供養により祟りが鎮まったことから、もともと村にあった天台宗の寺院を時宗に改宗し、**将門**の亡魂は寺院の境内に鎮守として祀っていた明神に配祀して神田の産土神としたといわれている。この言い伝えは、現在は浅草に移転している日輪寺と神田明神の縁起にあたる。

かつての江戸は東国の寒村にすぎなかったが、徳川家康がこの地に新しい幕府を開き、天下人にふさわしい城下町を開発したことで、神田明神は江戸の総鎮守として崇敬を受けるようになり、その御祭神の一柱となった**将門**の人気は非常に高まった。その人気を裏付けるように、人気作家・山東京伝が1806（文化3）年に**将門**の子孫の伝説を下敷きにした読本『善知安方忠義伝』を発表し、この物語に感銘を受けた浮世絵師の歌川国芳が「相馬の古内裏」という錦絵の傑作を残している。

明治時代に入ると、朝廷に反逆した**将門**を神田明神の祭神から外すべきという声が新政府内で上がった。そこで神田明神は新たに設ける摂社に遷座させることで**将門**を守ろうとするが、代々**将門**を信仰してきた氏子たちを怒らせてしまう。そこで、不満を和らげるために明治天皇の神田明神行幸が実行された。しかし、それでも氏子たちは納得せず、1984（昭和59）年に神田明神は**将門**を本殿に復座させたのである。

もっと深く知りたい人のための推薦図書

・『**平将門の乱を読み解く**』木村茂光／吉川弘文館
・『**将門伝説の歴史**』樋口州男／吉川弘文館
・『**平将門と天慶の乱**』乃至政彦／講談社

039 軍事

藤原秀郷（ふじわらのひでさと）

生没年不詳

平安朝屈指の剛の者として数多の伝説を生んだ軍事貴族

将門の乱の鎮圧に派遣された軍事貴族で、中世の説話集では**俵**《たわら》（田原）**藤太**《とうた》という名前で登場することが多い。藤原氏の主流・北家の出身であるが、**秀郷**の家系は、藤原房前の五男・魚名《うおな》の子孫という傍系であるため、早くから国司として地方行政に携わっていた。祖父にあたる豊沢が下野国の掾《じょう》（国司の三等官）となり、国内の治安維持にあたる押領使《おうりょうし》に任命され、**秀郷**の一族の軍事貴族化と下野国への土着化が進んだ。戦国時代に上杉謙信の猛攻に耐え、「関東一の山城」と称された唐沢山城（栃木県佐野市）は、下野国を拠点にした**秀郷**が築城したと伝えられている。

在庁官人として下野国府で一定の影響力をもっていた**秀郷**だが、916（延喜16）年には上野国の騒動に関与した罪で流罪となり、929（延長7）年には乱行を理由に下野国府を追放されるなど、かなり問題児であったことがうかがえる。なお、**秀郷**は927（延長5）年に下野国の押領使に任命されたという説もあるが、その2年後に国府を追放されていることから、疑問視する声も多い。

秀郷の名が歴史に刻まれた最大の理由は、当時としてはかなり高齢でありながら下野国の押領使として**将門の乱の鎮圧にあたり**、激闘の末に940（天慶3）年に**将門を討ち取った**ことであろう。この功績によって、**秀郷**は下野守と武蔵守、さらに鎮守府将軍に任命されている。地方の国はその国力に応じて「大国・上国・中国・下国」と四つの等級に分けられており、大国である下野国と武蔵国の行政トップに就任するということは、関東で非常に大きな権力をもつことを意味した。さらに、当時の武士にとって名誉な地位である鎮守府将軍への就任は、武将としての**秀郷**のブランドを高めた。

この結果、下野国を本拠地とした佐野氏や小山氏をはじめ、**秀郷**は有名な武家の始祖として崇敬を集めるようになる。その一方で、**秀郷**の名声にあやかろうと子孫を自称する者も多く、平泉を中心に勢力を誇った奥州藤原氏もその一つと考えられている。

平安時代、源頼政の鵺《ぬえ》退治に代表されるように、武勇に優れた者は怪異にも負けないという考え方があったことから、**秀郷**には竜神に依頼されて巨大な百足《むかで》の化け物を退治する「百足退治伝説」が伝えられている。

伝説によると、百足退治のお礼として**秀郷**は竜神から鎧と太刀を贈られているが、その鎧とされる「避来矢《ひらいし》」は**秀郷**を祀る唐澤山神社（唐沢山城本丸跡に鎮座）に、太刀とされる「毛抜形太刀」は伊勢神宮に所蔵されている。

040　宗教

源信（げんしん）

942〜1017年

仏教における地獄観を世に広めた人物

985（寛和元）年、念仏による極楽往生の方法を示した『往《おう》生要集《じょうようしゅう》』を著した人物。**恵心僧都《えしんそうず》**という尊称で呼ばれることも多い。

仏教の世界では、釈迦の入滅後千年間は正しい教えが守られる「正法」の時代、次の千年間は正法に似た教えによって修行をしても悟りをひらく者がいなくなる「像法」の時代、そしてその後1万年は釈迦の教えが存在するものの、悟りをひらくどころか修行をする者もいなくなり乱世となる「末法」の時代と考えられていた。こうした考えを末法思想と呼び、日本では1052（永承７）年から末法の時代が始まるとされた。

末法の世を恐れた人々は一層仏教に救いを求めるようになり、10世紀頃から、如来や菩薩が住むとされる「浄土」への往生を願う信仰・浄土教が誕生し、中でも西方にあるという極楽浄土に住む阿弥陀如来への信仰が盛んになった。

源信は大和国で生まれ育ち、浄土教の熱心な信者であった母親の影響を受けてまだ少年の頃に比叡山延暦寺に入り、一般的に「元三大師《がんざんだいし》」という通称のほうが有名な慈恵大師・良源《りょうげん》に師事している。当時の比叡山延暦寺は全国から秀才が集まる最高学府のような機関で、**源信**はそうした秀才たちの中でもずば抜けて優秀であったため、956（天暦10）年にわずか15歳で第62代村上天皇が行った法会の講師に選ばれている。

この時、**源信**は褒美として賜った品を母親に贈るが、褒美の品を喜ぶ**源信**に煩悩がまだまだ残っていることを嘆かれてしまう。反省した**源信**は僧侶として栄達できる延暦寺での修行をやめ、比叡山の中心から外れていた横川《よかわ》に移り、『往生要集』の執筆に専念する。このため、『源氏物語』に登場する「横川の僧都」のモデルとされている。

膨大な数の仏典・経典を引用し、**わかりやすく仏教における地獄と極楽の世界観を紹介した『往生要集』の登場**により、浄土信仰がほぼ確立したと考えられている。浄土宗の開祖・法然や浄土真宗の開祖・親鸞も影響を受けていることから、『往生要集』は時代を変えた一冊といっても過言ではない。

なお、『往生要集』の評価は国内にとどまらず、商船を介して中国・浙江省にある国清寺（天台宗発祥の寺院）に送られたところ、その完成度の高さを絶賛されたという。

『往生要集』によって名声を確立した**源信**は、藤原道長など大貴族から帰依を受け、僧侶の位階の一つ「僧都」を授かる。しかし、現世での名誉を望まないことから１年ほどで位階を辞退し、以降は亡くなるまで仏教書の執筆や編纂に専念したという。

041 宗教

安倍晴明（あべのせいめい）

921～1005年

貴族から信頼を集めた最強の陰陽師

平安時代に活躍した陰陽師。陰陽師とは中務《なかつかさ》省（臣下の上表を天皇に伝達し詔勅の起草を司る省庁）に属した陰陽寮の官吏のことで、彼らは陰陽道を用いて天文・暦・報時を司った。なお、陰陽道とは中国から伝来した陰陽五行思想に基づき、道教・密教・宿曜道などの占星術、さらに古神道を取り込んで日本で独自に発展させた呪術・祭祀の体系のこと。当時の人々は非常に信心深く縁起を重視したため、陰陽道によって吉凶や禍福の判断、厄払いや呪詛などが可能な陰陽師は、天皇や貴族たちから頼りにされる存在であった。

安倍仲麻呂などを輩出した安倍氏の人間と考えられているが、実は不明点が多い。**晴明**の母親は白狐であるという伝説は、あくまでも**晴明**の超人ぶりをアピールするためのフィクションであることに留意しなければならない。

晴明は当時の最先端の学問であった天文道、陰陽道、暦道のすべてに精通した陰陽師である賀茂忠行《かものただゆき》・保憲《やすのり》父子に幼い頃から入門し、陰陽道を志したとされている。平安時代末期に成立した説話集『今昔物語』には、牛車に乗った忠行のお供で夜の街を歩いていた**晴明**が恐ろしげな百鬼夜行が近づいていることに誰よりも早く気づいたことから、忠行は**晴明**の優れた資質を見出し、多くの術を伝授したというエピソードが残されているが、実際の**晴明**は40歳の時点でまだ天文得業生《とくごうしょう》（天文道を学ぶ学生）で、正式な陰陽師になれたのは41歳からと陰陽寮内での出世は遅かった。しかし、第62代村上天皇に占いを命じられるなど、**占いの才能はすでに貴族社会で認められていた**ことがうかがえる。

以降、「追儺《ついな》」と呼ばれる鬼追いの儀礼や冥府の神・泰山府君《たいざんふくん》に長命を祈る祭祀などに携わるだけでなく、59歳の時に皇太子の師貞《もろさだ》親王（後の第65代花山天皇）の命令を受けて天狗を封ずる儀式を行なったり、72歳の時には病に倒れた第66代一条天皇が**晴明**の禊によって回復したり、さまざまな記録に**晴明**の名が登場している。

屋敷跡に晴明神社（現在の京都市上京区）が創建されて死後に神格化が始まった**晴明**であるが、陰陽寮の長官にあたる陰陽頭に就任することはなかった。これは当時、陰陽頭は賀茂氏が世襲する不文律があったためである（後に**晴明**の息子が陰陽頭に就任することでこれも破られる）。

佐藤優の言葉

現代的に言うとインテリジェンス・オフィサーで、目には見えない危険（そこでは人間の嫉妬が果たす役割が大きい）を敏感に察知し、権力者から重用された。

042 文学

紀貫之（きのつらゆき）

?～945年

有名歌人にして日記文学の先駆けとなる『土佐日記』の作者

905（延喜5）年、第60代醍醐天皇の命令により最初の勅撰和歌集となる**『古今和歌集』の編纂を行った**人物。ヤマト政権に仕えた古代豪族の紀氏の出身だが、藤原氏による他氏排斥の影響で当時の紀氏は中流貴族となっていた。**貫之**は866（貞観8）年から872（貞観14）年の間に誕生したと考えられるが、確定には至っていない。ただし、幼名が**阿《あ》古《こ》久《く》曽《そ》**だったことは判明している。久曽はその音の通り糞便のことで、あえて汚い名前をつけることで魔除けの効果が得られると考えられていた、当時の風習による命名といわれている。

貫之が活躍した時代は平仮名や片仮名が使われるようになった時期でもあるが、公的な文書は漢字で記述されるのが常識の時代であった。しかし、**貫之**が『古今和歌集』の序文として平仮名で記述した「仮名序」を著わしたことで、**公的な文章にも平仮名を用いてもよいという前例ができ、後の日本文学に非常に大きな影響を与えた**のである。

勅撰和歌集の撰者に選ばれるほど優れた歌人であった**貫之**は、その「仮名序」の中で「やまと歌は、人の心を種として、よろづの言の葉とぞなれりける」と述べ、心と言葉という二面が合わさったものこそが和歌の理想の形であると唱えた。このため「仮名序」は最初の歌論とされ、以降の歌人が和歌を詠む際の心得の一つとなった。

しかし、それゆえに似たような和歌が詠まれるようになり、明治時代には正岡子規から「**貫之**は下手な歌よみにて古今集は下らぬ集にて有之候」と批判されることとなる。

貫之は土佐守に任命され、930（延長8）年から934（承平4）年にかけて、土佐国（現在の高知県）に赴任している。平安時代に誕生した日記文学の先駆けとなる『土佐日記』は、**貫之**が任期を終えて土佐国から都に戻るまでの旅路を綴った作品である。

最大の特徴は、書き手を女性にしている点。当時の男性貴族の日記は備忘録のようなもので、漢字で記述するのが一般的であった。しかし、『土佐日記』は書き手が女性という設定のため平仮名で記述でき、漢字では難しい微妙な表現が可能であることを示したことで、「仮名序」と同じく以降の日本文学を変えることとなる。

残念ながら**貫之**は官吏としてはあまり出世できず、40代中盤頃で従五位下程度であったといわれている。しかし、和歌の代作や当時流行していた屏風歌（屏風に描かれた絵の画題に合った和歌を詠むこと）を依頼されるなど、貴族社会では歌人として高く評価され、平安時代中期には**三十六歌仙の一人**に選ばれている。

043 政治

藤原兼家（ふじわらのかねいえ）

925〜977年

兄との権力闘争を制し藤氏長者となった男

第62代村上天皇の治世で右大臣を務めた藤原師輔《もろすけ》の三男として生まれながら、策謀と運によって藤原氏の頂点に立った人物。藤原北家の中でも嫡流の家系に生まれた**兼家**はその恩恵を十分に受け、三男ではあったが蔵人頭や左近衛中将といった要職に就き、次兄の兼通《かねみち》を追い越す速度で出世していった。

「英雄色を好む」という言葉通り、**兼家**は正室である時姫以外の多くの女性と浮き名を流しており、次男の道綱《みちつな》の母となった藤原倫寧《ともやす》の娘は、日記文学の名作『蜻蛉日記』の作者（本名が不明のため「藤原道綱母」と呼ばれている）として知られている。

しかし、順調な出世が後に兼通との確執を生むこととなる。972（天禄３）年、第64代円融天皇の外伯父として摂政を務めていた長兄の伊尹《これただ》が病死したことで、**兼家**は兼通と摂政の座を争うことになった。当時は**兼家**のほうが位階は上であったが、兼通と**兼家**にとって姉妹である円融天皇の生母・安子が「摂政や関白を任命する場合は、兄弟の順で」という遺言を残していたことから、円融天皇は兼通を関白に準じる役職である内覧に任命する（後に関白に就任）。兼通は自分より早く出世していた弟を疎んじていたため、以降の**兼家**は出世が止まり、不遇の時代を迎えることとなった。

しかし、**兼家**は逆転の切り札を持っていた。円融天皇の第一皇子である懐仁親王は、**兼家**の娘・詮子が生んだ子だったのである。984（永観２）年に円融天皇が甥にあたる第65代花山天皇（第63代冷泉天皇の第一皇子）に譲位すると、懐仁親王は皇太子に立てられ、**兼家**の野望は一歩実現に近づいたのである。ただし、即位当時の花山天皇は16歳と若く健康であったため、ただ待っているだけでは**兼家**が天皇の外祖父になる前に死んでしまう可能性もあった。

即位の翌年、花山天皇は寵愛する妃が妊娠中に亡くなったことにショックを受け、非常に情緒不安定な状態に陥った。**兼家**はこれに付け込み、三男の道兼を通じて言葉巧みに花山天皇に出家を勧め、その地位を失わせたのである。

後に寛和の変と呼ばれるこの政変によって、７歳の懐仁親王が第66代一条天皇として即位する。幼い天皇が政治を執ることができないため、外祖父である**兼家**は**摂政に就任し、自分の子息たちを次々と公卿に抜擢して朝廷における自分の地位を固めた。後に藤氏長者《とうしのちょうじゃ》（藤原氏全体の頂点に立つ者のこと）となった兼家によって、摂関政治の全盛期は始まった**のである。

044　**軍事**

源頼光（みなもとのらいこう）

948〜1021年

酒呑童子を退治した伝説をもつ武将

平安時代中期に活躍した武士で、清和源氏の中でも摂津国（現在の大阪府北中部から兵庫県南東部）を拠点にした摂津源氏の祖とされる人物。**頼光**の父・満仲は969（安和２）年に起きた安和の変において、左大臣・源高明を失脚させる手伝いをしたことで藤原氏に重用されるようになり、鎮守府将軍の地位にまで上り詰めた武士である。

満仲はさまざまな国の受領（任地に赴任する国司）を歴任して富を蓄え、最終的に摂津国多田荘（現在の兵庫県川西市）に土着して武士団を作り上げた。**頼光**は長子として父の基盤を受け継ぎ、藤原北家の嫡流となった藤原兼家・道長父子に仕えている。

なお、**頼光**の弟である頼信は河内国に土着して河内源氏の祖となっているが、この河内源氏の子孫から鎌倉幕府を開く源頼朝が誕生している。

986（寛和２）年、第66代一条天皇が即位すると、第63代冷泉天皇の第二皇子・居《おき》貞《さだ》親王（後の第67代三条天皇）が皇太子に立てられる。一条天皇も居貞親王も兼家の孫にあたることから、春宮権大進として居貞親王に仕えていた**頼光**はこの時期から藤原氏とのつながりを深めていき、990年（正暦元）年頃から道長の側近として活躍するようになったと考えられている。道長が朝廷内において権力を拡大させるにつれ、その護衛役として存在感を増した**頼光**は「朝家の守護」と呼ばれるようになっていった。

なお皇族や上級貴族の家では家政を司る「家司《けいし》」と呼ばれる職員が存在したが、摂政や関白を輩出する摂関家の場合は、地方の有力武士が家司となった。彼らは摂関家の援助によって受領となって財を成し、主家である摂関家に多額の貢納を行うことで受領の任期を延長してもらったり、さらに条件のよい国の受領に任じてもらったりした。そのため、**頼光**のような存在は日本史に多数存在する。にもかかわらず、**頼光**の名前が後世に残ったのは、彼が**酒呑童子という鬼や土蜘蛛と呼ばれる妖怪を退治したという伝説**をもつからであろう。

後に「頼光四天王」と称されることになる渡辺綱、卜部季武、碓井貞光、坂田金時という４人の武将を従え、山に棲む鬼の頭領や、巨大な人喰い蜘蛛と戦ったという伝説は、**頼光**が郎党を率いて治安を乱す賊を討伐した活躍などを下敷きにして、後世に創作されたものと考えられている。そして、その**伝説を下敷きにして能楽や歌舞伎の演目が創作された**ことで、**頼光**の知名度と人気は高くなったのである。

佐藤優の言葉

『御伽草子』の酒呑童子伝説に出てくる鬼退治で有名だ。鬼という表象で朝廷にまつろわない土着の武装勢力制圧を物語化したのであろう。能力の高い武士だったのだと思う。

045 政治

藤原道長（ふじわらのみちなが）

966〜1027年

次々と娘を天皇に嫁がせ摂関政治の絶頂期を築いた男

藤原兼家の五男（正室の子としては三男）として生まれるが、強運によって藤氏長者（藤原氏全体の頂点に立つ者のこと）となり、第68代**後一条天皇の外祖父として実質的な最高権力者となった**人物。

道長の幼少期、兄との権力抗争に敗れた兼家は不遇の時代だった。しかし、第64代円融天皇に嫁いだ娘・詮子が980（天元３）年に第一皇子・懐仁親王（後の第66代一条天皇）を出産したことで兼家は復活し、**道長**も同年に15歳の若さで従五位下の位階を得て貴族となり、その後武官として順調に昇進していった。

986（寛和２）年に起きた寛和の変でも、**道長**は兄たちとともに一定の役割を果たしているが、まだ若かったこともあり、兄たちに付き従う存在にすぎなかった。兼家が摂政となったことでさらなる昇進を遂げたものの、同母の兄が二人もいる**道長**がこの時点で絶対的権力を手にする可能性は低かった。

しかし、兼家が990（正暦元）年に亡くなると、その息子たちの歯車は少しずつ狂い始める。長男の道隆《みちたか》は父の喪中であるにもかかわらず、娘の定子を甥にあたる一条天皇に嫁がせ、さらに嫡男の伊周《これちか》を強引に出世させたことで世論の反感を買ってしまったのである。**道長**も長兄に反発し、中宮（天皇の正妃）となった定子のもとに挨拶に訪れず、かえって世間から賞賛されたといわれている。

とはいえ、13歳も年上の道隆は圧倒的に優位な立場にあり、**道長**には勝ち目はなかった。ところが、995（長徳元）年に道隆が病で亡くなり、関白の地位を受け継いだ次兄の道兼もすぐに病死してしまったことで、**道長**は権力を握るチャンスを手にする。ただし、その前には甥の伊周という障害が立ちはだかっていた。

一条天皇は中宮の定子を寵愛していたため、彼女を守るためにも、その兄である伊周を関白にしようと考えていたという。しかし、一条天皇の生母である詮子は甥の伊周よりも弟の**道長**を高く評価しており、彼女の強い後押しによって、**道長**は関白に準じる役職の内覧に任命されたのである。そして、当時の**道長**はまだ関白を任せるにふさわしい地位ではなかったため、まずは右大臣と左近衛大将を兼任させている。

伊周も関白の地位をあきらめていなかったが、996（長徳２）年に伊周は弟の隆家に第65代天皇だった花山法皇を襲撃させるという事件（長徳の変）を起こしてしまう。当時、花山法皇は出家の原因となった藤原忯子《しし》の妹と交際をしていたが、すでに出家している立場のため世間体を考えて人目を忍んで恋人のもとに通っていた。実は伊周も忯子の別の妹と交際しており同じ邸に通っていたため、偶然見かけた花山法皇が自分の恋人にちょっかいを出していると勘違いした結果、隆家に命じて花山法皇に矢を射かけさせたというのが事件の真相である。

元皇族への暴挙はさすがに言い逃れできず、伊周と隆家は左遷される。そして政敵の自滅によって**道長**は絶対的権力への道を確実なものとしたが、左大臣に昇進するだけで関白には就任しなかった。これは、天皇との関係性によってその権限が変化してしまう関白の地位に就くよりも、天皇の外祖父の地位を得られるようになるまで、関白ではなく左大臣として権力を行使しようとした思惑があったとされている。

その狙い通りに、**道長**は長女の彰子《しょうし》を一条天皇に嫁がせ、皇后となった彼女が1008（寛弘5）年に第二皇子・敦成《あつひら》親王を生んだことで、**道長**の政治的地盤はさらに強固なものとなっていく。焦って関白の座に就くのではなく、朝廷との血縁を重視した**道長**の長期的戦略が見事に成功した結果といえるだろう（なお、一条天皇の第一皇子・敦康《あつやす》親王は**道長**の姪である定子の所生で、後ろ盾となるべき伊周が失脚したため、弟の敦成親王を差し置いて皇位を継承できる立場ではなかった）。

その後も、次女の妍子《けんし》は第67代三条天皇に、三女の威子《いし》は第68代後一条天皇に嫁ぎ、それぞれ中宮（皇后）となり、栄華の頂点を極めた道長は「一家三后（一つの家から３人の皇后を輩出）」と表現されたその繁栄ぶりを**「この世をば わが世とぞ思ふ 望月の 欠けたることの なしと思へば」という和歌に詠んでいる。**

ただし、**道長**は親政を望んだ三条天皇との関係があまりよくなく、その皇太子となった孫の敦成親王を即位させるために、たびたび三条天皇に譲位を迫るなど、兼家譲りの強引さも持ち合わせている。不運にも眼病を患ったことで抵抗が難しくなった三条天皇は、1015（長和４）年に実子・敦明《あつあきら》親王を皇太子に立てることと引き換えに譲位に同意する。その結果、敦成親王が後一条天皇として即位するが、敦明親王は**道長**の圧力に屈して皇太子の位を辞退してしまったという。

当時は末法思想が流行していたこともあり、晩年の**道長**は仏教に救いを求めるように法成寺の建立に専念する。死は万人に平等に訪れるが、我が子に先立たれたうえ、病に苦しめられるなど、**道長**の最期は決して穏やかなものではなかった。

もっと深く知りたい人のための推薦図書

- **『藤原道長「御堂関白記」を読む』**倉本一宏／講談社
- **『藤原道長　男は妻がらなり』**朧谷寿／ミネルヴァ書房
- **『源氏物語の時代―一条天皇と后たちのものがたり』**山本淳子／朝日新聞社

046 芸術

定朝（じょうちょう）

?〜1057年

寄木造の技法を駆使し優美な和様の仏像を生み出した仏師

平安時代中期に活躍した仏師（仏像を専門に制作する彫刻家）。その出自は明らかではないが、同じく仏師であった康尚《こうしょう》の子、またはその弟子であったと考えられている。

1020（寛仁４）年に康尚の指導のもとで制作された、法成寺の無量寿院阿弥陀堂に安置する丈六九体阿弥陀像が現在確認されている定朝の最古の作品である。この像は法成寺を建立した藤原道長の依頼で造られたもので、このあとも**定朝**は道長の一族と密接な関係をもち、さまざまな仏像を造り上げていくことになる。

1022（治安２）年には法成寺の金堂および五大堂の仏像を制作。当時、優れた仏師や絵師には**法橋《ほうきょう》・法眼《ほうがん》・法印《ほういん》**という３段階の僧侶の位階を授ける慣習があり、法成寺の仏像制作の功績によって**定朝**もまずは法橋の位階を授かっている。この結果、僧侶より低く見られがちだった仏師の地位は向上したといわれている。

それまでの仏師は特定の寺院に所属し、一本の木から彫り出す一木造という技法を用いるのが一般的だった。しかし**定朝**は独立した工房を設け、複数の木を組み合わせる**寄木造という技法を用いることで作業の分業化による制作期間の短縮と、一木造では難しかった仏像の巨大化に成功した**のである。

その顕著な例が1026（万寿３）年に制作された27体の等身仏である。第68代後一条天皇の中宮（皇后）である道長の娘・威子の安産祈願のために制作されたこれらの仏像は、125人の仏師を動員し当時としては驚異的な早さの約３カ月で完成している。

そのため、全国に**定朝**の作品といわれる仏像が多数残されているが、厳密には**定朝**の工房で制作された仏像であり、確実に**定朝**が携わったと考えられているのは、国宝に指定されている平等院鳳凰堂の本尊である木造阿弥陀如来坐像のみである。

木造阿弥陀如来坐像はそれまで主流であった重厚な唐風の仏像とは異なり、優美な曲線による造形が特徴的で平安朝の貴族たちから支持された。そのため**定朝**の作風は和様《わよう》（日本風）の仏像の始まりとして「**定朝様《じょうちょうよう》**」と呼ばれている。

定朝が1057（天喜5）年に亡くなったあとも、**定朝様**は貴族たちに愛され多くの弟子たちに継承された。やがて**定朝**の弟子の系統から、12世紀に活躍した運慶や快慶に代表される慶派のような新しい流派が誕生することになるが、**定朝様**は仏像の制作における一種の規範とされるほど日本の仏像史に大きな影響を与えたのである。

もっと深く知りたい人のための推薦図書

・**『日本美術全集　第６巻　平等院と定朝』**水野敬三郎ほか編著／講談社

047 文学

清少納言（せいしょうなごん）

生没年不詳

華やかな宮中生活を送るが、晩年は没落の一途をたどった才女

平安時代中期の歌人で随筆家。三十六歌仙の一人に数えられる清原元輔《きよはらのもとすけ》の娘で、清原の「清」をとって「**清少納言**」と呼ばれた。なお**清少納言**とは女房名で、本名は**清原諾子《なぎこ》**といわれている。966（康保3）年頃に誕生したとされ、文学一家に生まれたこともあり、幼い頃から漢学に親しみ、高い教養を備えていた。

981（天元4）年頃に、陸奥守の橘則光《たちばなののりみつ》と結婚。翌年に第一子となる男児を産むが、間もなくして性格の不一致を理由に離婚。その後、第66代一条天皇の皇后である藤原定子に女房として仕え始め、持ち前の機知や才芸によって大変気に入られる。得意の漢学を用いて宮中の男性陣と渡り合い、良くも悪くも宮中で注目されていたという。

定子には約10年仕えるが、定子が兄の伊周《これちか》から贈られた草紙の使い道で悩んでいるときに、「私なら枕にしたい」と言ったことで、その草紙を譲り受けて代表作の**随筆『枕草子』の執筆**を開始した。なお、元夫の則光との交流は離婚後も続いており、『枕草子』によれば兄妹のように仲が良い二人は「妹背の仲」として知られていたという。さらに、中古三十六歌仙の一人に数えられる藤原実方《さねかた》など、当時を代表する歌人・貴族らとも頻繁に交流をしており、宮中時代は華々しい日々を送っていたとされる。

しかし、995（長徳元）年に定子の父・道隆《みちたか》が亡くなると、一族内での権力争いが起き、翌年に定子が第一皇女・脩子《しゅうし》内親王を妊娠中に長徳の変が発生し、定子の実家は一気に没落してしまう。一条天皇の定子への寵愛は深く、999（長保元）年に定子は第一皇子・敦康親王を出産したが、新しく権力者となった藤原道長の娘・彰子が一条天皇に嫁ぎ中宮（皇后）に冊立されたことで、後ろ盾がない皇后にとって宮中は針の筵《むしろ》となってしまう。心労もあったのか、1001（長保2）年に第二皇女・媄子《びし》内親王を出産した定子はそのまま25歳という若さで薨去してしまった。

実は『枕草子』にはそうした定子の不幸は一切描かれていない。定子が幸福だった時代のことのみが綴られており、それを後世に残すことが**清少納言**なりの定子への忠義だったのではないかと考えられている。そのため、**清少納言**は彰子からの出仕の誘いを断って、親子ほど年が離れた藤原棟世《むねよ》と再婚して宮中を去った。その後の詳細は不明であるが、彼女をライバル視していた紫式部による酷評や頭脳明晰な女性を忌避する当時の男尊女卑的な思想から、**清少納言**は晩年に落ちぶれた生活を余儀なくされたとする伝説が多数残されている。

048 文学

菅原孝標女（すがわらのたかすえのむすめ） 1008〜1059?年

物語に魅せられ物語を綴った平安時代の女流作家

平安時代中期に成立した**日記文学『更級日記』の作者**。本名は不明で、通称は父である中流貴族の菅原孝標にちなむ。なお、母方の伯母は同じく日記文学の名作『蜻蛉日記』の作者である藤原道綱母、継母は上総大輔と呼ばれた歌人、兄と甥は学者という文学一家の出身（菅原道真の子孫でもある）。

孝標女は都で生まれるが、上総介に任命された父の赴任に同行し、1017（寛仁元）年から1020（寛仁４）年まで上総国で過ごす。『更級日記』は父の任期が終了し上総国から都に帰るところから始まる。最初は上京中の出来事を綴った紀行文という体をとっていたが、都に戻ってからは、10代そこそこの少女が50代の老女になるまでに経験した主だった出来事が綴られている。そのため、**『更級日記』は現代の私たちが想像するような毎日の出来事が記された日記ではなく、ひとりの女性が節目節目に経験した出来事を記した人生録**と言える。

多感な少女時代を東国の田舎で過ごしていたためか、**孝標女**は当時都で流行していた『源氏物語』の存在を知ると、一気にのめり込み、物語に対する強い憧れをもつようになった。帰京後に上総国に残った乳母が亡くなった際の深い喪失感を慰めてくれたのもまた物語であった。

ただし、第69代後朱雀天皇の皇女・祐子《ゆうし》内親王に宮仕えし始めたことで、それまで物語に傾倒しすぎて世間を知らずに育ったことを後悔することもあったという。夭折した姉の子を養育するため、当時としてはかなり晩婚となる1040（長久元）年頃に橘俊通《としみち》と結婚し、物語の世界から脱却して現実に目覚める一方、信仰心が深まり物詣でに熱中するようになった（宮仕えによって天皇の乳母になる野心に目覚めた**孝標女**が、まずは子宝祈願をするためだったという説もある）。

『更級日記』の執筆は1058(康平元)年に夫が亡くなったことをきっかけに開始されており、日記の最後も夫の死とその後の孤独な晩年の回想で締められている。

なお、『源氏物語』の影響を強く受けている『浜松中納言物語』『夜の寝覚』などの物語も、実は**孝標女**が作者ではないかと考えられている。特に『浜松中納言物語』は後世の文学に少なからず影響を与える魅力をもっており、昭和の文豪・三島由紀夫も多大なインスピレーションを受け、長編小説『豊饒の海』を執筆している。

もっと深く知りたい人のための推薦図書

- **『新潮日本古典集成　更級日記』**菅原孝標女・著　秋山虔・校注／新潮社
- **『更級日記と東国の風景』**元吉進／武蔵野書院

049　軍事

源義家（みなもとのよしいえ）

1039〜1106年

東国中の武士が尊敬した清和源氏の英雄

平安時代後期に活躍した武将で、第56代清和天皇を祖とする清和源氏のうち、河内国を本拠地とした河内源氏の棟梁であった源頼義《よりよし》の長男として生まれた。幼名は**不動丸**、または**源太丸**とされているが、石清水八幡宮（現在の京都府八幡市）で元服したことから、**八幡太郎**《はちまんたろう》と呼ばれることが多い。

1051（永承６）年に陸奥国（現在の山形県と秋田県の一部を除く東北地方）の豪族・安倍頼時《よりとき》・貞任《さだとう》父子が当時の陸奥守に反抗すると、軍事力を見込まれた頼義が新しい陸奥守に任命される。**義家**は父の赴任に同行したため、1056（天喜４）年に発生した小競り合いが安倍氏との本格的な合戦に発展すると、得意の弓で父を助けたという。戦いは長期化し、出羽国の豪族・清原武則《きよはらのたけのり》らの応援を受けることで、頼頼義《よりよし》・**義家**父子は1062（康平５）年に何とか安倍氏を滅ぼしたのである。この一連の戦いを「前九年の役」と呼び、その時の功労として**義家**は従五位下の位階を賜り、出羽守に任命されている。

当時の有力武士は受領（任地に赴任する国司）となるだけでなく、皇族や大貴族に臣従することで朝廷から役職を賜るのが一般的であった。そのため**義家**も第72代白河天皇の護衛として活躍しているが、1083（永保３）年には陸奥守として再び陸奥国に赴くことになった。そして、**前九年の役の際に協力者であった清原氏の内紛に介入し、「後三年の役」と呼ばれる争乱に参戦**することとなる。

この戦いは関東の武士を多数動員し、1087（寛治元）年まで続く激しいものだった。しかし、前九年の役とは異なり清原氏の家督争いが発端であるため、朝廷はあくまでも私闘と見なして争いを平定に導いた**義家**に褒賞を与えなかった。

当時の武士は戦いに必要な物資を自分で準備し、戦いのあとに褒美をもらうことで負担を清算していた。そこで**義家**は私財を削って協力してくれた武士たちに褒美を与えたため、感動した関東の武士たちは**義家**に対する忠誠心を強めたという。その結果、**義家**の血筋は関東の武士にとっては一種のブランドとなり、実際に源頼朝が鎌倉幕府を開いた際にも、**義家**の子孫であるということが非常に有利に働いた。

白河法皇の引き立てもあり、1098（承徳２）年には、正四位下に昇進したうえ、院昇殿（上皇の御所の殿上の間に出入りする資格）も許されるなど、**義家**は河内源氏の棟梁として非常に出世するが、家督や領地を巡って一族内でたびたび争いが起きたため、河内源氏の勢力は少しずつ削られていくことになる。

050 政治 軍事

藤原清衡（ふじわらのきよひら）

1056〜1128年

3代にわたり東北地方を支配した奥州藤原氏の祖

平安時代後期、陸奥国の平泉を中心に約100年にわたり栄華を誇った**奥州藤原氏の初代当主**。11世紀中頃、陸奥国で非常に大きな勢力をもっていた土着豪族・安倍頼時は、朝廷が設置した陸奥国府を懐柔するために娘を官吏に嫁がせるなどした。そして、在地官人（現地採用された国府の官吏）とされる藤原経清《つねきよ》と頼時の娘との間に生まれたのが**清衡**であった。

1051（永承6）年、安倍氏が朝廷への貢租を怠るようになったため、当時の陸奥守であった藤原登任《なりとう》は安倍氏を討伐しようとするが敗北してしまう。この時に経清は陸奥国府から離反して安倍氏側についている。この後、安倍氏は朝廷に再び帰服するが、新しい陸奥守として赴任してきた源頼義の部下が襲撃される事件が1056（天喜4）年に発生すると、その首謀者と疑われた安倍氏は再び挙兵し、前九年の役が本格的に始まってしまう。一度は国府側についた経清だったが、再び安倍氏側に寝返り頼義の軍勢を苦しめたことから、戦後は錆びた刀で斬首されるという惨たらしい最期を遂げている。

この時7歳だった**清衡**は、経清の嫡男ということで本来ならば処刑されるところであった。しかし、頼義に協力した出羽国の豪族・清原武則の子である武貞《たけさだ》と**清衡**の母（経清の妻）が結婚することになったため、**清衡**はその連れ子として武貞の養子となり、生き延びることができたのである。

前九年の役のあと、清原氏は鎮守府将軍に任命され、かつて安倍氏の領地であった奥六郡を支配するようになった。清原氏の家督を継いだ武貞には養子である**清衡**のほかに、前妻との間にもうけた嫡男の真衡《さねひら》と、**清衡**の母が生んだ家衡《いえひら》という二人の実子が存在したため、清原氏は武貞の死後に家督争いが起きてしまう。これに介入することになったのが、1083（永保3）年に陸奥守として赴任してきた頼義の息子・義家であった。

義家はかつて安倍氏の領地であった奥六郡について、安倍氏の血を引く**清衡**と家衡の兄弟が平等に分割する裁定を行った。ところが家衡はこれを不服とし、**清衡**を殺して奥六郡すべてを我が物としようとする。陸奥守としての面子を潰された義家は激怒して**清衡**に味方して家衡を攻撃。この結果、後三年の役が本格的に始まったのである。

当初は難攻不落といわれた金沢柵に陣を張った家衡が優勢であったが、義家と**清衡**の軍勢は日本初とされる兵糧攻めを行うことで戦いに勝利。出羽・陸奥両国を支配下に置くことになった**清衡**は、父親の姓である藤原氏を名乗るようになった。

以降、陸奥国の名馬を当時の関白・藤原師実《もろざね》に献上するなどして摂関家との関係を強化し、**清衡**は奥州藤原氏の繁栄の基礎を築いていったのである。

1095（嘉保2）年頃、**清衡**は平泉に本拠地を移すと、政治文化の中心となる都市を作り上げる。そして、かつて関所があった要衝の地に**中尊寺を建立し、多くの伽藍を造営**した。特に有名なのが、1124（天治元）年に**清衡**によって上棟された金色堂であろう。周囲の金山から採れる砂金をふんだんに使い、南洋の海から取り寄せられた夜光貝で螺鈿細工や象牙・宝石で装飾を施すことで、現世に極楽浄土を再現しようとしたといわれているこの建物は、奥州藤原氏が花開かせた平泉文化の象徴とされている。

初代**清衡**の死後も、奥州藤原氏は２代基衡《もとひら》と３代秀衡《ひでひら》に引き継がれ、都が保元の乱や平治の乱など戦火に見舞われるのを尻目に着々と富を蓄えた結果、秀衡の頃の平泉は都を上回るほどの黄金にあふれ、その人口も平安京に次ぐほどだったという。また兵力においても17万騎もの武士団を抱えていた。

なお、秀衡は平治の乱で敗死した源義朝の子・義経を支援し、**兄の頼朝と対立し鎌倉幕府から追われる身となった義経をかくまった**ことでも知られる。

頼朝は「義経を庇護する秀衡に反逆の意思あり」と朝廷に言上し、その討伐に向けて準備を進める。そもそも頼朝は平氏を滅ぼした時から次に奥州の財力を狙っていたともいわれ、頼朝との衝突は避けられないと察した秀衡は関係の悪化を覚悟のうえで、義経を将軍として頼朝に対抗することまで想定していたといわれる。

しかし義経を受け入れてからほどなく秀衡が亡くなると、その跡を継いだ４代泰衡《やすひら》は鎌倉からの圧力に屈して義経を襲撃。その首を差し出すことで和平を願い出るが、頼朝は「兄の許可なく弟を殺した」との理由から大軍を率いて奥州追討に乗り出す。

泰衡も総帥としてこれを迎え撃ったものの、最初の交戦で大敗を喫すると平泉を捨てて逃走。この際に町に火を放ったため都をしのぐともいわれた豪奢な邸宅や寺院は灰燼と化し、約100年にわたる奥州藤原氏の栄華はあっけなくその幕を閉じた。

中尊寺金色堂には**清衡**・基衡・秀衡の奥州藤原氏３代のミイラが安置されているが、頼朝によって八寸の釘で額から柱に打ち付けてさらされた泰衡の首級は、世間体を憚《はばか》ってか、彼の弟である忠衡《ただひら》のものとして秀衡の棺に納められていた。

もっと深く知りたい人のための推薦図書

- **『平泉　北方王国の夢』**斉藤利男／講談社
- **『奥州藤原氏―平泉の栄華百年』**高橋崇／中央公論新社
- **『東北の争乱と奥州合戦―「日本国」の成立』**関幸彦／吉川弘文館

051 政治

後三条天皇（ごさんじょうてんのう）

1034〜1073年

久方ぶりに誕生した皇族の母にもつ、藤原氏と敵対した天皇

第69代後朱雀天皇を父に、三条天皇の皇女・禎子《ていし》内親王を母にもつ藤原氏を外戚に持たない天皇として、**藤原氏の摂関政治に一つの区切りをつけた**第71代天皇。即位前は**尊仁《たかひと》親王**と呼ばれた。両親ともに藤原道長の外孫にあたるため藤原氏の血を引いているが、道長の跡を継いだ頼通《よりみち》とその弟である教通《のりみち》からは冷遇された。

その理由は、頼通が後朱雀天皇の第一皇子・親仁《ちかひと》親王（後の第70代後冷泉天皇）に娘を嫁がせ、外祖父として権力を確固たるものにしようと考えていたからである。

しかし、頼通や教通にとって異母弟にあたる能信《よしのぶ》が尊仁親王の味方に回った。能信は道長の側室の子で、正室の子である二人の兄に比べると待遇が悪いことに日頃から不満を持っており、**尊仁親王**に逆転の望みを賭けたのである。

頼通たちは親仁親王が即位したあとは、その皇子を皇太子に立てるつもりであった。しかし、後朱雀天皇が病に伏し、親仁親王が皇子に恵まれないうちに譲位を受けて後冷泉天皇として即位することになってしまった。能信はこのチャンスを見逃さず、病床の後朱雀上皇から言質を取って**尊仁親王**を皇太弟とすることに成功する。

後冷泉天皇に皇子が生まれれば皇太子にすげ替えようと考えていた頼通は、皇太子が受け継ぐ「壺切御剣《つぼきりのぎょけん》」を**尊仁親王**に渡さず、周囲も彼が即位するとは思わず娘を嫁がせようとしなかったため、能信は養女を迎えて**尊仁親王**に嫁がせたという。

結局、後冷泉天皇は皇子に恵まれないまま崩御。これにより第59代宇多天皇以来170年ぶりとなる、藤原氏を外戚にもたない**後三条天皇**が誕生した。

この結末に失意した頼通は引退。さらに恩人である能信も即位の前に亡くなっていたことから、**後三条天皇**は関白を置かずに親政を開始した。

皇太弟時代からの学問の師・大江匡房《おおえのまさふさ》を参謀とし、皇室や朝廷の改革の一環として1069（延久元）年に「延久の荘園整理令」を発布し、厳密な調査のうえで有力貴族や大寺院の不正荘園を没収。皇室の経済基盤を安定させるとともに摂関家に打撃を与えた。さらに大きさを統一した「宣旨升」によって経済活動が円滑化し、農民たちの生活が安定したことでその治世は「延久の善政」とたたえられた。

摂関政治の悪習を打ち払うべく、わずか４年の在位で第一皇子・貞仁《さだひと》親王（第72代白河天皇）に譲位して院政を開始しようとするが、翌年には病に倒れて崩御した。

もっと深く知りたい人のための推薦図書

・**『後三条天皇 ― 中世の基礎を築いた君主』**美川圭／山川出版社

052 政治

白河天皇（しらかわてんのう） 1053〜1129年

院政を本格的に開始し、43年間の長きにわたり朝廷に君臨

第71代後三条天皇の第一皇子として生まれ、譲位を受けて20歳で即位した第72代天皇。即位前は**貞仁《さだひと》親王**と呼ばれた。院号（譲位後の居所にちなんだ称号）を得た上皇が、直系子孫にあたる天皇に代わって国政を主導する「院政」の始祖とされているが、厳密には後三条天皇が摂関政治を廃するために院政を開始している。実際、**白河天皇**の後継には後三条帝の第二皇子・実仁《さねひと》親王を、その次の後継には第三皇子・輔仁《すけひと》親王を立太子する意向を示していたが、**白河天皇**への譲位の翌年に崩御してしまい上皇としての実績がない後三条上皇は院政の始祖として扱われないのである。

後三条上皇が亡くなると、**白河天皇**を関白として補佐したのは、かつて関白として権勢を誇り後三条上皇と敵対した藤原頼通の子・師実であった。師実は自分の養女・賢子を**白河天皇**に嫁がせ、中宮（皇后）となった賢子が第二皇子・善仁《たるひと》親王を出産。そして、皇太弟だった実仁親王が病で亡くなると、**白河天皇**は当時8歳の善仁親王を立太子し、即日のうちに譲位して第73代堀河天皇として即位させたのである。

後三条上皇は三条源氏（藤原氏に冷遇された第67代三条天皇の子孫）を母にもつ実仁親王と輔仁親王を即位させることで藤原氏を完全に弱体化させようと考えていた。しかし**白河天皇**にとっては父の遺志よりも自分が権力を握ることのほうが大切だった。

なお、**白河上皇**が**院庁など朝廷とは別の政治組織を作ったことで院政の始祖とされている**が、堀河天皇の外戚である師実が関白を務め、さらに院の仕事も師実に任せていたため、**実態は摂関政治と大差はなかった**。ただし、**白河上皇**は賢子が生んだ第一皇女・媞子《ていし》内親王を溺愛しており、1096（嘉保3）年に彼女に先立たれたショックで出家し、以降は**白河法皇**と呼ばれるようになると、本格的に院政を開始している。

1107（嘉承2）年に堀河天皇が22歳で崩御すると、その第一皇子である5歳の宗仁《むねひと》親王が第74代鳥羽天皇として即位する。ここまでは普通であるが、**白河法皇**は実の孫である鳥羽天皇に対して、曽孫にあたる第一皇子・顕仁《あきひと》親王への譲位を命じ、第75代崇徳天皇として即位させた。そして、43年にわたり天皇を超える存在として朝廷に君臨し、「治天の君」と呼ばれるようになった。

『平家物語』には**白河法皇**の「天下三不如意」として、「賀茂川の水」「双六の賽の目」「山法師（強訴する比叡山の僧兵）」の三つが挙げられているが、裏を返せば、それ以外は思い通りになるほど、絶大な権力を握ったのである。

もっと深く知りたい人のための推薦図書

・**『白河法皇　中世をひらいた帝王』**美川圭／KADOKAWA

053 政治 軍事

平清盛（たいらのきよもり）

1118〜1181年

武家出身で初めて太政大臣となり朝廷を牛耳った男

護衛役として貴族から軽んじられていた**武士の地位を高め、その実力を認めさせた人物**。第50代桓武天皇を祖とする桓武平氏の中で、伊勢国を本拠地とした伊勢平氏の棟梁・平忠盛の長男として生まれる。生母の詳細は不明だが、身分を問わずさまざまな女性と関係をもち、飽きれば寵臣に下げ渡すことが多かった白河法皇に仕えた女房であったことから、**清盛**は「白河法皇の御落胤」という説も唱えられている。

清盛は12歳で従五位下の位階を授かり左兵衛佐に叙任されているが、武士の任官は三等官である「尉《じょう》」から始まるのが通例とされ、二等官の「佐《すけ》」に任じられるのは極めて異例なことであった。さらに、1147（久安3）年に祇園社でトラブルを起こしたことで比叡山延暦寺から流罪を求められた時にも、鳥羽法皇の擁護のおかげで罰金刑に収まっており、こうした厚遇が御落胤説の傍証とされている。

白河法皇に北面の武士（法皇の御所を警備する武士）として仕えていた忠盛は、各国の受領を歴任し、鳥羽上皇の所領である肥前国神埼荘（現在の佐賀県神埼市）の管理を任された際に、独自に日宋貿易を始め莫大な富を築いた。そのため、伊勢平氏はライバルの河内源氏に比べると、経済的な余裕があったと考えられている。

軍事力だけでなくそうした経済的基盤も忠盛から受け継いだ**清盛**は、1156（保元元）年、保元の乱で第77代後白河天皇に味方して勝利に貢献する。保元の乱はもともと後白河天皇とその兄である崇徳上皇の対立が遠因となっており、武士が天皇家の問題解決に貢献したことで、以降は武士が政治に影響を与えるようになった。

さらに1159（平治元）年に起きた平治の乱では、藤原信頼らの一派に幽閉された第78代二条天皇と後白河上皇を救出し、源義朝ら河内源氏を中心とするクーデター派の武士たちを一掃。この活躍により、**清盛**は政治家としても武士としても当時の第一人者にまで躍り出たのである。

後妻として迎えた平時子《ときこ》が二条天皇の乳母であったことから、**清盛**は二条天皇の後見役となり、その一方で後白河上皇の院庁（朝廷とは別の政治組織）を統括する別当にも就任。天皇と上皇の双方に仕えることで**清盛**はその地位を盤石なものとしていった。

国政に携わるようになった**清盛**は、娘たちを皇室や摂関家に嫁がせることでさらに勢力を拡大し、朝廷内での地位を確かなものとする。1167（仁安2）年には**太政大臣に任命されるが、その地位はそれまで皇族と摂関家の貴族以外就任した例はなく**、武士出身の**清盛**が任命されるのは非常に異例なことであった。

1168（仁安3）年、病を理由に**清盛**は出家して政界を引退する。すでにこの頃には、同じく桓武平氏で公家の平時忠（時子の弟）が**「平家にあらずんば人にあらず」**と発したように、**清盛**が不在でも平氏の力は朝廷内に浸透していたのである。

政界引退後の**清盛**が打ち込んだのは日宋貿易の拡大で、奥州の砂金や伊勢の水銀、真珠、刀剣や扇などが宋に輸出され、宋からは銅銭や経典、陶磁器、書籍、茶などを輸入した。貿易のために今の神戸港につながる大輪田泊《おおわだのとまり》が整備され、日宋間の人的・文化的交流もこの時期に発展していった。

輸入品のなかでも特に日本社会に大きな影響をもたらしたのが宋銭だった。当初、日本では銅の不足から宋銭を鋳潰して仏具に造り替えていたのだが、**清盛**がこれを通貨として流通させると宋銭は急速に浸透してゆき、これを一手に管理することにより平氏は莫大な利益を得ることになる。しかし、宋銭の普及はそれまでの絹や米を基準にして租税や市場の物品価格を統制する朝廷の経済政策を大きく狂わせることになり、物の価値の低下によってインフレが加速。こうした状況は「銭の病」とも評された。

多くの荘園を所有し「物流経済」のトップに立っていた後白河法皇はこれを問題視し、「宋銭は日本の貨幣ではなく贋金と同じである」とその流通を禁ずるよう主張。一方、**清盛**や第80代高倉天皇は「宋銭の流通を公認すべき」として、この対立が1179（治承3）年に起きた**清盛**による後白河法皇の幽閉と院政停止の一因にもなった。

1180（治承4）年には高倉天皇から第81代安徳天皇への譲位を実現させる。名目上は高倉上皇の院政だったが、安徳天皇は**清盛**の娘・徳子《とくこ》が生んだ子であったため、**清盛**は武家でありながら摂政関白的な立場で政治の実権を握ることに成功したのである。

これを機に、**清盛**は福原（現在の兵庫県神戸市）への遷都を敢行して新たな政治体制を築こうとするが、安徳天皇の即位によって皇位継承の望みが絶たれた以仁王《もちひとおう》（後白河法皇の第三皇子）が、平氏の独裁に反発して平氏討伐の令旨を発して挙兵。この挙兵は平氏によってすぐに鎮圧されるが、以降、全国各地で反平氏の火の手が上がり始める。そんなさなか、謎の熱病に侵され死期を悟った**清盛**は息子の宗盛に後を託し、後白河法皇に宗盛への協力をあおぐべく奏上するが返答のなかったことから「天下の事は宗盛に任せ、異論あるべからず」と言い残して亡くなった。

佐藤優の言葉

権力を武士の手に掌握することに成功した点で歴史の転換点を作った人物。宋との貿易を重視し、重商主義的政策で富を蓄え権力基盤を構築したことが最大の勝因と思う。

054 政治

後白河天皇（ごしらかわてんのう）

1127〜1192年

可能性ほぼゼロから天皇に即位し、長期間の院政を敷いた男

第74代鳥羽天皇の第四皇子として生まれた第77代天皇。即位前は**雅仁《まさひと》親王**と呼ばれた。なお、誕生した時点で鳥羽天皇は第一皇子である第75代崇徳天皇に譲位しており、1129（大治4）年に白河法皇が崩御したことで鳥羽上皇が院政を開始すると、**雅仁親王**が皇位に就ける可能性は限りなくゼロに近くなった。鳥羽上皇が寵愛していた美福門院（藤原得子《とくし》）との間にもうけた第九皇子・躰仁《なりひと》親王を崇徳天皇の養子にさせ、1141（永治元）年に第76代近衛天皇として即位させたからである。

ただし、**雅仁親王**は遊興にふけり、特に今様《いまよう》（当時の流行歌）にのめり込んで「50日ほど歌い明かした」「船に乗って人を集めて40日余り、日の出まで毎夜音楽の遊びをした」などと自らも記すほどの熱中ぶりであったため、もともと鳥羽上皇から「即位の器量ではない」と見なされていたという。趣味が高じて後に今様の歌謡集『梁塵秘抄』が編纂されているため、文学的な成果もあった。

ところが1155（久寿2）年に近衛天皇が17歳の若さで崩御すると、事態が大きく動き始める。**雅仁親王**の子である守仁《もりひと》親王の名前が、次の天皇候補として挙がったのである。実は、守仁親王は早くに母を亡くしたことで近衛天皇の母・得子の養子として育てられており、鳥羽上皇からすると血縁上では孫にあたるが、養子となればその養父として院政を続けることができるため白羽の矢が立てられたという。鳥羽上皇がもともと**雅仁親王**のことを認めていなかったこともこれを後押しした。

ところが、守仁親王の即位に対して「実子の**雅仁親王**が健在なのに、まだ幼い孫のほうがそれを飛び越えて即位するのは道理に反する」という異論が持ち上がったのである。そこで、1155年に29歳の**雅仁親王**が立太子を経ずに、守仁親王が成人するまでの中継ぎのために**後白河天皇**として即位することになったのである。

鳥羽上皇が院政を敷いており、しかも中継ぎであるため周囲から期待されず、しかも**後白河天皇**自身もそれを自覚して真面目に政務を行うつもりはなかったが、**後白河天皇**の乳母の夫であった**信西《しんぜい》（藤原通憲《みちのり》）**の台頭により事態が複雑化してしまう。

信西は非常に博識で政治にも精通している優秀な人材であったが、当時の慣習に阻まれて希望する役職に就けない不満から出家し、くすぶっている状態であった。そのため妻の縁を使って**後白河天皇**を操り、自らの望む政治を行おうとしたのである。

1156（保元元）年に鳥羽上皇が崩御すると、信西は今後の皇位継承にとって邪魔となる崇徳上皇を潰すために**後白河天皇**の詔という形で挑発。信西の策に見事にはまった崇徳上皇側が挙兵したことで、保元の乱が始まったのである。

平清盛や源義朝の活躍によって勝利した**後白河天皇**は、1158（保元3）年に予定通り

譲位を行い、守仁親王が第78代二条天皇として即位する。しかし、ここで「**後白河上皇**が院政をするのか、二条天皇が親政をするのか」という問題が持ち上がった。

朝廷内は両派に分かれて対立。1159（平治元）年に二条親政派の藤原信頼は義朝と組んで**後白河上皇**を幽閉し、信西を殺害する平治の乱が勃発する。しかし、清盛が信頼と義朝の軍勢を制圧したため、**後白河上皇**は無事に解放された。そして、結果的として後白河派も二条派も有力者がいなくなったことで、乱の制圧に貢献した清盛が両派を利用して勢力を拡大していくことになる。

1161（応保元）年、**後白河上皇**は平滋子《しげこ》（清盛の後妻・時子の妹）との間に第七皇子となる憲仁《のりひと》親王をもうけ、彼を二条天皇の後継にしようと画策する。この時、二条天皇は病の床にあったが父の思惑を阻止するため、崩御の直前の1165（永万元）年、生後間もない実子の順仁《のぶひと》親王に譲位し、第79代六条天皇として即位させたのである。

しかし、六条天皇を補佐する人材がいなかったため**後白河上皇**の院政が継続され、1168（仁安3）年には六条天皇に譲位を命じ、当初の予定通り憲仁親王を第80代高倉天皇として即位させたのである。そして、高倉天皇に清盛の娘・徳子が嫁ぎ、第一皇子・言仁《ときひと》親王が誕生したことで、良好だった**後白河上皇**と清盛の関係が変化し始める。

1169（仁安4）年に出家し**後白河上皇**は法皇と呼ばれるようになるが、この頃に清盛との調停役となっていた滋子と平重盛（清盛の長男）が相次いで亡くなると、**後白河法皇**と清盛の関係は悪化。1179（治承3）年に清盛によって幽閉され、院政を停止させられてしまう。そして翌年に言仁《ときひと》親王が第81代安徳天皇として即位したのである。

1183（寿永2）年、源氏の木曽義仲が上洛してきたことで平氏が都落ちし、**後白河法皇**は政治の実権を取り戻す。当初は恩人として歓迎された義仲だったが、政治に介入しようとしたことで貴族の反発を買い、**後白河法皇**も彼に見切りをつけて遅れて上洛を狙う源頼朝と義経の兄弟を頼ることにした。

平氏滅亡後は勢力を増した頼朝の対抗馬として義経を利用するが失敗。その結果、1190（建久元）年に上洛した**頼朝と会談し、鎌倉幕府の誕生を認める**ことになる。

もっと深く知りたい人のための推薦図書

・**『新潮日本古典集成　梁塵秘抄』**後白河法皇・撰　榎克朗・校注／新潮社
・**『後白河上皇―中世を招いた奇妙な「暗主」』**遠藤基郎／山川出版社
・**『後白河法皇　平家を滅亡させた黒幕』**河合敦／幻冬舎

055 政治

崇徳上皇（すとくじょうこう）

1119〜1164年

父から疎まれ続け、死後は最恐の怨霊となった悲劇の帝王

第74代鳥羽天皇の第一皇子・**顕仁《あきひと》親王**として生まれた第75代天皇。鳥羽天皇の中宮（皇后）である藤原璋子《しょうし》を母にもち、同母弟に第77代後白河天皇がいる。

1123（保安4）年に皇太子に立てられ同日のうちに父からの譲位を受けて即位するが、父である鳥羽上皇からは非常に疎まれていたという。生母である璋子は白河法皇の養女であったが「御手付き」の噂があったため、鳥羽上皇は**崇徳天皇**が「叔父子（祖父である白河法皇の子）」ではないかという疑念を抱いていたからである。

白河法皇の権勢が圧倒的だったこともあり、鳥羽上皇がそうした負の感情を表に出すことはなかったが、1129（大治4）年に白河法皇が崩御すると事態が一変する。鳥羽上皇は新しく女御として迎えた藤原得子を偏愛するようになり、1139（保延5）年に彼女との間に躰仁親王が誕生すると、**崇徳天皇**に対して躰仁親王への譲位を迫ったのである。

実は**崇徳天皇**も1140（保延6）年に第一皇子・重仁《しげひと》親王が誕生しており、実子への譲位を希望していた。しかし、鳥羽上皇の「躰仁親王を養子にし、**崇徳上皇**として院政を敷けばいい」という要望に折れ、異母弟への譲位を受け入れたのである。

ところが、躰仁親王が第76代近衛天皇として即位する際の宣命（天皇の命令書）には、彼が「皇太弟」であったと記されていた。当時の慣習では、上皇にとって天皇が直系の子孫でなければ院政を行えないため、弟である近衛天皇の院政は兄である**崇徳上皇**ではなく、父である鳥羽上皇が引き続き行うことになった。つまり、鳥羽上皇の策謀によって**崇徳上皇**は**「実権なき上皇」**となってしまったのである。

1155（久寿2）年に近衛天皇が崩御すると、**崇徳上皇**は今度こそ重仁親王の即位を願うが、鳥羽上皇は**崇徳上皇**の同母弟である後白河天皇を新しい天皇に選んだ。そして翌年の1156（保元元）年に鳥羽上皇が崩御すると、後白河天皇の周囲から「**崇徳上皇**は重仁親王を即位させるために挙兵を企んでいる」という噂が流れ、焦った**崇徳上皇**側が挙兵したことで**保元の乱が勃発**。この乱で敗北した**崇徳上皇**は**讃岐国に配流され、罪人として都に帰ることを許されず、1164（長寛2）年にその地で崩御してしまった**。

崇徳上皇の没後10年以上経過してから、後白河上皇に近い人々が相次いで死去すると「**崇徳上皇**の祟り」が噂されるようになり、安元の大火などさまざまな事件が勃発したことから、**崇徳上皇**は菅原道真、平将門とともに日本三大怨霊の一人として恐れられるようになったのである。

第3章

鎌倉時代に活躍した人々

056 政治 軍事

源頼朝（みなもとのよりとも）

1147～1199年

各地に存在した武士団の頂点に立つ鎌倉幕府を開いた男

平安時代末期、関東の武士たちを従えて、朝廷を牛耳っていた平氏を打倒し、朝廷から独立した**武家政権・鎌倉幕府の初代将軍となった**人物。なお、かつては鎌倉幕府を「初めての武家政権」と評したが、近年は平清盛が朝廷においてすでに武家政権を構築していたという考え方が主流となっている。

頼朝は第56代清和天皇を祖とする清和源氏の中でも、河内国を本拠地とした河内源氏の棟梁・源義朝の三男として生まれるが、1159（平治元）年に起きた平治の乱で義朝が平清盛に敗れたことから、義朝の嫡男であった**頼朝**も罪人として捕らわれ、処刑される予定であった。しかし、当時の**頼朝**は13歳の少年であったことから、清盛の継母・池禅尼《いけのぜんに》が哀れに思い助命嘆願をしたことで一命を救われ、伊豆国（主に現在の静岡県伊豆半島）に流罪になった。

頼朝の配流先は伊豆国の豪族・北条時政の本拠地である蛭ケ島。現地では流人とはいえ行動の自由が比較的許されており、**頼朝**は伊豆国や相模国（現在の神奈川県の大部分）の武士たちと交流し、信頼関係を築いていったという。また、都で**頼朝**と親しかった下級貴族の三善康信のおかげで、朝廷での最新情報を頻繁に入手できたという。

1180（治承4）年に以仁王《もちひとおう》（後白河法皇の第三皇子）が平氏打倒の令旨を発して源頼政とともに挙兵すると、時政の長女・政子を妻に迎えた**頼朝**はこれに呼応し、北条氏の援助を受けて伊豆の目代・山木兼隆を討ち取った。この時、**頼朝軍**が掲げた源氏の白旗の横上には、以仁王の令旨が取り付けられていたという。やがて**頼朝**は世に名高い名将の畠山重忠らを味方に引き入れると、偉大な祖先・源義家とも縁が深い鎌倉に入る。

「八幡太郎の直系の子孫」というブランドが唯一の特徴といってもよい**頼朝**を、関東の武士たちが支持した原因の一つに、現状に対する彼らの不満が存在した。

頼朝以前の首領たちの手法は、朝廷からもらった高い位階や官職の威光で地方の人々を従えるというものである。その実態は年貢ばかりを持っていき、肝心の侵略の被害から民衆は守ってもらえない状況だった。そのため、朝廷での地位はほとんどないが、武士としての血筋は抜群によく、北条氏という土着豪族の娘を妻に迎えていた**頼朝**は農村武士団の新しい首領として格好の人材だったのである。

こうして台頭してきた**頼朝**を討つために、平氏が平維盛《これもり》を派遣して両軍は富士川（現在の静岡県富士市）で対峙するが、平氏軍は夜間に響いた水鳥の羽音を敵の夜襲と勘違いし戦わず逃亡してしまう。その醜態を見た**頼朝**は敵を追いかけそのまま上洛しようとするが、三浦義澄らの忠告を聞き入れ、まずは関東支配を固めることに専念。そこで武士たちを統率する機関「侍所」を設置し、その別当（長官）に和田義盛を任命した。

その結果、1183（寿永2）年に「寿永二年十月宣旨」が発給され、**頼朝**が東海道・東山道を管理下に置くこと、つまりは関東を支配することを朝廷が認めたのである。これを受けて、1184（寿永3）年に**頼朝**は異母弟・義経を自身の代官として加えた平氏追討の軍を派遣し、翌年には壇ノ浦の戦いで平氏一門を滅亡させる。この間、**頼朝**は鎌倉で文書の作成や財政を担当する機関「公文所」と、訴訟・裁判機関である「問注所」を設置し、幕府の実務体制をさらに推し進めていった。

ところが、平氏討伐の功労者である義経に鎌倉側の思惑を無視した行動が目立つようになる。これは朝廷の最高権力者である後白河法皇が、**頼朝**の実権を削ぐために義経を利用したためとされているが、事態を重く見た**頼朝**は後白河法皇に迫り、義経追討の院宣を出させることで鎌倉側の統一を維持したのである。さらに、舅である時政たちを上洛させ、全国の武士たちの反乱防止策として「守護」と「地頭」の設置を後白河法皇に承認させたうえ、親義経派の院近臣の解官・配流を要求したのである。

御家人の監督や治安維持を司る警察組織ともいえる守護と、年貢の取り立てや土地の管理を司る地頭の設置により、**頼朝**が率いる鎌倉側の支配は平氏の影響力が強かった西国にまで及ぶようになった。

そして、1189（文治5）年に逃亡していた義経を匿っていた奥州藤原氏を攻め、約10年にわたる源平の争乱を収束させた**頼朝**は、その翌年上洛して後白河法皇と二人きりで会談を行い右近衛大将に任命されるがこの官職は朝廷への出仕義務があったことからすぐに辞官してしまう。すると、今度は1192（建久3）年に征夷大将軍に任命されたのである。そして**鎌倉幕府が成立したことで、そのトップである征夷大将軍の役職は、すべての武士の頂点に立つ「武家の棟梁」の肩書きになった。**

なお、かつては**頼朝**が征夷大将軍に就任した1192年が鎌倉幕府の誕生した年とされてきたが、近年は①侍所の設置（1180年）、②寿永二年十月宣旨（1183年）、③公文所と問注所の設置（1184年）、④守護・地頭の設置（1185年）、⑤右近衛大将就任（1190年）、なども鎌倉幕府の成立時期とみなすさまざまな説が唱えられている。

佐藤優の言葉

鎌倉幕府が実効支配できたのは東国だけで、西国は朝廷を中心とする権力が存在する二重権力状態であった。西国の重商主義に対抗し、鎌倉幕府が重農主義を採った点が興味深い。

057 **軍事**

源義経（みなもとのよしつね）

1159～1189年

「判官贔屓」の語源となった悲劇の御曹司

絶世の美女と謳われた常盤《ときわ》御前を母にもつ、鎌倉幕府初代将軍・源頼朝の異母弟。幼名は**牛若丸**。生まれた年に起きた平治の乱で父の義朝は敗者となり、逃亡先で暗殺される。その結果、常盤御前は勝者となった平清盛に召し上げられ、幼かった**義経**は鞍馬寺に預けられることになった。**義経**は出家を嫌い、16歳で奥州平泉に向かい藤原秀衡の庇護を受け、伊豆国に流されていた頼朝が1180（治承4）年に挙兵すると、わずかな郎党を引き連れ異母兄のもとへ駆け付けたという。

そして、鎌倉から平氏追討の軍が派遣されると、**義経**は異母兄の範頼とともに頼朝の代官として出陣。1184（寿永3）年、先に上洛を果たしていた同族の木曽義仲を滅ぼし、翌年には**壇ノ浦の戦いで平氏一門を滅亡させる**という大手柄を立てた。

しかし、功績を帳消しにするような**義経**の軽率な振る舞いに、頼朝や有力御家人たちは眉をひそめるようになる。鎌倉幕府の歴史をまとめた『吾妻鏡』によると、**義経**は朝廷に接近して、頼朝の推挙なく朝廷より官位を受けるなど、独断専行が目立ったという。これは、朝廷の最高権力者であった後白河法皇が、頼朝の勢力を削ぐために**義経**を利用しようとした結果でもあるが、当時の価値観からすると、身分が低い側室の子である**義経**は、正室の子である頼朝の対抗馬になれる器ではなかった。

武士による新しい政権を確立するため、頼朝は鎌倉の地で着々と組織づくりを進めていたが、寺に預けられ武士としての教育を十分に受けていない**義経**は、そんな兄の政治姿勢を洞察する慎重さに欠けていた。そして、頼朝と彼が率いる関東の武士たちから敵と見なされた**義経**は刺客に襲われてしまう。

頼朝が自分を許さないことを悟った**義経**は、後白河法皇に頼み込んで頼朝追討の院宣を出してもらうが、頼朝の政治力は**義経**をはるかに上回っており、後白河法皇も**義経**を見捨て今度は彼を追討する院宣を頼朝に与えたのである。

頼朝から追われるようになった**義経**は東北に逃れ、奥州平泉の秀衡に再び保護された。しかし秀衡が亡くなると、新しく奥州藤原氏の当主となった泰衡から襲撃を受け、秀衡から与えられた衣川館で自刃したといわれている。享年30。

義経はその悲劇的な運命が目を引くのか、能楽や歌舞伎の演目の題材に使われるようになり、人気を博するようになった。そのため、**義経**の官職とされる「判官《ほうがん》」にちなみ、立場が弱い者に同情することを**「判官贔屓《はんがんびいき》」**というようになったのである。

058　芸能

静御前（しずかごぜん）

生没年不詳

平氏追討の英雄・源義経に愛され、愛し返した伝説の白拍子

平安時代末期から鎌倉時代初期に活躍した白拍子《しらびょうし》で、**源義経の妾となり、義経が頼朝に追われ逃亡するなかで最後まで付き従った数名のうちの一人**といわれる女性。なお、白拍子とは立烏帽子に男性貴族の私服である水干《すいかん》、緋袴、さらに白鞘巻を佩刀する男装で、今様（当時の流行歌）を謡いつつ踊る当時最先端の女性芸能人である。なお、「御前」は高貴な人物につける敬称の一種で、後世に名前につけられるようになった。

鎌倉幕府の歴史をまとめた『吾妻鏡』によると、頼朝に疎まれ追われる身となった義経が京から九州へ向かう際に、大物浜から船に乗ったものの暴風雨で難破したため義経一行は離散したという。この時に義経に付き従っていたのが、源有綱、堀景光、武蔵坊弁慶、そして妾の**静**であったと伝承にある。

静は大和国の吉野山で義経一行と別れたあとに捕らわれ、1186（文治２）年、同じく白拍子だった母の磯禅師とともに鎌倉に送られた。義経の行方について厳しい取り調べを受けるが、**静**は一切口を開かなかったという。そして、**静**が高名な白拍子であることを知った頼朝の妻・北条政子は、**静**の舞を見ることを望んだ。義経との別離からまだ日も浅く、舞う気になどなれないと固辞する**静**であったが、「八幡大菩薩に供えるため」との名目で説得され、鶴岡八幡宮で舞を披露した。

「しづやしづ しづのをだまき くり返し 昔を今に なすよしもがな」
（布を織る麻糸をまるく巻いた苧《お》だまきから、まるで糸が繰り出されるように、繰り返して、どうか昔を今に戻す方法があったならば）
「吉野山 峰の白雪 ふみわけて 入りにし人の 跡ぞ恋しき」
（吉野山の白雪を踏み分けて山へと入っていった、あの人（義経）がただ恋しい）

頼朝と有力御家人たちの面前で、**静**は朗々と義経への思慕を歌い上げたのである。面子を潰された頼朝は激怒するが、政子がかばったため**静**の命は助かった。しかし、この時に**静**が身ごもっていた義経の子は男児だったため、後顧の憂いを断つために生まれてすぐに頼朝の命令で殺されてしまった。

政子は我が子を奪われた**静**を哀れみ、彼女に財宝を与え母とともに京に帰すが、その後の**静**の消息は一切史書に残されていない。

059 政治

北条政子（ほうじょうまさこ）

1157〜1225年

夫の死後は「尼将軍」となり御家人を導いた女傑

鎌倉幕府の初代将軍・源頼朝の正室となった女性で、伊豆国の豪族で在庁官人だった豪族・北条時政の娘として生まれる。彼女の夫となる頼朝は平治の乱で平清盛に敗れて伊豆国に流された流人で、父である時政はその監視役を務めていた。

しかし、時政が京に赴いて不在中の隙を突き、**政子**は頼朝と恋仲になる。当時は平氏が全盛の時代であるため、時政は二人の婚姻に反対して**政子**を幽閉するが、**政子**は大雨の夜に抜け出し頼朝のもとに駆け込んだといわれている。そのため最終的に時政は**政子**と頼朝の仲を許し、舅として頼朝の後ろ盾となった。

政子が長女・大姫を出産してから数年後となる1180（治承４）年、以仁王（後白河法皇の第三皇子）が令旨を発して全国に平氏打倒を呼びかけると、伊豆国にいた頼朝もその声に応え、時政の支えを受けて挙兵する。

そして、頼朝が富士川の戦いに勝利して関東を制圧し、1183（寿永２）年に「寿永二年十月宣旨」の発給により頼朝が関東を支配することを朝廷に認められ、鎌倉幕府が成立すると、頼朝は鎌倉殿、**政子**は御台所と呼ばれるようになったのである。

なお、頼朝の正室として揺るぎない地位にいた**政子**であったが、一夫多妻が当然であった当時の女性として珍しく、頼朝の女性関係には非常に厳しかったという。特に有名なのが、彼女が長男・頼家《よりいえ》を妊娠中に頼朝が亀の前という女性を寵愛し、近くに呼び寄せて通うようになった時に起きた事件だろう。なんと**政子**は、亀の前が住んでいた邸を散々に破壊させたという記録が残されている。

1199（建久10）年に頼朝が急死すると、出家して尼となる。そして長男の頼家が18歳で家督を継承し、鎌倉幕府の２代将軍に就任したのである。苦労人の頼朝とは異なり、若い頼家は独断専行が多かったことから、有力御家人13人による「十三人の合議制」がとられるようになった。これを不満に思ったのか、頼家は次第に妻の実家・比企氏を頼るようになり、頼家が病に倒れ危篤状態に陥ったことで事件が起きる。

頼家がそのまま亡くなり、頼家の嫡男である一幡を擁する比企氏が勢力を拡大することを恐れた**政子**や北条氏の人々は、頼家の義父である比企能員をはじめとする比企氏一族を粛正する（比企能員の変）。その中には、まだ幼い一幡も含まれていたため、事件を知った頼家は激怒して時政を追討するよう命じるが、誰も従う者はいなかったという。

頼家は強制的に家督を弟の実朝《さねとも》に譲るよう命じられ、失意のうちに伊豆国の修善寺に押し込められその地で暗殺されている。

３代将軍となった次男の実朝は、勅撰和歌集や『百人一首』に和歌が選ばれ、家集『金槐和歌集』が編纂されるほど優秀な歌人で、武家の棟梁でありながら公家文化にかぶれていた。特に後鳥羽上皇と親密な点は、実朝が朝廷に取り込まれて鎌倉幕府や御家人たちから乖離する危険があったため、問題視した叔父の北条義時や大江広元らが諫めるが、実朝は聞き入れなかったという。

その結果、1219（建保７）年、鶴岡八幡宮で実朝は甥の公暁《くぎょう》（頼家の遺児）に暗殺されてしまう。この事件は公暁が実朝を父の仇と思い込んだ末の犯行とされているが、当時の朝廷と幕府の関係、さらに幕府内の勢力争いなどから、公暁が何者かにそそのかされた説も唱えられている。

政子は頼朝との間に二男二女に恵まれたが、二人の娘は病によって夭折し、二人の息子はどちらも暗殺によって命を絶たれた。特に実朝の死は予期せぬことであったため、淵背に身を投げようとさえ思うほどその嘆きは深かったという。

しかし、鎌倉幕府の支配はいまだ盤石ではなく、御家人たちの心の支えとなる征夷大将軍を空位にするわけにはいかない。そのため実朝の葬儀が終わると、**政子**と義時は摂関家の九条家から頼朝の妹の血を引く２歳の三寅（後の藤原頼経）を４代将軍として迎えた。当然、三寅が将軍の役目を果たせるわけがなく、三寅を後見した**政子**が**将軍の代行をすることになり、彼女は「尼将軍」と呼ばれるようになった**。

しかし、頼朝、頼家、実朝と三代にわたって、巧みなバランス感覚の上で築き上げてきた鎌倉幕府と朝廷との公武協調体制は、後鳥羽上皇と親密であった実朝の暗殺によって崩壊を迎える。上皇側からすれば土着豪族にすぎない北条氏に牛耳られた鎌倉幕府への不信感は拭い去れないものとなっていたのである。

このため、1221（承久３）年に後鳥羽上皇が北条義時追討の院宣を出し、承久の乱が勃発してしまう。後鳥羽上皇は朝廷の権威の前には関東の武士たちも従うと考えたのである。実際、院宣を知った御家人たちは激しく動揺するが、彼らの前で**政子**が武士政権を築いた頼朝に対する恩を説いたことで、彼らは前時代的な朝廷中心の政治に逆行するのではなく、自分たち武士の政権を守ることを決意したのである。

政子の言葉が19万騎の幕府軍を動かし、承久の乱を勝利に導いたのだ。

もっと深く知りたい人のための推薦図書

- **『北条政子』**渡辺保／吉川弘文館
- **『鎌倉幕府成立史の研究』**川合康／校倉書房
- **『承久の乱 日本史のターニングポイント』**本郷和人／文藝春秋

060 政治 軍事

北条時政（ほうじょうときまさ）

1138～1215年

流人だった源頼朝を支え、鎌倉幕府の初代執権となった男

伊豆国田方郡（現在の静岡県伊豆の国市）の勢力をもつ小さな豪族出身の在庁官人であったが、長女の政子が源頼朝と結婚したことを契機として、**挙兵から鎌倉幕府の創設まで頼朝の後ろ盾となり、娘夫婦を支えた人物**。

頼朝の死後に孫である頼家が２代将軍となるが、彼が北条氏の支えを望まず、外戚としての地位も頼家の舅となった比企能員に移った。比企一族の台頭を良く思わない**時政**と比企氏の対立が激しくなった1203（建仁３）年、頼家が病で危篤状態に陥った隙に、**時政**は能員を自邸に呼び出して謀殺。そして能員の娘が生んだ頼家の嫡男・一幡が住む小御所に軍勢を差し向けて曽孫となる一幡もろとも比企氏を滅ぼし、頼家を将軍位から廃して伊豆国修善寺へと追放・暗殺したのである。

後に比企能員の乱と呼ばれる動乱のあと、政子と**時政**は12歳の実朝を３代将軍に擁立し、自らの屋敷に迎えて実権を握った。まだ幼い実朝の補佐役として初代執権の座に就き、**時政**が署名した「関東下知状」という文書を発行し、御家人たちの所領安堵以下の政務を行っている。

こうした北条氏の権力強化は、頼朝以来の老臣・畠山重忠との間に軋轢《あつれき》を生じさせ、1205（元久２）年、**時政**は重忠と畠山氏を謀反の罪で滅ぼす「畠山重忠の乱」を引き起こす。追討軍が差し向けられたことを知った重忠は潔く戦うことこそ武士の本懐として、わずかな手勢で**時政**の息子・義時が率いる大軍に立ち向かい、堂々たる激戦の末にその首級を討ち取られた。後日、義時は「重忠が謀反を企てたなど虚報であり、彼は無実であった。その首を見ると涙を禁じ得ず、気の毒なことをした」とほかの御家人たちの前で**時政**に報告し、**時政**は無言でその言葉を受け止めたと記録にある。名将・重忠の死は、**時政**と義時父子の関係性を変化させる契機となったようで、それまで忠実な父の配下として動いていた義時が、以降は独自の動きを始めている。

やがて**時政**は、後妻である牧の方と共謀し、実朝を殺害して牧の方の娘婿・平賀《ひらが》朝雅《ともまさ》を新将軍として擁立する計画を図る。後に「牧氏事件」と呼ばれるこの事件で、政子とともに実朝の保護に動いたのが義時で、御家人の過半数が義時を支持したことから**時政**は出家の後に郷里で隠居させられることになり、政治の表舞台から消えた。そして執権の座も、義時に譲ることを余儀なくされたのである。

061 政治 軍事

北条義時（ほうじょうよしとき）

1163〜1224年

姉の政子を支え鎌倉幕府の体制を盤石のものとした男

鎌倉幕府初代執権・北条時政の息子で、父親から執権の座を受け継ぎ、以降、北条氏による執権の世襲を決定づけた人物。彼の法名が「徳宗」であったことにちなみ、北条氏の嫡流は「得宗家」と呼ばれることになる。

義時は青年期に**江《え》間《ま》小《こ》次《じ》郎《ろう》**と呼ばれていたことから、時政の嫡男ではなくあまたいる子どもの一人として、分家である江間家の人間として扱われており、一族内での立場や発言力はそれほど強いものでなかったと考えられる。1199（建久10）年に初代将軍・源頼朝が亡くなると、２代将軍となった甥・頼家の独裁を抑えるために**「十三人の合議制」**が始まり、時政とともに参加している。

義時が父親から独立した動きを始めるのは、頼家の死後に起こった1205（元久２）年に起きた「畠山重忠の乱」からとされているが、実はこの前年に時政の後継者と目されていた異母弟・政範が急死したことで、北条氏内でも大きな変化が起きていた。

政範は時政の後妻・牧の方の生んだ子で、３代将軍実朝の正室を迎える使者として上洛し、そのまま病で亡くなっていた。このため、牧の方は実朝を殺害して娘婿である平賀朝雅を将軍に立てようと時政をそそのかしたという。

後に「牧氏事件」と呼ばれるこの企ては、時政の先妻の子である**義時**と政子が結託して反旗を翻したことで阻止される。そして、**義時**は姉と有力御家人・三浦義村の協力を得て時政を追放し、まずは政所の別当（長官）の地位に就いた。すぐに執権とならなかったのは、時政が執権として権力を独占し、御家人たちの反発を招いたからである。

1219（建保７）年、実朝が鶴岡八幡宮で暗殺されると、それまで比較的安定していた朝廷と幕府の関係は悪化。北条氏が幕府を牛耳ることを快く思わない後鳥羽上皇が、1221（承久３）年に**義時**追討の院宣を出したことで、鎌倉幕府と**義時**にとって最大の難局とされる承久の乱が始まった。

院宣によって**義時**は朝敵となるが、姉の政子の演説によって御家人たちは武士による武士のための政権である鎌倉幕府を守ることを決意。この戦いに圧勝した幕府は、首謀者である後鳥羽上皇を含む３人の上皇を配流し、**朝廷を監視する「六波羅探題」を京に設置**、皇位継承にまで影響力を振るうようになった。

執権である**義時**の幕府内での地位はさらに不動のものとなったのである。

もっと深く知りたい人のための推薦図書

・『**北条義時**』安田元久／吉川弘文館
・『**執権　北条氏と鎌倉幕府**』細川重男／講談社

062 政治 軍事

和田義盛（わだよしもり）

1147〜1213年

源頼朝を挙兵時から支えた鎌倉幕府の重鎮

鎌倉幕府の有力御家人の一人で、**御家人の統率を行う組織・侍所の初代別当（長官）となった人物**。和田氏は相模国三浦郡（現在の神奈川県三浦市、横須賀市、逗子市）を本拠地とした名門・三浦氏の庶流で、**義盛**は源頼朝の挙兵にも参加した古参の御家人。

1180（治承４）年の以仁王の挙兵から1185（元暦２）年の平氏滅亡までの源平合戦では、頼朝の異母弟・範頼（義経にとっては異母兄）の軍奉行として活躍。奥州藤原氏を滅ぼした奥州合戦にも従軍して武功を立てている。

しかし、1199（建久10）年に頼朝が亡くなると、鎌倉幕府内では御家人同士の争いが続き、有力御家人であった梶原景時、比企能員、畠山重忠らが次々と策謀により滅ぼされていった。1213（建暦３）年には、信濃源氏の泉親衡《いずみちかひら》が２代将軍・頼家の遺児である千寿丸を新たな将軍に擁立し、執権として政権を掌握しつつある北条氏を打倒しようとする計略が発覚するのだが、**義盛**の子の義直・義重、そして甥の胤長がこの事件に関与したとして逮捕されてしまう。

幕府に対する**義盛**の長年の功績に免じて息子たちは許されたものの、２代執権の北条義時は胤長のみ許さず縄で縛り上げて引き立て、和田一族に屈辱を味わわせた。

この一件は北条氏による有力御家人の追い落としの一環で、**義盛**の単純な性格を把握していた義時の挑発と考えられている。以降も和田氏に対する挑発が続いたことで、**義盛**は義時への恨みを募らせ、「上（３代将軍・実朝）にはまったく恨みはございません。相州（義時）のあまりに傍若無人について仔細を訊ねるべく発向しようとしているだけです」と実朝に訴え、ついに自ら挙兵に踏み切ってしまう。

この時、**義盛**が頼りにしていたのが、本家にあたる三浦氏の当主・三浦義村であったが、**義盛**は土壇場で義村に裏切られてしまう。それでも武勇で知られた**義盛**とその一族は奮戦し、幕府軍を押し返して一時的に優勢になるが、義時と大江広元が御《み》教書《ぎょうしょ》（将軍の命令を奉じてその部下が出した文書）を発行したことで、幕府軍には多くの御家人が援軍に駆け付け、**義盛**をはじめとする和田一族は討ち取られてしまった。

後にこの争乱を「和田合戦」と呼ぶ。**義盛**は弓の達人であり、武勇の誉れ高く、武士たちの憧れといっていい存在であった。しかし政治的な駆け引きに疎く、また激情型で忍耐力に欠ける面もあり、その性格を有力御家人たちの力の削減に励む北条義時にうまく利用され、和田一族は計画的に滅ぼされたといっていいだろう。

063 政治 軍事

比企能員（ひきよしかず）

?〜1203年

北条氏に成り代わろうとし一族ごと滅ぼされた男

鎌倉幕府の有力御家人の一人で、鎌倉幕府の初代将軍・源頼朝の乳母・比企尼の甥にあたる人物。1159（平治元）年に起きた平治の乱で頼朝が伊豆国に流されたあとも、比企尼は乳母として頼朝を約20年という長期間にわたり支え続けた。そのため、頼朝が挙兵して関東の武士たちに担がれて鎌倉幕府を打ち立てて以後は、彼女の忠義に報いるべく比企氏は頼朝から重く用いられた。

能員の妻が頼朝の嫡男である頼家の乳母に選ばれたことで、比企氏は頼朝だけでなく２代将軍となった頼家にも強い影響力をもつようになった。さらに、1198（建久９）年には**能員**の娘・若狭局が頼家の妻となり嫡男となる一幡を出産すると、比企氏は将軍家の外戚として幕府内での存在感を揺るぎないものとする。

こうした比企氏の台頭に危機感をもったのが、頼家の母である北条政子と祖父である時政が率いる北条氏であった。頼朝の時代には外戚として重用されていた北条氏だが、頼家の時代になると将軍家外戚の地位から、一御家人の立場に転落していたのである。

『愚管抄』によると、1203（建仁３）年に頼家は病を得たことを機に出家し、まだ幼い一幡を将軍として擁立しようとする（当時は乳幼児の死亡率が高かったこともあり、一幡より年長である頼家の弟・実朝を次期将軍に望む声が大きかった）。しかしそれが実現すると、比企氏の全盛時代になると危惧した北条氏は、この計画を潰すために**能員**を呼び出して殺害し、同時に一幡を殺すために軍勢を差し向けたとある。

当主である**能員**を失いながらも比企氏は奮戦するが力尽き、邸に火を放って一幡もろとも滅んでしまった。妻子を殺された頼家は激怒するが、時政と大江広元の評議によって頼家は将軍の座から降ろされ、伊豆修善寺に退かされたのである。

のちに「比企能員の乱」と呼ばれるこの事件は、『吾妻鏡』では**能員**に原因があるように描かれている。しかし『吾妻鏡』は北条氏によって編纂された、いわば北条氏寄りの歴史書であるため、同時代の『愚管抄』などの史料と併せて検証すると、この事件はこのあとも続く北条氏による有力御家人潰しの一環と見ることもできる。

また見逃せないのは、事件の背景に専制を強める２代将軍・頼家およびその側近勢力と、その他大勢の有力御家人との対立が考えられることである。北条氏はこの事件の当時はそれほど大きな力をもっていたわけではなかった。そのため、「比企能員の乱」は関東の有力御家人の総意のもとに事件が進行した可能性が高いとされている。

もっと深く知りたい人のための推薦図書

・**『源氏将軍断絶 なぜ頼朝の血は三代で途絶えたか』**坂井孝一／PHP研究所

064 政治

大江広元（おおえのひろもと）

1148～1225年

創成期の鎌倉幕府で文官として活躍した下級貴族

鎌倉幕府で文書作成や財政を担当する機関・公文所の初代別当（長官）を務めた人物。もともとは朝廷に仕える下級貴族であったが、貴族から武士の世へと移り変わる時代を鋭く見抜き、鎌倉に下って源頼朝の側近となった。「成人してから涙を流したことがない」という逸話があるほど冷厳な人物として知られる。

出自については諸説あり、当初は**中原広元**と名乗っていたが、1216（建保４）年に陸奥守に任官したあとに姓を**大江**に改めた。また、もともとは**広元**の兄・中原親能《ちかよし》のほうが頼朝と親しく、早くから頼朝に従っていた兄の縁で**広元**も鎌倉に下った。

1190（建久元）年に頼朝が右近衛大将に就任し、位階も正二位に上がったことで、**広元**が別当を務める公文所は政所（本来は三位以上の貴族の家政機関のこと）に改められた。**広元**は頼朝がつながりをもてなかった土御門《つちみかど》通親《みちちか》などの公卿とも独自の連絡網を築いており、貴族社会での人脈の広さを武器に引き続き政所別当として対朝廷交渉を一手に引き受けた。優れた手腕をもつ参謀として、頼朝以下、有力御家人たちからも一目置かれる存在であったことが分かる。『吾妻鏡』では、頼朝が「守護」と「地頭」を設置したのは**広元**の献策によるものとしている。

頼朝の死後、出家して「尼御台」と呼ばれた北条政子や、その弟である義時らと連携して新しい武家政権の存続と発展に貢献。２代将軍・頼家の独断専行を避けるために結成された**「十三人の合議制」の筆頭メンバー**としてその名が挙がっている。

後に梶原景時を弾劾する六十六人の連署の書状を頼家に取り次いだのも、比企氏を滅ぼすため初代執権・北条時政が相談した相手も、さらに３代将軍・実朝が後鳥羽上皇と親密な関係を築き官位を授かった時にその危険性を説いたのも**広元**であった。

1221（承久３）年に鎌倉幕府最大の危機である承久の乱が起きた時も、嫡男である親《ちか》広《ひろ》が朝廷側についたことに動じず、徹底して鎌倉方に立ち主戦論を唱え続けたという。

また、1213（建暦３）年に起きた「和田合戦」では、軍勢の召集や所領の訴訟において２代執権・義時とともに「連署」をした文書が存在していることから、**広元**は幕府の骨子となる政策の立案から施行までの権限をもつ立場であったことがうかがえる。**広元**が下級貴族出身で軍事力をもたなかったことが、かえって北条氏をはじめとする有力御家人たちを警戒させなかったことも大きいだろう。

もっと深く知りたい人のための推薦図書

・**『大江広元』**上杉和彦／吉川弘文館

065　政治

三善康信（みよしのやすのぶ）

1140〜1221年

危険を顧みず源頼朝に都の情報を届け続けた男

鎌倉幕府の訴訟・裁判機関である問注所の初代執事（長官）を務めた人物。康信はもともと朝廷に仕える下級貴族であったが、母親が源頼朝の乳母の妹である関係で、伊豆国に流された頼朝にしばしば使いを送り、都の情報を伝えていたという。なお、当時は実際に授乳する女性だけでなく養育のみの女性も乳母と呼び、身分が高い人間には複数人の乳母がいることも珍しくなかったため、**康信**の伯母が有名な比企尼かは不明。ただし、平氏全盛の時代に、没落した河内源氏の流人に手を差し伸べる者は少なく、**康信**とその家族は頼朝にとって数少ない味方の一人であったことは確かである。

1180（治承4）年に以仁王（後白河法皇の第三皇子）が各地の源氏に平氏追討の令旨を発すると、それを知った平清盛が源氏を滅ぼすよう命じたことを**康信**はすぐさま頼朝に知らせた。そして、河内源氏嫡流である頼朝に危険が迫っているので早く奥州に逃げるようにと警告をしておきながら、以降も絶えず重要な情報を頼朝にもたらし続けた**康信**に対する頼朝の信頼は厚かった。

1184（元暦元）年、頼朝の招きに応じて鎌倉に下った**康信**は、鶴岡八幡宮の回廊にて頼朝より直々に「武家の政務を補佐せよ」と命じられたと伝わる。同年に問注所が設置されるとその執事に就任し、同じく下級貴族出身の大江広元と連携して頼朝を文官として支え、鎌倉幕府の発展に尽力している。そのため、1199（建久10）年に2代将軍・頼家の独断専行を抑えるために「十三人の合議制」が結成されると、**康信**もそのメンバーに加わり、引き続き幕政の中枢で活躍した。

1221（承久3）年の承久の乱では、北条政子の演説と広元の「出撃すべし」の主張により御家人たちは出陣の準備を整えたものの、鎌倉が手薄になることから慎重論がぶり返したといわれる。この時、広元は「出撃と決定しながら日を置くからこのような議論が出る。たとえ泰時（2代執権・北条義時の息子）一人でも出撃すれば東国勢は後からついてくるもの」と再度出撃を強く主張。悩んだ政子から意見を求められた**康信**は、病の身ですぐに駆け付け「関東の安危がこの時に決まるというのに、軍評議で日を送っている場合ではない、大将一人でもいいからすぐに出撃すべし」と断言した。

幕府の宿老二人の意見が合致していることを知り、幕府軍の総大将だった北条泰時はその日のうちに出立し、承久の乱は圧巻の勢いで朝廷軍を攻めた幕府軍の大勝に終わった。その知らせを病床で聞いた**康信**は、やがて静かに息を引き取ったと伝わる。

もっと深く知りたい人のための推薦図書

・**『源頼朝-武家政治の創始者』**元木泰雄／中央公論新社

066 政治 軍事

三浦義澄（みうらよしずみ）

1127〜1200年

平治の乱から河内源氏嫡流に従っていた武将

鎌倉幕府創成期の有力御家人の一人で、和田義盛にとっては叔父にあたる人物。相模国三浦郡（現在の神奈川県三浦市、横須賀市、逗子市）を本拠地とする三浦氏は、桓武平氏の流れを汲む一族となるが、父の三浦義明が源義朝に早くから従っていた関係から、1159（平治元）年に起きた平治の乱では義朝の子・義平に従って戦ったという。なお、**義澄**は次男にあたるが、1164（長寛2）年、兄の杉本義宗（和田義盛の父）が亡くなったことで三浦氏の家督を継いだとされる。

1180（治承4）年に伊豆国に流されていた源頼朝が挙兵すると、かつて義朝に仕えたことから三浦氏は頼朝に従うことを決断。しかし、頼朝が悪天候のため初戦の「石橋山の戦い」で敗北してしまうと、三浦氏は居城の衣笠城で籠城を余儀なくされ、当時は平氏方であった畠山重忠（母親が義明の娘。後に頼朝に帰順）が攻め手となる「衣笠城合戦」が始まってしまう。この時、90歳近い義明は「老いたこの命を頼朝公に捧げ、子孫の手柄としよう」と言い、命と引き換えに一族郎党すべてを逃がした。朝廷から独立した武士の政権を樹立することは関東の武士にとって悲願であり、その旗頭となりうる頼朝は彼らにとってそれほどまでに大切な存在だったのである。

父親の献身もあり頼朝からの信頼は厚く、富士川の合戦で敗走する平氏軍を追撃してそのまま上洛すべきだと主張する頼朝に対して、まずは関東でしっかりと武家政権の基盤を固めてから上洛すべきと意見したのが、**義澄**をはじめとするかつて平治の乱で義朝のもとで戦った者たち（千葉常胤、上総広常など）であったという。

「一ノ谷の戦い」や「壇ノ浦の戦い」、さらに奥州藤原氏を滅ぼした「奥州合戦」でも活躍した**義澄**は、1190（建久元）年に頼朝が右近衛大将任官の拝賀（任官や叙位のお礼を申し述べに行く儀式で大行列を組むのが一般的）を実施した際には、当時の価値観では**忠臣にしか許されない布衣侍の一人に選ばれ、参院の供奉をしている**。さらに1192（建久3）年に頼朝が征夷大将軍に任命され、鶴岡八幡宮で勅使を迎えての除書請け取りの儀式が執り行われた際にも、**義澄**が請け取りの大役を果たした。

そのため、2代将軍・頼家の独断専行を抑えるために結成された「十三人の合議制」のメンバーにも加わり、1199（正治元）年に実行された梶原景時の鎌倉追放にも賛同。翌年、梶原氏が滅ぼされた数日後に病没したと伝わる。

067　政治　軍事

梶原景時（かじわらかげとき）

?〜1200年

義経と対立したために悪役のイメージが付きまとう武将

鎌倉幕府創成期を支えた御家人の一人で、**源頼朝の政権において「一ノ郎党」「鎌倉ノ本体ノ武士」と称された人物**。『吾妻鏡』によると、当初は平氏方で戦っていた**景時**は、1180（治承４）年の「石橋山の戦い」で敗北し山中に潜んでいた頼朝を発見するが、情けをかけて見逃した。そのため頼朝は無事に安房国に逃れて再挙することができたことから、後に帰服を許され頼朝の御家人に列したとある。当時の関東の武士としては珍しく教養があり、弁舌や和歌なども得意としたことから都育ちの頼朝から次第に重宝されるようになった。

景時の名を有名にしたのは、平氏追討の戦いにおける頼朝の異母弟・義経との対立である。『吾妻鏡』でも頼朝への報告に「判官殿（源義経）は功に誇って傲慢、武士たちは薄氷を踏む思い」と**景時**が述べており、実際に義経との間に何らかの確執はあったとされている。1189（文治５）年に奥州藤原氏を滅ぼした「奥州合戦」では、**景時**が藤原泰衡の郎党・由利八郎を尋問した際に、**景時**の態度の悪さに激怒した由利が口を閉ざしてしまったというエピソードが残されている。その後、人望厚い畠山重忠が尋問を交代すると、由利は重忠の礼節ある態度に感じ入り「**景時**とは雲泥の違いだ」と述べたと言われていることからも、**景時**の性格に難があった可能性は高い。

1199（建久10）年に頼朝が亡くなると、２代将軍・頼家の独断専行を抑えるために結成された「十三人の合議制」のメンバーにも加わっているが、**景時**は頼家から引き続き重く用いられ、将軍直下の懐刀として辣腕ぶりを発揮する。しかし、それゆえに傲慢な言動が目立つ**景時**に対する不満は募り、三浦義村（三浦義澄の息子）や和田義盛などそうそうたる御家人たちが**景時**の排斥を求め、六十六人の連署の書状を頼家に提出。頼家から書状を渡された**景時**は一切弁明をせず、一族とともに所領の相模国一ノ宮（現在の神奈川県寒川町）に退いたという。そして翌年、**景時**が一族を率いて上洛する途中、遭遇した在地の武士たちと戦闘になり、最終的に梶原氏は滅亡してしまった。

『吾妻鏡』では**景時**の失脚と梶原氏の滅亡は自業自得としている。ただし、同時代の公卿・九条兼実の日記『玉葉』の記述などからは、頼家を将軍位から廃して弟の実朝を擁立しようとする有力御家人たちの企てに賛同せず、さらに頼家に企ての存在を漏らしたことで、**景時**は裏切り者と見なされて排斥された可能性も推測できる。

068 政治

藤原頼経（ふじわらのよりつね）

1218〜1256年

摂関家から迎えられたお飾りの征夷大将軍

摂関家の一つである九条家から鎌倉幕府に迎えられ４代将軍となった人物。幼名を三寅《みとら》といい、わずか２歳で都から鎌倉に下っている。貴族出身の幼児を武家の棟梁である征夷大将軍に据えることは、現代人からすると奇妙に感じる。しかし、1219（建保７）年に３代将軍・源実朝が甥の公暁に暗殺され、しかも実朝に実子がいなかったことで、次期将軍選びが難航した結果、摂関家出身の「摂家将軍」が誕生した。

初代将軍・頼朝の嫡流にこだわらず、関東の武士が崇敬する八幡太郎（源義家）の末裔は複数存在したが、それゆえにその中から誰かを選ぶとなると、それぞれを支持する御家人たちの間で揉め事が起こることは明らかだったからである。そのため、実朝の母であり頼朝の御台所であった北条政子は、どの御家人とも深い縁はなく、さらに血筋の面でもずば抜けて高貴な皇族から将軍を迎えることを発案する。

実朝が病弱だったため彼の生前から後継者問題には不安が存在し、1218（建保６）年に政子が上洛した際に、後鳥羽上皇の乳母・藤原兼子《けんし》と会談して、万が一の場合は兼子が養育していた後鳥羽上皇の皇子・頼仁《よりひと》親王（生母と実朝の御台所が姉妹という縁もあった）を次の将軍にというプランが持ち上がっていたからである。

しかし、将軍となった親王が北条氏の傀儡となり、さらに暗殺された実朝のように政争に巻き込まれる危険もあるため、後鳥羽上皇は皇族を将軍にすることを拒否する。

そこで、折衷案として頼朝の妹・坊門姫《ぼうもんひめ》の血を引き、当時の左大臣として朝廷での地位も高かった藤原（九条）道家の子・三寅に白羽の矢が立ったのである。そして、元服後の「**頼経**」という名は、彼の中に頼朝と同じ河内源氏の血が流れていることをアピールするための命名だったと考えられている。ただし、当時２歳の三寅に政治能力はなく、後見役の政子が執務を代行したことから、彼女は「尼将軍」と呼ばれた。

４代将軍・**頼経**の立場を強固なものとするため、1230（寛喜２）年、頼朝の血を引く唯一の孫娘・竹御所《たけのごしょ》（２代将軍・頼家の娘）を御台所に迎える。この時、**頼経**は13歳、竹御所は29歳と非常に年の差があったが夫婦仲は良好で、竹御所の懐妊により後継者問題も解決したように思われた。しかし、難産の末に竹御所も赤子も喪われてしまったことで、幕府内での**頼経**の立場は弱くなってしまう。

北条氏との関係も悪化し、1244（寛元２）年には新しい御台所との間に生まれた嫡男・頼嗣《よりつぐ》に将軍の座を譲らされ、翌年に出家している。

069　文学

藤原定家（ふじわらのさだいえ）

1162〜1241年

『新古今和歌種』の編纂に携わった歌道の大家

平安時代末期から鎌倉時代初期にかけて活躍した歌人で、勅撰和歌集である**『新古今和歌集』、さらに歌カルタでおなじみの『百人一首』の撰者として知られる人物**。名前を「ていか」と音読みすることが多い。同じく歌人として名高い藤原俊成の次男として生まれたこともあり、彼自身も若い頃から和歌の才能を磨いた。そのため、18歳の時に源平合戦が始まるが、その時期の日記に「紅旗・征戎、吾が事にあらず」とまったく戦に興味がないことを記している。

父・俊成が唱えた「有心」「幽玄」をさらに発展させ、「耽美」を追求した**定家**の歌風は日本における美の表現を確立し、和歌だけでなく能や華道といった後世の芸能・文化に多大な影響を与えた。

その性格はよく言えば芸術家肌、悪く言えば神経質にして頑固一徹。1185（文治元）年、新嘗祭の最中に嘲笑してきた相手に激怒し、その顔面を脂燭《しそく》（室内照明具の一種）で殴打するという暴力事件を起こし、官職から除籍になっている。しかし、翌年には後白河法皇に赦免され、後鳥羽上皇の時代には『新古今和歌集』の撰者の一人に抜擢された。これは**定家**の和歌の才能が高く評価されたためである。

しかし、1220（承久2）年に**定家**はまた問題を起こす。自身の政治的待遇への不満を歌に込めて上呈したところ、後鳥羽上皇の逆鱗に触れて歌の世界での公的活動を禁じられたのである。この一件は直後に承久の乱が起き、その首謀者として後鳥羽上皇が隠岐島に配流されるという特殊事情があったものの、依然として歌人としての**定家**の評価は高く、1232（貞永元）年に第86代後堀河天皇の命令で**『新勅撰和歌集』を単独編纂**したり、鎌倉幕府の御家人・宇都宮頼綱の依頼で『百人一首』を編纂したりしている。

また**定家**は歌の世界だけでなく、ほかにも現代にまでつながる功績を残している。

一つは「平安文学の保存」で、**定家**は後世に伝えるべく歌集や歌学書物などの書物集めや『土佐日記』『源氏物語』など平安文学の書き写しを行っていて、現代に我々がこれらを目にすることができるのはひとえに**定家**のおかげである。

さらに、**定家**が1180（治承4）年〜1235（文暦2）年の56年間に記した日記『明月記』は、当時の世俗を知るうえでの貴重な史料となっている。特に天体現象の記録は現在「日本天文遺産」に認定されるほどの貴重なもので、望遠鏡のなかった時代の超新星の記録は世界で7件残っているが、そのうちの3件が**定家**によるものだという。

070 政治

後鳥羽上皇（ごとばじょうこう）

1180～1239年

承久の乱を起こすも失敗し、隠岐島に配流された上皇

第80代高倉天皇の第四皇子として生まれ、第82代天皇となった人物。即位前は**尊成《たかひら》親王**と呼ばれた。彼が生まれた1180（治承4）年は、平清盛の政略によって高倉天皇の第一皇子である言仁《ときひと》親王が第81代安徳天皇として即位した年でもあった。

1183（寿永2）年に源氏の木曽義仲が上洛したことで、安徳天皇は外戚である平氏一門よって三種の神器とともに都落ちしてしまった。このため都は天皇不在という異常事態に陥ったが、そもそも後白河法皇が安徳天皇の即位自体を認めていなかったこともあり、代わりに**尊成親王**を**後鳥羽天皇**として即位させることになったのである。同時に二人の天皇が存在することは、日本の歴史で初めてのことであった。

さらに、皇位継承の証である三種の神器がない状態での即位も前例がなく、そのため**後鳥羽天皇**は後々まで「神器なしの即位に正統性はあったのか」「災厄が続けば神器なしの即位を天が認めないからだと民衆から思われはしないか」と悩んだという。自身の正統性に対するコンプレックスを克服するために、**後鳥羽天皇**は内外へ向けて強硬的な政治姿勢を取るようになったのだといわれている。そして、皇族らしく蹴鞠や和歌に熱中し、琵琶などの芸事にも精通する一方で、弓馬術や武術、さらに水練や相撲に励み、自ら日本刀を打つなど文武両道を徹底したのも、コンプレックスを克服するためだったと見られている。

1185（文治元）年、平氏滅亡とともに安徳天皇も崩御したため、**後鳥羽天皇**は唯一の天皇となったが、後白河法皇が1192（建久3）年に崩じるまでその院政は続いた。そして、後白河法皇の死により親政を開始した**後鳥羽天皇**によって、源頼朝が征夷大将軍に任命され、朝廷から独立した武家政権・鎌倉幕府の誕生が確定する。なお、頼朝は朝廷への影響力をもつために、御台所・北条政子との間に生まれた長女の大姫を**後鳥羽天皇**の妃にしようと画策するが、大姫の死によって頓挫している。

なお、安徳天皇を抱いて海に飛び込んだ二位の尼（清盛の後妻・時子）が、その時に三種の神器も携えていたことで、八《や》咫鏡《たのかがみ》と八《や》尺瓊勾玉《さかにのまがたま》は回収されたが、天叢雲剣《あめのむらくものつるぎ》（草薙剣《くさなぎのつるぎ》）だけは海の底に沈んで発見されず、以後、天皇の元服の儀なども神器が揃わないまま行われた。その後も天叢雲剣の捜索は続けられたが発見されず、1210（承元4）年に第84代順徳天皇が即位した際は、すでに上皇となっていた**後鳥羽上皇**によって、伊勢神宮から後白河法皇に献上された「昼の御座の剣」を宝剣と見なした。

1198（建久9）年、**後鳥羽天皇**は19歳にして第一皇子の第83代土御門天皇に譲位して上皇となり、以降は第三皇子の第84代順徳天皇、順徳天皇の第四皇子である第85代仲恭天皇と、3代23年間にわたって院政を敷くことになる。

鎌倉幕府との関係は、初代将軍の頼朝が朝廷への一定の配慮を行い、その跡を継いだ2代将軍・頼家や3代将軍・実朝も父の路線を継承していたため、実は比較的友好的であった。特に実朝とは和歌を通じて親しい間柄にあったが、彼が暗殺されてしまうと、朝廷と幕府の関係は少しずつ悪化していく。

頼朝の御台所であり実朝の母である北条政子は、皇族を4代将軍として迎えることを希望するが、**後鳥羽上皇**に拒否されたことで摂関家出身の藤原頼経を4代将軍に据えた。厳密には、**後鳥羽上皇**が「上皇の愛妾に与えた荘園の地頭職を罷免すること」「御家人の仁科盛遠が西面の武士として上皇に仕えたことで所領を没収された処分の撤回」という引き換え条件を提示し、これを幕府への挑発と捉えた2代執権の北条義時が、弟の時房に千騎を与えて上洛させて恫喝したことで、交渉が決裂したのである。

なお「西面の武士」とは、都に滞在する御家人を朝廷の管轄の下で京の警護に当たらせるよう制度化したもので、さらには鎌倉幕府から送られてくる京都守護に対しても朝廷から命令を下すなど、**後鳥羽上皇**は幕府に対する態度を硬化させていった。

そして1221（承久3）年、**後鳥羽上皇**は**鎌倉幕府を打倒するため、幕府を牛耳る北条義時追討の院宣を出して挙兵。後に承久の乱と呼ばれる争乱を開始した**のである。

後鳥羽上皇は鎌倉幕府の御家人たちが義時を嫌っており、彼のために朝敵になることを恐れて院宣に従うと考えていた。しかし、実際は政子の演説により御家人たちは幕府を守るために朝廷と戦う決意を固め、圧倒的な兵力差により朝廷側は大敗北する。

首謀者である**後鳥羽上皇**は院政を停止され隠岐島へ配流された。また順徳上皇も同様に佐渡島へ、討幕計画に参加しなかったものの土御門上皇も「ひとり都に残るのは忍びない」と自ら望んで土佐国へ流された。そして、在位わずか3カ月足らずで、その時4歳だった仲恭天皇も廃されて、代わりに幕府の主導で高倉天皇の第二皇子・守貞《もりさだ》親王の子である茂仁《とよひと》王が第86代後堀河天皇として即位している。さらに、都に朝廷を監視するために幕府の出先機関・六波羅探題が設置されたことで、朝廷は完全に幕府の管理下に置かれることになったのである。

佐藤優の言葉

源実朝に実権がなく、影響力を増す執権の北条氏に後鳥羽上皇が警戒感を抱き、鎌倉幕府と朝廷が対立。実朝の暗殺後、後鳥羽上皇は北条氏を倒そうとして破れてしまった。

071 政治

北条時宗（ほうじょうときむね）

1251〜1284年

鎌倉幕府第二の危機・蒙古襲来を乗り切った執権

鎌倉幕府５代執権・北条時頼の子で、８代執権となった人物。父である時頼は裁判や訴訟の公平性を高め迅速化を図るために訴訟審理機関である「引付《ひきつけ》」を設置したり、蘭渓道隆《らんけいどうりゅう》を招聘《しょうへい》して鎌倉に建長寺を開創したりしているが、その一方で摂家将軍を廃して皇族将軍を擁し、有力御家人だった三浦氏を「宝治合戦」で滅ぼして北条氏嫡流である得宗家の権力を強化したことから、後世の評判はあまりよくない。対する**時宗**は**中国の元王朝の侵略に屈することなく立ち向かった若き名君**として、幕末から大東亜戦争の前後のあたりにかけて人気を集めていたが、**近年は鎌倉幕府崩壊の要因を作った人間**として批判的な評価もされるようになっている。

なお、かつては蒙古襲来のことを「元寇」とも呼んだが、近年の歴史教科書では「寇」の字に「暴」または「賊」という意味があることから、現在の中国やモンゴルへの配慮として用いないようになっている（ちなみに、「蒙古」にも差別的なニュアンスを含んでいるとして「モンゴル襲来」と言い換える例も増えている）。

時頼が病によって執権を辞任した時、**時宗**はまだ６歳だった。そのため**時宗**の母方の伯父・北条長時が中継ぎとして６代執権に就任し、長時も病によって1264（文永元）年に辞職を余儀なくされると、今度は２代執権・北条義時の四男である政村が連署《れんしょ》（執権の補佐役）の経験を買われて７代執権に就任した。長時と政村が成長するまでの時間を稼いでくれたおかげで、**時宗**は政治や禅についてじっくり学べたという。

1268（文永５）年３月、**時宗**は18歳になりようやく８代執権に就任する。実はこの年の正月、モンゴルが支配する中国の元王朝から日本に対して、服属を求める内容の国書を持った使節が大宰府に来訪していた。平安時代中期に平忠盛（清盛の父）によって始められた日宋貿易は鎌倉時代も継続されていたが、日本と中国の宋王朝の間には正式な国交はなくあくまでも民間貿易にすぎなかったため、鎌倉幕府は突如持ち上がった外交問題に頭を抱えることになった。しかし、**時宗**は連署として自分を支える前執権の政村ら幕府首脳陣と協議し、元からの国書を黙殺することを決める。これを「**時宗**が海外事情に無知だったため」とする説もあるが、この当時には元との戦争に敗れた南宋から多くの禅僧が日本に渡ってきていたため、**時宗**たちも彼らから元についての情報を聞き取り、そのうえで判断を下したと考えられる。

そのため**時宗**は、国書を無視する一方で元軍の侵攻に備えて、1271（文永８）年、九州に所領のある御家人や九州に定住している御家人たちに九州北部を防衛する「異国警固番役」という役目を命じている。そして、**元軍の侵攻に対して挙国一致で当たるために、幕府内の不満分子を一掃**（二月騒動）。さらに朝廷をはじめとして西国を監視する六波羅探題の権能を強化し、外国による侵略を「仏罰」だと主張して人心を惑わす日蓮を流刑に処するなど、国防の備えは怠らなかったのである。

その後も元から日本の降伏を求める使節が送られてきたため、朝廷からも国書への返答を促されるが、幕府はすべて無視。**時宗**は独断で使者を切り捨てている。その結果、1274（文永11）年10月に元軍とその属国となった高麗軍約３万が対馬・壱岐を通過して筑前国博多（現在の福岡市博多）に上陸（文永の役）。元軍の集団戦法や日本の武士たちがこれまで見たことがなかった火器「てつはう」によって日本軍は翻弄されるが、元軍の内部対立も幸いし、辛くも撃退することに成功する。

文永の役のあと、**時宗**は元軍の騎馬隊の侵攻を防ぐために博多湾沿岸に延べ20kmにわたる石塁（石造りの防塁）を築かせ、次の元軍の侵攻に備えた。

そして1281（弘安４）年６月、元軍は朝鮮半島南部の合浦から出発する東路軍と、長江の南方（現在の中国浙江省寧波付近）から出発する江南軍の二手に分かれて再び侵攻してきた（弘安の役）。しかし、先に到着した東路軍は石塁に阻まれて上陸できず苦戦し、一時撤退して遅れた江南軍と合流したところで、暴風雨によって多くの軍船が沈没する大損害を受けて撤退を余儀なくされた。

後に「神風」と呼ばれる幸運に救われた部分も大きいが、**時宗**の指示も効果を出していることから、蒙古襲来における彼の功績もやはり大きいというべきだろう。

しかし、元から賠償金を支払われたわけもなく、新しい領土を獲得したわけでもない。そのため２度の蒙古襲来で奮戦した御家人たちに対して、幕府は十分な褒美を渡すことができなかった。当時、戦の費用は御家人が負担し、戦後の褒美によって補填するのが当たり前だったため、褒美がもらえず困窮する御家人が続出してしまう。さらに３度目の侵攻に備えて、異国警固番役や石塁の補修の負担は以降も担当の御家人たちに重くのしかかった。鎌倉幕府と御家人たちの主従関係は、「御恩と奉公」、いわばギブ＆テイクの関係により成り立っていたため、効果的な対策を打てずに**時宗**が1284（弘安７）年に夭折すると、御家人たちは幕府に対する不満を募らせていったのである。

もっと深く知りたい人のための推薦図書

- **『蒙古襲来の真実』**北岡正敏／ブイツーソリューション
- **『北条時宗と安達泰盛―新しい幕府への胎動と抵抗』**福島金治／山川出版社
- **『蒙古襲来と神風 - 中世の対外戦争の真実』**服部英雄／中央公論新社

072 文学

西行（さいぎょう）

1118～1190年

巡礼の天才歌人として松尾芭蕉にも影響を与えた男

平安時代末期に歌人として活躍した僧侶。出家する前は**佐《さ》藤義清《とうのりきよ》**という名前の武士であった。若くから歌の才を認められ、さらに流鏑馬や蹴鞠にも優れた文武両道であったことから、17歳の時には鳥羽上皇の「北面の武士」にも選ばれている。

「北面の武士」とは後白河法皇が設置した院（上皇または上皇が住む御所）を警護するエリート武士集団のことで、当時の武士にとっては出世の足掛かりとなる組織であったため、若き日の平清盛とは同僚の関係であったという。

順風満帆だった**義清**だが、21歳で突然出家してしまう。理由は諸説唱えられているが、特に有名な説が、とある高貴な女性（主君である鳥羽上皇の皇后で崇徳・後白河両帝の生母である藤原璋子とされている）との禁断の恋に悩んだ末の発心である。

阿弥陀仏の極楽浄土がある西方を目指すとの意から「**西行**」を法号とし、妻子も捨てて仏道に入った。若きエリート武士の突然の出家は人々の耳目を集めたようで、当時朝廷の高位にあった藤原頼長もその日記『台《たい》記《き》』に**西行**の出家を記している

西行は大寺院に入門したわけではなく、山里の草庵で歌と向き合い、また各地を巡礼することで悟りを開こうとした。その最晩年には「一首詠むことは一体の仏像を彫り上げる思い、秘密の真言を唱える思いだ」とその境地を語っている。

花鳥風月の描写に自身の煩悩や迷いなどの心情を重ね、平明かつ簡素な言葉で詠んだその歌は、後鳥羽上皇をはじめとする多くの貴顕に好まれたようで、鎌倉幕府の初代将軍・源頼朝が西行と面会したとの逸話が『吾妻鏡』に残されている。

東北への旅の途中に鶴岡八幡宮にいた**西行**をたまたま見かけた頼朝は、館に**西行**を招くと流鏑馬や歌道について聞いたという。**西行**は流鏑馬について、馬上での弓の持ち方や矢の射り方を伝えたとされ、**今も鶴岡八幡宮の祭事で行われる流鏑馬は、頼朝が西行と会った翌年から始まったのだともいわれる**。また歌については「花月を見て感動した時に三十一字を作るだけのこと。それ以上深いことは知りません」と答えたとされる。巡礼の歌人というと孤高のイメージもあるが、その没後間もなく伝記『西行物語』が書かれたように、当時のカルチャースター的な面もあったようである。後世の文化・芸術にも多大な影響を与え、江戸時代の俳人・松尾芭蕉も**西行**を慕い旅に出たという。

「願はくは 花の下にて 春死なむ そのきさらぎの 望月のころ」と詠んだ**西行**は、その歌の通り、桜が咲き誇る時期に72歳で亡くなっている。

073　文学

慈円（じえん）

1155～1225年

俗世から離れた場所で激動の時代を見つめた学僧

摂政・関白を歴任した藤原忠通《ただみち》の次男として生まれ、13歳で出家し、天台座主となった人物。長兄は摂関家の一つである九条家の祖となった九条兼実《くじょうかねざね》で、後に鎌倉幕府４代将軍となった藤原（九条）頼経は兼実の曽孫にあたる。

当時の貴族の家では嫡男以外が出家するケースは珍しくなく、僧侶として祖先の菩提を弔い一族の繁栄を祈禱するのはもちろんのこと、政治と宗教の両面から朝廷に影響力をもつことで一族の地位を万全なものにしようとする狙いもあったという。

しかし、寺院の世界も実家の家柄や財力がものをいい、**慈円**も入門からわずか３年、16歳にして一身阿闍梨という僧侶としては高い位を与えられている。そして、21歳で「どんなことがあっても千日間は山を下りることが許されずに毎日経文を読み続ける」という千日入堂の修行に挑戦して成功。下山後に藤原氏の寺として栄えていた法性寺の座主に任じられている。

その後も**慈円**はいくつもの寺社で住職や検校《けんぎょう》（社寺の事務監査の長）を務めると「世の中に 山てふ山は 多かれど 山とは比叡の み山をぞいふ」との歌を詠んでいる。自分がゆくゆくは比叡山延暦寺のトップになることを見越して「比叡山以外に価値はない」と述べたのである。実際に、関白となった兄の兼実の推挙もあってか、**慈円**は1192（建久３）年に**比叡山延暦寺の頂点に立つ天台座主に任命**されている。

この頃、巷間では浄土宗の開祖である法然が説く「専修念仏」が人々の心を捉え、延暦寺が教義とする最澄由来の天台教は衰退傾向にあった。**慈円**はこれを立て直すために、学問の充実による仏法興隆を図るべく「勧学講」を開催。これは、官僚育成機関である大学寮の学生や延暦寺の僧侶を集めて行われた、『法華経』をテーマとする勉強会である。

しかし、後白河法皇が崩御すると、兼実は親政を希望する後鳥羽天皇と対立して失脚。**慈円**も天台座主の座を追われるが、兼実の孫・九条道家（４代将軍・頼経の父）の後見人を務めるなど政治力を発揮して、その後も３度、天台座主となっている。

後鳥羽上皇が挙兵の動きを見せた際には（承久の乱）、これを諫めるために『愚管抄』を著して「武士の台頭は道理であり、これを無視しては天皇家の将来も危うい」と説いた。

「現実を重視し、その結果の積み重ねが道理である」というのが**慈円**の考えで、自身は「名利の二道をあゆむ」（名誉と利得のどちらも得た）と語ったという。

佐藤優の言葉

国家鎮護の要・天台宗のトップなのに末法思想と中国の『礼記』の百王説を独自解釈し、当時84代目だった天皇が100代目に絶えるという悲観的歴史観を『愚管抄』で展開。

074 宗教

法然（ほうねん）

1133〜1212年

仏教界の旧勢力からの弾圧に屈しなかった浄土宗の開祖

令和元年度の時点で600万人以上（文化庁・宗教統計調査）の信者が存在する浄土宗の開祖。**法然**は幼名を**勢至丸**《せいしまる》といい、美作国（現在の岡山県東北部）の押領使・漆間時国《うるまときくに》の子として生まれるが、９歳の時に土地絡みのトラブルで夜襲を受けて父が殺され、僧侶だった母方の叔父に引き取られたことで仏教と学問の手ほどきを受けたという。13歳で比叡山延暦寺に入るとすぐに周囲からその才能を認められるようになり15歳にして受戒。18歳になると聖僧と名高い叡空《えいくう》に弟子入りし、彼から「**法然房源空**」の法名を与えられている（厳密には**法然**が房号、法諱《ほうき》が**源空**となる）。

24歳で比叡山を出ると、「仏や菩薩による衆生済度《しゅじょうさいど》（現世で苦しみ悩むすべての者を救済し、悟りに導くこと）を今生で実現するにはどうすればよいか」と思い悩む日々が続く。そして、唐の高僧・善導《ぜんどう》が著した『観無量寿経疏』（観経疏）に記された**「阿弥陀仏を称えれば誰もが必ず救われる」**という教えにその答えを見つけた**法然**は、1175（承安５）年、京都東山の吉水《よしみず》で南無阿弥陀仏と一心に念仏する「専修念仏」の教えを人々に広め、ついに**浄土宗を開いた**のである（このため、**法然**は「吉水上人《しょうにん》」という通称をもつ）。

従来の仏教が修行を積んだ限られた人々だけのものであったのに対し、**法然**の教えは誰にでもわかりやすく、また出家も厳しい修行も寺社への寄進も不要ということで、すぐに民衆に受け入れられ、その教えはやがて武士や貴族にも広まったのである。

法然の名を一段と高めたのが1186（文治２）年の「大原問答」であろう。天台宗の僧侶・顕真《けんしん》は大原の勝林院に**法然**を招くと、「自ら知恵を磨き煩悩を断じて聖者となる“聖道門”と阿弥陀仏の本願の力（他力）により極楽往生して悟りを開く“浄土門”」について一昼夜にわたる問答を行った。そこで**法然**は複数の高僧からの問いのすべてに淀みなく答え、集まった聴衆たちを心服させたという。そしてその後、前関白である九条兼実からその教えをまとめるよう請われて書いたのが、浄土宗の根本宗典とされる『選択本願念仏集』である。

その一方で既存仏教勢力からの反発も大きく、1204（元久元）年には比叡山が専修念仏の停止を求めて蜂起し、1207（承元元）年に後鳥羽上皇の命令でそれが認められたうえ、**法然**も10カ月ではあるが讃岐国に配流されてしまう（承元の法難）。赦免を受けて京に戻ったあと、**法然**は死の直前に遺言状となる「一枚起請文」を著している。

075　宗教

親鸞（しんらん）

1173～1262年

法然の教えをもとに独自の宗派・浄土真宗を始めた僧侶

浄土宗を開いた法然の弟子で、後に**浄土真宗の宗祖**となる僧侶。なお、浄土真宗はあくまでも浄土宗から派生したもので、**親鸞**自身も著書の中で「浄土真宗」という言葉を「法然から伝えられた教え」という意味で使っており、「浄土宗とは別の宗派」や「真の浄土宗」を意味しているわけではない。

従って法然や**親鸞**においては浄土宗と浄土真宗に大きな違いはなく、これを別宗派としたのはあくまでも後世の人々である。あえて両派の違いを指摘するならば**浄土真宗は妻帯や肉食も問題なしとするなど戒律が厳しくなく**、浄土宗が「念仏を唱える」ことを重視するのに対し浄土真宗では「信心」を重視する、といったあたりになる。

親鸞自身の著である『顕浄土真実教行証文類』（教行信証）や『愚禿紗』、そして没後に弟子がまとめたとされる『歎異抄』など、その教えを説く書物は多数存在するが、一人の人間としての**親鸞**を記した書物は少なく、その生涯には不明な点が多い。

一般的に、**親鸞**は貴族の日《ひ》野《の》有範《ありのり》の子として生まれ、1181（治承5）年に9歳で青蓮院に入り慈円のもとで得度を受け、「**範宴**《はんねん》」という法号を授かる。その後、比叡山延暦寺で20年にわたり修行を積むが悟りを得られず、1201（建仁元）年に29歳で比叡山を離れる。聖徳太子ゆかりの六角堂（現在の京都市中京区にある頂法寺）で百日参籠を行った**親鸞**は、夢に現れた聖徳太子に導かれて法然のもとを訪ね、「専修念仏」の教えを受けて大いに感銘を受け、すぐに法然に弟子入りをしたといわれている。

入門から5年後には、九条兼実の依頼で法然がその教えをまとめた『選択本願念仏集』（選択集）の書写と、法然の肖像画の制作を許されている。これらは限られた弟子にしか許されていないことから、**親鸞**もまた法然の御眼鏡に適う存在であったことがうかがえる。**親鸞**自身もこの『選択集』に多大な影響を受けたという。

1207（承元元）年、後鳥羽上皇の怒りを買った法然が讃岐国への流罪に処されると、**親鸞**も越後国（現在の佐渡を除く新潟県）に配流される。実は「**親鸞**」と名乗り出したのもこの頃からである。なお、**親鸞**の妻・恵信尼は越後国出身で、「流罪の前に京で結婚していた」「流罪となった越後で娶った」との二つの説がある。

1211（承元5）年には師弟はともに流罪を赦免されるが、**親鸞**が越後の豪雪で足止めされているうちに再会を望んだ法然は京で亡くなってしまった。すると**親鸞**は京に戻らず、約20年にわたり関東で布教を続け、帰京後は晩年まで著作活動に専心している。

076 宗教

一遍（いっぺん）

1239〜1289年

各地を遊行し踊念仏を広めた時宗の開祖

信心の有無に関係なく、念仏を唱えるだけで救われると説いた時宗の開祖。幼名を**松寿丸**《しょうじゅまる》といい、伊予国（現在の愛媛県）の豪族・河野通広《かわのみちひろ》の子として生まれた。10歳で母を亡くすと、かつて出家していた父の勧めで仏門に入る。13歳の時に大宰府へ移ると、法然の孫弟子にあたる聖達《しょうたつ》から10余年にわたり西山浄土宗（西山上人と呼ばれた法然の高弟・証空《しょうくう》の教えから広まった一派）を学んだという。

1263（弘長3）年、25歳の時に父の訃報を受けると、家督を継ぐために還俗して帰郷し、半僧半俗の暮らしを続けた。しかし、1271（文永8）年に土地絡みともされる親類間のトラブルにより襲撃を受け、これをきっかけに再び出家して信濃国（主に現在の長野県）の善光寺などで再修行。故郷・伊予国の窪寺という閑室に籠り、3年の間念仏を唱え続けた末に、「十一不二頌」（十劫の昔の阿弥陀仏の悟りも、我々の唱える一度の念仏も、その価値は同じ）の悟りの境地を感得すると、1274（文永11）年に全国遊行に出る。

一遍は遊行において理論理屈ではなく「念仏を唱えて極楽浄土へ往生する」という仏教的実践のみを人々に勧め（念仏勧進）、また出会った人々に「南無阿弥陀仏」と書かれた念仏札を配布した（賦算《ふさん》）。ある時、熊野本宮大社へ向かう途中、念仏札の受け取りを拒む僧にこれを無理やり渡した自分のやり方が正しかったのかと思い悩むが、熊野権現から「あなたの行為も相手の信心の有無も関係なく、念仏で極楽往生することは決まっているのだから、人を選ばずにその札を配りなさい」とのお告げを得たという。

これが現在に続く時宗の始まりとされるが、時宗の名は後年につけられたものである。そして、「**南無阿弥陀仏を"いっぺん"唱えれば悟りが得られ、死後に極楽浄土へ行ける**」という教義をそのまま表した「**一遍**」の名を使うようになったのもこの時からである。

また念仏札には南無阿弥陀仏に続けて「往生六十万人」という文言が追加された。六十万人とはその人数に限ったというわけではなく「一切衆生」を示していて、念仏札を受け取って勧進帳に記名した入信者数は250万人にまで達したといわれる。

全国を周る中、信濃国佐久では念仏往生への嬉しさと喜びから、**一遍**をはじめにその信者らも一斉に踊り出し、これが踊念仏の始まりとなった。

その後、**踊念仏は見世物的なものに発展**。人の集まる場所に舞台が設けられ、その上で男女構わず輪になって鉦《かね》や太鼓に合わせて念仏を唱えながら踊り続け、人々は法悦に浸ったという。これが今日の**盆踊りの起源ともいわれている**。

077　宗教

日蓮（にちれん）

1222～1282年

他宗を攻撃したことで厳しく弾圧された日蓮宗の開祖

法華経の功徳を重視し、題目を唱えることで人も世界も救われると説いた日蓮宗の開祖。安房国の漁師の子として生まれた**日蓮**は、11歳で地元の清澄寺に入門すると、16歳で出家。少年の頃から「承久の乱で真言密教の祈禱を行った朝廷側はなぜ敗れたのか」「仏教の中でいくつも宗派が対立するのはなぜか」といった疑問を抱いていた**日蓮**は、その答えを求めるべく比叡山や高野山で学び、その結果として「法華経こそが真の仏教である」との考えに至ったという。もともと法華経は天台宗でも重要な一部であるが、**日蓮**はこれをさらに昇華させ「法華経以外は邪宗」という極端な考えにまで至った。

遊学を終えた1253（建長5）年、**日蓮**は法華宗（日蓮宗）を開き、鎌倉で布教を開始した。「**日蓮**」を名乗ったのも実はこの頃からで、辻説法においては他宗派を激しく批判するようになる。

「来世よりも今を生きることの大切さ」を説いた**日蓮**は、釈迦の功徳が集約された「南無妙法蓮華経」の題目を唱えることによってのみ現世利益につながる道であるとした。

1257（正嘉元）年、鎌倉で大地震が起こると「天変地異や疫病などで世が乱れるのは、為政者をはじめとする人々が邪宗を信仰するためだ」として**「災難を止めるためには為政者が悪法を廃し、正法である法華経に帰依するしかない」と自著『立正安国論』で主張**。時の最高権力者である鎌倉幕府の5代執権・北条時頼（8代執権・時宗の父）に提出するが、完全に無視されてしまう。

さらに、『立正安国論』やその他の著書で法然の専修念仏を筆頭に**他宗を苛烈に批判したことで多くの敵をつくり、以後何度も念仏信者らから襲撃される**ことになる。

それでも**日蓮**は己の法理を取り下げようとはせず、1268（文永5）年に中国の元王朝から服属を求める使節が大宰府に到着すると、『立正安国論』で「外国からの侵略」を予言していたことが当たったと主張。幕府高官や他宗派の主だった僧侶たちに書簡を送り、公開討論を要求した。幕府はこれを無視するとともに**日蓮**とその弟子たちを「幕府の方針に従わない危険分子」と判じて教団への弾圧を開始。それでも**日蓮**は他宗への攻撃をやめず、1271（文永8）年に佐渡島へ流罪となった。

だが赦免となって鎌倉に戻っても**日蓮**の思想は変わることなく、1274（文永11）年に文永の役が起こると「（邪宗である）鎌倉中の寺や鎌倉大仏を焼き払い、禅僧・念仏僧をことごとく処刑せよ」と述べたという。

佐藤優の言葉

日蓮は救済を彼岸に限定せず、此岸においても実現されなくてはならないと強く信じ、行動した。キリスト教プロテスタンティズムのカルヴァン派に考え方が似ている。

078 宗教

栄西（えいさい）

1141〜1215年

中国から臨済宗と茶を持ち帰った禅僧

坐禅と公案によって悟りを得ることを目指す臨済宗を日本に広めた人物。近年は名前を「ようさい」と読む説が唱えられている。備中国の吉備津神社（現在の岡山県岡山市）の神職・賀陽《かや》氏の出身で、当時は神仏習合が普通であったため幼い頃から仏教に関心をもち、14歳で比叡山延暦寺において出家得度。しかし、そこで天台宗を学ぶうちに日本の仏教界に危機感を抱くようになっていった。

貴族の政争の材料とされ、僧侶たちも自分たちの金儲けや権力争いに明け暮れる。荘園経営のために雇われた僧兵たちは乱暴狼藉を働くばかり。そんな天台宗の現状を立て直そうと決意した**栄西**は、1167（仁安２）年に中国の南宋へ留学する。

当時の南宋では禅宗が仏教の主流になっていたことから、**栄西**はこれに天台宗復興の可能性を見出したという。**栄西**はさらに仏教の真髄に触れるべく仏教の本場インドへの渡航を願って入宋するがこれは叶わず、南宋では禅宗の一派である臨済宗を学んだ。

1191（建久２）年に帰国した**栄西**は、京に戻らず九州で臨済宗の布教活動を始めるのだが、それはちょうど、既存の仏教界が朝廷に働きかけて新宗教の弾圧に乗り出したタイミングでもあった。最大の標的とされたのは「専修念仏」が社会現象になりつつあった法然の浄土宗だったが、それと並んで**栄西**の臨済宗も弾圧の対象とされてしまう。

栄西は1198（建久９）年に『興禅護国論』を執筆し、「禅宗は決して天台宗の教えと対立や矛盾をするものではない」と前置きし、禅の本旨について詳述している。これにより禅とその他の仏教との共存を訴えたのだが、当時の天台宗にとって重要だったのは法理よりも既得権益を守ることだった。そのため「京で臨済宗を布教することで天台宗と切磋琢磨しながら仏教の復興を目指す」という**栄西**の理想は実現しなかった。

限界を覚えた**栄西**が鎌倉に向かうと、**禅の教えは鎌倉武士たちに受け入れられ、北条政子や鎌倉幕府２代将軍・源頼家の庇護を受けたことで臨済宗は急速に発展**。1202（建仁２）年には幕府の支援により京に建仁寺を開山することができた。なお、この時に建仁寺を臨済宗の禅宗だけでなく、天台宗と真言宗の三宗兼学としたのは、弾圧を避けようという配慮からのことであろう。

さらに、**栄西**は**中国から茶の種を持ち帰り日本で茶の栽培を開始**し、３代将軍・実朝に茶の薬効を説いた『喫茶養生記』を献上し、日本で長く途絶えていた喫茶の習慣を復活させたことでも知られる。

もっと深く知りたい人のための推薦図書

- **『日本人のこころの言葉 栄西』**中尾良信・瀧瀬尚純／創元社
- **『栄西 喫茶養生記』**古田紹欽／講談社

079 宗教

道元（どうげん）

1200～1253年

地方の土豪や農民に支持された曹洞宗を広めた禅僧

栄西が持ち帰った臨済宗と同じく、禅宗の一派である曹洞宗の教えを南宋から持ち帰り日本で布教した人物。**悟りを得るためには坐禅のみに専念して公案を用いない**点が、臨済宗とは大きく異なる。

京の貴族の出身とされているが、その両親については諸説ある。幼少より聡明で、14歳の時に比叡山延暦寺の天台座主・公円について出家得度。天台教学を中心に学ぶが、**道元**は経文にある「本来本法性（人間は生まれながらにして仏である）」「天然自性身（生まれながらにして悟りをもっている）」との文言について、生まれながらにして仏心があり悟りも得ているのなら、なぜ人は苦しむのか？　なぜ苦しい修行によって悟りを得ようとするのか？という疑問に悩む。

その疑問を解決するために日本全国の名僧を訪ね歩いたが確たる答えを得られず、求道の志をさらに強くした**道元**は、1223（貞応2）年、24歳の時に南宋へ渡った。

そこで生涯の師として仰ぐことになる景徳寺の住職・如浄《にょじょう》禅師と巡り合い、坐禅修行に励んだ末に悟りの境地を認められて印可証明を受けた。**道元**の得た悟りとは「仏性は本来人間がもつもので皆が生まれながらの仏でもあるが、修行をしなければそれは現れない」「悟りの要素はもっているが、それをはっきり自覚しなければ悟りを得たことにはならないので、そのためにも修行が大切だ」というものであった。

1227（安貞元）年、帰国した**道元**は**比叡山からの弾圧を受けながらも、『正法眼蔵』などの著書の執筆に平行して鎌倉幕府の要請を受けて鎌倉で教化活動を行い**、1244（寛元2）年には越前国（現在の福井県北部）に**曹洞宗の総本山となる永平寺を開創している。**

道元が1231（寛喜3）年から生涯をかけて著した87巻にも及ぶ大著『正法眼蔵』の題名は、釈迦の言葉からの引用で「仏法の真髄」を指す。「釈迦の正法を正しく読み取る知恵を弟子たちや後世の人々に教えよう」という考えに基づき、従来のような漢文ではなく誰にでもわかるように日本語かつ仮名で著述された珍しい仏教書である。

坐禅する姿そのものが「仏」であり、修行そのものが「悟り」であるという「修証一等」「本証妙証」の思想や、「釈迦にならって、ただひたすら坐禅に打ち込むことが最高の修行だ」とする「只管打坐」の考えがその中心であり、このため「坐禅のマニュアル書」と捉える向きもあるが、古今東西の哲学者の研究対象になるなど「真理追求の書」としても高い評価を得ている。

もっと深く知りたい人のための推薦図書

- **『正法眼蔵入門』**賴住光子／KADOKAWA
- **『道元入門』**角田泰隆／KADOKAWA

080 文学

鴨長明（かものちょうめい）

1155?〜1216年

3.3m四方の草庵から災害や戦乱で揺れる都を見続けた隠者

鎌倉時代初期を代表する名随筆『方丈記』の作者。「ゆく河の流れは絶えずして、しかももとの水にあらず」という冒頭の一文は、多くの国語の教科書に掲載されており、暗記した人も多いはず。**長明**は賀茂御祖神社（下鴨神社）で宮司を補佐する禰宜・鴨長継の次男として生まれるが、17歳の頃に父を亡くしたことで一族内での立場が弱くなり、神職としての出世が叶わず50歳で出家したといわれている。なお、『方丈記』の方丈とは、**長明**が晩年に隠棲した日野の方丈（一丈＝約3.3m四方）の草庵にちなむ。

一方、勅撰和歌集『千載和歌集』を皮切りに、以降の勅撰和歌集に合計で25首が入集しているうえ、勅撰和歌集『新古近和歌集』の編纂のために設置された和歌所の寄人《よりうど》に選ばれるなど、歌人としての才能は周囲から高く評価されていた。ただし、公卿で歌人の飛鳥《あすか》井《い》雅経《まさつね》の推挙を受け、鎌倉幕府３代将軍・源実朝の和歌の師となるために鎌倉まで赴くが不採用となるなど、歌人としても順風満帆ではなかったという

しかし、**58歳から書き始めたという随筆『方丈記』**が1212（建暦２）年に発表されると、その無常観が漂う内容は人々に評価され、たちまち評判となった。さらに先人の逸話や同時代の歌人への論評などを交えながら歌の技術論を展開した歌論書の『無名抄』も同時期に発表。**長明**自身を含む**隠遁者を登場人物とした説話を集めた『発心集』**では、それまでの仏教説話にはない人間の心の深層に迫る描写によって後世の『撰集抄』や『太平記』などにも影響を与えることになった。

また、無常観を表す冒頭の記述が酷似することから、作者不詳の『平家物語』もまた**長明**の作だとする説も唱えられているが、作者でなくても、**長明**の『方丈記』が少なからず影響を与えた可能性が高い。

『方丈記』の前半ではこの世の無常を指摘し、後半には己の草庵での閑居を賞美しつつ、最後にはそれらを否定するという構成も完成度が高く、また、**ひらがなの和文と漢文訓読調を混ぜて書かれた和漢混交文の祖**ということから日本の文学史的な価値も高い。

前段ではまず五つの大きな災厄を記述。京都の３分の１を焼き尽くした1177（安元３）年の大火、1180（治承４）年の旋風、同年に平清盛が強行した福原遷都、養和年間（1181〜1182年）の大飢饉、1185（元暦２）年の大地震と、立て続けに起こった大きな災厄によってあえなく崩壊していく平安京の光景を臨場感あふれる筆致で描きつつ、この世の無常と人の命の儚さを後世に伝えている。

081 文学

兼好法師（けんこうほうし）

1283?～1352?年

何気ない日常に潜む多くの教訓を著書に記した賢人

清少納言の『枕草子』、鴨長明の『方丈記』と並んで**日本三大随筆と呼ばれる『徒然草』の作者とされる人物（実は確定ではない）**。第94代後二条天皇に仕える蔵《くろう》人《ど》だったが、天皇が崩御したことで出家したとされ、そのため**兼好法師**と呼ばれることが多いが、俗名は**卜《うら》部《べ》兼好《かねよし》**といい、京の吉田神社（現在の京都市左京区）の神職を世襲している卜部氏の出身である。卜部氏の嫡流が後に「吉田」を家名に用いたことから、かつては「**吉田《よしだ》兼好《けんこう》**」と呼ばれることが多かった。

吉田神社の神職・卜部兼顕の息子とされているが、吉田神社自体が室町時代の神道家・吉田兼倶によって発展する以前の記録が乏しく、**兼好法師**の生涯は不明点が多い。

鎌倉時代中期、金沢流北条氏によって開かれた金沢文庫には**兼好法師**に関する史料が多数残っており、ここに所蔵されている古文書に「**卜部兼好**」の署名が残っていることから「若い頃にこの近くに住まい金沢流北条氏4代当主・金沢貞顕に仕えた」との説もあるが、これも詳細はわかっていない。

よって現在に伝えられる**兼好法師**の来歴の多くは『徒然草』や自撰歌集『兼好法師家集』から推定されたものとなっている。

歌人としては勅撰和歌集『続千載和歌集』の撰者でもある二条《にじょう》為《ため》世《よ》に師事し、『続千載和歌集』『続後拾遺和歌集』『風雅和歌集』など勅撰和歌集に合計18首の和歌が収められている。さらに、同じ二条流門下の頓阿の家集『続草庵集』には、頓《とん》阿《あ》と**兼好**の次のような和歌のやり取りが記されている。

兼好「よもすずし ねざめのかりほ た枕も ま袖も秋に へだてなきかぜ」
頓阿「よるもうし ねたくわがせこ はてはこず なほざりにだに しばしとひませ」

それぞれの節の頭文字を先頭だけを取って並べると**兼好**「よねたまえ（米給え）」頓阿「よねはなし（米は無し）」となる。また節の末尾を後ろから並べると**兼好**「ぜにもほし（銭も欲し）」頓阿「せにずこし（銭少し）」となっていて、本気の借財の申し込みだったのか、それともただの言葉遊びだったのかはわからないが、**現在のSNSでも見られる「タテ読み」と同じことが鎌倉時代にも行われていた**のは興味深い。

『徒然草』はさまざまなジャンルの話題が取り上げられ、**兼好法師**の独自の視点から分析され、読む者に教訓を与えてくれるエピソードが多い。そのため江戸時代には寺子屋で教本として使われ、後世の日本人の価値観に影響を与えた。

082 芸術

運慶（うんけい）

?〜1223年

「東洋のミケランジェロ」とも称される天才仏師

東大寺南大門の両脇に立つ金剛力士像を制作した仏師の一人。平安時代末期、仏師の流派は京を拠点に活躍した「円派」「院派」と、大和国の興福寺を拠点とする「慶派」が存在した。その名前の通り、**運慶**は「慶派」に属する仏師で、同じく仏師である父・康慶《こうけい》のもとでその腕を磨いた。なお、金剛力士像をともに制作した仏師・快慶は、兄弟ではなく同じ康慶に師事する兄弟弟子にあたる。

皇族や大貴族が顧客の「円派」「院派」に対し、初期の「慶派」は奈良の古寺に伝わる仏像の修復で糊口をしのぐ状態だった。しかし、源平合戦が終わり独立した武士の政権・鎌倉幕府が誕生すると、状況が一変。まずは1180（治承４）年、平重衡ら平氏軍による焼き討ち（南都焼討）によって東大寺や興福寺などの大寺院が消失したことで、慶派に活躍の機会が訪れたのである。

後白河法皇の命により東大寺大勧進職に就任した僧侶・重源《ちょうげん》の活躍で、東大寺の復興プロジェクトは順調に進み、1203（建仁３）年に南大門が再建されるのに合わせて、**運慶**は約２カ月で金剛力士像を制作したという。

なお、金剛力士像は寄木造の工法が用いられたため、**運慶**が一人で制作したわけではなく、**運慶**と快慶のペアが阿形《あぎょう》像（向かって左側の口を開けたほう）の、定覚《じょうかく》と湛慶《たんけい》（**運慶**の子）のペアが吽形《うんぎょう》（向かって右側の口を閉じたほう）の制作指揮を務め、その下で多くの仏師が担当のパーツを彫ることで、短期間での制作を可能にしたのである。

この時、**運慶**は父とともに増長天の制作も担当しているが、残念ながらそれらの諸像は後に焼失して現存しない。しかし、東大寺復興への貢献により、**運慶**は仏師に与えられる僧侶の位階の中でも最高位の「法印」に任ぜられている。

1208（承元２）年から1212（建暦２）年にかけては、一門の仏師を率いて興福寺北円堂の諸像の制作に当たり、そのうち弥勒仏像、無著菩薩・世親菩薩像が現存している。ほかに**運慶**の作として現存するものには「円成寺・大日如来坐像」「願成就院・阿弥陀如来坐像、不動明王及び二童子立像、毘沙門天立像」などがあり、いずれも現在は国宝に指定されている。写実的でありながらも一種のデフォルメを施すことで、現実を超えるリアリズムを表現する**運慶**の力強い作風は、武家の気質に合い、平氏を顧客にしていた「円派」「院派」を敬遠する鎌倉幕府初代将軍・源頼朝に気に入られたことで、**運慶**は幕府関連の仕事に多く関わるようになり、慶派を大躍進させたのである。

もっと深く知りたい人のための推薦図書

- **『大仏師運慶 工房と発願主そして「写実」とは』**塩澤寛樹／講談社
- **『運慶への招待』**朝日新聞出版編／朝日新聞出版

083　芸術

快慶（かいけい）

生没年不詳

南宋の仏画の要素を取り入れ、優美な作風を確立した仏師

鎌倉時代に隆盛した「慶派」を代表する仏師。その出自などは謎に包まれているが、中世以前の仏師としては珍しく銘記した作品が多く、自ら「巧匠」と名乗った**快慶**は芸術家的な意識をもって仏像を制作していたことがうかがえる。

東大寺南大門の金剛力士像の阿形像の制作指揮をともに担当したことで、兄弟弟子である運慶と一括りにされることが多い**快慶**であるが、運慶が立体的な迫真性を追求したのに対し、**快慶**は繊細かつ端正で優雅な絵画的作風が特徴で作風が大きく異なる。

こうした違いは、**快慶**が熱心な浄土宗の信者であり、「**安阿弥陀仏《あんあみだぶつ》**」と号して優美さを求められている阿弥陀如来像を多数手掛けたことも関係している。浄土宗が広く民衆に信仰されたことも関係しているのか、**快慶**はさまざまなところで仏像制作に当たっているが、由緒が不確かな小寺院にその作品が残っていることも珍しくない。

当時最先端の流行であった南宋の仏画のエッセンスを造仏に活かして優美な作風を確立した**快慶**は、鎌倉幕府関連の仕事を多く引き受けた運慶とは異なり、都に住まう皇族、貴族、僧侶たちから依頼を受けるようになったのである。

また、**快慶**が制作した仏像の像内から、壇ノ浦の戦いで滅亡した平氏一門の追善を目的にする納入品が発見されることが珍しくない。そのため、金剛力士像の制作指揮をする以前から、**快慶**は浄土宗の信仰を通じて東大寺復興の総責任者であった重源と親交があったと考えられている（重源は『平家物語』では、南都焼討を行いその罪で斬首された平重衡《しげひら》の亡骸をその妻に届けるなど、平氏一門への慈悲を忘れない聖とされている）。

特に注目すべきは、九条道家（鎌倉幕府４代将軍・藤原頼経の父）が開基し、法然の高弟である証空によって開山された遣迎院《けんこういん》に残る**快慶**が制作した阿弥陀如来像であろう。この像には東大寺復興の勧進に関係すると思われる、１万２千名に上る結縁者の名前を記した紙片「結縁交名《けちえんきょうみょう》」が納入されていたが、この交名には平氏一門の人々だけでなく、木曽義仲や源義経など鎌倉幕府と敵対したために滅ぼされた人々の名前までも記されていることから、**幕府に重用された慶派の重鎮でありながら、快慶**がその**枠組みを超えて活動していた**ことがうかがえる。

なお、明治時代に入ると廃仏毀釈運動で興福寺は廃寺寸前に追いやられ、仏像も棄損の危険にさらされた。そこで岡倉天心の手配で海外の美術館に逃がされたのが、ボストン美術館が所蔵する**快慶**の弥勒菩薩立像だという。

もっと深く知りたい人のための推薦図書

・**『もっと知りたい慶派の仏たち』**根立研介／東京美術
・**『ほとけを造った人びと：止利仏師から運慶・快慶まで』**根立研介／吉川弘文館

084 政治

後深草天皇（ごふかくさてんのう）

1243～1304年

南北朝時代の原因となる両統迭立を始めた天皇

第88代後嵯峨天皇の第二皇子で、生後２カ月で立太子し、譲位を受けて４歳で第89代天皇として即位。即位前は**久仁《ひさひと》親王**と呼ばれた。しかし、後嵯峨上皇が院政を敷いたため**後深草天皇**には実権がなく、1259（正元元）年に17歳の若さで同母弟の第90代亀山天皇に譲位することになった。譲位の理由は病気とされているが、**後深草上皇**にも皇子が存在したにもかかわらず、後嵯峨上皇の指示で亀山天皇の皇子・世仁《よひと》親王が皇太子に立てられていることから、実際は嵯峨上皇の兄弟差別が原因と考えられている。

当然のことながら、**後深草上皇**と亀山天皇の兄弟仲は悪化。1272（文永９）年、治天の君として朝廷に君臨していた後嵯峨上皇が「次の治天の君と皇位の決定権は鎌倉幕府に委ねる」という遺言を残して崩御したことで、事態は大きく動くことになる。

幕府の介入を恐れた亀山天皇は、慌てて世仁親王を第91代後宇多天皇として即位させ、上皇として院政を開始することで自らの皇統を守ろうとした。

そこで**後深草上皇**は父の遺言を逆手にとり、当時は蒙古襲来に備えて多忙を極めていた鎌倉幕府８代執権・北条時宗と折衝し、後宇多天皇の皇太子に**後深草上皇**の皇子・熙《ひろ》仁《ひと》親王を立てることに成功する。さらに後宇多天皇に圧力をかけて退位を促し、1287（弘安10）年、熙仁皇太子が第92代伏見天皇として即位することで、自身も上皇として院政を開始したのである。そして、その皇太子には伏見天皇の皇子・胤仁《たねひと》親王が立てられ、**後深草上皇**の皇統がこのまま続くと思われたが、この状況に今度は亀山上皇が強い不満を幕府に訴えた。

1252（建長４）年に後嵯峨上皇の第一皇子・宗尊《むねたか》親王が６代将軍に就任して以降、皇族から将軍を迎えていた幕府にとって朝廷と対立することは望ましくなかった。そのため、**後深草上皇の皇統「持明院統」と、亀山上皇の皇統「大覚寺統」が交互に皇位を継承する「両統迭立《てつりつ》」が幕府によって提案される。この結果、天皇家は二つの皇統に分かれ、後に二つの皇統が同時に朝廷を開く南北朝時代を招く**のである。

なお、1938（昭和13）年に宮内庁図書寮から**後深草上皇**に仕えた後深草院二条という女性が執筆した『とはずがたり』という書物が発見される。その内容は皇室を舞台にした性にまつわる記録で、その真偽は定かでないが、乱倫ともいえる刺激的な内容から大きな話題を呼び、筆者を寵愛した男性として登場することから、目立った政治的功績がない**後深草上皇**がにわかに脚光を集めることになったのである。

もっと深く知りたい人のための推薦図書

- **『北朝の天皇 -「室町幕府に翻弄された皇統」の実像』**石原比伊呂／中央公論新社
- **『とはずがたり』**後深草院二条・著　佐々木和歌子・訳／光文社

第4章

南北朝時代と室町時代に活躍した人々

085 政治

後醍醐天皇（ごだいごてんのう）

1288〜1339年

南北朝時代を開始した天皇

大覚寺統の第91代・後宇多天皇の皇子で、第96代天皇として即位した人物。当時は持明院統と大覚寺統の親王が交互に即位する両統迭立の時代で、大覚寺統の正統は兄である第94代・後二条天皇の血統で、実は**後醍醐**は傍流の天皇であった。しかし、後二条が24歳で崩御し、その皇子である邦良《くによし》親王は第95代・花園天皇（持明院統）の皇太子となるには幼すぎた。そこで鎌倉幕府の提議によって、1318（文保2）年に中継ぎの天皇として**後醍醐**が即位し、在位10年で邦良親王に譲位すること、さらにその際は持明院統の皇子を皇太子とすることが決められたのである。これを「文保の和談」と呼ぶ。

自分の血筋に皇位を継承させたい**後醍醐**はこれを不満に思い、文保の和談を無効にするために鎌倉幕府を滅ぼすことを決意。1331（元弘元）年には、討幕計画を知った幕府によって**後醍醐**は光厳天皇（持明院統）に譲位させられ、隠岐島に流される「元弘の変」が起きてしまう。

しかし、**後醍醐**の皇子であり討幕運動に参加していた護良《もりよし》親王や河内国の豪族・楠木正成はその後も幕府軍との戦いを続けた。特に戦上手の正成が少数で多勢の幕府軍を翻弄すると、幕府を牛耳る北条得宗家に不満をもっていた各地の有力者たちも討幕のために挙兵したのである。これは、蒙古襲来をきっかけに幕府が徳政令を乱発したことで経済が混乱していたという時代背景が関係している。

こうした動きを封じるため、幕府は有力御家人である足利高氏を総大将とする討伐軍を派遣するが、隠岐島を脱出した**後醍醐**は高氏に「北条高時一派を討て」という綸旨を出し、高氏だけでなく高氏が率いていた討伐軍をも味方に引き入れることに成功する。これは、綸旨の内容が「幕府を滅ぼせ」ではなく、同じ結果をもたらすとはいえあくまでも幕府を腐敗させた北条得宗家を滅ぼすことだったことが、幕府に所属していた御家人たちに拒否感を抱かせなかったと考えられている。

高氏が都の六波羅探題を、さらに新田義貞が鎌倉を襲撃したことで約150年続いた鎌倉幕府が滅亡すると、1333（元弘3）年6月に**後醍醐**は都に帰還して光厳天皇の即位を否定して廃位すると、名実ともに天皇親政を開始する。翌年に「建武」に改元されたため、この**後醍醐**を頂点とする政治体制を「建武の新政」と呼ぶ。

なお、都における幕府の行政機関である六波羅探題が崩壊すると、直後の都では殺戮や略奪、そして放火によって治安は著しく悪化した。すると、治安回復の主導権を巡って、高氏と護良親王が対立するようになっていた。

この結果、**後醍醐**は功労者の一人である高氏に建武政権内で重要なポストを与えず、武家の棟梁を意味する征夷大将軍にも護良親王を任命した。その代わり、**後醍醐**の諱である「**尊治**《たかはる》」の一字を高氏に許して「尊氏」と改名させる、いわゆる偏諱《へんき》の名誉を授けることでお茶を濁したのである。

ただし、**後醍醐**は護良親王に後を継がせるつもりはなく、寵愛していた阿野廉子《あのれんし》との間にもうけた恒良《つねよし》親王を皇太子に据えている。さらに多くの御家人たちに強い影響力をもつ尊氏に対して、**後醍醐**は警戒をしながらも配慮を忘れなかった。

そのため、護良親王が尊氏を討つために兵を動かそうとした際に、**後醍醐**は「護良親王が皇位簒奪のために挙兵しようとしている」という尊氏の讒言《ざんげん》を受け入れ、護良親王を捕らえて征夷大将軍を解任したうえで、尊氏にその身柄を引き渡している。

なお、第71代・後三条天皇以来、約300年ぶりに天皇親政を復活させた**後醍醐**は、天皇の権威を復活させるため1334(建武元)年正月に大内裏の造営を発議する。この際、造営費用として安芸国と周防国(現在の広島県西部と山口県東南部)の国衙領の収益を使うだけでなく、全国各地の地頭・御家人から年貢の20分の1を徴収しようとしたことで、多くの武士は**後醍醐**への不信感をもつようになった。さらに、建武政権を批判する「二条河原の落書」が「此頃都ニハヤル物、夜討、強盗、謀《にせ》綸旨」と始まる通り、鎌倉幕府崩壊による混乱を収めるために、綸旨を乱発したうえに、たびたび変更したことも、武士たちの心を建武政権から遠ざけたのである。

1335(建武2)年に中先代の乱が起きると、**後醍醐**の制止を振り切って乱の鎮圧のために出兵した尊氏は、そのまま建武政権から離反してしまう。忠臣・楠木正成の活躍によって一度は尊氏を九州に敗走させたものの、1336(建武3)年5月、建武政権は湊川の戦いで軍を立て直した尊氏に大敗北し、**後醍醐**は自らが廃位した光厳天皇の弟・光明天皇(持明院統)への譲位を余儀なくされる。

ところが、**後醍醐**は「光明天皇に渡す」と尊氏に約束した三種の神器を携えて都を脱出し、自分こそが正統な天皇だと主張して大和国の吉野山で新しく朝廷を開いたのである。

都から見ると南の位置にある朝廷であることから**後醍醐**の皇統を以降は「南朝」、尊氏が後ろ盾となった都の光明天皇の皇統は「北朝」と呼ばれるようになった。そして、**同時期に二つの朝廷が存在し、国を二分して争った時代を南北朝時代と呼ぶ。**

後醍醐の権力に対する強い執着心によって、南北朝という混沌の時代が生み出されたのである。

佐藤優の言葉

武士による統治を天皇親政に改めるが、バランス感覚の欠如により政治闘争には敗れ、吉野で南朝こそが正統な王朝であると命懸けで戦ったことが後の歴史に与えた影響は大きい。

086 政治 軍事

足利尊氏（あしかがたかうじ）

1305〜1358年

室町幕府を開いた新しい源氏の棟梁

鎌倉幕府を開いた源頼朝と同じく、八幡太郎・源義家を祖とする河内源氏の名門・足利氏の８代目棟梁であり、**室町幕府の初代将軍**となった人物。鎌倉幕府が滅ぶまでは、最後の得宗・北条高時から偏諱を受けて「**高氏《たかうじ》**」と名乗っていた。

1180（治承４）年に伊豆で挙兵をした頼朝に、２代目棟梁・足利義兼が早くから従軍したこともあり、足利氏は鎌倉幕府内で将軍家の一門として扱われた。この結果、義兼以降の足利氏の棟梁は幕政を掌握する北条氏から正室を迎えて絆を深めており、**高氏**は側室の子であったが、やはり北条氏出身の赤橋登子を正室に迎えている。

しかし、1331（元弘元）年に第96代後醍醐天皇が討幕のために挙兵する「元弘の変」を起こした際に、父の喪中であるにもかかわらず制圧のための出兵を命じられたことで、**高氏**は北条氏に対する不信感をもつようになったといわれている。

1333（元弘３）年に配流先の隠岐島を脱出した後醍醐天皇が再び挙兵すると、**高氏**も再び幕府から制圧を命じられて上洛する。その途上で、**高氏**は後醍醐天皇から討幕の誘いを受け、前回の出兵で芽生えた北条氏への不信感が深まっていたこともあり、都における鎌倉幕府の行政機関である六波羅探題を襲撃し、鎌倉幕府の滅亡に貢献した。

ところが、頼朝の直系が断絶したことで、当時の足利氏は河内源氏の嫡流となりうる家柄になっていた（北条氏が足利氏と執拗に婚姻関係を結んだのもこのため）。つまり、足利氏の棟梁であり、多くの御家人の信望も集めている**高氏**は新しい幕府を開くことができる人材だったのである。このため、天皇親政を希望する後醍醐天皇から**高氏**は警戒され、征夷大将軍の地位を護良親王に奪われるなど、建武政権でも重要な役職を与えられなかったが、後醍醐天皇への忠誠心が高かった**尊氏**は、天皇の諱・尊治から偏諱を許され「**尊氏**」と名乗る名誉で満足したのである。

なお、**尊氏**は人を惹きつけるカリスマ性をもっていたが、優柔不断な性格でもあった。迅速な決断を迫られた際に、そんな**尊氏**をサポートしたのが、仲が良い同母弟の直義である。そのため、1135（建武２）年に北条高時の遺児・時行が鎌倉将軍府を襲撃する中先代の乱が起きると、**尊氏**は後醍醐天皇の制止を振り切り、大軍を率いて窮地に陥った弟の救援に駆け付けたのである。乱を無事に鎮圧した**尊氏**は、奪還した鎌倉にそのまま留まり、従軍してくれた武士たちに独自の恩賞を与えるのだが、そうした行動が武家政権の復活を恐れる後醍醐天皇の不安を煽り、討伐命令を出されてしまう。

誤解を解こうと一度は出家を考えた**尊氏**だが、一族や自分に従ってくれている武士たちを守るために建武政権と戦うことを決意し、後醍醐天皇と対立関係にあった持明院統の光厳上皇を味方に引き入れる工作を開始。1336（建武3）年2月に豊島河原の戦いに大敗北したことで一度は九州に落ちのびるが、西国の武士を味方に引き入れて軍勢を立て直し、同年5月に湊川の戦いに大勝利すると、後醍醐天皇から持明院統の光明天皇への譲位を実現し、その後見役として新しい幕府を開くこととなる。そして、**鎌倉幕府では御家人と呼ばれた有力武士たちは、新しい幕府では守護大名と呼ばれることとなる。**

なお、**尊氏**は再び鎌倉を新しい幕府の拠点にしようと考えていたが、幽閉先から逃亡した後醍醐天皇が大和国吉野山に南朝を開いたことで、北朝を守るために都から離れることが難しくなり、結果的に都が拠点になってしまったことが史料からうかがえる。

ただし、**尊氏**は常に北朝を庇護していたわけではない。1350（観応元）年、足利氏の執事・高師直《こうのもろなお》の扱いを巡って**尊氏**と直義が対立する観応の擾乱が勃発した際、直義は兄への対抗策として南朝と結託した。さらに、師直に不満をもつ多くの守護大名が直義を支持。そこで**尊氏**は南朝の脅威をなくすために、南朝に降参するという奇策を繰り出す。

後に「正平一統」と呼ばれるこの決断によって、**尊氏**は自ら軍を率いて鎌倉を拠点にしていた直義を屈服させることに成功する。しかし、北朝は一時的に消滅してしまったうえ、**尊氏**の留守中に南朝の軍勢が都を襲撃し、光厳上皇・光明上皇・崇光天皇・直仁《なおひと》親王（北朝の皇太子）を拉致し、北朝の三種の神器も持ち去るという事件が起きる。この結果、1352（観応3）年に北朝を再興する際に、**尊氏**は光厳上皇の皇子・弥仁《いやひと》親王を後光厳天皇として即位させるが、三種の神器を所持せず、しかも祖母である広義門院（第93代後伏見天皇女御）の指名による即位であったため天皇としての正統性が弱く、必然的に北朝を後見する幕府の権威も失墜してしまう。必然的に、直義を支持していた守護大名たちを臣従させることも困難となり、南北朝の統一と将軍の権限強化は3代将軍・義満の時代まで持ち越される課題となった。

歴史的には正統である南朝と対立したことから、第二次世界大戦が終結するまで**尊氏**は「逆賊」として忌み嫌われていた。しかし、建武政権から離反後も偏諱を許された名前を改名せず、後醍醐天皇の冥福を祈るために天龍寺を建立するなど、**尊氏**は後醍醐天皇への敬意を終生持ち続けたことから、近年では逆賊という評価も改まりつつある。

もっと深く知りたい人のための推薦図書

・**『足利尊氏』**森茂暁／KADOKAWA
・**『南北朝　日本史上初の全国的大乱の幕開け』**林屋辰三郎／朝日新聞出版
・**『後醍醐天皇と建武政権』**伊藤喜良／吉川弘文館

087 軍事

楠木正成（くすのきまさしげ）

?〜1336年

軍国主義のプロパガンダに利用された忠臣の鑑

鎌倉時代後期、河内国金剛山の西（現在の大阪府南河内郡千早赤阪村）を拠点に活躍していた豪族。陸運と水運の要所である金剛山の西を支配していた楠木氏は、経済的に豊かであったと考えられている。

当時の畿内近国では、荘官や名主、そして新興武士たちが経済力を身につけ、荘園の実質的な支配者として幕府や正式な荘園領主と対立して「悪党」と呼ばれていたことから、かつて日本史の教科書では**正成**のことを悪党と解説していた。しかし、楠木氏の出身地と見られている駿河国（現在の静岡県中部）の入江荘楠木村は北条得宗家の支配地で、得宗家が金剛山の近くにある観心寺荘を手に入れた際、楠木氏がその代官を任されたことで、**正成**の祖父の代に駿河国から河内国に移住してきた得宗被官、つまり鎌倉幕府に所属する武士であったという説が有力視されている。これを裏付けるように、1316（正和５）年に幕府の命令を受け、**正成**は大和国の越智邦永が起こした反乱の鎮圧に参加し、以降も何度か幕府の軍役に応じている。

軍記物語『太平記』では、1331（元弘元）年の元弘の変の際に、討幕のために挙兵した第96代後醍醐天皇が笠置山（現在の京都府相楽郡）の行在所《あんざいしょ》で見た霊夢に導かれて**正成**を召し抱えるようになったと語られているが、実際は側近から**正成**を紹介された後醍醐天皇が、その武勇を見込んで討幕に勧誘したと考えられている。

元弘の変で後醍醐天皇はすぐに幕府方に捕らえられるが、**正成**は護良親王とともに金剛山に建造した下赤坂城に立てこもり幕府軍と戦った。楠木軍500に対して幕府軍は30万だったため、当初は１日で鎮圧されると思われたが、地の利を活かした奇策によって**正成**は幕府軍を約１カ月にわたり翻弄する。下赤坂城は急拵えの城であったため、長期戦には不向きで、**正成**は身代わりの死体を残して下赤坂城に火を放ち、自らの死を偽装して敵の目を欺くことで落ちのびた。しかし、翌年には幕府の手に落ちた下赤坂城を奪還し、河内国だけでなく隣接する和泉国も支配下に置いて討幕活動を再開。
最終的に、**正成**が率いる楠木軍は四方を絶壁に囲まれた千早城に籠城し、幕府軍を相手に100日以上も戦い続け、その智略と武勇をとどろかせた。

後醍醐天皇も**正成**の活躍を高く評価し、建武の新政では**正成**を摂津守と河内守に任官させている。これにより**正成**は正式に天皇の直臣となった。自分が劣勢だった頃から自分のために見返りを期待せずに奮戦し、尊氏のように新しい武家政権を開く可能性をもたない**正成**は後醍醐天皇にとって都合がよく、素直に信頼できる存在だったのである。

このため、**正成**は建武政権の主要政務機関である雑訴決断所（所領問題の訴訟を裁決する機関）や、恩賞方（討幕に貢献した武士の論功行賞を取り扱う機関）の寄人（役員）をはじめ、さまざまな重職を任されている。

しかし、天皇に逆らわない性格は、1336（建武３）年に尊氏が建武政権に離反してから**正成**を窮地に追いやることになる。尊氏が率いる足利軍を豊島河原の戦いで一度は敗走させた**正成**は、その直後から後醍醐天皇に尊氏との和睦を勧めるが、この提案は無視されてしまう。さらに、短期間で体勢を立て直した尊氏が50万の大軍勢を率いて都に攻め上ってくることを知ると、足利軍を都に誘い込んで兵糧攻めにする作戦を献策する。しかし、軍略の知識がない公家衆がこれを一蹴し、後醍醐天皇も耳を貸さなかったことから、**正成**は戦死を覚悟して湊川の戦いに臨むこととなる。

この時、**正成**が年若い息子の正行《まさつら》を河内国に帰したという「桜井の別れ」は、戦前の教科書に掲載された有名なエピソードだが、正行が父の死後に楠木軍を率いて南朝方として戦ったことから、現在では後世に創作または脚色された逸話と考えられている。

湊川の戦いでは、足利軍は水軍を味方につけていた。そのため、陸路の軍勢を率いる足利直義をわずか700の楠木軍はあと一歩のところまで追い詰めるが、海路で移動していた尊氏が率いる軍勢が上陸して挟み撃ちされてしまう。大軍勢に包囲され戦場から退却することもできなくなった**正成**は、敵に討ち取られることを良しとせず、弟の正季《まさすえ》と刺し違えるという壮絶な最期を遂げた。

正成の遺体は足利軍が回収し、その首を都の六条河原でさらしたものの、後に遺族のもとに送り届け、同じく南朝方の武将であった新田義貞の首に比べると非常に丁重に扱っている。これは、**正成**が尊氏を高く評価していたように、尊氏もまた**正成**の才能と人柄に敬意を払っていたためといわれている。

後醍醐天皇のためにまさしく命懸けで戦った**正成**は、江戸時代から忠臣の鑑として人気が高かったが、明治時代に南朝が正統であると公式に認定されると、**滅私奉公の象徴としてその美談が教科書に掲載され、軍国主義のプロパガンダに利用された**。その反動もあり、現在は教科書で**正成**を大きく取り上げることがなくなり、**楠木正成**を知らない若い世代が増えているという。

もっと深く知りたい人のための推薦図書

- **『教科書が教えない楠木正成』**産経新聞取材班／産経新聞出版
- **『楠木正成』**新井孝重／吉川弘文館
- **『真説 楠木正成の生涯』**家村和幸／宝島社

088 軍事

新田義貞（にったよしさだ）

?～1338年

足利氏の後塵を拝し続けてきた「忠臣」

鎌倉幕府の御家人でありながら、後醍醐天皇の討幕の誘いを受け、建武政権では都の治安維持を担う軍事・警察機構にあたる武者所の頭人（長官）に任命された人物。

新田氏は足利氏と同じく源義家の四男・義国を祖とする一族だが、新田氏の祖である新田義重は甥の足利義兼とは異なり、源平合戦の際、源頼朝のもとに駆け付けるのがかなり遅かった。さらに娘を頼朝の側室に差し出すことを拒んだことから頼朝に冷遇され、北条氏と婚姻関係を結ぶことで有力御家人となった足利氏に比べると、新田氏の鎌倉幕府での地位はあまり高いものではなく、足利氏の庇護下に入ることで、なんとか存続していた時代もある。

義貞が幕府への反旗を翻した最大の理由は、後醍醐天皇に呼応し挙兵した楠木正成を鎮圧するために、多額の軍資金が必要になった幕府が新田氏の所領で強引に税を徴収しようとし、それを拒んだ**義貞**に対して所領没収を宣言したためである。

尊氏が都で六波羅探題を襲撃したように、**義貞**は北条高時をはじめとする北条得宗家の人々を攻め滅ぼすが、新田軍が天然の要害である鎌倉を陥落させることができたのは、鎌倉を脱出してきた尊氏の嫡男・千寿王（のちの足利義詮）と合流したことが大きい。新田氏だけではその他の御家人が味方に駆け付けなかったからである。

これを裏付けるように、討幕の功労者として建武政権に迎え入れられた**義貞**は、重要ポストである武者所頭人に抜擢されるが、朝廷での官位や新たに与えられた所領は、尊氏や直義の足利兄弟のほうが数段上であった。ところが、尊氏の政敵だった護良親王が皇位簒奪を図った罪で失脚すると、後醍醐天皇は尊氏に対する新しい対抗馬として、同じ源義家の子孫である**義貞**を優遇するようになる。初めて足利氏に優越した**義貞**は、それを失うことを恐れたのか、尊氏を激しく敵視するようになった。

ただし、同じ建武政権の重臣である楠木正成は**義貞**よりも尊氏のことを評価しており、武士の人望を集めている尊氏とは和睦するべきであり、そのためには**義貞**を排除すべきだと後醍醐天皇に進言している。

湊川の戦いに大敗北したあと、**義貞**は恒良親王と尊良《たかよし》親王を奉じて北陸に脱出し、金ヶ崎城（現在の福井県敦賀市）を拠点にして北朝に抗戦するが、敵の矢で死ぬことをいとい自害するという壮絶な最期を遂げた。**南朝に命を捧げたことから、明治時代には忠臣の鑑として正一位を贈られている。**

089　政治　軍事

足利直義（あしかがただよし）

1306〜1352年

兄を将軍にするために暗躍した弟

足利尊氏の同母弟にあたる人物で、兄弟仲は非常によく、優柔不断な性格だった尊氏が征夷大将軍に就任することができたのは、**直義**の存在が大きいとされている。

尊氏は源氏の名門・足利氏の棟梁であり、同時に鎌倉幕府の有力御家人であったことから、多くの御家人から信望を集めていた。しかし、優柔不断で政治的決断をなかなか下せないという短所があった。実際、1333（元弘３）年に第96代後醍醐天皇が「執権・北条高時の一派を討て」という綸旨を出すと、これに従うべきか尊氏は大いに迷ったが、足利一門を代表して**尊氏を説得し、北条氏との決別を決意させた**のが**直義**であった。

建武政権を発足した後醍醐天皇は、武家政権の復活を恐れて尊氏には名誉のみで実権を与えず、さらに我が子である護良親王を征夷大将軍に任命することで尊氏が新しい幕府を開くのを阻止した。そこで**直義**は布石を打つ。８歳の成良《なりよし》親王を奉じて鎌倉将軍府（関東10国の統治機関）の実質的な責任者として鎌倉に下る際に、自分を相模守に任命してもらったのである。

実は、相模守は鎌倉幕府の歴代執権が任命された官職で、**直義**は相模守になることで関東の武士たちに自身が執権の地位を継承したことを印象づけたのだ。事実、鎌倉将軍府の組織編制は鎌倉幕府の模倣で、関東の御家人たちはスムーズに受け入れたという。

鎌倉将軍府が室町幕府の前身へと変わったのは、1335（建武２）年に北条高時の息子・時行が挙兵し、鎌倉を襲撃した中先代の乱である。この時、鎌倉には皇位簒奪の疑いをかけられて征夷大将軍を解任された護良親王が捕らわれており、その身柄が時行に奪われ利用されることを恐れた**直義**は護良親王を処刑。この出来事は、後醍醐天皇の反対を押し切って**直義**の救援に駆け付けた尊氏が、建武政権と決別する遠因となった。

室町幕府の正式な始まりは、尊氏が征夷大将軍に任命された1338（建武５）年に始まるが、初期は尊氏が軍事指揮権や恩賞給与・守護職任免などの主従制的支配権を、鎌倉将軍府を運営した実績をもつ**直義**が所領裁判権・安堵権といった統治的支配権をもつ共同統治体制をとった。しかし、足利氏の執事・高師直が荘園押領を認めたことから師直と**直義**が対立するようになり、尊氏が師直に味方したために兄弟仲は悪化。1350（観応元）年には室町幕府（北朝）が尊氏派と**直義**派に分裂して争う観応の擾乱が勃発する。

最終的に**直義**は毒殺されるが、尊氏がかばった師直は多くの御家人から恨まれていたこともあり、室町幕府の分裂は３代将軍・足利義満の時代まで続くこととなる。

もっと深く知りたい人のための推薦図書

・**『室町の覇者　足利義満―――朝廷と幕府はいかに統一されたか』**桃崎有一郎／筑摩書房
・**『観応の擾乱―室町幕府を二つに裂いた足利尊氏・直義兄弟の戦い』**亀田俊和／中央公論新社

090 政治

北畠親房（きたばたけちかふさ）

1293〜1354年

南朝に忠誠を尽くした戦う貴族

鎌倉時代末期から南北朝時代にかけて活躍した公卿。『神皇正統記』などの著作から、現代においては思想家と呼ばれることもある。北畠家は村上源氏の流れを汲む名門で、父は師重、母は左少将・藤原隆重の女。

親房は兵部権大輔、左少弁、参議、権中納言、権大納言兼按察使などを歴任。第96代後醍醐天皇に抜擢されて32歳の若さで大納言に昇進し、吉田定房、万里小路宣房とともに「後の三房」と呼ばれるほど天皇の信任は厚かった。後醍醐天皇から養育を任された第二皇子・世良《ときよし》親王が亡くなると、出家して一時は政界から退いている。

親房が出家した翌年は1331（元弘元）年であり、後醍醐天皇による鎌倉幕府打倒運動が本格化する。苦難の末に幕府を打倒した天皇は建武の新政を行うが、**親房**は陸奥守となった長男・顕家《あきいえ》とともに陸奥国に下向し、奥羽の経営に当たる。

しかし、1335（建武２）年に足利尊氏が建武政権に背くと、**親房**は上洛して後醍醐天皇を吉野山（現在の奈良県）に迎えて、京都にある北朝・幕府と対決することになる。ところが、楠木正成や我が子の顕家など南朝の忠臣は次々に敗死。南朝が劣勢となったことから、**親房**は義良《のりよし》・宗良《むねよし》両親王を奉じて結城宗広らと伊勢大湊を出帆、東国の回復を目指す。途中、暴風雨にあい、常陸国の小田城（現在の茨城県つくば市小田）に入った**親房**は、戦陣のなかで、**『神皇正統記』を書き上げた**（初稿は1339年）。

この書は、後醍醐天皇の崩御によって若年で第97代後村上天皇として即位した義良親王のために著されたという。その目的は、天皇の治政の参考に資するためである。同書は「大日本は神国也」と冒頭にあるように、神代から後村上天皇までの歴史を叙述。南朝こそ正統との論を展開した。同書の執筆目的は、一説によると「関東の武士たちを南朝方に引き入れるため」ともいわれるが、時がたつにつれ、形勢は不利となり、1343（興国４）年には吉野に戻る。しかし、南朝は政治的、軍事的優位を確立できず、**親房**も1354（正平９）年４月に賀名生《あのう》にて62歳で死去。親房の死により、南朝は一層衰退していくことになる。

親房は阿部野神社（大阪市阿倍野区）や霊山神社（福島県伊達市）に顕家とともに祀られている。**親房**は南朝の中心的人物・謀略家であるが、後世の歴史家からは、幕府との交渉は柔軟性を欠き、南朝の不利を決定的にしたと評されることもある。一方、『神皇正統記』は帝王学の書とされ、その神国思想や歴史観は後世に大きな影響を与えた。

佐藤優の言葉

親房が著した『神皇正統記』は、慈円が『愚管抄』で展開した百王説を否定し、日本では疑似王朝交替は天皇家内でのみ行わる、いわゆる万世一系の歴史観を確立した。

091 宗教

夢窓疎石（むそうそせき）

1275〜1351年

朝廷・幕府からも尊崇された無双の国師

室町時代初期の臨済宗の僧侶であり、伊勢国で生まれた。1283（弘安6）年、9歳で甲斐国（現在の山梨県）の天台宗寺院・平塩寺に入り空《くう》阿《あ》に学ぶ。1292（正応5）年には東大寺で受戒。

翌年、疎山と石頭という中国の禅寺に行って達磨（中国禅宗の開祖）半身の画像を得るという夢を見て禅宗に関心をもち、京都建仁寺で無《む》隠《いん》円《えん》範《ぱん》に学ぶ。この夢にちなんで、後に、**夢窓疎石**と号したという。**疎石**は建長寺や円覚寺という鎌倉の著名な禅寺でも学んでいく。鎌倉の北条氏とも深い関係を築く一方で、後醍醐天皇の請いに応じ、上京。南禅寺の住持となったこともあった。

鎌倉幕府滅亡後の1335（建武2）年には、後醍醐天皇より「夢窓国師」という国師号（朝廷から贈られる諡号）を授けられることになる。建武の新政が頓挫してからは、**疎石**は、室町幕府将軍の足利尊氏やその弟・直義の保護を受ける。時は、南北朝の動乱時代。北朝（京都）と南朝（奈良県吉野）方に分かれて、争いが続いているなか、**疎石**は後醍醐天皇以下の戦没者の菩提を弔うために、安国寺、利生塔の建立を足利兄弟に勧める。国ごとに1寺1塔を建てるという大きな計画であった。

また、足利尊氏は、後醍醐天皇の菩提を弔うために、京都嵯峨野に天龍寺を建立するが、建立を勧めたのも**疎石**だった。寺の建設資金を調達するために、天龍寺船という貿易船が元（中国）へ派遣されたことは有名である。

疎石は多くの門弟を育成したことでも知られ、その数は1万人以上ともいわれている。代表的な弟子には、春《しゅん》屋《おく》妙《みょう》葩《は》・絶《ぜっ》海《かい》中《ちゅう》津《しん》・義《ぎ》堂《どう》周《しゅう》信《しん》らがいる。**疎石**は1351（観応2）年9月、77歳で死去する。夢窓・正覚・心宗・普済・玄猷・仏統・大円など、生前と没後合わせて**7人の天皇から国師の号を授けられた**。これにより**疎石**は「七朝の帝師（七朝国師）」と称されることになる。

疎石は、**寺院庭園の設計でも優れた手腕**を見せており、天龍寺や西芳寺の庭園は美しい姿を我々に見せてくれる（世界遺産登録）。また、**疎石**に関連する書物として著名なのが『夢中問答集』である。**疎石**と足利尊氏の弟・直義との問答集だ。聖（**疎石**）と俗（直義）との問答であるが、**疎石**は、欲心を捨てることの重要性を指摘している。禅の内容を簡明に説いているとして、同書は室町時代から江戸時代に何度も出版された。

もっと深く知りたい人のための推薦図書

- **『武家政権と禅宗 ― 夢窓疎石を中心に』**西山美香／笠間書院
- **『夢窓疎石 ― 日本庭園を極めた禅僧』**枡野俊明／日本放送出版協会

092 政治

足利義満（あしかがよしみつ）

1358～1408年

朝廷と幕府の分裂を統一した将軍

室町幕府３代将軍で、初代・尊氏から続く諸問題を解決して室町幕府の将軍の権力を強化した人物。テレビアニメ『一休さん』の「将軍さま」のモデルとしても知られる。

南北朝時代の幕府は観応の擾乱によって尊氏派と直義派に分裂した亀裂が修復せず、将軍の権力はあまり強くなかった。これは、幕府の正統性の根拠となっている北朝だけでなく、敵対している南朝にも天皇が存在したため、寝返りを恐れて将軍が配下の守護大名に強く出られなかったためである。

さらに、尊氏は1351（正平６）年の「正平一統」の際に一度北朝を裏切り、正平一統が破綻して再び北朝という拠り所が必要になった際に、後光厳天皇を強引に擁立した経緯もあり、幕府と北朝との関係も微妙であった。

父親である２代将軍・義詮を早くに亡くした**義満**は、管領（将軍の補佐役）の細川頼之《ほそかわよりゆき》に支えられてわずか10歳で征夷大将軍に就任するが、将軍として頭角を現すのは成人後、1379（康暦元）年の康暦の変で頼之が失脚してからである。

義満には傲慢な言動が多数記録されているが、祖父や父が守護大名を服従させられなかった原因は寝返り先となる南朝であることをいち早く見抜き、まずは廷臣として北朝を掌握し、そのうえで、**南北に分裂した朝廷の統一を主導**する。その結果、1392（明徳３）年に南朝の後亀山天皇が都に帰還し、後醍醐天皇が持ち去った三種の神器を北朝の後小松天皇に譲渡することで、約60年ぶりに南北朝の合一が実現した。ただし、**義満**は南朝に対して両朝の天皇が交互に即位し、公領については南朝に相続させるという条件を提示したが、結局約束は守られず、南朝の遺臣が15世紀半ばまで幕府に抵抗をするなど、南朝方との遺恨は根深く残ることとなる。また、こうした時代背景から臨済宗の高僧・一休宗純の後小松天皇御落胤説がささやかれるようになったのである。

南北朝合一のため奔走する傍ら、**義満**は幕府に反抗的な守護大名の粛正も少しずつ開始し、1390（明徳元）年には美濃・尾張・伊勢の３ヵ国の守護を兼ねる土岐康行《ときやすゆき》を討伐。翌1391（明徳２）年に一族で11ヵ国も領有している山名氏清《やまなうじきよ》が挙兵した際も、返り討ちにして３ヵ国を取り上げ、山名氏を弱体化させる手腕を発揮している。

その仕上げとなるのが、1399（応永６）年に起きた応永の乱で、朝鮮や大陸との交易に便利な周防・長門・石見・豊前などを領有する大内義弘《おおうちよしひろ》が鎌倉公方の足利満兼と呼応したこの反乱を制圧することで、**義満**は幕府の統一をほぼ完了させたのである。

この結果、**義満**は中国の明王朝との外交に着手する。1401（応永８）年に僧侶・祖阿《そあ》と博多商人・肥富《こいつみ》に国書を託して明に派遣し、明の皇帝から冊封を受け、勘合貿易（明の公認の証である勘合を発給された朝貢貿易）を開始することで、南北朝の動乱によって逼迫していた幕府の財政を立て直した。

なお、1403（応永10）年に届いた明からの返書には「日本国王源道義」とあることから、**義満**が明に対して天皇の臣下としての立場をとらなかったことがうかがえる。このため「**義満**が天皇になりかわる野心をもっていた」という説が唱えられるが、実際は一度臣下の立場で明と交渉した際に拒絶されたため、**義満**が「太皇太后、皇太后、皇后に准じる処遇を与えられた者」を意味する准三后の称号の持ち主であることを前面に出した結果、明側が**義満**を日本国王だと判断した結果だと考えられている。

ただし、天皇の座を狙ったという説が唱えられたのは、北朝内での**義満**の傲慢なふるまいも影響している。例えば、1378（永和４）年に右大将に就任すると、**義満**は都の中心部を派手な大行列で練り歩いて任官のお礼参りをする「拝賀」を行うことを決定するが、「北朝が**義満**に屈従している」という印象を与えるために、その行列に公卿を21人も参加させている。さらに1381（永徳元）年に将軍家の先祖供養の法事を行った際には、**義満**は廷臣たちに法事への参加と途中退出の禁止を厳命している。

なお、**義満**の功績の一つが、**室町幕府の本拠地を都に確定した**ことである。実は、もともと尊氏は北朝を南朝から守るために一時的に都に滞在していただけで、南北朝の動乱が収まれば鎌倉で再び幕府を開く予定であった。しかし、北朝を掌握する大切さに気づいた**義満**は都を本拠地にすることを決心し、将軍の邸宅であると同時に幕府の政庁である「花の御所」を室町通りに面した場所に建造したのである。足利氏が開いた幕府の名称は、実は花の御所の地名に由来する。つまり、**義満**が鎌倉に本拠地を戻していたら、室町幕府は「足利鎌倉幕府」や「後鎌倉幕府」などと呼ばれていた可能性もあるのだ。

その場合、同じく**義満**の功績である北山山荘に建立された舎利殿、鹿苑寺金閣（通称・金閣寺）は、もしかしたら鎌倉周辺に建立されていたかもしれない。また必然的に、公家文化を吸収した武家文化である北山文化も、現在に残されているものとは微妙に異なっていた可能性は高い。つまり、**義満**は名実ともに室町幕府を創り上げた人物でもあるのだ。

佐藤優の言葉

義満は利害が対立する者を味方につける優れた人心掌握術で南北朝の動乱を終結。中国に誕生した高度国防国家・明と安定的な通商関係をもつという現実主義的選択をした。

093 芸能

世阿弥（ぜあみ）

1363?〜1443?年

常に進化を求め続け「能楽」を大成した偉人

歌舞伎などとともにユネスコの世界無形文化遺産に指定されている、基本的に仮面をかぶって演じる**日本の伝統的な舞踊劇「能楽」を大成した**人物である。

奈良時代に大陸から伝来した娯楽性の高い芸能「散楽」は、中世になるとより大衆受けする滑稽を主体とした雑芸「猿楽」へと変化し、猿楽の役者たちは商工業者のように現代の同業者組合にあたる「座」を結成し、寺社の保護を受けていた。

そうした猿楽の座として特に有名だったのが、大和国の興福寺と春日大社に奉仕した結崎座（のちに観世座）、外山座（のちに宝生座）、円満井座（のちに金春座）、坂戸座（のちに金剛座）の四つの座で、大和猿楽四座と総称される。

世阿弥は結崎座に所属した観阿弥《かんあみ》の息子で、**鬼夜叉**《おにやしゃ》と呼ばれた少年時代から父と一緒に猿楽の舞台に立っていた。観阿弥が都の新熊野神社で催した勧進興行にも出演した12歳の**世阿弥**は、室町幕府の３代将軍・足利義満に見初められ、父子で同朋衆（芸能や技能をもって仕えた将軍に仕えた人々）に迎えられ、絶大な庇護を受けることとなる。

義満の寵愛を受けたことで、**世阿弥**は公家や武家などの上流階級の文化を吸収し、彼らに愛される「幽玄」という美の概念を体現するため、祭礼神事芸能として発展した田楽や、平安時代の白拍子の舞を起源とする曲舞などの要素を猿楽に取り入れた猿楽能を完成させたのである。

現在の能楽は内容に合わせて能物・修羅物・鬘物・雑能・切能物と五つのジャンルに分けられているが、さらに大きく現世を生きる人間のみが登場する「現在能」と、神仏や精霊、妖怪や幽霊といった人ならざる存在が登場する「夢幻能」に二分される。実は、夢幻能こそが**世阿弥**が幽玄を体現するために創り上げた新しい芸能であった。

そもそも、**世阿弥**は義満の庇護を受けたことで、何度も関白を務めた朝廷の大物・二《に》条良基《じょうよしもと》から「**藤若**《ふじわか》」の名前を賜るほど上流階級にもてはやされたが、そのピークは1399（応永６）年頃までで、近江国の日吉神社に奉仕する比叡座の道阿弥に義満の寵愛を奪われてしまう。1408（応永15）年に北山山荘に後小松天皇が行幸した際も、芸能を披露したのは道阿弥の一座であった。

これは、当時の**世阿弥**はまだリアルな人物描写が特徴の現在能のほうが得意で、道阿弥の芸能のほうが上流階級に受けがよい幽玄を表現できていたからと考えられる。

世阿弥はそのことをすぐに理解して夢幻能の創作に着手するが、彼は生き残るためには上流階級だけでなく、庶民にも愛されなければならないことに気づき、そのための工夫を怠らなかった点が同時代の他の芸能者よりも優れていた。**世阿弥**が創作した猿楽能が、能楽として現在も生き残っていることがそれを裏付けている。

新しい芸能を生み出す過程で、自らの芸を受け継ぐ子孫のために、**世阿弥**は多くの伝書を書き残した。現在確認されているのは21冊で、「秘すれば花なり」という**世阿弥**の名言は、最初に著された『風姿花伝』に収められた一節である。

なお、**世阿弥**が考える「花」とは、わかりやすい外見的な美貌のことではなく、「人の心に思ひも寄らぬ感を催す手立（観客に意外性を感じさせる魅力）」のことで、**「秘すれば花なり」**とは、「花によって感動することを観客に気づかせてはいけない」と意訳することができる。「花と、面白きと、めづらしきと、これは三つは同じ心なり（花とは面白いことと、珍しいことと同じである）」と考える**世阿弥**は、花を秘せざれば観客が常に新しい驚きを求めるようになり、芸の賞味期限が早くなることを警鐘したのである。これは現代のあらゆる分野に共通する考え方といえるだろう。

このほかにも、**世阿弥**は**現代でも使えるさまざまな思想や理念を伝書に残している。**例えば『風姿花伝』には、若さが与えてくれる期間限定の魅力を「時分の花」と呼び、それを自分の実力だと思って研鑽を怠れば、年老いても失われない「真実の花」を手に入れられないと戒めたり、身分を問わずすべての観客に愛される「衆人愛敬」の大切さを説いたりしている。特に注目すべきなのが、**世阿弥**が猿楽能の第一線から退いた60代で著した『花鏡』だろう。観客から見た自分自身の姿を想像する「離見の見」、つまりは客観視の重要性について語り、過去の栄光にすがって自分の芸が飽きられていることに気づかない無様さを批判している。義満の寵愛を失うことで絶頂から転落し、それでもあきらめず新しい芸能を創作し続けた**世阿弥**だからこそ到達できた境地といえよう。

1434（永享6）年、**世阿弥**は6代将軍・義教の不興を買い、佐渡島に配流されてしまう。その理由は謎だが、当時70歳を超えていた**世阿弥**は逆境に負けず、島までの旅路や島での生活に基づいた小謡集『金島書』を著している。

佐渡島以降の消息は不明だが、**世阿弥**が完成させた猿楽能は上流階級に長く愛され、その演目が初期の歌舞伎に取り入れられたり、絵画や文学の題材に使われたり、後世の芸能や芸術に多大な影響を与えたのである。

もっと深く知りたい人のための推薦図書

- 『**「型破り」の発想力**』齋藤孝／祥伝社
- 『**世阿弥　身心変容技法の思想**』鎌田東二／青土社
- 『**世阿弥 ― 花と幽玄の世界**』白洲正子／講談社

094 宗教

一休宗純（いっきゅうそうじゅん）

1394〜1481年

乱世に生きた風狂僧

室町時代の臨済宗の僧侶。第100代・後小松天皇の落胤といわれている。6歳で安国寺（京都市四条大宮にあった臨済宗の寺院）に入って以降、西金寺の謙翁宗為《けんおうそうい》や大徳寺の高僧・華《か》叟宗曇《そうそうどん》などにも学び、修行を深めていく。有名な「**一休**」という名前は、「有漏路《うろじ》より 無漏路《むろじ》へ帰る 一休み 雨ふらばふれ 風ふかば吹け」（人生は煩悩あふれるこの世から、来世までのほんの一休みの出来事である。雨が降ろうが風が吹こうが大したことはない）との**宗純**の言葉を聞いた華叟宗曇が授けた道号にあたる。また、「**宗純**」は謙翁宗為から「宗」の一字を与えられた法名である。なお、師である謙翁が死去した時などは、**宗純**はその死を悲しみ、自殺未遂を起こすほどであった。

1420（応永27）年夜半、**一休**は、カラスの鳴き声を聞いて、突如、悟りを開いたという。華叟は印可（悟りを得たことを証明認可すること）を与えようとするが、権威を否定する**一休**はこれを拒否したといわれる。師の没後は、庵を出て、各地を巡歴する。応仁の乱が起こると、戦火を避け、酬恩庵（京田辺市薪にある臨済宗寺院）に身を寄せたという。

1474（文明6）年には第103代後土御門天皇の勅命により、大徳寺（京都市北区にある臨済宗寺院）の第47代住持に任命された。寺には入らなかったが、荒廃した寺院の再興に尽力することになる。1481（文明13）年、酬恩庵にて死去。享年88。臨終に際しては「死にとうない」と述べたという。

一休は数々の奇行、自由奔放な振る舞いでも知られている。飲酒や肉食・女犯の禁を破る破戒僧であり、例えば森侍者という盲目の美女を愛したことは有名である。また、杖の頭に髑髏《どくろ》を置き、通りを歩いたという。

その一方で、**一休**には『狂雲集』（1481年以前に成立）などの漢詩集がある。その題材は、好色・情事・遊芸など風変わりなものが多い。**一休**は、**奇抜な言動を通して、当時の腐敗した仏教界の権威を批判し、仏教界に警鐘を鳴らした**といわれている。**一休**の人間らしい生き方は民衆に親しまれ、江戸時代初期には『一休咄』が刊行される。同書は仮名草子であり、**一休**の逸話集である。**一休**の幼少の頃の頓知話や蜷川新右衛門《にながわしんえもん》との交遊などが描かれた。1975（昭和50）年から放送されたテレビアニメ「一休さん」は『一休咄』などを基に制作されたものである。

もっと深く知りたい人のための推薦図書

- **『一休　風狂の精神』**西田正好／講談社

095 政治

尚巴志（しょうはし）

1372～1439年

三山を統一し琉球王国を建てた傑物

1879（明治12）年に沖縄県が設置されて日本に帰属するまで、沖縄県に存在した独立国家・**琉球王国を建国した**人物。なお、琉球王国の正史では初代琉球王を**舜天**《しゅんてん》としているが、その実在を示す客観的な記録が確認されていないため、**舜天**は伝説上の人物と考えられている。

沖縄諸島では12世紀頃から按司《あじ》と呼ばれる豪族が出現し、やがて対立するようになった。位置的に日本本土よりも中国との交易が盛んだったため、良港を抱える地域の按司がその経済力を背景に勢力を拡大。その結果、15世紀の沖縄諸島は浦添《うらそえ》城（現在の沖縄県浦添市）を拠点とする中山王、今帰仁《なきじん》城（現在の沖縄県国頭郡今帰仁村）を拠点とする北山王、**大里**《おおさと》**城**（現在の沖縄県南城市）を拠点とする南山王が覇権を争う三山時代となっていた。

南山王に従う佐敷按司・尚思紹《しょうししょう》の息子にすぎなかった**巴志**は、1402（応永9）年に南山王国で最強を誇った大里按司を打倒し、沖縄本島南部の東側の大部分を領有する一大勢力へと成長。**巴志**はそのまま南山王国を征服せず、1406（応永13）年に三山で最も強大であった中山王・武寧を滅ぼし、父を中山王に即位させた。翌年には明の冊封使が中山王国を訪れて思紹を中山王に冊封したことで、第一尚氏王統が正式に始まった。そして、思紹と**巴志**が中山王国の拠点を浦添城から首里城に移し、その周辺を整備したことで、後に誕生する琉球王国の首都が首里になったのである。

しかし、中山王国の浦添城は沖縄諸島で最大の規模を誇り、中山王は諸勢力の中で最初に中国の明王朝から冊封された権力と権威を併せ持つ存在であった。そのため、配下の按司には思紹を中山王として認めない者もおり、1409（応永16）年に思紹が朝鮮王朝に派遣した使者が「武寧の死後に各按司が争って遠征を行った」と述べていることから、中山王国を完全掌握するまで数年かかったことがうかがえる。

その後、1416（応永23）年に北山王国を滅ぼし、思紹の死によって1422（応永29）年に中山王に即位した**巴志**は、1429（永享元）年に南山王国を滅ぼしたことで三山統一を成し遂げ、琉球王国の初代王となったのである。

ただし、農民の金丸《かなまる》がクーデターを起こし、1470（文明2）年に琉球国王・尚円《しょうえん》として即位して第二尚氏王統が始まったことで、**巴志**の王統は1469（文明元）年に亡くなった7代国王・尚徳《しょうとく》で終了する。

もっと深く知りたい人のための推薦図書

- **『県史47　沖縄県の歴史』**安里進・高良倉吉・田名真之・豊見山和行・西里喜行・真栄平房昭／山川出版社
- **『人をあるく　尚氏と首里城』**上里隆史／吉川弘文館

096 政治

足利義教（あしかがよしのり）

1394～1441年

室町幕府屈指の暴君となった「籤引き将軍」

室町幕府３代将軍・義満の息子で、６代将軍となった人物。４代将軍・義持《よしもち》は同母兄で、家督争いを避けるため**義教**はわずか９歳で青蓮院に入室。正式に得度してからは**義円**《ぎえん》と号し、1419（応永26）年には天台座主（比叡山延暦寺の住職）に就任していた。

1425（応永32）年に甥にあたる５代将軍・義量《よしかず》が19歳の若さで跡取りをもうけず亡くなり、当時は存命だった前将軍の義持も新しい後継者を指名せずに1428（応永35）年に亡くなってしまったことから、義持の４人の弟たちから６代将軍を選ばなければならなくなった。ところが、**義円**を含めて４人の候補者たちは全員が僧侶としての教育しか受けておらず、将軍としての才覚は未知数であったため、幕府を支えていた宿老たちも特定の候補者を支持することを避け、最終的に石清水八幡宮で籤引《くじび》きを実施して６代将軍を選ぶことになったのである（籤引《くじび》きは義持の遺言という説もある）。

籤引きで選ばれた**義円**は還俗して**義教**と改名して将軍家の家督を相続するが、俗人としては無位無官の**義教**の将軍就任に対して朝廷側が難色を示し、将軍宣下がなかなか行われなかった。そのため鎌倉公方の足利持氏が新しい将軍に選ばれるという噂が都に流れるが、この噂は為政者としての教育を受けていなかった**義教**のコンプレックスを刺激し、1439（永享11）年に持氏を討伐するほどの激しい敵意へと悪化させた。

義満の時代に将軍と各地の守護大名との主従関係が強化されたが、義満とは不仲だった義持は独裁を好まず守護大名との協調を心がけた。そのため、宿老たちも**義教**に協調路線を望んだが、1433（永享５）年に没した畠山満家《はたけやまみついえ》を皮切りに主な宿老たちが亡くなると、**義教**は「神聖な籤引きで選ばれた自分は神に選ばれた存在である」という考えを強め、**大名家の家督問題に介入し、己の意に反する者を次々と処罰**していった。

特に悪名高いのが、鎌倉公方と結託しているという噂が立った比叡山延暦寺への対応で、1435（永享７）年に和睦のために謁見に訪れた代表者の４人の僧侶の首をはねた事件である。「万人恐怖」と称された**義教**の恐怖政治はさらに加速し、1440（永享12）年には幕府に反抗的な有力大名の一色義貫と土岐持頼を暗殺している。

義教は父・義満のような絶対的な権力者になることを望み、次は宿老として幕閣に重きをなしていた赤松満祐《あかまつみつすけ》を粛正するために動き出すが、1441（嘉吉元）年、宴席に招かれた赤松邸で暗殺されるという意外な最期を迎えた。この結果、室町幕府は幼い将軍が２代続くことになり、将軍の権力と幕府の権威は著しく低下することとなる。

097 政治

足利持氏（あしかがもちうじ）

1398〜1439年

室町幕府に滅ぼされた鎌倉公方

室町幕府を開いた足利尊氏には正室の子である男子が二人いる。一人は２代将軍となった義詮、もう一人が初代鎌倉公方となった基氏《もとうじ》だ。本項で紹介する**持氏**は基氏の曽孫にあたり、４代鎌倉公方となった人物である。

鎌倉公方とは室町幕府が関東統治のために設置した行政機関「鎌倉府」の長官のことで、その地位は基氏の子孫が世襲した。つまり、鎌倉公方とは足利将軍家の「分家」のような存在で、本来は「本家」を支えるべき立場だが、血筋的にはまったく対等であるため歴代の鎌倉公方は将軍に対して反抗的だった。しかし、観応の擾乱のように幕府を分断する内紛を恐れ、傲慢な３代将軍・義満でさえ「関東の事をば万事閣《さしお》かるる様候《ようそうらい》し（鎌倉公方のことは基本放置しておけ）」と対処をあきらめている。

持氏の場合、５代将軍・義量が跡取りを遺さず死去した際、血筋や為政者としての実績から自分こそが６代将軍にふさわしいと思っていたこともあり、元僧侶の将軍・義教に対する反抗心は祖父や父が歴代将軍にもったものよりも強く、1438（永享10）年に嫡男が元服する際に、**持氏**は将軍に偏諱を請うという慣例を拒絶している。

些細に思えるこの出来事をきっかけに起きたのが永享の乱で、**持氏**追討の綸旨という大義名分を手に入れた義教は鎌倉に軍を派遣し、1439（永享11）年、追討軍に包囲された**持氏**は自害に追いやられてしまった。

現役の鎌倉公方が将軍によって滅ぼされたことで、将軍家による関東の直接支配が可能になるかと思われたが、1441（嘉吉元）年に義教が赤松満祐に暗殺されたことで幕府の権威が著しく失墜し、将軍家は関東にかまっていられなくなる。

その結果、関東では鎌倉府が再興され、５代鎌倉公方に**持氏**の遺児である成氏《しげうじ》が就任することになった。しかし、家臣たちの大半はかつて父親を裏切った存在であるため信頼関係を構築できず、対立した家臣から襲撃された成氏は本拠地を鎌倉から古河（現在の茨城県古河市）に移し、以降は古河公方と呼ばれることとなる。

この状況を問題視した８代将軍・義政は、幕府が直接関東を支配できるように、異母兄の政知を新しい鎌倉公方に任命する。ところが、争乱のため鎌倉に入れなかった政知は、堀越（現在の静岡県伊豆の国市）を拠点にしたことから堀越公方と呼ばれている。

そして、二人の「鎌倉公方」の対立が関東の戦国時代を激化させたのである。

098 政治

上杉憲実（うえすぎのりざね）

1410～1466年

鎌倉府と幕府の間に挟まれ苦悩した関東管領

「管領《かんれい》」とは室町幕府の将軍の補佐役のことで、そこから関東の支配を任された鎌倉公方の補佐役を「関東管領」と呼ぶ。管領は足利氏の一族である細川・斯波・畠山の三家から選ばれるが、関東管領は南北朝時代後期から初代将軍・足利尊氏の生母の実家・上杉氏の当主が世襲した。そして、関東管領を輩出する上杉氏は居館が鎌倉の山内にあったことから、山内上杉家と呼んで支流の上杉氏と区別した。

上杉憲実は４代鎌倉公方に仕えた関東管領で、山内上杉家の当主としては８代目にあたる人物。ただし、前任の関東管領だった従兄の憲基が1418（応永25）年に亡くなり、その遺言に従ってわずか９歳で関東管領に就任したため、当然すぐに実務に当たることができず、12歳年上の持氏からは軽んじられていた。

そのため、６代将軍・義教に対する反抗的な態度をとる持氏を**憲実**が諫めても、持氏は一向に考えを改めず、むしろ**憲実**を疎んじるようになる。一方、**憲実**も幕府と鎌倉府の間に波風を立てないよう努力する自分を理解しない持氏に不満をもっていた。

1438（永享10）年、鎌倉公方の嫡男は元服する際に将軍から偏諱を賜るという慣例を持氏が拒絶したことで、**憲実**は持氏を見限り所領に引き込もってしまった。

すると、持氏は激怒して**憲実**を討つために挙兵。一方、持氏の動きを知った**憲実**も幕府に保護を求めたため、鎌倉公方と関東管領の対立に幕府が介入して**鎌倉府を滅ぼす永享の乱が起きた**のである。この時、幕府側があまりに早く持氏追討の綸旨を手に入れていたことから、**憲実**と義教が内通していたという説もある。

ただし、**憲実**は幕府に対して持氏の助命を願い出ており、持氏の自害で乱が終結したあとは、弟の清方に関東管領の役職を譲って出家しただけでなく、持氏の遺児が５代鎌倉公方になった際に遺恨がある自分の子が関東管領に就任しないように根回しをしている。このため、**憲実**が持氏への忠義心を少なからず併せ持っていたことがうかがえる。

政治から遠ざかった**憲実**は、所領の足利に古くから存在した足利学校の再興に尽力。さらに鎌倉時代に北条氏が設置した金沢文庫の再興も**憲実**が行った。

なお、５代鎌倉公方になった持氏の遺児・成氏は、**憲実**の懸念通り、関東管領に就任した**憲実**の長男・憲忠《のりただ》を嫌い、1454（享徳３）年に謀殺してしまう。この結果、関東一円で28年にわたり戦いが続く享徳の乱が始まり、古河公方と堀越公方が敵対し、支流の扇谷上杉家が本流の山内上杉家と抗争する関東の戦国時代が幕を開けるのである。

099 芸術

雪舟（せっしゅう）

1420～1502?年

日本芸術史にその名が燦然と輝く水墨画の巨星

室町時代の禅宗の画僧で、日本の水墨山水画を完成した人物。詳細は不明だが、備中国赤浜を本拠地とする藤氏または小田氏という武家の家の生まれで、12歳前後で地元の宝福寺という臨済宗の寺院に入る。**「少年時代に流した涙で今にも動き出しそうなネズミを描いた」**という有名な逸話はこの時期のことと考えられている。その後、京に上って相国寺の春林周藤に師事し、**等楊**《とうよう》という法諱（僧侶としての名前）を与えられた。そして、来客の接待係である知客という役職に就き、室町時代初期の水墨画の名作『瓢鮎図』を描いた如拙《じょせつ》の弟子・周文から水墨画の指導を受けている。なお、近年の研究で若き日の**雪舟**の号であることが確実視されている「**拙宗**《せっしゅう》」という号は、師の師である如拙にちなむ可能性が高い。

雪舟は、1467（応仁元）年に出発した遣明船で水墨画の本場である中国・明に渡っている。その際に大内氏の船に乗っていることから、日明貿易を盛んに行っていた周防国の守護大名・大内氏に接近するために、30代半ばで周防に移住したと推測される。日本の水墨画は禅僧によって中国の宋や元から伝えられたため、初期は禅の公案（参禅者への課題）を題材にした禅機画（禅の悟りを開いた機縁を描いた絵）が中心だったが、次第に自然を題材にした山水画が描かれるようになる。**雪舟**は1469（文明元）年に帰国するが、本場で水墨山水画の名作と雄大な中国の自然を目にしたことで、**これまでの日本の水墨山水画に不足していた写実性と奥深い表現を手に入れた**のである。

実際、**雪舟**の絵は目が肥えた現地の人々にも評価されたようで、礼部尚書（祭祀・外交・宗教などを司る役所の長官）から壁画の依頼を受けたり、明で描いた『四季山水図』（現在は東京国立博物館所蔵）が明の王族に所有されたりしている。

なお、**雪舟**が帰国した時期の周防は、応仁の乱に出陣した大内政弘に対して留守を任された大内教幸が謀反を起こし、非常に混乱していた。そのため、**雪舟**は各地を転々とするようになり、周防の雲谷庵に腰を落ち着けることができたのは1486（文明18）年になってからであった。しかし、それゆえに日本各地の山河を実際に見ることができ、1486年に描かれた国宝にして**雪舟**の代表作『四季山水図巻（山水長巻）』は、まさしくその集大成といえ、大内政弘に献上されている。

もっと深く知りたい人のための推薦図書

・『**別冊太陽　日本のこころ278　雪舟決定版　生誕六〇〇年**』島尾新・山下裕二　監修／平凡社

100 政治

足利義政（あしかがよしまさ）

1436〜1490年

政治力は三流以下だが芸術センスは超一流の将軍

室町幕府６代将軍・足利義教の息子で、８代将軍となった人物。同母兄である７代将軍・義勝《よしかつ》が10歳で亡くなったため、わずか８歳で８代将軍となることが確定するが、正式な将軍就任は1449(宝徳元)年に**義政**が14歳で元服してからである。

つまり、義勝の時代から**義政**が将軍に就任してからも、幕府の政治は将軍の補佐役である「管領」を中心とする有力な守護大名たちが動かしていた。

特に有名なのが、1451（宝徳３）年に起きた尾張国守護代問題であろう。補佐役となる守護代の任命は、主君にあたる守護の権限で行われるが、**義政**が自分の推挙する人物を守護代にするように尾張国守護・斯波千代徳に指図した事件だ。

義政の異例の口出しは、実は彼の乳母であり側室でもあった今参局《いままいりのつぼね》の差し金で、これを知った**義政**の生母・日野重子が「守護代の人事は守護に任せるべき」と正論を説くが、**義政**は強引に尾張国の守護代を変更してしまった。この結果、なんと重子が腰痛治療を口実に花の御所を出奔。事態を重く見た当時の管領・畠山持国をはじめとする幕府の重臣たちが**義政**を翻意させ、さらに今参局を花の御所から追い出している。

この事件からもわかるように、**義政**は近臣の意見に左右されることが多く、1455（享徳４）年に貼り出された落書に「政は三魔より出づ」と風刺されるほど、前出の今参局、幼少期に世話になった公家の烏丸資任《からすまるすけとう》、側近の有馬元家《ありまもといえ》（昔はその父である持家と考えられていたが、**義政**が将軍となる前に亡くなった可能性が高く、現在は否定的）の３人への重用が著しかった（「三魔」とは３人の名前に「ま」の音があることにちなむ）。

しかし、この三魔よりも厄介な**義政**の寵臣が、養育係として父親のように慕われていた伊勢貞親《いせさだちか》である。貞親は幕府の財政や領地に関する訴訟を扱う機関「政所」の執事（長官）であったため、幕府内での影響力が非常に強く、近年は貞親の存在が応仁の乱を深刻化させたと考えられている。

義政が庶弟の義視《よしみ》を養子に迎えながら、御台所の日野富子との間に実子の義尚《よしひさ》に恵まれたために義視を疎んじたことが、応仁の乱が長引いた要因とかつては考えられていた。しかし、実際は義視を排除しようとしたのは義尚の養育を任された貞親であった。

1466（文正元）年に貞親は義視に謀反の疑いがあると騒ぎ立て、これを信じた**義政**が義視に切腹を命じるという事件が起きる。最終的に、幕府の重鎮・細川勝元と山名宗全が**義政**を諫め、貞親が都から追放されることで事態を収拾させた。

そして1467（応仁元）年1月、当時の管領・畠山政長《まさなが》と、その従兄弟にあたる義就《よしひろ》が畠山氏の家督を巡って武力衝突した御霊合戦が起きる。本来なら内輪もめで終わるはずだったが、勝元（東軍）が政長を、宗全（西軍）が義就をそれぞれ支持したことで、同じように家督争いを抱えた人々が、勝ち馬に乗って自分の立場を優位しようとそれぞれの陣営に出兵したために、応仁の乱へと悪化してしまう。

乱の初期、**義政**は毅然とした態度で中立を守り両陣営に争いをやめるよう働きかけていたが、同年6月、勝元に将軍旗を与えてしまう。このため人々は**義政**が東軍を支持したと考え、次期将軍として兄に従っていた義視も周囲から宗全の支持者を追放している。ところが、**義政**が追放されていた貞親を呼び戻したことで、兄に対する不信感を強めた義視は敵陣営であるはずの西軍に亡命。両陣営が現将軍と次期将軍の旗頭を得たことで、**応仁の乱は1477（文明9）年まで続く大乱**となってしまったのである。

1473（文明5）年に義尚が9代将軍に就任し、**義政**は前将軍として重要なことのみ代官として執政するようになるが、翌年にはそうした最低限の政治への意欲も失い、「昼夜大酒」と酒に溺れている様子が記録されている。

義政は青年時代から造園に熱心で、1459（長禄3）年から始まった大飢饉で都でも餓死者の亡骸があちこちに転がっていた時期、花の御所の大改築をするために諸大名を動員して名石や銘木を運び込ませ、後花園天皇から奢侈《しゃし》（ぜいたく）を戒める漢詩を贈られている。義尚が御台所を迎えて一人前になった1480（文明12）年以降は、山荘の造営や和歌などの趣味にますますのめり込むようになり、禅宗の影響を色濃く受けた枯淡幽玄の東山文化が花開く。その象徴が、現在は慈照寺銀閣として知られる東山山荘である。

にもかかわらず、権限をほとんど義尚に譲らなかったことから父子は対立するようになり、和解できぬまま**義政**は息子に先立たれることになる。

なお、為政者としては三流以下の**義政**だが、実は芸術家を見抜く目は非常に優れており、作庭師として銀閣の庭園を手掛けた善阿弥《ぜんあみ》のように、才能を認めれば当時被差別民であった者さえ同朋衆《どうぼうしゅう》（芸能や技能をもって将軍に仕えた人々）に抜擢した。

造園は非常に金のかかる趣味であるため、**義政**は莫大な利益が期待できる遣明船の派遣を意欲的に行うことで費用を捻出するが、**明から輸入される書籍や水墨画によって、当時の唐物賞翫《しょうがん》の風潮が強化された**のである。

もっと深く知りたい人のための推薦図書

- **『戦争の日本史9　応仁・文明の乱』**石田晴男／吉川弘文館
- **『足利義政と東山文化』**河合正治／吉川弘文館
- **『応仁の乱―戦国時代を生んだ大乱』**呉座勇一／中央公論新社

101 政治

日野富子（ひのとみこ）

1440〜1496年

応仁の乱の原因を作り「悪女」と呼ばれた女性

室町幕府８代将軍・足利義政の御台所で、９代将軍・義尚の生母。義政が政治に熱心でなく、さらに義尚がわずか９歳で将軍に就任したことから、息子の後見役として幕政に介入した。そのため男尊女卑の価値観が根強かった昔は、**私情によって応仁の乱を引き起こした愚かな悪女と見なされてきた**女性である。

富子の生家である日野家は、武家ではなく藤原氏北家の支流にあたる公家で、３代将軍・義満以降、歴代将軍の御台所を輩出する家柄だった。しかし、６代将軍・義教は最初の御台所を日野家から迎えたものの、当主の暗殺や領地を没収するなど日野家を弾圧するようになり、義政の生母・重子も日野家の姫君でありながら側室の立場に留められたという経緯をもつ。夭折した７代将軍・義勝は未婚だったため、久方ぶりの日野家出身の御台所である**富子**は、実家の復権を願う重子にとっても待望の存在であった。

1455（康生元）年、**富子**は16歳で義政のもとに嫁ぐが、当時の花の御所には一つの不安要素があった。義政が自身の乳母（この場合は授乳を行わない養育係）であった今参局を側室として寵愛しており、彼女を幕政に介入させていたからである。

1459（長禄３）年、**富子**は待望の第一子となる男児を出産するが、不幸にも早世してしまう。すると、その死は今参局が修験者に命じて呪詛したためだという噂が広まり、これを耳にした義政が今参局を琵琶湖の沖の島に配流して自害に追いやるという事件が起き、同時に、今参局の呪詛に同意した罪で、義政の側室４人も花の御所から追放された。これは、今参局の支配下にあった花の御所の女房集団を、新しく女主人となった**富子**の女房集団に入れ替えるために、重子の強い意向が働いたと考えられている。

その後、**富子**は二度出産するが世継ぎとなる男児になかなか恵まれなかった。そこで1464（寛正５）年、義政は庶弟・義視を養子に迎えるが、翌年に**富子**は９代将軍となる義尚を出産する。このため、**富子**が我が子可愛さに義視を疎んじ、それが原因で応仁の乱が起きたという説が信じられてきたが、実際は、義視に対して義尚が成長するまでの中継ぎの将軍となることを期待していたという説が近年は有力視されている。

また、1467（応仁元）年に始まった応仁の乱で、義政や**富子**と同じ東軍陣営に属していた義視が西軍陣営に亡命した最大の要因は、義視を排斥しようとする側近を遠ざけなかった義政にあると考えられている。

富子が幕政に深く関与するようになったのは、1473（文明５）年に義尚が９歳で９代将軍に就任してから。本来は義尚を導くべき義政がもともと薄かった政治への意欲を失い酒に溺れるようになったこと、伯父として義尚を支えてくれるはずだった兄の日野勝光が亡くなったことで、我が子を守るために奮闘せざるを得なかったのである。

なお、**富子**が米を買い占めて大儲けしたという逸話は後世の作り話だが、内裏の修復費用や朝廷の祭礼の費用を賄うために設置された関所の関銭（通行料）の大部分を徴収したり、応仁の乱では味方の東軍だけでなく敵である西軍の武将にも多額の金銭を貸し付けたり、**富子**が利殖に熱心だったのは史実である。

そのため彼女には「悪女」だけでなく「守銭奴」という悪名もつきまとっているが、義政が庭園建築をはじめとする金のかかる趣味に没頭して幕府の財政を傾けたことから、適切に使われるように**富子**が管理せざるを得なかった面が強い。実際、天皇の住居の世話や禁裏番衆（天皇や上皇の身辺警固を行う公家）の生活の援助は、御台所として**富子**が取り仕切っていた。武将への金銭の貸し付けにしても、恩を売って彼らを従わせ、戦乱を終結させるための和平工作の一環と考えられている。

さらに、義政が東山山荘を造営する際に援助しなかったことを理由に**富子**を「悪妻」と評する歴史書は多いが、そもそも**富子**が義政を援助する必要がなかったというのが真相と考えられている。実は応仁の乱が始まる前から義政は遣明船を何度か送っており、遣明船１隻につき商人から多額の請負料を徴収していたうえ、1476（文明８）年に帰国した遣明船は、明の皇帝が義政に贈った銅銭５万貫（現在の貨幣価値で約50億円）を持ち帰っている。

つまり、後世における**富子**の**悪評の大部分は義政が原因で、女性の政治参加を望まなかった男尊女卑の価値観によって脚色された**といえる。

将軍の御台所として、将軍の生母として長年働いてきた**富子**の存在は大きく、1489（延徳元）年に義尚が亡くなり、応仁の乱で敵対した義視と妹・日野良子の間に生まれた義材《よしき》が10代将軍になってからも、朝廷や幕府に対する影響力は衰えなかった。

1493（明応２）年、将軍の補佐役である幕臣の筆頭である細川政元《ほそかわまさもと》が、自分と対立する義材を廃立し、堀越公方の息子である義澄《よしずみ》を11代将軍に擁立する明応の政変が起きる。将軍の首が挿《す》げ替えられるという前代未聞のこの事件が成功した最大の要因は、**富子**が政元に同意し、義澄の後見に立ったからである。

もっと深く知りたい人のための推薦図書

- **『室町将軍の御台所　日野康子・重子・富子』**田端泰子／吉川弘文館
- **『足利義政と日野富子　夫婦で担った室町将軍家』**田端泰子／山川出版社
- **『日野富子　政道の事、輔佐の力を合をこなひ給はん事』**田端泰子／ミネルヴァ書房

102 政治 軍事

細川勝元（ほそかわかつもと）

1430〜1473年

山名宗全と敵対した文武両道の名将

室町時代中期に活躍した守護大名。室町幕府の管領・細川持之の子として生まれ、1442（嘉吉２）年に父の死により12歳で家督を継承し、摂津・丹波・讃岐などの守護となる。1445（文安２）年には16歳で管領に就任し、以降、合計３度、管領職に就任し、幕政に影響力を及ぼすことになる。

嘉吉の乱で６代将軍・足利義教を暗殺した赤松氏を滅ぼして強大化する山名氏とは、その当主・山名持豊（宗全）の娘を正室に迎えるほど協調的であった。しかし、赤松氏の再興を**勝元**が支援したことで両者の関係は次第に悪化。畠山氏や斯波氏の家督争い、将軍家の後継問題でも対立するようになり、**応仁の乱で東軍の総帥**として西軍の総帥となった持豊と完全に敵対することとなった。

戦は膠着状態が続き、1473（文明５）年３月に持豊が死去すると、その後を追うように**勝元**も44歳で亡くなる。生前の**勝元**は禅宗を信仰し、龍安寺（京都市右京区にある臨済宗寺院）を建立。医術を研究して医書『霊蘭集』を著し、和歌・絵画にも造詣が深かった。犬追物も嗜《たしな》んだというから、まさに文武両道の人物であった。

戦国時代末期の説話集『塵塚物語』には、山名持豊だけではなく、**勝元**の逸話も収録されている。その逸話を紹介しよう。

幕府管領の**勝元**は、さまざまな遊興に財費を費やし、奢侈であった。普段の食事や衣服はいうまでもなく、屋敷の美しさも言語道断といわれていた。**勝元**は鯉が好物であったので、家来の大名たちは、気に入られようとして、**勝元**に鯉を贈った。ある人も**勝元**を屋敷に招き、さまざまな料理を振る舞ったが、この時も鯉が提供された。同席していた者は、この鯉料理を美味と褒めたが、それ以上の言葉はなかった。

しかし、**勝元**はさらに言葉を続けて「この鯉は、名物であることがわかる。客へのもてなしのため、人をやり遠くから求められたはず。それに対して、この場の人々の褒め方ではあまりに無骨。この鯉は淀のものと思われる。他の国の鯉は、さばいて酒に浸すと、一度箸を入れればその汁は濁ってしまうが、淀の鯉はそうではない。どれだけ浸しておいても、汁の色は薄く、濁りがない。これが名物である淀の鯉の証拠だ。 皆の中で、重ねてこのようなもてなしを受ける人があれば、この**勝元**の言葉を忘れないようにして料理を褒められるように」と述べたという。博学であり、他人への気遣いができる人物であることがわかるだろう。宿敵・山名持豊とはまた一味違う武将である。

103　政治　軍事

山名持豊（やまなもちとよ）

1404〜1473年

時勢を重視した応仁の乱西軍の総帥

室町時代中期に活躍した守護大名。「**宗全**」は出家後に名乗った法名。山名時熙の三男として生まれるが、1431（永享3）年に兄の持熙が6代将軍・足利義教に疎まれ廃嫡となったため、**持豊**が家督を継承することとなった。但馬・備後・安芸などの守護を兼ね、侍所別当、山城国守護も務めるなど幕政にも深く関与する。

1441（嘉吉元）年、播磨国の守護大名・赤松満祐が義教を殺害し、播磨の城に籠城すると、**持豊**は討伐軍の総大将として但馬から侵攻して満祐を自害に追い込む（嘉吉の乱）。乱後はその軍功によって播磨国の守護となり、一族の人間も備前国や美作国の守護に任じられたため、山名氏の勢力はさらに拡大するが、1454（享徳3）年には、赤松氏の出仕を巡り、8代将軍・足利義政と対立し、将軍から討伐令が発せられる事態となる。

ところが、娘婿であった細川勝元の仲介により事態は鎮静化。この事件により、**持豊**は家督を嫡男の教豊に譲り、自身は但馬に下ることになる。1458（長禄2）年に赦免された**持豊**は再び上洛し、幕政に関与する。

三管領家（細川家・斯波氏）の一つである畠山氏の家督争いでは、**持豊**は畠山義就を支持。斯波氏の家督問題では、斯波義廉《よしかど》を支持した。将軍後継問題では、日野富子が生んだ義尚（義政の子）を推す。よって、畠山政長・斯波義敏・足利義視（義政の弟）を推す細川勝元とは対立を深めることになる。

そしてついに、1467（応仁元）年、山名・細川両派は京都で戦端を開き、約11年にもわたる応仁の乱が勃発した。**持豊**は西軍の、勝元は東軍の総帥となり戦うこととなったのだ。しかし、戦の決着はなかなかつかず、長期化する。大乱の最中の1473（文明5）年3月、**持豊**は京都で死去。享年70。犬追物（走る犬を馬上から弓矢で射て優劣を競う武技）を得意とし、戦の経験も豊富な勇将であった。

戦国時代末期に成立した説話集『塵塚物語』には、**持豊**の性格を示す次のような逸話が掲載されている。ある公家が**持豊**に対し、先例を引き合いに出し諫めたところ、**持豊**は「これからは例という字を時に置き換えたらどうか」「先例というが、あなたのような身分の者が私のような者と対等に語り合うということが昔はありましたか。そのような例はないはず。これこそが時というものです」と述べたという。この逸話が本当か否かはわからないが、**過去の例やしきたりを過度に重視するのではなく、今の時代に適応していくことこそ重要**とする**持豊**の精神が垣間見える。

104 芸術

土佐光信（とさみつのぶ）

生没年不詳

大和絵の一大流派である土佐派の中興の祖

室町時代に活躍した土佐派の絵師で、北朝の宮廷絵所預（朝廷絵師）や室町幕府の御用絵師を務めた人物。京都の北野天満宮が所蔵する『北野天神延縁起絵巻』の作者であり、大徳寺塔頭の真珠庵が所蔵する『百鬼夜行絵巻』は**光信**の作と伝えられている。

日本の絵画は、奈良時代から平安時代初期までは唐絵（中国風の絵画の総称）が主流だったが、894年の遣唐使の中止をきっかけに国風文化が花開き、9世紀に巨勢金岡《こせのかなおか》によって日本的風物を主題にした絵画「大和絵」が描かれるようになった。

初期の大和絵は貴族の邸宅の障子（衝立）や屛風に描かれたが、次第に物語の挿し絵や絵巻物が制作されるようになった。土佐派はそうした大和絵の流派のひとつで、南北朝時代に北朝の宮廷絵所預を務めた藤原行光を祖とする。行光は1355（文和4）年、南朝の侵攻によって後光厳天皇や室町幕府初代将軍・尊氏が近江国に撤退を余儀なくされた時も、行宮《あんぐう》となった成就寺（現在の滋賀県近江八幡市の願成就寺）に参向して尊氏の信頼を勝ち取った。その結果、土佐派は宮廷絵所預の世襲を許され、京に3カ所の工房を設けるほど隆盛したのである。また、3代将軍・義満の七回忌追善のために1414（応永21）年に制作された『融通念仏縁起絵巻』（清凉寺本）は、当時の京を代表する6人の絵師が共同制作しているが、そのうち4人が土佐派の絵師である。

光信は8代将軍・義政の時代に宮廷絵所預に就任しているが、京の絵師の工房の中には応仁の乱の戦火を避けて地方に避難する者も少なくなかった。さらに、土佐派内で**光信**が率いた工房・春日絵所のライバルである六角絵所は廃絶してしまい、京では応仁の乱後に画壇の再編成が行われることとなった。

京に残った**光信**は土佐派が代々受け継いできた温和な画風だけでなく、それまでは光の記号的表現として絵画に用いられていた金銀を色彩と調和させるという**新しい技法によって透明感を表現することに成功**。その繊細で洗練された美は公家や武家の人々を魅了し、**光信**と彼が率いる土佐派の名声を大いに高めたという。

なお、室町時代には『物くさ太郎』や『一寸法師』に代表される、庶民的な内容の短編物語である御伽草子が数多く作られた。中には絵巻に仕立てられた物語もあり、**光信**も『うたたね草紙』や『鶴の草紙』などの小さな絵巻（小絵）を手掛けている。

戦乱から見事に土佐派を守り抜いた**光信**だが、朝廷の零落や後継者の夭折などもあり、台頭する狩野派によって土佐派は衰退に追いやられてしまうのであった。

もっと深く知りたい人のための推薦図書

・**『室町絵巻の魔力　再生と創造の中世』**髙岸輝／吉川弘文館
・**『室町王権と絵画―初期土佐派研究』**髙岸輝／京都大学学術出版会

105 芸術

狩野正信（かのうまさのぶ）

1434?～1530?年

約400年にわたり画壇の中心に存在し続けた狩野派の祖

室町幕府８代将軍・足利義政に仕えた幕府御用絵師で、室町幕府滅亡後も織田信長、豊臣秀吉、徳川家康から重用され、江戸幕府の御用絵師を輩出し続けた狩野派の祖となる人物。出自や生没年には不明な点が多く、近年は関東管領・上杉憲実の家臣だった夷《い》隅《すみ》大《おお》野《の》城主の一族の出身ではないかと見られている。なお、1432（永享４）年に６代将軍・義教が富士山を遊覧するために駿河国に下向した際に**正信**を召し抱えたという逸話があるが、**正信**が活躍した時期を考えれば明らかに後世の創作である。

当時隆盛していた色彩豊かな土佐派の画風とは異なり、**正信**の画法は水墨を基調にしており、中国の宋や元の画法を元にした漢画であった。そのため、**正信**は京の相国寺の画僧・宗湛に師事したと推測されている。ただし、『大乗院寺社雑事記』の1477（文明９）年の記事には、**正信**について「土佐弟子、在押上（土佐派の弟子で、大和国の押上郷在住）」と注記されていることから、**正信**は土佐広周（土佐光信の父の従兄弟）から土佐派についても手ほどきを受けていたと考えられる。

代表作は中国の故事を描いた国宝『周《しゅう》茂《も》叔《しゅく》愛《あい》蓮《れん》図《ず》』で、**対角線構図の使用や近景を大きく描くことで遠景の奥行きを表現**するなど、漢画らしく中国の南宋院体画の手法を取り入れながらも日本的情趣を補って独自性を出している。そして、この独自性が武家社会で評価され、**正信**は義政の死後も幕府の実権を握っていた細川氏に仕え、画壇における狩野派の地位を守ることに成功したのである。

そして、**正信**の後を継いだ息子・元信によって狩野派はさらなる飛躍を遂げることとなる。大和絵の華麗な色彩と漢画がもつダイナミックな構図と力強い線を組み合わせた、和漢融合の新しい画風を元信は確立させたのである。この結果、狩野派はこれまで大和絵の絵師の領域で**正信**が手を出さなかった絵巻物も手掛けるようになった。元信も『酒呑童子絵巻』や『酒飯論絵巻』などを描いている。

さらに元信は、京の公家・武家・神社仏閣といった従来の絵画の依頼主だけでなく、応仁の乱からの復興で急成長していた商工業者たちも取り込んだ。当時、贈答品として人気だった扇面に目をつけ、**大勢の絵師による工房制を導入**して絵の品質からすれば手頃な値段の扇面を売り出し、大儲けしたのである。新しい顧客層の獲得に挑戦することで、元信は父の代よりも狩野派を大きく成長させた。

もっと深く知りたい人のための推薦図書

・『**御用絵師 狩野家の血と力**』松木寛／講談社
・『**障屏画と狩野派**』辻惟雄／岩波書店

106 芸術

池坊専慶（いけのぼうせんけい）

生没年不詳

日本独自の伝統芸術・華道の礎を築いた男

室町幕府８代将軍・足利義政のもとで東山文化が花開いた時代、都の頂法寺（通称・六角堂）の塔頭の一つである池坊に所属した僧侶で、**華道の最大の流派である池坊の祖**とされる人物。このため、池坊の家元は頂法寺の住職を兼ねている。

ただし、頂法寺の初代住職は聖徳太子に仕えた遣隋使・小野妹子で、彼が仏前に花を供えたのが華道の元になったと考えられている。そのため、厳密には妹子が「華道の始祖」であり、彼から数えて12代目の子孫にあたる**専慶**は「華道の中興の祖」と見なされている。

専慶の記録はほとんど残されていないが、東福寺の僧侶が著した『碧山日録』には、1462（寛正３）年に**専慶**が春公（幕府の直臣であった鞍智高春）に招かれ、金瓶に草花を数十枝挿し、その様子を都中の好事家が見物に訪れたことが記されている。当時は唐物賞翫の風潮が強かったため、この時に使われた金瓶は恐らく中国から伝来した銅製の花瓶と思われるが、花器よりも草花を優先したとされる**専慶**が、豪華な花瓶にどんなふうに草花を挿したのかは不明である。

そもそも、当時の華道は器に心となる木を立て、下草と称する草花を添える「立花」のことで、どんな草花を添えるかによって意味付けがなされるものであった。しかし、立花は次第に草花が生み出す造詣美を愛でるものに変化し、次第に仏教の思想などを盛り込んで草花の構成を考えるようになった。

戦国時代に活躍し、立花を造形芸術の域にまで高めた池坊専応が1542（天文11）年に著した『池坊専応口伝』という花伝書に、**専慶**の立花についての手がかりがある。

専応は花を瓶に挿すことについて、「野山水辺おのづからなる姿を居上にあらはし、花葉をかざり、よろしき面かげをもととし、先祖さしはじめしより、一道世にひろまりて、都鄙のもてあそびとなれる也」と述べている。つまり、先祖（**専慶**）の立花は、自然を写したような造形であったことが推測できる。

やがて千利休によって侘茶が茶の湯の主流となると、花材を手桶に入れて茶室の座敷飾りにするシンプルな「生花」が盛んになる。しかし、**専慶**が広めた立花の精神を受け継いだ専応が体系化を進め、江戸時代初期に活躍した初代・池坊専好によって武家が学んだ儒教の思想が構成理論に組み込まれたことで、**池坊の立花は現代では華道の中心**となったのである。

もっと深く知りたい人のための推薦図書

・**『歴史の京都４　芸術家と芸能家』**／淡交社
・**『茶道・香道・華道と水墨画—室町時代』**中村修也／淡交社

107 宗教

吉田兼倶（よしだかねとも）

1435〜1511年

伊勢神道を敵に回した唯一神道の創始者

吉田神社（現在は京都市左京区に鎮座）の神主であると同時に、仏教・道教・儒教・陰陽道などの思想も取り入れた、総合的な神道教説・唯一神道（吉田神道、元本宗源神道とも）を創始した人物。『徒然草』を著した兼好法師とは同族で本姓は卜部氏だが、家名は「**室町**」を名乗っていた。しかし、室町幕府３代将軍・足利義満の邸宅兼幕府政庁が「室町第」と呼ばれたことを憚り、家名を「**吉田**」に改めたという。

卜部氏は高天原（天上の神々の世界）で神事を司っていた天児屋命《あめのこやねのみこと》の末裔とされ、神道界の名門として朝廷の神祇祭祀を司る神祇官の次官を世襲する家柄であった（長官は第65代花山天皇の子孫である白川伯王家が世襲）。それゆえに、**兼倶**は「神は仏が権《かり》の姿でこの世に現れたもの（垂迹）」と考える本地垂迹説、つまりは仏教が主体となる考えに基づいた両部神道を快く思わず、**仏教から独立して「神は唯一の存在で、森羅万象は神によるもの」という思想をもった唯一神道を創始した**と考えられている。

そこで利用されたのが、吉田家の庭に存在した「斎場所《さいじょうしょ》」である。これは初代神武天皇が日本中の神々を斎《いつ》き祭って以降、都の近郊に設置されてきた日本国内の神社の総本社とされるもので、**兼倶**は斎場所を自邸から吉田山に遷座させたうえ、伊勢神宮の威光を利用して日本最高のパワースポットに仕立て上げる。

皇祖神を祀った伊勢神宮を戴く伊勢神道は、唯一神道と同じく本地垂迹説に批判的だった。しかし、当時は内宮の門前町・宇治と外宮の門前町・山田が対立し、1486（文明18）年に追い詰められた山田側が放火したことで外宮が炎上するという事件が起きる。この時、外宮の御神体の安否を確認するために、朝廷が派遣したのが**兼倶**だったが、外宮の神官は調査を拒否して非協力的であったという。そのため、「伊勢の神様が伊勢に愛想をつかして別の場所に飛んでいってしまう（飛神明）」という噂がたった。

1489（延徳元）年、**兼倶**は「斎場所に光が降り注ぎ、不思議な器物が残されていた」と朝廷に報告する。そして、その器物が伊勢神宮外宮の御神体だと第103代後土御門天皇に認めさせ、「吉田山で飛神明が起きた」という噂によって吉田家の格式を高めた。

この結果、**兼倶**は伊勢神宮から“神敵”と呼ばれ恨まれるが、神道界を牛耳るようになった吉田家は、徳川家康の参謀・金地院崇伝から「神ならば吉田存ずべき儀」と評されるほど、歴代の権力者から神道絡みの事案で頼りにされることになる。

佐藤優の言葉

神道と仏教の関係について、神道を上位とする新本仏迹は根拠となる文献に捏造されたものがあったこともあり反発を受けるが、神道界を刷新するうえでは大きな役割を果たした。

108 文学

宗祇（そうぎ）

1421～1502年

和歌の伝統を生かし芸術性が高い正風連歌を確立した連歌師

室町時代中期から戦国時代にかけて活躍した連歌師。

連歌は和歌の上の句（五・七・五）と下の句（七・七）を別の人間が詠み継いでいく文芸で、連歌師となるにはかなりの知識と教養が必要とされる。**宗祇**の前半生は謎に包まれており、遠江国（現在の静岡県西部）の飯尾氏の出身、紀州国（主に現在の和歌山県）の猿楽師の息子説（この説では母親が飯尾氏出身）、近江国の伊庭氏の出身など、諸説が唱えられている。

京の臨済宗の大寺院・相国寺に所属する禅僧と考えられており、山名宗全に仕えた連歌師・宗砌《そうぜい》に連歌の手ほどきを受ける。しかし、宗砌が失脚した主君に付き従い但馬国に下向し、その地で没してしまったことから、以降は華道で有名な頂法寺の専順や天台宗の僧侶・心敬など、京に住む著名な連歌師たちから連歌を学んだとされる。さらに**宗祇**は、室町幕府奉公衆として京に在住していた二条派の歌人・東常縁《とうつねより》から古今伝授を受け、連歌に不可欠である和歌の素養を身につけたという。

連歌壇へのデビューは1457（康正３）年、または1461（寛正２）年とされており、応仁の乱前夜となる1466（文正元）年に関東に下向している。当時の関東は鎌倉公方の座を巡る争い、関東管領を輩出していた上杉氏の内輪もめによって、内乱状態に陥っている場所であった。そのため、連歌壇の中核メンバーは将軍家や細川勝元に代表される幕府の重鎮と関係が深く、その一員であった**宗祇**が危険な関東に下向したのは、**幕府から何らかの密命を帯びていた**可能性が示唆されている。実際、扇谷上杉氏の家宰・太田道灌の父・道真《どうしん》や、山内上杉氏の家宰・長尾《ながお》景信《かげのぶ》など、関東の情勢に影響を与える有力武士の二人と交流をしていることが、**宗祇**の連歌集『萱草《わすれぐさ》』に記されている。

その後、京が応仁の乱で荒れ果てたこともあり、**宗祇**は７年ほど各地を旅して連歌の普及と振興に励むが、1473（文明５）年に京に戻り、３年後に三時知恩院の近くに種玉庵を結んだ。以降はここを拠点に活動するようになる。当時の連歌は娯楽的または庶民的な俳諧連歌が主流だったが、和歌の素養を活かした芸術性が高い正風連歌を確立した**宗祇**は、1488（長享２）年に北野連歌会奉行・宗匠職に就任したことで、名実ともに連歌壇を代表する連歌師となったのである。

その結果、**宗祇**は弟子の肖柏《しょうはく》や宗長《そうちょう》とともに３人で連歌百句（百韻）を詠む『水無瀬三吟百韻』を残し、勅撰に準じる連歌集『新撰菟玖波集』の編集を手掛けている。

109　政治

足利政知（あしかがまさとも）

1435〜1491年

名ばかりの鎌倉公方だが11代将軍の父となった男

室町幕府８代将軍・足利義政の庶兄で、家督争いを避けるために幼い頃から仏門に入っていたが、1457（長禄元）年に還俗し、**幕府に反抗的な古河公方・足利成氏の対抗馬**として、新たな鎌倉公方に任命された人物。

政知が鎌倉に下向する際、名門出身の渋川義鏡を補佐役につけ、さらに奥州・出羽、甲斐・信濃、東海の三方向から成氏を攻め滅ぼす計画を立てていたが、さまざまな悪条件が重なり幕府の出陣命令に従えない守護大名が多かった。そのため成氏包囲網がうまく機能せず、さらに関東管領を輩出していた上杉氏が山内上杉家と扇谷上杉家に分かれて争っていたせいでいわば寄せ集めの幕府軍をうまく統制できず、1459（長禄３）年に幕府軍は古河公方軍に大敗北してしまったのである。

父である６代将軍・義教と同じく、為政者としての教育を受けていなかった**政知**は幕府公認の鎌倉公方であったが実権はなく、実務面では補佐役の義鏡に依存していた。そのため、義鏡の讒言を信じて味方であるはずの上杉氏を敵に回し、関東の諸将からの信頼を失い、鎌倉に入ることができなくなった。

追い打ちをかけるように1467（応仁元）年に応仁の乱が始まり、幕府の支援を受けることが困難となった。最終的に、**政知**は関東ではなく伊豆一国を治めるようになり、古河公方を排除するまでの仮住まいであった伊豆国の堀越（現在の静岡県伊豆の国市）を本拠地とすることになった。このため、**政知**は名ばかりの鎌倉公方となり、同じく自分こそが正統な鎌倉公方だと主張する成氏と区別するために、堀越公方と呼ばれている。

政知は兄の義政とは異なり男児に恵まれ、嫡男の茶々丸との家督争いを避けるために、1487（文明19）年に次男・清晃を都の天龍寺に預け出家させた。にもかかわらず、素行不良を理由に茶々丸を廃嫡し、清晃の同母弟である潤童子を新しい跡取りに定めたことで堀越公方家の運命が大きく変わってしまう。

1491（延徳３）年に**政知**が病で亡くなると、茶々丸は潤童子とその母親を殺害して事実上の２代堀越公方となるが、1493（明応２）年に起きた明応の政変の影響で清晃が11代将軍・義澄となったことで茶々丸から人々の心が離れ、最終的に伊勢宗瑞（後の北条早雲）の伊豆侵攻によって堀越公方家は滅亡する。

ただし、義澄の子孫が将軍を受け継いだため、庶子として「分家の当主」にあたる鎌倉公方に任命された**政知**の血筋が足利将軍家の嫡流となったのは歴史の皮肉だろう。

もっと深く知りたい人のための推薦図書

・**『室町幕府崩壊　将軍義教の野望と挫折』**森茂暁／KADOKAWA
・**『享徳の乱と戦国時代』**久保健一郎／吉川弘文館

Column

2

日本史における貴人の名前②

世界史を学んでいると、**「エリザベス」**という名前がドイツでは**「エリザベート」**、ロシアでは**「エリザベータ」**というように、微妙に変化していて混乱することがある。また、ヨーロッパ各国の王家では偉大な先祖の名前を子孫が使用するため、例えばフランスのブルボン王家にはやたら**「ルイ」**という名前の王がいるなど困ってしまう。

しかし、日本史でも似たような「同じ漢字を使っているからまぎらわしい」という問題がある。それが諱に使う漢字を代々受け継ぐ「通字」という伝統である。

一番有名なのが、室町幕府の足利将軍家が受け継いだ「義」という通字であろう。初代将軍・**尊氏**に「義」の字が使われていない通り、もともと足利氏の通字は「氏」の字であった。しかし、「義」の字は鎌倉幕府初代将軍・**源頼朝**を輩出した河内源氏の嫡流に受け継がれていた通字であるため、今後は足利氏が河内源氏の嫡流であることをアピールするために通字を変更したのである。実際、2代将軍・**義詮**から15代将軍・**義昭**まで、歴代の将軍の諱には「義」の字が用いられている。また、8代将軍・**義政**によって新しい鎌倉公方に任じられた異母兄の諱が「**政知**」であるのに対し、養子となった異母弟の僧侶・**義尋《ぎじん》**が還俗後に「**義視**」という諱を授かったことからもわかるように、足利将軍家にとって「義」の字が用いられた諱をもつことは、将軍位の継承権をもつ証でもあったのである（もともと足利氏の通字であった「氏」の漢字は、**尊氏**の四男・**基氏**が初代となった鎌倉公方家に受け継がれた）。

しかし厄介なことに、鎌倉時代以降になると、高貴な人間が自分の諱の一字を家臣に使用することを許す「偏諱」という習慣が定着する。偏諱を許されるということは主君からの信頼の証であり、当時の価値観からすると非常に名誉なことであった。裏を返せば偏諱を拒むことは非礼にあたり、第4代鎌倉公方・**足利持氏**が嫡男の諱に6代将軍・**義教**から偏諱を受けることを拒んだことを関東管領である**上杉憲実**が諌めたのは、それが足利将軍家を愚弄する行為になったからである。

戦国時代に入ると、地方の有力武将たちは箔をつけるために自分や跡取りの諱に室町幕府将軍からの偏諱を希望するようになった。偏諱には基本的に通字ではない漢字を用いるのが一般的で、例えば**武田信玄**の諱である「**晴信**」は12代将軍・**義晴**から偏諱を受けている。一方、**今川義元**も同じく**義晴**から偏諱を受けているが、通字である「義」の字を許されているのは、今川氏が足利氏の流れを汲むための優遇である。

また、**織田信長**は同盟相手との友好関係をアピールするために、五摂家筆頭・**近衛前久**の嫡男・**信基**（後に**信伊**に改名）や、四国の**長宗我部元親**の嫡男・**信親**などに、織田家の通字である「信」の偏諱を許している。

第5章

戦国時代と安土桃山時代に活躍した人々

110 軍事

北条早雲（ほうじょうそううん）

1432〜1519年

下剋上の代名詞と思われていたが、実は名門出身?

室町幕府末期に活躍した戦国武将で、**後北条氏（小田原北条氏）の祖**。本人は**伊勢新九郎長氏**《いせしんくろうながうじ》と名乗り、出家後は**早雲庵宗《そう》瑞《ずい》**と号した。生涯伊勢氏を名乗っており、北条氏を名乗るのは息子の氏綱《うじつな》からのため、本人が**北条早雲**と称したことはない。

かつては「一介の素浪人からのし上がった」という説が流布し、美濃国の斎藤道三と並んで「下剋上」を代表する武将とされたが、近年は室町幕府８代将軍・足利義政の寵臣であった伊勢貞親と同族、つまり幕臣を輩出する名門出身という説が有力視されている。武将としての**早雲**の活躍は、妹が側室になっていた縁で駿河国の守護・今川義忠《いまがわよしただ》を頼って駿河国に下ったことから始まるが、確かに幕臣の家柄であれば、妹が足利氏の流れを汲む名門・今川氏の側室であることもうなずける。

1476（文明８）年、義忠が討ち死にしたことで後継者争いが勃発すると、**早雲**は義忠の子であり甥でもある氏親《うじちか》を支持し、相手方の小鹿範満を支援していた扇谷上杉氏の家宰・太田道灌との調停で内紛を収拾。そして道灌が没すると、1487（長享元）年に範満を滅ぼし、氏親を駿府に移して名実ともに今川氏の当主とした。この功績により、**早雲**は駿河の富士下方12郷を与えられ興国寺城（現在の静岡県沼津市）の城主となる。

1491（延徳３）年、堀越公方・足利政知が亡くなり混乱していた伊豆国に進攻し、政知の子・茶々丸を討って平定。韮山（現在の静岡県伊豆の国市）に城を築いて居城とし、伊豆国を制圧。1495（明応４）年には、扇谷上杉氏の重臣・大森藤頼が支配する小田原城を攻略し、関東進出の第一歩を踏み出した。

『北条記』によると、この頃に**早雲**は「ねずみが二本の大きな杉の木を根本から食い倒し、やがて虎に変じる」という夢を見たという。ねずみは子年生まれの**早雲**、二本の杉とは関東管領の山内上杉家と扇谷上杉家を暗示しているとされ、**早雲**は吉夢だと喜んだと伝えられている。

1512（永正９）年に相模国の守護家・三浦氏の岡崎城（現在の神奈川県平塚市）を攻略して鎌倉に入ると、その北西に玉縄城を築いて関東制圧の拠点とし、1516（永正13）年に三浦氏を滅ぼして相模征服を果たしたことで後北条氏の繁栄の基礎を築いた。

なお、「乱世の梟雄《きょうゆう》」として恐れられた**早雲**だが、新しく支配した土地の年貢の割合を引き下げることで領民たちの心をつかみ、非常に慕われたという。

111　軍事

大内義隆（おおうちよしたか）

1507〜1551年

都の貴族が疎開し「西の京」と謳われた周防国の支配者

戦国時代初期に活躍した守護大名。周防国を本拠とした大内氏の第15代当主・大内義興《よしおき》の嫡男として、1507（永正４）年に生まれた。

幼名は父と同じく**亀童丸**《きどうまる》を称し、義興の死によって1528（享禄元）年に家督を継承。周防、長門、安芸、石見、備後、豊前、筑前の７国の守護を兼任したため、当時は弱小国人領主だった毛利元就も臣従するほど中国地方に絶大な勢力を誇り、少《しょう》弐《に》氏を滅ぼすことで北九州と制海権も掌握した。また、日明貿易により蓄えた富を第105代後奈良天皇の即位の儀のために献上し、大宰大弐に任ぜられるなど朝廷と親密な関係を築いた。

ところが、1542（天文11）年に尼子《あまご》氏討伐に山陰へ遠征し、翌年に大敗してからは軍事を疎かにして文事にふけるようになった。そのため、有職故実を重んじて文書の編纂を進め、応仁の乱で荒廃した都から疎開した公家や僧侶らを手厚く保護したことでも知られる。和歌や連歌などの公家文化への関心も高く、一説には束帯姿で牛車に乗るほどの公家かぶれだったともいわれるが、**義隆**が積極的に都の文化を取り入れたことで、周防国は小京都と呼ばれるほど文化水準が高くなった。

また、対明、対朝鮮交易に努めて利を得る一方で、**明から用紙を輸入して領内で多くの書物を出版**。1539（天文８）年に刊行された『聚分韻略《しゅうぶんいんりゃく》』をはじめとした書籍は、総称して「大内版」と呼ばれている。貿易によって仏典・漢籍が多く輸入され、その復刻・出版も盛んに行われるなど、文化面においての**義隆**の功績は非常に大きい。

西洋文化への関心も高く、1550（天文19）年にキリスト教の布教の許可を求めて周防国を訪れたフランシスコ・ザビエルと引見している。

しかし、ザビエルが汚れた旅装のままだったこと、手土産がなかったことなどで**義隆**が立腹し、この時は布教を許さなかった。また、ザビエルがキリスト教徒の立場から、当時の武将の間で一般的だった衆道（男色）を否定したことも**義隆**の怒りを買ったといわれている。翌年、ザビエルがきれいな服装で珍しい品を多数献上するなど礼を尽くしたことで、**義隆**はキリスト教の布教を認める。ちなみに、眼鏡はこの時のザビエルの献上によって日本に初めて伝来したともいわれている。

こうした文事への熱中は武断派家臣団との軋轢を生み、1551（天文20）年に重臣の陶《すえ》晴賢《はるかた》に謀反を起こされ、長門の大寧寺で自害。大内氏は事実上滅亡したのである。

112 軍事

上杉謙信（うえすぎけんしん）

1530〜1578年

軍神・毘沙門天の化身と称された勇将

戦国時代に越後国を支配した武将。越後国の守護代・長尾為景の四男として生まれ、幼名は**虎千代**《とらちよ》、元服して**景虎**《かげとら》と名乗った。1570（元亀元）年に**不識庵**《ふしきあん》**謙信**の法号を名乗るようになった。

1536(天文5) 年に兄・晴景が家督を継いだが次第に対立し、1548（天文17）年に越後国の守護・上杉定実の調停によって晴景から家督を奪い、19歳で春日山城主となる。家督相続に不満をもった一族の坂戸城主・長尾政景らを下し、越後を統一した。

以降は外征に転じ、1552（天文21）年に小田原の北条氏康に攻められた関東管領・上杉憲政《のりまさ》が越後国に逃げ込んでくると、憲政を保護して関東へ出陣。「越山」と呼ばれた関東出兵は1569（永禄12）年まで17年間にわたって続けられ、1561（永禄４）年には小田原城を包囲して北条氏を追い詰めるが、破ることはできなかった。同年、憲政から**上杉の名跡と関東管領職の肩書きを受け継いでいる**。

甲斐国の武田信玄に追われた小笠原長時、村上義清らを助けた北信濃出兵は「川中島の戦い」と呼ばれ、1564（永禄７）年まで５度にわたって信玄と対峙した。

特に、1561年に八幡原で繰り広げられた第四次川中島の戦いは有名で、多くの歴史小説やドラマ、映画の題材になっている。俗説では、**謙信**が単騎で武田の本陣に乗り込み、信玄と一騎打ちを繰り広げたとされるが、創作であるとの見方が強い。また、信玄との逸話では「敵に塩を送る」の故事も有名。今川氏・北条氏によって塩を禁輸された信玄に対し、ライバルのはずの**謙信**が塩を公正な価格で売ったという逸話だ。江戸時代後期の書物「日本外史」によって広まった話だが、これも創作と見る向きが強い。ただ、**謙信**が後世に至るまで民衆に愛されていた証拠と考えることはできる。

1573（元亀４）年、宿敵・信玄が病没すると、朝倉義景や一向一揆を滅ぼして国境に迫ってきた織田信長との対決が新たな課題となる。**謙信**は越中（現在の富山県）を平定後、加賀・能登（現在の石川県南部・北部）に進出して織田軍と激突（手取川の戦い）。織田軍は柴田勝家を総大将とする４万の大軍だったが、これに**謙信**は２万の軍勢で圧勝。この合戦を詠んだ「上杉に 逢うては織田も 手取川 はねる**謙信** 逃げるとぶ長（※信長）」という落首からも、上杉軍の圧倒的な強さがうかがえる。その後は数年ぶりの関東出陣を目指していたが、1578（天正６）年に春日山城内で倒れて49歳で急死した。「生涯不犯」を誓い独身を貫き、武神・毘沙門天を熱烈に信仰していた。

113　軍事

武田信玄（たけだしんげん）

1521〜1573年

戦国時代最強の騎馬軍団を率いた猛将

戦国時代に甲斐国を統治した武将。甲斐守護・武田信虎の長子として生まれ、諱は**晴《はる》信《のぶ》**で、1559（永禄2）年の出家後に**徳栄軒《とくえいけん》信玄**という法号を名乗るようになった。

1541（天文10）年、暴政を振るって家臣たちから見放された父の信虎を強制的に隠居させ、姉の嫁ぎ先であった駿河国の今川義元のもとに追放。家臣の支持を得て当主となった。家督相続の直後から信濃国への進攻を開始し、諏訪氏、小笠原氏、村上氏などの信濃の諸軍勢を撃破。敗走した村上・小笠原氏らが越後国の上杉謙信（当時は長尾景虎）に助力を求めたことで、1553（天文22）年から1564（永禄7）年まで五度にわたり、北信濃を巡って謙信と「川中島の戦い」を繰り広げることとなる。特に有名なのが、頼山陽が漢詩に「鞭声粛粛 夜河を渡る 暁に見る千兵の大河を擁するを 遺恨なり十年一剣を磨き流星光底 長蛇を逸す」と詠み、大将同士の一騎打ち伝説が生まれるほど激戦となった、1561（永禄4）年の第四次川中島の戦いである。

なお、武田軍といえば「最強の騎馬隊」が有名で、最新鋭の武器である鉄砲には疎かったという印象があり、そのために**信玄**の子・勝頼《かつより》は「長篠の戦い」で織田信長に大敗したといわれていた。ところが、**信玄**は1555（弘治元）年の第二次川中島の戦いで鉄砲300挺を用意しており、かなり早い時期から鉄砲隊を導入していたことが近年判明している。しかし、周囲を山に囲まれた甲斐国では弾丸や火薬の材料を調達することが難しく、鉄砲を十分に活用できなかったという背景がある。桶狭間の戦いで当主・義元を失った今川氏を攻め、駿河国に進出したのも交易に便利な海を求めた結果であった。

以降は上洛を目指し、越前の朝倉氏、近江の浅井氏、石山本願寺らと信長包囲網を形成して京に向かって進軍。1573（元亀4）年、徳川家康・織田信長の連合軍と三方ヶ原で戦って撃破。家康にとっては生涯最大の敗北となり、命からがらに浜松城に逃げ込んだ。敗走中、家康が恐怖のあまり馬上で脱糞したとの俗説もある。その真偽は別にしても、後に天下人になった家康を最も追い詰めたのは**信玄**だったといえる。

この勢いに乗って三河に入り、徳川方の諸城を相次いで攻略。しかし陣中で病に倒れ、1573年に甲斐国に戻る途中で死去した。戦いに明け暮れた53年の生涯だったが、その一方で**「信玄家法（甲州法度）」の制定、領国内の交通路の整備、信玄堤として知られる治水工事など内政でも才を発揮した。**

佐藤優の言葉

戦国武将のうちでも戦術家で、生きていれば織田信長や徳川家康に打ち勝って日本の歴史は違った道を歩んだ可能性がある。激動期においては個人が大きな役割を果たす。

114 政治 軍事

織田信長（おだのぶなが）

1534〜1582年

「大うつけ」から天下人にのし上がった鬼才

天下人となり、安土桃山時代を築いた武将。父は尾張下四郡を支配していた地方領主・織田信秀で、幼名は**吉法師**《きっぽうし》とつけられた。少年期の**信長**は好んで異様な風体をし、粗暴で奇天烈な行動をしていたことで、周囲から「大うつけ」と呼ばれていたという。そのため、生母の土田御前から疎まれ、後に家督争いで同母弟を暗殺することになる。

老臣の平手政秀が自刃することで**信長**の奇行を諫めたとする美談があるが、自刃の理由はほかにも「**信長**との不和」「家督争いにおける家臣たちとの対立」など諸説ある。

1546（天文15）年に元服し、父・信秀と敵対していた美濃国の武将・斎藤道三との和睦が成立したことで、道三の娘・濃姫を正室に迎える。その後、信秀が死去すると家督を継ぐが、「大うつけ」として**信長**を侮っていた一族の者たちが反発。そのため、一族内の敵対勢力を次々と鎮圧し、1559（永禄2）年に岩倉城主・織田信賢を追放することで尾張国をほぼ掌握した。

1560（永禄3）年、駿河・遠江・三河を支配する有力大名・今川義元が大軍を引き連れて尾張国に進攻。戦力的には大きく劣っていた**信長**だが、桶狭間で奇襲により義元を討つと、今川氏から独立した三河国の松平元康（後の徳川家康）と同盟を結び、東方の守りを固めた。そのおかげで美濃侵攻に専念できた**信長**は、1567（永禄10）年に井ノ口城を攻略して美濃国を支配する斎藤龍興を追放。井ノ口を「岐阜」と改称して新たな拠点とし、この頃から有名な「天下布武」の朱印を使い始めた。

「天下布武」は、従来の解釈としては「武力によって天下を支配する」「武家の政権で天下を治める」といった意味だと認識されていた。しかし、**信長**は「天下布武」の印判を他の大名に送った書状にも使っており、そんなことをすれば「宣戦布告」にとられかねないだろう。**信長**ほどの切れ者が、わざわざ敵を増やそうとしたとは思えない。

近年の研究では、当時の「天下」は室町幕府の将軍および幕府政治を指し、地域としては京都を中心とした五畿内（山城、大和、河内、和泉、摂津）を意味していたと考えられている。結果、**信長**の**「天下布武」は「五畿内で室町幕府を再興する」という理念**を宣言したものだったという見方が主流になっている。ただし、この説にも異論があり、今後の研究によって新たな真実が浮かび上がる可能性がある。

1568（永禄11）年、暗殺された室町幕府13代将軍・足利義輝《よしてる》の異母弟・義昭を奉じて上洛した**信長**は、義昭を15代将軍に就任させる。当初はそのことで**信長**を恩人と慕っていた義昭だが、**信長**が政治上の実権を握ったことで関係が悪化したため、各地の武将に呼び掛けて「**信長**包囲網」を形成した。浅井・朝倉両氏と戦った姉川の戦いで腹心の森《もり》可成《よしなり》を喪った**信長**は、浅井・朝倉両氏に協力した比叡山延暦寺を焼き討ちする。

この結果、1573（元亀4）年に戦国最強と謳われた騎馬隊を擁する武田信玄が進軍を開始。三方ヶ原の戦いで同盟を結んでいた徳川家康が大敗したことで絶体絶命のピンチに陥るが、信玄の急死により武田軍が撤退したことで一命を取り留めた。その後、**信長**は義昭を都から追放し、室町幕府を滅亡させたのである。

1575（天正3）年には、長篠の戦いで信玄の息子・勝頼を打ち破った。これまでは3千挺の鉄砲を用意し、「三段撃ち」で武田の騎馬隊を壊滅させたといわれているが、**信長**の人生を記録した『信長公記』にはその記述がなく、初出は江戸期の通俗小説とされており、真偽は疑わしい。しかし、当時の**信長**は貿易港であり鉄砲鍛冶が集まる商業都市・堺を支配下に置いていたため、織田軍は少なくとも千挺ほどの鉄砲を持ち込んでおり、これが当時としては異例の量だったのは間違いなく、画期的な戦術がなくとも物量で圧倒できたのではないかとする見方もある。

翌年には、近江国で安土城の築城を開始。1579（天正7）年に完成した安土城は、**山城から平城への移行の形態を示し、五層七重の天守閣を備えた豪華絢爛な大建築だった。**安土桃山文化を象徴する存在だったともいえる。

信長は南蛮文化への関心が強く、キリスト教の宣教師を保護。安土にセミナリヨ（小神学校）、京都に南蛮寺（教会）の建設を認め、宣教師の従者もしくは奴隷として来日した黒人男性を武士の身分に取り立て、「弥助」と名付けて身近に置いたという。

その一方で比叡山の焼き討ちや一向宗との衝突、自ら「第六天魔王」と称したことで、**信長**は「反仏教」であると見られてきた。だが、自身と敵対しない宗派については保護しており、キリスト教を仏教以上に厚遇したわけでもない。どちらかに肩入れするのではなく、フラットに宗教を見ていた可能性がある。

また、通行料を徴収するために設置していた**関所を廃止して人の動きを活発化**し、商品取引の拡大化と円滑化を促すために楽市・楽座を行うなど、経済政策にも力を入れた。

中国の毛利氏との決戦を前にした1582（天正10）年、京都・本能寺で明智光秀に謀反を起こされ、寺に火を放って自害した。享年49。光秀の謀反の理由は定番の怨恨説をはじめ、秀吉黒幕説、朝廷黒幕説、イエズス会黒幕説など諸説唱えられているがどれも決定打に乏しく、戦国時代最大のミステリーとなっている。

115 政治

正親町天皇（おおぎまちてんのう）

1517〜1593年

信長と秀吉によって困窮から救われた天皇

第105代後奈良天皇の第二皇子として生まれ、第106代天皇として即位した人物。即位前は**方仁《みちひと》親王**と呼ばれていた。1467（応仁元）年に始まった応仁の乱以降、各地で戦国武将が台頭し始めたのに対して、朝廷や公家は衰退の一途をたどり財政的にも長らく逼迫していた。そのため、1557（弘治３）年に後奈良天皇の崩御により皇位継承をしたものの、資金不足で即位の礼を執り行うことができなかった。即位の礼を執り行えたのは３年後で、毛利元就が献金してくれたおかげだったという。

戦国武将たちは、敵対する武将を攻める際に天皇から大義名分を賜りたがり、それに対して天皇は、それらの大名から援助を受けて権威を回復していくという、持ちつ持たれつな関係を築いていた。そのため、**正親町天皇**は、**経済的な援助を得るために有力大名や寺院との連携を始める**。これは大名や寺院にとっては渡りに船だった。

まずは、桶狭間の戦いで今川義元を倒した織田信長に目をつけて、右近衛大将に任命。信長は、勅命として金ヶ崎の戦いにおける朝倉・浅井軍と戦い、石山本願寺との講和を行った。また、東大寺の正倉院に収蔵されていた蘭奢待の切り取りの許可を得ることで自身の勢力拡大を叶えたり、権力を周知させたりした。

その一方で、朝廷の財力・権力復興に大きく貢献し、荒れ果てていた御所の修繕、伊勢神宮の式年遷宮の再開、朝廷儀式も再興。1581（天正９）年には、**正親町天皇**の願いから、信長は盛大な馬揃えを実施している。

なお、信長が**正親町天皇**に譲位を迫り、天皇がそれを不快に思ったことが本能寺の変の引き金になったという説があるが、近年は病気がちになったことで**正親町天皇**のほうが譲位に積極的で、むしろ信長がそれをとどめていたという見方が強くなっている（天皇在位中は治療法などに制限が設けられるため）。

1582（天正10）年に信長が本能寺の変で亡くなると、次は後ろ盾として羽柴秀吉に白羽の矢を立て、1585（天正13）年には関白に任じている。

秀吉の庇護のもとで朝廷の立て直しは着実に進んでいった。しかし、**正親町天皇**が譲位を考えていた矢先の1586（天正14）年、世継ぎである誠仁《さねひと》親王が病死。悲しみに暮れる暇もなく、同年に孫である和仁《かずひと》親王（誠仁親王の第二皇子）を第107代後陽成天皇として即位させ、自身は上皇となった。その後は政治の第一線から身を引き、1593（文禄２）年に77歳で崩御している。

もっと深く知りたい人のための推薦図書

- **『天皇の歴史５　天皇と天下人』**藤井讓治／講談社
- **『朝廷の戦国時代』**神田裕理／吉川弘文館

116 政治

足利義昭（あしかがよしあき）

1537〜1597年

信長に滅ぼされた室町幕府最後の将軍

室町幕府12代将軍・足利義晴の次男として生まれ、15代将軍に就任した人物。幼名を**千歳丸**《ちとせまる》といい、幼少期に大和国の興福寺に入り、出家後は**覚慶**《かくけい》と名乗っていた。

そのまま僧として生きるはずだったが、1565（永禄8）年に、13代将軍であった兄の義輝が暗殺されたことで、次期将軍候補となり還俗。当初は「**義秋**《よしあき》」という諱を名乗った。その後、義輝の側近・細川藤孝らの助けもあって近江国に逃れ、上洛の機会をうかがっていたが、1568（永禄11）年に従兄弟の足利義栄が将軍宣下を受けて14代将軍に就任してしまう。

同年、元服した**義秋**は**義昭**に改名し、尾張国の織田信長とともに上洛に向けて動き出した。すると、半月もせずに三好三人衆などの反対勢力を押しのけて上洛を果たし、義栄が病死したこともあり、朝廷からスムーズに将軍宣下を受けて15代将軍に就任した。

無事に将軍となった**義昭**だったが、信長と次第に意見が食い違うようになっていき、信長から将軍権力を制約する「殿中御掟」を突き付けられたことで二人の仲は悪化。

そこで**義昭**は各地に武将と連携して信長を攻める**「信長包囲網」を構築**し、1573（元亀4）年に挙兵する。この包囲網には信長と敵対する朝倉義景や松永久秀なども加わったが、朝倉軍の撤退や武田信玄の病死が続き、包囲網は破綻。細川藤孝をはじめとする家臣たちが信長に寝返ったことで、一度は信長との和睦を受け入れるが、避難先の宇治の槇島城で再び挙兵したため、信長は**義昭**を京都から追放した。これにより、室町幕府は事実上滅亡してしまったのである。

放浪の末に中国地方を支配する毛利輝元を頼って備後国（現在の広島県東部）の鞆《とも》に落ち着くと、**「鞆幕府」を樹立**して、再び信長包囲網を企てた。しかし、本能寺の変で信長が亡くなったために実行できずに終わった。

なお、2017（平成29）年に謀反直後の明智光秀が紀州の雑賀衆の有力者に出した書状が発見され、その中に**義昭**を都に戻すための助力を乞う一文があったことから、本能寺の変の動機として近年は室町幕府再興説が注目されている。

その後、**義昭**を援護していた輝元が関白となった豊臣秀吉の傘下に加わったことで、**義昭**と秀吉は距離を縮めた。秀吉の九州平定に助力したこともあって、念願の京都へ帰還。1588（天正16）年に秀吉に従って参内して、将軍職を辞して受戒した。その後は秀吉の御伽衆に加わり、1597（慶長2）年に亡くなっている。

117 宗教

ルイス・フロイス

1532〜1597年

畿内で布教し多くの戦国武将を観察した宣教師

日本に赴任してきた、カトリック・イエズス会に所属するポルトガル人宣教師。当時のヨーロッパでは、ドイツで始まった宗教改革によって、キリスト教の信仰はカトリックとプロテスタントに分裂し、両派の対立が激化していた。免罪符の過剰な流通などでカトリックへの批判が高まるなか、その教えを守り、発展させるために設立されたのがイエズス会である。

フロイスは、ゴアの聖パウロ学院に通っている時に出会ったフランシスコ・ザビエルに影響されて、日本に興味をもったとされる。その後、司祭として働きだすと、持ち前の語学力と文筆の才能が評価されて、通信業務に従事した。

念願だった日本への渡航が許され、1563（永禄6）年、現在の長崎県西海市付近にあたる横瀬浦へ渡った。横瀬や平戸などに2年ほど寄留しながら日本語を学んだあと、京へ向かう。そこで、室町幕府13代将軍・足利義輝から布教の許可を得て、仲間の宣教師たちと力を合わせて布教活動を行った。

しかし、1565（永禄8）年に起きた「永禄の変」で義輝が暗殺されると、**フロイス**一行は、大坂の堺に逃れた。翌年、京に戻り布教活動を再開。しかし、仏教界からの弾圧は激しく、1569（永禄12）年、京都の二条城で織田信長と出会ったことをきっかけに、再び畿内での布教活動を行うことになった。

フロイスは日本で得た情報を書簡としてヨーロッパに送っており、**1583（天正11）年に当時のイエズス会総長の命令で『日本史』を執筆**。日本人の暮らしや文化に加えて、実際に出会った日本の重要人物たちの印象を事細かに記し、信長を『中くらいの背丈で、華奢な体躯をしており、髭は少なく、声は快調。極度に戦を好み、軍事的修練にいそしみ、名誉心に富み、正義において厳格であった』と評している。ほかにも**フロイス**が**出会った多くの武将の評が『日本史』には掲載されており、貴重な史料となっている**。

信長の死後、天下人となった羽柴秀吉は当初は信長同様にイエズス会に対して友好的だったが、次第にキリスト教を危険視するようになり、1587（天正15）年に出されたバテレン追放令により**フロイス**は長崎へ移った。その後、いったんマカオまで避難するが、再び長崎へ戻り、1597（慶長2）年には、キリスト教宣教師や日本人信者など26名が長崎で処刑された事件を『二十六聖人の殉教記録』として執筆。同年、65歳で大村領長崎のコレジオで亡くなった。

佐藤優の言葉

当時の日本はポルトガルの勢力圏とされていたため、ポルトガル出身のフロイスが地球を半周して来日。彼が著した『日本史』は当時の日本の事情を伝える貴重な史料だ。

118 宗教

顕如（けんにょ）

1532～1597年

信長を苦しめた一向一揆衆の指導者

浄土真宗の総本山である本願寺第11代宗主を務めた僧侶で、諱は**光佐《こうさ》**といい、「**顕如**」は法号となる。浄土真宗は妻帯が可能なため、父・証如《しょうにょ》の死によって、13歳で門跡を継ぎ、15歳で六角定頼の養女となった公家・三条公頼の娘である如春尼（武田信玄の正室・三条夫人の妹）と政略結婚した。

1532（天文元）年に戦火により山科本願寺が焼失すると、石山本願寺（現在の大阪市中央区）を構え、**一向宗と呼ばれる強力な教団**に成長。門徒らは各地で一向一揆を起こすようになったが、**顕如**はこれを巧みに統制した。その一方で、公家と親戚関係をもったことで朝廷にも人脈を伸ばし、本願寺は武将と変わらぬ権力をもつようになった。

当初は室町幕府15代将軍・足利義昭を奉じて上洛した織田信長に好意的だったが、徐々に信長の要求がエスカレートし、石山本願寺を開け渡せと命令されたことで**顕如**の不満が爆発する。1570（元亀元）年、**顕如**は門徒たちに織田軍を攻撃するよう命令を下し、その後10年続くことになる石山合戦が開始したのである。

ただし、本願寺は比叡山延暦寺の僧兵のような自前の軍事力をもたないため、紀伊国（主に現在の和歌山県）の雑賀衆に代表される傭兵を雇うか、他の有力武将と手を組む必要があった。そこで、信長と反目していた義昭の誘いに乗り、甲斐国の武田信玄、越前国の朝倉義景らとともに「信長包囲網」を張り、自身は石山本願寺に籠城しながら、各地の門徒に挙兵するよう促して、一向一揆を発生させたのである。

しかし、1573（元亀4）年に信玄が亡くなったことで「信長包囲網」は破綻。朝倉・浅井両氏が滅亡し、一向一揆も鎮圧されてしまった**顕如**は徐々に劣勢に追い込まれていった。そのため、1580（天正8）年、石山本願寺を引き渡すという条件で信長と和睦し、**顕如**は紀伊国の鷺森別院に移った。

1582（天正10）年に本能寺の変で信長が亡くなると、**顕如**は天下人となった羽柴秀吉と和睦を図った。石山本願寺の寺内町をもとに、大坂城と城下町を整備するよう命じられて天満を与えられると、1585（天正13）年に天満本願寺を建立。同年、**顕如**は大僧正に任命され、翌年には准三宮にまで引き立てられ、九州平定に同行した。

後に秀吉から京都七条堀川を寄進されて西本願寺を建立する。しかし、**顕如**の没後に、12代目宗主を継いだ三男の准如《じゅんにょ》と長男の教如《きょうにょ》とが対立。**教如は独立して東本願寺を設立し、准如は西本願寺を率いることとなり、本願寺は分裂**したのである。

もっと深く知りたい人のための推薦図書

・**『信長と石山合戦－中世の信仰と一揆』**神田千里／吉川弘文館

119 政治 軍事

豊臣秀吉（とよとみひでよし）

1537〜1598年

貧しい身分から一代で天下人になった奇跡の成り上がり

安土桃山時代に活躍した武将で、織田信長のもとで頭角を現し、信長の死後はその後継者となり天下人にまで上り詰めた人物。尾張国の中村（現在の名古屋市中村区）で貧しい家の子として生まれた。父親は農民とも、足軽だったともいわれるが、実は出自について詳しいことはわかっていない。はじめは**木下藤吉郎**《きのしたとうきちろう》と名乗り、後に**羽柴**《はしば》**秀吉**、**豊臣秀吉**と名を変える。

信長に足軽として仕え、清洲城の普請奉行、台所奉行などを率先して引き受け、持ち前の機転と行動力によって大きな成果を挙げた。信長に気に入られたことで出世し、北近江を支配する浅井長政との戦いで活躍したことで、1573（元亀４）年に浅井氏が滅亡するとその旧領を与えられ長浜城主となる。

信長の命で各地を転戦し、毛利氏を討つために中国地方へ遠征。毛利氏と対陣している最中の1582（天正10）年、本能寺の変が起こった。

信長死去の報を受けるとすぐに毛利氏と講和し、全軍で京都へ取って返した。甲冑をつけた２万以上といわれる大軍で、通常なら１カ月はかかるという備中高松城（岡山市）から京都までの約230キロの行程を、わずか10日ほどで踏破した。

この奇跡的な大行軍は「中国大返し」と呼ばれる。あまりに驚異的なスピードであることから「明智光秀が謀反を起こすことを知っていて事前に準備していた」「海路を使った」「そもそも中国大返しのエピソードは手柄をアピールしたい**秀吉**の誇張や後世の創作が混じっている」など、現在もさまざまな説が考察されている。

信長に謀反を起こした光秀を山崎の戦いで破り、その軍功によって織田家中で存在感を増し、清洲城で信長の後継者などを決める会議（清須会議）が行われ、信長の孫にあたる三法師（のちの織田秀信）の後見役となることで実質的に信長の後継者レースに名乗り出た。

さらに、対立していた織田家重臣の柴田勝家を1583（天正11）年の賤ヶ岳の戦いで倒し、織田家を二分する激戦に勝利したことでその地位を不動のものとし、同年、**秀吉**は本拠となる大坂城の築城に取りかかっている。

1584（天正12）年には、織田信雄・徳川家康の連合軍と対決する「小牧・長久手の戦い」で敗北を喫するが、巧みな交渉術によって家康を配下とする。

その後、朝廷への工作に力を入れ、関白・太政大臣の位を得て**豊臣秀吉**と名乗り、諸大名を従わせながら抵抗勢力の征伐を開始。1585（天正13）年に四国の長宗我部氏、

1587（天正15）年には九州の島津氏を下し、西国一帯を支配下とした。1590（天正18）年の小田原征伐で北条氏を滅ぼし、奥州の伊達氏も配下に加わったことで、ついに**天下統一を成し遂げた。**

また、**秀吉**は農民への支配を強めるために「太閤検地」を行った。全国の田畑の面積を詳しく計測し、どれだけの作物がとれるのかを調べ、耕作する農民の名前とともに「検地帳」に記入。どの農民がどれだけの土地を持っているかを把握し、農民たちに決められた年貢を納める責任を負わせ、勝手に土地から離れられなくした。

さらに、農村に「刀狩令」を出し、農民が刀や槍などの武器を持つことを禁じた。武器を没収して一揆を防ぐという目的があり、取り上げた刀などは大仏を造るための釘やかすがいに変えるとされた。「仏の恵みであの世まで救われる」と喧伝することで、農民が進んで武器を差し出すように仕向けたと考えられている。

そして、農民が転業したり武家奉公人が農民や町人になったりすることを禁じる**「人掃令」を出したことで、兵農分離、商農分離が加速し、身分の固定化が進むことになる。**

豊臣政権が盤石になると、中国・明への進出という野望を抱いた**秀吉**は、その足がかりとして、1592（文禄元）年から二度にわたる朝鮮出兵を実施。そして、この前後から**秀吉**の性格が苛烈になったといわれ、聚楽第に自身を批判する落書きが書かれた際には犯人を探索し、7人を鼻削ぎ・耳切りにしたうえで倒磔《さかさはりつけ》に処し、さらに老若男女63人を磔とし、最終的に130人を処罰。1591（天正19）年には、重用してきた茶人・千利休を切腹に追い込んでいる。

朝鮮出兵は現地兵の激しい抵抗に遭い、明から援軍が来たこともあって、思うような戦果が挙げられずに苦戦が続いた。そんな最中の1598(慶長3)年、**秀吉**は伏見城で死去。朝鮮半島に出兵した大名らの不満が高まっていたこともあって、**秀吉**の死をきっかけに内部の対立が表面化し、豊臣家は急速に力を失っていった。

晩年は性質が変化していったように見える**秀吉**だが、本来は人の心をつかむ天才として「人たらし」と称され、大きな度量で寛容さを見せることで敵対していた大名たちを帰順させている。権力者でありながら末端の者への思いやりがあり、賤ヶ岳の戦いで熱暑により倒れる兵士が続出すると、近隣の農家から菅笠《すげがさ》を大量に買い、敵味方の区別なく負傷者に被せて回ったという逸話が残っている。

佐藤優の言葉

明智光秀が織田信長を暗殺しなかったならば、秀吉が天下を統一することにはならなかったであろう。秀吉は重商主義政策をとり、経済の力で権力基盤を強化した。

120 政治 軍事

徳川家康（とくがわいえやす）

1542〜1616年

264年続く太平の世の基礎を築いた最後の天下人

織田信長、豊臣秀吉とともに「三英傑」の一人に数えられる天下人となった戦国武将で、江戸幕府の初代将軍となった人物。三河国の岡崎城主・松平広忠の嫡男として生まれた。幼名は**竹《たけ》千《ち》代《よ》**。諱は**元信《もとのぶ》**、**元康《もとやす》**、最後に**家康**と名乗った。

少年期は人質として有力大名のもとを転々とし、いつ殺されてもおかしくない不遇な時期を過ごす。今川義元のもとで人質となっていた1560（永禄３）年、桶狭間の戦いによって義元が信長に討たれ、ついに自由の身となる。

岡崎城に戻って自立を果たした**家康**は、信長と同盟を結び、三河を統一して戦国大名として頭角を現していった。

1570（元亀元）年の姉川の戦いでは、信長を助けて浅井・朝倉軍を撃破。さらに、1572（元亀３）年の三方ヶ原の戦いでも、信長と協力して戦国の雄・武田信玄に挑んだ。だが、ここで**家康**は人生最大の敗北を喫する。敗走した**家康**は、恐怖のあまり馬上で脱糞しながら浜松城に命からがら逃げかえったという逸話が残っている。近年の研究では「後世の創作の可能性が高い」と指摘されているが、後の天下人にふさわしくない「脱糞伝説」が生まれてしまうほどの歴史的大敗だったのは間違いない。

しかし、信玄の死去によって形成は逆転。1575（天正３）年の長篠の戦いで信長と協力し、信玄の後継者・勝頼の軍に大勝した。信長が武田氏を滅ぼすと、**家康**は戦功によってかつて今川氏が支配していた駿河国を与えられた。

信玄にこっぴどく苦しめられた**家康**だが、後年の政策は軍事・内政ともに武田家を手本にしたものが多く、さらに武田の旧臣を多数迎え入れていることなどから、ある種の尊敬の念をもっていたことがうかがえる。

本能寺の変で信長が死去すると、５ヵ国を領有する大大名となり、1584（天正12）年に信長の子・信雄との連合軍で、豊臣秀吉の軍に大勝する（小牧・長久手の戦い）。しかし、秀吉の巧みな交渉に信雄が屈服し、**家康**も秀吉の配下に加わった。

秀吉の小田原攻めで北条氏が滅亡すると、1590（天正18）年に領地を東海地方から関東へ移され、江戸城を新たな本拠とした。

当時の江戸の一部は海や湿地帯だったが、**家康**は海を埋め立てて土地を増やした。そこに家臣や民を呼び寄せ、町づくりに力を入れたことで江戸は活気づいていった。

家康は町づくりの中でも特に運河の整備を重視し、全国からの船が行き交う物流の要衝となったことで江戸はさらに発展した。こうした**家康**の**政策によって江戸の人口は急**

増し、現在の東京の繁栄につながっている。

1596（慶長元）年に秀吉の推挙で内大臣となり、秀吉が死去すると、豊臣政権の中枢を担う「五大老」の筆頭となる。

1600（慶長５）年に関ヶ原の戦いで石田三成を中心とする西軍に勝利し、1603（慶長８）年に征夷大将軍に任命されたことで新しい幕府を開くことになり、事実上の天下人となった（関ヶ原の戦いは豊臣政権内での勢力争いで豊臣家との戦ではないため）。しかし、秀吉の後継者・豊臣秀頼は依然として西日本の大名たちへの大きな影響力をもっており、まだまだ**家康**が完全に天下を手に入れたとはいえない状況だった。

1605（慶長10）年には将軍の座を三男・秀忠に譲って引退するが、その後も駿府城で官位の束縛を受けない「大御所」として政治の実権を握り続けた。

豊臣家を滅亡させるきっかけを待っていた**家康**は、秀吉の遺児・秀頼の手によって再建が進められた寺に「国家安康」「君臣豊楽」と刻まれた鐘があることに着目し、これに「**家康**の名を引き裂いて胴切りにし、豊臣家を讃える言葉だ」と難癖をつけた。

家康は秀頼か淀殿の江戸移住、もしくは秀頼の国替えを求めたが、豊臣側は完全に拒否。これを口実として、**家康**は大坂城を攻めるために挙兵した。

1614（慶長19）年の大阪冬の陣では、大坂城の堅牢さと豊臣軍の奮闘に苦戦。外堀を埋めることを条件に豊臣側と和睦したが、約束を破って内堀まで埋め、必勝を期して翌年の大坂夏の陣で再戦する。

豊臣方の真田幸村（信繁）が率いる真田隊の突撃によって、**家康**本陣の象徴である金扇の馬印が倒され、**家康**が自害を覚悟するほどの危機もあったが、圧倒的な戦力差によって大坂城を陥落させ、ついに豊臣家を滅ぼした。

その後は**武家諸法度、禁中並公家諸法度などを制定**。徳川幕府の権力をより盤石なものとしたが、1616（元和2）年に駿府城で病没した。食生活に留意して酒も飲みすぎず薬を自ら処方するなど健康志向が強く、死去したのは75歳と当時としてはかなり長命だった。死因は諸説あり、かつては鯛の天ぷらを食べたことによる食中毒説が主流だったが、近年は胃がん説が有力となっている。

死後は久能山（現・久能山東照宮）に葬られ、一周忌が過ぎてから日光東照宮に分霊された。1617（元和３）年には「東照大権現」の神号が贈られ、神格化されている。

もっと深く知りたい人のための推薦図書

・**『徳川家康：時々を生き抜いた男』**藤井譲治／山川出版社
・**『大御所 徳川家康―幕藩体制はいかに確立したか』**三鬼清一郎／中央公論新社
・**『家康の経営戦略 国づくりも天下泰平もカネ次第』**大村大次郎／秀和システム

121 芸術

千利休（せんのりきゅう）

1522～1591年

天下人に茶人として仕え侘び茶を完成させた茶道の大成者

安土桃山時代の堺で「魚屋《ととや》」という屋号で納屋衆（倉庫業）を営んだ豪商で、織田信長と豊臣秀吉に仕えた茶人。幼名は**田《た》中与四郎《なかよしろう》**であったが、茶人としては「**宗易《そうえき》**」という法名を用いた。なお、最も有名な「**利休**」という名前は、1585（天正13）年に宮中で催された茶会に町人として無位無官だった**利休**が参加できるように、第106代正親町天皇によって与えられた居士号である。

一介の商人にすぎなかった**利休**の美意識が、政治や経済だけでなく後世の文化芸術にまで多大な影響を与えたことは、古今東西の歴史においても稀で特筆に値する。ただし、**利休**が茶人として大成することができたのには、日本の茶の歴史が深く関係している。

鎌倉時代、臨済宗の開祖・栄西が茶の種を中国から持ち帰ったことから茶の栽培が開始されたこともあり、臨済宗では喫茶を修行の一つと見なした（禅院茶の湯）。そして、喫茶の習慣はそうした臨済宗の寺院を保護した武士階級にも広がっていったのである。

やがて茶の栽培地が増えると、南北朝時代には茶を飲んでその茶葉の産地を言い当てるギャンブルの一種「闘茶」が行われるようになり、南北朝の合一により室町幕府が安定すると、中国の文物を貴ぶ唐物賞翫の風潮を反映し、高価な中国製の茶器を用いた派手な茶会が書院で催されるようになった（殿中茶の湯）。

そうした風潮を批判し、修行の一環である禅院茶の湯とも豪華な道具立てを自慢する殿中茶の湯とも異なる、茶会の亭主と客との精神的な交流を重要視した「侘び茶」を提唱したのが村田珠光《むらたじゅこう》である。珠光は室町幕府8代将軍・足利義政に仕えた能阿弥《のうあみ》に師事するだけでなく、大徳寺の一休宗純に参禅することで茶禅一味の精神を身につけたといわれている。この珠光の精神を受け継いだとされるのが堺の商人だった武野紹鷗《たけのじょうおう》で、**利休**は19歳の時に紹鷗に師事することで侘び茶を学んだといわれている。

利休が活躍した安土桃山時代の茶の湯は、戦国武将たちにとって社交術の一つとされたが、信長が「御茶湯御政道」と呼ばれる政治の道具にしたことで、茶器ひとつが城ひとつと同じ価値をもつという一種のバブル期が到来していた。こうした茶の湯の状況を改革し、静謐な侘び茶を大成させたのが**利休**である。

ただし、**利休**は信長に茶頭（茶の湯の指導者）として仕えたものの、同じ堺の豪商で商人としても茶人としても先輩にあたる今井宗久《いまいそうきゅう》、津田宗及《つだそうぎゅう》も一緒に信長に仕えており、序列としては最下位であった。そのため、**利休**の存在が大きな影響力をもち始めるのは、実は新たな天下人となった秀吉に仕え始めてからである。

秀吉は低い身分から奇跡のような出世を果たし天下人になったが、それゆえに代々仕えてくれる家臣が存在しなかった。そのため、信長時代から茶頭として活動し、社交術や経済面にも明るく、武将のような軍事力ももたないため謀反の心配がない**利休**を信頼し、**聚楽第の敷地内に屋敷を賜るほど厚遇した**のである。それに伴い、多くの武将が**利休**に茶の湯の指導を願った。

1582（天正10）年頃に**利休**が建設した「待庵」という草庵風の２畳の茶室には、彼が考える侘び茶の精神が凝縮されているという。そこからは、侘び茶とは不完全や質素の中に美を見出すことであることがうかがえる。そのように地味な侘び茶を経済的に恵まれていた武将たちが学ぶだけでなく、なぜ熱心に支持したのだろうか。

それは秀吉があまりに強大な権力と莫大な財力を持ちすぎたためといえるだろう。権力や財力では決して秀吉に敵わない、だからこそ武将たちはそれらとは別の価値観を求めたのだと考えられる。

秀吉が黄金の茶室を造るという悪趣味な行動を見せたのも、侘び茶の精神を理解していなかったのではなく、理解したうえでそれとは異なる自分の価値観を利休に示していたのである。そして**利休**も、商人であるがゆえに秀吉が示す経済力を認めていた。

しかし、1591（天正19）年に**利休**は秀吉から切腹を命じられてしまう。**利休**が大徳寺三門に自分の等身大の像を設置したことで、その門を通ったら自分の頭を**利休**に踏まれているように感じて秀吉が激怒したからなど、その理由は諸説唱えられているが、正確な理由は依然として謎のままである。**利休**の高弟たちは助命に奔走したといわれるが、この時に**利休**が潔く死を受け入れたことで、**利休**の存在は神格化され、彼が大成した侘び茶は茶の湯の王道として後世まで受け継がれることとなった。

利休の死の直後は遺族たちも秀吉の弾圧を受けて逼塞を余儀なくされるが、秀吉自身が**利休**の存在を惜しみ始め、**利休**の高弟たちや徳川家康の取り成しもあって復権するが、**利休**の嫡男・道安《どうあん》が相続した本家にあたる堺千家は早くに断絶してしまう。その結果、**現在まで続いている裏千家・表千家・武者小路千家の三千家**は、**利休**の後妻の連れ子・少庵《しょうあん》と**利休**の実娘との間に誕生した宗旦《そうたん》の血筋となる。

もっと深く知りたい人のための推薦図書

- **『千利休の「わび」とはなにか』**神津朝夫／KADOKAWA
- **『茶の湯の歴史』**神津朝夫／KADOKAWA
- **『茶の湯―わび茶の心とかたち』**熊倉功夫／中央公論新社

122 科学

曲直瀬道三（まなせどうさん）

1507〜1594年

名だたる有名武将たちを診察した戦国の名医

室町時代から安土桃山時代にかけて活躍した医師。近江源氏の末裔・堀部氏の出身で、諱は**正盛**《まさもり》または**正慶**《まさよし》とされている。京で生まれた**道三**は、生後間もなく両親を亡くしたことから伯母と姉に養育され、8歳で近江国の天光寺に入り、1519（永正16）年に京の相国寺に移った。京都五山（天龍寺・相国寺・建仁寺・東福寺・万寿寺）の中でも格式が高く学問が盛んな相国寺で成人まで学んだ**道三**は、続いて下野国の足利学校に遊学。ここで関東の名医・導道《どうどう》（田代三喜《たしろさんき》）に師事し、彼が1544（天文13）年に病で亡くなるまで、13年間にわたり当時の最新医学を学んだのである。実は**道三**という名前は恩師の号と諱から一字ずつもらった、僧医として独り立ちする際に名乗り始めた医師としての号で、同時に姓を堀部から曲直瀬に改めたという。

恩師の死の翌年に京に戻った**道三**は、**患者をよく観察して何の病気かを特定したうえで治療方針を決定する、現代医学にも通じる丁寧な診療**により、瞬く間に名医と評判になった。その噂を知った室町幕府13代将軍・足利義輝が**道三**に診察を依頼し、治療によって義輝が回復すると、今度は有力武将が**道三**を頼りにするようになった。

当時は医師になるのに医師免許が不要であるため、藪医者や庶民を軽んじる医師は少なくなかったが、**道三**は将軍であろうと貧しい庶民であろうと、まったく同じ態度で接し、さらに守秘義務を厳守した。そのため武将たちから医師として信頼され、悪役として語られることが多い松永久秀も、彼が処方した薬は疑わずに飲み干したという。

その名声はやがて朝廷にも届き、1574（天正2）年には第106代正親町天皇を診察。この時に**道三**がまとめた医学専門書『啓迪集《けいてきしゅう》』も献上したことから、「**翠竹院**《すいちくいん》」という号を賜っている。織田信長、豊臣秀吉、徳川家康とも交流をもち、信長に至っては正倉院御物の香木・蘭奢待《らんじゃたい》を切り取った際に、その一部を**道三**に分け与えるという破格の厚遇を与え、脳梗塞または脳出血により起きた麻痺を治療してもらった毛利元就に至っては、毛利家の繁栄と争いを鎮める方策を相談するほど**道三**に心を開いたという。

このため、**道三**が自身の医術を後世に残すために医学校の設立を希望すると、将軍家をはじめ多くの武将たちから支援が寄せられ、聚楽第の近くに**日本初の本格的医学校「啓迪院」を設立**。**道三**が興した医学は「後世方派」と呼ばれ、江戸時代には漢方医療の一大流派となり、現代の漢方医学に受け継がれている。

123　経済

茶屋四郎次郎（ちゃやしろうじろう）

1542?～1596年

徳川家康の危機を救い成長した京の豪商

徳川家康の御用商人として「神君伊賀越え」に貢献した京の呉服商。「**四郎次郎**」は茶屋家本家の当主が代々継承する通称で、本項で紹介するのは初代**四郎次郎**の**清延**《きよのぶ》のこと。茶屋家の本姓は中島氏で、**清延**の祖父・宗延《むねのぶ》は信濃国の守護・小笠原長時に仕えた武士だったが、病のために戦働きができなくなった父・明延《あきのぶ》が長時の援助を受けて呉服商に転じたとされている。室町幕府第13代将軍・足利義輝の弓馬の師範として京在住となった長時が、茶屋家の屋敷に茶を飲みに立ち寄ったことから屋号が「**茶屋**」となり、姓にも使われたのだという。

徳川家側の史料によると、**清延**が家康に仕えるようになったのは1560（永禄3）年のこと。この年に起きた桶狭間の戦いで今川義元が亡くなったことで、家康は今川氏からの離反を決心し、翌年には将軍の義輝に駿馬を献上して幕府が徳川家（当時は松平家）を独立した領主と認めるように工作を行っていることから、義輝につながるコネクションを評価して茶屋家を御用商人として抜擢した可能性は非常に高い。以降、**清延**は戦場にも同行するなど、家康との信頼関係を深めていった。

1582（天正10）年、安土城で織田信長の饗応を受けた家康は、その後は京の茶屋家に滞在して京都観光を楽しみ、**清延**の案内で堺を訪れた。家康は堺からの帰路も茶屋家に滞在する予定だったことから、準備のために一足先に京に戻った**清延**は**本能寺の変が起きたことを知り、自ら馬に乗って家康に事件を知らせに向かった**という。

堺から三河国に向かう主要な街道は謀反人となった明智光秀の軍勢に押さえられていたため、少人数だった家康一行は山の中を極秘に移動し、伊勢国の港から海路で三河国に戻ることを決定。「神君伊賀越え」と呼ばれるこの作戦は、山賊や落ち武者狩りの農民に襲われる危険があった。そこで**清延**は家康一行に先行して周辺の村々をまわり、金をばらまくことで落ち武者狩りを予防。『イエズス会日本年報』では、この逃避行を「三河の王は多数の兵に賄賂とすべき黄金をもっていたため、困難はあったが通行できて国へ帰った」と記録していることから、**清延**の活躍はほぼ史実と考えられている。

清延は関ヶ原の戦いの前に亡くなっているが、**清延**の息子・清次（3代目四郎次郎）は江戸幕府が誕生すると幕府の呉服御用達を任されている。そして、大御所となった家康の外交顧問の一人となり、糸割符《いとわっぷ》制度に関与し、朱印船貿易によって莫大な富を築いて茶屋家を京都三大豪商の一つに成長させたのである。

もっと深く知りたい人のための推薦図書

・**『家康と茶屋四郎次郎』**小和田泰経／静岡新聞社

124 軍事

伊達政宗（だてまさむね）

1567〜1636年

奥州平定を果たした「独眼竜」の覇者

安土桃山時代に活躍した戦国武将で、仙台藩初代藩主となった人物。陸奥国を本拠地とした武将・伊達輝宗と出羽国を本拠地とする最上義守の娘・義姫の間に嫡男として生まれた。幼名は**梵天丸**《ぼんてんまる》といい、疱瘡《ほうそう》（天然痘）を患ったことで右目を失明してしまうが、そのハンディキャップを感じさせない活躍ぶりから、後に「独眼竜」と称された。

輝宗は早くから**梵天丸**の才能を見抜いており、彼を11歳で元服させた際に、伊達家の中興の祖である9代目当主・**政宗**の名を継がせ、13歳で三春城主の田村清顕の娘の愛姫と政略結婚させた。

1581（天正9）年、15歳で初陣を飾り、摺上原の戦いで陸奥国の相馬氏に勝利。そして輝宗の隠居に伴い、18歳で家督を継いだ。この時、**政宗**は若年であることを理由に断ったが、重臣たちの説得もあって、家督の相続を決心したという。

その後は、人取橋の戦いで輝宗を亡くすも、二本松氏を調略して、奥州名門の蘆名氏や佐竹氏などを抑えて奥州最大勢力に躍り出るが、1587（天正15）年、関白となった豊臣秀吉が関東や東北地方に対して、戦闘の停止を命じる「惣無事令」を発令。しかし、**政宗**はこれを無視して勢力拡大に突き進んだ。

1590（天正18）年、秀吉から小田原攻めへの出陣を求められるが、父の代から同盟関係の後北条氏を攻めることに悩み参加が遅れてしまう。そこで**政宗**は死に装束を着用して覚悟を示し、会津領を没収されるも72万石の本領安堵を許されたが、翌年に発生した一揆への関与を疑われ、大幅に所領を没収され58万石にまで落ち込んでしまう。その後も、豊臣政権下でたびたび不遇を受けたため、秀吉が亡くなると長女の五郎八姫《いろはひめ》を徳川家康の六男の忠輝に嫁がせるなど家康と接近する。しかし、上杉征伐を託された際に、隠れて領土拡大のために一揆を先導していたことが発覚し、上杉征伐の報酬として約束されていた「百万石のお墨付き」は消え、わずかな領土しか与えられなかった。

江戸幕府が開かれると、**政宗**は仙台藩の藩主となり、この際に**飢饉に備えて家臣たちに屋敷の庭に果樹を植えることを推奨したため、現代の仙台は「杜の都」と呼ばれるようになった**という。1613（慶長18）年にはスペインとの貿易交渉のため、支倉常長を欧州に派遣する慶長遣欧使節を派遣。幕府の禁教令により目的は達成できなかったが、**欧州に対して日本初の外交使節を派遣する快挙**を成し遂げている。

晩年は戦国時代の生き証人として、3代将軍・家光から敬意を払われたという。

125 軍事

島津義久（しまづよしひさ）

1533～1611年

家康さえも直接対決を敬遠した薩摩隼人

戦国時代から安土桃山時代にかけて活躍した薩摩国（現在の鹿児島県西部）の守護大名。島津家第15代当主・島津貴久の嫡男として生まれ、初めは**忠良**《ただよし》、後に室町幕府13代将軍・足利義輝より偏諱を許されて**義辰**《よしたつ》、さらに**義久**と改める。**無類の強さで知られた義弘、歳久、家久という3人の弟たちを率いて、島津家は破竹の勢いで九州地方に一大勢力を築いた。**

父・貴久と薩摩、大隅の統一を進めるなか、1566（永禄9）年に家督を相続する。1572（元亀3）年に日向で伊東氏を大破し、1577（天正5）年に伊東氏を追い出したことで、薩摩、大隅、日向の三国を手中に収め、一族の悲願だった三州統一を成し遂げた。

続いて、**義久**は九州統一へ向けて歩みを進める。1578（天正6）年に高城合戦で大友氏を討ち、1581（天正9）年には水俣城で相良氏を下し、1584（天正12）年の島原合戦で龍造寺氏を打ち倒した。

1586（天正14）年には岩屋城で高橋氏を従わせ、九州統一まであとわずかとなった1587（天正15）年、天下人となった豊臣秀吉の軍が九州平定のために上陸。**義久**は秀吉に降り、出家して「**龍伯**《りゅうはく》」と号した。以後も薩摩の領有は許されることになった。

秀吉が朝鮮出兵を行うと、**義久**は弟・義弘らを派遣し、自身は薩摩にとどまって寺社領の没収など、中世的な知行体制を近世に移行させる下準備を進めた。

義久には男児がなかったため、後継者には義弘の次男・久保《ひさやす》を指名。久保が朝鮮出兵で没すると義弘の三男・忠恒《ただつね》（後に家久に改名）に家督を譲り隠居するが、義弘とともに「両殿」として島津領内で強い影響力をもち続けた。

1600（慶長5）年の関ヶ原の戦いでは、義弘が西軍として参戦したことで島津家の立場が危うくなる。天下人となった徳川家康は、西軍のリーダー格の武将たちを斬首し、その他の西軍大名にも厳しい改易処分や減封処分を下していた。

島津家も処分される可能性があったが、**義久**は家康を相手に巧みな交渉を展開。家康側は**義久**にたびたび上洛を要請したが、**義久**は何かと理由をつけて拒否し続け、島津家は徹底した武備恭順の構えを守り続けた。

一度は島津攻めを決意した家康だが、島津家と親交があった公家・近衛信尹の仲介、さらに歴戦の猛者である**義久**らの武勇を恐れたといわれ、2年間のにらみ合いの末、島津家は約61万石の本領をそのまま安堵される異例の扱いとなった。

もっと深く知りたい人のための推薦図書

・**『「不屈の両殿」島津義久・義弘 関ヶ原後も生き抜いた才智と武勇』**新名一仁／KADOKAWA

126 軍事

長宗我部元親（ちょうそかべもとちか）

1538〜1599年

四国統一を成し遂げ「土佐の出来人」と呼ばれた武将

戦国時代から安土桃山時代に活躍した土佐国の武将で、**一代で四国全土をほぼ統一した**人物。土佐国長岡郡の岡豊城の城主・長宗我部国親の長子として生まれるが、幼少期は色白でおとなしい性格だったために「姫若子《ひめわこ》」と揶揄され、国親は跡継ぎにすべきかどうか悩んだという。初陣も22歳と当時としてはかなり遅かったが、自ら槍を持って敵軍に突撃する活躍を見せ、味方も驚くほどの武勇で自軍を勝利に導いた。

1560（永禄3）年、国親の死去によって家督を相続。地元の豪族たちを従えて他勢力と戦い、1575（天正3）年に土佐を統一した。続いて、阿波国（現在の徳島県）、伊予国、讃岐国へと侵攻を開始。臣従を迫る織田信長と対立し、織田勢の大軍に攻め込まれる可能性があったが、本能寺の変による信長の死で危機を脱した。なお、**元親**と信長の仲介役を務めたのが明智光秀で、信長が約束を違えて**元親**を攻めようとしたことで面子を潰されたと光秀が不満を抱いたことが、本能寺の変の引き金となったという説も存在する。

その後は再び勢力拡大を図り、中央進出を狙って1584（天正12）年の小牧・長久手の戦いで織田信雄や徳川家康と手を結び、豊臣秀吉を苦しめた。1585（天正13）年には四国をほぼ制圧したといわれるが、確執が深まっていた秀吉が四国攻めを敢行し、圧倒的な戦力差に抗えずに**元親**は降伏することとなった。10年かけて拡大していった領地は没収され、土佐一国のみの領有を許された。

豊臣政権下での**元親**は、1586（天正14）年に九州で島津征討の先陣を務めたが、戸《へ》次川《つぎがわ》の戦いで嫡男・信親《のぶちか》が戦死してしまう。元服する時、まだ友好関係にあった信長が烏帽子親を務め、その優秀さから「信」の字の偏諱を許した信親の死は**元親**を打ちのめし、以降、性格が一変。跡継ぎ問題で次男や三男を差し置いて、性格面で問題があった四男の盛親を後継者に指名し、反対者を相次いで粛清するなど家中に大きな混乱を生んだ。

信親の死後は英雄としての覇気を失ったともいわれるが、内政面では領内の検地を進め、現在も**国の重要文化財として残る「長宗我部地検帳」を作成**。さらに「長宗我部元親百箇条」などの法令を制定し、居城を浦戸へ移転して城下町を建設するなど、大きな功績を残した。また、早くから都の文化の吸収に努め、一門の者に習わせたといわれている。秀吉の死去により政情が不安定となった1599（慶長4）年に伏見邸で死去。

127 **軍事**

雑賀孫一（さいかまごいち）

生没年不詳

凄腕の鉄砲部隊を統率したとされる謎多き傭兵隊長

紀伊国北西部に勢力をもっていた雑賀衆の有力者の一人で、織田信長と石山本願寺の顕如が争った「石山合戦」において、火縄銃の使い手を引き連れ、本願寺側で戦った人物。雑賀衆は雑賀荘・十ヶ郷・中郷・南郷・宮郷の５地域で構成された集団で、交易・海運業や傭兵稼業で「外貨」を稼いでいた。特に**傭兵稼業は水軍と優秀な鉄砲部隊を擁しており、顕如からは非常に頼りにされていた**ことが残された書状から判明している。

孫一はこのうち十ヶ郷を本拠地とする鈴木氏の棟梁のことで、史料では鈴木孫一と記載されている。つまり、有名な「**雑賀孫一**」という名前は「雑賀衆を率いた**孫一**」という通称にすぎないのである。さらに「**孫一**」も鈴木氏の棟梁が代々受け継ぐ通称であったため、歴史上、鈴木孫一は複数人存在する。その中で、石山合戦に参加した鈴木孫一とは、**鈴木重秀**《すずきしげひで》のことだと考えられている。

1543（天文12）年に種子島に漂着したポルトガル人によって、日本に２挺の鉄砲（火縄銃）が伝来した。そのうち１挺を紀伊国の根来寺・杉坊から派遣された津田監物が買い取ったことで、数年後には国産の鉄砲が畿内で製造されるようになる。

なお、1466（文正元）年には琉球経由で渡来した小銃が本土に持ち込まれていたことが『蔭涼軒日録《いんりょうけんにちろく》』に記されていることから、もともと銃器の存在を知っていた根来寺側が、自分たちが抱えている僧兵集団・根来衆の軍備増強のために鉄砲伝来の噂を聞きつけ、津田を種子島まで派遣した可能性も示唆されている。実際、その後の根来衆には優秀な鉄砲部隊が組織されており、雑賀衆ともある程度の人的交流があったことから、雑賀衆が早い段階で鉄砲を導入できた理由に根来衆の関与を疑う説もある。

1576（天正４）年５月、**孫一**は天王寺の戦いで織田家の武将・原田（塙）直政を討ち取り、援軍に駆け付けた信長と初めて直接対峙する。同年７月には雑賀衆の水軍と毛利の水軍が協力して織田方の九鬼水軍を撃破する第一次木津川口海戦が起きた。

この結果に激怒した信長は、雑賀衆の中郷・南郷・宮郷を寝返らせたうえで1577（天正５）年に紀州征伐を実施する。しかし、地の利を活かしたゲリラ戦を展開する**孫一**に翻弄されて膠着状態が長引いたことから、最終的に降伏を許している。

もともと雑賀衆は血縁ではなく地縁で結束した集団であるため、派閥争いが絶えなかったが、石山合戦が終結したあとの**孫一**は、一転して信長に臣従するようになり、その支持を背景に雑賀衆を主導する立場となった。

もっと深く知りたい人のための推薦図書

・**『戦国鉄砲・傭兵隊　天下人に逆らった紀州雑賀衆』**鈴木眞哉／平凡社

128 政治 軍事

石田三成（いしだみつなり）

1560〜1600年

秀吉の忠臣として徳川家康に戦いを挑むも敗北！

安土桃山時代に活躍した豊臣秀吉子飼いの武将で、豊臣政権の中枢で政務を支えた「五奉行」の一人となった人物。それゆえに、五大老の筆頭として豊臣政権の実権を奪おうとした徳川家康と対立し、**関ヶ原の戦いで西軍の実質的なリーダー**として戦った。

近江国坂田郡石田村（現在の滋賀県長浜市石田町）の生まれで、秀吉が長浜城主だった頃にその俊敏さを認められ、近侍として仕える。その利発さを物語るのが、鷹狩の帰りにのどが渇いた秀吉が寺で茶を所望し、寺小姓として働いていた三成が最初に飲みやすいぬるめの茶、次にやや熱めの茶、最後に熱い茶を出すという心遣いに感激した秀吉が家臣に取り立てたという「三献の茶」の逸話である。

本能寺の変によって織田信長が死去し、その後継者に名乗りを上げた秀吉が台頭するにつれ、三成も頭角を現していく。豊臣政権の五奉行の筆頭として活躍し、内政や吏務で才能を発揮したとされ、秀吉の全国統一事業の一つである「太閤検地」では中心的な役割を果たした。また、地方大名との外交交渉や各地の諸問題への介入なども担当したとされ、切れ者ぞろいの秀吉配下の中でも別格の優秀さを誇った。

その一方で、映画『のぼうの城』で有名になった「忍城攻め」での失敗に代表されるように、戦働きは苦手だったことから、同じく秀吉子飼いである加藤清正や福島正則などの武断派の武将たちとは対立し、のちに襲撃事件に発展するほど関係が悪化。

1598（慶長3）年に秀吉が死去すると、まだ幼い跡継ぎである秀頼に代わって、五大老筆頭の家康が権力を握るようになる。これを豊臣家の危機と察した三成は、家臣の島左近、親友の大谷吉継らとともに、中国地方の雄・毛利輝元を総大将にして西軍を結成し、1600（慶長5）年の関ヶ原の戦いで家康率いる東軍との決戦に臨んだ。

通説によると当初は西軍が有利に戦闘を進めていたが、小早川秀秋らの裏切りによって形成が急転。西軍は総崩れとなり、東西合わせて15万以上といわれる大軍がぶつかり合った大決戦は、わずか6時間ほどで東軍の勝利となった。敗れた三成は捕縛され、罪人として市中を引き回されたあと、京都・六条河原において斬首された。享年41。

京都で引き回されている時、水を所望した三成は代わりに干し柿を与えられたが、「痰の毒であるから食べない」と断ったという逸話が残されている。警護の兵士たちは「じきに首を斬られる者が何を言うか」と笑ったが、三成は「大義を思う者は、首をはねられる瞬間まで命を大事にするものだ」と返したという。

佐藤優の言葉

ネットワークを構築する力をもち、反徳川勢力を結集する中心となった。関ヶ原で西軍が勝利していたら徳川家が滅ぼされていただろう。

129　**軍事**

毛利輝元（もうりてるもと）

1553〜1625年

大大名から転落するもお家存続には成功

戦国時代から江戸時代初期にかけて活躍した武将。豊臣政権下では五大老の一人となり、**関ヶ原の戦いで西軍の総大将**を務めている。

輝元は中国地方で大勢力を築いた毛利元就の長男・隆元と、その正室である尾崎局の間に誕生する。隆元が1563（永禄6）年に急死したため、わずか11歳で家督を相続し、政治・軍略は後見役となった祖父の元就が執行した。

1571（元亀2）年に元就が没すると、「毛利の両川」と呼ばれた叔父の吉川元春や小早川隆景らの補佐を受け、尼子氏を下して中国地方一円に拡大した領国の支配を強化する。

1576（天正4）年、織田信長に追放された室町幕府15代将軍・足利義昭を迎えて反信長の立場を打ち出し、信長の命で攻め込んできた羽柴（豊臣）秀吉の軍と激突する。その最中に本能寺の変が勃発し、秀吉からの申し入れで講和を結んだ。秀吉は京都へ取って返すが、この時に追撃しなかったことで秀吉の信を得たともいわれる。

その後は豊臣配下の大名として四国攻めや九州攻めで活躍し、1591（天正19）年には秀吉から112万石の所領を与えられる大大名となった。

五大老の一人として豊臣政権では重きをなしたが、秀吉の死後に台頭してきた徳川家康とは距離を置いた。

1600（慶長5）年の関ヶ原の戦いでは、石田三成らの要請を受けて「反徳川」の立場から西軍の総大将を引き受けている。**輝元**は総大将として大坂城に入城し、盟主として軍の指揮を執ったとされるが、戦闘が終結するまで城から出陣することはなかった。一説には、**輝元**は三成らに祭り上げられただけの名目上の総大将で、家康と直接戦う気はなかったのではないかとも推測されている。

西軍の敗戦により、**輝元**は領地の大部分を削られたが、従兄弟である吉川広家（元春の子）の尽力により周防・長門の両国は維持することが許された。この時に剃髪して**幻庵宗瑞**と称したため、家督を譲られた6歳の嫡男・秀就《ひでなり》が長州藩の初代藩主となるが、引き続き政務を執行した**輝元**が藩祖とされている。

輝元は祖父や父が築いた領国を受け継いだ「3代目」だったが、三英傑の信長、秀吉、家康と渡り合い、関ヶ原の戦いで西軍総大将として敗れるなどのいくつもの滅亡の危機を乗り越えながら、近代に続く毛利家存続の道を開いた功績は大きい。

もっと深く知りたい人のための推薦図書

・**『毛利輝元：西国の儀任せ置かるの由候』**光成準治／ミネルヴァ書房

130 政治 文化

近衛信尹（このえのぶただ）

1565～1614年

名門公家の出身でありながら武家にかぶれた貴公子

安土桃山時代から江戸時代初期にかけて活躍した公家で、五摂家筆頭である近衛家の第18代当主となった人物。本阿弥光悦と松《しょう》花《か》堂《どう》昭乗《しょうじょう》とともに**「寛永の三筆」に選ばれているほどの能書家**でもある。

室町幕府13代将軍・足利義輝を暗殺した三好三人衆が擁立する足利義栄の14代将軍就任を認めたことから、**信尹**の父である前久は15代将軍・足利義昭を奉じて上洛した織田信長とは当初対立関係にあった。しかし、1573（天正元）年に義昭が京から追放されると、前久は織田政権に協力するようになり、**信尹**が元服する際は信長が加冠役を務め、「信」の字の偏諱を許すなど親しく交流するようになった。この結果、**信尹**は比較的武家の文化に理解のある公家として育つこととなる。

ところが、本能寺の変で信長が死去すると、織田政権を引き継いだ豊臣秀吉から疎まれた前久は1587（天正15）年に隠居。**信尹**は22歳の若さで近衛家の当主となり、二条昭実《あきざね》と関白の地位を巡って激しく対立することとなるが、昭実との争いに付け込まれ、関白の地位は成り上がり者の秀吉に奪われてしまった。

この出来事は公家社会に大きな衝撃を与え、きっかけを作った**信尹**は批判にさらされ、その心労から1592（文禄元）年に左大臣の位を辞してしまう。一般的な公家ならそのまま隠居となるが、少年時代に武家文化に親しんだ**信尹**は、なんと朝鮮出兵に参加しようと肥前国（現在の長崎県と佐賀県）に赴くが、これが新たな問題を引き起こす。近衛家当主として、後陽成天皇の女御の兄として、**信尹**の行動はあまりに軽はずみなものと見なされ、1594（文禄3）年に薩摩国に流罪を言い渡されたのである。

しかし、薩摩国を支配していた島津氏の祖先は近衛家の荘園を管理する下級役人であったこともあり、**信尹**は島津義久の手厚い庇護を受け、恵まれた流刑生活を送ることができた。その恩を返すためか、**信尹**は関ヶ原の戦いで敗軍の将となった島津氏の家臣たちを庇護し、五摂家筆頭である近衛家当主の地位を活用して徳川家康に働きかけ、島津氏の本領安堵を確約させている。

信尹の活躍によって**近衛家と島津氏は絆を深め**、23代当主・家久や27代当主・忠熙が島津氏の姫君を正室に迎えただけでなく、江戸幕府11代将軍の御台所・広大院や、13代将軍の御台所・天璋院のように、養女に迎えた島津氏の姫君を近衛家の娘として将軍家に嫁がせることで、**日本の歴史に大きな影響を与える**こととなるのである。

もっと深く知りたい人のための推薦図書

- 『**ここまでわかった 戦国時代の天皇と公家衆たち 天皇制度は存亡の危機だったのか？**』
  神田裕理・編集　日本史史料研究会・監修／文学通信

131 政治

北政所（きたのまんどころ）

1549〜1624年

秀吉を最後まで愛し抜いた正室であり右腕

天下人となった豊臣秀吉の正室。なお、「**北政所**」とは摂政・関白の正室の称号で、本名は**ねね**とされている。杉原定利の娘として生まれ、やがて織田信長の家臣であった浅野長勝の養女となった。1561（永禄4）年、14歳で織田家の足軽だった木下藤吉郎（豊臣秀吉）と結婚。当時としては珍しい恋愛結婚で、身分の差などもあって周囲からは反対に遭い、結婚式も質素であったと伝わる。

ねねは気丈な女性で、秀吉の女癖の悪さに怒り、夫婦喧嘩の末に、主君である信長に夫の愚痴を連ねた書状を送るという事件を起こしている。なお、それを受け取った信長は意外にも彼女の気持ちを思いやり、激励する書状を送っている。

とんとん拍子に出世を重ねる秀吉に呼ばれて、美濃国、近江国と住まいを変え、夫に代わって城を取り締まっていた。順風満帆に思える結婚生活だったが、子どもに恵まれなかったことから、加藤清正や福島正則などを養子に引き取って育て、やがて家臣に取り立てていった。

1582（天正10）年に本能寺の変が起きた際には長浜城にいたが、一時的に大吉寺に避難。その後、秀吉と再会し、ともに大坂城に移った。1585（天正13）年に秀吉の関白任官に伴い、**ねね**も従三位に叙せられ、「**北政所**」の称号を許された。

1588（天正16）年には、第107代後陽成天皇を秀吉の邸宅「聚楽第」に招いてもてなす**聚楽第行幸への尽力を評価されて従一位に叙せられている**。以降も朝廷との交渉や人質となった諸大名の妻子の世話を引き受け、多大な内助の功によって豊臣政権内における影響力と発言力をもつようになった。そのため、1598（慶長3）年に秀吉が亡くなると、その遺児である秀頼を生母の淀殿とともに支え、後見に努めている。

秀吉の右腕として働く間に、徳川家康からも一目置かれる存在になっていた**北政所**は、西軍ながらも中立的な立場にあった。関ヶ原の戦いが勃発する直前の1599（慶長4）年に、大坂城から京都新城に移り、政治の世界から身を引いた。1603（慶長8）年に、秀頼と千姫の婚儀を見届けたあとに出家を決意。朝廷より院号を賜り、**高台院《こうだいいん》湖《こ》月《げつ》心《しん》尼《に》**と名乗るようになった。

大坂の陣では、家康に監視をつけられ身動きが取れないうちに豊臣家は滅亡。晩年は徳川家と良好な関係を続け、秀吉の菩提を弔うために建立した高台寺に通い続け、1624（寛永元）年に、高台院屋敷で亡くなった。

もっと深く知りたい人のための推薦図書

・**『北政所おね：大坂の事は、ことの葉もなし』**田端泰子／ミネルヴァ書房

132 政治

淀殿（よどどの）

1569?〜1615年

三度目の落城で命を落とした織田の血を引く姫君

豊臣秀吉の側室となり、後継ぎとなる男児を出産したことで権勢を誇った女性。近江国北部を支配した浅井長政と、織田信長の妹のお市の方との間に長女として生まれ、本名を**茶々**《ちゃちゃ》と名付けられた。妹の初や江とともに「浅井三姉妹」と呼ばれる。

浅井氏と関係が深い越前国の朝倉氏を信長が攻撃したことで、織田と浅井の同盟は破棄され、1573年（天正元）年の「小谷城の戦い」で浅井氏の居城・小谷城は落城。この戦いで父と兄を喪った**茶々**は、母や妹たちとともに信長に手厚く保護された。

1582（天正10）年の本能寺の変で信長が亡くなると、後ろ盾をなくしたお市の方は織田家筆頭家老の柴田勝家と再婚し、母子は越前国の北ノ庄城に移った。

1583（天正11）年の「賤ヶ岳の戦い」で勝家が秀吉に敗れると、お市の方は夫とともに自害。落城した北ノ庄城に残された浅井三姉妹は敵将である秀吉に保護され、その後は、叔父の織田長益《ながます》や伯母の京極マリアなどの親戚を頼ったとされている。

下の妹の江が、信長の次男・信雄の家臣で従兄にあたる佐治《さじ》一成《かずなり》のもとへ嫁ぐと、続いて上の妹の初が、父方の従兄で京極家の当主であった京極高次のもとへ嫁いだ。そして最後に、長女である**茶々**が1588（天正16）年に秀吉の側室となったのである。

翌年に長男の捨（鶴松）を出産すると、子宝に恵まれなかった秀吉は大変喜び褒美として「**淀殿**」の呼び名の由来となる山城国の淀城を**茶々**に授けている。鶴松は1591（天正19）年に夭折するが、**淀殿**は1593（文禄2）年に再び拾（秀頼）を出産。**秀吉の死後は豊臣家の当主となった秀頼の後見人として大坂城に入り、豊臣家の実権を握った**。

しかし、秀吉が亡くなると天下を狙う徳川家康が勢力を拡大し、これを阻止するために1600（慶長5）年に関ヶ原の戦いが勃発。この戦いはあくまでも豊臣政権内での実権争いであったため、豊臣家が敗北したわけではないが、勝者となり江戸幕府を開いた家康によって一大名の地位に追いやられてしまう。

徳川との友好のため、**淀殿**にとっては姪にあたる家康の孫娘・千姫が秀頼の正室として迎えられるが、二人の間に子どもが授からず、さらに豊臣恩顧の武将が次々に亡くなったこともあり、家康は豊臣家への圧力を強めた。その結果、豊臣家を滅ぼすための大坂の役（冬の陣・夏の陣）が勃発し、敗北を悟った**淀殿**は千姫を逃がし、秀頼や家臣たちとともに大坂城で自害したのである。

もっと深く知りたい人のための推薦図書

・**『北政所と淀殿―豊臣家を守ろうとした妻たち』**小和田哲男／吉川弘文館

133　宗教

細川ガラシャ（ほそかわがらしゃ）

1563〜1600年

キリシタンとして信仰に生きるが、最期は夫のために命を捧げる

戦国武将である明智光秀と正室の熙子との間に生まれた娘で、本名は**玉（玉子）**というが、後に細川忠興の正室となり、キリスト教徒として「**ガラシャ（恩寵）**」という洗礼名を授かったことで、「**細川ガラシャ**」の名のほうが一般的となっている。

織田信長は織田家中の結束力をより強固なものにするため、光秀の娘・**玉**と細川藤孝の嫡男・忠興の結婚を命じ、1578（天正6）年に二人はともに16歳で夫婦となった。政略結婚ながら二人の仲は良好で、翌年には長女が、その次の年には長男が誕生している。

しかし、1582（天正10）年に光秀が本能寺の変を起こして信長を討ったことで、**玉**は一夜にして謀反人の娘となった。細川親子は光秀の応援要請を拒否して、藤孝は忠興に家督を譲って隠居。忠興は**玉**と離縁もしくは**玉**を自害させるよう求められるが、彼女を寵愛するあまりに離縁できず、丹後国の三戸野（現在の京都府京丹後市）に幽閉した。幽閉は2年にわたったが、その間も忠興の子を産んでおり夫との交流は絶えなかったという。

1584（天正12）年、忠興は羽柴秀吉の許しを得て、**玉**を大坂にある細川家の屋敷に戻した。そこから忠興による厳しい制約のかかった生活が始まった。忠興は元より気性が荒く、**玉**への執着ともいえる愛情は凄まじいものがあり、そのため**玉**に見惚れた庭師を斬首したという逸話も残っている。そんな窮屈な暮らしの中で**玉**は**キリスト教に出合い、やがて救いを求めるようになり、改宗を決意**。外出が許されていなかった**玉**は、忠興が九州討伐で留守の間に、何とか見張りの目をごまかして教会を訪れて洗礼を希望する。しかし、キリスト教を快く思っていなかった秀吉の側室だと疑われて、その日の洗礼は叶わなかった。その後、**玉**は侍女たちにキリスト教を勧めて、次々に洗礼を受けさせて、自身も侍女の手によって洗礼を受けた。

九州から戻った忠興は、**玉**や子どもらが改宗したことを知って激怒。何とか棄教させようと侍女たちを虐待するが、それでも**玉**は従わず、最終的に黙認状態となった。

1600（慶長5）年、徳川家康に従って上杉討伐に忠興が出陣すると、敵対する石田三成が東軍側の諸大名の妻子を人質に取る行動に出た。**玉**にも大坂城へ同行するよう命令が下るが、夫の足手まといになることを望まずそれを拒絶。侍女たちを屋敷の外に逃がすと、自殺を禁じるキリスト教の教えを守るため、家老の小笠原秀清に自身の胸を長刀で突かせて命を絶った。

忠興は最期だけは妻の遺志を尊重し、ミサで**玉**を追悼したという。

佐藤優の言葉

熱心なキリシタン（カトリックのキリスト教徒）でカトリック教会では自殺を禁止しているが、1600年に石田三成らによって人質にされそうになったときに自殺した。

134 競技

本因坊算砂（ほんいんぼうさんさ）

1559～1623年

囲碁を遊戯から競技へと変えた伝説の囲碁棋士

安土桃山時代から江戸時代初期にかけて活躍した囲碁棋士で、**囲碁の家元・本因坊家の祖となった人物**。京の舞楽宗家・加納与祐の息子として生まれ、幼名は**与三郎**《よさぶろう》といった。8歳で叔父とされる法華宗の僧侶・日淵《にちえん》の弟子となって仏門に入り、**日海**《にちかい》という法名を名乗った。「**本因坊**」はもともと、この日淵が開いた寂光寺の塔頭名である。

奈良時代に伝来した囲碁は上流階級の間で娯楽の一種として定着し、15世紀後半には「碁の良手」と呼ばれる職業的碁打ちが登場し、戦国時代になって武将たちが戦のシミュレーションとなる囲碁を愛好するようになるとその数はさらに増えた。当時の職業的碁打ちは有力者の碁会に呼ばれて謝礼を得たり、賭け碁をしたりすることで生計を立てており、**算砂**はその中でも凄腕だった仙也に師事したという。

1578（天正6）年に織田信長が上洛した際に、**算砂**を召し出して碁打ちとしての才能に感動し、彼を「名人」とたたえたという有名なエピソードがあるが、これを証明する史料は存在せず、さらに当時の**算砂**は20歳の若者で、師である仙也を筆頭に上の世代に優れた碁打ちが多数存在したことから、**算砂**を権威づけるための後世の創作と考えられている。ただし、信長が実施した「安土宗論」で法華宗の代表だった日淵が処罰されながら、**算砂**がお咎めなしだったのは信長が彼の才能を惜しんだためと推測される。

一方、1588（天正16）年に豊臣秀吉が開催した囲碁の御前試合で、**算砂**が最優秀の成績を収めて朱印状を与えられたことは、**算砂**のライバル・林利玄の系統の著書である『家康雑記』に朱印状の写しが残されていることからも、ほぼ史実とみて間違いない。ただし、秀吉が朱印状で毎年二十石20人扶持を**算砂**に約束していることから、これを碁所の始まりとする説もあるが、あくまでも最優秀者へのご褒美にすぎないと見る説も根強い。

1603（慶長8）年2月、徳川家康が征夷大将軍に任命されて江戸幕府が正式に誕生すると、**算砂**や利玄など当時の有力碁打ちたちは内裏に召し出され、**第107代後陽成天皇の御前で対局（天覧碁）を行った**。これは、それまで遊戯にすぎなかった囲碁が文化的な競技として認知されたことを意味する。

1612（慶長17）年、江戸幕府によって碁将棋衆に禄が与えられるが、**算砂**は最も多い五十石5人扶持（江戸滞在時は10人扶持）を許される。そして、**算砂**が碁打ちの棟梁の地位と権利を弟子に相続させることを希望し、幕府が認めたことで囲碁の家元・本因坊家が確立したことにより、江戸時代に囲碁の普及が進んだのである。

135 軍事

柳生宗厳（やぎゅうむねよし） 1527～1606年

剣術の一大流派・柳生新陰流の祖とされる剣豪

大和国柳生庄（現在の奈良県柳生町）の領主で、**江戸幕府将軍家の兵法指南役を輩出した柳生流（柳生新陰流）の祖となる人物**。ただし、新陰流の祖である剣豪・上泉信綱《かみいずみのぶつな》に師事したことから、**宗厳**自身は生涯自分のことを新陰流の剣士にして兵法家と考えており、柳生流を名乗るのは徳川家康に仕えた息子の宗矩《むねのり》の代からである。入道後の「**石舟斎**《せきしゅうさい》」という号でも知られる。

宗厳の人生は戦国の世らしく波乱に満ちている。筒井順慶に本拠地を攻められた**宗厳**の父・家厳が筒井氏への臣従を決定するが、1559（永禄2）年に室町幕府を牛耳っていた三好長慶の重臣・松永久秀が大和国に進攻してくると筒井氏から離反した。なお、この後の1563（永禄6）年頃に上泉が柳生庄を訪れた際に、彼に勝負を挑み完敗したことで己の未熟さを悟り、**宗厳**は新陰流への入門を決意。上泉が**宗厳**に与えた「無刀取り（徒手空拳で刀を持った敵を制圧すること）」という課題に対して、自分なりの答えを見つけ出したことで、新陰流の印可と目録を授かったといわれている。

宗厳の剣技の凄さを物語る史跡として有名なのが、修行中の天狗と試合をした**宗厳**が刀で断ち切ったという伝説が残る「一刀石」であろう。その形状から大ヒットしたアニメ『鬼滅の刃』にゆかりの地として近年注目され、観光スポットとなっている。

1564（永禄7）年に長慶が死去すると三好家中で権力争いが起き、**宗厳**の主君となった久秀は三好三人衆と敵対して劣勢に立たされた。武芸に優れていた**宗厳**は久秀から重用されるが、1576（天正4）年に久秀が信長から離反して滅ぶと、大和国は柳生家がかつて仕えた筒井氏が支配するようになったのである。

豊臣秀吉が新たな天下人となると、大和国は秀吉の弟・秀長が支配するようになるが、それゆえ厳格な太閤検地が実施されたのか、柳生庄の隠田が発覚し、柳生家は先祖伝来の領地を没収されてしまった（その後、秀吉の甥・秀次に仕えたという説もある）。

このことをきっかけに、**宗厳**は兵法家として活動するようになり、武将の黒田長政に認められ1594（文禄3）年に豊臣政権の五大老の筆頭・徳川家康を紹介される。

家康は**宗厳**の才覚を評価して弟子入りを希望。二百石の俸禄を与え、さらに近侍することを求めるが、当時としては高齢の65歳であったためか、**宗厳**は宗矩を代わりに推挙。この宗矩が江戸幕府2代将軍・秀忠や3代将軍・家光の兵法指南を務めて加増を重ねたことで、旧所領を含む一万二千石の柳生藩が誕生したのである。

もっと深く知りたい人のための推薦図書

・**『柳生新陰流 歴史・思想・技・身体』**赤羽根龍男・著　加藤伊三男・監修　剣道日本編集部・編集／スキージャーナル

136 芸術

長谷川等伯（はせがわとうはく）

1539〜1610年

狩野派を脅かし、自らを雪舟の後継者と称した天才絵師

千利休から高く評価された安土桃山時代を代表する絵師の一人。幼名は**又四郎**《またしろう》といい、**等伯**は絵師としての号にあたるが、初期の頃は**信春**《のぶはる》という号を使っていた。能登国の戦国武将・畠山氏に仕えた下級武士の家に生まれるが、幼少期に畠山氏の城下町である七尾で染物屋を営む長谷川家に養子に出されたため長谷川姓を名乗った。早くから画才を発揮していた**等伯**は、養家が熱心な日蓮宗の信者であったことから、七尾では日蓮上人の肖像画など、日蓮宗関係の仏画を多く手掛けていたという。

養父母が亡くなったこともあり、**等伯**は妻子を伴い1571（元亀２）年頃に京に上った。七尾の菩提寺・本延寺の本山である本法寺（現在の京都市上京区）に身を寄せ、1572（元亀３）年にはその年に亡くなった本法寺の住持・日堯《にちぎょう》上人の肖像画を描いている。

京の画壇では無名時代の頃から利休と交流していた**等伯**は、おそらく彼の仲介で大徳寺などの大寺院が所有する南宋の牧谿《もっけい》や雪舟などの水墨画の名作を鑑賞し、さらに当時の京の画壇に君臨していた狩野派をはじめとする諸派の画風を研究することで、水墨画と金碧障壁画の両方で独自の画風を確立。1586（天正14）年、**等伯**はすでに一流の絵師であった狩野永徳とともに豊臣秀吉の聚楽第の襖絵を描く絵師に抜擢されたのである。

1590（天正18）年には、熱心な営業のおかげで、秀吉が新しく造営する内裏の襖絵制作を獲得する。ところが、この仕事は**等伯**の台頭を恐れた永徳が公家側に根回しをしたせいで間もなくキャンセルになってしまった。**等伯**は京の画壇においてはまだまだ新参者で、狩野派がもつ人脈の広さには敵わなかったことがうかがえる。

日本の美術史では「対屋事件」と呼ばれることもある狩野派の妨害であるが、実はこの直後に永徳は急病で他界し、1591（天正19）年に秀吉が長男・鶴松の菩提を弔うために祥雲寺（現在の智積院）を建立した際は、**等伯**がその障壁画を依頼されている。

しかし、1593（文禄２）年に父親譲りの画才をもっていた長男・久蔵《きゅうぞう》が26歳の若さで亡くなってしまう。将来を期待した跡取りを失った絶望の中で**等伯**が描いたのが、**彼の代表作として知られる国宝『松林図屏風』**である。この屏風は**等伯**が自分自身のために描いた作品といわれ、藁筆様のかすれたタッチで松葉を表現した松の木々とのバランスが絶妙であるため余白の広さを感じさせない、日本水墨画の最高傑作とされている。

以降の**等伯**は絵師としてさらに活躍し、京の画壇で不動の地位を確立。自分の水墨画によほど自信があったようで、晩年には「**雪舟五代**」を自称した。

もっと深く知りたい人のための推薦図書

・**『もっと知りたい　長谷川等伯　生涯と作品』**黒田泰三／東京美術

137　芸術

狩野永徳（かのうえいとく）

1543〜1590年

天下人からも重宝された安土桃山時代を代表する絵師

狩野元信の孫にあたる狩野派の絵師で、**安土城や聚楽第、さらに大坂城などの障壁画（襖・壁・屏風・障子に描かれた絵）を手掛けた人物**。「**永徳**」は法号で、諱は**州信**《くにのぶ》となっている。戦火などにより大半が消失しているため、その知名度に反して現存する作品の数は少ないが、織田信長から上杉謙信に贈られた国宝『洛中洛外図屏風』（米沢市上杉博物館所蔵）は、**永徳**が23歳で描いた作品である（厳密には、室町幕府第13代将軍・足利義輝が謙信に贈るために屏風の制作を**永徳**に依頼し、義輝が暗殺されたために屏風が信長の手に渡ったとされる）。

永徳が活躍した時代は、信長や豊臣秀吉が天下人として勢力を拡大した時期にあたり、戦国の世は終わってはいなかったものの、一定の平和が取り戻された京や堺では商工業が発達し、豪商と呼ばれるような新興勢力が台頭するようになった。その結果、芸術から仏教色が薄れ、現世を謳歌するような文化が花開くことになる。

特に信長や秀吉は、天下人としての自らの権勢を誇示するために、城や邸宅の内装を絢爛豪華に仕立て上げることを希望した。水墨画を基本とする漢画のダイナミックな筆遣いと、大和絵の鮮やかな色遣いが融合した狩野派の画風はこうした需要にマッチ。中でも**永徳**は『唐獅子図屏風』（宮内庁三の丸尚蔵館所蔵）に代表される、余白に金箔・銀箔を施して緑青や朱などの濃彩を用いた華やかな「濃絵《だみえ》（金碧濃彩画）」を得意とし、信長や秀吉の御用絵師としてその地位を不動のものとしたのである。

なお、狩野家が1679（延宝7）年にまとめた『本朝画史』という日本画人史には、「若き日の**永徳**は細い筆で細部まで描き込むことを得意としたが、次第に太い筆を使って巨大なモチーフ（大画）を描くようになった」と記されているが、依頼された作品の内容に応じて描き方を変えていただけで、**永徳**には青年時代の大画も存在する。

秀吉が生母・大政所のために建立した天瑞寺の障壁画（明治時代の廃仏毀釈の影響で破却）を依頼されるなど、天下人に重用された**永徳**には仕事が殺到し、彼が48歳の若さで亡くなったのは一種の過労死と考えられている。

しかし、**永徳**の孫である探幽《たんゆう》は祖父に勝るとも劣らぬ天才肌であったため、江戸幕府初代将軍・徳川家康に召し抱えられ、その結果、狩野派は幕府御用絵師を世襲することとなる。さらに分家や高弟が大名家の奥絵師を務めたことで、狩野派は日本画壇に長く君臨することになるのである。

もっと深く知りたい人のための推薦図書

- **『もっと知りたい狩野永徳と京狩野』**成澤勝嗣／東京美術

138 芸能

出雲阿国（いづものおくに）

生没年不詳

現代では男性しか舞台に立てない「歌舞伎」を創始した女性

日本の伝統芸能であり、ユネスコの世界無形文化遺産に認定された**歌舞伎の創始者とされる女性芸能者**。その生涯については謎が多い**出雲阿国**だが、最初は「ややこ踊り」という舞踊で人気を集めたことは確かとされている。

ややこ踊りは少女が二人以上で披露する舞踊の名称で、猿楽、田楽、曲舞、平曲などに比べると、当時は比較的新しい芸能であった。しかし、宮中の女官が書き記した『御湯殿上日記』には、1581（天正9）年9月9日に重陽の節句の宴のために紫宸殿に舞台が設《しつら》えられ、正親町天皇の御前でややこ踊りが披露された記録が残されているように、ややこ踊りは安土桃山時代から江戸時代初期にかけて、公家や武家など上流の人々からも愛された芸能であったことがうかがえる。

なお、**阿国**は「出雲」と冠していることから、**阿国**は出雲国（現在の島根県東部）出身で出雲大社の巫女だったと考えられている。しかし、大和国近郊出身の歩き巫女（特定の神社に所属せずに諸国を遍歴して祈禱や託宣を行う女性）で、彼女がややこ踊りで名声を得たことで出雲大社に所属することを許されたという説も存在する。

また、**阿国**の生年を1572（元亀３）年とする説もあるが、これは『多聞院日記』の1582（天正10）年５月の条にある「於若宮拝屋加賀国八才十一才ノ童ヤヽコヲトリト云法楽在之カヽヲトリトモ云」という記述に基づいている。「加賀国八才十一才ノ童」を「加賀という名の八才、国という名の十一才の童」と解釈しているのだが、「加賀国出身の八才と十一才の童」とも解釈でき、さらに出身地のこともあるため、**阿国**とは別のややこ踊りの舞手だと考える説もある（本書でもこちらの説を支持している）。

阿国とその一座は京の四条河原の仮設小屋で興行していたが、1591（天正19）年、北野天満宮から境内での勧進興行を許され、常設の舞台を持つようになった。しかし、ややこ踊りは少女が披露する舞踊であるため、大人の女性に成長した**阿国**は、1603（慶長８）年、「傾奇者」の風俗を取り入れた「かぶき踊り」を考案する。

傾奇者とは派手な衣装を身にまとい、反社会的な言動を見せた一種のアウトローのことで、豊臣政権によって天下が統一され、戦場での活躍の機会を奪われてフラストレーションを溜め込んだ武家奉公人たちから始まった流行とされている。

初期のかぶき踊りは、傾奇者に扮した**阿国**が、茶屋の娘に扮した男と戯れるというシンプルな内容だったが、男女逆転の倒錯的な雰囲気が民衆に受けて大ブームとなった。

平安時代の白拍子のように男装した女性の芸能は古くから存在し、田楽や猿楽では男性が女性の役を演じることは珍しくない。つまり、男女逆転劇自体は目新しいものではなかった。しかし、**阿国**が普通の男装ではなく傾奇者に扮することを選んだことで、かぶき踊りは従来の芸能の常識からの逸脱が許容されることとなり、表現の幅も広がったのである。

かぶき踊りの人気ぶりを物語るのが、徳川家康の次男である結城秀康の逸話であろう。**阿国**のかぶき踊りを観覧して「天下一」と絶賛する一方で、自分が家康の跡を継いで天下人（将軍）になれなかったことを嘆き、秀康は号泣したといわれている。

しかし、あまりにかぶき踊りの人気が高まったことで、他の芸能一座でもかぶき踊りを模倣した演目を上演するようになる。さらに、客を集めるために遊女たちもかぶき踊りを披露するようになったのである。こうした**阿国**以外の女性たちが演じたかぶき踊りを、一般的に「女歌舞伎」と呼んでいる。

やがて、**阿国**のかぶき踊りは若い女性芸能者や見目麗しい遊女たちが舞い踊る女歌舞伎に人気を奪われ、衰退していった。しかし、遊女を巡る客同士のトラブルが多発すると、1629（寛永6）年に幕府は女性がかぶき踊りの舞台に立つことを禁じてしまう。

ところが、すでにかぶき踊りは民衆にとってなくてはならない娯楽となっていたため、女性の代わりに、成人前の少年たちがかぶき踊りの舞台に立つようになった。これを「若衆歌舞伎」と呼ぶ。

しかし、女性から少年に演者を変えても、問題は解決しなかった。当時はまだまだ男色が盛んだったことから、美少年の演者を巡って女歌舞伎と同じようなトラブルが続出したからである。そのため、1652（承応元）年に若衆歌舞伎も禁じられる。

最終的に、かぶき踊りの舞台に立つことができるのは、若衆の美の象徴である前髪を剃り落とした成人男性（野郎）のみとなった。これを「野郎歌舞伎」と呼び、現在も歌舞伎の舞台には男性しか出演することができない。

ただし、そうした制限が課せられたことで、現実の女性を超越する「女形」の芸のように、歌舞伎界は人々を魅了するための工夫や努力を重ね、その結果、400年後の現在も継続しているのである。

もっと深く知りたい人のための推薦図書

- **『阿国かぶき前後』**小笠原恭子／岩田書院
- **『出雲の阿国』（上下巻）**有吉佐和子／中央公論新社
- **『歌舞伎と日本人』**中村義裕／東京堂出版

139 軍事

服部半蔵（はっとりはんぞう）

1542〜1597年

「神君伊賀越え」最大の功労者とされる家康の忠臣

徳川十六神将（江戸幕府を開くために特に功績があった徳川家康の16人の重臣）の一人。伊賀国北部に勢力をもった服部氏の出身。服部氏は千賀地《ちがち》・百地《ももち》・藤林《ふじばやし》の三つの家系に分かれており、**半蔵**は千賀地家の当主だった保長の息子にあたるが、保長の代から再び服部の姓を名乗るようになったといわれている。なお、「**半蔵**」は千賀地家の歴代当主が名乗る通称であるため、歴史上複数の**服部半蔵**が存在するが、徳川十六神将に選ばれた**半蔵**の諱は**正成**《まさなり》という。

千賀地家は忍者の頭領の家柄だったが、領地が貧しかったために保長が一族を率いて三河国に移り住み、家康の祖父・松平清康に仕えたといわれている。**服部半蔵**は忍者として有名だが、それが該当するのは初代にあたる保長のみとなる。

正成は武将として家康に仕え数々の武功を挙げるが、1580（天正８）年に武田家の高天神城の攻略を巡って徳川と織田の家臣が争った結果、双方に多数の死傷者が出てしまい、和解のために**正成**の首を織田側に差し出さねばならなくなった。**正成**の命を惜しんだ家康は、三河国から追放することで彼を守ろうとしたという。

２年後、京で本能寺の変が起きた時、家康は比較的近距離の堺に滞在していたが、情報が錯綜して織田信長の生死がどうしても確認できなかった。謀反人となった明智光秀に逆らえば少人数の家康一行は全滅の危険が高く、かといって光秀に従って後で信長の生存が判明したら家康まで反逆者の烙印を押されてしまう。まさに「前門の虎、後門の狼」という状態の家康は、山賊に襲われる危険を承知のうえで、人目が少ない伊賀国の山々を越えて海に面した伊勢国に出て、そこから海路を使って三河国に戻ることを決心。後に「神君伊賀越え」と呼ばれることになる家康の大ピンチである。

この時に活躍したのが伊賀国にルーツをもつ**正成**で、**父親の人脈や血縁を駆使して伊賀国の有力者たちを味方につけ、家康一行の道中の安全を保障した**のである。この功績によって**正成**は徳川家に復帰し、譜代の重臣たちとともに家康の覇業を支えた。

家康が豊臣秀吉の命令で関東に転封になると、「神君伊賀越え」の協力者たちは伊賀同心として徳川家に召し抱えられ、**正成**はその指揮を任される。しかし、伊賀同心の多くはもともと自分たちと同じかそれよりも低い立場だった千賀地家出身の**正成**から指図されることを嫌った。この軋轢は**正成**の跡を継いだ嫡男・正就《まさなり》にも受け継がれ、伊賀同心との不和が遠因となり、正就は改易されている。

もっと深く知りたい人のための推薦図書

・**『戦国の忍び』**平山優／KADOKAWA

第6章

江戸時代に活躍した人々

140 政治 軍事

徳川秀忠（とくがわひでただ）

1579～1632年

江戸幕府の体制確立に尽力した偉大な2代目

江戸幕府初代将軍・徳川家康の三男として生まれ、２代将軍となった人物。**秀忠**が誕生した当時、徳川家は三河国の一戦国大名にすぎず、長兄の信康は織田信長に謀反を疑われ切腹、次兄の秀康は家康が豊臣秀吉との和睦の条件として、半ば人質のような形で養子に出されたため、三男でありながら家康の後継者となった。

1600（慶長５）年の関ヶ原の戦いでは別動隊を指揮。真田昌幸・信繁父子の足止めによって本戦に遅参するが、後継者としての立場は揺るがず、1605（慶長10）年に２代将軍に就任した。これにより「幼い秀吉の子・秀頼が成長するまで家康が政治を代行する」という建前を捨て、徳川家が代々権力を世襲することを既成事実とした。

当時、豊臣家には家康の孫であり**秀忠**の長女である千姫が嫁いでいたが、当然のことながら豊臣家との関係が悪化。その結果、1614（慶長19）年には大坂冬の陣、次いで翌年には大坂夏の陣と大きな戦（大坂の役）が続き、徳川家にとって最大のライバルであった豊臣家を滅ぼすことに成功する。

当時の**秀忠**は２代将軍とはいえ大御所となった家康に実権を握られており、本当の意味で戦国時代を終了させた大坂の役でも大きな戦績を挙げることはなかったが、1616（元和２）年に家康が亡くなると、**秀忠**は**将軍による親政という形でその手腕を発揮**し始める。土井利勝など家康の忠臣を中心に複数で政治に当たらせる体制をとり、誕生間もなく不安定だった幕府の体制の安定化を図った。また、対外政策は家康の方針を引き継ぎ、輸出入で関係の深かった中国以外の外国船は長崎と平戸に来航を限定するなど、その後長きにわたる**江戸幕府の鎖国政策路線を決定づけた**ことでも知られている。

秀忠は家康の存命時に確立された「武家諸法度」や「禁中並公家諸法度」をさらに徹底し、徳川家の立場を明確に上位のものであると位置づけ、中央集権化を加速させていく。そのため、朝廷の収入源の一つであった、高位の僧侶に紫衣《しえ》と呼ばれる紫色の袈裟を贈る慣習に目をつけ、これを規制している。反抗した朝廷の関係者や僧侶を流罪に処すことで、幕府は朝廷より上の立場にあることを明確にした。

武勲の好機には恵まれなかったが、権力の譲渡に関しても家康と同様に大御所となることで実権を握り、1632（寛永９）年に没するまで安定した政治を行った功績は、歴代将軍の中でも高く評価されるべきものである。

もっと深く知りたい人のための推薦図書

・**『徳川秀忠―「凡庸な二代目」の功績』**小和田哲男／PHP研究所

141 政治

豊臣秀頼（とよとみひでより）

1593～1615年

幼くして父を亡くしたために天下人の座を奪われる

一代で天下人に成り上がった豊臣秀吉と側室・淀殿との間に誕生し、豊臣家の後継者となった人物。同母兄の鶴松が夭折していたこともあり、「捨て子は健康に育つ」という迷信に基づき幼名を**拾**《ひろい》と名付けられている。子宝に恵まれなかった秀吉は**秀頼**の誕生を非常に喜び溺愛。すでに養子に迎えて関白の地位を譲っていた甥の秀次を自刃させ、その一族をほとんど処刑するという強硬策をとったのも、己が築いた地位や財産をすべて**秀頼**に譲り、その立場を守るためだったと考えられている。

秀頼が誕生した時点で秀吉は当時としてはかなり高齢で健康に不安があった。そこで1595（文禄４）年、徳川家康をはじめとする有力大名に対して、**秀頼**への忠誠を約束させるための血判起請文への署名を求めている。しかし、1598（慶長３）年に秀吉が亡くなると、五大老の中で特に大きな権限をもっていた家康が台頭。関ヶ原の戦いを経て独自の政権を構築し始め、1603（慶長８）年に朝廷から征夷大将軍に任命された家康が江戸幕府を開くと、豊臣家と徳川家の力関係は徐々に逆転していった。

1605（慶長10）年、**秀頼**は**征夷大将軍よりも高位の右大臣に昇進**し、かつて困窮していた朝廷を経済的に手厚く保護した豊臣家に対して朝廷側も好意的であった。しかし、幕府の朝廷に対する圧力が高まり、1611（慶長16）年に108代後水尾天皇が即位すると、**秀頼**はそれまで断り続けていた家康との会見を行わざるを得なくなる。そして、この会見で立派に育った**秀頼**に脅威を感じた家康は、豊臣家を滅ぼす決意を固めていたともいわれる。**秀頼**は母方の従妹であり家康の孫娘でもある千姫を正室に迎えていたが、子どもに恵まれず、**秀頼**が側室との間に跡継ぎをもうけていたこともそれを後押しした。

1614（慶長19）年、方広寺鐘銘事件をきっかけに大坂冬の陣が勃発。いったん和睦が実現するものの、両家の関係は修復することはなく、和睦の条件として幕府が強引に大坂城の堀を埋めたことから、翌年には大坂夏の陣が始まってしまう。

当時の江戸幕府はまだ体制が盤石なものではなく、徳川家と豊臣家の間に非常に大きな差があったわけではないともいわれているが、家康の根回しによって有力大名の協力を得られず、寄せ集めの戦力で統制を取りにくかった豊臣側に不利な戦況が続いた。

1615（慶長20）年、最終的に追い詰められた**秀頼**は、母である淀殿や家臣とともに自刃したといわれている。

もっと深く知りたい人のための推薦図書

・『**大坂の陣と豊臣秀頼**』曽根勇二／吉川弘文館

142 政治

三浦按針（みうらあんじん）

1564〜1620年

戦国時代に日本に帰化したイングランド人

徳川家康の外交顧問を務めたイングランド人の**ウィリアム・アダムス**のこと。1600（慶長５）年、関ヶ原の戦いが起きる半年ほど前の時期に、一隻のオランダ船・フリーデ号が豊後国（現在の大分県の大部分）の黒島に漂着。**アダムス**はその船の水先案内人で、後に帰化した際に家康から**三浦按針**という名前を与えられた。

アダムスが所属していた船団は、先に東アジアに進出していたライバル国のスペインやポルトガルに拿捕《だほ》され、壊血病が蔓延するなど散々な状態であったが、積み荷に銃器など武器が多かったために海賊船の疑いをかけられてしまう。そこで、家康の指示で大坂に送られた**アダムス**は、当時のヨーロッパではキリスト教の信仰がカトリックとプロテスタントという２つの宗派に分裂し、それぞれを国教とする国々の関係も悪いことなどを進んで説明したという。家康はこの率直な船員を受け入れ、豊後国で回収された船内の物品に対する補償も行っている。

アダムス本人は帰国を望んでいたが、**当時の日本にとって、彼をはじめとする外国人船員たちがもつ航海術や造船の知識は非常に貴重なものだった。アダムス**がもつ造船技術は決して最先端のものではなかったともいわれているが、1607（慶長12）年までの間に２隻の西洋型船舶を造り上げている。この功績が認められ、幕府は相模国逸見（現在の神奈川県の横須賀市）に領地を与え、旗本と同等の身分を認めている。これと時を同じくして、**三浦按針**と名乗ることも認められた。「**按針**」は彼の本来の職務であった水先案内人を意味し、名字の**三浦**は与えられた領地が三浦郡にあったことに由来する。

この待遇はかなり異例なものであり、**按針**は当時の手紙に「イングランドの諸侯にも匹敵するような領地を与えてくれた」と記している。その後1613（慶長18）年にクローブ号というイングランド商船が日本との交易を求めて来航した際も、**按針**は日本側の人間として通訳などを行い、交易が成立するまでの手助けを行っている。この時日本とイングランドと両方から帰国を許可されているのだが、それを見送り、日本に残った**按針**は母国であるイギリス商館の業務を手伝うようになった。

家康から非常に厚い信頼を受けていた**按針**だったが、家康が1616（元和２）年に亡くなり、鎖国政策がより厳しいものになると、幕府から警戒されるようになった。領地こそ没収されなかったものの、職務を制限されるなど不遇な立場となり、さらに日本との貿易もオランダに独占され、失意のまま亡くなっている。

佐藤優の言葉

英国出身で本名はウィリアム・アダムス。1600年に日本に漂着し、謁見した徳川家康の信頼を得て、アダムスは外交顧問に就任した。日本人と結婚し、平戸で死去した。

143 政治

支倉常長（はせくらつねなが）

1571～1622年

外交使節として初めて欧州を訪れた日本人

仙台藩初代藩主・伊達政宗の家臣で、**政宗が派遣した「慶長遣欧使節」の代表を務めた人物**。出羽国置賜郡（現在の山形県米沢市）で生まれた**常長**は、伯父の支倉時正の養子となり、政宗に仕える武将として朝鮮出兵にも参加し、武勲を挙げていった。

1612（慶長17）年、政宗の命令で遣欧使節に任命されたことで、武将としての**常長**の経歴に大きな変化が生じる。最初の航海では嵐に遭い一度は仙台に戻ってしまうが、太平洋を横断し、当時のスペイン王国領であったメキシコに向かった。

政宗は外貨を獲得するためにスペインとの貿易交渉を希望し、スペイン側もカトリックの海外布教を進めたい考えがあったため、使節は盛大に歓迎されたという。なお、九州のキリシタン大名たちによって1582（天正10）年に「天正遣欧使節」が派遣されているが、これはあくまでも日本人キリシタンによる表敬訪問という性質のものであったため、欧州に派遣された正式な外交使節は**常長**の慶長遣欧使節が日本初となる。

メキシコから本国スペインのセビリアに到着した**常長**は、大使として堂々とした態度で西洋人と接し、快く受け入れられたといわれている。その後王都・マドリードにおいてはスペイン国王立ち合いのもとで洗礼を受けており、ただの東洋人としてではなく、貴賓として扱われていたことがわかる。なお、**常長**一行はこの時に現地の女性と交流を持ち、その子孫が現代まで残っていることが近年のDNA鑑定技術によって判明している。その後、ローマに入る際には盛大な行進が行われ、ローマ教皇にも謁見を許可されている。さらにローマ市議会からは市民権及び貴族としての地位を与えられるなど、非常に厚遇されたことがうかがえる。

しかし、こうした滞在の内に日本では情勢が変化しており、キリシタンの弾圧が始まっていた。通商のための交渉を続けていた**常長**であったが、こうした情報がヨーロッパに伝わると、交渉は難航するようになり、やがて決裂してしまう。

フィリピンを経て1620（元和6）年に帰国した**常長**は、家族や家臣をキリスト教徒とするが、彼が1622（元和8）年に亡くなったあとはキリシタンへの弾圧が激化。1640（寛永17）年に息子・常頼が禁教令を破った罪で処刑され、支倉家は断絶してしまう。

歴史の変化により貿易交渉自体も成功させられなかったため、**常長**の業績はかつてはさほど明確にされてこなかったが、近年は**ヨーロッパのさまざまな情報を集め、厳しい航海を乗り越えて帰国したことは、歴史的偉業である**と考えられている。

144 **政治**

春日局（かすがのつぼね）

1579〜1643年

内気な家光を支えて将軍にまで育て上げた頼れる乳母

江戸幕府３代将軍・徳川家光の乳母として、江戸城大奥で絶大な権勢を誇った女性。本名は**斎藤福**《さいとうふく》といい、明智光秀の重臣・斎藤利光と美濃国の土豪・稲葉家出身の娘との間に生まれた。両家ともに美濃国の名門だったため、幼少期は恵まれた生活を送っていたが、1582（天正10）年で光秀が本能寺の変を起こして父を亡くすと、**福**の一家は一転して追われる立場となった。

福は母方の祖父である稲葉一鉄の長男・重通の養女となるが、重通の娘が亡くなると、婿養子だった彼女の夫・正成の後妻として嫁いだ。３人の男児に恵まれ、穏やかな生活を取り戻したかに見えたが、1602（慶長７）年に正成の主君・小早川秀秋が急死したことで状況が一変。秀秋には跡継ぎがいなかったことで小早川家は取り潰しとなり、正成は浪人となり収入を断たれた一家は困窮することになったのである。

1604（慶長９）年、初代将軍として江戸幕府を開いた家康の嫡男・秀忠に次男となる竹千代が誕生し、その乳母が募集された。**福**はこれに名乗りを上げて見事に採用された。正成と離縁して江戸へ下り、後に３代将軍となる竹千代の乳母として献身的に働いた。そのため竹千代は彼女を実の母のように慕ったという。

しかし、秀忠が２代将軍となった翌年、その御台所である江（淀殿の妹）が三男・国松を出産。江は病弱で温和な性格の竹千代よりも、利発で容姿にも恵まれた国松を可愛がり、国松を世継ぎに望むようになった。これを重くとらえた**福**は秀忠に竹千代の不憫な状況を訴えるが、状況は一向に改善せず、思い悩んだ**福**は伊勢参りを口実に江戸を抜け、大御所となった家康に竹千代の窮状を訴えたのである。当時の幕府はまだ体制が盤石ではなく、家督争いをしている状況ではなかったこともあり、後に江戸城を訪れた家康は、竹千代を自分と同じ上段に、国松を下段に座らせて、長幼の序を明確にした。これにより、竹千代が秀忠の世継ぎであることが示されたのである。その後、無事に元服した竹千代は諱を「家光」と改め、1623（元和９）年に３代将軍に就任した。

1629（寛永６）年、**福**は家光の病気快癒を祈願するために伊勢神宮に参拝し、そのまま上洛すると、第108代後水尾天皇に拝謁し、室町幕府の足利将軍家の乳母が賜った「**春日局**」の称号を授かる。

そして、以降は跡継ぎに恵まれない家光のために数多の側室を用意し、**将軍家の世継ぎをもうける組織「大奥」を完成させた**のである。

もっと深く知りたい人のための推薦図書

・『**春日局：今日は火宅を遁れぬるかな**』福田千鶴／ミネルヴァ書房

145　思想

林羅山（はやしらざん）

1583～1657年

幕藩体制の確立を思想面から支えた儒学者

江戸時代初期に活躍した儒学者。江戸幕府初代将軍となった徳川家康に仕えたことでよく知られている。加賀国（現在の石川県南部）の浪人の子とされ、諱は**信勝**《のぶかつ》だが儒学者としての号「**羅山**」で定着している。幼い頃から学問に才を示し、儒教の中でも12世紀に南宋の朱熹《しゅき》が大成した学派「朱子学」に関心をもった。1604（慶長9）年に都で活躍する儒学者・藤原惺窩《ふじわらせいか》と出会い、彼を師としてさらに朱子学を追求していくことになる。実は、**羅山**を家康に紹介したのはこの惺窩で、**羅山**と対面した家康は彼の学識に感嘆し、彼を側近として登用する。

征夷大将軍として江戸幕府を開き、その支配体制を盤石なものとするため奔走していた家康にとって、新たな社会的秩序を構築していくうえで、儒教的思想は非常に重要なものであったと考えられている。中でも朱子学は文学的側面だけではなく、倫理面や政策論においても的確なものと考えられており、その知識が豊富な**羅山**はまさにうってつけの人材であったのである。

1606（慶長11）年、家康の命を受けて僧形で「**道春**《どうしゅん》」と名乗るようになった**羅山**は、徐々に幕政に携わるようになっていく。**大坂の役の発端となった方広寺鐘銘事件で方広寺の梵鐘の刻印を「家康を呪う意図がある」と解釈した**のも**羅山**である。

その後、2代将軍・秀忠にも引き続き仕えることになり、学問に勤しみながらも、「武家諸法度」の制定や、当時再開しつつあった朝鮮通信使における外交対応など、幕府内で重要な立場としてさらに重用されていく。1632（寛永9）年頃には3代将軍・家光から賜った上野の土地に家塾「弘文館」を開き、儒教の祖・孔子を祀る孔子廟を設けた。

この孔子廟が5代将軍・綱吉によって神田湯島に移築されると、その地域は孔子生誕の地である「昌平郷」にちなみ昌平坂と呼ばれるようになった。これが後に**幕臣の教育機関となる昌平坂学問所の始まり**であるといわれている。

羅山は政治と朱子学の考えを結び付け、徳川幕府の幕藩体制における身分制度、いわゆる**士農工商の路線を決定づけた**。天地に上下の差があるように、人間の中にも上下があり、それが宇宙の真理として貫かれているとしたこの理論を用いて、江戸幕府は固定化された社会制度の構築に成功。**羅山**は朱子学の理論を政治に適用するために、都合よく解釈したと評価される面もあるが、家康から家綱までの4代の将軍に仕え、さまざまな制度を定めることで政情の安定に貢献した。

もっと深く知りたい人のための推薦図書

・**『江戸幕府と儒学者　林羅山・鵞峰・鳳岡三代の闘い』**揖斐高／中央公論新社

146 芸術

俵屋宗達（たわらやそうたつ）

生没年不詳

後に「琳派」が誕生する礎を築いた謎多き天才絵師

江戸時代初期に京都で活躍した絵師。富裕な町衆などの支援を得て、金箔地を活かした装飾性の高い『舞楽図屏風』や、それまで脇役であった**風神と雷神が主役の『風神雷神図屏風』**、たらし込み技法を用いた水墨画『蓮池水禽図』などの名作を数多く残した。

尾形光琳と並び「琳派の祖」と称されるが、その人気の高さに比べて**宗達**の生涯や人柄についてはほとんど記録に残されておらず、生没年すらも不詳である。しかし、当時交流があったとされる豪商にして書家・儒学者である角倉《すみのくら》素庵《そあん》（角倉了以の息子）や公卿の烏丸光廣《からすまるみつひろ》らと同世代と想定されている。もともと京都で「**俵屋**」という絵画工房を率いて、扇絵を中心とした屏風絵や料紙の下絵など紙製品の装飾を手掛けていたとされ、同時代仮名草子『竹斎』にも「**俵屋**」の扇が人気であったという記述がある。

その腕前は高く評価されていたようで、絵師としての活動初期から安芸国（現在の広島県西部）の厳島神社の平家納経の補修事業への参加が確認されている。また、1616（元和２）年に第108代後水尾天皇が狩野興《こう》以《い》に貝合わせの絵を描くことを命じた際には、その参考の一つとして「俵屋絵」を見せたという記録が残されており、1630（寛永７）年には後水尾天皇から屏風３双の制作を依頼されている。

また、本阿弥光悦らの書巻に**宗達**が下絵を描くなど「嵯峨本」の出版にも関与し、光悦との合作『鶴下絵三十六歌仙和歌巻』が残されていることから、**宗達**の出世に光悦の後ろ盾を指摘する声もある。少なくとも1630年頃には、町絵師としては異例となる「法橋」の位を朝廷から賜っていることから、**宗達**が同時代の人々から一流の絵師と見なされていたことは疑いもない。なお、**宗達**の工房を代表する画工の一人だった弟子の俵屋宗雪が**宗達**の後を継いでいるが、**宗雪**は1642（寛永19）年に師と同じく「法橋」に叙されていることから、**宗達**はこの前に亡くなったと考えられている。

「琳」の名が一字使われていることから、「琳派」とは尾形光琳によって始まったと広く思われているが、光琳が手本としたのは先達の**俵屋宗達**の絵だったため、適切ではない。光琳は**宗達**の『風神雷神図屏風』や『松島図屏風』などを模写することで「たらし込み」技法やデザイン的な作画法を学び取り、自身の作品に展開していった。**俵屋宗達**とは、安土桃山から江戸へと時代が移り変わる激動の時代に、京都の伝統的な文化基盤に根ざした新たな作風を創造し、それを尾形光琳という次世代に手渡していった先駆者であったといえる。

もっと深く知りたい人のための推薦図書

- **『もっと知りたい俵屋宗達　生涯と作品』**村重寧／東京美術

147 経済

角倉了以（すみのくらりょうい）

1554〜1614年

河川の水路開発で手腕を発揮した京の貿易商

安土桃山時代から江戸時代初期にかけて活躍した京の豪商で、江戸幕府の命を受けて川を掘削して水路を切り開く川普請を、私財を投じて多数手掛けたことで知られる。森鷗外の小説で有名な高瀬舟も、実は**了以**が川普請を行ったことで通行が始まった。

角倉家は近江源氏の流れを汲む吉田氏の出身で、室町幕府第4代将軍・足利義持に医師として仕えた了以の曽祖父・徳春の代に近江国から京に居を移し、嵯峨角蔵の地に隠居したために子孫が「角蔵」を家名とするようになった。なお、「蔵」の字を「倉」の字に改めたのは**了以**の代からで、京都所司代・板倉勝重の勧めとされている。

角蔵家は医家として栄え、**了以**の父・宗桂も1539（天文8）年に中国の明に渡り医術を極めた名医であった。しかし、**了以**は土倉業を営んでいた従兄弟・栄可の娘と結婚したこともあり、家業は弟に譲って商人としての人生を歩んだ（次男が医家を継ぐという角蔵家の伝統に沿ったという説もある）。そのため、**了以**は1592（文禄元）年に豊臣秀吉から朱印状を授かり、長崎の港から南蛮貿易を開始している。

そして、弟が徳川家に仕えていた縁で家康の知遇を得た**了以**は、1603（慶長8）年に**江戸幕府の命を受けて安南国（現在のベトナム）に渡航し、朱印船貿易を開始**している。

しかし、**了以**の業績で注目すべきは江戸時代の水運を変えた川普請であろう。

1605（慶長10）年、幕府は**了以**に対して全長12ｋｍにも及ぶ大堰川の川普請を命じ、この工事が成功したことにより、丹波国（現在の京都府中部・兵庫県北東部・大阪府北部）と京都は水路で結ばれ、舟を使った水運が発展。工事費用は角蔵家が負担したが、幕府からは往来する舟からの通行料の徴収を許され、投資を上回る財をなした。

大堰川の川普請成功を受け、幕府は1607（慶長12）年には**了以**に対して、甲斐・信濃・駿河の三国を結ぶ重要な交易ルートでもある富士川の開削を命じた。約5年の歳月を費やした大工事となったが、**了以**の川普請が成功したことで、これまでは陸路で輸送していた年貢米を舟で大量に送ることが可能となり、河口付近で荷揚げされた年貢米は清水湊で四百石積みの廻船に載せられ、遠い江戸の蔵前まで運ばれたのである。

また、幕府が富士川と同時に諏訪湖を水源とする天竜川の開発も**了以**に命じており、**了以**の川普請が成功したことで、大規模な火災がたびたび起きた江戸の町を再建するための木材が天竜川流域の山林から安定して供給されるようになったのである。

このため**了以**は**商人というより「水運の父」として歴史に名を残している。**

もっと深く知りたい人のための推薦図書

・**『京都　高瀬川　―角倉了以・素庵の遺産―』**石田孝喜／思文閣出版
・**『角倉了以の世界』**宮田章／大成出版社

148 政治

後水尾天皇（ごみずのおてんのう）

1596〜1680年

幕府の干渉を受けながら寛永文化と天皇家の繁栄をサポート

第107代後陽成天皇の第三皇子として生まれ、第108代天皇となった人物。即位前は**政仁《ことひと》親王**と呼ばれていた。後陽成天皇は自分の弟である八条宮智仁《としひと》親王への譲位を望んでいたが、彼がかつて豊臣秀吉の猶子《ゆうし》（相続権のない養子の一種）であったことを問題視した徳川家康が介入し、1611（慶長16）年に**政仁親王**が**後水尾天皇**として即位することになった。そして、皇位継承への介入を目論んでいた家康は孫娘の和子を入内させたいと何度も申し込み、1614（慶長19）年に和子の入内宣旨が出されている。

しかし、大坂の役や家康の死によって二人の婚姻はたびたび延期となり、1618（元和4）年にようやく和子の入内準備が始まった。しかしその直後、**後水尾天皇**と典侍《ないしのすけ》である四辻与津子との間に男児が生まれていたことが発覚。幕府側から非難の声が上がった。すると**後水尾天皇**は、「自分の行いが秀忠公の意にそぐわないのであれば、退位出家してもいい」と申し出た。そうなれば和子の入内はなくなり、幕府の面子は潰れる。それを避けるために、幕府は与津子側の公家衆６名に処罰を与え（およつ御寮人事件）、彼女と子どもたちを宮中から追放し、1620（元和６）年に和子を入内させたのである。

その後、**後水尾天皇**は和子との間に二男五女を授かり、幕府と朝廷の関係も修復されるが、和子所生の皇子二人がともに夭折したため再び不穏な空気が流れ始める。

1629（寛永6）年、**後水尾天皇**は幕府が定めた「禁中並公家諸法度」を破って高僧らに紫衣着用の勅許を与え、激怒した幕府が高僧らを流罪に処す「紫衣事件」が起きる。さらに、３代将軍・家光の乳母である春日局が無位無官の身でありながら御所へ上がって天皇へ拝謁。これは当時の常識と照らし合わせると非常に無礼にあたった。

幕府の度重なる干渉に後水尾天皇は我慢の限界を超え、1629年、幕府に無断で和子との間に生まれた女一宮に譲位し、第109代明正天皇として即位させてしまう。
当時の女帝は結婚ができなかったため、和子が次の皇子を生むまで譲位は待つように意見していた幕府は、**後水尾天皇**の行動に激怒。そこで和子が**後水尾天皇**とほかの女性との間に生まれていた皇子を明正天皇の養子に迎えるよう働きかけ、「徳川家が天皇家の外戚」という体面が損なわれないように配慮したことで事態は丸く収まった。

譲位後、**後水尾天皇**は自由に学問や芸道に励み、寛永文化の繁栄に寄与した。天皇家の別邸として造営された修学院離宮は、寛永文化の代表建造物となった。その一方で、第112代霊元天皇までの４代の天皇を上皇として支えたのである。

もっと深く知りたい人のための推薦図書

・**『菊と葵　後水尾天皇と徳川三代の相克』**田中剛／ゆまに書房

149 政治

東福門院（とうふくもんいん）

1607～1678年

幕府と朝廷とをつなぎ続けた苦労人

江戸幕府２代将軍・徳川秀忠とその御台所である浅井江の五女として生まれ、第108代後水尾天皇の皇后となった女性。「**東福門院**」とは女院号で、本名は**徳川和子《まさこ》**という。

祖父である徳川家康は自分の血筋から天皇を輩出したいと考え、第107代後陽成天皇に孫娘を入内させたいと何度も要求しており、後水尾天皇が即位後の1614（慶長19）年に**和子**の入内宣旨が出された。しかし、大坂の役の勃発や家康と後陽成上皇の死といった不幸が続いたために延期が続き、正式に入内できたのは1619（元和５）年だった。

このため、後水尾天皇は四辻与津子という典侍を寵愛し、すでに彼女との間に男児が生まれてしまっていた。そして、**和子**の入内直前に与津子が二人目の子どもを妊娠していることが発覚。**和子**を入内させるために、幕府は与津子側の公家衆６名に処罰を与え、与津子と子どもたちを宮中から追放したのである（およつ御寮人事件）。

結婚前のこうした騒動とは裏腹に後水尾天皇と**和子**の夫婦仲はよく、二男五女が生まれた。特に1626（寛永３）年に**和子**が高仁《すけひと》親王を出産すると、それまで緊張状態だった朝廷と幕府の関係は安定する。しかし、高仁親王もその後に誕生した男二宮も夭折してしまったことで、朝廷と幕府とのにらみ合いが再び始まり、1629（寛永６）年に紫衣事件が勃発したことで、幕府の対応に激怒した後水尾天皇が退位してしまう。

この結果、**和子**が生んだ女一宮（興子《おきこ》内親王）が皇位を譲り受けて第109代明正天皇として即位し、**和子**も「**東福門院**」の女院号を賜ったのである。

当時の女帝は結婚が許されず、子孫を残すことができない。徳川家の血を歴代天皇に受け継がせることができなくなった幕府側も朝廷側の対応に激怒し、実家と嫁ぎ先に挟まれた**和子**は頭を悩ませることになる。

そこで、**明正天皇が実子をもてないことを逆手にとり、後水尾上皇が別の女性との間にもうけた皇子・紹仁《つぐひと》親王を明正天皇の養子に迎えることで、双方の名誉を守った。**

夫である後水尾上皇は寛永文化の発展に尽力したが、その皇后である**和子**も芸術への造詣が深く、陶工の野々村仁清に茶道具を作らせたり、雁金屋（尾形光琳・乾山兄弟の実家）に小袖をあつらえさせたり、徳川家の財力を武器に宮中に華を添えた。

また、手先が器用な**和子**は押し絵づくりの趣味をもっており、贅沢な裂地が惜しげもなく使われた**和子**の押し絵は都の上流階級の人々にとって憧れの品だったという。

もっと深く知りたい人のための推薦図書

・**『東福門院和子の涙』**宮尾登美子／講談社

150 芸術

本阿弥光悦（ほんあみこうえつ）

1558〜1637年

寛永文化を牽引したマルチな才能を持つ芸術家

安土桃山時代から江戸時代初期にかけて活躍した芸術家。当初は**次郎三郎**《じろうさぶろう》と名乗っていたが、のちに**光悦**と名を改めた。室町時代より刀剣のとぎ（磨研）・ぬぐい（浄拭）・めきき（鑑定）の三業で知られ、また京中の法華方大将ともいわれた町衆本阿弥家の本家出身。刀剣は鞘《さや》や鍔《つば》など刀身以外の製作工程に、木工、金工、漆工、皮細工、蒔絵など、さまざまな工芸技術が注ぎ込まれていることから、**光悦**は家業を通して幼少期から工芸全般に対する深い知識を身につけていった。後に父の光二が分家を興し家業から自由になった**光悦**は、この工芸知識をもとに**多くの芸術作品を創造**するようになる。

書においては独自の「光悦流」を創造し、中年期には俵屋宗達との合作『鶴下絵《つるしたえ》三十六歌仙和歌巻《わかかん》』を制作した。これは俵屋宗達が描いた絵の上に、「三十六歌仙」の和歌をのびやかに書いていくという斬新なものだった。この提案を**光悦**から受けた俵屋宗達は、１５ｍもの巻紙に端麗な鶴を描き、**光悦**はそこにダイナミックに装飾化した文字で和歌を書いたのである。この作品はそれまでの常識を超えた傑作と評された。やがて**光悦**の書は、近衛信尹、松花堂昭乗とともに「寛永の三筆」に数えられるようになった。

製陶では国宝の『楽焼白片身替茶碗』、『楽焼黒茶碗』(銘：雨雲)をはじめとして、**楽焼茶碗に多くの傑作を残した**。蒔絵は古典に主題を求めたものが多く、鉛、錫、青貝を使用した国宝『舟橋蒔絵硯箱』が代表作である。また角倉素庵（角倉了以の息子）らとともに、豪華なひらがな活字本の謡曲「嵯峨本」も刊行している。

茶の湯は、はじめ古田織部を師としたが、のちに武野紹鷗系統の侘び茶に傾倒した。**光悦**はその後半生に、洛北の鷹ヶ峯に芸術村、別名「光悦村」を築いたことでも知られる。

これは1615（慶長20）年の大坂夏の陣で師の織部が豊臣方に通じていたとして自害させられたことに起因する。その後、**光悦**は徳川家康から鷹ヶ峯の敷地を拝領し、本阿弥一族や町衆、職人などの法華宗徒仲間を率いてこの地へ移住したのである。

約９万坪もの広大な土地を家康が**光悦**に与えたのは、朝廷とつながりの深い**光悦**をあえて都から遠ざけようという狙いがあったと推測されているが、いずれにせよ俗世と権力から遠く離れ、芸術に全力投球できる環境を**光悦**は手に入れたのである。

以後、亡くなるまでの20年間、**光悦**はひたすらこの地で創作三昧の日々を送った。なお、後に活躍する尾形光琳・乾山兄弟の曽祖父・道柏の妻（法秀）は**光悦**の姉であり、**光悦**と光琳は遠い姻戚関係にあたる。

もっと深く知りたい人のための推薦図書

・**『もっと知りたい本阿弥光悦 生涯と作品』**玉蟲敏子・赤沼多佳・内田篤呉／東京美術

151 芸術

尾形光琳（おがたこうりん）

1658～1716年

先達に学びつつも独自の画風を確立した天才

江戸時代中期に活躍した画家。京都の呉服商の老舗・雁金屋を営む尾形宗謙の次男として生まれる。弟に陶芸家として名高い乾山がいる。本名は**惟富**《これとみ》といい、34歳頃から**光琳**と名乗った。恵まれた環境に育った**光琳**は、遊蕩三昧の青年時代を過ごしたといわれる。30歳にして莫大な遺産を継いだ**光琳**は数年でこれを使い果たし、その後に本格的に画業を志した。初めは狩野派の画家・山本素軒に学ぶが、次第に俵屋宗達の絵に傾倒し、その装飾画様式をさらに展開させて、宗達光琳派、世にいう「琳派」を大成させたのである。そんな**光琳**を支えた存在として、銀座役人・中村内蔵助の存在は大きい。

内蔵助は**光琳**を経済的に支援し、二人の交友関係は内蔵助が貨幣改鋳に伴う罪を問われて流罪に処せられるまで続いた。1701（元禄14）年には、**光琳**は優れた絵師に贈られる僧侶の位階・法橋を授かっている。彼の作品の過半数は以降に制作されたもので、代表作の一つ『燕子花《かきつばた》図《ず》屏風《びょうぶ》』は、**光琳**が生きた江戸時代だけでなく、日本の美術史全体を代表する傑作となっている。総金地の六曲一双屏風に、濃淡の群青と緑青によって描き出された鮮烈な燕子花の群生。その背後には『伊勢物語』第９段の東下り、燕子花の名所・八つ橋で詠じられた和歌がある。

さらに、1704（元禄17）年に描かれた『中村内蔵助像』は、**光琳**には珍しい肖像画だが、写実描写の優れた筆技が特徴である。この年、**光琳**の支援者であった内蔵助が江戸に転勤するが、**光琳**もまたその後を追うようにして下向し、数年間をこの地で過ごした。江戸の生活は**光琳**の作風に大きな影響を及ぼし、自然をとらえる目に豊かな叙情性が備わった。この時期の作と見られる冬木小袖に描いた『秋草図』は、可憐な姿に憂愁が漂い、『つつじ図』もまた、溌墨風の筆が深い情緒を奏でている。

1712（正徳２）年に京都へと戻った**光琳**は、亡くなるまでの４年間を創作活動に捧げているが、この時期の代表作『紅白梅図屛風』は、咲き誇る紅白の梅樹と、図案的な流水文を一つの画面に巧みに統合させたもので、**光琳**の画業の集大成といわれている。**光琳**は工芸意匠にも優れた才能を見せ、『八《や》橋《はし》蒔《まき》絵《え》螺《ら》鈿《でん》硯箱《すずりばこ》』、乾山焼の絵付の数々や、うちわ、香包などにも逸品を数多く残した。後世、**光琳**の画風を慕った画家は多く、なかでも深江《ふかえ》蘆舟《ろしゅう》、立林《たてばやし》何帛《かげい》、酒井《さかい》抱一《ほういつ》らは名高い。彼らが江戸を中心に活躍し、「琳派」の伝統を後世に受け継いだ結果、**明治時代にその美はヨーロッパに伝わり、オーストリアの画家グスタフ・クリムトにも多大な影響を与えた**のである。

152 芸術

酒井田柿右衛門（さかいだかきえもん）　1596～1666年

ヨーロッパの王侯貴族を魅了した「赤絵」の技法を完成した陶工

江戸時代初期に活躍した、肥前国（現在の佐賀県と長崎県）の有田の陶工。酒井田家では「**柿右衛門**」の名跡を現在も代々継承しているため、本項では初代について紹介する。築後地方（現在の福岡県八女市酒井田）の領主だった酒井田弥次郎の子として生まれ、最初は**喜《き》三《ざ》右《え》衛門《もん》**と名乗っていた。

1616（元和２）年、朝鮮出兵で捕虜となった朝鮮人陶工の李《り》参平《さんぺい》が有田で白磁鉱を発見したことで、有田では白磁の製造が行われるようになり、**喜三右衛門**が有田の地に移住したのは、1635（寛永12）年頃と考えられている。この少し前から、日本には中国の景徳鎮窯で製造された古染付が大量に輸入されており、これに刺激を受けた有田の陶工たちは、染付の技法で陶磁器に絵や模様を入れる「色絵」を施すようになったという。

酒井田家に伝わる文書によると、**喜三右衛門**は長崎で中国人から色絵についての工夫開発を学び、釉薬をつけて焼いた陶磁器の上に色絵を施す「上絵付」という技法を研究し、1643(寛永20)年頃に赤絵具を基調とする「赤絵」の制作を開始したことがわかっている。なお、「柿の実を見て赤絵を完成させ、そのため**柿右衛門**と名乗るようになった」というエピソードは後世の創作で、なぜ赤絵が誕生したのかはわかっていない。

有田の白磁は青みを帯びた中国の白磁とは異なり、「濁《にごし》手《で》」と呼ばれるやわらかな乳白色をしており、赤絵が非常に映えて美しかった。さらに**喜三右衛門**は1658（万治元）年頃に金銀の絵付「金襴《きんらん》手《で》」にも成功したことで、色鮮やかで豪奢な「**柿右衛門様式**」が誕生することになったのである。

柿右衛門様式の陶磁器は長崎に出入りしていたオランダの商人の目に留まり、東インド会社によって大量にヨーロッパに輸出されるようになり、東洋の陶磁器を愛好した王侯貴族から熱狂的に支持されたのである。そのため、ドイツのマイセン窯をはじめ、ヨーロッパ各地の窯元で柿右衛門様式の写しが作られている。また、柿右衛門様式の陶磁器は輸出品として人気となったことから、有田がある佐賀藩の藩主・鍋島家は酒井田家以外の窯にも、柿右衛門様式の陶磁器を製造させたという。

伊万里を経由して輸出されていたため、当時は有田の陶磁器も「伊万里焼」として扱われており、オランダへの輸出の減少により柿右衛門様式の陶磁器も衰退するが、明治時代に入るそのオリジナリティが見直され、創始者である初代**酒井田柿右衛門**も再評価されたのである。

もっと深く知りたい人のための推薦図書

・**『日本陶磁器体系20　柿右衛門』**矢部良明／平凡社

153 宗教 政治

南光坊天海（なんこうぼうてんかい）

1536?～1643年

徳川家康の参謀として暗躍した謎多き怪僧

江戸幕府初代将軍・徳川家康の側近としてその政策を支えた天台宗の僧侶。陸奥国を本拠地とした蘆名氏の出身とされているが、その前半生については謎の多い人物である。そのため、かつては「本能寺の変で実は生き延びていた明智光秀」という荒唐無稽な説が唱えられたこともある。11歳の時に出家し、その後各地の寺院に移りながら天台密教について学び、1588（天正16）年頃に武蔵国の無量寿寺（現在の埼玉県川越市の喜多院）に移り、この頃から**天海**と名乗り始めたといわれている。

主君となる家康と接触があったのは、1607（慶長12）年から翌年にかけての時期と考えられている。この頃の**天海**は家康の命を受け、織田信長の焼討で大きな損害を受けた比叡山の復興に尽力している。1612（慶長17）年には喜多院に入り、ここを関東天台宗の総本山とした。家康の統治における宗教的側面からの補佐は非常に重要な役割であり、さまざまな功績を認められた**天海**は1616（元和2）年に大僧正に任命されている。

同年に家康が亡くなると、その遺言によって葬儀の一切が**天海**に任された。この時期の**天海**は比叡山延暦寺における山岳信仰と神道、そして天台宗を融合させた山王一実神道を発展させつつあり、家康の神号を権現として祀ることを強く主張した。

その結果、家康の葬儀は徳川家の菩提寺と定められた浄土宗の増上寺で行われたが、その遺体は速やかに家康が幼少期を過ごした駿河国の久能山（現在の久能山東照宮）に葬られた。その神号についても**天海**が関わっており、「明神」とされるべきところを、豊臣秀吉が「明神」とされた後に豊臣家が滅亡していることから不吉であるとして**「東照大権現」として祀る**ことになった。秀吉と同格の神号を避けることにより、**家康はさらに強く神格化**され、長く続く江戸幕府の精神的支柱になったとも言われる。

その後も2代将軍・秀忠、3代将軍・家光に仕えた**天海**は、1625（寛永2）年に上野の地に寛永寺を創建し、関東における鎮護国家の祈願寺として発展させていく。また、風水についても知識が深く、**江戸城とその堀の設計について宗教的側面から携わっていた**ともいわれている。朝廷と幕府との仲介役も務めており、両者の関係が悪化した紫衣事件の際は、これに関与した者への恩赦を得るために奔走したことでも知られる。

天海は仏典や経典、それらに対する解釈などをまとめた『大蔵経』の編纂を開始し、確固とした宗教的基盤とすることで徳川幕府の安定に寄与しようとしていた。その完成は**天海**の死後となる1648（慶安元）年のことであった。

154 政治

徳川家光（とくがわいえみつ）

1604〜1651年

強権を発動し幕藩体制を完成させた3代目

江戸幕府２代将軍・徳川秀忠の次男として生まれ、長男の長丸がすでに死去していたことから、健在であった祖父の家康の幼名・**竹千代**を与えられて実質的な嫡男として扱われていた。しかし、幼少期の**竹千代**は病弱で、才覚にも欠ける部分があった。一方、1606（慶長11）年に生まれた同母弟の国松は健康でしかも利発であったため、両親は兄である**竹千代**よりも弟の国松を可愛がった。戦国の気風がまだ色濃かった当時、家督相続は必ずしも出生順で決まらず、秀忠自身も兄である結城秀康を差し置いて２代将軍になっていたため、**竹千代**の跡取りとしての地位は危ういものであった。

将来家督争いが起きてしまえば、まだ徳川家の支配体制が盤石ではない幕府が分裂する恐れもある。そこで、家康の命によって**竹千代**を後継者とする路線が確定されたといわれている。後世の研究によれば、これは大坂夏の陣が終結して豊臣家が滅んだ1615（元和元）年頃のことであると考えられている。翌年に家康が亡くなったことで、**竹千代**の元服の儀式は延期されてしまうが、1620（元和６）年には元服を済ませ、諱を「**家光**」と改めている。

1623（元和９）年に３代将軍となるが、この時点では大御所となった秀忠が政治の実権を握っていたと考えられている。しかし1632（寛永９）年に秀忠が病没すると、**家光**は本格的に親政を開始。幕政はある程度安定しつつあったため、**家光**は武勲ではなく政治においてその手腕を証明しなくてはならなかった。

まず**家光**が目をつけたのが、朝廷と幕府の関係であった。秀忠は朝廷に対して厳しい統制を行い、それによって朝廷すらも幕府に従うものであると印象づけたが、その関係は悪化の一途をたどっていた。1634（寛永11）年、**家光**は30万人以上ともいわれる軍勢を引き連れて上洛し朝廷に圧力を加えるが、それと同時に朝廷の直轄地である御料地の加増を行い、さらに幕府の許可なく第109代明正天皇（**家光**にとっては姪にあたる）に譲位を行った後水尾上皇の院政を認めるなど、硬軟組み合わせた対応を行い、これによって幕府と朝廷は一定の関係修復を見ることになる。

この前年の1633（寛永10）年、弟の忠長（国松）が幕府の命によって切腹させられている。これは後継者争いに敗れたことで乱行が目立つようになった忠長に対する処罰であるという説と、謀反などの可能性を排除するための**家光**の計画的な指令であったという説に分かれている。このように苛烈な判断を下すこともあったが、幕藩体制においては処罰的な改易などの頻度は減少しており、何らかの口実で圧迫するよりも、各藩側の主張をある程度容認することで、支配体制を強化する方向に動いている。

政治を慣例によるものではなく、制度化していったのも**家光**の大きな功績の一つである。1635（寛永12）年には武家諸法度を改正し、参勤交代の義務化や倹約令、築城や大型の軍船建造の禁止など、幕府による各藩の統制が進んでいく。

対外政策としては、家康からの既定路線であった**鎖国的政策をより推進**していった。1633（寛永10）年に在外日本人の帰国を禁止したことに端を発し、海外への渡航、ポルトガル商船の来航を禁止し、1641（寛永18）年には**オランダ商館を長崎の出島に移転**させ、対外貿易の一元管理を実現させた。これにより利益を独占し、国際紛争の可能性を著しく減少させることに成功する。

こうした鎖国政策と同様に、**家光**は**海外からのキリスト教の布教に対して非常に厳しい弾圧を行った**ことでも知られている。秀忠の時代から禁教令は布告されており、教会を焼き払い、獄中の信者の処刑などが行われていたが、**家光**はさらにその政策を加速させていく。それは秀忠がまだ存命であった将軍移譲の1623（元和9）年からすでに始まっていた。同年12月、**家光**の将軍就任を祝うために全国から諸大名が集められており、**家光**は捕らえていた海外宣教師やその信者約50人を火刑に処し、これを見せしめとしてキリスト教の禁令を通告している。1637（寛永14）年にはキリシタンが関与した一揆、島原の乱を鎮圧し、農民や信者たちを全滅させている。

1642（寛永19）年には大飢饉が発生する。翌年にかけて大量の餓死者が出たこの寛永の大飢饉は、長期的な悪天候や噴火による降灰などの要因に加え、**家光**が諸大名に命じた倹約や参勤交代の義務化などが、農民に対する収奪につながり、飢饉への下地が作られてしまったとも考えられている。強権的な政策を進めていた**家光**は、これを受けて徐々にその路線に変更を加え、1643（寛永20）年には田畑永代売買禁止令を出し農政の強化に乗り出す。諸大名に対してもその負担を減らす方向に転じていった。

1650（慶安3）年頃から病を患い、翌年に病没している。後継者である家綱はこの時11歳と幼かったが、家光が作り上げた幕藩体制の上で、政情が不安定だった時期を乗り越えている。大規模な戦乱に関しても島原の乱が最後であり、飢饉の影響は受けたものの、より強固な政治体制を実現した将軍である。

佐藤優の言葉

キリスト教を徹底的に禁止する一方で、プロテスタント国のオランダとは貿易を続けた。家光の判断がなければ、日本がポルトガルかスペインの植民地になる危険があった。

155 軍事 宗教

天草四郎（あまくさしろう）

1623?〜1638年

日本史上最大規模の一揆を指導した少年

本名を**益田《ますだ》四郎**といい、**益田時貞《ときさだ》**、**天草四郎時貞**などと呼ばれることもある。キリシタン大名であった小西氏の家臣、益田好次《よしつぐ》の長男とされているが、その出生についてはさまざまな説が唱えられている。

小西氏は1600（慶長5）年の関ケ原の戦いで西軍として戦い滅亡しており、好次はその後に農民として暮らしていたが、元は武士だったこともあり経済的には余裕があったようで、**四郎**は幼い頃から学問に触れる機会を多くもつことができた。学業のためたびたび長崎を訪れ、キリスト教に入信したのも長崎の地でのことであったとされている。

天草四郎という人物に関しては、救世主としてさまざまな奇跡を起こしたというような逸話が数多く残されている。実際に若い頃から、ある種のカリスマ性をもった人物であったようだ。そんな**四郎**が生きた元和から寛永初期にかけての日本は、徳川幕府による支配が進んだ時期であり、鎖国政策とそれに伴うキリシタン弾圧が激しさを増していた。

一方、肥前国の島原藩や唐津藩は非常に重い年貢を農民に敷いており、そこに飢饉が発生したことで、農民をはじめとする庶民の不満が高まり続けていた。

そんな民衆の心の拠り所として、島原ではキリスト教信仰が盛んになりつつあった。旧領主の有馬晴信は熱心なキリシタン大名であり、幕府の命に従いつつも信仰を保ち、少なくともこの時点でキリスト教徒を迫害することはなかったとされる。しかし、晴信が貿易に関連した疑獄事件を起こし死罪となり、その嫡男・直純が跡を継ぐと、一転して厳しい迫害が始まる。父の罪を償うためとも考えられるが、やがて自ら転封を申し出て、松倉重政が領主となった。重政はキリシタン弾圧に加えて島原城を新築し、年貢をさらに取り立てた。庶民の生活は限界に近づいていたのである。

高まり続けた庶民の不満、それが日本史上最大の一揆とも称される「島原の乱」へとつながっていく。そしてその**総大将として祭り上げられた**のが、**天草四郎時貞**だった。この頃、有馬氏の旧家臣や天草諸島出身の益田好次など、元々は武士であったが農民として暮らしていた浪人たちによって、一揆を目的とした領民の組織化が進められつつあったと考えられている。武士であったことから指導的な立場にあった彼らは、いくつかの言い伝えなどを利用して、**天草四郎**のカリスマを神格化しようと試みた可能性がある。

かつて天草に宣教に訪れ、禁教令によって追放されたママコスという神父が残したとされる「25年後に神童が現れ、天国が実現するだろう」という予言めいた言葉。そして、無垢な子が神の依代となるという土着的信仰との融合。この時まだ10代半ばであった**天草四郎**は、まさに民衆の危機を救う「救世主」としての条件を持ち合わせていた。

1637(寛永14)年、**四郎**を総大将とした民衆は、集会を妨害しようとした代官を殺害し、ここに**天草四郎**を首領とした島原の乱が勃発することになる。

しかし、実際の戦場においては、**四郎**はいわば飾りにすぎなかった。キリスト教のシンボルである十字架を掲げ勇ましく民衆を率いて戦った、というような逸話はあるが、実質的に戦闘を指揮したのは浪人たちであると考えられている。**天草四郎**はあくまで民衆の戦意高揚のための旗印にすぎなかった。**島原の乱は宗教戦争の一つとして扱われることが多いが、それは蜂起した民衆側とそれを鎮圧した領主側の両方にとって都合がよかったという側面がある**。戦って死ねばキリスト教において殉教とされるため、弾圧されてきたキリシタンの戦意は非常に高く、優位なはずの島原藩の軍も一時撤退を余儀なくされるほどであった。そして、重政の跡を継いだ松倉勝家にとっては、自らが年貢を過剰に取り立てたから反乱が起きたのではなく、キリシタンが弾圧に反抗したと幕府に印象づけたかったとも考えられる。

確かにキリスト教という信仰と、それによって神格化された**天草四郎**という人物によって、島原の乱は非常に大規模なものになったが、結果的に重政は反乱の責任を追及され死罪になっている。そして、**天草四郎**その人も、非業の最期を遂げることになる。

一揆の軍勢は、各地の重要拠点である城を攻め落とす寸前だったが、民衆の組織化は完全なものではなく、援軍が期待できる状態ではなかった。島原と天草で蜂起した民衆が合流すると、旧有馬家の居城であった原城跡に籠城する。籠城作戦は翌年にかけて続き、強引に攻め込んだ幕府側にも大きな被害が出た。しかしそれでも、圧倒的物量に勝る幕府側の攻勢に、食糧の補給さえ満足にできない一揆軍は追い詰められていった。

言わば兵糧攻めで降伏を狙っていたとも考えられるが、幕府側としては反乱の長期化は幕府の威信を損なうことになりかねず、諸大名による総攻撃が行われた。三カ月以上にわたる籠城作戦は遂に破れ、**天草四郎**は討ち取られ、その首を惨くさらされたといわれる。**カリスマとして祭り上げられた少年の死は、キリスト教に対するさらなる弾圧につながっていった**。日本史において島原の乱は、日本が幕末を迎える前の最後の大規模な一揆、内戦に近いものとして扱われている。

佐藤優の言葉

正確な素性はほとんどわかっていない。農民救済のために現れた救世主というイメージで、キリスト教史で時々現れる偽預言者に近い。島原の乱を主導し、敗北した。

156 軍事

宮本武蔵（みやもとむさし）

1584?〜1645年

島原の乱にも従軍した、江戸時代を代表する剣豪

江戸時代初期に活躍した剣豪。その実際の姿は、後世に語られてきた逸話などの陰に隠れた部分がほとんどである。出身地についても諸説あるが、自らが晩年に著した兵法書『五輪書』によれば、播磨国の出身となっている。この『五輪書』が1645（正保2）年の完成といわれており、その中で自らの年齢を60歳であると記していることから逆算すると、1584（天正12）年生まれと考えられている。ただし、家系図では1582（天正10）年生まれとなっており、その正否は確定していない。

天下人として繁栄した豊臣秀吉が亡くなり、その後台頭した徳川家康によって豊臣家が滅ぼされ、まさに戦国の世が終わる時代に生まれ育った**武蔵**は、数々の大名が没落していくなかで、剣の腕それのみで歴史を渡り歩いていった。13歳での初めての決闘から「無敗」を誇る**武蔵**は、そういった剣豪同士の勝負のみならず、関ヶ原の戦いや大坂の陣、そして島原の乱といった大規模な戦にも参加していたといわれる。

こうした戦でどのような武勲を挙げたのかは定かではないが、**武蔵**が実際に用いていた剣術は、二天一流と呼ばれている。父である新免《しんめん》無《む》二《に》が用いていた二刀流を軸とし、十手なども取り入れた当理流を**武蔵**が発展させたものと考えられている。自画像といわれることもある肖像において、大太刀と小太刀を持って立つ姿がよく知られている。

実際の戦でその剣術を高めていった**武蔵**は、「巖流島の決闘」において佐々木小次郎に勝利を収める。これもまた伝説的に語られる部分が多いが、**武蔵**の剣豪としての腕は各地の大名も認めるところであり、寛永年間において尾張や出生地とされる播磨など、各地方で客分として剣術指導を行っていたという。

そうして各地を巡り、指導や戦でその強さを証明していくが、1640（寛永17）年に熊本藩の客分となった頃には、幕藩体制が確立し、大きな戦は起こらなくなっていた。藩士の指南を行いつつ、余暇には絵画や工芸に勤しむこともあったという。剣術や思想についての書物だけではなく、**武蔵**の作という芸術作品もいくつか残されている。

そして、その**剣豪としての人生の集大成として晩年に記されたのが、『五輪書』**であるといわれる。霊巌洞という洞窟に籠って書かれたとされるこの著は、自らの生涯と二天一流の兵法、武士として生きることの本質などについて書かれており、現代に至るまでさまざまな解釈のもと、**宮本武蔵**を知るうえで非常に貴重な資料として伝えられている。

157 **軍事**

シャクシャイン

1606?〜1669年

松前藩の横暴に蜂起したアイヌ民族の指導者

江戸時代に「蝦夷地《えぞち》」と呼ばれていた**北海道の先住民族であるアイヌの指導者**。徳川家康が征夷大将軍となった翌年の1604（慶長９）年、現在の北海道松前郡にあたる松前藩の領主・松前慶広《まつまえよしひろ》は、幕府から黒印状を与えられている。これは、北海道に先住していたアイヌ民族との交易を松前藩に一任することを承認したものだった。

後にアイヌ民族の一部族・メナシクルの首長となった**シャクシャイン**が生まれたのは、この黒印状の発行前後と考えられている。渡島半島におけるアイヌ民族と松前藩の松前城下における交易は、当時両者にとって非常に重要なものであった。幕府は松前藩を通じて貿易を統制しようとしたが、アイヌ側は自由な交易を求めており、両者の反発は必然ともいえた。大柄で非常に勇猛な人物だったという**シャクシャイン**は、貿易にも参加しつつ各地の部族間抗争で活躍し、アイヌ民族内での名声を高めていったと考えられる。

幕藩体制以前からアイヌ民族と東北地方との交易は行われていたが、江戸幕府が成立すると、松前藩は利益を独占するため、アイヌ側の交易できる人物を限定し、さらに物品の交換比率もアイヌ側に非常に不利なものに変更していった。こうした状況に加えて、**シャクシャイン**が属していたメナシクルと、オニビシという人物を首長とする部族、ハエクルとの間では、漁猟権や松前藩に対する姿勢から長年にわたる争いが起きていた。

一時は松前藩の仲介もあって鎮静化したが、1661（寛文元）年頃から再び両部族は対立し、1668（寛文８）年、**シャクシャイン**がオニビシを殺害する事件が起きる。松前藩に接近傾向のあったハエクル側は、これに対して松前藩に武力の供与を求めるが、拒否されたうえに、その使者は帰路の最中に病死してしまう。すべては偶然のことだったが、この使者が松前藩によって殺害されたという噂が流れ、松前藩に不満を抱いていたアイヌ側が結束して蜂起するきっかけとなった。

1669（寛文９）年６月、**シャクシャイン**がそれまで敵対していたハエクル側も含めた軍勢を率いて一斉に蜂起する。松前藩は幕府の援助もあり、弘前や盛岡など近辺の藩からも出兵を受け、鉄砲を借り受けるなどして応戦の構えをとる。当初は急襲に成功したアイヌ側が有利であったが、鉄砲の威力には敵わず徐々に後退し、**シャクシャイン**は和睦を受け入れることになる。しかしそれは松前藩による謀略で、和睦を祝う宴席で酒に酔った**シャクシャイン**は殺害されてしまう。この蜂起を経て、松前藩は支配的に交易を進めていき、**アイヌ民族は次第に分断されていく**結果となった。

もっと深く知りたい人のための推薦図書

・**『シャクシャインの戦い』**平山裕人／寿郎社

158 政治

保科正之（ほしなまさゆき）

1611〜1672年

幼い将軍を臣下として支えた2代将軍の御落胤

江戸幕府４代将軍・家綱の補佐役として活躍した会津番初代藩主。その出自はいささか特異で、２代将軍・秀忠と大奥に仕える女性との間に生まれた子どもで、秀忠の御台所である江に認められた存在ではなかった。将軍の落胤として幼少期は武田信玄の次女・見性院に預けられ、後に武田家の旧臣であった高遠藩の領主・保科正光の養子として育つことになる。正光にはすでに養子がいたが、**正之**を保科家の後継者として家臣をつけ、**正之**も勉学や武術の訓練などに勤しんだといわれている。

当初、**正之**の異母兄となる家光は**正之**の存在を知らなかったが、３代将軍就任後の1629（寛永６）年に初めて顔を合わせ、1631（寛永８）年には自らの命で**正之**を高遠藩藩主としている。なお、この２年後の1633（寛永10）年に家光にとって同母弟である忠長が自害している。後継者争いが原因ともいわれているが、家光とは決して不仲ではなかったともいわれている。弟を喪った家光は謙虚な人柄の**正之**を非常に気に入り、正式に弟であると認めることはできなかったものの、江戸城の近くに屋敷を与えたり、より石高の多い会津藩に転封したり、徐々に政務に参加させて重用した。

1651（慶安４）年に家光が亡くなると、幼くして**４代将軍となった家綱の補佐役となり、大規模な治水工事や殉死の禁止を正式な制度として取り決めるなど、幕政の中心人物として活躍**していく。特にその能力が発揮されたのが、1657（明暦３）年に起きた明暦の大火における対応であった。数万人の死者、江戸城天守や市街地の焼失と多大な被害が出るなかで、**正之**は身分によらない復興資金の援助や食料の放出を行っただけでなく、参勤交代を一時的に停止することで、江戸に入る人数を減らし、米価を統制しようとした。また、老中の反対に遭いながらも、無駄な出費は避けるべきとして天守を再建せず、**防災性の高い都市計画のもとに江戸の街を復興させた**功績の持ち主である。

会津藩主としてもさまざまな改革を行っており、前述の殉死の禁止は会津藩から取り入れているほか、農民に対する差別的な扱いや残虐な刑罰の禁止、産業の育成や朱子学の奨励など、藩を構成する藩士の意識を変えていった。1668（寛文8）年には「会津家訓十五箇条」を定め、将軍家への絶対的な忠誠を定めた。

その出自と功績から、後に幕府から徳川氏の母体といえる松平姓を名乗るように勧められるが、**正之**はこれを固辞したという。そこには保科家への恩義があり、徳川家への忠誠と同じように、1672（寛文12）年に亡くなるまで保科の姓のままであった。

もっと深く知りたい人のための推薦図書

・**『保科正之―徳川将軍家を支えた会津藩主』**中村彰彦／中央公論新社

159 政治

佐倉惣五郎（さくらそうごろう）

生没年不詳

藩主の苛政を将軍に直訴して死罪となった義民

江戸時代初期、重税に苦しむ民衆のために立ち上がり、将軍に直訴を行ったことで知られている人物。下総国の佐倉藩（現在の千葉県佐倉市）において、田畑の経営や農民からの年貢に関わる地位にあった人物といわれている。もともとは没落した武士の家系に生まれ浪人として暮らしていたが、高度な教育を受けていたため農民から尊敬されて名主となったという説もあるが、その出自については不明点が多い。

この**惣五郎**が行ったとされる直訴についても、明確な年月日などは不明である。名主を務めていたと考えられる慶安から承応の年間にかけて、佐倉藩主であった堀田正信が農民に重税を課し、生活に困窮する農民が続出したとされる。**惣五郎**をはじめとした名主が江戸を訪れて藩邸に訴えるが、まったく取り上げられることがなかったという。この時、徳川家の菩提寺である上野の寛永寺に将軍が参詣すると聞いた**惣五郎**が、処罰を覚悟で直訴を行ったとされている。だが、これもまた不明瞭な部分がある。結果的に**惣五郎**は死罪になっており、それは1653（承応２）年のことであるという記録が残っていることから、当時の４代将軍・徳川家綱に直訴を行ったと考えられている。ただし、その父である３代将軍・家光に行ったともいわれており、正確な直訴の年代は不明である。

しかし、命を賭して農民の窮状を訴えたとされる**惣五郎**の姿は、徐々に伝説的な様相を取り始める。**惣五郎**が家族共々死罪となったあとの1660（万治３）年、直訴の原因となった正信が幕府に対して批判的な文書を送り付け、江戸から無断で佐倉領へ戻り、狂気に陥ったと判断されて領地を没収されると、これが「**惣五郎**の呪い」と噂された。そのため、1746（延享３）年に山形から佐倉に転封となった堀田正亮（正信の弟の子孫）は、**惣五郎**の慰霊と供養のために将門山に彼を祀る祠を作った。そして、**惣五郎**の百回忌、百五十回忌、二百回忌を藩が執り行うなど、義民として公認したのである。

搾取される民衆の不満は江戸時代後期においても変わらず、**惣五郎**の人物像を受け入れる素地は常に民衆の中にあったといえる。1851（嘉永４）年には、歌舞伎作品の『東《ひがし》山桜荘《やまさくらぞう》子《し》』に、**惣五郎**をモデルとした浅倉当吾という主人公が登場する。農民の一揆をテーマとした作品は歌舞伎の歴史上初めてのものとも言われており、これをきっかけとして、「義民物」、「惣五郎歌舞伎」という歌舞伎の一大ジャンルが生まれた。

明治維新後の自由民権運動、昭和恐慌や第二次世界大戦後の混乱期、民衆が変革を求めた時代に、**佐倉惣五郎**の物語は強く求められ、さらに伝説化されていった。

160 経済

三井高利（みつい たかとし）

1622〜1694年

江戸では新参者ながら、商才によって幕府御用商人に

江戸時代中期を代表する豪商。伊勢国の松坂で質屋を営む三井高俊《たかとし》の四男として生まれる。ただし、高俊はもともと武家の生まれで商売に疎く、金融業を営む永井家出身の妻（**高利**の母）が店を切り盛りしていたという。12歳で父を亡くした**高利**は、以降は母に女手一つで育てられ、1635（寛永12）年、14歳の時に江戸に下り、長兄が江戸で営む小間物店を手伝うようになった。そして、長兄のもとで商才を磨いた**高利**だったが、あまりに優秀だったためにかえって長兄から疎まれ、1649（慶安2）年に母の面倒を見るという名目で松坂に一度帰されてしまう。

しかし、商業活動が活発な江戸で店を持ち、商人として勝負をしたいという夢をあきらめられなかった**高利**は資金を蓄え続け、1672（寛文12）年、50歳にして江戸出店を決意。翌年には京都に仕入れ用の店舗を借り、江戸本町一丁目の借店《かりだな》（貸店舗）に「越後屋八郎右衛門」の暖簾をかかげ、三井の呉服店を開業したのである。

当時の呉服店は代金を後日支払ってもらう「掛け払い」が主流で、その代わりに定価がなく店と客が交渉して値段を決め、布地も一反単位で購入するのが常識であった。そこで**高利**は、定価を決めて代金と引き換えに商品を客に渡す「現金かけ値なし」という販売方法を考案し、布地も必要な分量だけ切り売りを行った。

斬新なサービスは消費者の心をつかみ、**高利**の店は大繁盛する。しかし、当時の常識を無視した商法を新参者が実施したことで、同業者から嫌がらせを受け、1683（天和3）年に店を浮世絵に描かれることが多い駿河町に移転することを余儀なくされたという。

店舗の移転と同時に**高利**は江戸で両替商を開き、3年後には京都でも両替商を開いたことで、越後屋の事業は拡大。その商才を江戸幕府5代将軍・徳川綱吉の側近である牧《まき》野《の》成貞《なりさだ》に認められ、1687（貞享4）年には幕府の呉服御用達を、1691（元禄4）年には金銀御為替御用達を命じられる。その結果、**高利**は江戸と京都に続いて大坂にも両替店と呉服店を開くことになり、一代で天下の豪商にのし上がったのである。

この大成功は当時の人から見ても驚異的だったようで、同時代を生きた井原西鶴は著書『日本永代蔵』で、**高利**のことを**「大商人の手本なるべし」**と称賛している。

さらに**高利**は亡くなる際に兄弟が仲良く協力して事業を継続・発展させるように、「一家一本」「身底一致」という遺言を残した。これは三井家の家憲として代々受け継がれ、その結果、越後屋は明治時代に三井財閥へと進化を遂げるのである。

もっと深く知りたい人のための推薦図書

- **『三井高利』**中田易直／吉川弘文館

161 政治

徳川光圀（とくがわみつくに）

1628〜1700年

幕末の尊皇思想に影響を与えた『大日本史』を編纂

徳川御三家の一つである水戸徳川家（水戸藩）の初代藩主・徳川頼房の三男として生まれ、水戸藩２代藩主となった人物。旅の隠居が行く先々で悪党を懲らしめるという**時代劇『水戸黄門』の主人公**は、この**光圀**をモデルとしている。なお、元服時に江戸幕府３代将軍・家光から偏諱を許されて諱を「**光国**」としたが、のちに「**国**」の字を「**圀**」の字に変更している。「**圀**」は中国・漢王朝の則天武后《そくてんぶこう》が作らせた則天文字で、日本での使用例はこの**光圀**の名前のみとなっている。

生母は頼房にとって正式な側室ではなかったことから、同母兄の頼重と**光圀**は妊娠がわかった時点で頼房から堕胎を命じられており、それを不憫に思った家臣の三木之次夫妻に匿われて誕生している。そのため、幼少時は三木家の子として水戸で育ち、父親と対面したのは1632（寛永９）年になってからであった。

なお、頼重は**光圀**が誕生した時点で存在が頼房に発覚しないように、京都の天龍寺に預けられていた。そのために同母弟の**光圀**が跡継ぎに選ばれ、江戸の水戸藩邸で教育を受けるようになったのだが、長幼の序を重んじる儒教を学ぶうちに、兄を押しのける形で跡継ぎになった事実に後ろめたさを抱いた**光圀**は遊郭に出入りしたり、辻斬りの真似事をしたり、次第に素行が乱れていったという。

傅役《もりやく》の厳しい指導により自省し、さらに司馬遷の『史記』の伯夷伝を読んで感銘を受けた**光圀**は改心。次期藩主として勉学に励むかたわら、1657（明暦３）年より**初代神武天皇から第100代後小松天皇までの歴史をまとめた『大日本史』の編纂**を開始する。

1661（寛文元）年、父の死を受けて藩主となった**光圀**は、兄の頼重の子・綱條《つなえだ》を養子に迎えて跡取りにし、逆に自分の子の頼常を頼重に養子出すことでかつて兄に対して抱いた申し訳なさを払拭。以降、水戸城下町に笠原水道を整備させたり、領内の寺社の神仏分離を徹底させたり、意欲的に藩政をとった。

1690（元禄３）年には養子の綱條に家督を譲り隠居。５代将軍・綱吉の「生類憐みの令」に対しては批判的で、平気で牛肉や豚肉を食べていたことから、時代劇では綱吉とその側用人・柳沢吉保《やなぎさわよしやす》が**光圀**の敵役として描かれることが多い。

また、隠居所の西山荘で『大日本史』の編纂に専念するが、『大日本史』が完成するのは1906（明治39）年となる。しかし、**この歴史書によって尊皇思想が広まり、幕末に尊王攘夷運動が高まる**のである。

162 **政治**

徳川綱吉（とくがわつなよし）

1646〜1709年

文治政治を推進するも名君から、「生類憐みの令」を強いた暗君に

江戸幕府３代将軍・徳川家光の四男で、５代将軍となった人物。幼名を**徳松**《とくまつ》といい、４代将軍となった長兄の家綱から偏諱を許され、元服後に**綱吉**と名乗るようになった。

1661（寛文元）年、上野国の舘林藩（現在の群馬県館林市）の藩主となるが、参勤交代は免除されていたため、**綱吉**が舘林に赴いたのは家綱の日光東照宮参拝に付き従ったついでの１回のみであったという。

1680（延宝８）年、家綱が子どもを遺さず亡くなったことで、将軍家では後継者問題が持ち上がった。家綱のもう一人の弟である甲斐国の甲府藩主（現在の山梨県甲府市）となっていた綱重《つなしげ》はすでに亡くなっており、その跡を継いだ息子の綱豊《つなとよ》も有力な後継者候補であったが、老中の堀田正俊が**綱吉**のほうが血統的に家光に近いと主張したことが決め手となり、**綱吉**が将軍位を継ぐことになったのである。

もともと将軍になる予定ではなかった**綱吉**は、秩序を重んじるように幼少期から儒学を教え込まれた。そのため、征夷大将軍を任命する天皇への敬意は歴代将軍の中で最も強く、１万石だった朝廷の石高を３万石に引き上げたのは**綱吉**である。また、湯島に孔子廟「湯島聖堂」を建立し、歌学方や天文方を新設して北村季吟《きたむらきぎん》や２世安井算哲《やすいさんてつ》（渋川春《しぶかわはる》海《み》）を登用。非常な学問好きに育った**綱吉**によって、先代の家綱から始まっていた武力で威圧する武断政治から儒教的徳治主義によって世の中を治める文治政治への移行が加速したのであった。そのため、浅野内匠頭《あさのたくみのかみ》が吉良上野介《きらこうずけのすけ》を襲った「松の廊下事件」では、加害者である浅野を厳罰に処し、赤穂浪士の討ち入り事件を引き起こすことになったが、**綱吉**の治世の前半は非常に穏やかで安定しており「天和の治」と称された。

しかし、1683（天和３）年に長男の徳松（**綱吉**の幼名と同名）が病で亡くなり、その翌年に大老となって**綱吉**を支えていた正俊が江戸城殿中で刺殺されると、**綱吉**は舘林藩の家老だった牧野成貞《まきのなりさだ》と側用人の柳沢吉保《やなぎさわよしやす》を重用し、老中を遠ざけるようになる。

さらに、1685（貞享２）年に極端な動物愛護令「生類憐みの令」を出し、以降改定を続けたために世の中が混乱。特に犬の保護を過剰に訴え、野犬を保護する犬小屋を四谷・大久保・中野に設置したことから幕府の財政を圧迫した。そのため、**綱吉**は「犬公方」と呼ばれ次第に民衆からの支持を失うようになった。

なお、**綱吉**は徳松に続いて1704（宝永元）年に愛娘の鶴姫にも先立たれているが、「跡取りを授かるために、生母・桂昌院《けいしょういん》が傾倒していた隆光《りゅうこう》という僧侶にそそのかされて自分の干支と同じ犬を大切にした」というのは後世の創作である。

また、**近年の研究では「生類憐みの令」の見直しが進んでおり、犬の保護が特に重視されたのは野犬公害が多かった江戸とその周辺の地域で、それ以外の地域では捨牛馬の禁**

止が重視されたことがわかっている。さらに、**捨て子や病気で行き倒れた者などの社会的弱者も法の対象となっているため、多くの庶民が迷惑を被った悪法ではあるが、戦国時代に低下した人命の価値を見直す部分を評価する声も出始めている。**

また、**綱吉**が暗君とされた要因の一つが、その治世の後半に天変地異が多発したことが挙げられている。主なものとしては、1703（元禄16）年に元禄地震が起き、その翌年には浅間山が噴火。1707（宝永４）年には宝永地震と富士山の噴火（宝永大噴火）が起きている。宝永大噴火の火山灰は遠く離れた江戸にも降り注ぎ、火山灰によって田畑の農作物が被害を受けて深刻な飢饉が起きたという。

当時は「君主に徳がないから天変地異が起きる」と考えたため、将軍として幕府の頂点に立つ**綱吉**が批判にさらされることになったのである。

追い打ちをかけたのが幕府の財政難であった。家光の時代には余裕があったのだが、佐渡・伊豆・石見などの幕府直轄の金・銀山の産出量が減少し始めたにもかかわらず、家綱の時代に起きた明暦の大火で焼け野原になった江戸の復興事業に多額の金銀を消費することになり、さらに**綱吉**が信心深い桂昌院の影響で寺社の造営を盛んに行ったことで、急速に財政が悪化したのである。

これを解決するため、勘定吟味役の荻原重秀《おぎわらしげひで》の意見を聞き入れて**綱吉**は1695（元禄８）年に貨幣改鋳を実施し、品位84.2%の慶長小判を品位57.3%に切り下げた元禄小判を鋳造。このおかげで一時的に幕府の財政は持ち直したものの、物価の高騰を招き、経済が混乱してしまった。

綱吉の治世で最も絢爛たる文化が花開いたとされる元禄時代は、平和が続いたことにより商工業が発展し、豪商と呼ばれる商人が台頭を始めた時期でもあった。そのため経済を混乱させた**綱吉**は、彼らの強い不満を買うことになったのである。

佐藤優の言葉

「生類憐みの令」は、聖徳の君主の世には仁慈は鳥獣にも及ぶという理想世界の実現を意図したもので、現代の「アニマル・ライツ（動物の権利）」を先取りした考えである。

もっと深く知りたい人のための推薦図書

- **『徳川綱吉―犬を愛護した江戸幕府五代将軍』**福田千鶴／山川出版社
- **『京都・大坂で花開いた 元禄文化』**深光富士男／河出書房新社
- **『生類をめぐる政治―元禄のフォークロア』**塚本学／講談社

163 政治 軍事

大石内蔵助（おおいしくらのすけ）

1659～1703年

世に有名な『忠臣蔵』のモデルとなった人物

江戸時代中期に起きた**「赤穂事件」の浪士47人の指導者**。播磨国の赤穂藩（現在の兵庫県赤穂市）の重臣・大石良昭《よしあき》の長男として生まれ、1659（万治２）年に父の死後に祖父・良欽の家督を継いで家老職となった。諱は**良雄《よしお》**であり、有名な「**内蔵助**」は当時の武士がよく用いた官職風の通称である。

「赤穂事件」とは、1701（元禄14）年の勅使下向の接待役を、**内蔵助**の主君である赤穂藩主・浅野内匠頭長矩《ながのり》が務めたときに起こった。長矩は江戸城・松之大廊下において、突如脇差を振りかざし、高家の吉良上野介義央《よしなか》の額を切りつけたのである。その理由に、何らかの怨恨説、浅野内匠頭の精神疾患説など諸説あるが、真相は謎である。ともあれ事件後、激怒した４代将軍・綱吉によって長矩は即座に切腹が命じられた。お家は断絶、城地も没収である。赤穂藩の家臣は混乱状態に陥り、およそ300人の家臣のうち残る者、去る者、それぞれが生き方を選択せざるを得なくなった。

家老職にあった**内蔵助**は家中をまとめ、藩の借金を処理し、城を無事に引き渡して長矩の法要も行うと、山城国の山科に住まいを移した。**内蔵助**は「浅野家の名誉の回復」を望みお家再興を幕府に懇願するが聞き入れられなかった。そこで**内蔵助**は、亡き主君の敵である吉良を赤穂の遺臣たちが「仇討ち」として討伐することで、「両成敗の処分」を実現させるという手段に打って出る。**内蔵助**の指揮のもと、江戸に集結した赤穂浪士47人が決行したのは12月、雪の降り積もる真冬であった。吉良邸に突入して隠れていた義央を引きずり出し殺害、首級をあげて泉岳寺の長矩の墓前に供えたのである。

浪士たちはその後幕府により細川・久松・毛利・水野の４家に分かれて預けられて処分を待った。この鮮烈な仇討ちに衝撃を受けた幕閣は浪士たちを賛美する世論の中で、助命か死罪かで揺れに揺れたが、法を曲げることはできないとして綱吉は「上使を遣わせたうえでの全員切腹」を命じる。1703（元禄16）年２月４日、**内蔵助**は細川家家臣の介錯で切腹した。享年45。**内蔵助**たちの決死の討ち入りは華々しく、またその最期が見事であったため世論の熱狂的な同情を集め、事件の元凶である浅野内匠頭長矩の非はそれ以上追及されなかった。さらに綱吉の死後、長矩の弟である浅野大学長広が大赦で許され、安房国朝夷郡・平郡に500石の所領を与えられて旗本に復帰。加えて浅野宗家からも300石を支給され、主家の再興という**内蔵助**の悲願は成就したのである。

佐藤優の言葉

欧米人にとって吉良上野介を襲った浅野内匠頭の行動は理解できず、内蔵助ら四十七士が深夜に吉良邸に討ち入り、老人の首を槍の先につけて凱旋する姿は猟奇的に映る。

164 政治 思想

新井白石（あらいはくせき）

1657～1725年

幕閣の一員となり6代・7代将軍の治世を支えた学者

江戸時代中期に活躍した政治家にして朱子学者。上総国久《く》留里《るり》藩（現在の千葉県君津市）の藩主・土屋利直に仕えた新井正済の子として生まれた。諱は**君美**《きみよし》といい、有名な「**白石**」は号にあたる。利直は正済とその子である**白石**を寵愛し、**白石**の一途な気質と、怒ると「火」の字に似た皺が眉間にできることから「火の子」と呼んで、我が子のように可愛がったという。しかし、利直の跡を継いだ土屋直樹からは疎まれ、直樹が改易されて自由の身となると大老・堀田正俊に仕えるが、正俊が殿中で刺殺されたことで堀田家の財政は急激に悪化。再び浪人となった**白石**は独学で儒学を学び続けたという。

1686（貞享3）年には朱子学者・木下順庵に入門。通常の入門は多額の入学金がかかるが、その優秀さにより**白石**は免除となり、弟子というよりも客分として遇されたという。1693（元禄6）年、順庵の推挙によって**白石**は甲府藩主・徳川綱豊に仕官する。

1709（宝永6）年、叔父である江戸幕府4代将軍・徳川綱吉の跡を継ぎ、綱豊が諱を「家宣《いえのぶ》」と改めて6代将軍に就任すると、側用人の松平輝貞・松平忠周を次々に解任し、大学頭・林信篤を抑えて、**白石**にその職責の大半を代行させたのである。

これ以降、**白石**は家宣のもとで**「正徳の治」と呼ばれる政治改革を断行**していく。とはいえ**白石**の身分は無役の旗本であるため、将軍からの諮問を側用人・間部詮房《まなべあきふさ》が**白石**に送り、それに答えるという形で進めたといわれる。一介の旗本にすぎない**白石**が、将軍の侍講として幕政の運営にまで関与したのは異例中の異例のことであった。**白石**の改革は旧態依然とした悪弊を正すものではあったが、一方でその厳しさ、頑なさには反発も多く、やがて幕閣との間に軋轢を生じるようになる。**白石**に全幅の信頼を置いた家宣が没すると、その跡を継いだ7代将軍・家継のもとでも続けて政権運営に携わることになったが、幕閣や譜代大名の抵抗はさらに激しくなった。

そして、家継が夭逝して紀州徳川家から徳川吉宗が8代将軍に就任すると、**白石**は失脚して一切の政治活動から退いた。吉宗とその側近たちによって、それまで**白石**が練り上げてきた朝鮮通信使の応接や「武家諸法度」などはことごとく覆され、幕府に献上した著書なども破棄されたと伝わっている。晩年の**白石**は著作活動に専念し、古代史に関した『古史通』、西洋事情の書『西洋紀聞』『采覧異言《さいらんいげん》』、さらには琉球使節との会談で得た情報等をまとめた『南島志』や、回想録『折たく柴の記』などの書物を著した。

165 文学

井原西鶴（いはらさいかく）

1642〜1693年

「浮世草子」という新ジャンルを開拓した人気作家

江戸時代前期に活躍した俳諧師にして浮世草子の作者。大坂の裕福な商家に生まれ、15歳頃から俳諧師を志し、1662（寛文２）年、21歳の時に独立。青年時代の**西鶴**作品の特徴は、処女撰集『**生玉万句**《いくだままんく》』の序に見られるような「狂句、かる口」の句作であった。そこから**西鶴**は「阿蘭陀《おらんだ》流」と呼ばれる新しい俳諧的世界を広げていき、延宝年間（1673〜1681）には、「矢数俳諧」で名声を得た。

矢数俳諧とは弓術の大矢数をまねて、一日に作った句数の多さを競う俳諧興行であり、世間は**西鶴**の圧倒的な技量に驚いたといわれる。1677（延宝５）年に1600句を独吟し、その３年後には４千句を独吟、『西鶴大矢数』を刊行した。一方で私生活では不幸に見舞われ、34歳の時に妻を失い、３人の幼児を抱える生活となった。

1682（天和２）年10月、大坂の思案橋《しあんばし》荒砥屋《あらとや》孫兵衛可心を版元に出版された『**好色一代男**』は、その構想の新しさと独自の表現手法によって、**それまでの草子の主流であった現実否定的で教訓的な「仮名草子」とは異なる、現実世界の物語を描いた「浮世草子」時代の開幕を告げる名作**となった。時に**西鶴**41歳。この作品は人気を博して次々に版を重ね、翌々年には挿し絵を菱川師宣に変えた江戸板も出板。1686（貞享３）年には師宣の絵本仕立てにした『大和絵のこんげん』と『好色世話絵づくし』が刊行される。『好色一代男』の一場面が描かれた役者絵が今に残っていることから、当時「歌舞伎」で演じられた可能性も高い。また同年の２月に『好色五人女』、６月には『好色一代女』が刊行され、**西鶴**の浮世草子は本格的な流行を始めた。

仮名草子は大きく分けて町人が主役の「町人物」、男女の愛欲を描いた「好色物」、そして武家社会を舞台にした「武家物」が創作されており、1688（元禄元）年正月には、町人物の第一作『日本永代蔵』が、大坂・森田庄太郎、京都・金屋長兵衛、江戸・西村梅風軒と三都書林連名で出版される。元禄町人が直面した当時の社会の闇と、そこで必死に生きる大衆の運命を繊細な筆致で描いたこの作品は大ヒットし全国的に読者を獲得。しかし、1692（元禄５）年３月の書簡で「今程目をいたみ、筆も覚え申さず候」と身体の辛さを嘆くほど**西鶴**の体調は悪化し、翌年８月10日、「人間五十年の究《きはま》り、それさへ我にはあまりたるにましてや　浮世の月見過しにけり末二年」の辞世の句一首を残し、錫屋町（現在の大阪市中央区）の草庵で52歳の生涯を終えた。

166　文学　芸能

近松門左衛門（ちかまつもんざえもん）　1653～1724年

義理と人情を描き「浪速のシェイクスピア」と称された脚本家

江戸時代初期に活躍した浄瑠璃および歌舞伎の狂言作家（脚本家）。越前国（現在の福井県北部）の武士・杉森信義の次男として生まれ、本名は**信盛**《のぶもり》という。父が浪人となったため、**近松**が15、16歳の頃には家族で京都に移り住み、公家の一《いち》条昭良《じょうあきよし》に仕えたといわれる。その経緯は定かではないが、やがて京都で活躍していた「浄瑠璃語り」である宇治嘉太夫《うじかだゆう》（加《か》賀掾《がのじょう》）のもとで、浄瑠璃の脚本執筆を始めたとされている。

近松は1653（承応2）年に近江国の三井寺高観音の近松寺に遊学したことがあり、筆名の「**近松門左衛門**」は、その縁でつけたという説がある。武士の出である**近松**が当時は蔑視されていた芸能の世界へ身を投じたのは、異色の転身であった。1683（天和3）年、曽我兄弟の仇討ちにちなんだ『世継曾我《よつぎそが》』が加賀掾の一座で初演されるが、翌年に加賀掾の弟子・竹本義太夫が座本（興行責任者）となって大坂道頓堀で竹本座を起こし、『世継曾我』を語ると大評判となった。作者名は書かれていないものの、義太夫の語った浄瑠璃のさわりを集めた『鸚鵡ヶ杣《おうむがそま》』序文の記述を見るに、これが**近松**の作であることは間違いない。以後、義太夫は**近松**の作品を竹本座で語るようになり、1685（貞享2）年に上演された**近松**作の『出世景清』は、近世浄瑠璃の始まりといわれる。そして、翌年に上演された『佐々木大鑑』で初めて作者として**近松**の名前が登場する。

1693（元禄6）年以降、**近松**は歌舞伎の狂言作者として京の都万太夫《みやこまんだゆう》座に出勤し、坂田藤十郎が出る芝居の台本を書いたといわれる。10年ほどして浄瑠璃に戻ったが、歌舞伎作者として学んだ歌舞伎の趣向が浄瑠璃の作品に活かされることになった。

1703（元禄16）年には**近松**の代表作となる**『曽根崎心中』が大ヒット**し、心中がブームとなり社会問題になった。なお、**近松**は「芸術とは現実と虚構の狭間にある」という「虚実皮膜《きょじつひにく》論」という芸術論を提唱したといわれるが、**近松**の死後に発行された浄瑠璃評釈書の『難波土産』の記述であるため、本当に**近松**の持論かは定かではない。

1705（宝永2）年に義太夫が竹本座の座本の地位を初代竹田出雲《たけだいずも》に譲ると、**近松**は竹本座の座付き作者となり、住居も大坂に移して浄瑠璃の執筆に専念。1715（正徳5）年に上演された『国性爺合戦』は、初日から17カ月もの続演となる大成功となった。**近松**はその後も精力的に作品を世に出し続け、72歳で没するまでのおよそ40数年間に、歌舞伎脚本30余編、時代浄瑠璃80余編、世話浄瑠璃24編を書き、日本最大の劇詩人とたたえられる輝かしい業績を残したのである。

167 芸能

竹本義太夫（たけもとぎだゆう）

1651～1714年

人形劇のエンタメ性をさらに進化させた男

江戸時代初期に活躍した**浄瑠璃語りにして「義太夫節」の開祖**。**竹本義太夫**は、摂津国天王寺村の農家の生まれで、当時人気の浄瑠璃語りであった井上播磨掾《はりまのじょう》の弟子・清水理兵衛《きよみずりへえ》に入門し、播磨掾の芸風を学ぶ。理兵衛が『上東門院』を興行した際には、ワキを務めたという。1677（延宝５）年に京都四条河原の宇治座『西行物語』に出演して、名太夫と呼ばれていた宇治加賀掾《かがのじょう》のワキを語り、また年末には四条河原に芝居小屋を建てて独立し、**清水理太夫**《きよみずりだゆう》に名を改めて『神武天皇』を興行したといわれる。

しかしこの一作が不評のため翌年に西国へと下った。宇治加賀掾の興業主であった竹屋庄兵衛が組織した操り人形芝居の一座に加わって西国で旅回りをし、1680（延宝８）年頃には**竹本義太夫**に改名。やがて大坂・道頓堀に「竹本座」を興し、『世継曾我』を手始めに、『藍染川《あいぞめがわ》』『以呂波物語』と立て続けに興行。この『世継曾我』はもともと近松門左衛門が宇治加賀掾のために書いた作品で、近松が**義太夫**と関わりをもつようになったのは、この時が最初であったとされる。1685（貞享２）年、竹本座は近松作の『出世景清』を上演して**義太夫**がこれを語り人気を博す。以後**義太夫**と近松が提携して上演した作は「新浄瑠璃」と呼ばれるようになり、これ以前の宇治加賀掾らが語ったものを「古浄瑠璃」と呼んで区別するほどの大きな印象と影響を浄瑠璃世界に与えたのである。

新暦の採用に際し、宇治加賀掾は下坂して西鶴作の『暦』を上演、一方の**義太夫**は『賢《けん》女手習并新暦《じょのてならいならびにしんごよみ》』で対抗して好評を得たという。ついで加賀掾は西鶴作の『凱陣八島《かいじんやしま》』で近松作『出世景清』を演じる**義太夫**を圧倒するが、上演中に火災が起きたため加賀掾は京都へ帰ってしまう。これ以後、大坂でも**義太夫**の地盤は安定していったとみられる。

1703（元禄16）年に上演された近松の世話物第一作『曽根崎心中』は、積年の借財を一気に返済するほどの成功作となった。**義太夫**はこれを契機として座本を引退し、初代・竹田出雲にその座を譲ったが、その後も竹本座への出演は続けた。近松門左衛門を座付き作者に迎えて、『丹波与作待夜のこむろぶし』『傾城反魂香《けいせいはんごんこう》』『堀川波鼓《ほりかわなみのつづみ》』『嫗山姥《こもちやまんば》』などの名作を上演した。その生涯に130編余の作品と多くの門弟を残し、1714（正徳４）年９月10日没した。

もっと深く知りたい人のための推薦図書

- **『歌舞伎と人形浄瑠璃』**田口章子／吉川弘文館
- **『週刊誌記者 近松門左衛門　最新現代語訳で読む「曽根崎心中」「女殺油地獄」』**小野幸惠・著　鳥越文蔵・監修／文藝春秋

168　文学

松尾芭蕉（まつおばしょう）

1644～1694年

娯楽の一種だった俳諧の芸術を高める

江戸時代初期に活躍した俳諧師。室町時代に流行した俳諧連歌から枝分かれし、遊戯性を高めた俳諧の芸術性を高め、後に「蕉風」と呼ばれる俳風を確立したことで俳聖と呼ばれることもある。伊賀国の拓殖郷（現在の三重県伊賀市）の土豪の傍流で、諱は**宗房**《むねふさ》であったため初期の俳号は「**宗房**《そうぼう》」と名乗っていた。名字帯刀が許されていた地侍階級ではあるものの、暮らしぶりは農民だったといわれる。

1656（明暦２）年、13歳の時に父が病没し、伊賀上野の侍大将・藤堂良忠に仕えることになった。主の良忠は京都で活躍する貞門派の俳諧師・北村季吟に師事する俳人であり、**芭蕉**は彼とともに指導を受けるようになった。**芭蕉**の最初期の発句は、良忠に仕えるようになった年のもので「春や来し 年や行けん 小晦日《こつごもり》」という句である。

ところが、1666（寛文６）年に良忠が25歳の若さで病没し、仕官を退いた**芭蕉**は俳諧師としての道を歩み始める。諸説あるが、1675（延宝３）年頃、30代の初めに江戸に出たと考えられている。江戸では「**桃青**《とうせい》」という俳号で活動し、談林派の祖となる俳諧師・西山宗因《にしやまそういん》と交流する。ただし、経済的には不安定だったようで、水戸藩の水道工事の手伝いなどをして糊口をしのぎ、代表作である**紀行文『おくのほそ道』**の旅で、出発地点となる深川の草庵に住み始めるのは1680（延宝８）年のこととなる。

芭蕉は鎌倉時代に活躍した巡礼の歌人・西行に憧れて各地を旅しているが、その中で「不易流行」説を理論づけていく。永遠に変わらない本質「不易」と変わり続ける「流行」の二つは、どちらも「風雅」の心から出ているとし、三つの側面から俳諧をとらえていこうとしたのである。その高雅な俳風は、奥深い世界を描くことで俳諧を芸術の域にまで押し上げていく。**芭蕉**の時代にはまだ「俳句」の名称はなく、俳諧連歌の「発句」と呼ばれており、正統な日本文学の和歌に対し俳諧は言葉遊びの要素が強かった。

芭蕉の死もまた旅の最中のことであった。大坂滞在中に門人の屋敷で病に臥せった**芭蕉**は**「旅に病んで 夢は枯野を かけ廻《めぐ》る」**という句を遺して息を引き取るが、最後まで句の推敲を重ねていたという。なお、**芭蕉**の死とそれを見守る門弟たちの心情を描いたのが、芥川龍之介の『枯野抄』である。

その亡骸は遺言に従い、近江国の義仲寺（現在の滋賀県大津市）に運ばれ、木曽義仲の墓の隣に葬られている。

169 政治

徳川吉宗（とくがわよしむね）

1684〜1751年

財政難の幕府を立て直した中興の祖

江戸幕府７代将軍・徳川家継が８歳で亡くなったため、分家である紀州徳川家から養子に入り８代将軍となった人物。御三家の一つである紀州藩主・徳川光貞の四男として生まれるが、光貞が高齢だったこと、さらに母親の身分が低かったこともあり、幼少期は紀州藩家老の加納政直の元で育てられている。

吉宗には19歳年上の長兄・綱教が存在し、しかも**吉宗**が誕生する前年に５代将軍・綱吉の娘・鶴姫を正室に迎えており、次期将軍の有力候補と目されていた。さらに頼職という別の兄も健在だったため、**吉宗**は将軍どころか紀州藩の藩主になるのも難しい立場であった。ただし、1697（元禄10）年に江戸の紀州藩邸を訪れた綱吉に目通りした際、綱吉から越前国に３万石の領地を与えられ、葛野藩主となっている。

1705（宝永２）年、光貞から家督を譲られ３代目紀州藩主となっていた綱教が亡くなり、急遽その跡を継いだ頼職も続けて病死したため、**吉宗**が５代目紀州藩主となった。なお、「**吉宗**」という諱は、この際に綱吉から偏諱を許され命名されたものである。

ただし、当時の紀州藩の財政は破綻寸前であった。これは、綱教が有力な次期将軍候補であったために、綱教が将軍になれば回収できると考え、見栄や根回しのために予想以上に出費がかさんだからである。

このため、紀州藩を継いだ**吉宗**はまずは倹約令などを徹底し、藩財政の再建に努めることとなった。後に綱教のライバルであった甲府藩主・徳川綱豊が６代将軍・家宣となったことで、幕府から冷遇されることになるが、努力が実り**吉宗**は紀州藩の立て直しに成功する。そして、その実績が８代将軍への道を開いた。

実は、家宣が将軍になった時点で、元禄期の好景気が終焉を迎え、幕府の財政状況も悪化していた。家宣の治世が短く、その跡を継いだ家継も幼く病弱だったため抜本的な対策が打てず、旗本や御家人に給与が払えないほど幕府の財政はさらに逼迫していたのである。そのため、**吉宗が新しい将軍に迎え入れられたのは、紀州藩時代に見せた財政立て直しの手腕を評価されてのことだった**のである。

吉宗は紀州藩の時と同じく、武士や町人に贅沢を慎む倹約令を守らせると同時に、幕府の支出を減らすことに着手した。大奥の美女50人をリストラした有名な政策も、贅沢が当たり前になっていた大奥の人件費を削減するためであった。

その一方で、**吉宗**は幕府の収入を増やすために1722（享保７）年に「上げ米」という制度を開始する。これは諸大名の石高1石につき100石の割合で米を幕府に上納させる代わりに、参勤交代で諸大名が江戸に滞在する期間を1年から半年に短縮するというものである。江戸は人口が多いため物価が高く、物価の安い国元にいる期間が延びることは諸大名にとっても歓迎すべきことだったのである。

また、旗本が高い役職に就くと立場にふさわしい身なりや社交のためにどうしても出費が増えてしまうことから、俸禄を加増する決まりがあった。しかし、その加増は子孫まで世襲されたため役職の世襲化にもつながり、優秀な人材を登用する妨げとなっていた。そこで**吉宗**は、1723（享保8）年に俸禄の不足が発生する場合はその人物の在職中に限り不足分を加増する「足高《たしだか》の制」という制度も開始したのである。

さらに、大商人の経済力を利用した新田開発を奨励。幕府の経済基盤である米の増産に力を入れた。しかし、収穫量が上がることを前提に年貢の引き上げも行ったことで農民の不満が高まるようになり、**吉宗**の治世の末期には一揆が多発するようになる。

なお、この時期の日本は長崎貿易によって金銀などの貴金属が大量に国外に流出していた。そのため**これまで輸入していたものを国産化**する産業政策をとったのも、**吉宗**の時代からである。20年かけて栽培に成功した朝鮮人参などが特に有名であるが、実は**砂糖の国産化**もこの政策で成功している。そのため、貴重品だった砂糖の価格が引き下げられ、後に庶民でも購入できる駄菓子が誕生することになった。

合理的な**吉宗**は実学を好んだため、これまで禁教令の影響で厳しかった翻訳本の検閲を緩め、漢訳洋書の輸入を緩和しているが、そのおかげで蘭学が盛んとなり、『解体新書』を翻訳する前野良沢や杉田玄白といった次世代の人材が育つことになる。

さらに、**吉宗**が民の声を聞く「目安箱」を設置して施療施設「小石川養生所」を設置したり、江戸町奉行に抜擢した大岡忠助に幕府の成文法「公事方御定書」を編纂させたり、後の近代化につながるさまざまな施策を行い、**幕府中興の名君**と謳われた。

しかし、米価を安定させるため「米将軍」と揶揄されるほど米相場に関心をもつ一方で、問屋商人たちに独占的な営業を認める「株仲間」の結成を公認するなど、従来の価値観を変えるような改革的な経済政策は行われなかった。むしろ過度の倹約令で経済や文化が停滞するなど、**近年は経済政策面でマイナス評価**の声も上がっている。

もっと深く知りたい人のための推薦図書

- **『徳川吉宗―日本社会の文明化を進めた将軍』**大石学／山川出版社
- **『徳川宗春 〈江戸〉を超えた先見力』**北川宥智／風媒社
- **『享保改革と社会変容』**大石学／吉川弘文館

170 政治

大岡忠相（おおおかただすけ）

1677〜1751年

江戸町奉行を任された名裁判官と謳われた男

江戸時代中期に活躍した旗本で、後に江戸幕府８代将軍・吉宗の側近として大名となった人物。旗本の大岡忠高の四男として江戸に生まれた**忠相**は、1686（貞享３）年に同族の旗本である大岡忠真の養子となり、後に忠真の娘と結婚している。

1696（元禄９）年、従兄が口論の末に上役を殺害して自刃する事件を起こしたことで、一族は連座によって閉門処置を受けてしまう。翌年には赦《ゆる》されたものの、養父の病死を受け、**忠相**は1700（元禄13）年に23歳で家督を継ぐことになった。

しかし、優秀だった**忠相**は1702（元禄15）年に書院番士に任ぜられたのを皮切りに、順調に昇進して伊勢神宮の守護などを担当する山田奉行に就任。この時、**忠相**は紀州藩が関係する訴訟を忖度なしで公正に裁いたことで、当時紀州藩主であった吉宗に評価され、彼が８代将軍に就任した際に江戸町奉行に登用されたのである。

なお、時代劇の「大岡政談」の名裁判は、ほとんどが中国やインドの故事、別の奉行の逸話などが脚色されたもの。実際に**忠相**が捜査・裁定した案件は、後に多くの物語の題材になった遺産狙いの醜聞殺人「白子屋お熊事件」である。

ただし**忠相**が勤勉な人物であったのは確かなようで、配下に国学者の加藤枝《え》直《なお》、儒学者から蘭学者となった青木昆陽、さらに数学者、農政功者など多方面の識者を抱え、さまざまな問題に公正で徹底した分析を試みる誠実さがあったと考えられている。

享保期（1716〜1736年）、吉宗は後に「享保の改革」と呼ばれる幕政改革に着手するが、**忠相**も町奉行として都市政策に携わり、審理の促進、公正化などに重要な役割を果たした。行政官としても**人口過密地域であった町人域の防火のため町火消組合を創設**。

さらに**永大橋の修繕などのインフラ整備、小石川療養所の開設などの救貧、私娼の禁止や賭博取り締まりや物価対策などにも取り組み**、さらに1722（享保７）年からは地方御用掛を兼務し、関東地方の幕領の経営や武蔵野新田の開発、治水工事などに尽力した。

1736（元文元）年には寺社奉行となるが、本来は大名が就任する役職であったため、旗本身分の**忠相**はほかの寺社奉行から江戸城内の奏者番（大名の格式）の詰所への立ち入りを禁じられるなどの嫌がらせを受けたという。数年後、事態に気がついた吉宗がおそらくは**忠相**のために寺社奉行の専用詰所を制定したことから、その信頼の深さがうかがえる。

1748（寛延元）年、足高の制での加増分が正式なものとなったことで１万石の大名となる。江戸期、町奉行から大名となったのは**忠相**だけであった。

もっと深く知りたい人のための推薦図書

- **『大岡忠相 江戸の改革力 吉宗とその時代』**童門冬二／集英社

171 芸能

市川團十郎（いちかわだんじゅうろう）

1660〜1704年

現代の梨園に受け継がれている大名跡の初代

江戸時代前期に活躍した**元禄時代の江戸を代表する歌舞伎役者**で、勇猛な立ち回りの「荒事芸」を得意とした。その名跡は現在13代目まで受け継がれているが、本項では初代について解説。幼少期の事績はほとんど伝えられていないが、初代**團十郎**は成田山新勝寺近くの幡谷の出身で新勝寺と縁があったことから屋号が「**成田屋**」になったという。

幼い頃から近所にあった芝居小屋にもぐり込むほどの芝居好きで、12歳で芝居の道に入り、1673（延宝元）年、14歳の時に初めて舞台に立ったといわれている。当初の芸名は「**市川海老蔵**」だったが、2年後に**團十郎**に改名。現代の梨園で**團十郎**の名跡を襲名する役者が、海老蔵の名跡を襲名する習慣となっているのはこのためである。

なお、昭和初期に旧家で発見された系図によると、市川宗家の遠祖は能係を務めた武田家の家臣で、初代**團十郎**の曽祖父・堀越十郎が三珠町上野（現在の市川三郷町）の地を領し、武田家滅亡後、下総国へ落ちのびたとされている。ただし、古い家系図は捏造も多いため真偽は不明で、**團十郎**の父親についても諸説が存在する。

1685（貞享2）年、江戸の市村座で上演された『金平六条通』で坂田金平を演じた**團十郎**は、それまでの初期歌舞伎にあった荒々しい武者が立ち回りをする「荒武者事」と、人形芝居の金平浄瑠璃の「荒事」とを合わせた、敵役と戦う正義の味方としての新しい「荒事芸」を完成させる。また、**團十郎**が考案した見得は「元禄見得」と呼ばれた。

團十郎の新趣向は将軍家のお膝元として尚武の気風が高い江戸で絶大な人気を呼び、以後230余年にわたる江戸歌舞伎の頂点に立つ市川宗家の基礎を築いた。ただし、芸域は広いものの、「濡れ事（男女のラブシーン）は不得手」との評もあったようだ。

1693（元禄6）年に京に上って舞台に立つが、当時の京都人の気風に合わなかったためか、評判はかんばしくなかったらしい。だが、学問や文芸に才能があった初代**團十郎**は、このタイミングを逃さず、上方の俳人・椎本才麿《しいのもとさいまろ》に入門。また、狂言作者としても活躍を始める。こうして、多くの荒事を自分自身で作ることにより、「成田山分身不動」で不動明王に扮したように、大詰に神霊に扮して登場する独特な「**團十郎**の荒事」の性格が完成していったのである。

1704（元禄17）年、市村座で『わたまし十二段』の佐藤忠信役を演じている最中、役者の生島半六に、舞台上で刺殺され45歳で死去。半六は捕縛されたが、動機を語らないまま獄死したため、事件の真相は現在も不明である。

172 芸能

坂田藤十郎（さかたとうじゅうろう）

1647～1709年

「團十郎」に匹敵する上方歌舞伎の大名跡

江戸時代前期の上方（京都・大坂）で活躍した歌舞伎役者。初代市川團十郎とともに元禄歌舞伎を代表する役者で、荒事芸が得意な團十郎に対し、**優美な色男の恋愛描写を中心とする「和事芸」を完成させた**。そのため、**坂田藤十郎**の名跡は一度断絶するが、近年復活して上方歌舞伎の大名跡として扱われている。

藤十郎は京の座元だった坂田市左衛門（藤右衛門とも）の息子で、1676（延宝４）年、京都の都万太夫座で初舞台を踏んでいる。1678（延宝６）年に上演された『夕霧名残の正月』の藤屋伊左衛門役が大評判となり、生涯にわたり伊左衛門役を演じ続けたことから「夕霧に 芸たちのぼる 坂田かな」という句が詠まれた。

その後、近松門左衛門と組んで『傾城仏の原』『けいせい壬生大念仏』『仏母摩耶山開帳』などを上演し、恋愛をテーマとする「傾城買い狂言」というジャンルを確立。当時発行された浄瑠璃や芝居の評判記では、「難波津のさくや此花の都とにて傾城買の名人」などと書かれ、特にやつし事（貴人が落ちぶれる役柄）や濡れ事（男女のラブシーン）の演技について高く評価されている。さらに当時の芸談集によると、**藤十郎**の芸は徹底した写実主義に裏付けられた演技を追究したもので、本人も「誉められむと思はば、見物を忘れ、狂言は真のやうに満足に致したるがよし」という言葉を残している。

ただ、この写実性は、あくまで演出上のもの。例えば、当たり役の伊左衛門を演じる際、履物を脱ぐ際に「足が大きく、不恰好だと客が失望する」として、裏方に小さめの履物を用意させたという。一方、踊りは不得手だったようで、怨霊物の演目では踊らずにひたすら手を合わせて逃げ回る演技がよかったと記録に残っているのが面白い。

芸に対して研究熱心かつ誠実で、『傾城仏の原』で**藤十郎**が演じる主人公が、恋人の気持ちを確かめるためにわざと世間話をする場面に対して、あまりにも冗長だと客席から苦情が出た際に、**藤十郎**は台詞を削らず前日よりもゆっくりと世間話をした。このことに対して**藤十郎**は「前日は笑わせる場面だと思って演じたが、今日は相手の心地を聞こうとしてわざと暇取らせた。こっちの気持ちが昨日と違っていたから、良かったのだ」と語ったという。また、指導通りに役柄を演じて好評だった後輩が礼を述べると、誉めもせず「私の言うままに演じていたら、生涯、私は越えられません」と激励したとされる。

藤十郎は、1695（元禄８）年から都万太夫座の座元も務め、1708（宝永５）年、京都の亀屋座で伊左衛門を演じたのを最後に舞台から去り、翌年に死去している。

もっと深く知りたい人のための推薦図書

・**『元禄上方歌舞伎復元―初代坂田藤十郎幻の舞台』**田口章子／勉誠出版

173 科学

青木昆陽（あおきこんよう）

1698〜1769年

救荒作物としてサツマイモの普及に尽力

江戸時代中期に活躍した幕臣。儒学者であったが江戸幕府8代将軍・徳川吉宗の命令で蘭学を学び蘭学者となった。**甘藷（サツマイモ）の普及を図った**ことで**甘藷先生**とも呼ばれ、幕張の昆陽神社では「**芋神さま**」として祀られている。

江戸日本橋小田原町（現在の東京都中央区）で魚屋を営む佃屋半右衛門の息子として生まれる。本名は**敦書**《あつのり》で、有名な「**昆陽**」は通称にあたる。幼い頃から勉学が好きで、1720（享保5）年、22歳の時に京都の儒学者・伊藤東涯《いとうとうがい》の古義堂に入門して儒学を学ぶ。しかし、2年後に起きた江戸の大火で自宅が焼けて魚問屋は廃業。さらに父親が病に倒れたため**昆陽**は江戸に戻り、京で学んだ本草学の知識を活かして調合した薬で父を看病するかたわら、近所の子どもらに学問を教えて生活を支える。しかし、翌年に両親を亡くして気落ちした**昆陽**は、約6年、喪に服して寺参り以外の外出をしなかったという。

江戸町奉行所与力・加藤枝直《かとうえなお》と懇意だったことから、1733（享保18）年、江戸町奉行だった大岡忠相に取り立てられ、書物方として各地を巡り、旧記、古文書など、幕府書物の閲覧を許された。この頃、将軍の吉宗は享保の飢饉を教訓として、米が育たないときでも収穫できる救荒作物を探求していた。そこで**昆陽**は1735（享保20）年に『蕃藷考』を著してサツマイモの栽培を上申。中米から南米が原産のサツマイモは、ヨーロッパ、フィリピン、中国経由で宮古島、薩摩に伝わっており、吉宗が将軍になった頃にはすでに西日本では救荒作物として認識されていたようで、この上申は採用された。

そこで**昆陽**は、薩摩より種イモを取り寄せ、幕府薬草園（現在の小石川植物園）で、約5アール分の試作を行い、のち下総国馬加村（現在の千葉市花見川区幕張）、上総国不動堂村（現在の千葉県九十九里町不動堂）にて苗をつくり、実験的栽培を始めたのである。こうしてサツマイモ栽培が関東地方で普及し、実際に1782（天明2）年に発生した**天明の大飢饉では、多くの人命を救う**ことになる。

評定所儒者となった1740（元文5）年、吉宗から野《の》呂元丈《ろげんじょう》とともに蘭語学習を命じられ、オランダ人や蘭語通詞のいる長崎に、短期間ではあるが留学。『和蘭文訳』『和蘭文字略考』などの入門書や辞書を残し、野呂とともに日本の蘭学の先駆者となっている。最晩年の弟子には『解体新書』の共訳書で知られる前野良沢がいた。

1769（明和6）年、インフルエンザにより72歳で死去。東京都目黒にある瀧泉寺（目黒不動）に葬られた。

佐藤優の言葉

昆陽のサツマイモ栽培法を記述した『蕃藷考』を幕府が高く評価し、日本人の食糧事情が大いに変化したことで、無名の寺子屋師匠だった昆陽は歴史に名を残す人物になった。

174 科学

関孝和（せきたかかず）

1640?～1708年

日本独自の数学「和算」の大成者

江戸時代前期に活躍した和算家（数学者）。それまで**中国の数学に依存していた日本の数学を、固有のものに高めた人物**で、後世「**算聖**」と称されるようになる。

江戸幕府３代将軍・徳川家光の同母弟である忠長に仕えた内山永明の子として生まれるが、後に忠長が自刃して主家が断絶してしまったため、永明は上野国の藤岡（現在の群馬県藤岡市）に移り住み、その後、1639（寛永16）年には江戸城の天主番となっている。**孝和**の生年は諸説あり定かではないことから、必然的に**孝和**の生誕地も藤岡説と江戸説が唱えられている。幼少期に関家に養子に出されたという。

なお、**孝和**が誰に師事して数学を学んだのかも不明である。おそらく、和算家・吉田光由が中国の『算法統宗』をもとに編纂した数学書『塵劫《じんこう》記《き》』で独学し、さらに高度な数学に進んだと考えられている。なお、和算とは海外の知識をもとに江戸期に独自に発達した数学で、洋算と変わらず記号を使い、高度な代数や幾何を解く学問である。当時は「算額」の奉納が始まるなど、和算がブームになりつつあったようで、さまざまな数学書が次々と出版されており、**孝和**も中国の古算書をできる限り探して読破するなど、参考書に困ることはなかったようである。

孝和が最初に発表したのは、和算家の先人・沢口一之の『古今算法記』にある遺題の解答で、1674（延宝２）年に『発微算法』として刊行。後に甲斐国の甲府藩（現在の山梨県甲市）の初代藩主・徳川綱重とその子である綱豊（後の７代将軍・家宣）に仕え、甲府藩の勘定吟味役（会計監査役）となり、1704（元禄17）年に綱豊が５代将軍・綱吉の後継者として江戸城西の丸に入ると、幕府直属の御納戸組頭となっている。

孝和の業績にはさまざまなものがあるが、研究でよく知られているのが円周率の計算だろう。**孝和**は正13万1072角形を使い、**円周率を小数点以下11桁まで求めている。**ほかにも、甲府藩における国絵図（甲斐国絵図）の作成に関わったり、暦学を研究して改暦の機会に備えたりした。ただし、暦については渋川春海が貞享暦を作ったため、功績を挙げることはできなかったという。

面白いのは、江戸城内の中国渡来の時計が壊れた際、お抱えの時計師たちも誰一人手をつけられなかったので、**孝和**が申し出て、苦心の末、修理を成し遂げたとの逸話。**孝和**は、すべての局面で、事象を論理的に分析していくことに秀でていたようだ。

もっと深く知りたい人のための推薦図書

・**『近世日本数学史―関孝和の実像を求めて』**佐藤賢一／東京大学出版会

175　宗教

隠元隆琦（いんげんりゅうき）

1592〜1673年

日本に第三の禅宗・黄檗宗を伝えた僧侶

江戸時代初期に中国から招聘された中国臨済宗の僧侶。**隠元**自身は臨済正宗と称していたが、日本黄檗宗《おうばくしゅう》の祖とされ、京都の宇治に本山となる萬福寺を創建している。黄檗宗は開祖・黄檗希運《きうん》の名前に由来する禅宗の一派で、黄檗希運は臨済宗を開いた臨済義玄の師にあたる。

隠元は福建省福州府福清県万安郷霊得里東林の生まれで、生家は農耕や木こりで生計を立てる貧しい家であったため、10歳で発心するも母になかなか出家修道を許されず、黄檗山萬福寺の鑑源興寿《がんげんこうじゅ》のもとで得度したのは29歳の時であった。

その後、さまざまな寺での修行を経て、萬福寺の住職を２度務めた**隠元**は、その優秀さを評価され、日本の長崎の唐人寺・崇福寺の住持に空席ができたことから、先に渡日していた長崎の興福寺の住持・逸然性融《いつねんしょうゆう》によって日本に招請される。当初、**隠元**は弟子を派遣したが、その弟子が乗った船が難破したことで、自らが20人ほどの弟子を率いて1654（承応３）年に来日。**隠元**は鎖国政策によって長崎に集まった華僑の檀那寺である興福寺と崇福寺に入るが、妙心寺元住持の龍渓性潜《りゅうけいしょうせん》の懇請で、摂津嶋上（現在の大阪府高槻市）の普門寺の住職となる。しかし、その影響力を恐れた幕府によって外出を禁じられたという。来日は３年間の約束であったため、期限が来れば帰国する予定であったが、龍渓らが引き止めに奔走。1658（明暦４）年には４代将軍・家綱と会見し、その２年後に山城国の宇治郡大和田に寺地を賜ったことで、**隠元**はかつて住職を務めた寺と同じ名前をつけた黄檗山萬福寺を創建したのである。

隠元は禅と教えを併せた「禅浄双修」の念仏禅や、「禅密双修」の陀羅尼禅を特徴とする「明禅」を日本に伝え、**当時の禅宗界に多大な影響を与え**て、江戸時代の臨済・曹洞の二宗の戒律復興運動等にも貢献。幕府に保護されたこともあり、大名たちの支援を得て、教勢を拡大した。例えば長州の毛利家、鳥取の池田家、仙台の伊達家の菩提寺が黄檗宗である。また、**当時の中国における文化や文物も輸入**したことで知られ、名称にその名を残す**「隠元豆」のほか、「西瓜」「蓮根」「孟宗竹（タケノコ）」を伝えた**ともいわれる。また日常的に飲む煎茶を伝え「煎茶道」の開祖ともされる。面白いところでは「木魚」の原型となった「魚板」「魚鼓」も輸入し、これは「魚のように昼夜目を開けて、修行に励め」との意味とされる。**読経の際に木魚を叩くのは、黄檗宗の特徴であった。**

1664（寛文４）年、萬福寺の住職の後席を弟子に移譲すると、寺内の松隠堂で晩年を過ごし、82歳で世を去った。

もっと深く知りたい人のための推薦図書

・**『隠元と黄檗宗の歴史』**竹貫元勝／法蔵館

176 宗教 芸術

円空（えんくう）

1592〜1673年

素朴な仏像を各地に残した修験僧

江戸時代前期の修験僧で、**日本各地に「円空仏」と呼ばれる独特の木彫りの仏像を残したことで知られる人物**。具体的な出生地は不明だが、美濃国（現在の岐阜県南部）の長良川と木曽川に囲まれた、大雨のたびに洪水が起きる貧しい地区だったという。一説には美濃国の「竹が鼻」（現在の岐阜県羽島市竹鼻町）とされる。洪水で身内を亡くした**円空**は寺に小僧として預けられ、下働きの日々を送ったとも、幼少期に出家し、長じて尾張国の高田寺（現在の愛知県北名古屋市）で修行したとも伝えられている。その名前が最初に記録に登場するのは、1663（寛文３）年頃に美濃国の神明神社（現在の岐阜県郡上市）の棟札で、同社の天照皇太神、阿賀田大権現、八幡大菩薩を造像している。

円空は天台宗の僧（浄土真宗の僧とする説も）とされるが、自由な信仰の持ち主だったようだ。1665（寛文５）年に幕府が宗派や寺院・僧侶を統制する「諸宗寺院法度」を発令し、僧侶が寺を出て布教したり説法したりするのを禁じているが、それにもかかわらず**円空**は寺院に属さない遊行僧となり、32歳で諸国行脚の旅に出て、ほとんど日本全土に足跡を残しており、北は新潟から北廻り船で下北半島に入り、そこから松前（北海道）に入ったとの記録があり、南への旅は三重県、奈良県にまで及んでいる。

ただし、厳しい荒行の旅を続ける**円空**の生活は貧しく、病や災害、干ばつに苦しむ人々を救うため、昼夜を問わず造像し、時には民家に泊まらせてもらった礼として彫った仏像が今も各地に残されている。一説には、一生に12万体造像を発願したともいわれ、現在までに全国で数千体の像が発見されている。北海道には観音坐像を中心に40数体、愛知県内で３千体以上、岐阜県内で千体以上を数える。北海道、東北に残るものは初期像が多く、岐阜県飛騨地方には後期像が多い。大きいものでは名古屋荒子観音寺の3.5メートル余の仁王像、小さいものは２、３センチの木端仏まで像種もさまざま。多作だが、それぞれが素朴で、親しみのある表情で微笑み、一つひとつが個性をもっている。

晩年は故郷である美濃国へ帰り、飛鳥時代に創建され、その後廃寺になっていた岐阜県関市の弥勒寺を再興し、ここを自坊とした。弥勒寺の墓碑銘によれば、死期をさとった64歳の時、弥勒寺南の長良川河畔に穴を掘り、弟子に後事を任せて里人に見守られながら入定を果たしたとされる。**円空**は「藤が咲く間は、土中に生きていると思ってほしい」と言い残したという。円空入定塚は、現在、藤棚の下にあり、季節になると藤の花で彩られる。

もっと深く知りたい人のための推薦図書

・**『円空巡礼』**後藤英夫・三山進・長谷川公茂／新潮社

177 芸術

菱川師宣（ひしかわもろのぶ）

?〜1694年

世界を魅了する「浮世絵」の祖とされる絵師

江戸時代前期に活躍した絵師。安房国保田（現在の千葉県鋸南町）で縫箔刺繡業を営んでいた菱川吉左衛門の長男として生まれる。生年は不明だが、寛永年間中期（1630年頃）と考えられている。家業の手伝いで着物に施す刺繡の下絵を描くことで絵を描くことに親しみ、絵師としての勉強をするために万治年間（1658〜1661年）に海を渡って江戸に向かったといわれている。当時の江戸には幕府御用絵師を世襲している狩野派だけでなく、長谷川派や土佐派などの絵師が活躍しており、**師宣**はそうした既存の流派に学びつつ、独自の画風を確立。**師宣**が幸運だったのは、当時の江戸では上方にならい出版事業が盛んになり始めた時期で、庶民向けの大衆本を制作・販売する地本問屋が誕生し、印刷用の版下絵師の仕事を獲得することができた点である。

初期の頃は無記名で仮名草子や浄瑠璃本などの挿絵を担当し、次第に絵がメインの絵本を手掛けるようになった。なお、**師宣が描いた絵本は当時江戸最大の歓楽街である吉原の遊女や人気の娯楽である歌舞伎の役者など題材にしたもので、そうした庶民的風俗画は後に「浮世絵」と呼ばれるようになる**。浮世絵のセンスを買われ、**師宣**は1684（天和4）年に井原西鶴の大ベストセラー『好色一代男』の江戸版が発行される際に、その挿絵を新たに書き下ろした。そして、**師宣**以降に浮世絵を手掛ける絵師が増えたことから、**師宣**は**「浮世絵の祖」**とされている。

なお、浮世絵というと多色刷りのイメージが強いが、**師宣**の時代は印刷技術が未熟だったことから墨摺（モノクロ）のみであったが、**師宣**が優れていたのは、1点ものの肉筆画の分野でも人気を博した点であろう。その代表作が、切手の絵柄にもなった『見返り美人図』で、あでやかな紅色の着物姿の女性がふと立ち止まって振り返った姿を描いている。当時としては珍しい一人立ち美人図は、松尾芭蕉の門弟・宝井其角《たからいきかく》が「菱川様《ひしかわよう》の吾《あ》妻俤《づまおもかげ》」と詠んで表現するほど評判となった。また、当時の芝居小屋である中村座の様子を描いたとされる『歌舞伎図屏風』は最晩年の傑作とされ、当時の芝居小屋や芝居茶屋の様子が生き生きと描かれ、芸術的だけでなく史料的価値も非常に高い。人気絵師となった**師宣**は実子の師房《もろふさ》だけでなく多くの弟子をとり、工房を形成して菱川派を形成した。

なお、**師宣**は息子の名前に「房」の字を用いるほど、終生故郷の安房のことを忘れず、その遺骨は出身地の別願院に埋葬されたが、その墓石は1703（元禄16）年に発生した大津波で流され現存しない。

178 芸術

野々村仁清（ののむらにんせい）

生没年不詳

京焼色絵陶器を大成した陶工

江戸時代前期に京で活躍した陶工。丹波国の桑田郡野々村（現在の京都市南丹市）の出身とされるが、生没年や本名などの詳細は不明で、**清《せい》右《え》衛門《もん》**という通称をもっていたことがわかっている。そのため、金閣寺の住職・鳳林承章の日記『隔《かく》蓂《めい》記《き》』の1649（慶安２）年の八月廿四日の記事に登場する「焼物師清右衛門」が現在文献上で確認できる最も古い**仁清**の記録と考えられている。

室町時代に茶の湯人気が高まるとともに、京都では瀬戸や信楽などの陶器の産地から職人を招いて窯を開くようになり、そうした窯は地理的に瀬戸や信楽に近い東山一帯に点在していた。若き日の**仁清**も東山の窯の一つで修業をしており、おそらくは正保年間（1644～1648年）に、東山から離れた仁和寺の門前で「御室窯」と呼ばれる自分の窯を開いたと考えられている。なお、「**仁清**」という号はこの仁和寺と通称の**清右衛門**から一字ずつとって命名されたという説が有力である。

仁和寺は皇族の子弟が入門する格式高い寺院であるが、そんな寺の門前に地方出身の**仁清**が窯を開くことができたのは、第108代後水尾天皇と交流があった茶人・金森《かなもり》宗《そう》和《わ》が関係している可能性が高い。応仁の乱の戦火で伽藍が全焼した仁和寺は、当時、江戸幕府３代将軍・徳川家光の許しを得て開始した再興が終わりかけていた時期で、それに併せて門前町の整備も進めていた。その際、仁和寺の門《もん》跡《ぜき》（住職）を務める覚深法親王（後水尾天皇の異母兄）かその跡を継いだ性承法親王（後水尾天皇の実子）から築窯の希望を聞いていた天皇が宗和に相談し、**仁清**を推挙したと考えられる。

仁清は**京焼の色絵陶器を完成させ、皇族や公家が好む華やかで雅な作品を多数制作**しており、その作風は後に登場する尾形乾山にも影響を与えている。また、後水尾天皇や東福門院からの依頼もたびたび受けており、そうした功績から、「播磨大掾」の受領名を授かり、出家した際には「播磨入道」と名乗った。

代表作は雉の姿を模した『色絵雉香炉』で、色だけでなく造形の美しさもあいまって国宝に指定されている。また、**仁清**はロクロの扱いが非常に巧みで、同じく国宝に指定されている『色絵藤花文茶壺』のように、大ぶりながらバランスがよい色絵が施された茶壺が多数制作された。なお、**仁清**の顧客は皇族や貴族だけでなく都の文化に憧れる地方大名も多く、**仁清**の活躍時期に播磨国の龍野藩（現在の兵庫県たつの市）を治めていた京極家が特に有名で、現存する**仁清**の作品には京極家由来のものが少なくない。

もっと深く知りたい人のための推薦図書

・**『仁清　金と銀』**MOA美術館・編　西田宏子、岡佳子・監修／淡交社

179 芸術

伊藤若冲（いとうじゃくちゅう）

1716〜1800年

趣味を極めて独自の世界観を築いた天才絵師

江戸時代中期に活躍した絵師で、卓越した画力から海外でも評価が高い。京都の台所とも称される錦小路で青物問屋「桝源《ますげん》」を営む３代伊藤源左衛門の長男として生まれ、23歳の時に父の死によって家業を継いで４代**源左衛門**《げんざえもん》となる。しかし、趣味である絵に夢中で、仕事にはあまり真面目に取り組まなかったという。なお、「**若冲**」という名前は彼と親しかった京都の相国寺の住職・大典顕常《だいてんけんじょう》禅師によって命名された居士号である。

青物問屋の仕事は野菜の小売商人の取りまとめのようなもので、桝源も手数料などの収入によって非常に裕福であったため、**若冲**はその財力で最高級の画材を惜しみなく使っていた。依頼を受けて予算内で描く職業画家とは違い、趣味で描いている**若冲**は自分が描きたいものを採算度外視で描きたいように描いたことから、その画業は「究極の旦那芸」と評されることもある。

1755（宝暦５）年、40歳になった**若冲**は弟に家業を譲って隠居し、「源左衛門」は伊藤家の当主が名乗る名前であるため「**茂右衛門**《しげえもん》」と改名して絵に専念する。この時期は朝鮮画を模写した『虎図』（出光美術館所蔵）などを描いているが、1758（宝暦８）年頃から代表作『動植綵絵《どうしょくさいえ》』を描き始めている。この作品は30幅からなる超大作で、1766（明和３）年に完成するのだが、鳥獣、魚貝、虫、草花など人間以外のあらゆる生物が綿密な写生に基づき鮮やかな色彩で描かれている。この作品は**若冲**の両親や弟、そして自身の永代供養料の代わりに相国寺に寄進され、長く寺宝として守られてきた。しかし、明治時代に廃仏毀釈運動によって寺が荒廃した際に皇室に献納され、代わりに支払われた下賜金によって寺の危機を救ったという。なお、「御物に国宝指定は適さない」という慣習があったが、『動植綵絵』に限ってはあまりに優れた絵画であるため、例外的に国宝に指定しようという動きが現在起きている。

若冲は動植物を好んで描いたが、特に動物に関してはかなり変わったポーズをとらせていることが多いにもかかわらず、絶妙なデフォルメを加えていることで、漫画家・荒木飛呂彦の作品『ジョジョの奇妙な冒険』の登場人物が見せる「ジョジョ立ち」のように、不思議な躍動感が生まれているのである。

さらに、**若冲**はデッサン力に優れているだけでなく、**絵の裏側にも色を置く「裏彩色」、輪郭線を引かずに絵の具の濃淡で立体感を出す「没骨法《もっこつほう》」などといったさまざまな技法を用いる**ことで、他の絵師が真似できない**若冲**独自の世界を築いたのである。

もっと深く知りたい人のための推薦図書

・『**もっと知りたい伊藤若冲─生涯と作品**』佐藤康宏／東京美術

180 政治

田沼意次（たぬまおきつぐ）

1719～1788年

商業を活性化するも利権絡みで賄賂が横行

江戸幕府10代将軍・徳川家治に老中として仕え、経済政策を牽引した人物。紀州藩主から８代将軍に就任した吉宗について、紀州藩士から幕府に仕える600石の小身旗本になった田沼意行の息子で、もともと９代将軍・家重に仕える小姓であった。

家重は病気の影響で言葉が不明瞭なことから他者とのコミュニケーションが苦手で、しかも素行にも問題がある人物であったことから、次期将軍に不適格と批判され、家重を廃嫡して弟の宗武（後の松平定信の父）を嫡子にすべしという声も大きかった。

そのため、吉宗から将軍位を譲られたあとは自分の廃嫡を訴えた幕閣や宗武に対して、減封や謹慎を命じるなどの報復措置をとっている。一方、小姓として自分に仕えていた**意次**を御用取次として引き続き重用し、評定所の吟味役に任命していることから、腹心である大岡忠光に次いで**意次**を信頼していたことがうかがえる。

家重の時代は先代吉宗の政策の反動で百姓一揆が多発しており、家重が**意次**に吟味役を命じたのは、1758（宝暦８）年に美濃国の郡上藩（現在の岐阜県郡上市）で起きた大規模な一揆（郡上一揆）に老中、若年寄、寺社奉行といった幕府の重職たちの関与が疑われていたためである。審理の関係者は幕府内での地位が高い者ばかりだったため、家重は**意次**の立場を守るために１万石の大名に取り立てたという。

この一件で**意次**は優れた政治手腕を発揮し、関与していた幕閣も適切に処分された。自分の期待に応えた**意次**を家重はさらに信頼するようになり、1760（宝暦10）年に家重が亡くなったあとも、10代将軍に就任した家治から引き続き重用されたのである。

1767（明和４）年には家治の側用人となり、その後も順調に出世と加増を重ね、1772（安永元）年には老中に就任すると同時に５万７千石の相良藩主となっている。

家治の時代になると幕府の財政は再び悪化していたことから、幕政に参加するようになった**意次**は吉宗が開始した緊縮財政とは真逆の政策を実行。幕府直営の座を設置して銅や鉄を専売にしたり、一般商工業者の株仲間（営業の独占権を与えられた同業組織）を公認する代わりに運上（税率一定の各種営業税）や冥加《みょうが》（営業免許税）を徴収したり、**商人たちの経済力を利用する一種の積極財政を行った**のである。

その一方で、中国料理の材料として現代でも高値で取引される俵物（干しなまこ、干し鮑、ふかひれ）を増産させ、1785（天明５）年に設置した長崎俵物役所を経由して中国の清王朝に輸出することで**外貨を稼ぎ、幕府の収入を増やした**。

なお、これに先立つ1784（天明４）年に**意次**は仙台藩の医師・工藤平助《くどうへいすけ》から『赤蝦夷風説考』を献上され、ロシア帝国の進出について意識するようになり、海防と対ロシア交易、さらに蝦夷地（現在の北海道）の開拓の下見として最上徳内《もがみとくない》らを調査隊として派遣している。そして、彼らが持ち帰った報告で蝦夷地は海産物が豊かであることを知ると、輸出用の俵物の増産を命じたのだという。

しかし、**意次**が新しい経済政策を思いつくと、業者は役人たちに賄賂を贈ってその利権を獲得しようとした。そのため**意次**が老中として幕政を主導した時代は金権政治が行われたと批判を受けることになった。ただし、当時は大名間でも有力者に何かを頼む場合に金品を贈ることは一種の慣習であった。つまり、賄賂が横行したことだけで**意次**を批判することは、適切とはいえない。

当時の武士は金銭を「卑しいもの」と見なして商業を軽視していたため、それを活性化させる政策を打ち出す**意次**を理解できる者が幕府内でも少なかった。何より、もとは紀州藩士で600石の小身旗本でしかなかった**意次**が、譜代の家門から選ばれるべき老中として活躍すること自体に不満を抱く者が幕府内には多数いたのである。

そのため、年貢となる米の収穫量を増やすことを重要視する武士にとっても理解できる政策として、**意次**は下総国の印旛沼や手賀沼の干拓事業にも着手している。当時の江戸は人口が増加して食糧問題が持ち上がっていたこともあり、非常に意味がある政策ではあった。しかし、1784年に江戸城内で跡取りの意知が乱心した旗本の佐野政言に襲われ亡くなると、これを機に**意次**に対する不満が噴出し、**意次**の権勢は徐々に失われてしまう。そして、1786（天明6）年に主君である家治が亡くなると、次期将軍には御三卿のひとつである一橋家の家斉が就任することが決まっていたため完全に失脚。この結果、印旛沼や手賀沼の干拓事業は放棄されてしまった。

意次は蟄居のうえ減封や財産の没収を受け、田沼家はかろうじて大名にとどまれたものの、跡を継いだ孫の意明は家斉の老中となった松平定信から冷遇されたのである。

佐藤優の言葉

収賄の権化のように言われているが、それは後世に作られた物語だ。国家が積極的に干拓などの公共事業を行って米も生産を増やしていくという政策は、優れていたと思う。

もっと深く知りたい人のための推薦図書

- **『田沼意次　「商業革命」と江戸城政治家』**深谷克己／山川出版社
- **『田沼意次：御不審を蒙ること、身に覚えなし』**藤田覚／ミネルヴァ書房
- **『新・人と歴史　拡大版　35　田沼意次 その虚実』**後藤一朗／清水書院

181 文学

柄井川柳（からいせんりゅう）

1718〜1790年

武士も熱中した万句合の主催者兼審査員

江戸時代中期に活躍した**前句付点者（採点者）**。前句とは下の句「七・七」を出題して詠まれる上の句「五・七・五」のことで、「付け句」とも呼ばれた、俳諧連歌から派生した「五・七・五」の17音で表現する文芸で、採点者として**柄井**が有名になったことでその名前がジャンル名になった珍しいパターンである。

なお、俳諧（俳句）も俳諧連歌から派生した文芸だが、俳諧は発句（連歌を詠み始める最初の句）が起源であるため、季語や切り字を入れたうえ、その一句だけで独立していなければならないなど細かい決まりが存在する。対する前句は自由であったため、社会風刺などの手段として幅広い身分や年齢の人々に愛好されるようになった。

1633（寛永10）年頃に寛永寺の院主として江戸に下った天真親王に随行した寺侍・柄井将曹が**柄井**の曽祖父で、祖父の図書が浅草の龍宝寺の寺侍になったことで、以降は龍宝寺の門前町の名主を務めるようになった。**柄井**の本名は**正通**《まさみち》、通称は**八右衛門**《はちえもん》と名乗っていた。談林派の俳諧を学び、1755（宝暦5）年に父から名主職を受け継ぎ、1757（宝暦7）年に「**無名庵川柳**《むみょうあんせんりゅう》」という号を使い初めて「万句合《まんくあわせ》」を実施している。

万句合とはいわば前句のコンテストのようなもので、応募者は主催者が作成した引札（チラシ）を見て取次所に応募をするが、この時に1句につき12〜16文の応募料を支払うことになっている。勝ち句（入選作）には木綿一反のような500文程度の賞品が授与された。その名の通り、一度の募集に1万句集まることも珍しくなかったという。

万句合では応募作を掲載した刷り物を作り、応募数が多ければ刷り物の枚数を増やすのが一般的だったが、**柄井**の最初の万句合は207句しか集まらず、刷り物に「少しずつ応募数も増えるはずなので見捨てないでほしい」という口上を載せている。

しかし、口上の通り、**柄井**が主催する万句合は回数を重ねるごとに応募数が増え、1762（宝暦12）年には1万句を超えた。そして、1765（明和2）年に**柄井**が呉陵軒可有《ごりょうけんあるべし》とともに、これまでの万句合の応募作品から選んだ優れた句を掲載した『誹風柳多留《はいふうやなぎだる》』を刊行。これが大ヒットしたことで前句付点者としての**柄井**の地位は不動のものとなり、1779（安永8）年の万句合には最高記録となる2万5024句もの応募が集まった。

柄井の万句合は応募数が増えるに従い取次所の数が増え、町人地だけでなく武家地の近くにも設置されたため応募者には武士も多く、その中には8代将軍・徳川吉宗の次男・田安宗武らしき人物もいたという。

182 政治

松平定信（まつだいらさだのぶ）

1758〜1829年

田沼政治で緩んだ風紀を正すも厳しすぎて失敗

江戸時代中期に老中首座として「寛政の改革」を主導した人物。江戸幕府８代将軍・徳川吉宗の次男・田安宗武の子として生まれるが、白河藩主・松平定邦の養子となり、1783（天明３）年には定邦の跡を継いで白河11万石の藩主となった。

この時期は「天明の大飢饉」の最中で、杉田玄白が『後見草』で描いているように、この飢饉で数万人規模が餓死したといわれ、人の肉を食い、人肉に草木の葉を混ぜて犬肉と騙して売るほどの惨状であった。白河領内も困窮を極めたが、**定信**は率先して質素倹約を実施し、食糧の緊急輸送や領民生活の安定化を図り、この難局を切り抜けた。

この功績によって**定信**の名声は全国に広がり、推挙によって老中首座に就任すると、幕政を改革するために「寛政の改革」を断行する。**財政の緊縮政策をはじめ、札差《ふださし》棄捐《きえん》令《れい》、旧里帰農奨励令、七分積金令、人足寄場設置令、出版統制令、風俗匡正令、物価引下令、異学の禁、江戸湾防備計画などの良策はすべて「寛政の改革」の産物**である。

当時は税を取る見返りとして行政サービスを施すという考え方はなかった。しかし救済策が不十分な施策により荒廃していた農村と飢饉の衝撃を受け止め、世を正しく治めて人民を救うという**「経世済民」の考えによる行政が少しずつ生まれようとしていた**のである。「寛政の改革」は、そんな時代背景を反映した改革であった。

主導者であった**定信**は都市部、農村部を問わず、凶作や自然災害に備えて米や金銭を貯える「備荒貯蓄政策」も推進した。しかし1793（寛政５）年には11代将軍・家斉から罷免され、老中ならびに将軍補佐役を辞職、再び白河藩政に戻ることとなる。**定信**の辞職の理由として、第119代光格天皇が実父・典仁《すけひと》親王に「太上天皇」の称号を贈ろうとした「尊号一件」、さらに家斉が実父・一橋治済を大御所に迎えようとした「大御所問題」で、**定信**が反対したことなどが原因であるといわれる。しかし、「それみたか、余り倹約なすゆえに、おもいがけなき、不時の退役」と当時の落首に現れているような、**定信**の緊縮政策を厳しすぎると批判する一派からの妨害があったとされる。

その後は白河藩主として藩校「立教館」の整備や、1810（文化７）年には会津藩とともに江戸湾防備の幕命を受けて房総沿岸に台場の築造を行い、嫡子・定永に家督を譲ったあとは江戸築地の下屋敷で風雅な生活を送った。**定信**は歌人・国学者として有名だった実父・宗武の影響で幼少期から大塚孝綽《たかやす》に師事して学問に励み、12歳で自分の信条を記した『自《じ》教鑑《きょうかがみ》』をはじめ、その生涯で200作近い著作を残している。

183 政治

徳川家斉（とくがわいえなり）

1773〜1841年

浪費で幕府財政を傾けるも、その治世で化政文化が花開いた

徳川将軍家の分家である御三卿の一つ・一橋家から江戸幕府11代将軍に就任した人物。一橋家２代当主・治済の四男として生まれ、幼名は**豊《とよ》千《ち》代《よ》**といった。1781（天明元）年、10代将軍・家治の養子となって江戸城西の丸に移り、「**家斉**」と名を改める。

そして家治が病死すると、1787（天明７）年に15歳で将軍に就任。それまで権勢を振るっていた田沼意次を罷免し、代わって陸奥国の白河藩主で名君の誉れ高かった松平定信を老中首座に任命した。これは**家斉**がまだ若いため、**家斉**とともに有力な11代将軍候補であった定信を御三家が立てて、**家斉**が成長するまでの代つなぎにしようという周囲の意図があったとされる。以降、**家斉**のもとで松平定信が主導した政策を「寛政の改革」と呼ぶ。思想、出版、風俗に対する統制とともに幕府財政の建て直しが図られたが、その手法が手厳しかったため次第に**家斉**はじめ幕府の上層部からの反発が巻き起こるようになった。

1793（寛政５）年７月になると、**家斉**は父・治済と団結して定信を罷免する。定信は辞職のあとに領国の白河藩政に復帰した。この改革の主導者であった定信の撤退をもって、「寛政の改革」も終結。1818（文政元）年頃から、**家斉**は側用人の水野忠成を老中首座に据え、それまでの「寛政の改革」の遺老たちを幕政の中枢部から徐々に遠ざけていった。忠成はかつて定信らが厳しく禁じた贈賄を堂々と公認。さらに**家斉**自身も、長年厳しかった宿老たちがいなくなった解放感からか豪勢な生活を送るようになり、加えて「異国船打払令」を発するなど海防費の支出も増大したため、幕府財政は急速に傾き、幕政の腐敗や綱紀の乱れも横行するようになった。

家斉の大奥は歴代の将軍のなかでも群を抜いて壮麗を極め、勢真院以下多数の側室をもち、生涯に55人もの子女を生ませた。こうした**家斉と大奥の華やかな日々は「化政文化」と呼ばれる絢爛豪華な文化を生むが、財政の傾きと連動するように治安も悪化**し、農村分離も進行した。多くの餓死者を出した「天保の大飢饉」でも幕府は有効な対策を打てず、百姓一揆や打ちこわしが激発。1837（天保８）年には大坂町奉行所の元与力・大塩平八郎とその門人らが幕府に対する反乱を起こしている（大塩平八郎の乱）。

同年、**家斉**は将軍職を次男の家慶に譲るが、なお大御所として政治の実権を握り続けた。栄華を極めた**家斉**であったが、最期は周囲の側近たちにも気づかれぬうちに息を引き取ったと伝えられる。

もっと深く知りたい人のための推薦図書

・**『遊王　徳川家斉』**岡崎守恭／文藝春秋

184 政治

長谷川平蔵（はせがわへいぞう）

1745～1795年

幕府の衰退とともに乱れる江戸の治安維持のために奮闘

江戸時代中期に活躍した火付盗賊改方の長で、**池波正太郎の時代小説『鬼平犯科帳』の主人公のモデル**として有名な人物。火付盗賊改方とは、1657（明暦3）年に起きた明暦の大火以後、放火、盗賊、賭博といった犯罪が多発したため、1665（寛文5）年に設置された武装盗賊団を制圧する専任部隊である。ただし物語のような強力な警察権の行使はできず、裁判権も制限され、逮捕できるのは無宿人、百姓、町人に限られていた。

400石の旗本・長谷川宣雄の長男として生まれ、幼名は**銕三郎**《てつさぶろう》、元服後の諱は**宣以**《のぶため》といった。母の記録が残されていないことから、正妻以外の身分が低い女性であったと考えられる。父の宣雄は火付盗賊改方を経て、京都西町奉行の役に就任。京都に同行した**宣以**は、この時に裁判のしくみや与力、同心への指揮方法を間近で学んだという。そして、**宣以**が28歳の時に父の急死を受けて家督を相続し、父と同じく「**平蔵**」を通称とした。

小普請組となった**平蔵**だったが、この時期、父が貯めた金を使い果たす放蕩三昧の無頼漢で、幼名にちなみ「本所の銕」と呼ばれ恐れられていたらしい。しかし、31歳で江戸城西の丸に住む将軍世子（後の11代将軍・家斉）の警護役に任ぜられたのを機に出世し、翌年には進物番（大名からの進物を納戸に収納する役）、41歳で番方最高位の御先手組弓頭、42歳の時、父と同じ火付盗賊改方に任ぜられた。

平蔵は、ここから手腕を発揮し、当時、禁止されていた岡っ引きを使って次々に手柄を立てる。有名な逮捕劇では、御用提灯を持って押し入る極悪非道な武装強盗集団の真刀徳次郎一味を一網打尽に捕らえ、大宮宿で獄門送りに。また、強盗と婦女暴行を繰り返していた盗賊・葵小僧を捕縛すると、わずか10日のスピード判決で処刑したという。功績は犯人逮捕だけではない。犯罪者の更生施設建設を立案し、石川島人足寄場などを設立。しかし、上司の老中首座・松平定信は、清濁併せのむ**平蔵**を快く思っておらず、予算の増額を拒み、**平蔵**は幕府から預かった金を銭相場に投じて資金を得た。また、あちこちの寺院に墓塔を建立して刑死の菩提を弔い、誤認逮捕した場合は保証金まで支払っている。同僚たちはこれを売名行為だと反発。上司や同僚の不評を物語るよう、**平蔵**の出世はままならなかったが、人情味あふれるやり方は庶民には非常に人気があった。

1795（寛政7）年、**平蔵**は火付盗賊改方の御役御免を申し出て、その3カ月後に死去。死の直前、かつて警護した家斉の労いの言葉を受け、高貴薬を下賜されている。

もっと深く知りたい人のための推薦図書

- 『**鬼平犯科帳**』池波正太郎／文藝春秋
- 『**お殿様の人事異動**』安藤優一郎／日本経済新聞出版

185 文学 思想

本居宣長（もとおりのりなが）

1730～1801年

古典研究を経て復古神道を主張した国学者

江戸時代後期に活躍した医師にして国学者。伊勢国の松坂（現在の三重県松阪市）で木綿仲買商を営む小津家の次男として生まれた**宣長**は、19歳の時に紙商の養子となるが、3年後に縁組を解消して松坂に帰っている。22歳の時に義兄が亡くなり家を継いだものの、読書に熱中し、商売には関心も未練もなかったため江戸の店を整理。京都へ遊学し、医学、儒学、そして漢学や国学などを学んでいる。また京都の生活の影響か、王朝文化への憧れを強めていくのだった。また、この頃に先祖の姓である「**本居**」に戻している。

1758（宝暦8）年、松坂に帰った**宣長**は医師を開業し、40年以上にわたり内科全般を手掛け、小児科医としても評判であったという。そして医業のかたわら、現存する日本最古の歴史書『古事記』を研究。35年をかけて『古事記伝』44巻を執筆し、史書『日本書紀』の副読本的な位置づけであった『古事記』に、独自の評価を獲得させる契機となった。

自宅で『源氏物語』の講義を開き、独自で『日本書紀』研究に乗り出す。27歳の時、『先代旧事本紀』『古事記』を購入し、国学者・賀茂真淵《かものまぶち》の書の影響を受け、その後、文通による指導を受け始め、1763（宝暦13）年には真淵に実際対面して入門を許可されている。国学者としての**宣長**は、従来の仏家神道や儒家神道を批判し、神道は古事記などの神典を研究して実証するべきだと主張。儒教や仏教は国の統治のために支配者が作為したと批判し、儒教や仏教の影響を受けていない**昔ながらの神道への回帰（復古神道）を主張**した。

晩年には加賀藩から仕官の打診もあったが、遠国であり、『記伝』の執筆中ということもあって断っている。事情を聞いた紀州藩も交渉に入り、1792（寛政4）年、**宣長**は御針医格十人扶持として仕官したが、生涯の大半を市井の学者として過ごしたのは周知の通りだ。

「医師は、男子本懐の仕事ではない」と子孫に残していたが、あくまで昼間は医師業に専念し、亡くなる10日前まで患者の治療にあたったと記録されている。

また多才であることでも有名。肖像画などで本人が着ている黒い変わった着物「鈴屋衣」は、**宣長**オリジナルのデザインである。鈴屋とは、珍しい鈴のコレクターとしても知られる**宣長**が自宅につけた屋号「鈴屋」に由来する。

宣長は自らの死に向き合い、相続から墓のデザインまで詳細な「遺言書」を残し、死後はこよなく愛した山桜を植えた妙楽寺（現在の松阪市山室町字高峯）の奥墓《おくつき》に葬られた。

186　文学　科学

塙保己一（はなわほきいち）

1746〜1821年

光を失いながらも研究に励み『群書類従』を編纂

江戸時代後期に活躍した国学者。**国学と国史を主とする一大叢書『群書類従』や『続群書類従』を編纂**したことで知られる。貴重な古書の散逸を危惧した**保己一**は、日本の古典文学や文化史料を収める膨大な叢書を作り、現代の歴史学や国文学の学術研究にも、多大な影響を与えるほどの貢献をしている。

武蔵国の児玉郡保木野村（現在の埼玉県本庄市児玉町保木野）の百姓の家の生まれで、「**塙**」という姓は、最初の師で**保己一**を支援した検校・雨富須賀一の本姓を用いたものである。幼少の頃から物覚えの良い子どもであったが、５歳の時に疳《かん》の病気（胃腸病と思われる）が原因で視力が弱り、７歳の春に全盲となった。

しかし、江戸では「太平記読み」で生計を立てている人がいるとの話を聞き、「わずか四十巻の本を暗記することで妻子を養えるなら、自分にも不可能ではない」と考え、1760（宝暦10）年、15歳で江戸に出て雨富須賀一検校の門人となり、名を**千弥**《せんや》と改めて、鍼・按摩・灸、琴・三味線などを学ぶ。一年後、一向に上達しない絶望から自殺も考え**保己一**が師に学問をしたいと打ち明けると、学才に気づいていた検校は「これから三年間は面倒を見る。しかし、見込みがなければ故郷に帰す」と応えてくれたという。

保己一は、人が音読したものを驚異的な暗記力で覚えていった。隣家の旗本・松平乗尹からは、学問の手ほどきを受けただけでなく、さまざまな師を紹介してもらい、国学、漢学、文学・医学・律令・神道など広い学問を学ばせてもらった。名を**塙保己一**と改めたのもこの頃で、中国の詩集『文選』に「己を保ち百年を安んず」とあるものに由来する。百歳まで生きて目的を遂げよう、との意味が込められていたという。

点字がない時代にもかかわらず、1779（安永８）年、**保己一**は34歳の時に『群書類従』の編纂を始め、全666冊が完成したのは41年後であった（ちなみに『群書類従』の版木は20字×20行の400字詰めだったが、これが現在の原稿用紙の元となっている）。その間、幕府や水戸藩といった公的機関からの依頼仕事をこなしながらの作業であった。また『続群書類従』1885冊の編纂を開始するが、その完成は**保己一**の死から100年余りが過ぎた1922（大正11）年であった。

なお、1937（昭和12）年に盲聾者でありながら障害者教育に尽力したヘレン・ケラーがアメリカから初来日した時、幼少時に母親から**保己一**の話を聞いていた彼女は「わたしは先生のことを知ったおかげで、苦難を克服できたのです」と語ったという。

187 文学 思想

平田篤胤（ひらたあつたね）

1776～1843年

苦学の末に復興神道を大成させた国学の偉人

本居宣長が唱えた復古神道を大成した人物で、荷《か》田《だ》春満《あずままろ》、賀茂真淵、本居宣長らとともに「**国学四《し》大《う》人《し》**」と称されている。出羽国の久保田藩（現在の秋田県秋田市）の大番組頭であった大和田清兵衛祚胤の四男として生まれるが、幼少期は不遇な生活を送っていたと考えられている。20歳で脱藩して江戸に出るが、無一文状態で家を出たため、大八車を引いたり、歌舞伎役者の５代目・市川團十郎の飯炊き、火消しなどの仕事に就いたりして糊口をしのぎながら、最新の学問だった西洋医学、天文学、地理学などを学び、旗本某氏の武家奉公人となった。25歳の時に、江戸在住の備中国の松山藩（現在の岡山県高梁市）に仕える山鹿流兵学者・平田篤穏に才覚を認められ、その養嗣子となる。そして翌年、旗本屋敷の奥勤めをしていた駿河沼津藩士の娘・織瀬と結婚している。

この頃、東西洋を扱った総合的地理書『訂正増訳采覧異言』、地動説や万有引力が紹介された『暦象新書』の影響を受けた**篤胤**は、1803（享和３）年、当時亡くなっていた本居宣長の著作を読み国学に傾倒。仏教、儒教的な漢意《からごころ》を排除し、文献学的、考証学的姿勢に徹する方法で、宣長が古代日本を解明していることに衝撃を受け、夢の中で宣長より入門を許可されたと「宣長没後の門人」を自称する。だが、日本に伝わった古道を明らかにするとの目的は一致していたが、宣長とは、思想、学問の性格の違いは大きかった。

37歳の時に妻・織瀬を亡くすと、これが本格的な幽界研究へとつながっていく。1812（文化９）年に発表した著書『霊《たま》の真《み》柱《はしら》』において、**篤胤**は天・地・泉の世界の始まりを説明し、人は死ぬと大国主神の統べる幽冥に行くとして死後の安心を説き、独特な学問を体系化する。これにより、**篤胤**は**宣長が主張した復古神道を大成し、その思想が幕末に尊王攘夷運動を支える**こととなる。

翌年、江戸に迫っていたロシアとの危機に関しても、熱心に情報収集を行っている。自然科学や世界地誌を学んだ**篤胤**は、日本を考察するための他者を、中国から西洋に転換した知識人であり、古史古伝に新しい解釈を加え、国学に新たな流れをもたらした。死後の魂の行方と救済を学説の中心に据えたのは、まず自らの死後の魂の行方を知ることで心の安定を得て、初めて学問に向き合えるとしたからである。

1838（天保９）年、故郷の久保田藩への帰参が認められる。その３年後に幕府の暦制を批判した『天朝《てんちょう》無《む》窮暦《きゅうれき》』を出版したことで、著述差し止めと江戸追放を命じられたことで、故郷に戻り、68歳で失意のうちに亡くなるのであった。

188　文学

与謝蕪村（よさぶそん）

1716～1783年

俳句だけでなく絵画にも才能を発揮した俳人

江戸時代中期に活躍した俳人。摂津国の毛馬《けま》村（現在の大阪市都島区）の出身とされ、大坂に奉公に出た女性が奉公先の主人に手をつけられて身ごもったのが**蕪村**だ、という伝承が地元には残されている。もともとの姓は「**谷口**《たにぐち》」、初期は「**宰町**《さいちょう》**（宰鳥）**」という俳号を使用していた。

20歳で江戸に下り、1737（元文２）年から早野巴人《はじん》（夜半亭）に師事して俳諧を学んだ。当時の俳壇では松尾芭蕉が築いた蕉風復興運動が盛んだったこともあり、**蕪村**も芭蕉への憧れを強めていた。そのため、1742（寛保２）年に巴人が病で亡くなると、以降の約10年は北関東や東北地方で放浪生活に入ったという。なお、俳号の「**蕪村**」はこの放浪時代に名乗り始めたもので、陶淵明の『帰去来辞』冒頭の「帰去来兮田園将蕪胡不帰」という一節に由来する。

1751（寛延４）年、36歳で京に上り現地の俳人たちと交流をもち、国語の教科書に掲載されることが多い「菜の花や 月は東に 日は西に」や「春の海 終日《ひねもす》のたり のたりかな」、そして「鳥羽殿へ 五六騎いそぐ 野分かな」といった代表作のように、古典や歴史を下敷きにした浪漫的かつ絵画的な独自の俳風「天明調」を確立していく。

その一方で、1757（宝暦７）年頃から画業にも専念するようになり、「**与謝**」の姓を名乗るようになった。なお、**蕪村**の絵画というと、俳句に添えられた味のある下手ウマな「俳画」の印象が強いが、色鮮やかな花鳥画や水墨山水画なども得意としており、絵師としての腕前も非常に高かった。

再び俳諧に専念し始めたのは1770（明和７）年に夜半亭二世を受け継いだ頃からで、京都俳壇の中心人物として活躍。諸国の俳人が**蕪村**の元を訪れたという。そして、1777（安永６）年、66歳で発表した句集『夜半落』に掲載された「春風馬堤曲《しゅんぷうばていきょく》」という俳体詩（俳諧と漢詩が融合したもの）は、**蕪村**の若き日々へのみずみずしい想いが詠まれた傑作とされている。

残念ながら、**蕪村**の存在はその死後に忘れ去られてしまう。しかし、明治時代に俳句革新を主張した正岡子規が**蕪村**の句に備わった客観性と絵画的表現を、さらに大正時代には萩原朔太郎が**蕪村**の句がもつ浪漫性と青春性を高く評価したことで、現在は**松尾芭蕉や小林一茶とともに江戸時代の三大俳人**の一人に数えられている。

189 文学

小林一茶（こばやしいっさ）

1763〜1827年

不幸を感じさせない明るくほがらかな俳風が特徴

江戸時代後期に活躍した俳人。信濃国の柏原宿（現在の長野県信濃町）の農家・弥五兵衛の長男として生まれ、本名は**弥太郎**《やたろう》といった。３歳で生母を亡くし８歳で継母を迎えるが、**弥太郎**は彼女になじめず、さらに異母弟が誕生したことで実家に居場所をなくした**弥太郎**の心労を父が案じ、15歳で江戸に奉公に出ることになったという。

ただし、江戸での奉公の詳細は不明で、後年に作られた「椋鳥《むくどり》と 人に呼ばるる 寒さかな」という句から、江戸では出稼ぎの肉体労働者のような生活を送っていたと推測されている（「椋鳥」は当時の江戸の人々が信濃国からの出稼ぎ労働者を揶揄した呼称）。

弥太郎が俳諧の道を目指すようになったのは20歳頃からで、「目には青葉 山ほととぎす 初鰹」の句で有名な山口素堂の流れを汲む葛飾派の俳諧に親しむ。溝口素丸や今日庵森田元夢などと交流し、1787（天明７）年に大坂から江戸に戻った二六庵竹阿《にろくあんちくあ》に師事して俳諧を本格的に学ぶ。この頃から「**一茶**」という俳号を名乗るようになったという。なお、竹阿は1790（寛政２）年に亡くなってしまうが、30歳から36歳まで**一茶**が関西・四国・九州を旅したのは、関西方面に弟子が多数存在した竹阿の影響がうかがえる。

葛飾派の俳風は蕉風俳句に比べるとやや通俗的で、その流れを汲む**一茶**は方言や俗語を用いることで、「**痩蛙 まけるな一茶 これにあり**」「**雀の子 そこのけそこのけ 御馬が通る**」「**これがまあ つひの栖《すみか》か 雪五尺**」といった代表作に見られるような、明るく親しみやすく、そして人間臭い独特の俳風を確立させた。

1801（享和元）年、帰省中に父が倒れたことで**一茶**は柏原にとどまるが、看病のかいなく、父は他界してしまう。この時、父は財産を**一茶**と異母弟の仙六とで等分するように遺言するが、**一茶**が江戸に奉公に出てから実家を盛り立てていたのは継母と仙六であるため、遺産を巡る争いが起きてしまう。その様子は、**一茶**自身が『父の終焉日記』にまとめているが、農家として地に足つけて働いてきた継母と異母弟が、家業になんの貢献もせず、しかも一種の浮き草稼業でもある誹諧師になった**一茶**に財産を分け与えたくないと考えたのも人情的には理解できる部分がある。

遺産相続の問題解決には12年もの歳月を要したが、解決後に**一茶**は信濃国に定住して俳諧師として弟子の指導を本格的に開始する。そして、1814（文化11）年に52歳で28歳の菊を妻に迎え、３男１女に恵まれる。しかし妻子に先立たれるなど、生前の**一茶**は最後まで家庭には恵まれなかった。

もっと深く知りたい人のための推薦図書

・**『小林一茶　句による評伝』**金子兜太／岩波書店

190 文学

上田秋成（うえだあきなり）

1734～1809年

現代にも影響を与えるジャパン・ホラーの大家

江戸時代後期に活躍した読本作者で、**怪談『雨月物語』の作者**としても知られている。

大坂曽根崎で私生児として生まれた**秋成**は、４歳で紙油商嶋屋・上田茂助の養子となり、**仙次郎**《せんじろう》と呼ばれた（実父は小堀遠州直系の旗本小堀政報との説がある）。翌年、天然痘を患い、手の指が不自由になってしまったという。青年時は町人学校「懐徳堂」に通学し、学問の素地を与えられながら俳諧に遊び「**漁焉**《ぎょえん》」の号で活躍するとともに、手の障害にちなむ「**無腸**《むちょう》（蟹の意）」の別号でも知られている。この時期、ほかにも和漢の古典、戯作を耽読、さまざまな師から基礎を学んでおり、1761（宝暦11）年に養父の死を受けて嶋屋を継いでいる。**秋成**の教養はなかなかのもので、漢学にも通じていたことから、1764（宝暦14）年には大坂で朝鮮通信使一行との筆談に参加している。

1766（明和３）年に和訳太郎の名で読本（通俗小説）『諸道聴耳世間猿』を、翌年にも読本『世間妾形気《せけんてかけかたぎ》』を刊行。1768（明和５）年に怪異小説9篇からなる代表作『雨月物語』の初稿を完成させている。また、この頃に国学者・加藤宇万伎《うまき》に師事し、新国学の主題性に決定的な影響を受け、師没後は独学で学問に務めた。

38歳で大火により破産。医者になることを決意し、天満の儒医・都賀庭鐘《つがていしょう》の門下で医術を学んだあと、加島村（現在の大阪市淀川区）で修業に励むかたわら、古典研究も本格化させ、和学研究の基礎を作っている。1776（安永５）年、大坂で医業を開業し、通称に「**東作**《とうさく》」、名に「**秋成**」を用いているが、同時期に『雨月物語』を剪枝畸人《せんしきじん》の名で刊行。『雨月物語』は日本の小説で初めて短編様式を完成させた作品で、**近代に入って映画化やドラマ化がされたことでジャパン・ホラーの原点とも見なされている**。

病のため54歳で大坂の淡路庄村（現在の東淀川区）に退隠。文人として生きることを決意するが、1790（寛政２）年には左眼を失明。晩年は不遇で、60歳で、わずかの蓄えを持って京都へ移ったあと、厚情を寄せた知友の間を転々とする。そして随筆『胆大小心録』で赤裸な心根を書き記しながら、その生涯を創作集『春雨物語』に結実させ、1809（文化６）年、京都の羽倉信美邸で76年の生涯を閉じた。

『雨月物語』の作者が**秋成**だろうとわかってきたのは死後のことで、国学者としてより、近世を代表する小説家として評価され、山東京伝や滝沢馬琴へ強い影響を与えたと考えられている。その墓は南禅寺山内西福寺の内庭にある。

佐藤優の言葉

江戸時代の数多の怪談の中でも、芸術性、恐怖感の双方で上田秋成の『雨月物語』は傑出している。また『春雨物語』は、村上春樹氏が『騎士団長殺し』の中に取り込んでいる。

191 文学 経済

蔦屋重三郎（つたやじゅうざぶろう）

1750～1797年

名だたる作家・絵師が世話になった版元の主人

江戸時代中期に活躍した版元（出版業者、問屋）。人気の**黄表紙・洒落本に加え、喜多川歌麿や東洲斎写楽の浮世絵などを世に送り出した**ことで知られている。愛称は「**蔦重**」。

父親は江戸の吉原遊郭で働いていたといわれ、**蔦重**も新吉原で生まれ、後に喜多川氏の養子となった。「**蔦屋**」は喜多川氏の屋号である（レンタルビデオ店「TSUTAYA」は、創業者が**蔦屋重三郎**の業績にあやかって命名。子孫による経営ではない）。1773（安永２）年、吉原大門の前に貸本、小売を主体とする本屋・耕書堂を開業。同業者に独占されていた吉原遊郭のガイドブックの改版の販売、出版から出版業に関わり、吉原関係の草紙を主体とした出版を始める。

以後、稽古本や往来物、流行の戯作類と出版の内容を広げ、それまでなかったような切り口のヒット作を次々に刊行。人気作家の朋誠堂喜三二の黄表紙本を出版したのを皮切りに、出版業を本格的に拡大。1783（天明３）年に一流版元が立ち並ぶ日本橋の通油町に進出した**蔦重**は、洒落本や黄表紙、絵本、狂歌本を出版。浮世絵では喜多川歌麿の名作を世に送り出し、栄松斎長喜や東洲斎写楽などを後押し。鳥居清長、渓斎英泉、歌川広重らの錦絵も出版している。また、当時の狂歌や戯作界の中心的人物であった文人の大田南畝《おおたなんぽ》の知遇を得て、南畝編による『万載狂歌集』を刊行して、江戸狂歌を爆発的に流行させる。**蔦重**は狂歌・戯作壇の**作家と親交を深めながら活動の場を提供することで、作品の出版を独占的に手掛ける、現代でいうプロデューサー業の元祖**といえる。

しかし、そうしたブームが停滞し始め、老中・松平定信による「寛政の改革」が娯楽産業を厳しく取り締まり始めると、出版業界も悪影響を受け始める。

蔦重がプロデュースしていた人気作家・山東京伝の洒落本、黄表紙『仕懸文庫』『錦の裏』『娼妓絹籭《しょうぎきぬぶるい》』が摘発。京伝は手鎖50日という処罰を受け、**蔦重**も過料により財産の半分を没収されたと考えられている（年収半分の説も）。

ただ、この時期も**蔦重**は抜け目なく、書物問屋に加入し、営業内容の多角化を図って、経営を安定させようと画策。その後も東洲斎写楽の錦絵を140点余も刊行し、錦絵や書物系統の書籍の出版などに注力。江戸の出版文化を牽引しただけでなく、出版史的に深く関与した点でも注目すべきである。**蔦重**は、作家の才能を見抜いてプロデュースする能力にたけており、写楽だけでなく、滝沢馬琴、十返舎一九《じっぺんしゃいっく》など、世話を受けた作家は数多く、特に馬琴は若き日に**蔦重**の手代として働いたこともある。

もっと深く知りたい人のための推薦図書

・**『蔦屋重三郎』**鈴木俊幸／平凡社

192 文学

山東京伝（さんとうきょうでん）

1761～1816年

江戸の出版ブームを牽引した人気作家

江戸時代後期に活躍した**浮世絵師にして戯作者**。質屋を営む岩瀬伝左衛門の長子として江戸の深川木場に生まれた**京伝**は、14、15歳の時に浮世絵師・北尾重政に浮世絵を学び、「北尾政演」の名で戯作や狂言本などに挿し絵を描くようになる。通称を**京屋伝蔵**《きょうやでんぞう》とし、「**山東京伝**」の号は「紅葉山の東にあたる京橋銀座一丁目に住む伝蔵」の意である。

1778（安永７）年、黄表紙『開帳利益札遊合《かいちょうりやくのめくりあい》』の画工を務めたことをきっかけに、戯作を手掛けるようになり、『御存商売《ごぞんじのしょうばい》物《もの》』の出版で黄表紙作者として脚光を浴びる。そして版元の蔦屋重三郎の後押しもあり、やがて恋川春町、朋誠堂喜三二といった人気の武家作者と並んで、天明・寛政期の中心的戯作者となっていくのである。

代表作である『江戸生艶気樺焼《えどうまれうわきのかばやき》』の主人公・艶二郎が、色男を気取る獅子鼻の男だったため、吉原では自惚れ屋を「艶二郎」と呼ぶのが流行したという。また、現在の銀座に喫煙用の小物販売店「京屋」を開き、自身のデザインによる紙製煙草入れを流行らせたというから、**プロデュース能力にもたけていた**ようだ。

京伝の作品は挿し絵の面白さが魅力で人気を誇るが、松平定信が開始した「寛政の改革」における出版統制の対象となる。1791（寛政３）年、洒落本三部作『錦之裏』『仕懸文庫』『娼妓絹籭《しょうぎきぬぶるい》』が検閲に引っかかり、手鎖50日の筆禍の憂き目にある。これは両手に鉄製の瓢箪型手錠をかけ、一定期間、自宅謹慎させる軽犯罪や未決囚に行われる刑罰である。

その後、『忠臣水滸伝』や『昔語稲妻表紙』などで読本作者へ転向して新天地を開き、『南総里見八犬伝』の作者・滝沢馬琴に対抗した重要な作家となる。また『近世奇跡考』といった考証随筆でも名著を残している。ちなみに馬琴は**京伝**に弟子入り志願をしたが、断られたとの逸話が残っている。

面白い逸話では、当時、仲間とともに飲食する時には、その中の代表者が総額を支払うのが一般的であった。しかし**京伝**は、これを良しとせず、頭数で均等に割って「割り勘」にしたことから、これは「京伝勘定」と呼ばれた。**京伝**の友人でもあった馬琴は、**京伝**がケチだったからではなく、仲間との金銭のもつれを嫌ったと書き記している。**京伝**は吉原に遊んで家に帰るのは月のうち５、６日にすぎなかったともいわれる遊び人だったので、金がもとで揉める野暮ったさが我慢できなかったのだろう。

1816（文化13）年、56歳で死去した**京伝**は、墨田区両国の本所回向院に葬られ、翌年、弟の京山が浅草寺境内に「机塚」の碑を建立した。

193 文学

滝沢馬琴（たきざわばきん）

1767～1848年

苦難を乗り越え28年かけて『南総里見八犬伝』を完結

江戸時代後期に活躍した読本作者。当時は印税制度がなかったため、著述業は副業という人間が多かった時代に、**ほぼ原稿料のみで生計を立てていた史上初の職業作家**ともいうべき存在。八犬士が主家である安房国の里見家を再興するという**『南総里見八犬伝』**や、源為朝（源義朝の弟）の流罪後の武勇伝である『椿説弓張月《ちんせつゆみはりづき》』など、勧善懲悪をテーマにした活劇を発表し、町人だけでなく武士からも人気を集めた。また、現代においても**馬琴**の作品の影響を受けている小説・漫画・演劇などの創作物は少なくない。

ただし、人気作家になるまでの人生は波乱に満ちており、旗本に仕えた滝沢興義の五男（兄の早世で実質的には三男）として生まれ、一応は武家出身となる。そのため、元服時に**興邦《おきくに》**という諱を名乗るが、偏屈な性格が災いして武家奉公に向かず、しばらくの放浪生活の末、1790（寛政２）年に当時の人気戯作者・山東京伝に弟子入りを希望する。弟子入りは断られたものの、友人としての交流は続き、京伝の紹介で大手の版元の主人・蔦屋重三郎を紹介され、一時期はその手代として働いている。

そして、蔦屋の紹介で**馬琴**は履物屋を営む会田百と結婚し、１男３女の子宝に恵まれる。**馬琴**は武家出身ということに非常にプライドをもっており、一人息子の興継《おきつぐ》には武家としての滝沢家の再興を託していたという。

馬琴が本格的な創作活動を開始したのは1796（寛政８）年頃からで、初期の頃は通俗的だが発行部数が多い草双紙（絵入りの娯楽本）も手掛けたが、1804（文化元）年に読本（文学性が高い読み物）の『月氷《げっぴょう》奇《き》縁《えん》』が評判になると、『椿説弓張月』で人気作家の仲間入りをし、『南総里見八犬伝』によって読本作者として確かな地位を築いた。

その人気のおかげもあり、医師となった興継は陸奥国の梁川藩（現在の福島県伊達市）の藩邸に出入りを許されるようになった。ところが、1835（天保６）年に息子に先立たれてしまい、1839（天保10）年には**馬琴**が失明してしまう。ちょうど物語が終盤にさしかかっていた『南総里見八犬伝』の執筆は継続不可能となった。

しかし、興継の妻・路《みち》が口述筆記を引き受けたおかげで、1841（天保12）年に28年間執筆を続けた『南総里見八犬伝』は無事完結することができた。博識な**馬琴**は難しい漢字や表現を好んで使うのに対し、一般的な読み書きしかできなかった路は舅から罵倒まがいの教えを受けながらも口述筆記をやり遂げたという。このため、路は深光寺（現在の東京都文京区）にある**馬琴**の墓の後ろに葬られている。

もっと深く知りたい人のための推薦図書

- **『滝沢馬琴　百年以後の知音を俟つ』**高田衛／ミネルヴァ書房

194 芸能 文学

鶴屋南北（つるやなんぼく）

1755〜1829年

歌舞伎に怪談物という新ジャンルを開拓した脚本家

江戸時代後期に活躍した歌舞伎の狂言作者（脚本家）。南北の名跡を継いだ者は５人いるが、業績が最も突出しているのが、本項で紹介する４代目。そのため、「**鶴屋南北**」と言えばたいてい４代目を指す。奇想天外なアイデアとリアリズムによる背景描写が生み出す、独創性に富んだ世界観が特徴の作家であった。

江戸の日本橋の紺屋の家に生まれた**南北**は、芝居好きが高じて1776（安永５）年、狂言作者となるべく初代桜田治助に弟子入り。以後、さまざまな狂言作者のもとで30年近く下積み時代を送り、1801（寛政13）年に47歳でようやく立作者となる（その頃の名は「**勝俵蔵**《かつひょうぞう》」）。これは当時の座頭であった３代目坂東彦三郎の引き立てによるものだった。

そして、一躍、狂言作者としての名を世に知らしめたのは、1804（享和４）年に初代尾上松助の主演で上演した夏芝居『天竺徳兵衛韓噺《てんじくとくべえいこくばなし》』。大蝦蟇《おおがま》の登場や水中の早替わりなど、巧妙な舞台装置や画期的な演出が爆発的人気を呼び、70日間の大入り大評判となったという。**南北**は、宣伝でも卓越したアイデアマンで、『天竺徳兵衛韓噺』初演時には「早替わりはキリシタンの妖術」との噂を江戸に広めさせ、町奉行所が取り調べに乗り出す騒動になって話題を呼んだ。今でいう**炎上商法の元祖**である。夏芝居とは、大物の俳優や作者が休暇をとる６、７月に打つ夏季興行で、ふだんは大役をもらえない低い地位の役者を中心にして、入場料の安い勉強芝居を興行することがあったのである。

『天竺徳兵衛韓噺』が出世作となった**南北**は、この夏芝居を開拓すべく、松助と組んで『三国妖婦伝』や『彩入御伽草《いろいりおとぎぞうし》』、『阿国御前化粧鏡《おくにごぜんけしょうのすがたみ》』といった**幽霊の登場する怪談話を大当たりさせていく。その集大成ともいえる代表作が『東海道四谷怪談』であった。**

怪談狂言は夏芝居の定番となり、狂言作者としての**南北**もヒットメーカーとして、その地位を不動のものにする。悪役が正義の忠臣となり、殺人現場で婚礼が行われ、姫君が辻君（娼婦）になってしまうという、相反する世界観が交錯するシチュエーションは、**南北**作品の最大の特徴。悪人たちが起こす事件をドライに描写し、ブラックユーモアを加味した作風は、文化文政の町人文化を色濃く反映しているといわれる。

1811（文化８）年、57歳で４代目**鶴屋南北**を襲名。1829（文政12）年に『金幣猿島《きんのざいさるしま》郡《だいり》』を一世一代として引退、現在、台本が伝わるものは80余種。同年、75歳で没している。生前に自らの葬儀で配布するための冊子も書いており、最期まで狂言作者として活躍していたといえる。墓所は東京都墨田区の春慶寺にある。

もっと深く知りたい人のための推薦図書

・**『鶴屋南北　かぶきが生んだ無教養の表現主義』**郡司正勝／講談社

195 科学

平賀源内（ひらがげんない）

1728〜1779年

マルチな才能を発揮し、田沼意次からも目をかけられた蘭学者

江戸時代中期に活躍した本草学者にして蘭学者。さらに医師や発明家などさまざまな顔をもち、**鰻屋に頼まれて土用の丑の日に鰻を食べるという習慣を定着させた**ことでも知られる。讃岐国の高松藩（現在の香川県東部）の蔵番・白石茂左衛門良房（足軽相当の小吏）の子として生まれ、11歳で「お神酒天神」という掛軸を作る。この掛軸にはヒモを引っ張ると絵の天神様の顔が赤くなる仕掛けがあり、**源内**は、近所の子どもたちがお神酒をお供えすると、顔を赤くして楽しませていたという。その評判を聞いた藩医が**源内**を呼び、そのもとで本草学や儒学を学んだとされる。

父の死後は、兄が夭折していたため、家を継いで戦国時代の先祖の姓である**平賀**と改めて藩の蔵番となった。そして1752（宝暦2）年頃、高松藩主の松平頼恭《よりたか》に見出され、1年間、長崎へ遊学。その後、藩の役目を辞し、妹に婿養子を迎えさせて家督を放棄。1756(宝暦6)年に江戸に出て本草学を学んでいる。これが**源内**の活躍の始まりであった。

翌年、医師で本草学者の田村藍水とともに本郷湯島で物産会を開催。1762（宝暦12）年の物産会には、全国30余国から千点以上の展示物を集め、盛況となった。また水準儀の「平線儀」やアルコール温度計「日本創製寒熱昇降器」、石綿から作った耐火織物の「火浣布」などの製作で注目を集め、紀伊や伊豆、秩父などで薬物採集や鉱物などの調査を行って、幕府や高松藩の殖産策に尽力。やがて田沼意次の知遇を得たことから、2度目の長崎の遊学に出立。**殖産興業のための陶器や、新しい織物の考案、鉱山開発など活動の場を広げていった。**このほか講談や歌舞伎に携わり、秋田支藩角館の小田野直武に洋画法を教え、秋田蘭画誕生のきっかけを作ったのも**源内**である。

ところが順風満帆に見えた活動も、1774（安永3）年、秩父鉱山の経営に失敗して苦境に陥ってしまう。1776（安永5）年には、かつて長崎で入手した摩擦起電器「エレキテル」の修理に成功。複製品を製作し、医療用具として大名富豪の前で実験しているが、期待した後援は得られず生活が苦しくなっていく。

そして1779（安永8）年、大名屋敷の修理を任された**源内**は、大工の棟梁二人と、自宅で酒を飲んでいた。**源内**は修理計画書を二人に見せるが、酔いつぶれて眠ってしまう。目を覚ますと修理計画書がなくなっていると思い込み、盗まれたと勘違いした**源内**は、棟梁に切り付け、一人は死亡、もう一人も大ケガを負わせて捕らえられ、その約1カ月後に破傷風を発症して、52歳で獄死している。

196　科学

伊能忠敬（いのうただたか）

1745〜1818年

50歳から勉強を始め、驚異的な精度の日本地図を作製した男

江戸時代中期に活躍した地理学者で、1800（寛政12）年から1816（文化13）年にかけて**日本全国の沿岸を測量して回り、『大日本沿海輿地全図』の作製に貢献した**ことで知られる。上総国山辺郡小関村（現在の千葉県山武市）で網元や名主を務める小関貞恒とその妻のミネの子として生まれ、幼名を**三治郎**《さんじろう》といった。貞恒は婿養子だったため、**三治郎**が6歳の時に母が亡くなると、先に父が実家の神保家に戻され**三治郎**は祖父母に育てられるが、10歳の時に**三治郎**も神保家に引き取られたという。

神保家は貞恒の兄の代になっていたこともあり、**三治郎**は1762（宝暦12）年に下総国佐原村（現在の千葉県香取市）の豪商・伊能家の跡取り娘・ミチの婿養子となる。この時、伊能家との家格を釣り合わせるために**三治郎**は神保家の姻族である平山家の養子となり、幕府の儒学者・林鳳谷《ほうこく》に「**忠敬**」という諱を命名してもらっている。

忠敬は伊能家の婿として家業に励む一方、36歳で佐原村本宿の名主に、39歳で村方後見に就任するなど地域活動にも熱心だったという。しかし、婿養子である**忠敬**はミチに先立たれたあと、長男・景敬が成人していることから家業を譲り隠居を希望するが、非常に優秀だったため役人や周囲の人間からなかなか認めてもらえなかった。

1794（寛政6）年、**忠敬**が49歳の時に隠居が認められると、翌年には江戸に出て、19歳も年下の幕府天文方・高橋至時《よしとき》に弟子入りし、長年の夢であった暦学・天文学を50歳にして本格的に学び始める。すでに**忠敬**は中国の暦学・天文学の知識を十分もっていたため、高橋はすぐに西洋の天文学を教授したといわれる。

当時、高橋は『寛政暦』を完成させていたが、より正確な暦を作成するには地球の大きさを知る必要がある。そこで、**忠敬**と高橋は幕府の許可を得て、1800年にロシア帝国の南下が問題視されていた蝦夷地（北海道）の測量を実施することになった。

この時、幕府は**忠敬**たちの測量に期待をしていなかったというが、その際のデータをもとに作製された地図の出来栄えがあまりに素晴らしかったため、最終的に**忠敬**たちが全国の沿岸を測量して最新の日本地図を作製することが決定した。

測量は17年にわたったため、師である高橋や長男に先立たれたり、病気療養や高齢の**忠敬**を心配した家族の反対により測量への参加を断念したり、さまざまな事件にも見舞われたが、全国の測量終了後に地図御用所で『大日本沿海輿地全図』の仕立てが始まった。残念ながら、その完成は**忠敬**の死後3年後のことであった。

197 科学

杉田玄白（すぎたげんぱく）

1733〜1817年

日本の医療を近代に一歩近づけた蘭方医

江戸時代後期に活躍した蘭方医（西洋医学を学んだ医師）。若狭国の小浜藩（現在の福井県小浜市）の藩医・杉田甫仙の三男として生まれた**玄白**は、小浜藩の江戸藩邸中屋敷で誕生。難産であったため、その時に母を喪っている。幼少期を江戸の牛込で過ごした後、８歳で小浜へ移り13歳までの５年間をそこで過ごす。

参勤交代により、甫仙が再び江戸詰めを命じられ、それについていった**玄白**は、17歳で儒学者の宮瀬竜門に漢学、幕府医官の西玄哲に蘭方外科を学び始める。21歳で医師となった**玄白**は小浜藩の上屋敷に勤めたが、翌年、医師・山脇東洋が日本で初めて、腑分け（人体解剖）を行っている。この出来事は当時の医学界を騒然とさせ、**玄白**にも大きな影響を与えたと考えられている。**玄白**は、25歳で藩医としての籍は残したまま、日本橋で町医者として開業する。

1769（明和６）年、37歳の時父が亡くなり、**玄白**はその跡を継いで小浜藩侍医となった。そして、２年後、39歳の時に、**玄白**は運命を変える一冊の書物に出合う。

「江戸の出島」と呼ばれた日本橋には、長崎から来るオランダ商人たちが、旅館の長崎屋を定宿に、数多く出入りをしていた。ここで江戸参府のオランダ商館長、オランダ通詞の吉雄耕牛らに会い、オランダ医書『ターヘル・アナトミア』を入手。そこで解説されていたのは、東洋医学の「五臓六腑図」とは、まったく異なる人体解剖図だったのである。ターヘル・アナトミアの正確さを自分の目で確かめたくなった**玄白**は、日本では貴重な体験であった腑分け（人体解剖）に立ち会うことに。

その時に同席していたのが、後に『ターヘル・アナトミア』をともに翻訳する前野良沢《まえのりょうたく》と中川淳庵《なかがわじゅんあん》であった。オランダ医学の正確さを知った**玄白**は、**『ターヘル・アナトミア』の翻訳**を決意し、良沢や淳庵とともに翻訳作業を開始。難解なオランダ語の医学用語が頻出する文章の翻訳には３年かかり、1774（安永３）年、ついに全５巻からなる**『解体新書』**が完成する。なお、翻訳者に良沢の名前がないのは、彼が完璧主義者であったため、不完全な翻訳本の出版はできないと考えたからだとされる。そこでオランダ語は未熟だったが日本の医学の発展を強く願う**玄白**が訳者として名を記したという。

『解体新書』刊行は、本格的蘭方医書の翻訳事業のルーツであり、日本の医学と蘭学発達に果たした影響は大きい。また、西洋医学に基づく骨格などが判明したことで、後に活躍する葛飾北斎や歌川国芳といった浮世絵師のデッサンにも影響を与えている。

198　科学

華岡青洲（はなおかせいしゅう）

1760〜1835年

麻酔を発明し外科診療の歴史を変えた男

江戸時代後期に活躍した医師で、記録に残るものとして、**世界初となる全身麻酔を使った外科手術を成功させた**漢蘭折衷外科医。紀伊国の西野山村（現在の和歌山県紀の川市）で医師・華岡直道とその妻の於継との間に生まれた。父が病や怪我に苦しむ人々を救うのを見て、自分も医者になりたいと思いながら成長。父に医術の手ほどきを受けた**青洲**は、1782（天明2）年、23歳の時に本格的に医学を学ぶため、京都へ遊学。古医方の内科を吉益南涯に、オランダ流外科を大和見立に学んでいる。この頃、古代中国の伝説の医師・華佗《かだ》が麻酔薬を使って手術を行ったとの話を耳にし、後に取り組む全身麻酔手術に、強い影響を与えられている。

京都で約3年学んだ後に帰郷して家業を継ぎ、患者の治療に取り組むかたわら、新しい治療法や麻酔薬、臨床外科を研究。親試実験を進め、生体の理を究める「活物窮理」、内科と外科を一体とする医学の境地「内外合一」を理念とした。

麻酔薬の研究をどのように進めたのかは記録に残っていないが、母の於継と妻の加恵が、自分の体を使って人体実験を行ってほしいと申し出たと伝えられている。

薬は、催眠や鎮痛の目的で使われていたマンダラゲ（チョウセンアサガオ）配合の薬方薬を、さらに改変したもの。やや毒性は高く、扱いは難しかったようで、被検者である妻が失明する事故に遭ったが、薬効面と安全性を高め、1804（文化元）年、**青洲**はついに麻酔薬「通仙散《つうせんさん》」を完成。世界初の全身麻酔下での乳がん摘出手術を成功させる（欧米で初の全身麻酔が行われたのは約40年後である）。

その後、多くの乳がん摘出手術を実施、腫瘍や脱疽《だっそ》（壊死の一種）などの切開手術にも応用。工夫した用具も開発し、華岡流外科具として普及させている。また中国系薬方にも創意を加え、現在も使われている「紫雲膏《しうんこう》」や「十味敗毒湯《じゅうみはいどくとう》」を製した。

10代目紀州藩主・徳川治宝《はるとみ》は**青洲**を高く評価し、帯刀を許して侍医として迎えようとするが、**青洲**はその要請を一度は断る。しかし、1813（文化10）年に一般患者の診療を続けたいとの願いが認められ、小普請医師格として任用。同藩の奥医師まで進み、生涯藩医と在野の医業生活を折半した。そのほか、診療所と医学校、そして住居を兼ねた「春林軒」を開いて全国から集まった多くの医生を育成。『瘍科神書《ようかしんしょ》』『乳岩弁《にゅうがんべん》』など、門人の録した多くの医学書を残した。海外でも高く評価され、外科を通じて世界に貢献した医師として、1952（昭和27）年にアメリカの国際外科学会付属の栄誉館に祀られている。

199 科学

シーボルト

1796〜1866年

日本に西洋医学を伝え、ヨーロッパに日本文化を伝えた男

江戸時代後期に日本に来日したドイツ人医師にして博物学者。正式名は**フィリップ・フランツ・バルタザール・フォン・シーボルト**という。ドイツの神聖ローマ帝国の司教領ヴュルツブルクで、名門の医学者の家に生まれた**シーボルト**は、ヴュルツブルク大学医学部に入学し、医学をはじめ、動物学、植物学、民族学などを学んだ。なかなか血気盛んな性格だったらしく、30回以上の決闘をして顔にも傷を作ったという。後に江戸にやってきた時も、学術調査に非協力的だとの理由で、オランダ商館長スチュルレルに決闘を申し入れた記録が残っている。大学卒業後は町医者として働いていたが、外国で見聞を広める希望を叶えるため、貿易大国・オランダの陸軍軍医となった。つまり**シーボルト**の来日はオランダ政府の命令で、貿易のための調査も任務に含まれていたのである。

1823（文政６）年、長崎に到着した**シーボルト**は出島の外で病人を診察することを特別に許され、翌年に手に入れた鳴滝の家で私塾**「鳴滝塾」を開き、各地から集まってきた医師に医学を教え**、同時に自分の日本研究の手伝いをさせている。1826（文政９）年、オランダ商館長の江戸参府に随行。旅の途中で植物や動物などの自然の調査を実施。江戸には1カ月余り滞在し、将軍に謁見したほか、さまざまな知己を得ている。また、この頃に長崎の女性・楠本たきと結ばれ、1827（文政10）年に娘・いねが生まれている。任期が満ちて帰国する際、**シーボルト**は江戸旅行の時に集めた資料や品物を持ち帰ろうとするが、国禁である日本地図などを持ち出そうとしたことが判明して国外追放となってしまう。帰国後、ヨーロッパでは本格的な研究書である『日本』や、日本の植物・動物を紹介する『日本植物誌』『日本動物誌』などを執筆し、日本学の権威となった。

シーボルトは、日本人妻・たきを「オタクサ」と呼んでいたが、日本で初めて見た紫陽花に「ヒドランゲア・オタクサ」と名づけている。その後、日本を離れて約30年後、1858（安政５）年の日蘭修好通商条約の締結により追放が解除となり、翌年、ようやく長崎に戻ることができた。幕府の外交顧問となった**シーボルト**であったが、1862（文久２）年に維新の成立を見ぬまま日本を去り、再度の日本訪問を計画するが、1866（慶応２）年にドイツのミュンヘンで風邪からの敗血症を引き起こし70歳で死去している。

なお、娘・いねは父と同じ医学の道を志し、長崎や東京で開業。1873（明治６）年、第122代明治天皇の若宮誕生の際には宮内省御用掛として、出産に立ち会っている。

200 芸術

渡辺崋山（わたなべかざん）

1793〜1841年

蛮社の獄で弾圧され、忠義のために命を捨てた画家

江戸時代後期に活躍した画家にして蘭学者。三河国の田原藩（現在の愛知県田原市）の藩士・渡辺定通の長男として、田原藩の江戸藩邸で生まれる。父・定通が養子だったことから扶持を削られたうえ、藩の財政難によりさらに減俸されたため、実収入はわずか12石足らず。さらに父が病気がちで、医薬費用が多くかかったことから、貧窮の中に育たざるを得なかったという。

このため**崋山**は、家の貧しさを救うため、得意であった絵を描く内職で生計を支えるようになる。また12歳の**崋山**は、儒学者・鷹見星皐らに学び、18歳の時には幕府昌平坂学問所にも学籍を置いて、農学なども学んでいる。やがて32歳頃からは外国事情に関心をもち、蘭学や兵学の研究を開始。**オランダ人から世界の情勢を聞き、外国事情に精通する第一人者**となっている。また、当時の学者文人らとも交友し、詩文、和歌、俳諧にも通じたのもこの頃だ。絵の分野では、若くして文人画家・谷文晁《たにぶんちょう》に入門。西洋画の立体や遠近などの構成を東洋画に取り入れて注目され、画家として生活に不自由しなくなった。なお、当初は「**華山**」と号したが、35歳頃に表記を「**崋山**」と改めている。

37歳の時、主家である三宅氏の家譜編集を藩主より命ぜられ、続いて江戸では藩邸学問所の総世話役に。1832（天保3）年には年寄役末席（家老）となり、幕命の新田干拓計画の中止を上申し、食料備蓄庫「報民倉」を建設したことで「天保の大飢饉」で一人の餓死流亡者も出さなかったなど功績が多い。

ところが1837（天保8）年、日本人漂流民を伴い、対日通商を目的として浦賀に来航した外国船が、異国船打払令によって撃退されるという「モリソン号事件」が起こった。東洋に侵攻する西洋諸国に対し、対抗するのではなく、開国、交易をするよう論陣を張っていた**崋山**は、この事件を知ると人道に背くとして幕府を批判。儒学の信奉者が多い幕府に目の敵にされ、**「天保の改革」における蘭学者弾圧事件として知られる「蛮社の獄」の対象**となり、国元の田原で蟄居を命じられる。

門人らは、蟄居中の**崋山**一家の窮迫した生活を助けるため、**崋山**の絵を売る画会を始めた。この時期、**崋山**は、さまざまな名作を描いているが、1841（天保12）年、江戸で開かれた画会に対し「罪人身を慎まず」との、現在でいう「炎上」世論を起こされ、藩主に災いの及ぶことを恐れて切腹。49年の生涯を終えた。現在、**崋山**の作品は国宝『鷹見泉石像』をはじめ、多くの重要文化財、重要美術品として残っている。

201 政治 軍事

大塩平八郎（おおしおへいはちろう）

1793〜1837年

幕府に対して蜂起した大坂町奉行所の元与力

江戸時代後期に**「大塩平八郎の乱」と呼ばれる武力蜂起を指揮した人物**。大塩家は代々大坂町奉行所の与力を務める家柄で、幼名は**文之助**《ぶんのすけ》といった。幼い頃に両親を亡くした**文之助**は与力として現役だった祖父によって育てられ、1806（文化3）年、14歳で与力見習として出仕を開始したといわれている。そして、1818（文政元）年に祖父が亡くなったことを受け、26歳で家督を継ぎ、正式な与力となった。

当時の与力は現代の警察官と検事と裁判官を兼ねる役職で、事件の捜査現場などでは一定の裁量が任されていた。そのため、町の有力者や後ろ暗いことがある者たちなどは、いざという時の目こぼしや優遇を期待して、与力に対してちょっとした付け届けを贈ることが一般的で、与力側もそれを役得としていた。

ところが、**大塩**は正義感が強く潔癖な性格のため付け届けの類を受け取らず、播磨屋利八という商人が**大塩**の留守宅に肴の付け届けを置いて帰ったところ、すぐさま突き返したというエピソードが残されている。こうした清廉潔白な**大塩**の姿勢は庶民からは支持されたが、同僚からは真面目すぎると煙たがられていたという。

しかし、1820（文政3）年に大坂東町奉行として赴任してきた高井実徳《たかいさねのり》は**大塩**の扱いがうまく、彼のもとで大坂の町で霊感商法まがいの詐欺を働いていたキリシタンの捕縛、盗賊と癒着していた西町奉行所の古参与力の糾弾、そして肉食妻帯の禁止を破っている破戒僧の検挙といった功績を次々と挙げていったのである。

当然、**大塩**は与力としてあらゆる部署のトップを歴任するが、1830（文政13）年に高齢を理由に高井が大坂東町奉行を辞職。これに合わせて**大塩**も親戚から迎えた養子・格之助に家督と与力職を譲り、38歳で隠居をしたのであった。

そして、与力時代に独学で陽明学を学んでいた**大塩**は、自宅に「洗心洞《せんしんどう》」という私塾を開き、豪農や下級武士などの子弟を教育するようになった。幕府御用達の朱子学は「格物致知」を唱えて身分秩序を重視する学問なのに対し、陽明学は「知行合一」を説いて実践を重視する学問である。ただし、もともと下級とはいえ**大塩**も幕臣であるため、洗心洞で使われていた教材には朱子学のものも多かったという。

しかし、1833（天保4）年から東北地方を中心に大凶作が続き、1835（天保6）年からいわゆる「天保の大飢饉」と呼ばれるほど事態は深刻化。各地で多数の餓死者が出たうえ、米の価格が高騰したため一揆や打ちこわしが頻発している。

1836（天保７）年は西日本で記録的な大雨が降り、大凶作が起きて「天下の台所」と謳われた大坂の町でも米が不足し、値段をつり上げるために米を買い占める商人もいたため、貧しい者は手が出ないほど米の価格が高騰し餓死者が多数出てしまった。そのため、**大塩**は蔵書を売り払い620両の金を用立てると、それを貧しい者に配ることで窮状をしのごうとする。併せて、古巣の大坂町奉行所にも対策を申し入れるが、聞き届けられることはなかった。

この時の大坂東町奉行・跡《あと》部《べ》良弼《よしすけ》は幕府の老中・水野忠邦の弟で、兄に似て自分の出世のことしか考えない俗物であったため、江戸幕府12代将軍・家慶の将軍就任の儀式の費用を捻出するために幕府の命令に従い、あっさりと大坂の米を江戸に送ってしまったのである。この結果に**大塩**は激怒し、教え子や近郊の農民たちとともに武力蜂起して悪徳商人から彼らが買い占めた米を奪い、貧しい者たちに分け与えることを決意する。

しかし、密告により奉行所側が先に動いたため、1837（天保８）年２月19日、**大塩**は天満地区にあった自宅に火を放ち進軍を開始する。戦火は乾燥した冬の空気に乗って一気に燃え広がり、後に「大塩焼け」と呼ばれる大火災となり、多くの庶民が焼け出されたが、被災者の多くは**大塩**を恨まなかったという。

一方、大塩軍は奉行所の鎮圧部隊と衝突するが、多勢に無勢で約半日で鎮圧されてしまった。首謀者である**大塩**は行方をくらますが、後に潜伏先に踏み込まれ、火薬を使って養子の格之助とともに自害している。

「大塩平八郎の乱」と呼ばれるこの事件は、**幕府に仕えていた者が幕府に対して蜂起するという前代未聞の事件であったため、幕府の権威は著しく低下することとなった**。このため、幕末は「大塩平八郎の乱」から始まったとも考えられている。

また、幕府の面子を潰した**大塩**とその一派に対する処罰も厳しくなり、乱の生存者や**大塩**を匿った商人らはことごとく打ち首。さらに火薬によって焼け焦げた**大塩**や格之助の遺体を市中引き回しにしたうえで磔にしている。しかし、あまりに遺体の損傷が激しかったことから、かえって**大塩**は生存しているという噂が広がった。

そして、**大塩**の蜂起は「義挙」と見なされ、自分を**大塩**の門弟だと称する国学者・生《いく》田《た》万《よろず》が越後国柏崎にあった桑名藩の陣屋を襲撃する「生田万の乱」を起こしている。

佐藤優の言葉

大塩平八郎が教えた陽明学は理論と実践の統一が重視される。飢饉に対する民衆の苦境に連帯して一揆を起こした。日本の革命家には陽明学者のモラルが重視される。

202 政治

水野忠邦（みずのただくに）

1794〜1851年

天保の改革に取り組むも失敗した野心家

江戸時代後期に幕府老中首座となり、「天保の改革」と呼ばれる幕政改革を主導した人物。肥前国の唐津藩（現在の佐賀県唐津市）の藩主・水野忠光の子として生まれ、父の隠居によって1812（文化９）年に唐津藩主となっている。ただし、**忠邦**は上昇志向の強い人間で、幕政に携わるために有力者に賄賂を贈り、1816（文化13）年には奏者番となっている。しかし、**忠邦**はさらなる出世を望み、長崎警備の負担が重く江戸から遠い唐津藩から遠江国の浜松藩（現在の静岡県浜松市）への国替を実現する。この国替えは石高が25万３千石から15万３千石への大減封となるため、家臣からの反対も多かったが、**忠邦**が幕閣として賄賂をもらう側に回ると、次第に不満の声が鎮まったという。

その後も順調に出世を重ね、1834（天保５）年に老中の水野忠成が亡くなったことを受け、その後任として老中に就任することになった。当時は多数の側室との間に多くの子どもをもうけた11代将軍・家斉の時代で、彼の贅沢により幕府の財政は悪化していた。しかし、他の老中は家斉派ばかりであったうえ、家斉が跡取りの家慶に将軍の座を譲ったあとも大御所として実権を握り続けたため、すぐに対処ができず「天保の改革」の着手は家斉が亡くなった1841（天保12）年からとなる。

天保の改革は基本的に８代将軍・吉宗の「享保の改革」や松平定信の「寛政の改革」と同じく倹約令が中心であった。しかし、**忠邦**が綱紀粛正のために出した風俗取締令は、ただ贅沢を禁じるだけでなく、芝居小屋を江戸市中から郊外に移転させたり、当時500軒あったという寄席を減らしたり、柳亭種彦《りゅうていたねひこ》や為永春水《ためながしゅんすい》といった人気作家を処罰するなど出版事業を厳しく制限したり、庶民の娯楽を制限する厳しいものであった。

また、農村からの出稼ぎを許可制にしたり、さらに貧しさのあまり農民をやめて江戸に流れ着いた貧民を強制的に農村に帰す「人返しの法」などを実施したり、農村の生産力を高めるために尽力した。そして、物価が高い原因は株仲間が価格統制を行っていると考えた**忠邦**は、**株仲間を解散させて自由競争を行わせた。ところが商品の流通が悪化し、かえって物価が上がってしまった**ため、庶民から恨まれることとなった。

そして、1843（天保14）年に**忠邦**は江戸と大坂の十里四方の大名・旗本の領地を幕府直轄領とする「上知令」を提案する。当然のことながら該当地の大名や旗本たちから激しい反対を受け失脚。改革もわずか２年で終わってしまった。後に**忠邦**は老中に再任されるが、ほとんど実権はなく、往時の勢いは失われていたという。

もっと深く知りたい人のための推薦図書

- **『遠山金四郎の時代』**藤田覚／講談社

203　政治

遠山景元（とおやまかげもと）

1793～1855年

天保の改革で水野忠邦と対立した江戸町奉行

江戸時代後期に活躍した、**時代劇『遠山の金さん』の主人公のモデルとなった江戸町奉行**。遠山家は500石しかない弱小旗本であったが、その優秀さで長崎奉行や勘定奉行に抜擢された遠山景晋《かげくに》の子として生まれる。景晋は養子で、後に養父母に実子が生まれたことから、今度は景晋が義弟の景善《かげよし》を養子に迎え、さらに**景元**が景善の養子になるという複雑な家庭環境であった。その鬱屈からか、若い頃の**景元**は素行が悪かったという。

しかし、遠山家の跡継ぎとして1825（文政8）年から江戸城への出仕を始めると真面目に働き、後に12代将軍となる徳川家慶の世話係を任されている。そして、1829（文政12）年には父の隠居にともない家督を継ぐと順調に出世し、1840（天保11）年には江戸北町奉行に就任。その翌年、老中首座の水野忠邦が傾いた幕府財政を立て直すために「天保の改革」に着手すると、町奉行として江戸の市民たちの取り締まりを任される。

しかし、若い頃に不良として庶民と交流した経験を持つ**景元**は、町人を過度に取り締まることに対して反対し、江戸南町奉行であった矢《や》部《べ》定謙《さだのり》とともに水野と対立した。すると、水野は自分の息がかかった目付・鳥《とり》居《い》燿蔵《ようぞう》を動かし、矢部の過去の不祥事を蒸し返し、それを理由に奉行職から罷免してしまう。そして、空席となった江戸南町奉行の座に鳥居をねじ込んだため、**景元**は一人で水野や鳥居と戦うことになってしまった。

ただし、水野に対して**景元**は理路整然と反対理由を述べたため、水野としてもその意見を無視できなかったという。例えば、綱紀粛正の一環で鳥居が芝居小屋の全廃を提案し、水野がそれに賛成しようとした時も、芝居関連の失業者が増えてかえって治安が悪化し、さらに芝居好きの江戸っ子の恨みを買うと説得したため、当時は江戸の郊外であった浅草への移転に計画が変更されたのである。なお、この時に救われた芝居関係者が感謝の気持ちで**景元**がモデルの主人公が活躍する演目を興行するようになったことで、**景元**は正義の味方というイメージが定着したのだという。

1843（天保14）年に鳥居の策謀によって江戸北町奉行を罷免され、表向きは出世になるが、実際は閑職である大目付に就任する。しかし、後に水野の政治生命が完全に断たれてしまった1845（弘化2）年、**景元**は江戸南町奉行に任命されたのである。

南町奉行時代は、水野が「天保の改革」で解散させた株仲間を再興させたり、寄席の制限を撤廃したり、改革で壊された庶民生活の再建に尽力し、水野に代わって老中首座となった阿部正弘からも重用された。

佐藤優の言葉

「遠山の金さん」で知られた名奉行だが、当時の裁判（お白洲）は奉行が裁判官と検察官を兼ね、弁護人なしで拷問が認められ、客観的証拠より自白を重視する暗黒裁判だった。

204 政治

上杉鷹山（うえすぎようざん）

1751～1822年

破綻寸前の米沢藩の財政再生を導いた名君

江戸時代後期、財政状況が悪化し領地返上の危機に陥っていた出羽国の米沢藩（現在の山形県米沢市）を立て直した９代藩主。諱は**治憲**《はるのり》であるが、隠居後に名乗った「**鷹山**」の号のほうが有名。もともとは日向国の高鍋藩（現在の宮崎県宮崎市と児湯郡の一部）の藩主・秋月種美の次男として生まれるが、母親から上杉家の血を引いていたことから、1760（宝暦10）年に跡継ぎのいなかった米沢藩主・上杉重定の養子に入った。

当時の米沢藩は洪水や飢饉が頻発し、財政は窮地にあったといわれる。ところが15万石しかないにもかかわらず、藩祖である上杉景勝《かげかつ》がかつて120万石の会津藩主だった時代の家臣６千人をそのまま抱え、奔放な暮らしをしていた。そこで、1767（明和４）年に17歳で米沢藩の藩主となった**鷹山**の藩政改革が始まる。財政引き締めのために「大倹約令」を発し、自らも食事は一汁一菜、衣は木綿着とし、奥女中の削減や仕切料を３分の１にするなど、質素倹約を実行。教育にも力を入れ、藩校「興譲館」を再興させて、身分を問わず学問を治めることのできる環境を整えた。

その一方で農政改革に乗り出し、水不足に悩む地域のために用水事業を行っている。官民一体で作り上げた農業用水路「黒井堰」と「穴堰」は、米沢盆地北部の田を潤し、現在も農業用地に水の供給を続けている。

ほかにも産業の開発に取り組み、特産の植物・青苧の繊維を原料とした縮織や、絹織物のための養蚕にも着手している。こうした改革成功は、武士と藩民の協力によって成し遂げられたが、その裏には**鷹山**自身の藩への強い思いがあったのだ。

政治面では、厳正と寛大を旨としており、一連の改革に反対した重臣が起こした七家騒動に対しては、切腹や改易、斬首、士分剥奪といった果断な処置をもって臨んだ。改革の功労者であった竹俣当綱《たけまたまさつな》が公費を私的流用すると厳正に処分し、自らも藩主を隠退。1785（天明５）年に新しく藩主となった治広（養父・重定の実子）には、君主専制を戒めた「**国家は先祖より子孫へ伝える。人民は国家に属し、国家は人民のためにあるもので、君主が自由にできるものではない**」との「伝国の辞」を贈っている。

第35代アメリカ大統領のジョン・F・ケネディが就任した際、日本の記者団に「日本でいちばん尊敬する人物」を聞かれ、「**鷹山**」の名前を挙げたといわれている。ケネディは、キリスト教思想家の内村鑑三の著書で、**鷹山**を紹介する文章を読んだようだ。

もっと深く知りたい人のための推薦図書

- **『上杉鷹山「富国安民」の政治』**小関悠一郎／岩波書店

205　政治　思想

二宮尊徳（にのみやそんとく）

1787〜1856年

かつては少年時代の銅像が小学校に飾られた偉人

江戸時代後期に活躍した農政家にして思想家。一般には「金次郎」として知られ、また諱の**尊徳**《たかのり》を「**そんとく**」と読むほうが定着している。**尊徳**は、相模国足柄上郡栢山村（現在の神奈川県小田原市栢山）で農家を営む二宮利右衛門の長男として生まれる。家は比較的裕福で、幼少時から教養のある父の教育を受けて育った。しかし、近隣を流れる酒匂川の氾濫が頻発し、荒れてしまった田畑の回復も叶わず、14歳の時に父が、16歳の時に母が亡くなり、一家は離散してしまう。しかし、伯父の家に預けられた**尊徳**は逆境にもめげず、仕事の合間に稲の捨て苗や菜種を空き地に植えて栽培、収穫し、収益を増やして田畑を買い戻し、没落した生家を20歳で再興。かつて学校に建立された金次郎像は、苦難の中で奮励努力しながら勉学に励んだ姿を現したものだ。

そうした手法を活かして近親者の家政再建を行ったほか、1812（文化9）年には小田原藩の家老・服部十郎兵衛家の若党となり、財政立て直しを依頼され、**倹約と「五常講」という金融互助制度（現在の信用組合のルーツ）で再興を成功させた。**

その実績が小田原藩主・大久保忠真から見込まれ、財政難だった藩主の分家である旗本・宇津氏の野州（現在の栃木県）桜町領の財政再建を任じられる。**尊徳**は桜町仕法と呼ばれる手法を施し、苦節10年の難事業を成功させるが、これが後の財政再建、農村復興、飢饉救済の仕事「報徳仕法」のモデルといわれる。

「報徳」とは「万物にはすべて徳（良い点）があり、それを報いる（活用する）」という**尊徳**の方法論で、小田原藩主に「論語にある以徳報徳（徳をもって徳に報いるの意）」との言葉をもらって呼ばれるようになった。

報徳仕法成功の要因は、報徳思想は神儒仏3教の折衷で、自然の天道に対し衣食住を生む人道を置き、生産労働と生活規律を重視するなど、民衆の生活意識に根ざす規範を創出したことにある。事前調査で復興プランを立て、領主・地主・農民の分に応じた消費を規定した「分度」を画定して、余財を自己や他人のために「推譲」。「報徳金」と呼ばれる資金を創設運用し、農民の勤労を褒賞制度などによってひき出したのだ。

その成功は注目を集め、現在の茨城・栃木県下の北関東各地の仕法を手掛け、かたわらに弟子たちを介して諸家や諸領の復興指導も続けた。

晩年、**尊徳**は御普請役格20俵2人扶持の幕臣となり、1856（安政3）年、日光領仕法中に70歳で病没するまで、報徳仕法の手ほどきを受けた地域は六百村に達したという。

206 その他

間宮林蔵（まみやりんぞう）

1775?〜1844年

遠い日本の北の果てをその目で見た探検家

江戸時代後期に活躍した探検家。**徳川将軍家に仕える御庭番（密偵）にして、樺太（現在のサハリン）が島であることを確認し、間宮海峡を発見した人物**として知られる。なお、諱は**倫宗《ともむね》**で、有名な「**林蔵**」は通称にあたる。

常陸国の上平柳村（現在の茨城県つくばみらい市）の農家の生まれで、先祖は戦国時代に小田原の後北条氏に仕えた間宮豊前守康俊で、秀吉の小田原攻めに敗れてこの地に落ちのび、帰農した末裔と伝えられている。

幼少より才気煥発だった**林蔵**は、８歳頃から寺子屋に通い、13歳の時筑波山に登って立身出世を祈願したりしたといわれる。1795（寛政７）年、16歳の時に小貝川の堰止め工事に加わったことで、幕府普請役・下条吉之助に地理や算術の才能を認められ、江戸に出府。地理学者・村上島之允に、規矩術（三角測量）を学び、1799（寛政11）年、20歳の時に村上の従者として初めて蝦夷地（北海道）に渡る。翌年、蝦夷地御用掛雇となるが、函館で伊能忠敬と偶然、知己を得て師事している。

ここまでは測量家としての一面だが、以降は波乱に富んだ探検家の道を歩き始める。1806（文化３）年、択捉島《えとろふとう》紗那《しゃな》会所に勤務し、測量や新道開発に当たっていたとき、幕府から通商要求を断られたロシア使節ニコライ・レザノフの部下が、復讐のため軍艦から会所を襲撃したのである。**林蔵**は徹底交戦を主張したが、会所は防戦の後に敗走。**林蔵**は江戸に上り取り調べを受けるが、交戦を主張したのが認められて咎めはなかった。

1808（文化５）年、29歳の時、調役下役元締・松田伝十郎と第１回樺太探検を命じられ、**林蔵**は東海岸を調査。翌年、第２回探検に出発して樺太で越年、海峡最狭部を突破して最北端に到達。「間宮海峡」を確認して、樺太が島であると確認したのである。

そこからアイヌ酋長の舟で大陸に渡り、黒竜江下流地方を探検して清国の仮役所デレンで清国役人と会見。こうして当時の清、ロシア、そして日本の勢力範囲を確かめ、1810（文化７）年に宗谷に帰着。２年後には再度、蝦夷地に渡り、伊能忠敬の未測量地域の海岸を実測した。忠敬の『大日本沿海輿地全図』は**林蔵**の測量が生かされているといわれる。

1824（文政７）年、安房上総御備場掛手附を命ぜられ、東北地方の東海岸の巡視役として外国船渡来、密貿易調査の隠密活動に従事する。1828（文政11）年に起きたシーボルト事件は、**林蔵**の届出が発端となったものである（もっとも「間宮海峡」が世界的に有名になったのはシーボルトの著作『日本』のおかげである）。

207 その他

大黒屋光太夫（だいこくやこうだゆう） 1751〜1828年

ロシアの女帝に謁見を許された唯一の日本人

江戸時代後期の伊勢国奄芸郡白子（現在の三重県鈴鹿市）の港を拠点とした、廻船（運輸船）の船頭。伊勢国河曲郡南若松村（三重県鈴鹿市）の商家に生まれた**光太夫**は、同村の亀屋の養子となり、**兵蔵**《へいぞう》を名乗ったとも伝えられる。嵐のため回船が漂流し、アリューシャン列島に漂着。ロシアから約９年半をかけて帰国した漂流民で、その後、江戸で屋敷を与えられ、数少ない**異国見聞者として蘭学発展に貢献している**。

1782（天明２）年12月、**光太夫**は回船の神昌丸の船頭として伊勢白子浦を江戸に向かって出帆するが、暴風に遭い遠州灘沖で遭難。そのまま黒潮に乗った船は北へと流され、翌年７月にアリューシャン列島西端のアムチトカ島に漂着した。アムチトカ島ではロシア人に救助されて４年生活したが、1787（天明7）年に同地を出発。カムチャッカ半島のニジニ・カムチャックに一時滞在する。漂流と異郷での生活の間、寒さや飢えによって多くの乗組員が死亡したが、オホーツク海を横断して1789（寛政元）年２月にはバイカル湖畔のイルクーツクに到着する。

光太夫は帰国を願う嘆願書をイルクーツク総督府に提出するが、日本人をロシアに帰化させることを方針としていた総督府は、これを無視。**光太夫**は嘆願のため、フィンランド出身の博物学者でロシア帝国サンクトペテルブルク科学アカデミー会員のキリル・ラックスマンの後押しを受け、ともにロシア平原を横断、首都ペテルブルクに向かった。

光太夫は、途中、腸チフスにかかったラクスマンを介護しながら、1791（寛政３）年５月、女帝エカチェリーナ２世に拝謁して帰国を直訴。**光太夫**を不憫に思った女帝はこれを許し、同年９月、漂流民送還の勅令が出たのである。

日本への使節は、キリル・ラクスマンの息子のアダム・ラクスマン中尉が当たり、1792（寛政４）年９月にオホーツク港を出発。翌月、**光太夫**は蝦夷地根室に到着。**光太夫**ともう一人の生存者・磯吉は役人に引き渡されて江戸へ送られた。**光太夫**はアダムとの別れの際、足下にひざまずいて彼の恩義に謝意を示したという。

光太夫は、江戸では取り調べを受けた後、**江戸城に召し出され、11代将軍・家斉や老中・松平定信らが列座のもとにロシア事情についての質疑応答がなされている**。その後、1802（享和２）年、20年ぶりに南若松村に帰郷。約40日間の滞在を終え、再び江戸に戻る。そして幕府の番町薬園内で後半生を送り、1828（文政11）年、78歳で波瀾に飛んだ人生に幕を閉じるのである。

もっと深く知りたい人のための推薦図書

・**『北槎聞略―大黒屋光太夫ロシア漂流記』**桂川甫周・著　亀井高孝・校訂／岩波書店

208 芸術

鳥山石燕（とりやませきえん）

1714～1788年

江戸時代に起きた妖怪ブームの火付け役

江戸時代中期に活躍した狩野派の町絵師。肉筆画、絵入俳書の挿絵、絵馬の制作を主にしたが、何より現在の妖怪図鑑のルーツである妖怪絵本の作者として知られている。

日本では毎年、夏になると、イベントやメディアで妖怪ブームが巻き起こる。人気キャラクター化した妖怪の多くは、もともとは伝説や伝承の主人公たちだが、そのほとんどが**石燕**によって紹介されたものである。

石燕が著した妖怪画集は、**『画図百鬼夜行』**、**『今昔画図続百鬼』**、**『百鬼拾遺』**、**『画図百鬼徒然袋』**の４部計12冊。総計200余りの妖怪を収録している。これらの妖怪画のシリーズを完成させるのには８年。およそ２週間に１体の妖怪を描いたことになる。

石燕の『画図百鬼夜行』は、室町時代に流行した絵巻物『百鬼夜行』の江戸時代版リメイクといえる。大きな違いは、**石燕**は妖怪１体ずつの名前を紹介し、続編の『今昔画図続百鬼』では詳しい解説も付けられたことで、現在の妖怪図鑑のルーツにもなっているのだ。その解説は、中国の古典や博物書、史書、日本の古典文学など多岐にわたる文献が引用され、**石燕**の博識ぶりを物語っている。

興味深いのは、実は紹介された３分の１は**石燕**自身が創作したオリジナル妖怪だということ。まさに**石燕**は、江戸の妖怪文化を創った立役者で、現在のブームの嚆矢《こうし》といえるだろう。**石燕**の描く妖怪はグロテスクさや残酷さを強調したものではなく、怖さの中に、どこかユーモラスでキッチュな楽しささえある。事実、**石燕**の妖怪画集の大ヒットによって、それまで畏怖の対象だった妖怪のキャラクター化が始まったのである。

現代の**日本の妖怪のイメージは漫画家・水木しげるの代表作『ゲゲゲの鬼太郎』が広めた部分が大きいが、そのデザインは石燕作品をベースにしたものが多い**のだ。ところが狩野派の絵師・**石燕**の生涯については、謎な部分が多い。弟子の絵師・喜多川歌麿（初代）の伝えるところによれば、本名は佐野豊房《さのとよふさ》といい、代々、幕府の御坊主を務めた家柄だったという。画法は狩野玉燕季信《ぎょくえんすえのぶ》に学んだとも、狩野周信《ちかのぶ》の門人ともいわれる。上野寛永寺の絵の仕事をしていたと推測されている。

また**石燕**は、浮世絵師の歌麿や歌川豊春など、多くの門人を育成。浮世絵画法で、版画の摺りによって色をぼかす手法「拭きぼかし」を考案（妖怪画の中でも使っている）するなど、浮世絵とも深く関わっている。それなのに、美人画や役者絵などの錦絵（一枚絵）がほとんど確認されていない、妖怪のように不思議な絵師でもある。

佐藤優の言葉

水木しげるの『ゲゲゲの鬼太郎』に登場する多くの妖怪の原型は石燕が描いたもので、そのイメージが今日まで残っていることは実に興味深い。

209 芸術

鈴木春信（すずきはるのぶ）

1725?～1770年

多色刷りの「錦絵」の人気を不動のものとした美人画の名手

江戸時代中期に活躍した町絵師。その生い立ちは謎に包まれているが、本姓は穂積氏で後に鈴木氏を名乗るようになり、次郎兵衛《じろべえ》（または次兵衛《じへえ》）という通称を用いていた。おそらく裕福な町人の出と考えられている。

現代では「浮世絵」と聞くとカラフルな多色刷りの版画を想像するが、**春信**が活躍する少し前まで、フルカラーの浮世絵といえば肉筆画のみで、版画の浮世絵は「墨摺《すみずり》絵」と呼ばれる一色刷り、または２、３色を使った「紅摺《べにずり》絵」という初期多色刷りしかなかったのである。そのため、1760（宝暦10）年から**春信**は作画活動を開始するが、最初は紅摺絵の浮世絵を制作していた。

そんな状況を変えたのは、深い教養や豊富な資金を持った好事家であった。1765（明和２）年以降、江戸では「大小」と呼ばれた暦の交換会が流行したのだが、次第に手の込んだ絵や文字を印刷した暦を作る者が登場し、制作に携わる絵師、彫師、摺師らが新しい技術を開発するようになったのである。そして**春信**も、交流があった旗本の大久保巨《きょ》川《せん》や阿部莎鶏《しゃけい》、さらに薬種問屋の小松屋百亀《ひゃっき》らに資金を出してもらい、多色刷りの絵暦（太陰暦のカレンダー）の制作に挑戦することになったのである。

その結果、**春信**は赤・青・黄の三原色をベースにしつつ、中間色や複雑な色も使用できる多色刷りの技術を完成させる。この技術を使った多色刷り版画は「錦絵（吾妻錦絵）」と呼ばれ、**春信**は日本の美術史では**「錦絵の創始者」**と呼ばれている。なお、**春信**が経営する長屋には蘭学者として有名な平賀源内が住んでおり、「吾妻錦絵」の技術発明や命名については源内が考案した可能性があるという。また、錦絵は非常に高度な技術が必要になるため、以降の浮世絵版画は絵師、彫師、摺師の分業化が進むことになった。

当時の浮世絵業界は鳥居派の絵師である西村重長や石川豊信の紅摺絵の美人画が人気であったが、**春信**のファンである大田南畝が「鳥居は何ぞ敢て**春信**に勝わん、男女写し成す当世の姿」と評したように、錦絵が登場すると紅摺絵は一気に衰退し、**春信**が描いた美人画が錦絵となって一世を風靡したのである。

春信は美人画をよく描いたが、特に恋をする女性を描いており、ただ色っぽいだけでなく、よく見ると物語が隠された判じ絵的な面白さをもつ作品が少なくない。また、眼鏡や望遠鏡など、当時の最先端の輸入品などを小物として取り入れており、文化史の史料的価値も非常に高い。

もっと深く知りたい人のための推薦図書

- **『別冊太陽253　鈴木春信 決定版』**藤澤紫・監修／平凡社

210 芸術

喜多川歌麿（きたがわうたまろ）

1753?～1806年

美人大首絵という新様式の美人画を開拓した絵師

江戸時代中期に活躍した町絵師。本姓は北川で幼名は**市太郎**《いちたろう》または**勇助**《ゆうすけ》を用いたというが、その前半生は謎に包まれている。また、経歴についても鳥山石燕に師事したといわれているが、石燕は狩野派の門人で錦絵を手掛けたことがなく、**歌麿**の作品にも石燕の影響が見つけられないため真偽不明となっている。

町絵師が最初は版本の挿し絵や役者絵に仕事を求める定番通り、**歌麿**も1775（安永４）年頃から「**北川豊章**《とよあき》」という画号で洒落本、読本、黄表紙、そして細判錦絵の役者絵の仕事を開始している。どうやら錦絵の師匠は存在しなかったようで、初期の作品を分析すると、当時すでに活躍していた勝川春章、北尾重政、鳥居清長などの作風を手本にして、自分の画風を生み出そうとしていたことが判明している。

1781（天明元）年から「**歌麿**」の画号（初出は「**哥麿**」と署名）を使い始めるが、**歌麿**の才能に誰よりも早く目をつけたのが版元の蔦屋重三郎であった。彼の庇護を受けて**歌麿**は「青楼仁和嘉《にわか》女芸者之部」など吉原を舞台にした錦絵の美人画や、『画本虫撰《えほんむしえらみ》』のような豪華な彩色絵入りの狂歌本の制作に携わり、その腕を磨いていった。

しかし、**歌麿**の真骨頂とされるのは**「美人大首絵」と呼ばれる新様式の美人画**である。人物の胸から上や顔を大きく描く「大首絵」は、従来は役者の顔の個性を描き分ける役者絵に使われる表現技法であった。そのため、その時代に流行した「理想の美女の顔」を描くのがお約束である美人画に使われる表現技法ではなかったのである。また、当時の美人画は衣装やポーズの美しさ、さらに描かれているシチュエーションを楽しむものであったことも大きい。

ところが、**歌麿**と蔦屋はそうした常識をぶち破り、1792（寛政４）年から翌年にかけて美人大首絵である「婦人相学十躰《ふじんそうがくじったい》・婦女人相十品《ふじょにんそうじゅっぽん》」シリーズを発表することで、女性の表情やしぐさに込められた繊細な感情を表現し、一人ひとりの個性を描き分けてみせたのである。また、背景を描かずに雲母摺《きらずり》（鉱石の雲母の粉を岩絵具に混ぜた、現在のラメのような印刷加工）にしたことによって、女性の姿の美しさが際立ち、女性が置かれている状況や心情について想像する余地を与えたのである。「美人大首絵」を成功させたことで、**歌麿**は最高の女絵師（美人画の絵師）と称されるようになったのである。

しかし、1804（文化元）年に『絵本太閤記』関連の錦絵を描いたことを幕府に咎められ、手鎖の刑に処されたショックで病になり、２年後に亡くなってしまったという。

もっと深く知りたい人のための推薦図書

・**『別冊太陽245 歌麿 決定版』**浅野秀剛／平凡社

211 芸術

東洲斎写楽（とうしゅうさいしゃらく）

生没年不詳

活動期間わずか10カ月で美術史に名を刻んだ謎の絵師

1794（寛政6）年に蔦屋重三郎のもとでデビューし、約10カ月の間に145点余りの作品を発表して突然姿を消して以降何の消息もなかったことから、没年や出身地、さらに本名などすべてが謎の絵師。ただし、最近の研究によって阿波国と淡路国を支配した徳島藩の藩主・蜂須賀家のお抱え能役者・**斎藤十郎兵衛《じゅうろべえ》**が**写楽**の正体であることがほぼ確実視されている。

写楽がデビューしたのは、松平定信の「寛政の改革」が失敗し、厳しい倹約令も解禁された翌年の芝居興行に合わせてのことであった。28枚の「大首絵」の技法で描かれた**写楽**の役者絵は、劇中の役を演じている役者の表情を上手に表現するだけでなく、**鷲鼻や受け口といったモデルの素顔の特徴をうまくとらえ、巧妙にデフォルメすること**で一度見ると忘れられない作品に仕上げていた。代表作として特に有名なのが、「市川蝦蔵《えびぞう》の竹村定之進」や「三代目大谷鬼次の江戸兵衛《えどべえ》」などである。

日本史の教科書にも掲載されることが多いため、知名度が高い**写楽**の役者大首絵であるが、発表当時は話題にはなるものの、あまり売れなかったという。これは、**写楽**が役者の特徴を正確にとらえすぎ、長所だけでなく短所も描いてしまったことで、自分が好きな役者が美化されている役者絵を求める客たちの購買意欲がわかなかったことが原因と考えられている。また、モデルとなった役者側にしてみても、自分にとってはコンプレックスにしている特徴をデフォルメによって強調されたことで、**写楽**に対して不快感を示したという。

こうした描き手と受け手のミスマッチが**写楽**の早期引退に関係しているのではないかと考えられている。実際、**写楽**の作品は活動後期になるにつれて精彩を欠いていき、現在の知名度も海外で高く評価されたことによる逆輸入の要素が強い。

なお、**写楽**の正体については、1844（天保15）年に発行された斎藤今岑の『増補浮世絵類考』の中で「**斎藤十郎兵衛**」であることがすでに言及されていた。しかし、**斎藤十郎兵衛**の実在を確認できる史料がなかなか発見されなかったため、ほかの著名な町絵師の別名義ではないかという説も唱えられた。その候補の中には葛飾北斎、司馬江漢《しばこうかん》、円山応挙、喜多川歌麿といったそうそうたる人気絵師だけでなく、なんと戯作者の山東京伝（絵も描いた）や版元の蔦屋までもが含まれており、それだけ**写楽**の正体は日本美術史における大きなミステリーであったことがうかがえる。

もっと深く知りたい人のための推薦図書

- **『文化史より見た東洲斎写楽 なぜ寛政六年に登場したのか』**岡林みどり／清水書院

212 芸術

円山応挙（まるやまおうきょ）

1733～1795年

近代日本画の基礎を築いた絵師

江戸時代後期に活躍した絵師で、**現在の京都画壇にもつながる絵師の流派「円山派」の祖**となった人物。丹波国の穴太村（現在の京都府亀岡市）の農家の次男坊として生まれ、本名は**岩次郎《いわじろう》**といった。京都で活躍する・石田幽汀に10代で弟子入りして絵を学んでいる。なお、石田は狩野探幽の弟子・鶴澤探山が開いた鶴澤派の絵師で、禁裏御用絵師にもなったことがある当時の実力派絵師。

20代の修業時代、**応挙**はオランダから伝来した「眼鏡絵」を描くことで、**西洋絵画の技法である遠近法を身につけた**という。「眼鏡絵」とは遠近法を用いて描いた風景画を凸レンズをはめた箱に入れ、レンズを覗《のぞ》くと風景画が立体的に見えるという玩具のことである。少年時代に玩具商に奉公していたこともあり、**応挙**はかなりの眼鏡絵を描いており、その画面に小さな穴をあけて薄紙を貼り、裏から光を当てるというオリジナルの眼鏡絵にはなかった工夫を加えている。

「**応挙**」という号を名乗り始めたのは1766（明和３）年からで、師である石田が写生を大切にしたことから、**応挙**も常に懐に写生帖を忍ばせて暇さえあればスケッチを描いていたという。おかげで優れた画力を手に入れ、さらに画風が親しみやすかったことから近江国の三井寺や越後屋呉服店を営む豪商の三井家などが顧客になり、『七難七福図巻』や『雪松図屏風』といった代表作が描かれた。

なお、1829（文政12）年に発行された堀秀成の随筆『松の落葉』には、足のない幽霊の絵は**応挙**から始まるというくだりがあるため、長年「**応挙**が足のない幽霊を初めて描いた」と信じられていた。確かに江戸時代以前の幽霊画には足が描かれているが、1673（寛文13）年に発行された浄瑠璃本の挿し絵に足のない幽霊が描かれていることが判明しており、近年はこの説を疑問視する声も出てきている。

人気絵師となった**応挙**には大量の依頼が舞い込んだが、それをさばくために**応挙**の弟子が活躍した。特に優れた弟子10人を「応門十哲」と呼んでいるが、その中には近年「奇想の絵師」と評される長澤《ながさわ》芦雪《ろせつ》や、芦雪と並び称され、**応挙**から息子の応瑞《おうずい》の後見役を任された駒井《こまい》源琦《げんき》などがいる。また、弟子の中には与謝蕪村の弟子だった呉春《ごしゅん》もおり、彼が祖となった四条派が後に京都画壇の一大勢力となり、明治期に活躍した竹内《たけうち》栖鳳《せいほう》や堂本《どうもと》印象《いんしょう》へとつながっているのである。

213　芸術

歌川広重（うたがわひろしげ）

1797～1858年

世界から愛された日本的風景版画の大家

江戸時代後期に活躍した町絵師で、日本人ならば誰もが一度は見たことがある浮世絵『**東海道五十三次**』シリーズの作者として知られる。また、幕末にヨーロッパに渡った**広重**の浮世絵は「ヒロシゲブルー」と呼ばれる独特の青の表現がゴッホに影響を与え、なかでも『名所江戸百景』シリーズの「大はしあたけの夕立」は油絵で模写されている。

広重は町人の出ではなく、定火消屋敷の同心・安藤源右衛門の長男として生まれ、幼名を**徳太郎**《とくたろう》、本名を**重右衛門**《じゅうえもん》といった。つまり、下級ではあるがれっきとした武家の出である。そのため、幼い頃から絵の道に進みたかったが、13歳で父親が隠居したのを機にその役職を継いで火消同心になっている。ところが、15歳で父が亡くなると、やはり絵をあきらめきれず、**重右衛門**は当時の人気絵師・歌川豊春の弟子・豊広に弟子入り。1818（文政元）年に師と自分の本名から一字ずつとった「**広重**」という名前を与えられ、絵師としてデビューする。

なお、父の源右衛門は安藤家の養子だったため、**広重**は豊広に弟子入りする際に家督や役職を安藤家の血族・仲次郎に返還している。ただし、その仲次郎が幼い子どもであったため、絵師のかたわらその子の後見人を引き受け、火消同心の代番も務めたという。

駆け出しの町絵師らしく、初期の頃は役者絵や美人画、さらに花鳥画などを手掛けた**広重**であるが、1832（天保3）年に仲次郎が元服して後見人の役目を終えたことで画業に専念し、翌年に『東海道五十三次』シリーズを発表する。当時の人々は自由に旅をすることができなかったため、江戸と京都を結ぶ大動脈である東海道の観光名所を紹介したこのシリーズは大好評となった。また、江戸は参勤交代によって全国から人が出入りする大都市だったため、江戸土産として『名所江戸百景』シリーズなども制作された。

ほぼ同時代を生きた絵師・葛飾北斎に比べると「普通」と評される**広重**だが、写実的でありながら個性的な構図をとる手法で、印象的な作品に仕上げることに成功している。

また、**広重**は木版画だけでなく一点物の肉筆画も残している。中でも有名なのが、出羽国の天童藩（現在の山形県天童市）の藩主が、大金を借りている豪商や豪農に対して借金帳消しの詫びとして渡す御下賜の名画として制作されたもので、「天童もの」と呼ばれている。おそらくは弟子の代筆も含めて約200点描かれたが、もともと財政が悪化している藩からの依頼のため、**広重**は十分な謝礼をもらうことができなかったようで、準備のために借金をして家を新築したが死ぬまで返すことができなかったという。

214 芸術

葛飾応為（かつしかおうい）

生没年不詳

父・北斎譲りの画才を発揮した女性絵師

江戸時代後期に活躍した町絵師で、浮世絵界のみならず日本美術史において巨星とされる**葛飾北斎の娘**として知られる人物。生没年は不明だが、1801（寛政13）年前後に誕生したと考えられており、本名は**栄**《えい》といい、北斎は２度結婚しているが後妻の娘にあたる。彼女は橋本町の水油屋庄兵衛の息子・吉之助に嫁ぐが、すぐに離縁して葛飾家に出戻った。吉之助も堤等琳に師事する「南沢等明」という画名をもつ絵師であったが、**栄**よりも画才がなかったようで、彼女が常に夫の絵を笑ったことが原因とされている。そして、離縁後に「**応為**」と号して父の仕事を手伝い始めたという。

1893（明治26）年に発行された飯島虚心の『葛飾北斎伝』には、**栄**は北斎と同じく片付けができずゴミだらけの長屋で絵を描いており、父の絹本の絵の上に煙草の火種を落とし、反省して禁煙を宣言したものの、気がつけば煙草を吸ってしまうようなヘビースモーカーだったと書かれている。そして、顔の形が角ばっていたことから、北斎から「アゴ」と呼ばれていたそうである。また**栄**の画才について「最美人画に長じ、筆意或は父に優れる所あり。かの高井蘭山作の『女重宝記』の画のごとき、よく当時の風俗を写して、妙なりといふべき」と記している。北斎に私淑しており**栄**とも面識があった若手人気絵師・溪斎英泉も、自著の『无名翁随筆』で葛飾家の３人の娘について紹介するくだりで、「女子**栄**　畫ヲ善ス、父ニ随テ今専畫師ヲナス、名手ナリ」と書かいていることから、非凡な才能を持っていたことがうかがえる。

現存する作品は少なく、そのほとんどが肉筆画となっている。代表作はオランダ商館のカピタンの依頼で描かれたと考えられている『吉原格子先之図』で、「張見世」の遊女たちを品定めしている客（画面手前）を暗くすることで、遊郭内（画面奥）の明るさが強調されている。西洋画のような光と闇の表現の巧みさは、石灯籠に灯された蠟燭の明かりで手元を照らして短冊をしたためる『夜桜美人図』にも見られ、レンブラントと対比されることもある。また、当時の町絵師としては普通のことだが北斎の手伝いで**栄**も春画を手掛けていたようで、**北斎の春画には実は栄の筆と疑われる作品が多い**という。

北斎の死後も**栄**は絵師として活動しており、北斎の門人兼パトロンであった信州小布施の高井鴻山は1854（嘉永６）年に彼女から菊図を購入した記録が発見されている。

晩年は同母兄が養子に入った加瀬家の世話になったようだが、「加州侯（加賀藩主・前田斉泰）」の庇護を受けて金沢に赴き、そこで病没したという説がある。

215 芸術

溪斎英泉（けいさいえいせん）

1791～1848年

爛熟した化政文化を象徴する枕絵師

江戸時代後期に活躍した町絵師。美人画や春画（枕絵）で婀娜《あだ》っぽい美女を描くことを得意とし、特に春画の作品数は浮世絵師中でもトップを誇る。そのためか、後に根津の花街で「**若竹屋利助**《わかたけやりすけ》」という名義で妓楼を経営している。

その出自については、松本政兵衛茂晴という貧しい下級武士の子であることがわかっている。ただし、茂晴がどこの家中に仕えたのかは不明で、後年に**英泉**が執筆した『无名翁随筆』の中で自身を「星岡の産なり」と述べていることから、「星が岡」と呼ばれた丘陵地に鎮座している赤坂の日枝神社の社家、もしくはその周辺に上屋敷をもつ大名家のどれかに仕えていた可能性が示唆されている。また、茂晴は松本家の養子で、**英泉**は後に松本家から離れた際に姓を父の実家である池田に戻している。

元服後、**英泉**は武家奉公を始めているが、江戸幕府10代将軍・徳川家治のお気に入りの絵師・狩野典信《みちのぶ》（栄川《えいせん》）の弟子である狩野白桂斎《はっけいさい》に幼い頃から師事して絵を学んでいた。そして、仕官のかたわら当時美人画で人気があった4歳上の菊川英山からも、絵の手ほどきを受け始めていたと考えられている。

1810（文化7）年、20歳の時に父と継母を相次いで亡くし、**英泉**は腹違いの3人の妹たちを養うことになる。収入を増やすためか、翌年から歌舞伎狂言作家の初代篠田金治（後の並木五瓶）に入門して狂言作家としての修業を始めるが、これが奉公先で問題となったようで主家を去ることとなり、絵師として生きていくことを決意する。

北斎やその娘の栄とは絵師として駆け出しの頃から交流があり、1812（文化9）年に発行された北斎の枕絵本『絵本つひの雛形』の序文を**英泉**が手掛けている。また、1821（文政4）年頃から**英泉**が描く春画には北斎の影響が見られるようになった。

通常の美人画でも英泉の人気は高く、それまで儚げで清らかな美女が主流だったが、英泉が描く粋で色っぽい美女に流行が変わってしまったという。そうした**英泉**の美人画で特に有名なのは、やはりゴッホが油絵で模写した『雲龍打掛の花魁』だろう。

なお、墨摺絵で滝沢馬琴の『南総里見八犬伝』の挿し絵を一部担当したり、歌川広重と合作で名所絵を制作したり、普通の浮世絵も手掛けている。しかし、枕絵師として活躍しすぎたため、1842（天保13）年には幕府老中首座・水野忠邦が主導した「天保の改革」で枕絵本の取り締まりで絶版の憂き目に遭い、晩年は絵師ではなく「一筆庵可候《いっぴつあんかこう》」名義で戯作者となっている。

もっと深く知りたい人のための推薦図書

・**『江戸艶本集成第十巻　溪齋英泉・葛飾応為（お栄）』**林美一／河出書房新社

216 芸術

歌川国芳（うたがわくによし）

1798～1861年

武者絵や妖怪画で話題を集めた遅咲きの人気絵師

江戸時代後期に活躍した町絵師。躍動感あふれる武者絵や、奇抜なアイデアと大胆な構図の妖怪画で優れた作品を制作したことで知られる。また、常に数匹の猫を飼い、猫を抱きながら絵を描いたという逸話が残るほどの猫好きで、『其のまま地口《じぐち》猫飼好《みょうかいこう》五十三疋《ごじゅうさんびき》』のような猫が登場する浮世絵を多数残したことでも有名。

江戸日本橋の本銀町（現在の東京都中央区日本橋）で染物屋を営む柳屋吉右衛門の子として生まれ、幼少時から絵を好み、1811（文化８）年に15歳で初代・歌川豊国に弟子入りする。なお、豊国は『東海道五十三次』シリーズで有名な歌川広重が弟子入りを希望するも、定員オーバーだったため断られたという人気絵師である。

豊国への月謝が支払えないため、兄弟子の歌川国直の家に下宿し、彼の仕事を手伝いながら修業を続け、駆け出し時代はほかの町絵師と同じく、役者絵や合巻の挿し絵などを手掛けていた。しかしなかなか人気が出ず、勝川春亭や葛飾北斎といった他派の人気絵師の画風を研究したり、実際に３代堤等琳に弟子入りしたり、自分の画風を模索する日々が続いたという。

1825（文政８）年、中国文学である『水滸伝』を鎌倉時代が舞台の物語に翻案した合巻本『傾城水滸伝』を滝沢馬琴が発行すると、江戸では空前の『水滸伝』ブームが巻き起こった。これにあやかるために、さまざまな版元が『水滸伝』関連の浮世絵を発売し、**国芳**も加賀屋という版元から『水滸伝』の登場人物を武者絵として描いた**『通俗水滸伝豪傑百八人之壱個』**シリーズの制作を依頼される。大判錦絵のこのシリーズは**国芳**が描くダイナミックな武者絵との相性がよく大ヒットとなり、江戸では**国芳**の絵を刺青にするのが流行したという。

また、山東京伝の読本『善知安方忠義伝』をモチーフにした『相馬の古内裏』に代表される妖怪画は、大判３枚綴りの大画面を活かす構図で登場人物や妖怪を描いており、迫力に満ちたものが多い。絵師としての人気が高まると、**国芳**のもとには弟子が集まるようになり、その中に月岡芳年《つきおかよしとし》や河鍋暁斎《かわなべぎょうさい》など明治時代に活躍する絵師が含まれていることを考えると、日本の美術史における**国芳**の存在は決して小さくないといえるだろう。

晩年は中風によって腕が動かしづらくなったのか、その作品から往時ほどの躍動感は見られなくなるが、外国人や居留地の様子を描いた「横浜絵」に挑戦するなど、絵師としての意欲は最後まで失われなかったという。

第7章

幕末に活躍・誕生した人々

217 **政治**

松平慶永〈春嶽〉（まつだいらよしなが〈しゅんがく〉） 1828〜1890年

藩政改革により幕政にも影響をあたえた名君

幕末に活躍した越前国の福井藩（現在の福井県北部）16代藩主。**その英邁《えいまい》さから「幕末四賢侯」の一人に数えられた**。諱は**慶永**だが、隠居後に名乗った「**春嶽**」という号のほうが有名。徳川三卿・田安家３代当主・田安斉匡《なりまさ》の子として生まれるが、15代福井藩主である松平斉善《なりさわ》の急死を受けて急遽養子となり、11歳で藩主となった。

1843（天保14）年、16歳で初めてお国入りすると、約90万両の負債を抱える藩政を立て直すため全藩士の俸禄を３年間半減し、藩主自身の出費を５年間削減して財政基盤を改善する。藩政の旧守派の筆頭だった家老・松平主馬を罷免し、藩政は中根雪江らの改革派が主導権を握った。さらに、熊本から横井小楠《しょうなん》を政治顧問として招き、橋本左内や由利公正など身分を問わず有能な人材を登用し、殖産興業、洋式兵制の導入、種痘《しゅとう》館の設置など藩政改革を先導。1855（安政２）年には藩校「明道館」を創設した。

1853（嘉永６）年、ペリー率いるアメリカ合衆国海軍東インド艦隊の蒸気船２隻を含む艦船４隻（黒船）の来航に国内が大騒ぎするなか、**慶永**は「開国論」を主張。薩摩・土佐などの雄藩の藩主たちと国政にも積極的に関わるが、当時の幕府が抱えていた将軍継嗣問題で大老・井伊直弼と対立。この政争に勝ち権力を掌握した直弼が**慶永**をはじめとした一橋派（一橋慶喜を14代将軍に推す一派）の弾圧を始める。幕府が天皇や朝廷の許可もなく独断で、1858（安政５）年にアメリカと「日米修好通商条約」を調印すると、**慶永**は水戸藩主・徳川斉昭・慶篤父子や尾張藩主・徳川慶恕《よしくみ》らとともに登城して抗議するが、逆に不時登城の罪を問われて強制的に隠居のうえ謹慎処分を受け、さらに、直弼が起こした「安政の大獄」によって側近の橋本左内を処刑されてしまう。

しかし、1860（安政７）年に「桜田門外の変」により直弼が暗殺されると、**春嶽**は1862（文久２）年に幕政への参加を許され、京都守護職を設置して会津藩主・松平容保を半ば強引にその任に充てる。そして、皇女・和宮の降嫁、14代将軍・徳川家茂の上洛など、**「公武合体派」の推進者として幕府と朝廷の間の調整に尽力**。戊辰戦争時では徳川家を擁護し、新政府では議定、民部卿、大蔵卿、大学別当兼侍読など要職を歴任し、1870（明治３）年に政務を退いたあとは、『逸事史輔』などの幕末維新史記録を執筆した。

もっと深く知りたい人のための推薦図書

- **『越前福井藩主 松平春嶽　明治維新を目指した徳川一門』**安藤優一郎／平凡社
- **『幕末史』**佐々木克／筑摩書房
- **『総図解 よくわかる 幕末・維新』**結喜しはや／新人物往来社

218　政治

島津斉彬（しまづなりあきら）

1809～1858年

蘭癖を父から疎まれるも、策略を用いて薩摩藩主となる

幕末に活躍した薩摩藩（現在の鹿児島県）の11代藩主。薩摩藩10代藩主・島津斉興《なりおき》と賢夫人と名高かった正室の弥姫《いよひめ》（周子）の長男として、江戸の薩摩藩上屋敷で生まれた。聡明な**斉彬**は西欧列強による日本の植民地化を憂慮し、富国強兵、殖産興業を前面に打ち出した軍事力の強化を早くから唱えるが、そうした息子の姿を「蘭癖大名」と呼ばれた８代藩主・重豪《しげひで》と重ねた斉興は、彼が藩主になってかつての重豪のように浪費を始めると憂慮し、**斉彬**が40歳を過ぎても家督を譲らなかった。

その結果、**斉彬**ではなく側室・お由羅の方が生んだ久光を擁立しようとする動きが家臣たちの間にも起こり、**斉彬**を支持する**斉彬**派との間で政治闘争が勃発。これが数多の藩士を巻き込んだ大騒動「お由羅騒動」に発展する。しかし**斉彬**を評価していた幕府老中・阿部正弘や伊予宇和島藩主・伊達宗城らが薩摩の内紛調停に乗り出し、1851（嘉永４）年、ようやく斉興が隠居し、**斉彬**は藩主になることができた。

その後、**斉彬**はすぐさま**洋学研究の成果を洋式産業の採用に結集させる**。反射炉の建設ではあまりの難解さにひるむ家臣に**「西洋人も人なり、佐賀人も人なり、薩摩人も同じく人なり、退屈せずますます研究すべし」**と**斉彬**が励まして成功させたという。洋式工場「集成館」を建設し、大小砲銃をはじめとして弾丸、火薬、農具、刀剣、陶磁器などを製造。また、製紙、搾油、洋式朱粉、アルコール、硫酸などの酸類など多方面の製造を手掛け、働く職工や人夫の数は１日に千人を超えたという。洋式帆船「いろは丸」、洋式軍艦「昇平丸」、蒸気船「雲行丸」など洋式艦船の建造も積極的に行い、幕府に大船建造の解禁ならびに日章旗を日本の総船章とすることを建議して採用された。

斉彬は幕政にも口を挟み、老中・阿部正弘に幕政改革を訴えた。黒船来航以来の難局を打開するには「公武合体」「武備開国」をおいてほかにないと主張したが、阿部正弘の死後に状況は一転。大老に就いた井伊直弼と将軍継嗣問題で衝突したのである。次期将軍として水戸藩主・徳川斉昭の子である一橋慶喜を推した**斉彬**は、養女・篤姫を13代将軍・家定に嫁がせ、さらに公家を通じて慶喜を擁立すべしとの内勅降下を朝廷に請願したが、井伊直弼は強権を発動し、反対派を弾圧する「安政の大獄」を開始した。その結果、直弼の推す紀州藩主・徳川慶福が14代将軍・家茂となり、**斉彬**らは敗れたのである。そこで**斉彬**は藩兵5千人を率いて上洛することを計画するが、1858（安政５）年に、上洛のための練兵を観覧中に急逝した。死因には諸説あり毒殺説もある。

もっと深く知りたい人のための推薦図書

・**『語られた歴史　島津斉彬』**安川周作／南方新社

219 政治

山内豊信〈容堂〉（やまうちとよしげ〈ようどう〉） 1827〜1872年

明治維新を後押しした国元育ちの土佐藩主

幕末に活躍した土佐藩〈現在の高知県〉の15代藩主。土佐藩連枝の南邸山内家当主・山内豊著《とよあきら》（12代藩主・山内豊資《とよすけ》の弟）の長男として国元で誕生する。酒と女と詩を愛し、自らを「**鯨海酔侯**《げいかいすいこう》」と称した。藩政改革を断行し「四賢侯」の一人に数えられるが、時流によって意見や立場を頻繁に変えたため、「酔えば勤皇、覚めれば佐幕」と皮肉られた。武芸に秀でており、弓術、馬術、槍術、剣術と一流の腕前で、特に居合術は18歳で目録を得ており、板垣退助は「七日七夜の間休みなしの稽古を続けた。数人の家来がこれに参加したものだが、あまりの烈《はげ》しさにみな倒れ、最後まで公のお相手をしたものは、わずか二人か、三人にすぎなかった」（史談会速記録）と証言している。

豊信は門閥・旧臣による藩政を嫌い、革新派グループ「新おこぜ組」の中心人物、吉田東洋を起用。1853（嘉永6）年には、東洋を「仕置役」に任じ、藩政改革を断行した。幕政にも口を挟み、老中・阿部正弘に幕政改革を訴えた。阿部正弘死去後は大老に就いた井伊直弼と将軍継嗣問題で衝突。13代将軍・徳川家定が病弱で子がなかったため、**豊信**とほかの四賢侯は次期将軍に一橋慶喜を推挙したが、直弼は徳川宗家と血が近い紀州藩主・徳川慶福を推挙。大老の地位を利用して政敵を排除した直弼によって、「安政の大獄」が勃発。この政争に勝利した直弼の影響で、慶福が14代将軍・家茂となると**豊信**はこれに憤慨し、1859（安政6）年には隠居願いを幕府に提出した。

隠居の身となった当初は「**忍堂**《にんどう》」と号していたが、宴席で立腹したその姿を水戸藩の藤田東湖に「衆《しゅう》を容《い》るるは、人君之徳也《にんくんのとくなり》」と諭され、その言葉に感銘を受けて号を「**容堂**」に改めたという。**容堂**は**土佐藩内の勤皇志士を弾圧しつつも、朝廷には奉仕し、また幕府にも良かれという中途半端な態度を取ったため幕末の政局に混乱をもたらした**。

公武合体を画策したが、形勢に利あらず高知へ退去し、旧吉田派の復権や藩政修復、武市派弾圧に着手した。時に朝議参与に任じられて1864（元治元）年の春に上京して国事周旋に関与するが、参与会議の意見の対立に失望すると、病気を理由に再び高知へと退散。内戦の危機が迫ると、後藤象二郎の建言を用いて「大政奉還」を15代将軍となった徳川慶喜に建白し、徳川氏の権力保全に尽力するが、結局は戊辰戦争が勃発してしまう。その後、維新政府の議定、内国事務局総督、刑法官知事など要職を歴任し、1869（明治2）年7月に麝香《じゃこうの》間《ま》祗候の優待を受けて隠棲した。

220 政治

伊達宗城（だてむねなり）

1818〜1892年

四賢侯で最も地味だが新政府でも活躍した実力者

幕末から明治時代初期にかけて活躍した政治家にして、伊予国の宇和島藩（現在の愛媛県宇和島市）の8代藩主。なお、宇和島藩は大坂冬の陣で武功を挙げた戦国武将・伊達政宗の庶子・秀宗が徳川家康から領地を与えられて誕生した伊達家の分家にあたる。

宗城は大身旗本・山口直勝の子として江戸に生まれるが、跡継ぎの男子に恵まれなかった7代目宇和島藩主・伊達宗紀《むねただ》の養子となり、1844（天保15）年に養父の隠居に伴って藩主に就任した。前藩主・宗紀の殖産興業に焦点を当てた藩政改革をさらに発展させ、木蝋の専売化、石炭の埋蔵調査などを実施。また幕府から追われて潜伏していた高野長英を招き、洋式軍備の充実を画策した。こうした**殖産興業・富国強兵策に加えて積極的な人材登用により、宇和島藩の近代化は大きく発展**し、黒船来航からわずか3年で薩摩藩に次ぐ、国産第2号の蒸気船を完成させたのである。薩摩の船には外国人技師が加わっていたのに対して、宇和島藩の蒸気船は、日本人だけで製造したものであった。

このような実績から、**宗城**は福井藩主・松平慶永や薩摩藩主・島津斉彬らと並んで「四賢侯」の一人に数えられる。老中首座・阿部正弘の死去後は、1858（安政5）年に大老に就いた井伊直弼と将軍継嗣問題で対立。やがて「安政の大獄」が勃発すると、**宗城**は隠居謹慎を命じられる。養父の宗紀は隠居後に実子の宗徳《むねえ》をもうけており、**宗城**はこの宗徳を養子にして藩主の座を譲るが、隠居後も藩政に影響を与え続けた。

謹慎を解かれて以降は、再び幕政に関与。1862（文久2）年には薩摩藩が起こした「生麦事件」の賠償金を、幕府が支払うことに反対している。1867（慶応3）年12月の「王政復古」のあとは、新政府の議定（閣僚）に名を連ねた。そして1868（明治元）年に「戊辰戦争」が始まると、薩長の行動に抗議して、新政府参謀を辞任した。

1869（明治2）年には、民部卿兼大蔵卿となって鉄道敷設のためイギリスからの借款を取り付けた。1871（明治4）年には、欽差全権大臣として清の全権李鴻章《りこうしょう》との間で日清修好条規に調印し、その後は主に外国貴賓の接待役として外交畑で活躍し、同年に中央政界より引退。

1881（明治14）年には来日したハワイ国王・カラカウアを接待し、返礼として勲章を授与されている。宇和島伊達家は1884（明治17）年、華族令によって伯爵を授けられた。1892（明治25）年12月20日に75歳で病没した。

221 政治

鍋島直正（なべしまなおまさ）

1815～1871年

蘭学を学び他藩に先駆けて近代化に成功した藩主

幕末に活躍した肥前国の佐賀藩（現在の佐賀県と長崎県の一部）の10代藩主。9代藩主・鍋島斉直《なりなお》の子として生まれ、父の隠居によって17歳で藩主となるが、その際に江戸幕府11代将軍・家斉から偏諱を許され「**斉正**」と名乗った。本項では明治維新後に名乗った「**直正**」で統一する。

1830（天保元）年に藩主となると、破綻寸前の藩財政を立て直すため、古賀穀堂ら改革派を側近くに置き、藩校「弘道館」の人材も駆使した**「天保の改革」を断行**。「均田制」を施行して「本百姓維持政策」をとり、「国産方」を設置し、陶器や紙の開発や石炭の増産を行い財政再建に尽力した。さらに佐賀藩は長崎警備の任にあったため、**直正**自身もしばしば長崎に赴いて外国警備の重要性と西洋技術の高さを熟知しており、早くから洋式軍制改革を行い軍備の近代化に成功する。こうした功績から**直正**は「佐賀の七賢人」と称されるが、質素倹約と堅実な藩運営から「そろばん大名」とも揶揄された。

1852（嘉永5）年には**「反射炉」の建設を成功させ**、大量の銃砲を購入、西洋艦船の製造と購入に努めた。また蘭学を奨励し、種痘を施行し、幕末に薩長土肥と通称される雄藩の実力を養った。教育にも力を入れ「弘道館」の拡充や洋学を学ぶ蘭学寮を設置。子息の成績によって父親の禄を決定するといった「文武課業法」を制定するなど、藩の人材の教育に力を注いだ。当時は世襲が当たり前だった医者の免許制度を日本で初めて取り入れ、さらに不治の病といわれた**天然痘の根絶のため、種痘を自らの長男で試す**ことでその信頼性を世に示した。明治政府の中心的人物であった岩倉具視は**直正**の人材育成術を高く評価し、自らの息子二人を佐賀へ留学させている。

藩政改革に辣腕を振るう一方、13代将軍・家定に仕えた老中首座・阿部正弘の没後に混乱する幕政への介入には慎重で、1860（万延元）年に幕府の召致を断り、翌年には隠退して次男の直大《なおひろ》に家督を譲った。その後も中央からの招きでたびたび上京はするものの、佐幕、尊王、公武合体派のいずれとも距離を置き、「肥前の妖怪」と陰口を叩かれた。

しかし、それゆえに戊辰戦争では鍛え上げられた佐賀藩の軍事力によって官軍に重きをなし、大隈重信、江藤新平をはじめとした有能な実務家を新政府に送り込み、自らも議定につき、軍防事務局輔、ついで制度事務局輔を兼任した。その後は上局議長、蝦夷開拓督務、開拓使長官を務め、1871（明治4）年に藩邸にて57歳で病没した。

222　政治

松平容保（まつだいらかたもり）

1836〜1893年

佐幕を貫いたために国元が戦場となり、自身も明治維新後に冷遇される

幕末に活躍した陸奥国の会津藩（現在の福島県西部と新潟・栃木両県の一部）の９代藩主。美濃国の高須藩（現在の岐阜県海津市）の藩主・松平義建《よしたつ》の六男に生まれ、８代会津藩主・松平容敬《かたたか》の養子となり、1852（嘉永５）年に養父の死を受けて藩主となる。

容保は「公武合体論」を唱えて、1862（文久２）年の幕政改革では幕政参与となり、新設された京都守護職に就任した。役目の困難さと経済的負担を予測していた**容保**は就任を再三辞退するが、松平春嶽らから「藩祖・保科正之の遺訓」を持ち出され、半ば強引に就任させられる。**容保**はその後、尊王攘夷運動の嵐が吹き荒れ悪化してゆく都の治安維持のために奔走することになる。**新選組を駆使して志士狩りに励み、第121代孝明天皇から厚い信頼を得た**。しかし京都守護職の負担は重く、幕府から役料５万石と３万両を支給されたが十分ではなく、会津藩の財政は急激に悪化していった。

1863（文久３）年８月18日に起きた「八月十八日の政変」では、中川宮（第120代仁孝天皇の猶子となった伏見宮家の王子）や薩摩藩らと協力して長州藩などの尊攘派勢力を追放し、一橋慶喜、松平慶永らとともに参与として朝政に参画。「公武合体策」による国政の挽回を図るが、内部対立のために頓挫する。

翌年には「禁門の変」を起こした長州藩を、薩摩・桑名藩とともに撃退し、長州征討では陸軍総裁職、のち軍事総裁職に就き、また京都守護職に復した。この時の**容保**は、玉座を守るため常御殿の廊下まで進んで孝明天皇に拝謁、小御所の庭に席を設けて宿衛し、天皇を守ったと伝わっている。やがて辞官納地を拒否した15代将軍・徳川慶喜が大坂城へと退くと会津・桑名藩士は激昂し、1868（慶応４）年に「鳥羽伏見の戦い」が勃発。しかし洋式軍備を備えた官軍の力を前に完敗し、慶喜は**容保**や桑名藩主・松平定敬《さだあき》（**容保**の実弟）を連れて江戸へ逃避した。慶喜はやがて上野の寛永寺に謹慎すると、これまでの争いの原因を**容保**・定敬と小栗忠順らに押し付ける形で追放したのである。

故郷である会津へと逃れた**容保**は、謹慎して赦免を請うが許されず、「江戸市中取締」で追討対象とされた庄内藩と提携して中央情勢に疎い東北諸藩を巻き込んで同盟を結成し、薩長が赦免を拒否すると軍事同盟へと発展し、会津若松城には幕府の残党が集結した。**容保**は朝敵の汚名を雪《そそ》ぐべく徹底抗戦を強行し、会津藩士は女子供に至るまで激戦に身を投じるが奮戦むなしく官軍に降伏。その後、**容保**は鳥取藩のち和歌山藩に永預けの処分となるが、1872（明治５）年には赦され、上野東照宮の宮司となっている。

223 科学

緒方洪庵（おがたこうあん）

1810〜1863年

蘭方医として多くの人材を育て医療の近代化に貢献

江戸時代後期から幕末にかけて活躍した蘭方医。大坂に「適塾」を開き、多くの**優れた人材を育成して天然痘の治療に貢献したことから、日本の近代医学の祖ともいわれる。**

備中国の足守藩（現在の岡山県岡山市）の藩士・佐伯瀬左衛門惟因の三男として生まれる。病弱だったため医師を志すが、各地を席巻するコレラの大流行に無力な漢方医に限界を感じ、西洋医学を学ぶため大坂で蘭方医・中天游《なかてんゆう》の蘭学塾「思々斎塾」に入門。そして22歳の時に、天游の勧めで江戸の蘭方医・坪井信道の門下に入った。

坪井は**洪庵**の才能を見抜いて塾頭に抜擢し、自らの師で江戸蘭学界の大御所・宇田川玄真《げんしん》に紹介。**洪庵**は宇田川から医学と薬学を学び、師の死にあたっては学問上の後事を託され、26歳で帰坂してから２年間の長崎遊学も経験し、やがて大坂瓦町で蘭学塾「適塾」を開業した。なお、この前年には「大塩平八郎の乱」が起こり、さらに翌年には「蛮社の獄」によって蘭学者への迫害が起きている。

洪庵はやがて億川百記《おくかわひゃっき》の娘の八重と結婚。この億川は天游と親交があり、長崎への留学費を含めて、生涯にわたって**洪庵**のよき支援者であり続けた。蘭方医としての**洪庵**は医学書『病学通論』『扶氏《ふし》経験遺訓』『虎狼痢治準《ころりちじゅん》』の代表３編を出版し、『扶氏医戒之略』によって医療倫理を示した。1849（嘉永２）年には大和屋喜兵衛の出資により、古手町に「除痘館」を設立。民間による無償の社会奉仕として種痘を始めた。この**洪庵**の活動は高い評価を得て、その18年後には遂に官営となっている。

1858（安政５）年、再びのコレラの大流行で大坂では1カ月に1万人が死亡するという大惨事になると、**洪庵**は不眠不休でコレラの治療法をまとめて『虎狼痢治準』を緊急出版した。1862（文久２）年には、それまでの功績を認められて幕府の奥医師に就任し、西洋医学所（後の東京大学医学部）の頭取も兼務するが、その翌年、突如吐血し、急死した。54歳であった。**緒方洪庵**の死の理由として、晩年の幕府での奥医師としての激務が原因であったという説がある。一教育者としての**洪庵**は、学問の前にすべての人間は平等であるとし、純粋にその学力だけで塾生を審査する実力主義を貫いた。この**洪庵の教育法によって、大村益次郎、橋本左内、福沢諭吉をはじめ、日本赤十字社の創設者・佐野《さの》常民《つねたみ》、日本近代統計学の祖・杉享二《すぎこうじ》、外交官・大鳥圭介、初代衛生局長・長与専斎《ながよせんさい》、同愛社の高松凌雲《たかまつりょううん》といった、その後の日本を牽引する逸材が育《はぐく》まれたのである。**

もっと深く知りたい人のための推薦図書

・『**緒方洪庵―幕末の医と教え**』中田雅博／思文閣出版

224　政治

阿部正弘（あべまさひろ）

1819〜1857年

早すぎる死を誰もが惜しんだ優秀な老中首座

幕末に江戸幕府12代将軍家慶と13代将軍・家定に老中首座として仕えた人物。備後国の福山藩（現在の広島県福山市）の５代藩主・阿部正精の第六子として生まれ、６代藩主となった兄の正寧が病弱だったため、1836（天保７）年に７代藩主となっている。幕府内では奏者番、寺社奉行を経て、1843（天保14）年に25歳の若さで老中となり、２年後には「天保の改革」に失敗して失脚した水野忠邦に代わり老中首座になった。

中国・清王朝がイギリスとのアヘン戦争に敗北し、さらに日本周辺に外国船の来航が相次いだことから海防の強化が急務となり、**阿部**は薩摩藩の島津斉彬や水戸藩の徳川斉昭など諸大名から広く意見を求め、筒井政憲、戸田氏栄、松平近直らを登用、大胆な人事で従来の幕政の姿勢を転換していった。そして、1853（嘉永６）年に黒船来航とアメリカからの開国要求という難局に直面すると、**阿部**は江戸湾を警備すべく、品川沖の海上に台場（砲台のある防衛施設）を築造。この品川台場が、現代のレジャースポット「お台場」の由来となっている。

阿部は「攘夷」には懐疑的だったといわれ、最終的には「開国」を決断した。江戸幕府の最高責任者として、諸大名との意見交換や朝廷への奏聞、攘夷論者の説得などに奔走し、国内の意見を統一したうえで、1854（安政元）年にペリーと日米和親条約を締結。約200年続いた鎖国を終わらせ、幕府の権力強化のため「安政の改革」を推し進めた。

阿部は**国内の問題に手堅く対処した「収拾の偉才」**と称されるが、この才能が最も発揮されたのが開国を巡る指揮役、調整役としての活躍だったといわれている。その抜け目なさは筋金入りで、福井藩主・松平春嶽が『雨窓閑話稿』で書き残したところによると、**阿部**は人と対話する時に自分の意見を言わず、相手の話に返事をするだけだったという。**阿部**はその理由について**「意見を言えば、失言をした時にそれを証拠とされ、職務の失策となる。人の話をよく聞き、善きを用い、悪しきを捨てれば弊害なし」**と答えたそうで、不用意に言質を取られぬように気を遣っていたようだ。

かつては優柔不断で八方美人な小人物と見られていたが、現代では非常に先見性のあった偉人として評価が高まっており、人材育成のために国元の藩校「弘道館」を「誠之館」に改めて身分によらない教育を施したり、長崎に海軍伝習所を作って西洋砲術の習得を推進したりといった面もあった。日本の将来を見据えて近代国家の礎を築いたが、1857（安政４）年に老中在任のまま39歳で急死した。

もっと深く知りたい人のための推薦図書

・**『安政維新　阿部正弘の生涯』**穂高健一／南々社

225 政治 軍事

ペリー

1794～1858年

黒船を率いて日本に来航したアメリカ大統領の使者

鎖国していた**幕末の日本へ艦隊を率いて来航し、開国を要求した**ことで知られるアメリカ海軍の軍人。フルネームは**マシュー・カルブレイス・ペリー**という。アメリカ合衆国マサチューセッツ州ニューポートで海軍大佐の父・クリストファーと母・セーラの三男として生まれた。米英戦争中のエリー湖の戦いでアメリカ海軍に勝利をもたらし、英雄として有名になったオリバー・ハザード・ペリーは兄にあたる。

1809年に海軍士官候補生となり、1837年にアメリカ海軍大佐に昇進した。また、ニューヨークのブルックリン海軍工廠の造船場長や同司令官を務め、工廠在勤中にミシシッピ号、ミズーリ号など蒸気船を建造し、灯台施設の改良や士官教育の振興にも尽くしたことで「蒸気艦の父」と称された。

非常に優秀な軍人だったようで、アフリカ艦隊司令長官、メキシコ湾艦隊副司令長官などの要職を歴任し、多くの軍功を挙げていった。

1852（嘉永5）年に東インド艦隊司令長官に就任すると、日本開国の使命を与えられ、ミシシッピ号を旗艦としてバージニア州ノーフォークを出航。ケープ・タウン経由でシンガポール、香港、上海、沖縄、小笠原を経て、1853（嘉永6）年に浦賀に入港した。

16世紀末から17世紀にかけて日本に来航したポルトガル船や他のヨーロッパ諸国の船舶は船体を黒く塗装していたことから**「黒船」**と呼ばれていた。当時は単に日本船や中国船と区別するための名称だったが、**ペリー**来航後は欧米列強の強大な武力や資本、領土拡大の野心を象徴するようになり、人々に恐怖を与える言葉になった。

幕府が指定した久里浜に上陸し、浦賀奉行に大統領フィルモアの国書を渡し、開国を要求するも翌年までの猶予を求められていったん退去した。

翌年の1854（安政元）年、軍艦7隻を率いて再び江戸湾の金沢沖に来航。「黒船」の威によって有利に交渉を進めようとしたが、日米和親条約の締結交渉で全権を務めた林復斎がアメリカ側の主張を次々と論破。日本側の思わぬ反発に手こずった結果、通商は認められなかったが、**ペリー**は条約締結によって日本の開国には成功した。

日本文化や日本人の器用さを目にした**ペリー**は、「将来、日本は機械工業分野でアメリカの強力なライバルになる」と予見したといわれ、晩年は米政府の依頼で『日本遠征記』の出版に尽力し、1858（安政5）年にニューヨークにて63歳で死去した。

佐藤優の言葉

ペリーが琉球滞在時に行った湾岸の詳細な測量記録が、1945年の沖縄戦で米軍の上陸に活用された。ペリーが沖縄を植民地にしていれば、日本の近現代史は別の姿になった。

226　政治

天璋院篤姫（てんしょういんあつひめ）

1836～1883年

薩摩藩のために将軍に嫁ぐも、徳川家のために薩摩藩と対立

江戸幕府13代将軍・徳川家定の御台所となった女性。幕府の瓦解後に徳川宗家廃絶と江戸城武力制圧の回避に貢献し、明治時代に入ると徳川宗家の家格・家名の維持のために尽力したことで知られる。

島津家家臣のうち最上級とされる「一門家（四つの分家）」の一つ、今和泉島津家当主・島津忠剛の長女として薩摩国で生まれた。幼名は**於一**《おいち》といい、有名な「**篤姫**」は11代薩摩藩主・島津斉彬の養女となった際に「**篤子**《あつこ》」と改名したことによる通称。

11代将軍・家斉の御台所となり男児を出産した8代薩摩藩主・島津重豪の娘である茂姫（広大院）にあやかって、家定の御台所も島津家から迎えたいという幕府からの打診を受け、17歳で藩主である斉彬の養女となり「**篤子**」と改名。さらに五摂家の筆頭である近衛家の養女となり、再度「**敬子**《すみこ》」と改名し、20歳になった1856（安政3）年に家定との婚儀が行われて御台所になった。**篤姫**の人柄について、斉彬は「忍耐力があり怒ったことがない、大きく広い心の持ち主で、温和に見えて人と接するのがとても上手。御台所にはふさわしい人物」と評しており、包容力と気丈さを併せ持った女性だったことがうかがえる。しかし、結婚から2年足らずで家定は急死。同時期に斉彬も死去してしまう。家定の死を受け、**篤姫**は出家して「**天璋院**」と名乗った。

14代将軍・家茂の正室として皇女・和宮が大奥に入ることになり、薩摩藩は**天璋院**に帰国するように申し出るが、**天璋院**はそれを拒んで大奥で暮らし続けた。当初は「嫁姑」の関係で、武家出身と皇室出身でタイプや生活様式も違うことから、**天璋院**と和宮は不仲だったが後に和解し、1867（慶応3）年、15代将軍・徳川慶喜が大政を奉還すると、**和宮（静寛院宮）らと協力し、徳川家の存続と官軍の江戸城攻め回避のために尽力**。故郷の薩摩藩を含む新政府軍が江戸城に迫ると、官軍の実質的トップであった西郷隆盛に救済懇願の書状を送っている。この書状には「徳川家に嫁いだからには当家之土（徳川家の土）となる」などと綴られ、徳川家への思いの強さと女丈夫の一面を見せている。

江戸城の無血開城を見届けてから大奥を去った。明治維新後も薩摩には戻らず、経済的に困窮しても薩摩藩からの金銭援助を断り、徳川千駄ヶ谷邸で「徳川家の人」として過ごした。また、徳川宗家を継いだ御三卿・田安家出身の家達《いえさと》に英才教育を受けさせ、海外留学させるなど最後まで徳川家に尽くしている。

もっと深く知りたい人のための推薦図書

・**『天璋院篤姫（上・下巻）』**宮尾登美子／講談社

227 政治

井伊直弼（いいなおすけ）

1815〜1860年

安政の大獄で敵対者を弾圧し、恨みから桜田門外で暗殺される

江戸幕府14代将軍・徳川家茂に大老として仕えた、近江国の彦根藩（現在の滋賀県彦根市）の15代藩主。**勅命を無視して「日米修好通商条約」の調印を強行し、「安政の大獄」を主導した**ことで知られる。

13代彦根藩主・井伊直中《なおなか》の十四男として彦根城内で生まれた。母は側室・お富の方。生まれたのは父50歳、母31歳の時で、すでに直中は三男・直亮《なおあき》に家督を譲っており、**直弼**が家督を継ぐ可能性はほぼゼロだったが、両親の愛を一身に受けて育ったという。

17歳の時に井伊家の家風に従い、300俵の宛行扶持をもらって彦根城中の御殿から尾末町の北の御屋敷「埋木舎」に移り、1846（弘化3）年に跡継ぎに恵まれない直亮の養子となるまでの15年間を過ごす。この期間に禅、居合、兵学、茶道などの教養を身につけ、さらに国学者・長野義言に師事し、国学、歌道、古学などを学んだ。

1850（嘉永3）年、養父でもある兄の死を受けて藩主となる。この時期の幕府の大きな課題は、海外列強との関係を巡る開国の可否と、将軍の後継問題だった。開国問題では、**直弼**は鎖国の維持を望んでいたが，列強と戦って鎖国を守りぬくことは不可能であると判断し、開国せざるを得ないという立場をとった。それによって、攘夷論を主張する水戸藩の徳川斉昭らの勢力と次第に衝突するようになる。

1853（嘉永6）年の黒船来航直後、**直弼**は幕府の諮問に応えて、積極的に商船を海外に派遣し国威を示すことが皇国の安泰の道であるという意見書を出し、後に老中・堀田正睦《まさよし》に日米修好通商条約の調印はやむを得ないとの意向を伝えている。

第13代将軍・家定の後継者を巡る問題においても、**直弼**は血統論を唱えて徳川宗家に血筋が近い紀州藩主・徳川慶福（後の将軍家茂）を推挙し、実子である一橋慶喜を推していた斉昭らの「一橋（水戸）派」と対立を深めた。

1858（安政5）年、**直弼**は幕府の大老に就任。**直弼**が権力を握ったことで将軍の後継は慶福に決定し、さらに勅許を得ないまま日米修好通商条約に調印する。後継者問題で敗北したうえ、**直弼**の独断で日米修好通商条約調印を許してしまった斉昭は激怒し、慶喜や福井藩主・松平慶永らを引き連れて不時登城（本来の登城日ではないのに登城すること）し、**直弼**を詰問した。だが、斉昭はこれを逆に咎められて**直弼**から謹慎を命じられ、幕府の中枢から外される。

この一件をきっかけに尊王・攘夷は「反・**井伊直弼**」「反幕府」のスローガンとなり、京都では梁川星巌、梅田雲浜、頼三樹三郎、池内大学らの志士が参集して反幕府の機運を盛り上げた。さらに、第121代孝明天皇が幕政改革の指示と日米修好通商条約締結への不満を示す勅諚、いわゆる「戊午の密勅」を水戸藩に下してしまう。

これを幕府存続の危機と考えた**直弼**は、反対勢力への徹底した弾圧策をとるようになる。これが1858年から翌年にかけて行われた「安政の大獄」である。

「安政の大獄」では、公卿とその家臣、大名とその家臣、幕臣、尊攘派の志士など処罰者は100人を超え、吉田松陰や橋本左内らが死刑に処された。しかし、**直弼**は「安政の大獄」を引き起こしたことによって、手ひどく弾圧された水戸藩や攘夷派の諸藩・志士らの強い恨みを買うことになる。

1860（安政７）年の３月３日朝、雪の桜田門（江戸城内郭門の一つ）。桃の節句祝いで登城する**直弼**の行列が襲われる「桜田門外の変」が起きる。襲ったのは、関鉄之介を総指揮者とする水戸藩士17名と薩摩藩士・有村次左衛門の計18名。短銃の音を合図に両側から一斉に駕籠に斬りかかり、有村が**直弼**の首級を挙げた。

襲撃者たちが携えていた「斬奸趣意書」には、**直弼**の罪状として独断による日米修好通商条約調印と安政の大獄での尊攘派への弾圧が挙げられていた。あくまで襲撃は**直弼**の一派を誅することによって幕府の改革を目指すもので、倒幕の意図はなかったとされている。

しかし、**幕府の最高職である大老が日中に暗殺された衝撃は大きく、幕府の衰退を象徴する事件として受け止められ、幕末期政局の大きな転機となった**。また、江戸期には「桜田門外の変」を舞台化することが法的に禁じられていた。

明治期に解禁され、そうした芝居の影響もあって、**直弼**は強権的な政治によって反対派を弾圧した「悪人」のイメージが強くなっていく。また、**直弼**と対立していた勢力が新政府の中枢に入っていったことも人物像に影響したと見られる。一方で地元の彦根では、昔から日本の開国政策と近代化を推し進めた偉人として高く評価されており、時代によっても「不忠の臣」「開国の恩人」など、毀誉褒貶が激しい人物として知られている。

もっと深く知りたい人のための推薦図書

- **『暗殺の幕末維新史―桜田門外の変から大久保利通暗殺まで』**一坂太郎／中央公論新社
- **『安政の大獄　井伊直弼と長野主膳』**松岡英夫／中央公論新社
- **『幕末の天皇』**藤田覚／講談社

228 思想 教育

吉田松陰（よしだしょういん）

1830〜1859年

長州藩で多くの幕末の志士を育てた偉大な教育者

幕末に活躍した長州藩士で思想家であり尊王論者。**多くの逸材を輩出した「松下村塾」の指導者**としても知られる。諱は**矩方《のりかた》**で通称は**寅次郎《とらじろう》**。有名な「**松陰**」は号。

長州（萩）藩士・杉百合之助の次男として生まれ、５歳の時に山鹿流兵学師範の吉田家の仮養子となったが、1835（天保６）年に養父が急逝したことで**松陰**は６歳で吉田家を継ぐことになり、将来的に山鹿流兵学師範となることを宿命づけられ、叔父である玉木文之進らに厳しい指導を受けた。

その秀才ぶりはずば抜けており、わずか９歳で藩校「明倫館」で兵学の講義をし、11歳の時には13代藩主・毛利敬親の前で「武教全書」を講じ、その巧みさによって早熟の天才であることを認められた。1848（嘉永元）年に19歳で「明倫館」師範となり、この時に明倫館再興に関する意見書を提出している。同年、御手当御用掛となり山陰海岸の砲台を巡視し、海防についての報告書もまとめている。

1850（嘉永３）年に兵学研究のため九州を巡遊し、翌年に藩主の東行に従って江戸に出ると、西洋兵学を学ぶ必要性を痛感。佐久間象山に師事し、知見を深めた。

同年末、友人と東北視察に出発するが、友人と約束した出発日を守るために藩の許可を得ないまま出奔し、翌1852（嘉永５）年の帰藩時、亡命の罪を問われて士籍と禄高を没収される。しかし、藩主の特別の計らいにより、10年間の諸国遊学を許可される。

再び江戸に出ていた1853（嘉永６）年、ペリー来航に際して浦賀で黒船を目の当たりにし、象山の勧めもあって自分の目で海外の現状を見極める決心を固める。

長崎でロシア軍艦に乗り込もうとするも果たせず、翌年にペリーが再来すると、**松陰**は弟子の金子重之助とともにアメリカへの密航を計画。小舟を使って下田に停泊中だったペリーの艦隊に乗り込み、密航を懇願したが拒絶され、幕府に自首する。

この罪によって江戸で投獄され、連座して捕縛された象山ともども自藩幽閉の処分となり、**松陰**は萩の野山獄に収容された。約１年に及ぶ獄中生活では、約600冊の本を読破するなど読書に没頭して知識を蓄え、同時に黒船への密航を振り返った『幽囚録』を書いた。さらに、同じ囚人たちのために『論語』や『孟子』を講じ、それがもととなって質量ともに**松陰**の第一の主著とされる『講孟余話』が生まれている。この時に孟子の教えである「国家にとって最も大切なのは民である」との言葉にあらためて感激し、その志と幕府の政策との落差に憤り、尊王攘夷思想に傾倒していったといわれている。

1855（安政２）年、27歳で出獄を許されたが、実家の杉家にて幽閉の処分となった。

杉家で近隣の子弟を集めて塾を開くが、この塾が1857（安政4）年に叔父の文之進が始めた松下村塾（当時隣家の久保氏が教授）と合体し、**松陰**が主宰者となる。

この頃は**松陰**にとって人生最高の充実の時で、松下村塾では身分や階級にとらわれずに誰でも学ぶことができ、特に決められた時間割もなく、塾生が来れば昼夜を問わずに授業をしていた。自由な気風で塾生の個性が尊重され、書物を題材にした講義にとどまらず、時事問題について師匠や弟子の区分けなく活発な議論も行われた。時には登山や水泳をすることもあるなど「生きた学問」だったとされる。門下生の一人だった正木退蔵の回顧によると、**松陰**は常に粗服で、水でぬれた手は袖で拭き、髪を結い直すのは2カ月に1度くらいで、言葉は激しいが立ち居振る舞いは穏和であったという。

松陰が松下村塾で教えたのは1年あまりの短い期間だったが、評判が高まるにつれて萩城下から通う者も現れ、高杉晋作、久坂玄瑞、伊藤博文、山県有朋ら約80人の門人を集めた。幕末から明治にかけてリーダーとして活躍する多くの優秀な人材を育成し、その中でも高杉と久坂は「松下村塾の双璧」と目された。

だが松下村塾の平和は長く続かず、1858（安政5）年に幕府が勅許を得ないまま日米修好通商条約を締結すると、尊王攘夷論者だった**松陰**は急激に反幕府的な言動を強めていった。尊王攘夷派らを弾圧する「安政の大獄」を未然に防ぐため、同志らと老中・間部詮勝の身柄を狙うなど奔走するが叶わず、**松陰**は危険人物と見なされ再び投獄され、1859（安政6）年、江戸に送られて伝馬町牢屋敷に投獄された。

幕府側は「安政の大獄」で捕縛した梅田雲浜との関係を問おうとしただけだったが、**松陰**は自らの信念を役人たちに訴えるために幕府の政策批判を展開。さらに「老中暗殺計画」ともいえる間部への策なども自白したため処刑が執行された。享年30。処刑される直前になってもまったく乱れず、その堂々たる態度は首切り役が感嘆するほどだったという。また、処刑の直前に自らの死を予見し、冒頭に**「身はたとひ 武蔵の野辺に 朽ぬとも 留め置かまし 大和魂」の句を置いた遺書「留魂録」を記している。**

佐藤優の言葉

松陰は長崎でロシア船に、下田で米国船に乗り込んで密出国を試みた。成功していたら、彼の地で高等教育を受けた松陰は教育者として近代日本に大きな影響を与えたであろう。

もっと深く知りたい人のための推薦図書

- **『【新訳】留魂録　吉田松陰の「死生観」』**吉田松陰・著　松浦光修・編訳／PHP研究所
- **『松下村塾』**古川薫／講談社
- **『吉田松陰「人を動かす天才」の言葉　志を立てることから、すべては始まる』**楠戸義昭／三笠書房

229 政治

徳川家茂（とくがわいえもち）

1846〜1866年

激動の時代に将軍となり、寿命を削って使命を果たそうと奮闘する

紀州藩（現在の和歌山県）の13代藩主から江戸幕府の14代将軍となった人物。幼名は**菊千代**《きくちよ》といい、元服後の諱は12代将軍・徳川家慶から偏諱を許され、「**慶福**《よしとみ》」と名乗ったが将軍の就任時に「**家茂**」に改名した。

11代紀州藩主・徳川斉順《なりゆき》の子として江戸藩邸で生まれ、12代藩主・斉彊《なりかつ》（斉順の弟）の養子となり、1849（嘉永2）年にわずか4歳で家督を継いでいる。病弱で子がなかった13代将軍・家定の後継者を巡る将軍継嗣問題では、一橋派の推す一橋慶喜の対抗馬として南紀派の彦根藩主・井伊直弼らに推挙され、激しい政争に巻き込まれる。

1858（安政5）年に直弼が大老に就任したことで後継者に決まり、同年に家定の死去を受けて将軍職を継ぎ、名を**家茂**と改めている。当時の**家茂**はまだ13歳だったため、実際の政治は大老である直弼に委ねられた。

「桜田門外の変」で直弼が暗殺されると、幕府は勢いを増す尊王攘夷運動を抑えるため、公武合体の政策をとることになった。その大きな象徴として、1862（文久2）年に**家茂**は第121代孝明天皇の妹である皇女・和宮と結婚した。和宮は有栖川宮熾仁《たるひと》親王と婚約していたが、朝廷は攘夷実行を条件に**家茂**への降嫁を許可した。皇族との婚約を破棄して将軍に嫁ぐという波乱に巻き込まれた和宮だが、優しい性格の**家茂**に慰められ、二人は政略結婚とは思えぬほど仲睦まじく暮らした。**家茂**は和宮以外の女性をそばに置かず、徳川15代将軍の中で唯一、側室をもたなかった。

だが将軍としては苦難が続き、薩摩藩主の父・島津久光や朝廷の主導によって幕政改革を迫られ、いわゆる「文久の改革」が実行された結果、若年の**家茂**を補佐する役目として慶喜を将軍後見職に、福井藩主・松平慶永を政事総裁職に迎えることになった。

1863（文久3）年、将軍としては229年ぶりとなる上洛を果たして幕権回復を画策。公武合体を推進すべく奔走する。

第一次長州征討の後に長州が再び抗戦の構えを見せたため、**家茂**は第二次長州征討へ赴く。しかし、当時はすでに薩長同盟が結ばれており、幕府の弱体化と長州藩の隆盛を見て取った諸藩が協力せず、幕府軍は総崩れの気配となった。**家茂**は心労が極まったせいか滞在していた大坂城で病に倒れ、幕府軍の敗戦の報が相次ぐなか、1866（慶応2）年の7月20日に21歳の若さで病死した。

230　政治

和宮（かずのみや）

1846〜1877年

姑となった天璋院と協力し徳川宗家を守った皇女

第120代仁孝天皇の第八皇女として生まれ、江戸幕府14代将軍・徳川家茂の御台所となった女性。「**和宮**」は称号で本名は**親子《ちかこ》内親王**といい、生母は御妃女官の橋本経子で、彼女の実家である橋本邸で誕生した。父である仁孝天皇は**和宮**が生まれる前に崩御していたため、兄である第121代孝明天皇の勅命により、そのまま橋本邸で育てられた。

1851（嘉永４）年、孝明天皇の命によって５歳で有栖川宮熾仁親王と婚約するが、1858（安政5）年以降、公武合体を目指して、幕府の大老・井伊直弼らを中心に**和宮**の江戸降嫁が画策されるようになった。「桜田門外の変」で直弼が暗殺され幕府の権威が落ちると、その動きは加速し、老中・安藤信正の尽力によって、1862（文久２）年に江戸で同じ16歳の将軍・家茂との婚儀が行われた。

住み慣れた京から遠く離れた江戸へ降嫁するという心細い境遇となった**和宮**だが、夫となった家茂の優しさに慰められ、二人は政略結婚とは思えないほど仲睦まじく暮らした。家茂は側室をもつよう勧められても**和宮**以外の女性をそばに置こうとしなかったそうで、徳川15代将軍の中で唯一、生涯側室をもたない将軍となった。

安らぎを得た**和宮**だったが、彼女はさらなる歴史の波に翻弄される。1866（慶応２）年、家茂は第二次長州征討のために三度目の上洛をした際に大坂城で病死。家茂との結婚生活は突然の悲劇により、わずか4年で終わりを告げることになった。

同年に兄の孝明天皇が崩御しており、前年に亡くなっていた母も含め、**和宮**は1年あまりの間に大事な家族を次々と失った。

家茂の死後、**和宮**は出家して「**静寛院《せいかんいん》**」と名乗る。一橋慶喜（徳川慶喜）が将軍職に就くにあたり、家茂の後継者として４歳の田安亀之助（後の徳川宗家16代当主・家達）を擁立する派閥もあったが、**和宮**はそういった動きを抑え、亀之助を慶喜の継嗣とすることで事態が収まるよう尽力した。

1868（慶応４）年、鳥羽・伏見の戦いを皮切りに戊辰戦争が勃発すると、**和宮**は**天璋院篤姫とともに官軍による江戸攻撃の中止と徳川家の存続のために奔走した。**

江戸城開城後、一時は京都に戻って暮らしていたが、再び東京に帰った。この頃から脚気《かっけ》を患うようになり、1877（明治10）年に治療のために箱根塔ノ沢温泉に滞在した。だがほどなく療養先で病死し、32歳の若さで波乱の生涯を閉じた。墓所は家茂と同じ東京・芝の増上寺に葬られた。

もっと深く知りたい人のための推薦図書

・『**最後の大奥　天璋院篤姫と和宮**』鈴木由紀子／幻冬舎

231 政治

島津久光（しまづひさみつ）

1817〜1887年

藩主の父として薩摩藩に君臨し、幕政にも介入した野心家

幕末の薩摩藩（現在の鹿児島県）の実質的な指導者。明治初期にも政治家として活動した。10代薩摩藩主・島津斉興の子として鹿児島城で生まれた。母は側室・お由羅。生後間もなく種子島領主の養子に出されるが、さらに一門の島津忠公の養子となり、後に本家に戻った。

斉興の後継者を巡り、斉興に目をかけられている**久光**を支持する派閥と、その異母兄で正室の子である斉彬を支持する派閥が対立した抗争、いわゆる「お由羅騒動」に巻き込まれる。結局は斉彬が11代藩主となるが、**久光**との個人的な関係は決して悪くなかったとされ、斉彬は自身の死去に際して**久光**の実子・忠義を自身の後継者にするよう遺言を書いている。

その遺言の通り、1858（安政５）年に斉彬が死去すると忠義が12代藩主に就任。藩主の実父として**久光**の影響力は増大していき、ついには**「国父」と呼ばれて薩摩藩の実権を握るようになった**。しかし、斉彬への忠誠心が高い西郷隆盛とは不仲で、国元育ちで世間知らずであることを「地ごろ（田舎者）」と批判されたという。

権力拡大の過程で、中下級藩士で構成された有志グループ「精忠組」のメンバーから大久保利通らを登用。同時に中央政界への進出を画策する。

久光は斉彬の遺志を継いで公武合体を構想し、1862（文久２）年の寺田屋事件（坂本龍馬が襲撃された事件とは別）で藩内の尊攘派過激分子を粛清。さらに、一橋慶喜を将軍後見職に就けるなど幕政改革でも大きな影響力を発揮する。しかし、その帰路に**久光**の行列が武蔵国生麦村（現在の横浜市鶴見区）に差しかかったところで**「生麦事件」**が発生。行列の前で騎乗したままだったイギリス人たちを、無礼と見た薩摩藩士が殺傷した事件で、結果的に翌年の薩英戦争へと発展した。その後も公武合体を目指すが挫折し、大久保・西郷を用いて難局の打開を図ったが、やがて倒幕路線に転換した。

維新後は旧公家・大名勢力の中心的存在となり、1873（明治６）年に内閣顧問、1874（明治７）年に左大臣となった。だが、**久光**の保守的な意見は重用されず、1875（明治8）年に辞官している。臣下だった西郷とは終生そりが合わなかったといわれ、1877（明治10）年に西南戦争が起きても、西郷軍に加担する気配は見せなかった。

晩年は鹿児島で隠居生活を送り、修史事業を進めた。1887（明治20）年に70歳で病死するが、葬儀は国葬となった。

232 政治

小栗忠順（おぐりただまさ）

1827〜1868年

敵対した明治新政府の重鎮たちからも敬意を払われた幕臣

慶応期の江戸幕府を支えた幕臣。当時は受領名をつけた**小栗上野介**《こうずけのすけ》と呼ばれることが多かった。新潟奉行を務めたことがある旗本・小栗忠高の子として生まれ、1843（天保14）年に17歳で出仕を開始し、1855（安政2）年に父の死を受けて家督を相続している。1859（安政6）年に目付となり、1860（万延元）年には**日米修好通商条約批准書交換のため正使の新見正興、副使の村垣範正に従い渡米**するが、アメリカ政府高官やメディアは実際に取り仕切った**小栗**を非常に高く評価した。

帰国後は外国奉行となり、1861（文久元）年に起きたロシア軍艦による対馬占領事件の折衝に当たるが失敗して辞職。しかし、その優秀さを惜しまれ翌1862（文久2）年に勘定奉行に登用される。さらに歩兵奉行兼任、陸軍奉行となり、文久期（1861〜1864）に幕府の三兵（歩・騎・砲）の軍事改革を行った。町奉行、軍艦奉行を経て、1865（慶応元）年、難局に際して再び勘定奉行となる。

倒幕派の諸藩との対決姿勢を最も強硬に主張する幕府主戦派であり、親仏派の幕閣としてフランスとの間に借款契約を結び、フランス式軍制の導入を計画。横須賀製鉄所や造船所を建設するなど、幕府の政治、財政、軍事の各分野で改革を推進しようとした。また、封建制を廃止して郡県制の樹立を目指し、薩長両藩をフランスの援助を受けて征討しようとしたが、幕府内の反対派に制止されて成功しなかった。

大政奉還に反対し、戊辰戦争が起きると徹底抗戦を主張したが、意見はいれられずに罷免され、上野国の権田村（現在の群馬県高崎市）に帰郷。以降は静かに暮らしていたといわれているが、1868（慶応4）年に突然、新政府軍によって不穏のたくらみをする者であるとして捕縛され、まともな取り調べもされないまま42歳で斬首された。後の研究によれば、新政府軍にとって**小栗**は優れた見識と軍事知識をもつ「危険な男」であり、殺しておきたかったのだろうと推測されている。

小栗の先見性は後年にも評価され、明治新政府の重鎮だった大隈重信は「われわれの行っている近代化は、**小栗上野介**の構想の模倣にすぎない」と公言。さらに日露戦争で連合艦隊司令長官として指揮を執った東郷平八郎は**「日本が日本海海戦で勝利できたのは小栗氏が製鉄所、造船所を建設したおかげである」**と語っており、昭和の作家・司馬遼太郎は「明治の父」であると**小栗**を評している。

233 政治

勝海舟（かつかいしゅう）

1823〜1899年

崩壊寸前の幕府を支え、その手腕と胆力を明治新政からも認められた男

幕末から明治時代にかけて活躍した幕臣にして政治家。通称は**麟太郎**《りんたろう》、諱は**義邦**《よしくに》、のちに**安芳**《やすよし》と改名しており、有名な「**海舟**」は号。山岡鉄舟、高橋泥舟とともに「幕末の三舟」と呼ばれている。江戸の本所（現在の東京都墨田区両国）で貧乏旗本の勝小吉の長男として生まれる。少年時代から島田虎之助のもとで剣術に打ち込み、直心影流剣術の免許皆伝となり、やがては西洋兵術の勉強も始めた。

1850（嘉永３）年頃に蘭学塾を開いた**勝**は、ペリー来航を目の当たりにしたことで、**身分を問わない有用な人材の登用や軍艦の建造の必要性などを説いた「海防意見書」を幕府に提出**する。それが幕府の目に留まり、以降は立身出世の道を進む。

31歳で目付海防掛に取り立てられ、翌年には長崎の海軍伝習所の生徒として勉強を開始。1860（万延元）年には、日米修好通商条約批准使節の新見正興に随従して、米サンフランシスコを目指し、木造軍艦・咸臨丸で太平洋を横断する。

アメリカで見聞を広めた**勝**は、帰国後に軍艦奉行として神戸海軍操練所を建設。出身地や身分の分け隔てなく新たな日本を担う若者を集め、その中には土佐出身の坂本龍馬もいた。**勝**に入門した龍馬は、その豊富な知識と見識の深さに驚き、家族への手紙で「日本第一の人物」と**勝**のことを紹介している。

また、**勝**は「今は日本人同士が争っている場合ではない。西洋列強に対抗するには、諸藩が互いに協力する必要がある」と薩摩藩の西郷隆盛に語り、その斬新な発想に西郷は「ひどく惚れ申し候」と感服している。この**勝**の思想に刺激を受けた龍馬は、犬猿の仲だった薩摩藩と長州藩の仲を取り持って、薩長同盟を成立させた。

戊辰戦争で新政府軍が江戸に迫った際には、主戦派の幕臣をなだめ、官軍の実質的な指導者となった**西郷と会談し、江戸城の無血開城を実現**する。「無血開城」は、武士の時代の終わりと近代国家日本の出発を象徴する歴史的な出来事となった。

維新後も明治政府の要職に就き、元老院議官や枢密顧問官を歴任した。西郷との絆は強く、西南戦争で死亡した西郷が明治政府に逆らった「逆徒」とされたのをよしとせず、名誉回復に努めた。**勝**の尽力によって西郷の名誉は回復され、上野公園に銅像が設置されるに至っている。

234　政治

徳川慶喜（とくがわよしのぶ）

1823〜1899年

崩壊寸前の幕府の命運を委ねられ、最後の将軍となった男

江戸幕府第15代将軍。江戸幕府の最後の将軍であるとともに、**日本史上最後の征夷大将軍**となった人物。９代水戸藩主・徳川斉昭の七男として江戸藩邸で誕生し、幼名は**七郎麿**《しちろうまろ》といった。兄弟の中でも特に優秀で、12代将軍・徳川家慶の意向で11歳の時に御三卿の一つである一橋家に養子に入り、諱を「**慶喜**」と改名した。これは優秀な**慶喜**を次期将軍候補に加えるためのものだったとされる。

13代将軍・家定は病弱で子がなく、黒船来航後に後継者問題が浮上。「英名」と評された**慶喜**は松平慶永ら一橋派と朝廷に推され、有力な後継者候補となる。しかし、南紀派の井伊直弼が大老職に就いたことで、直弼らが推す紀州藩主・徳川慶福（家茂）が14代将軍となることが決まった。また、勅許を得ずに日米修好通商条約に調印したことに対し、**慶喜**は父・徳川斉昭らと不時登城して直弼に詰問し、それを咎められて登城を禁じられ、翌年の「安政の大獄」で隠居謹慎の処分を受けている。

だが、「桜田門外の変」で直弼が暗殺されると状況は一変。謹慎が解かれたうえに一橋家の再相続を許され、将軍後見職として家茂を補佐することになった。

幕府の求心力はどんどん低下し、1866（慶応２）年の第二次長州征討で敗戦を重ねるうち、家茂が遠征先の大坂城で病死したことを受けて**慶喜**は15代将軍となる。先見性のあった**慶喜**は「徳川はもうもたない」と漏らし、将軍就任に乗り気でなかったという。**慶喜**はフランス公使・ロッシュの助言を取り入れながら幕政改革に着手し、洋式軍制改革などを行うが大勢を挽回するには至らず、有力諸藩との対立も深まっていった。

1867（慶応３）年に朝廷に政権を返上する（大政奉還）ことで、新しい政府でも徳川家の勢力を維持しようと目論むが、鳥羽・伏見の戦いで朝敵となったことに動揺し、味方を見捨てて大坂から江戸に逃げ帰ったことで計画は水泡に帰す。

江戸無血開城後は水戸で謹慎し、新政府の命によって徳川宗家の家督を田安亀之助（徳川家達）に譲り、駿府に移った。1869（明治２）年に戊辰戦争が終結すると謹慎を解かれたが、以後は表舞台に立つことはなかった。当時はまだ30代だったが、それからはほとんど仕事に就くこともなく、77歳で死去するまで趣味に没頭しながら悠々自適に暮らした。また、明治になってから二人の側室との間に10男11女の計21人の子どもをもうけた。伝記としては、渋沢栄一による『徳川慶喜公伝』が最も有名。

235 軍事

近藤勇（こんどういさみ）

1834〜1868年

京都の治安を維持するために尊王攘夷志士を狩った新選組の局長

幕末に京都で活動した**新選組の局長**。本姓・宮川、本名は**昌宣**《まさよし》。後に幕臣に取り立てられて甲陽鎮撫隊隊長となった。武蔵国の上石原村（現在の東京都調布）で農家の宮川久次郎の三男として生まれるが、天然理心流３代目宗家・近藤周助の試衛館で剣術を学び、1849（嘉永２）年に近藤家の養子となった。26歳で試衛館を継ぎ、土方歳三や沖田総司、永倉新八らを門下としている。

1863（文久３）年、江戸幕府14代将軍・徳川家茂の上洛に際して、門下の土方や沖田らを引き連れ、庄内藩士・清河八郎の献策で将軍を警護するために募集された浪士組に加わる。しかし、尊王攘夷を主張する清河らと意見を異とし、**近藤**らは京都に残留。芹沢鴨らと京都守護職（会津藩主・松平容保）の支配下で**「新選組」を組織して京の治安維持に努め**、初代局長だった芹沢を粛清して**近藤**が新たな局長に就任した。

1864（元治元）年、新選組が京都河原町の旅館で尊王攘夷派の志士たちを襲撃した「池田屋事件」が発生。池田屋では、最初に**近藤**、沖田、永倉、藤堂平助の４人だけで踏み込み、20人以上いた尊王攘夷派の志士たちを相手に獅子奮迅の働きを見せ、新選組の勇名をとどろかせた。なお、**近藤**は「忠臣蔵」の大石内蔵助を尊敬しており、有名な新選組の隊服は赤穂浪士の衣装をモデルにしたものだという説がある。

幕府の崩壊が確実となった1867（慶応３）年に幕臣となり、見廻組与頭格に任ぜられた。1868（慶応４）年の鳥羽・伏見の戦いでは、負傷した**近藤**に代わって副長の土方が指揮を執ったが敗れ、残った隊士を集めて江戸へ戻った。江戸で**近藤**は主戦論を唱え、甲陽鎮撫隊を組織して隊長となり、甲府の占拠を目指す。しかし、甲州・勝沼で官軍と戦って敗走し、下総・流山で抵抗するも官軍に捕らえられた。

その後、江戸・板橋で斬首され、首は京都・三条河原でさらされるが、その後の首の行方はわかっておらず、歴史のミステリーの一つとなっている。享年35。

近藤は暇があれば刀剣の話をしていたといい、愛刀は「虎徹《こてつ》」とされているが、その真贋を巡っては諸説ある。2019（令和元）年７月にインターネットオークションで「虎徹」が約95万円で落札され、贋作であるものの、鞘の字体から「**近藤勇**の刀」であった可能性が高いと専門家に鑑定されたとのニュースが報じられている。

236 軍事

土方歳三（ひじかたとしぞう）

1835〜1869年

新選組の鬼の副長として、新政府軍を最後まで翻弄した男

幕末に京都で活動した**新選組の副長**。「鬼の副長」と呼ばれるほど厳格な人物だったことで知られる。武蔵国の石田村（現在の東京都日野市）の農家・土方義諄《ぎじゅん》と恵津の末っ子として生まれるが、早くに両親を亡くし兄夫婦によって養育される。

1859（安政6）年頃、働きながら剣術の修業を積んでいた**土方**は、天然理心流の道場に入門。ここで近藤勇と運命の出会いを果たした。1863（文久3）年、江戸幕府14代将軍・徳川家茂の上洛に際し、警衛のために「浪士隊」が組織されることになり、近藤や沖田総司らと参じる。そのまま京都に残留して「新選組」が組織され、初代局長・芹沢鴨の暗殺などを経て、近藤が新選組の局長となり、その右腕として**土方**は副長に就任している。

新選組の副長として「局中法度」の遵守を隊士たちに徹底。規律を破った隊士に対しては、たとえそれが幹部であろうと切腹を命じた。近藤や**土方**と対立した隊士が粛清対象になることもあり、山南敬助、河合耆三郎らがその標的となった。

1868（慶応4）年、戊辰戦争の戦端を開いた鳥羽・伏見の戦いでは、負傷した近藤に代わって新選組の戦闘指揮を執るが、新政府軍の装備は最新式だったこともあり、結果は旧幕府軍の大敗となった。近藤が捕らえられたあとも残党を率いて宇都宮、会津などを転戦して抵抗を続け、仙台で榎本武揚が率いる旧幕府軍と合流すると、蝦夷地（現在の北海道）の箱館（函館）に向かい、新政府軍との戦いのために当時最新式の要塞だった五稜郭を占拠。ただし、資金不足のため計画通りの工事ができず、五稜郭の防御力は予定よりかなり低く、籠城には向かなかったという。

箱館で榎本を総裁とする「蝦夷共和国」が成立すると土方は陸軍奉行並に就任。1869（明治2）年に新政府軍による箱館総攻撃が開始されると、飛び抜けた戦術知識と勇猛さで奮闘するが、圧倒的な兵力差に敵わず、35歳で壮烈な戦死を遂げた。

髷を切ってマフラーを巻いた洋装姿の写真が残っていることから、西洋文化をいち早く取り入れていたことがわかり、西洋軍学にも長じていたとされる。なお、現代人から見ても端正な顔立ちをした**土方**は京都時代に花柳界の女性に非常に人気で、彼女たちからもらった大量の恋文を自慢するように親戚に送り付けたという逸話が残っている。

もっと深く知りたい人のための推薦図書

- **『燃えよ剣』**司馬遼太郎／文藝春秋
- **『土方歳三最後の戦い 北海道199日』**好川之範／北海道新聞社
- **『新選組 「最後の武士」の実像』**大石学／中央公論新社

237 政治 経済

坂本龍馬（さかもとりょうま）

1835〜1867年

犬猿の仲だった薩摩藩と長州藩の同盟締結を仲介

幕末に活躍した土佐出身の志士。ペリー来航をきっかけに国家が大揺れになるなかで多くの人士と交流し、国際的視野から**従来の尊王攘夷の枠組みにとらわれない新たな日本の未来像を描き、倒幕運動に大きな貢献を果たした**。

土佐藩（現在の高知県）の郷士《ごうし》（下級武士）・坂本八平の次男として生まれた。本家は豪商「才谷屋」で、坂本家もそれなりに裕福だったと見られている。**龍馬**は５人きょうだいの末っ子で、兄や姉とは年が大きく離れていたが、三女の乙女とは３歳しか違わなかったため、乙女を非常に慕っていたという。なお、少年期は愚鈍だったとする説があるが、それを示す記録は確認できず、後世の創作や俗説の類と考えられる。

乙女の勧めで剣術を始めた**龍馬**は、1853（嘉永６）年に修業のため江戸に向かい、江戸三大道場の一つである北辰一刀流の千葉定吉の道場に入門。このころにペリー率いる黒船が来航し、沿岸警備に動員された**龍馬**は、父・八平に宛てた手紙で「もし戦争になれば異国の首を討ち取って土佐へ帰ります」と攘夷思想を示していた。しかし、海外事情に詳しい絵師・河田小龍から、世界と対等に付き合うためには大きな船とそれを動かせる人材が必要だと教えられ、考えを改めている。

1861（文久元）年、27歳になった**龍馬**は親友の武市瑞山《たけちずいざん》（武市半平太《はんぺいた》）率いる土佐勤王党に加盟。だが間もなく脱藩し、江戸で異色の幕臣・勝海舟に弟子入りする。

龍馬と勝の出会いについては「龍馬は開国論者の勝を斬りに行ったが、見識の深さに感服して弟子入りした」という話が有名だが、実際は**龍馬**に殺害の意図はなく、事前に紹介状を受けていたとの説が現在は有力となっている。いずれにしても、**龍馬**は乙女への手紙で「日本第一の人物」と勝のことを紹介しており、心服していたのは間違いない。

勝の右腕として神戸海軍操練所の設立に奔走するも、禁門の変の余波で勝が失脚してしまい、操練所は１年足らずで閉鎖されてしまった。しかし、**龍馬**はその間に松平春嶽、横井小楠、三岡八郎ら多くの人士と知遇を得て、西郷隆盛とも知り合っている。

ちなみに、この頃に**龍馬**は「少しく叩けば少しく響き、大きく叩けば大きく響く。もし馬鹿なら大きな馬鹿で、利口なら大きな利口だろう」と西郷を評している。

勝の失脚と操練所の閉鎖で行き場を失った**龍馬**だが、1865（慶応元）年に薩摩藩などの庇護のもと、長崎で同志を率いて日本最初の商社といわれる「亀山社中」を設立。脱藩浪人たちを引き入れて通商航海業に乗り出した。さらに、同じ土佐出身の中岡慎太郎と協力し、亀山社中の活動を媒体として、**倒幕のために犬猿の仲だった薩摩藩と長州藩に手を結ばせることを画策**。1866（慶応2）年、薩長同盟を成立させる。これは幕府に対抗する勢力が生まれたことを意味し、**龍馬**が幕府側から危険視される原因となる。

薩長同盟成立の数日後、**龍馬**は投宿していた旅館・寺田屋で襲撃される。寺田屋で働いていたお龍《りょう》の機転と、護衛役の長府藩士・三吉慎蔵に助けられ、薩摩藩邸に何とか逃げ込むも、両手の親指などに深手を負ってお龍に看護される。その後はお龍と結婚し、西郷らの勧めもあって、お龍とともに薩摩の温泉を巡る湯治の旅に出た。これが日本最初の新婚旅行だとする説がある。

以降も**龍馬**は亀山社中を軸に商才を発揮し、薩摩・長州の両藩に後れを取っていた土佐藩が**龍馬**に目をつけて接触。当時、土佐藩政の実権を握っていた後藤象二郎が長崎で**龍馬**と会談し、龍馬と中岡は脱藩の罪を許される。これを機に亀山社中は「海援隊」と改名し、土佐藩の外郭団体となった。

1867（慶応3）年、後藤とともに藩船で京都に向かっていた**龍馬**は、その途中で後の大政奉還につながる「船中八策」をまとめたとされる。後藤がこれを前土佐藩主・山内容堂に進言し、容堂が江戸幕府15代将軍・徳川慶喜に大政奉還を建白し、これを受け入れた慶喜は政権を朝廷に奉還した。この頃には、**龍馬**の目は世界を相手にしたビジネスへ向けられており、大政奉還後に西郷から今後どうするのかと尋ねられた際には「世界の海援隊でもやりますか」と答えている。

大政奉還から約1カ月後、各地を奔走して新政府の構想を練っていた**龍馬**は、京都の下宿・近江屋で中岡と会談中に33歳で暗殺される。当初は新選組の関与が強く疑われたが、京の治安維持を担っていた京都見廻組の犯行説が現在は有力となっている。後年に元見廻組の今井信郎が証言したことで定説となったが、実行犯については諸説あり、さらには土佐藩説、薩摩藩説、紀州藩説など別に黒幕がいたとする説も多くある。なかには、**龍馬**とともに死亡した中岡が計画したとする説や、そもそも暗殺場所は近江屋ではないとする大胆な説もある。現在に至るまで謎は完全には解明されておらず、幕末最大のミステリーとなっている。

もっと深く知りたい人のための推薦図書

- **『坂本龍馬と高杉晋作　「幕末志士」の実像と虚像』**一坂太郎／朝日新聞出版
- **『龍馬史』**磯田道史／文藝春秋
- **『薩長同盟論　幕末史の再構築』**町田明広／人文書院

238 政治 軍事

西郷隆盛（さいごうたかもり）

1827〜1877年

新政府側の人間として幕府を倒すも、最大の士族の反乱を引き起こす

幕末から明治時代初期に活躍した政治家にして軍人。明治維新の立役者であり、大久保利通、木戸孝允とともに「維新の三傑」の一人に数えられている。

薩摩藩（現在の鹿児島県）の下級藩士・西郷吉兵衛《きちべえ》隆盛の長男として生まれた。父の死後に「**吉兵衛**」の通称を継ぎ、後に**吉之助**《きちのすけ》と改める。諱は**隆永**《たかなが》であったが、明治時代の手続きの不備で父と同じ「**隆盛**」を名乗った。大久保利通は３歳下の幼なじみ。

13歳の時に仲間のけんかの仲裁で負傷したために剣が握れなくなり、武道をあきらめて学問で身を立てようと一念発起する。以降、薩摩藩の独特な教育法である「郷中」のリーダーとして、周囲の信頼を得るようになった。

1844（弘化元）年に18歳で郡方書役助、ついで書役となって27歳まで勤め、その間に農政改革を求める意見書で10代藩主・島津斉彬に認められ、重用されるようになる。

斉彬の片腕として、将軍継嗣問題で一橋慶喜を擁立する運動を推進し、その過程で藤田東湖や橋本左内らと知り合い、志士として天下に知られるようになった。

ところが、斉彬と敵対する南紀派の井伊直弼が大老に就任して権力を握り、さらに斉彬が急死したことで情勢は急変。「安政の大獄」で幕府に追われた**西郷**は、京都・清水寺の僧侶・月照とともに海に身を投げるが、**西郷**だけが奇跡的に助かる。この時に**西郷**は天命を悟り、有名な「敬天愛人」の思想に至ったのではないかともいわれている。その後、表向きは追放処分として奄美大島に潜伏し、島津久光が斉彬の遺志を継いで公武合体運動に着手するにあたり、久光の下で働く大久保のとりなしで薩摩藩に戻った。

しかし、藩主の父として藩政を牛耳る久光とまったくそりが合わず、政策を巡る衝突などによって久光の怒りを買い、罪人として沖永良部島に流されてしまう。沖永良部島では、雨が吹きつける粗末な牢獄に閉じ込められ、その辛苦は**西郷**の内面を鍛えた。

生麦事件や薩英戦争で薩摩藩を巡る情勢が緊迫し、藩勢を回復させるために**西郷**は再び薩摩に召喚される。島に流されてから２年後のことだった。

西郷は軍賦役に任命され、京都での政治工作に従事。禁門の変（蛤御門の変）で薩摩軍を指揮し、**長州藩の軍勢に大勝したことで薩摩の地位を大幅に向上させた**。以降は第一次長州征討などで活躍するが、薩摩と幕府の関係が悪化すると、一転して第二次長州征討の阻止に動いた。坂本龍馬と中岡慎太郎の仲介により、1866（慶応２）年に長州藩の木戸孝允との間で「薩長同盟」を結んだことで倒幕の動きが決定的なものとなる。

倒幕の密勅が薩長両藩に下ると、江戸幕府15代将軍・徳川慶喜は大政奉還という手段をとったが、**西郷**らは王政復古のクーデターに持ち込んで新政府誕生の道筋をつけた。

1868（慶応4）年に鳥羽・伏見の戦いにより始まった戊辰戦争では、東征大総督府参謀となって江戸に迫るも、幕臣・勝海舟との会談によって総攻撃を中止。**江戸城の無血開城実現に寄与した**。かねてから**西郷**は、斬新な思想をもった勝について「実に驚き入り候人物」「ひどく惚れ申し候」と絶賛しており、その信頼の厚さが無血開城の実現につながったと見られる。

戊辰戦争後は鹿児島で隠居するが、やがて藩主・島津忠義に請われて藩政改革を指導。1871（明治4）年には、大久保や岩倉具視らの説得によって、断り続けていた新政府への参加を決めた。薩長土3藩から招致した軍隊による「御親兵」の設置などに尽力し、廃藩置県では主導的役割を果たした。そして朝鮮との間に国交問題が発生すると、**西郷**は自ら使節として朝鮮に赴きトラブルの対処に当たる「遣韓論」を主張する。しかし、**西郷**が朝鮮で暗殺された場合、戦争が不可避となることから大久保が猛烈に反対して**西郷**の朝鮮派遣は覆された。この騒動は竹馬の友だった**西郷**と大久保が決別するだけでなく、政府も分裂する大事件となる。対立の原因は諸説あるが、**西郷**は平和的交渉で国交を正常化しようと考えていたにもかかわらず、太政大臣・三条実美《さんじょうさねとみ》が「征韓論」であると誤解したことが混乱の発端であるとする説が現在は有力視されている。

1873（明治6）年、前述の騒動により**西郷**は明治政府を去った（明治六年の政変）。その後は鹿児島に戻って私学校を設立し、九州各地の子弟を訓育して悠々自適に暮らそうとするが、自由民権運動の高まりとともに士族たちの不満が爆発し、**西郷**は血気にはやる私学校の生徒らによって反乱のリーダーに推され、1877（明治10）年に政府軍を相手に「西南戦争」を起こすに至る。

しかし、田原坂の激闘で西郷軍の将・篠原国幹が戦死し，総退却した**西郷**は城山で政府軍に追い詰められた。腰と太ももに銃弾を受けた**西郷**は、付き従っていた別府晋介に「晋どん、もうここらでよか」と告げ、別府の介錯によって自刃した。享年51。

死後は明治政府に逆らった「逆徒」の汚名を着せられたが、勝の尽力もあって1889（明治22）年の恩赦で名誉を回復し、上野公園に銅像が建てられた。

佐藤優の言葉

西郷隆盛のような聡明な人物が、敗戦必至の西南戦争に突入していった理由がよくわからない。当時、持病のフィラリア症が悪化して判断力が鈍っていたとの説には説得力がある。

239 政治

大久保利通（おおくぼとしみち）

1830〜1878年

冷静な参謀であるがゆえに西郷と袂を分かつことに

幕末から明治時代初期に活躍した政治家。**正助《しょうすけ》**、**一蔵《いちぞう》**と称し、後に**利通**と改めた。西郷隆盛、木戸孝允と並んで「維新三傑」の一人に数えられ、**明治維新後は実質的な日本のリーダーとして辣腕を振るった**。薩摩藩の鹿児島城下にある高麗町（現・鹿児島市高麗町）で、下級武士の大久保利世の子として生まれる。同じ町内で生まれた西郷は３歳上の幼なじみだった。幼い頃は身体が弱く、武芸に打ち込むことは難しかったため、勉学に励んで討論を得意としたとされる。

1846（弘化３）年に藩の記録所の書役助となるが、1850（嘉永３）年に島津家のお家騒動（お由羅騒動）に巻き込まれ免職。３年後に復職し、11代藩主・島津斉彬に登用されると、尊王攘夷を唱える若手藩士たちのリーダー的存在となった。

斉彬が死去すると、1860（万延元）年に12代藩主・忠義の父として藩の実権を握った久光に側近として重用されるようになる。久光の下で頭角を現した**利通**は、指導者層と下士層を結ぶ要となり、公武合体策を進める藩の中枢を担うようになっていった。

久光の怒りを買って島に流されていた西郷が藩に復帰できるようにとりなし、1866（慶応２）年に西郷らと協力して「薩長同盟」を締結。この時点で**利通**の立場は藩政の方針を超え、公武合体から武力による討幕論へと転換していった。

久光が推進していた公武合体運動は失敗し、薩摩藩と幕府の関係は急激に悪化。**利通**は朝廷より薩摩藩あてに討幕の密勅を下賜させることに成功し、これを受けて江戸幕府15代将軍・徳川慶喜が朝廷に政権を返上すると、クーデターによって「王政復古の大号令」の発布を実現させて明治新政府を組織した。新政府での**利通**は指導者の一人として活躍。参与から徴士、そして参与内国事務局判事、さらに参議へ昇任して内政の中枢を握り、木戸孝允らとともに版籍奉還、廃藩置県を断行した。

1871（明治４）年、**利通**は岩倉具視を全権大使とする「岩倉使節団」の副使として、伊藤博文や木戸孝允らとともに欧米を訪問。最大の目的であった欧米諸国との不平等条約の改正は果たせなかったが、目的を視察に切り替え、約1年10カ月の期間を費やして欧米各国の進んだ技術や文化を吸収していった。

利通が友人に送った手紙には「イギリスには町ごとに工場がある。リバプールの造船所、マンチェスターの木綿工場、製鉄所……。こうした多くの工場が、イギリスの強さの秘密だ」と、視察で受けた驚きが綴られている。また、ドイツの宰相ビスマルクから国をまとめ上げるまでの話を聴き、感銘を受けた**利通**は日本も近代化することで欧米に追い付けるのではと考え、帰国後は**「富国強兵」を目指し、強い権限をもつ内務卿として富岡製糸場などの「官営工場」を各地に造り、日本の近代化に向けて尽力した。**

朝鮮との国交問題が生じると、西郷が自ら使節となって朝鮮で国交正常化の交渉に当たりたいと「遣韓論」を申し出るが、これが政府内対立に発展。**利通**と西郷は竹馬の友だったが、この騒動で決別。**利通**は国内の政策を重視すべきとして西郷の朝鮮行きに反対し、政争に敗れた西郷は明治政府を去った。

もはや「大久保政権」と呼べるほど**利通**の新政府内での権力は絶対的なものとなり、収入の安定を目指した「地租改正」や、ヨーロッパにならって強い軍隊をつくるための「徴兵令」などを推し進めた。しかし、**利通**たちの大きな改革によって、かつての武士である「士族」たちの不満が爆発した。明治時代になって役割を失ったことで収入が減少し、さらに「徴兵令」によって存在意義すらも揺らいでしまったからだ。

1877（明治10）年、ついに九州で最大規模の士族の反乱「西南戦争」が起きる。その首謀者は**利通**のかつての親友である西郷だった。明治政府軍はこれを武力で徹底的に鎮圧し、敗れた西郷は自刃するに至った。

日本の近代化のために心を鬼にした**利通**だが、西郷の死を知った時は号泣し、その際に「おはんの死と共に新しか日本が生まれる。強か日本が……」とつぶやいたとされる。しかし、そんな**利通**の思いをよそに士族たちは強い恨みを募らせ、1878（明治11）年、**利通**は東京・紀尾井坂付近にて、石川県士族・島田一郎ら６名によって斬殺された。

明治政府で強大な権力を握っていた**利通**だが、そこに私利私欲はなく、死後に残った財産は現金140円だけで、その一方で８千円（現在の貨幣価値で１億円をはるかに超える）の債務が残り、所有資産はすべて抵当に入っていたという。これは十分な予算がつかなかった政府の事業などに私財を投入していたためだった。

なお、**利通**と妻・満寿子の次男・伸顕は幼少期に親類の牧野家の養子となるが、兄弟の中で最も父親の才覚を受け継いでいたようで、官僚から貴族院議員となり、第124代昭和天皇の側近となっている。この伸顕の長女・雪子が吉田茂に嫁ぎ、さらに吉田と雪子の三女・和子が麻生太賀吉に嫁ぎ、総理経験もある現職政治家・麻生太郎が生まれている。

もっと深く知りたい人のための推薦図書

・『**日本史上最高の英雄　大久保利通**』倉山満／徳間書店
・『**大政事家 大久保利通 近代日本の設計者**』勝田政治／KADOKAWA
・『**大久保利通と東アジア　国家構想と外交戦略**』勝田政治／吉川弘文館

240 政治 軍事

高杉晋作（たかすぎしんさく）

1839〜1866年

長州藩の討幕派を牽引した吉田松陰の教え子

幕末期の長州藩の討幕派の中心人物の一人で、身分にとらわれない新たな軍隊「奇兵隊」を創設したことで知られる。

1839（天保10）年、長門国の萩城下菊屋横丁（現在の山口県萩市）で長州（萩）藩士・高杉小忠太の長男として生まれた。14歳の時にペリーが来航し、本で得た知識などによって外国への脅威を感じたという。1857（安政4）年に藩校「明倫館」に入学し、そのかたわらで吉田松陰の「松下村塾」で学び、その秀才ぶりから、よき好敵手であった久坂玄瑞とともに「松下村塾の双璧」と称された。1859（安政６）年の「安政の大獄」で松陰が処刑されると、遺体の引き取りに奔走している。

1861（文久元）年に14代長州藩主・毛利定広の小姓役となり、翌年に藩命により訪れた上海で植民地化されて西洋諸国の支配に苦しむ清の状況を目の当たりにすると、公武合体論を捨て去って攘夷運動に身を投じ、富国強兵を目指すようになる。

1863（文久３）年、長州藩の外国船砲撃に端を発した下関戦争で武士隊が敗北を喫すると、**高杉**は武士だけの軍隊のもろさを思い知り、階級・身分にとらわれずに町人や農民からも兵士を集める新しい軍隊**「奇兵隊」を創設**。これは藩の正規兵に対する「奇兵」の隊という意味で、これを皮切りに長州藩内では遊撃隊、集義隊などの「諸隊」が続々と誕生。以降、長州藩は西洋式の軍隊を整え、倒幕運動の大きな力となった。

1864（元治元）年、**高杉**は下関の功山寺で挙兵し、幕府への恭順を主張する俗論派政権を排除すべくクーデターを起こす。奇兵隊らの活躍によって奇跡的に勝利を収めた**高杉**は、藩の実権を握って倒幕派政権を樹立する。

高杉は、その後も1866（慶応２）年の四境戦争（第二次長州征討）で幕府軍を相手に活躍し、大勝利となったことで倒幕の機運が高まった。だが程なく肺結核を重くして倒れ、明治の世を見ることなく死去した。享年29。辞世の句として「おもしろきこともなき世を（に）おもしろく」と詠んだといわれ、これに**高杉**を看病した野村望東尼が「住みなすものは心なりけり」と続けたと伝わっている。ただ、亡くなる数カ月前に詠まれていて辞世の句ではないとする説もある。また、弟分として可愛がられた伊藤博文は、**高杉**の人柄について「動けば雷電の如く発すれば風雨の如し、衆目駭然、敢て正視する者なし。これ我が東行**高杉**君に非ずや」という言葉を残している。

241　政治

木戸孝允〈桂小五郎〉（きどたかよし〈かつらこごろう〉）　1833〜1877年

西郷、大久保に並ぶ「維新の三傑」

幕末から明治時代初期にかけて活躍した政治家。若い頃は**桂小五郎**と称したが、後に**木戸孝允**と名乗った。倒幕において大きな役割を果たしたほか、**明治政府でも「五箇条の御誓文」の作成に携わるなど多くの功績を残している**。

長州〈萩〉藩の藩医・和田昌景の次男として生まれ、８歳で藩士・桂家の養子となって家督を継ぎ、**小五郎**と呼ばれた。吉田松陰の「松下村塾」で学んで尊王攘夷の思想をもつようになり、1852（嘉永５）年に剣術修業のために江戸へ出る。江戸では剣術だけでなく、洋式砲術やオランダ語なども学んだ。また、ペリーが率いる黒船を目の当たりにした衝撃から海防への関心を深め、勝海舟らとも親しくする。

1864（元治元）年に「禁門の変」で薩摩藩などと戦って長州藩が敗走すると一時身を隠したが、高杉晋作ら討幕派が長州藩の実権を掌握すると帰藩し、藩の中枢を担うようになる。1866（慶応２）年には、坂本龍馬らの仲立ちによって「薩長同盟」を締結し、犬猿の仲であった薩摩藩と手を結ぶことで倒幕に大きく貢献した。

明治維新後は新政府の中心人物の一人となり、由利公正や福岡孝弟らと「五箇条の御誓文」の起草に参加。さらに**版籍奉還、廃藩置県などを計画し、新たな時代をつくるための基礎を固めていった**。

1871（明治４）年には、岩倉具視を全権大使とする「岩倉使節団」に大久保利通、伊藤博文らとともに加わり、欧米の政治、経済、軍事などの諸制度や施設を視察。帰国後は、内政を優先して「征韓論」に反対することで結果的に西郷隆盛を下野させ、その一方で大久保利通の独裁的な政治にも批判的な立場を示した。

大久保体制の政府においては、不満を漏らすことが多く孤立しがちだったという。富国強兵政策を推進する大久保とは台湾出兵を巡って対立し、一時官職を辞している。復職後は健康を崩すようになった。

1877（明治10）年に西郷をリーダーとする士族たちの反乱「西南戦争」が勃発すると、そのさなかに病に倒れ、意識がもうろうとした状態で「西郷もいいかげんにしないか」と言い残して死去した。享年45。その死因は長らく「胃がん」と考えられてきたが、近年の研究によって「大腸がんの肝臓転移」が有力視されるようになった。

242 政治

大村益次郎（おおむらますじろう）

1824〜1869年

兵学者として優秀だが、医家出身のため武士の気持ちがわからず

長州出身の洋学者で日本の近代的軍制の創始者。戊辰戦争で新政府軍の勝利の立役者になるなど、兵学者としても抜きん出た才能をもっていた。

1824（文政７）年、周防国吉敷郡鋳銭司村字大村（現在の山口市鋳銭司）に医師・村田孝益の長男として生まれ、はじめは**村《むら》田《た》蔵六《ぞうろく》**と名乗った。家業を継ぐために1846（弘化３）年に大坂の蘭方医・緒方洪庵の適塾に入門し、蘭学や医学を学ぶ。塾頭になるほどの秀才で、27歳で帰郷して村医として開業するが、不愛想なことなどが災いして、まったく流行らなかったという。しかし、兵学や蘭学の知識を買われて宇和島藩に招かれ、兵書の翻訳・研究、軍艦設計などで才を発揮した。

1856（安政３）年に江戸へ出て私塾「鳩居堂」を開き、宣教師ヘボンのもとで英語・数学も習得。たちまち**大村**の名は江戸で評判となり、噂を聞きつけた長州藩は地元出身の**大村**の獲得に動いた。1860（万延元）年、桂小五郎や蘭学者の青木周弼の働きかけにより、これからも宇和島藩の仕事を手伝うという条件付きで**大村**は長州藩に移籍する。

大村は長州藩で兵学の講義や兵制改革に携わり、1866（慶応２）年の第二次長州征討の際には、石見口の総参謀として幕府軍を壊滅させる大活躍を見せた。戊辰戦争においても数々の戦果を挙げ、新政府軍の勝利に大きく貢献。西郷隆盛ですら、**大村**の軍略の巧みさに感服していたと伝えられている。

明治新政府では、兵部大輔として軍の近代化に尽力。兵権を天皇に帰属させた全国常備配置の「御親兵」を編成し、陸軍はフランス、海軍はイギリスにならうこと、海外列強のような徴兵制度を採用することなどを建白。兵学校設立によって職業軍人を育成することなども思い描き、後の**近代日本軍の基礎を築いている**。

しかし、**大村**の改革は武士層の特権を剥奪するもので、徹底して洋式を手本としたことも攘夷思想の士族たちから敵意を集めることになった。

1869（明治２）年、京都で保守反動派士族らに襲撃されて深手を負い、大坂の病院で治療を受けるも約２カ月後に敗血症で死去した。享年46。その遺志は山県有朋ら長州系軍政家に継承され、徴兵令の制定などによって軍隊の近代化につながった。1893（明治26）年には、靖国神社に銅像が建てられている。

243 政治 軍事

榎本武揚（えのもとたけあき）

1836〜1908年

蝦夷共和国の総裁となり最後まで新政府軍に抵抗

江戸時代末期の幕臣。戊辰戦争の最終局面「五稜郭の戦い」で旧幕府軍のリーダーを務め敗軍の将となるが、その才覚を惜しまれて明治新政府でも重用された稀有な人物。

1836（天保7）年、幕臣・榎本武規の次男として江戸に生まれる。通称は**釜次郎**《かまじろう》。12歳で昌平坂学問所に入り、後にアメリカから帰国したジョン万次郎（中浜万次郎）の私塾で英語や洋学も習った。20歳の頃には長崎海軍伝習所に入り、勝海舟らに軍艦の操縦や航海術などを学んでいる。

1862（文久2）年からオランダ留学を果たし、約5年の間に航海術、砲術、造船術、機関学、国際法などを習得し、蘭・仏・独・露の4ヵ国語を身につけた。帰国後は幕府の海軍副総裁に任命され、実質的な海軍トップとなる。大政奉還後、官軍による軍艦の接収を拒否し、1868（慶応4）年に旧幕府艦隊を率いて品川沖を脱出。仙台で旧幕府陸軍と合流して蝦夷地（北海道）に上陸。箱館に将軍を迎えて新しい国を作ろうと考え、明治新政府へ蝦夷地開拓の嘆願を出すが叶わなかったことから、**五稜郭を占拠して「蝦夷共和国」樹立を宣言**し、選挙によって総裁に選ばれる。

だが、新政府軍の攻撃によって降伏。捕らえられた**榎本**は極刑を覚悟し、新政府軍の大将だった黒田清隆に「私が死んだら諸外国との交渉に必要な法律知識がある者がいなくなるから、この本を使えばいい」と、オランダ留学時代から肌身離さず持っていた『万国海律全書』を贈った。兵火で焼失するのを避けようとしたともいわれる。

これを見た黒田は「日本にこれほど国際法に詳しい人物はいない」と才を惜しみ、**榎本**は助命された。2年半の禁固刑を経て、**新政府では黒田の下で北海道開拓事業に尽力**。1874（明治7）年にはロシア駐在公使となり、翌年に対露交渉に当たって千島・樺太交換条約を締結した。ロシアからの帰途にシベリアを横断し、各地の地質などを視察している。内閣制度の成立後は、逓信大臣、文部大臣、外務大臣、農商務大臣を歴任し、旧幕臣の中では例のない高い地位を明治新政府で占めた。

1908（明治41）年に73歳で病没。幕府と明治新政府、いわゆる「二君」に仕えたことで要領のいい男というイメージがつき、歴史ファンからの評価が低い時期もあったが、実際は法律知識や語学、航海術などから科学知識まですべて一流で、幕末・明治期の人物の中でも飛び抜けた才能の持ち主だったと見られている。

244 **軍事**

川路利良（かわじとしよし）

1834～1879年

フランスを参考に近代警察制度を築いた、日本警察の父

薩摩藩の与力（下層武士）である川路利愛の長男として鹿児島城下で生まれる。

幕末の1864（元治元）年、禁門の変で長州藩遊撃隊総督の来島又兵衛の狙撃に成功。西郷隆盛や大久保利通に高く評価される。さらに1868（慶応４）年の戊辰戦争の鳥羽・伏見の戦いに薩摩官軍大隊長として出征。上野戦争や会津戦争にも参加するなど、数々の戦功を挙げる。

明治政府成立後は、1869（明治２）年に鹿児島藩兵器奉行となる。1871（明治４）年には東京府大属、1872（明治５）年に邏卒総長に就任し、中央政府に仕える。同年、司法省警保寮の発足に伴い、警保助兼大警視となる。さらに江藤遣欧使節団の随員としてヨーロッパに渡り、欧州各国の警察制度を視察した。

1873（明治６）年に帰国した**川路**は、警察の司法権と行政権の分離を主張する。フランスの警察制度を参考に「建議草案」を発表。そこで近代国家としての行政警察体制を提唱する。一方、司法省中の警保寮を民部省より分離して内務省が新設。これに基づき、**川路**の意向により東京警視庁が創設された。この東京警視庁には、**川路**自らが大警視（現在の警視総監）に就任。**川路**の主張する行政警察は、全国の警察権の集中と国事警察機能の拡充を目標としており、それが具体化されたともいえる。

1877（明治10）年に西南戦争が起きる。これに当たって**川路**は大警視と陸軍少将を兼任し、警視隊で組織された別働第三旅団を率いて抜刀隊を指揮して、西郷軍に大きな打撃を与えた。**川路**は西南戦争以前に、下野した西郷を暗殺しようとしたともされ、現在でも鹿児島県民の評価は低いが、**川路**は郷土愛よりも国家秩序の維持に努めた。ただし、事前に大久保の暗殺計画の情報を知らされながら、暗殺はないとたかをくくり、1878（明治11）年に庇護者であった大久保を亡くすという失態もおかしている。

いずれにせよ**川路**の生涯は、国家の安定を図るために費やされた。**彼によって欧米の近代警察制度が日本で初めて構築された。川路**の尽力は、まさに日本警察の父と呼ばれるものだった。そして、その制度は実行権力を軍事力と警察力に分けるものであり、さらに前述の通り警察力を司法警察と行政警察に分けるものだった。

川路は1879（明治12）年、再度ヨーロッパ視察に出発する。旅行中に病に伏し、パリからの帰国後、46歳で病没した。

もっと深く知りたい人のための推薦図書

- **『警察の誕生』**菊池良生／集英社
- **『走狗』**伊東潤／中央公論新社

245　競技

千葉周作（ちばしゅうさく）

1793〜1856年

北辰一刀流を編み出した、江戸後期を代表する剣士

陸前国（現在の宮城県）で馬医者（獣医）をしていた千葉忠左衛門成胤の次男として生まれる。父は北辰流の剣術を使い、その父に幼少期から剣を習った。**周作**が15歳の時、一家は下総国の松戸（現在の千葉県松戸市）に移住。この時に**周作**は兄弟とともに同地の小野派一刀流中西派の浅利又七郎に入門する。その後、**周作**は江戸の宗家の中西忠兵衛子正や寺田五郎右衛門に学び、白井亨や高柳又四郎など当代の名剣士とともに修業した。**周作**はそのなかでも非凡な才能を見せ、免許皆伝を許される。

1820（文政３）年、諸国武者修行のため、武蔵、上野、信州、北信濃、諏訪地方などをまわり他流試合を行う。ここで多くの試合に勝った**周作**だが、さまざまな剣を体験したことで、伝統的な一刀流の兵法を変える必要性を知る。1822（文政５）年、千葉家の北辰夢想流と、小野派一刀流とを合わせた**北辰一刀流を編み出す**。その要諦は、**周作**が後に書で表わしている「それ剣は瞬速、心、気、力の一致」である。

同年、**周作**は日本橋品川町に玄武館という道場を開く。ここでは、従来の形式的な教授法が改められた。竹刀稽古の教授法が統一され、多かった免許の段階が３段階と簡素化された。こうした合理的な指導の結果、1825（文政８）年には、神田お玉ケ池の元旗本屋敷に道場を移転し、そこから優れた剣客を多く輩出し、江戸随一という名声を得る。門弟数は、最も多いときに3600人いたとされ、剣術最大の流派ともなっていた。

1839（天保10）年、９代水戸藩主・徳川斉昭に認められ剣術師範となる。1841（天保12）年には馬廻役として100石の扶持を受けた。

周作には４子があり、皆剣に優れていたが、特に次男の栄次郎が特筆される。その腕は、神道無念流の斎藤弥九郎の長男・新太郎、鏡新明智流士学館・桃井春蔵の養子・直正と並び称された。門弟には、桜田門外の変で井伊直弼を襲撃した水戸浪士のほか、薩摩の有村次左衛門、高弟には井上八郎、海保帆平、森要蔵らがいた。さらに幕末の志士として、庄内藩出身で浪士組を作った清河八郎、江戸無血開城の立役者の山岡鉄舟、新選組の山南敬助、さらに坂本龍馬らも北辰一刀流を学んだ。

斎藤弥九郎、桃井春蔵とともに幕末の三剣士に挙げられた**周作**の剣の強さは圧倒的で、その構えは、剣先をセキレイの尾のように振るとされた。また、武者修行時代の日記『剣術物語』や、『剣術初心稽古心得』『剣術修業心得』などの著書を残している。

もっと深く知りたい人のための推薦図書

- 『**千葉周作（上下巻）**』津本陽／KADOKAWA

246 政治

岩倉具視（いわくらともみ）

1825～1883年

貧乏公家から明治新政府の公爵にのし上がった男

幕末から明治時代中期にかけて活躍した政治家。公卿・堀河康親《やすちか》の次男として京に生まれ、1838（天保9）年に岩倉具《とも》慶《やす》の養子となった。岩倉家は公家であるものの身分が低いため**具視**は貧しい生活を送るが、1854（安政元）年に第121代孝明天皇の侍従となったことから朝廷内で頭角を現す。公武合体論を唱え、孝明天皇の妹・和宮と江戸幕府第14代将軍・徳川家茂の婚姻を推進し、朝廷と幕府との融和に尽力するが、尊王攘夷派に「四奸」の一人として命を狙われ、辞官して京都北部の岩倉村に身を潜めて暮らす。

以後、時代の動向に対応して公武合体派から倒幕派に転身。1867（慶応3）年、明治天皇に許されて宮中に戻った。同年に江戸幕府第15代将軍・徳川慶喜が大政奉還をしたが、このままでは徳川家が実質的に権力を握ったままになるため、薩摩藩の大久保利通らと協力し、朝廷中心の政治にするために王政復古のクーデターを断行した。

明治新政府では、首脳部の一人として版籍奉還や廃藩置県などの重要法案の立案に携わり、参与、議定、大納言、右大臣などを務めた。

1871（明治4）年には、**欧米との不平等条約の改正交渉と海外視察のため、特命全権大使として「岩倉使節団」を引率**。条約改正という目的は果たせなかったものの、副使として随行した大久保、伊藤博文、木戸孝允らを含めた総勢100名を超える大使節団として約2年間にわたって欧米諸国の国家制度、産業技術、文化などを学び、この経験を基に大久保らが近代国家の建設に乗り出していくことになる。

帰国後は日本の近代化が急務であると考え、西郷隆盛が国交を結ぶために使節として朝鮮に赴くことに大久保らとともに反対し、内政の充実に努めた。また、東京に首都機能が移転したことによって衰退していた京都一帯を復興させる目的から、摂津、河内、山城、近江などの名勝・古跡を保存する運動に携わり、とりわけ名所旧跡の多い京都の再興に尽力。皇族、華族の保護にも力を注いでいる。

1883（明治16）年、京都御所保存計画のために京都を訪れていた時に咽頭がんが悪化し、船で東京へ戻って療養した。明治天皇の見舞いを受けたものの回復せず、57歳で死去した。葬儀は日本初の国葬として執り行われた。女優の小桜葉子（本名・岩倉具子）は曽孫で、その長男の加山雄三は玄孫にあたる。

247　思想

佐久間象山（さくましょうざん）

1811～1864年

先見の明はあったが、傲慢な性格が災いを呼ぶ

幕末の思想家で開国論者。名は一般的に「**しょうざん**」だが、一説には「**ぞうざん**」とも読むとされる。「時代の先覚者」として、**開国派を中心とした幕末期の重要人物たちに大きな影響を与えた**。信濃国の松代藩（現在の長野県長野市）で藩士の家に生まれ、少年時代から秀才ぶりは有名で、1833（天保４）年に江戸に出て、当時の儒学の第一人者だった佐藤一斎の門下で朱子学などを学び、渡辺崋山や藤田東湖らと親交を深めた。

1836（天保７）年に帰郷し、藩の師弟に学問を教授した後、1838（天保９）年に再び江戸へ出て、神田・お玉ケ池で私塾を開く。1842（天保13）年に８代松代藩主の真田幸貫《ゆきつら》が幕府の老中・海防掛になると、顧問として海外事情の研究を命じられ、「海防八策」という意見書をまとめている。これをきっかけに蘭学修業の必要性を痛感した**象山**は、1844（弘化元）年に34歳でオランダ語を学び始め２年ほどで修得。オランダの自然科学書、医書、兵書、百科事典などをむさぼるように読んで蘭学の知識を吸収した。

この頃から西洋砲術家として**象山**の名は天下に知れ渡るようになり、1850（嘉永3）年に深川の藩邸で砲学や兵学の教授を開始。吉田松陰、勝海舟、橋本左内、坂本龍馬、河井継之助ら幕末期のキーマンとなる多くの人材を輩出。小泉純一郎元首相の演説で引用されたことで有名になった「米百俵」の逸話で知られる小林虎三郎も**象山**の門下で、松陰と並んで「象門の二虎」と称された。

1853（嘉永６）年、ペリー来航により藩軍議役に任ぜられた**象山**は、老中・阿部正弘に「急務十条」を提出する一方、愛弟子の松陰に外国行きを勧めた。ところが、松陰の海外密航は失敗し、**象山**もこれに連座して松代に蟄居させられた。この間に洋書を読みあさって西洋研究に没頭し、攘夷論から現実的な和親開国論に転じ、そのためには公武合体が必要であると唱えるようになった。

蟄居を解かれた**象山**は1864（元治元）年に幕命を受けて上洛。要人たちに公武合体、開国佐幕の重要性を説くが、その言動は尊王攘夷派に「西洋かぶれ」の危険人物と見なされ、同年に河上彦斎らによって京都・三条木屋町にて54歳で暗殺された。

幕末の歴史に大きな影響を与えた洋学の第一人者だったが、自らを「国家の財産」と称するなど傲慢な面があり、それが同時代人からの評価を低くしたとの見方がある。

248 経済

グラバー

1838〜1911年

薩長に最新鋭の武器を提供した武器商人

幕末から明治初期にかけて日本で活躍したイギリスの商人で、フルネームは**トーマス・ブレーク・グラバー**という。1859（安政６）年に香港を拠点にする英国のジャーディン・マセソン商会の代理人として、21歳で開港間もない長崎を訪れた。

1861（文久元）年、大浦で**グラバー**商会を設立。当初は茶や生糸、海産物を主に扱っていたが、やがて薩摩藩などから蒸気船購入の仲介などを依頼されるように。やがて**グラバー**は**幕末の動乱に目をつけ、薩摩藩、長州藩などの討幕派に艦船、武器、弾薬を売り込み、1860年代半ばには長崎の外国商館で最大手となった。**

グラバーが輸入した西洋の近代兵器の威力は圧倒的で、それらを備えた薩摩藩や長州藩を中心とする倒幕派は、旧式兵器が中心だった幕府軍を次々と打ち破った。**グラバー**の武器輸入によって、明治維新への動きが加速していったともいえる。

また、長崎港を見渡せる南側の丘の土地を賃借し、1863（文久３）年、その土地にあった印象的な一本松のそばに、ビジネスの拠点として日本の技術と西洋の様式を融合させた木造屋敷「**グラバー**邸」を建築。この屋敷は現存し世界遺産となっている。

当時の志士たちのイギリス留学の手助けもしており、薩摩藩の五代友厚、森有礼、寺島宗則、長澤鼎、長州藩の伊藤博文、井上馨、山尾庸三、遠藤謹助、井上勝らが**グラバー**の世話によって英国へ旅立っている。**グラバー**のサポートによって留学を果たした人材の多くは明治維新後の政治・経済の世界で活躍しており、近代日本の歴史において彼の果たした役割は非常に大きい。

明治維新後の1870（明治３）年、幕末の混乱が収束して武器需要が落ち込んだことや藩の廃止で代金の回収が滞ったことで**グラバー**商会は資金繰りが悪化して倒産。しかし、三菱創業者の岩崎弥太郎に西洋設備導入のノウハウや海外との取引実績を買われ、三菱の顧問に迎え入れられる。三菱で高島炭鉱の経営を実質的に任されたほか、五代らとともに日本初の近代的ドックである小菅修船場の建設などにも尽力し、キリンビールの前身となるジャパン・ブルワリーの設立にも参画するなど、事業家として腕を振るった。

私生活では日本人の妻・ツルと結婚し、「**倉場**」という日本姓を名乗った。晩年は東京に移り住み、1908（明治41）年には外国人としては異例の勲二等旭日重光章を授与されている。

249　経済

安田善次郎（やすだぜんじろう）

1838〜1921年

銀行、生保、損保の金融事業で成功した安田財閥の創始者

越中国の富山藩（現在の富山県）で下級武士の安田善悦の子として生まれる。幼名は**岩《いわ》次《じ》郎《ろう》**。安田家の身分は足軽だが、実際は半農半士だったという。1858（安政５）年に奉公人として江戸に出ると、行商をした後、日本橋小舟町の鰹節屋兼両替店に手代奉公する。ここで**善次郎**は両替と金融の知識を得る。

1864（元治元）年、独立して、乾物と両替を行う安田屋を日本橋人形町に開業。1866（慶応２）年には店舗を日本橋小舟町に移す。ここで安田屋の業績は飛躍的に伸び、明治維新後には両替業者となった。同時に安田商店と改称し、明治政府が発行した紙幣である太政官札を進んで売買し、資本を蓄積した。さらに政府が発行する公債の大量買い付けや、官庁や地方の公金を取り扱うなど業務を拡大。安田商店は国内屈指の新興金融業者に成長し、**善次郎**は1876（明治９）年、第三国立銀行を設立。初代頭取に就任する。

1880（明治13）年には**安田商店を安田銀行に改組。これは後に富士銀行を経て、現在のみずほフィナンシャルグループになる**。さらに1882（明治15）年には日本銀行の理事に就任。これをもとに第三国立銀行と安田銀行の経営を発展させた。

1893（明治26）年には、帝国海上保険を設立。さらに日本最初の火災保険会社である東京火災保険の経営も引き受けた。これらの損害保険会社は、後に安田火災保険を経て、現在の損害保険ジャパンになっている。**善次郎**は、1894（明治27）年には共済生命保険をも立ち上げた。これは生命保険会社として、安田生命保険を経て、現在の明治安田生命保険相互会社になっている。このように保険事業でも彼はパイオニアであった。

善次郎はこうして**金融業で大成功を収め、安田財閥を築いた**。彼は近代日本資本主義の発展に寄与した実業家であった。しかし、公的な利益を好まず寄付などを行わない実業家という批判も浴びた。だが、実際にはさまざまな寄付をしていた。特に晩年には東京大学講堂（安田講堂）や、日比谷公会堂の寄付などの公共事業の構想ももっていて、没後それらは実現した。ところが**善次郎**は寄付とは、名声を得るために行うものではなく、「陰徳」として匿名で行うべきだという考えの持ち主だったため、ほとんど世間に知られることはなかった。このため利己的な実業家という世間の誤解は解けず、国家に協力しないとして国粋主義者に襲撃され84歳で命を落とした。

なお、**善次郎**の子孫は著名人が多く、特に曽孫のオノ・ヨーコは有名である。

250 科学

田中久重（たなかひさしげ）

1799〜1881年

日本の機械産業の近代化に影響を与えた、発明家にして技術者

筑後国久留米（現在の福岡県久留米市）に生まれる。幼名は**儀《ぎ》右《え》衛門《もん》**。父の弥右衛門はべっ甲細工師で、その血を引いた**久重**も若い頃より発明の才能を発揮。また、和製ロボットの原点ともいえるからくり人形や水からくりを考案し、「からくり**儀右衛門**」と呼ばれた。実際、**久重**は数多くのからくり人形を発明し、日本各地で興業を行った。なかでも「弓曳童子」と「文字書き人形」は現存し、最高傑作ともいわれている。

久重は1834（天保５）年に大坂に移住。この頃和時計の製作や修理を行って生計を立てるかたわらで折りたたみ式の懐中燭台を発明。1837（天保８）年には圧縮空気により灯油を補充する照明器具の無尽灯を考案する。その後、京都に移った**久重**は1849（嘉永２）年に嵯峨御所より、優れた職人として「近江大掾」の受領名を授かった。

1850（嘉永３）年、広瀬元恭が営む時習堂に入門し、蘭学を学ぶ。同年、天動説を具現化した須弥山儀を生み出す。1851（嘉永４）年には、万年時計とも呼ばれる自鳴鐘を作り上げた。自鳴鐘は和時計の最高傑作といわれる400日巻きの置時計である。文字盤の位置が自動で変化することで一時刻の長さが変わる不定時法を用いるとともに、洋時計などの複数の機能をもつものであり、現在は国立科学博物館が所蔵している。

1853（嘉永６）年には、肥前国の佐賀藩（現在の佐賀県と長崎県の一部）の精煉方に招かれる。ここで**日本初の蒸気機関車や蒸気船の模型を製造**する。さらに軍事用に反射炉の設計を行うとともに、大砲製造にも尽力した。1855（安政２）年、幕府が開いた長崎海軍伝習所の第１回伝習生となる。

1861（文久元）年、佐賀藩の三重津海軍所で蒸気船の製造に関わる。1863（文久３）年には実際に運用された国産初の蒸気船である凌風丸建造にも携わり、1864（元治元）年には久留米藩の呼びかけで帰郷し、鐺水製造所の指導も兼務している。

明治政府が成立後の1873（明治６）年、**久重**は東京に移住。工務省から要請されたブレゲ電信機などの製造修理を行う。また田中製造所を銀座に開設し、明治政府の指定工場となる。これは養子の２代目久重が引き継ぎ、芝浦に移転させ、株式会社芝浦製作所となる。同社は現在の東芝の前身であり、**久重**は**東芝の創業者**ともされている。

優れた発明家であり技術者であった**久重**の存在は、後にものづくり立国といわれた日本の原点といっても過言ではなく、その功績から「東洋のエジソン」と呼ばれた。

251　教育　宗教

ヘボン

1815～1911年

ヘボン式ローマ字を考案した、医師にして宣教師

フルネームは**ジェームス・カーティス・ヘボン**といい、アメリカのペンシルベニア州ミルトンで判事の父サムエルの長男として生まれる。1832年プリンストン大学卒業。ペンシルベニア大学に入学して医学を学ぶ。1836年に同大を卒業して医学博士の学位を取得し、1840年にクララ・メアリー・リートと結婚している。

1841年、プロテスタントの一派である長老派の宣教師でもあった彼は、東洋伝道を志し、シンガポールや中国のアモイを訪れている。1846年に一度アメリカに帰国してニューヨークで医院を開くが、1859（安政6）年に再び東洋伝道を目指して来日すると、横浜に滞在して施療所で医師としても働いた。施療所で身分の差別なく1日100人もの患者を診察した。1862（文久2）年に起きた生麦事件では、負傷者の治療も行った。専門は脳外科だったが、幅広い病気を診察し、宣教師デュアン・シモンズとともに、横浜の近代医学の基礎を築いたとされる。

1863（文久3）年、横浜に男女共学の**ヘボン**塾を立ち上げる。これをもとに、後に東京で明治学院を発足させる。**ヘボン**塾の出身者には、高橋是清、林董、益田孝といった明治期に活躍した多くの人材がいる。

ヘボンは一方で日本人の言葉を集め、日本語の研究を行う。1867（慶応3）年、**日本初の和英辞典である『和英語林集成』を編纂・出版**する。これはローマ字表記で記されており、これをもとに**ヘボン式ローマ字**が完成する。なお、ローマ字にはヘボン式のほか訓令式があり、ヘボン式は外国人が日本語を読むために作られたため、現在の小学校の国語の授業では日本人教育用の訓令式が教えられているが、実際にはヘボン式を用いることも多い。例えば「チ」の表記は訓令式でtiだが、**ヘボン**式ではchiである。

明治に入ると、宣教師でもある**ヘボン**は、聖書の日本語訳に取りかかる。1880（明治13）年、S.R.ブラウンと協力して新約聖書の文語体訳を完成する。さらに1888（明治21）年には、フルベッキと協力して旧約聖書の文語体訳を完成。また、**ヘボン**は横浜指路教会も建てる。このように日本におけるプロテスタント伝道と、明治学院などでのプロテスタント教育に大きな役割を果たした。

1892（明治25）年に帰国。日本には33年間滞在した。帰国後はニュージャージー州イーストオレンジで晩年を過ごし、96歳の長い生涯を終えた。

252 芸能 文学

河竹黙阿弥（かわたけもくあみ）

1816～1893年

時代の転換点で歌舞伎の伝統と未来を守った狂言作家

幕末から明治時代初期にかけて活躍した歌舞伎の狂言作家（脚本家）。江戸日本橋通町（現在の東京都中央区）で風呂屋の株の売買と質屋を営む吉村勘兵衛の次男（実質的な長男）として生まれ、幼名を**芳三郎**《よしさぶろう》といった。無類の本好きであったため、1833（天保４）年、17歳の時に家業の後継ぎを弟に任せて貸本屋に就職している。貸本屋の客層は武家、学者、医家、職人、芸人などさまざまな身分や職業の人と接するため、後に狂言作家として登場人物を創作する際に非常に役立ったという。

そして、歌舞伎役者の娘・沢村お紋に踊りを習ううちに、芝居好きが高じて茶番（身の回りのものを利用して演じる即興劇）を作るようになり、1835（天保６）年、貸本屋を辞めてお紋の親類である市村座の狂言作家・鶴屋孫太郎に弟子入りし、見習いとして「**勝諺蔵**《かつげんぞう》」という筆名を与えられ、狂言作家としての修業を開始した。ところが、病気にかかって修業は半年で終わってしまったという。

その後、放蕩がすぎて父親から勘当されたこともあり、1838（天保９）年に今度は河原崎座で狂言作家の見習いとして修行を再び開始する。ここでは帳元（劇場の支配人）である鈴木屋松蔵に豊かな機知を評価され、比較的早く狂言作家に昇進している。その後、家業を継いだ弟が病気で亡くなったことで親戚からの圧力を受けて実家に戻されたり、老中首座・水野忠邦が主導した「天保の改革」による芝居小屋の浅草への移転が決まったりというピンチを乗り越えて、1843（天保14）年に河原崎座の立作家（序列トップの狂言作家）となり、二代目**河竹新七**《しんしち》を襲名した。

以降、**『都鳥廓白鳥《みやこどりながれのしらとり》』、『三人吉三廓初買《さんにんきちさくるわのはつかい》』、『小袖曾我薊色縫《こそでそがあざみのいろぬい》』、『与話情浮名横櫛《よわなさけうきなのよこぐし》』などの作品でヒットを飛ばし**、生世話物、白波物、怪談物を得意とした。

江戸幕府が崩壊し明治に入ってもその筆は衰えず、明治の風俗を取り入れた「散切物」と呼ばれる新しい演目を発表して観客を楽しませた。しかし、狂言作家は基本的に座付きのため所属している役者の魅力を引き出す脚本を創作するのが一般的だったのに対して、西洋の演劇は脚本にふさわしい役者を選ぶものであった。そうした違いを歌舞伎の旧態依然と演劇改良運動で批判されると、1881（明治14）年に「**黙阿弥**」と名乗ることを宣言して狂言作家から引退してしまった。

ただし、以降も助筆という形で歌舞伎の脚本を書き続けており、その脚本の人物描写の巧みさは演劇改良運動の支持者からも高く評価されたという。

253　宗教

中山みき（なかやまみき）

1798～1887年

44歳にして神の声を聞き、天理教を開いた女性

江戸時代後期から明治時代初期にかけて活躍した**天理教の教祖**。大和国の三昧田《さんまいでん》村（現在の奈良県天理市三昧田町）の庄屋・前川半七の娘として生まれる。半七は庄屋としての働きが認められ、一代限りではあるが武士の身分を与えられていた。

1810（文化7）年、**みき**は13歳で庄屋敷村（現在の天理市三島町）の村役人を務める中山善右衛門の息子・善兵衛に嫁いでいる。嫁としてよく働き、周囲の人々から信頼されたが、19歳の時に初めての子どもを亡くしてしまう。その時の中山家の過去帳の記述から、流産であった可能性がある。なお、この時期に夫の浮気相手の女に毒を盛られ、生死の境をさまよったという言い伝えが残されており、さまざまな心労が重なったためか、もともと信心深かった**みき**は、1816（文化13）年に中山家の檀那寺である善福寺で浄土宗の五重相伝を受けている。

1838（天保9）年、長男の秀司が足の病（多発性リウマチと考えられている）で苦しむようになり、その治癒を祈るために中山家で加持祈禱が行われた。すると、**みき**の体に世界と人間を創造したという「天理王命」という神が憑依し、**みき**を「神のやしろ」としてもらい受けると宣言。以降、「教祖（おやさま）」となった**みき**は3年ほど自宅の内蔵に籠って神との対話を続け、庄屋の妻としての義務を放棄したため、善兵衛も周囲から白い眼で見られ庄屋を辞職せざるを得なくなった。

そして、やっと内蔵から出てきたと思うと、**みき**は「貧に落ちきれ。貧に落ちきらねば、難儀なる者の味がわからん」という神の言葉に従い、嫁入り道具だけでなく中山家の先祖伝来の品々を貧しい人々に施し始めたのである。その行為は慈悲深いという表現を超えており、被差別民やハンセン病など当時の価値観では交流することもタブーとされていた人々にも救いの手を差し伸べるようになり、中山家は村で孤立してしまう。

1853（嘉永6）年に善兵衛が亡くなると、翌年に娘のために作った「をびや許し」という安産のお守りが評判となり、次第に**みき**は周囲から受け入れられるようになり、彼女を慕う者も増えたことで天理教の基礎が築かれた。

1870（明治3）年に明治新政府が「大教宣布の詔」を出し、神道国教化を進めたことで天理教は迫害を受けるようになり、**みき**の死後に公認されるが神道本局の管理下に置かれた。しかし、教団化が進み1908（明治41）年に独立が認められると、信者数を増やし、その**発祥の地は天理市という宗教都市**となっている。

佐藤優の言葉

二宮尊徳や石田梅岩流の「努力は必ず報われる」という通俗道徳が当時流行していたが、努力しても報われない人の中から新宗教の教祖が生まれる傾向がある。

Column
3

日本の貴族「公家」の家格

源頼朝によって朝廷から独立した武士の政権・鎌倉幕府が開かれると、武士の家柄の「武家」に対して、朝廷に仕える貴族の家柄を「公家」と呼ぶようになり、藤原道長の子孫である**藤原北家嫡流**を軸に、血筋によってランク付けがされている。

公家の最高ランクの家格とされているのが、摂政や関白を輩出する「摂関家」で、**近衛家、九条家、鷹司《たかつかさ》家、二条家、一条家**の五つの家門が存在する。そのため、「五摂家」と総称されることもある。

近衛家は藤原忠通《ただみち》の四男（実質的な長男）・近衛基実《もとざね》を祖とし、**九条家**は忠通の六男・九条兼実を祖とする。このため**近衛家**のほうが藤原北家の嫡流とされ、鷹司家は**近衛家**から、**二条家**と**一条家**は**九条家**から分立した家門であるため、五摂家内の序列では近衛家が筆頭となる。また、**近衛家**は安土桃山時代に活躍した18代当主・近衛信尹に跡取りがおらず、彼の妹・前子が第107代後陽成天皇の女御となり生んだ四宮（近衛信尋）を養子に迎えて跡を継がせたため、**皇別摂家**としてさらに特別な家柄となった。

江戸幕府の将軍の御台所はこの五摂家の姫君を迎えることが慣習となっていたため、幕末に薩摩藩の島津家から13代将軍・家定に嫁いだ天璋院篤姫は近衛家の養女となることで、五摂家の姫君という体裁を整えたのである。

そして、五摂家の下に内大臣・右大臣・左大臣・太政大臣といった、大臣職に就任することが可能で娘が皇后になる資格をもつ「**清華家《せいがけ》**」、その清華家の庶流から誕生し、欠員が出た場合に大臣を輩出できる「**大臣家《だいじんけ》**」、朝廷の武官の家柄である「**羽林家《うりんけ》**」、朝廷の文官の家柄である「**名家《めいか》**」、有職故実や和歌、さらに雅楽や陰陽道といった特殊技能をもって朝廷に仕えた下級貴族である「**半家《はんけ》**」などの家柄に分けられている。

五摂家から半家までの家門は、出世次第で天皇の生活の場である清涼殿の南廂《みなみびさし》に設けられた「殿上間」への出入りを許されることから「**堂上家《とうしょうけ》**」とも呼ばれる。

江戸時代に幕府から朝廷に与えられた石高は３万石しかなかったため、五摂家から大臣家あたりまでは、その家柄や血筋により副収入を得る手段が存在したが、それより家格が下がる中流から下流の**羽林家・名家・半家**は収入が少ないのに体裁を整えるのに費用がかさんで生活が苦しく、当主自ら内職に励む家も少なくなかった。そのため、高貴な血筋を求める豪商などに娘を嫁がせ、引き換えに援助をもらうことも珍しくなく、「猫の子と公家の娘は貰い手に困らない」といわれたという。

明治時代に入ると、公家は家柄相当の爵位を賜って華族（堂上華族）となり、ある程度の特権を与えられた。しかし、新時代に対応するための子女の教育や社交で出費がかさむようになり、窮乏の末に華族身分を返上せざるを得ない家も少なくなかった。

第8章

明治時代に活躍・誕生した人々

254 政治

明治天皇（めいじてんのう）

1852～1912年

日本の近代化の象徴として国民を導いた偉大な天皇

第121代孝明天皇の第二皇子として生まれ、後に第122代天皇となった人物。264年続いた江戸幕府崩壊の混乱の最中、わずか16歳で即位し、**新政府の象徴として新しい制度や文化の導入を率先し、国民に範を示した**ことで知られる。

母である御妃女官・中山慶子の実家で誕生し、**祐宮**《さちのみや》の称号が与えられ、1856（安政3）年に中山邸から宮中に戻った（当時の皇子女はある程度成長するまで生母の実家で養育されるのが慣例だった）。そして、父の女御である九条夙子《あさこ》が皇子に恵まれなかったこともあり、1860（万延元）年に正式な皇位継承者と認められ、夙子の実子として親王宣下を受け、**睦仁**《むつひと》という諱を授かった。

なお、1864（元治元）年に長州藩の軍勢が都に進攻し、御所の蛤御門の前で会津藩や薩摩藩などの幕府方の軍勢と衝突する「禁門の変」が起きると、母方の祖父・中山忠能《ただやす》が長州藩への内通の疑いで孝明天皇の逆鱗に触れ、蟄居処分を受けている。

しかし、孝明天皇の唯一の皇子であるため**睦仁親王**の立場は揺るがず、1866（慶応2）年1月に孝明天皇が崩御すると、元服前の14歳ではあったが践祚（天皇の位に就くこと）し、岩倉具視や祖父である忠能からの働きかけもあり、倒幕を主導する薩摩藩と長州藩に討幕の密勅を出した。しかし、同年10月に江戸幕府15代将軍・徳川慶喜が「大政奉還」を実行したことで密勅は効果を失ったことから、続けて「王政復古の大号令」を発して新政府の樹立を宣言。戊辰戦争の最中に内裏で即位礼を執り行い、その後に天皇が群臣を従えて神々に誓うという形式で「五箇条の御誓文」を発布し、公儀輿論《よろん》の尊重や開国和親といった新政府の方針を示して、元号を「明治」に改めた。

江戸城無血開城によって江戸の町の被害が最小限に抑えられたこともあり、新政府は江戸を新しい都とすることを決定。しかし、京都が都であることを誇りにしている地元の住民の妨害が予測されたため、まずは1868（明治元）年に**明治天皇**が江戸に行幸し、この時は江戸を「東京」に改称するだけで天皇をそのまま京都に帰した。そして翌年に「2度目の行幸」という名目で東京奠都《てんと》を強行したのである。これにより従来の封建制度を打ち破る日本の近代化が始まったことで、明治維新は当時「御一新」と呼ばれた。

江戸時代は「藩」という大小の国々を幕府が統括しているようなもので、西郷隆盛、大久保利通、木戸孝允の「維新の三傑」が目指した中央集権体制確立の妨げとなった。そのため、薩長土の3藩から「御親兵」が集められてまずは中央の軍事力を固め、1871（明治4）年に廃藩置県を実施。当時の諸藩は戊辰戦争の戦費によって財政が窮乏していたため、大きな抵抗はなかったという。

なお、廃藩置県では藩主とその一族は東京に住むことが義務づけられるが、最後の薩摩藩主・島津忠義の父である久光は廃藩置県に反対していたため、なかなか鹿児島から上京しようとしなかった。明治維新に貢献した薩摩藩の重鎮が政府の命令に従わなければ、誕生したばかりで体制が盤石ではない政府の面子が潰れてしまうため、1872（明治5）年、**明治天皇**は西国巡幸の最後に鹿児島を訪れ、洋装で久光に対面することで時代が変わったことを受け入れさせたのである。

そして、日本を欧米列強と肩を並べる強国とするため、新政府は欧米諸国から近代的な制度や技術を導入して改革に本格的に着手した。すると、**明治天皇**は**イギリスなどのヨーロッパの王族を参考にして近代の皇室の在り方を模索**し、第59代宇多天皇以来約千年ぶりに外国人と対面して要人をもてなす皇室外交を行い、昭憲《しょうけん》皇后とともに学校教育や福祉事業の振興に尽力。1871年に**散髪脱刀令（断髪令）が宣言されると、2年後には明治天皇が散髪をしたため、官僚を中心に髷をやめる者が増えた**という。また、欧米人に比べて貧弱な日本人の体格を改善するために、新政府がこれまで忌避されてきた肉食を普及させようとすると、**明治天皇**は牛肉を進んで食べることで肉食に対する民衆の嫌悪感を払拭している。

政治は天皇親政ではあったが、政策については臣下を信頼して委ねた。ただし、1873（明治6）年に西郷隆盛が使節として朝鮮に赴き外交を求めようとし、大久保利通や岩倉具視らと対立した際は、**明治天皇**は勅旨を出すことでこれを調停した（明治六年の政変）。また、自由民権運動が高まった際には、1881（明治14）年に「国会開設の勅諭」を発することで運動が激化することを防いだ。

私生活は非常に質素で贅沢を好まず、皇太子である嘉仁《よしひと》親王（後の第123代大正天皇）のための東宮御所（現在の迎賓館）が建設されると、政府が国の威信をかけて絢爛豪華なネオ・バロック様式の西洋風の宮殿にしたため「華美すぎる」と苦言を呈したという。

その治世で日清戦争や日露戦争に勝利し、日本が列強の一員となったことで、**明治天皇**は理想的な近代君主として国民から絶大な支持を受け、極めて偉大な天皇という意味で「**明治大帝**」とも呼ばれた。

もっと深く知りたい人のための推薦図書

- **『明治天皇を語る』**ドナルド・キーン／新潮社
- **『女官　明治宮中出仕の記』**山川三千子／講談社
- **『明治天皇の一日　皇室システムの伝統と現在』**米窪明美／新潮社

255 政治

伊藤博文（いとうひろぶみ）

1841〜1909年

木戸孝允亡きあとの長州閥を率いた初代内閣総理大臣

明治時代の政治家。「維新の三傑」亡きあと、実質的な日本のリーダーとして活躍し、内閣制度を創設して**初代内閣総理大臣**となった。

周防国の長州藩の貧しい農民の子として生まれた。やがて父が長州藩の足軽・伊藤家の養子となったことで、**博文**も下級武士の身分を得る。江戸湾警備の任務に就いた際、桂小五郎（後の木戸孝允）の義兄弟・来原良蔵と仲良くなり、その紹介で吉田松陰の「松下村塾」に入門。高杉晋作ら志士たちと交流する。

松陰の死後は、高杉らとともに英国公使館焼き討ち事件や要人の暗殺計画などの過激な尊王攘夷運動に身を投じた。その一方で海外留学への興味も強く、1863（文久3）年に井上馨らとともに藩命によって上海経由でイギリス留学を果たしている。

数カ月で英語を習得して日常会話もできるようになった**博文**は、イギリスの進んだ文化を目の当たりにして、現在の日本では外国と戦争しても勝てないと考えるようになり、1864（元治元）年、長州藩が外国船を砲撃したことを知り慌てて帰国。イギリス、フランス、アメリカ、オランダの四国連合艦隊に攻撃された長州藩はあえなく敗北したが、その講和で**博文**が通訳を務めた（下関戦争）。

維新後は英語力を活かして外国事務掛などを歴任し、開明派官僚として頭角を現した。1871（明治4）年から「岩倉使節団」に副使として参加し、欧米の国家制度や文化などを視察。大久保利通の死後は内務卿となり、皇帝に強い権限のあるドイツ（プロイセン）憲法などを参考に、天皇を中心とした日本独自の憲法の制定を計画する。

1885（明治18）年に内閣制度を創設し、初代総理大臣に就任。1888（明治21）年に枢密院が新設されると議長として憲法草案の審議に当り、翌年に黒田清隆内閣のもとで大日本帝国憲法が発布された。

首相は4度にわたって務め、初代韓国統監なども歴任。しかし、韓国統監としての政策が韓国国民の恨みを買うことになったといわれ、1909（明治42）年にハルビン駅で韓国の独立活動家・安重根《あんじゅうこん》によってピストルで射殺された。69歳だった。そして翌年、日本は韓国併合に動き出したのである。

松陰は「周旋の才あり」と**博文**を評したが、その言葉の通りに当時の政治家に必要な先見性や調整能力に優れていた。その一方、当時から女好きで有名で、明治天皇からも「少し女遊びを控えてはどうか」とたしなめられたという逸話が残っている。

256　政治

井上馨（いのうえかおる）

1835〜1915年

欧化政策を牽引し「鹿鳴館時代」を築いた男

幕末から大正時代にかけて活躍した政治家で、不平等条約の改正のために欧化政策を推し進めたことなどで知られる。周防国の吉敷郡湯田村（現在の山口市湯田温泉）で長州藩士・井上光亨の子として生まれ、幼名は**勇吉**《ゆうきち》と名付けられ、後に諱を**惟精**《これきよ》とした。志道《しどう》家の養子となって名を**志道聞多**《ぶんた》と改名したが、後に井上家に戻っている。

藩校「明倫館」に通い、藩主に従って江戸へ行くと蘭学を学び、海防に関心をもつようになる。1863（文久3）年には、伊藤博文らとともに「長州五傑」（長州ファイブ）の一人としてイギリス留学を果たし、その時に開国の必要性を悟ったとされる。藩が欧米の船を攻撃したことを知って急遽帰国し、英国公使と藩当局の調停に奔走した。

1864（元治元）年、幕府による第一次長州征討が行われると武備恭順を主張し、藩内の保守派と対立。襲撃を受けて瀕死の重傷を負うも、芸妓からもらった鏡を懐に忍ばせていたため、急所が守られて助かったと伝わっている。

明治維新後は、大蔵大輔（大蔵次官）として**国立銀行**を設立し、三井などの政商を保護する政策を進めた。第一次伊藤博文内閣では外務大臣を務め、江戸時代末期に幕府が欧米諸国と結んだ不平等条約の改正に取り組む。その秘策として、日本の制度・文化・習俗をヨーロッパ風にすることで欧米諸国に日本の開化を認めさせ、改正交渉を促進する**「欧化政策」を推進**した。その象徴となったのが、イギリス人建築家・コンドルの設計によって建てられた「鹿鳴館」で、華やかな園遊会、仮面舞踏会、婦人慈善会（バザー）などが頻繁に開かれ、いわゆる「鹿鳴館時代」を築いた。しかし、行きすぎた欧化によってスキャンダルが流れたり、欧化自体が狂的で卑屈なものと見られたりしたことで世間のひんしゅくを買ってしまう。そのため、1887（明治20）年に**井上**が条約改正に失敗すると、欧化政策に対する批判も強くなり、鹿鳴館時代は終わりを告げた。

また、**井上**は日本鉄道会社や日本郵船会社の設立に尽力したことでも知られ、財界との結びつきも強かった。特に三井との関係は深く、1900（明治33）年に制定された三井家憲において三井家終身顧問としての地位を明記されている。

引退後も元老の一人として政財界に大きな影響力をもち、その威光は1915（大正4）年に79歳で死去するまで衰えなかった。

もっと深く知りたい人のための推薦図書

・**『長州ファイブ　サムライたちの倫敦』**桜井俊彰／集英社

257 政治 軍事

山県有朋（やまがたありとも）

1838〜1922年

長州閥の領袖として権勢を振るうも宮中某重大事件で失墜

明治時代から大正時代にかけて活躍した陸軍軍人にして政治家で、かつては「軍閥の巨頭」などと呼ばれて悪役イメージが強かった人物。長州藩の下級士族の家に生まれ、幼名は**辰《たつ》之助《のすけ》**、のちに**小輔《こすけ》**、**狂介《きょうすけ》**と改称し、明治維新後に有名な「**有朋**」と名乗った。

早くから志を立てて文武に励み、吉田松陰の松下村塾に入って尊王攘夷運動に傾倒。長州藩の高杉晋作が創設した奇兵隊の軍監となり、戊辰戦争などで各地を転戦した。

明治維新後の1869（明治２）年に渡欧して各国の軍制を視察し、帰国後は大村益次郎の唱えた軍制を具体化するため、新政府で徴兵制の制定を推進した。「富国強兵」の思想を軸に、**近代的な軍隊の基礎を築いた存在として「国軍の父」とも称されている**。

また、廃藩置県の実現や中央集権的な地方制度の確立、士族・農民による反乱の鎮圧、軍人勅諭の発布などにも努め、指導者的な役割を果たした。

1889（明治22）年には第一次山県内閣を発足させ、総辞職後は法相や枢密院議長などを歴任し、日清、日露両戦争では陸軍の最高指導者として活躍。しかし、1898（明治31）年の第二次山県内閣では藩閥政治の維持のため政党勢力を抑圧したとされている。

退陣後は、明治の元勲として「山県閥」と呼ばれる官僚、軍人の一大勢力を形成。ライバルだった伊藤博文の没後は勢力が増し、軍および政界の頂点に君臨したとされる。

しかし、大正期になると徐々に勢いが衰え、皇太子妃の決定を巡って1920（大正９）年から1921（大正10）年にかけて起きた「宮中某重大事件」で皇室からの信頼を失い、国民の反感を買い、失意のまま体調を崩して1922（大正11）年に83歳で死去した。

かつて、**山県**は「富国強兵」を掲げた軍国主義者、政党政治の抑圧者、元老として裏から政治を操っていた……といったイメージから「陰険な悪役」として認識され、その存在は昭和の太平洋戦争における日本陸軍の暴走の遠因になったとまでいわれた。

しかし、近年の研究によって「出兵には極めて慎重だった」「外交路線は欧米との協調を基本にしていた」「周囲からの評価や世間からの人気を省みない愚直な性格で西郷隆盛や高杉晋作らに愛された」といった新たな人物像が提示された。昭和陸軍の暴走の遠因になったとの説についても「**山県**は陸軍全体の統制を重視していた」との見方が生まれ、これまでの定説を一気に覆すような再評価の波が起きている。

258 政治

江藤新平（えとうしんぺい）

1834〜1874年

大久保利通から敵視されスピード処刑された男

幕末から明治時代初期にかけて活躍した政治家。初代司法卿となって四民平等を説き、近代的な司法制度の確立に尽力した。肥前国の佐賀藩（現在の佐賀県と長崎県の一部）の下級藩士・江藤胤光の長男として生まれる。16歳で藩校「弘道館」に入学し、人並み外れた秀才ぶりを発揮したが、家庭が貧しくまともに学費も払えない状況だった。やがて国学者の枝吉神陽に傾倒し、尊王攘夷運動に参加するようになる。

1862（文久2）年、藩の方針に業を煮やして脱藩。京都で三条実美ら攘夷派の公家と交わったため帰藩を命じられて永蟄居（無期謹慎）に処されるが、明治維新で処分が解かれると、明治新政府に登用されて江戸から「東京」への改称と遷都を提唱した。

司法省が設置されると、1872（明治5）年に最初の司法卿に就任。**司法権の独立や、各地での裁判所建設などに取り組み、司法制度の整備に注力**した。「民権」という概念すらなかった時代に、誰でも公平な裁判ができる仕組みを整えていった。それまで「お上」として特別扱いされていた役人などに対し、庶民でも平等に訴えを起こせる、当時としては画期的な司法制度だった。さらに、**江藤**は学制制度や警察制度の整備、芸妓・娼妓・奉公人の人身売買などを禁止する娼妓解放令の発布なども進めた。

法のもとの平等を重んじ、山県有朋が関わったとされる山城屋事件、井上馨が関係していたとされる尾去沢銅山事件でも激しく追及し、二人を一時的に辞職に追い込むなど有力者相手でも忖度せず辣腕を振るった。しかし、西郷隆盛の朝鮮使節派遣を巡る「明治六年の政変」をきっかけに西郷や板垣退助とともに下野。帰郷した**江藤**は不平士族に推されて1874（明治7）年に「佐賀の乱」を起こすが、新政府軍の圧倒的な火力の前に敗北。逃亡した**江藤**は手配写真が出回っていたためにすぐに逮捕されるが、皮肉にも、手配写真制度を確立したのは彼自身であった。

佐賀に送られた**江藤**は裁判にかけられるが、取り調べや釈明の機会がないまま死刑が宣告される。これは**江藤**をライバル視していた大久保利通の策動とされている。当時すでに禁止されていた斬首刑に処され40歳で没した。

明治新政府への反乱を起こしたことで「逆賊」のレッテルを貼られた**江藤**だが、近年は「法曹界の父」として再評価されている。

もっと深く知りたい人のための推薦図書

・**『幕末維新と佐賀藩　日本西洋化の原点』**毛利敏彦／中央公論新社

259 政治 教育

大隈重信（おおくましげのぶ）

1838〜1922年

薩長の藩閥に属さない初の内閣総理大臣となった男

明治時代から大正時代にかけて活躍した政治家。２度も内閣総理大臣を務めたほか、教育に熱心で現在の早稲田大学を創設したことでも知られる。肥前国の佐賀藩（現在の佐賀県と長崎県の一部）の藩士・大隈信保の長男として生まれ、幼名は**八太郎**《はちたろう》と名付けられた。７歳で藩校「弘道館」に入学し、優秀な成績を修めていたものの、漢学を中心とした閉鎖的な教育に反発。南北寮の大喧嘩の首謀者と目されたことをきっかけに、18歳で退学となった。その後は藩の蘭学寮で西洋の学問を学び、26歳の時に長崎へ出てアメリカ人宣教師・フルベッキから英語やアメリカの憲法などの教えを受け、西洋の思想に大きな影響を受ける。1865（慶応元）年には、長崎に英学塾「致遠館」を作り、フルベッキを校長として招いている。

明治維新後は、新政府で外国事務局判事に任じられ、キリスト教徒の処分を巡る問題で、イギリス公使・パークスとの交渉において優れた手腕を発揮した。その後は大蔵卿、外務大臣、農商務大臣などを歴任し、**新橋・横浜間の鉄道開通、グレゴリオ暦の導入、貨幣制度の整備などに取り組み、日本の近代化に努めた。**

「明治十四年の政変」で失脚し、下野後に国会が開かれることに備えて立憲改進党を結成。その党首となった。また、優れた人材を育成するために「学問の独立」を掲げ、1882（明治15）年に**東京専門学校（後の早稲田大学）を創立**している。

第一次伊藤博文内閣、黒田清隆内閣で外相として条約改正交渉に当たったが、外国人判事の導入問題で世論の反発を受けたことで、国家主義組織のメンバーに爆弾で襲撃され、右脚の一部を切断する重傷を負った。

1896（明治29）年に立憲改進党を中心に進歩党を結党し、1898（明治31）年には板垣退助の率いる自由党と合同して「隈板内閣」を組閣して総理大臣に就任。これは日本初の政党内閣といわれ、**大隈**は薩摩・長州両藩の派閥に属さない初の首相となる。

同内閣は半年程度で解散し、一時的に政界を引退して早稲田大学の総長などを務めたが、後に復帰して1914（大正３）年に再び総理大臣に就任して第一次世界大戦に参加。中国に「二十一カ条要求」を突き付けて国外内で波紋を呼ぶなどし、1916（大正５）年に総理大臣を辞職している。

1922（大正11）年、早稲田の私邸にて85歳で死去。葬儀は「国民葬」として日比谷公園で盛大に執り行われ、約30万人もの一般市民が参列した。

260 政治

板垣退助（いたがきたいすけ）

1837～1919年

自由民権運動を牽引し帝国議会開設にこぎつける

幕末に勤皇志士として、明治時代は政治家として活躍し、自由民権運動を主導した人物。土佐藩（現在の高知県）の藩士・乾正成の嫡男として生まれる。「板垣」は乾家の本姓で、後に**板垣**自身が復姓している。子どもの頃はあまり勉強が好きではなく、幼なじみの後藤象二郎とともに喧嘩ばかりしているわんぱく坊主だった。義侠心に厚く、弱い者いじめをする者に敢然と立ち向かったという。

15代土佐藩主・山内豊信の側用人などを務めるが、藩の公武合体路線とは合わず、倒幕派の考えに同調し、西郷隆盛らと行動をともにするようになる。戊辰戦争の功績によって土佐藩の家老格に出世し、明治新政府では参議となったが、1873（明治6）年の「明治六年の政変」を受けて下野。1874（明治7）年、後藤や副島種臣らと「民撰議院設立建白書」を政府に提出し、議会を開くことで**国民が政治に参加する権利を求める自由民権運動に乗り出した**。それまでの藩閥政治と違い国民の意見を政治に取り入れるという**板垣**の思想は、演説会や新聞などで世間に広まり活発な議論が交わされるようになった。

1882（明治15）年、岐阜で演説後に暴漢に切りつけられ、血まみれになりながら「**板垣**死すとも自由は死せず」と発したとされる。この言葉が新聞などで大きく報じられると全国的な流行語となり、自由民権運動の最大のスローガンになるとともに、**板垣**は時代のヒーローとして扱われた。ただし、この名言は暴漢を取り押さえたともいわれる秘書の内藤魯一が叫んだとする説や、別の言葉だったとする説など諸説ある。

この一件で自由民権運動はかつてないほど勢いを増し、次第に政府も国会開設を求める庶民の声を無視できなくなり、1889（明治22）年に大日本帝国憲法が発布され、その翌年に**憲法のもとで初めての衆議院議員総選挙が実施される**。そうして全国から選ばれた300人の議員たちが集まり、**板垣**の念願だった帝国議会が開かれた。

現在の国会議事堂の大広間には、同じく議会政治の基礎を作るために功労があった大隈重信、伊藤博文と共に**板垣**の銅像が置かれている。

その後は第二次伊藤内閣、第一次大隈内閣の内相を務めるなどし、1900（明治33）年に政界を引退。社会改良運動に晩年を捧げ、1919（大正8）年に83歳で死去した。

もっと深く知りたい人のための推薦図書

- **『板垣退助　自由民権指導者の実像』**中元崇智／中央公論新社
- **『西郷「征韓論」の真相　歴史家の虚構をただす』**川道麟太郎／勉誠出版
- **『帝国議会 ― 西洋の衝撃から誕生までの格闘』**久保田哲／中央公論新社

261 政治

陸奥宗光（むつむねみつ）

1844〜1897年

高度な外交術を駆使し国益を確保した辣腕外交官

明治時代に活躍した政治家にして外交官。治外法権の撤廃などの外交交渉で大きな功績を残し、その切れ者ぶりから「カミソリ大臣」と呼ばれた。

紀州藩（現在の和歌山県）の藩士・伊達宗広の子として生まれる。後に姓を**伊達**から**陸奥**に改め、**源二郎**《げんじろう》、**陽之助**《ようのすけ》、**宗光**と名乗った。15歳の時に江戸へ出て、尊王攘夷運動に参加。神戸に設けられた勝海舟の海軍塾で学び、その過程で坂本龍馬と親交を深め、亀山社中、海援隊で行動をともにする。この頃から**陸奥**は別格の手腕を発揮し、龍馬は「刀なしで生きていけるのは俺と**陸奥**だけだ」とその才能を絶賛したという。14代紀州藩主・徳川茂承《もちつぐ》からも信頼され、廃藩置県まで津田出《いずる》とともに藩政改革に携わった。

1878（明治11）年、西南戦争に乗じて政府転覆を謀った「立志社事件」に関与したとされ、禁固刑に処せられるが、1883（明治16）年に赦免により出獄。2年余りの外国留学を経て外務省に入省し、1888（明治21）年に駐米公使としてアメリカに赴任した**陸奥**は、**メキシコとの間に我が国初の対等条約である日墨修好通商条約を締結**した。

山県有朋内閣の農商務大臣を経て、1892（明治25）年に第二次伊藤博文内閣の外務大臣に任命される。この頃、江戸幕府の時代に諸外国と締結した不平等な条約の改正が、日本の近代国家としての地位を確立するための重要な課題となっていた。

1894（明治27）年、**陸奥**はイギリスとの間で日英通商航海条約を締結し、治外法権の撤廃と関税自主権の一部回復に成功した。以後、アメリカ、ドイツ、フランスなどもイギリスにならい、各国が次々と日本と改正条約を結ぶことになる。

同年に日清戦争が勃発し、翌年に**陸奥**は伊藤首相とともに下関で行われる清国との講和会議に出席。日本にとって有利な条件で戦争を終結させる日清講和条約（下関条約）の調印という偉業を成し遂げた。その**高度な外交政策は日本外交の原点**ともいわれ、当時の回想録『蹇蹇録《けんけんろく》』の中で、**陸奥**は「政治なる者は術（アート）なり、学（サイエンス）にあらず」との言葉を残している。

さらに、三国干渉への対応などにも取り組んだが、その頃には持病の肺結核が進行しており、1896（明治29）年に外務大臣を辞し、療養生活に入った。病状は好転することなく、1897（明治30）年に西ヶ原の陸奥邸（現在の旧古河庭園）で死去した。

もっと深く知りたい人のための推薦図書

- **『陸奥宗光　「日本外交の祖」の生涯』**佐々木雄一／中央公論新社

262 政治

小村寿太郎（こむらじゅたろう）

1855～1911年

「山椒は小粒でもぴりりと辛い」を地で行く敏腕外交官

明治時代に外相・陸奥宗光に見出され活躍した外交官で、日英同盟やポーツマス条約の締結、関税自主権の回復などの功績を残した。日向国の飫肥《おび》藩（現在の宮崎県日南市と宮崎市中南部）の下級武士・小村寛の長男として生まれる。幼い頃は病弱で身体も小さかった**寿太郎**だが、６歳で藩校「振徳堂」に入学すると教師たちの間でも評判の秀才ぶりを発揮し、1871（明治４）年に15歳で藩貢進生として大学南校（東京大学の前身）に入学。1875（明治８）年に第1回文部省留学生に選抜され、米ハーバード大学に留学した。卒業後に専修科で学び、ニューヨークの法律事務所で２年ほど実務研修も経験し、法律を学んだ。この時に鍛えた英語力は**寿太郎**の大きな武器となる。

帰国後は司法省に入ったが、英語力と法律の知識を見込まれて外務省へ移る。その結果、外務大臣だった陸奥に才能を認められ、1893（明治26）年に臨時代理公使として北京に赴任して日清戦争開戦当時の難局に当たった。この時、小柄で各方面に奔走する**小村**を欧米の外交官たちは「ねずみ公使」と揶揄したという。

外務次官、駐米公使、駐露公使などを歴任し、1901（明治34）年に桂太郎内閣の外務大臣に就任。日本の国際的な地位を確立するため、1902（明治35）年に当時の最強国と目されていた**イギリスと日英同盟を締結**し、ロシアとの対決姿勢を強めた。

日露戦争後のポーツマス会議では、全権大使としてロシア側と交渉し、日露講和条約（ポーツマス条約）を締結。戦争では日本が優勢に見えたが、国の財政は限界に達しており、**寿太郎**はできるだけ好条件で講和することに尽力。その冷静で粘り強い交渉術は、仲介役を務めたアメリカ大統領・ルーズベルトも舌を巻くほどだっただが、ロシア側の要求をのんで賠償金を放棄したため、実情を知らぬ国民から「弱腰外交」と非難された。

1908（明治41）年、**寿太郎**は第二次桂内閣の外務大臣に再任。当時は日露戦争の結果とポーツマス条約の締結によってアメリカなどの列強が日本を認めるようになっており、**寿太郎**はそれを追い風に幕末に結ばれた不平等条約の改正に乗り出す。

1911（明治44）年、関税自主権の回復などを軸にしたアメリカやイギリスなどとの条約改正を実現し、日本は名実ともに独立国家として列強の仲間入りを果たした。それから間もなく**寿太郎**は政界を引退し、56歳で病没した。

もっと深く知りたい人のための推薦図書

・**『小村寿太郎　近代日本外交の体現者』**片山慶隆／中央公論新社

263 政治

後藤新平（ごとうしんぺい）

1857〜1929年

100年後の未来を見据えた都市計画で関東大震災からの復興を図る

明治時代から大正時代にかけて活躍した政治家。大胆な構想は「大風呂敷」と評されたが、関東大震災後の帝都復興計画を指導した。仙台藩の一門である留守氏に仕える後藤実崇の子として、陸奥国胆沢郡塩釜村（現在の岩手県奥州市）で生まれる。福島の須賀川医学校を卒業後、愛知県病院長兼愛知医学校長を経て、1883（明治16）年に内務省衛生局に入る。2年間のドイツ留学の後、1892（明治25）年に内務省衛生局長に就任し、公衆衛生行政の基礎を築いた。

1898（明治31）年には台湾総督府民生局長となって統治計画を推し進め、1906（明治39）年には南満洲鉄道の初代総裁として数々の事業を手掛けた。その後も内務大臣や外務大臣などを歴任し、1920（大正9）年に東京市長に就任。8億円規模の壮大な東京市改造計画を提案。1923（大正12）年に関東大震災が発生した直後に組閣された第二次山本権兵衛内閣では内務大臣として震災復興計画を立案。就任5日目には閣議に「帝都復興ノ議」を提出し、さらに「帝都復興院」を創設して東京の復興に尽力した。

後藤が打ち出した復興計画は「災害は何度でもやってくる」という信念をもとに、被害を抑えるための大規模な区画整理や道路・公園の整備を伴うもので、焼け野原となった**東京に近代的な首都のグランドデザインを描いた**。予算は13億円規模で、1922（大正11）年の一般会計予算が約14億円だったことを考えると、いかに破格の計画だったのかがわかる。財界などから猛反発を受けて最終的には6億円ほどに縮小されたが、**この復興計画によって現在の東京の都市骨格が形成されている**。

後に第124代昭和天皇は「**後藤**の計画がそのまま実行されていたら、東京大空襲の被害が少なくて済んだのではないか」と考え、計画が縮小されたことを悔やんだという。**後藤**の復興計画は現代でも有効とされ、東日本大震災後の復興においても再評価された。

また、**後藤**はソ連政府代表ヨッフェと会談するなどして日ソ国交樹立に関与し、東京放送局（現・NHK）の初代総裁やボーイスカウト日本連盟の初代総長なども務めた。

晩年は各地で遊説し、1929（昭和4）年に講演で岡山へ向かう列車内で脳溢血により倒れ71歳で死去。政治家としては本流から外れた異端児だったが、民衆に訴えかける指導者として大隈重信と並んで国民から高い人気を誇っていた。

もっと深く知りたい人のための推薦図書

・『**後藤新平　日本の羅針盤となった男**』山岡淳一郎／草思社

264　政治

田中正造（たなかしょうぞう）

1841～1913年

公害という社会問題にいち早く取り組んだ正義の人

明治時代に活躍した政治家にして社会運動家。**「日本初の公害問題」とされる足尾銅山鉱毒事件の解決のために奔走**し、命を賭して第122代明治天皇に「直訴」した人物として知られる。下野国安蘇郡小中村（現在の栃木県佐野市）で名主を務める家系の長男として生まれた。**正造**も17歳で名主となるが、領主・六角家に対する抗議運動によって入獄させられ、明治維新後は江刺県（現在の秋田県）の下級官吏となった。

ところが、上司殺害の疑いをかけられて投獄される。物証もなく冤罪だったと見られているが、**正造**が性格的に当時の上役からにらまれていたことが影響して逮捕されたといわれ、1874（明治７）年に無罪釈放となって帰郷。それから自由民権運動に身を投じ、1880（明治13）年に栃木県議会議員に選出される。

1890（明治23）年、第１回総選挙で衆議院議員に当選。その頃、栃木県の足尾銅山の鉱毒が渡良瀬川に流れ込み、その被害が問題となっていた。下流の田畑に毒がたまり、作物が枯れたり、家畜が死んだりし、住民たちの健康にも影響が出ていたのだ。

被害の実態を視察した**正造**は、1891（明治24）年の第２回帝国会議で鉱毒問題についての質問書を提出し、政府の責任を厳しく追及した。しかし、政府が推進する富国強兵策には銅が必要不可欠だったため、**正造**が何度訴えても聞き入れられなかった。

1896（明治29）年に渡良瀬川に大洪水が起こり、鉱毒被害が栃木や群馬だけでなく埼玉、東京、千葉にも及ぶなど深刻化すると、足尾銅山の操業停止を求める農民たちの運動が激化。上京した陳情団が武装した警察隊と衝突して流血沙汰が起きている。

1901（明治34）年、議会や政党に失望したといわれる**正造**は議員を辞職。同年12月、明治天皇への直訴を敢行した。**正造**は羽織袴の正装で直訴状を手に明治天皇の乗る馬車へ駆け寄ったが、警官に取り押さえられて失敗。しかし、死を覚悟した**正造**の直訴は社会に大きな衝撃を与え、政府への批判が強まる大きなきっかけとなった。

翌年、批判の拡大を恐れた政府は、渡良瀬川、思川、巴波川が合流する栃木県下都賀郡谷中村を貯水池とし、洪水を防ぐという計画を立案。谷中村の住民たちに立ち退きを求めた。しかし、これでは本当の解決にはならないとして、**正造**は谷中村に移り住み、住民たちとともに反対運動を展開した。最期まで私財を投じて鉱毒問題に取り組み続け、1913（大正２）年に71歳で病死した時は無一文だったという。

265 政治 思想

中江兆民（なかえちょうみん）

1847〜1901年

自由民権運動の理論を構築した「東洋のルソー」

明治時代に活動した政治家であり実業家、そして自由民権運動を牽引した思想家。土佐藩（現在の高知県）の足軽の家系の生まれで、本名は**篤介**《とくすけ》といい、有名な「**兆民**」は称号にあたる。1865（慶應元）年に長崎に留学してフランス語を学び、1867（慶応３）年には江戸に赴きフランス外交団の通訳も務めている。1871（明治４）年に明治政府が派遣した岩倉使節団のメンバーに採用され、1874（明治７）年の帰国後は東京で私塾「仏学塾」を開いた。この頃、ジャン＝ジャック・ルソーの『社会契約論』の部分訳の『民約論』の校訂に携わった。

1875（明治８）年、東京外語学校の校長となるが文部省と対立して辞職。1881（明治14）年に『東洋自由新聞』の主筆を務め、翌年には『社会契約論』の要旨を訳した『民約訳解』を発刊。さらに自由民権運動にも携わり、自由党の結党に関わり、大同団結運動などで活躍する。1890（明治23）年の第１回衆議院選挙で大阪４区から出馬し、本籍を大阪の被差別部落に移して地元住民の支持を受けて当選する。1890年、立憲自由党を結党。同党の新聞の主筆を務めたが、政府による切り崩し工作に抗議するため翌年には辞職して北海道の小樽に移る。以降は主に実業家として活躍した。

兆民が活躍した明治10年代は、人民が自由と権利を求め、選挙や国会の開設などの民主的な政治改革を要求する自由民権運動が起きた時代だった。福沢諭吉らは政府と国民が調和するイギリス流の穏健な民主主義を主張した。だが、**兆民**は植木枝盛《うえきえもり》らとともに、フランス流の急進的な民主主義を主張し、主権在民の原則や、政府の圧制に対する抵抗権を唱えた。**兆民**は上述の『社会契約論』の紹介によって、「東洋のルソー」といわれた。彼は『三酔人経綸問答』において、**支配者が上から人民に与える恩賜的民権、そして人民が革命によって支配者を倒して取り戻した回復的民権という二つの民権を説いた**。天皇制との衝突を避けるため**兆民**は前者を設定するが、**兆民**の本心は後者にあり、与えられた民権を大切に育てて回復的民権に成長させるべきと主張する。

日本人には西欧と異なり個人がもつべき哲学がなく、目先のことにしかこだわらないため、議論も場当たり的で深みがなく、偉大な思想が生まれないことを**兆民**は嘆いたが、彼の教えから幸徳秋水らの思想家が生まれていることは注目すべきだろう。

佐藤優の言葉

フランス留学中にパリ・コミューンを体験した中江は、国権に対して民権を重視。西周が「哲学」と訳したphilosophyを「理学」と訳している。

266　軍事

東郷平八郎（とうごうへいはちろう）

1848〜1934年

ロシア帝国のバルチック艦隊を壊滅させた日本の大提督

明治時代に活躍した日本海軍の軍人で、1904（明治37）年に勃発した日露戦争で連合艦隊司令官として日本海海戦を指揮し、当時世界屈指の戦力を誇ったロジェストヴェンスキー提督が率いるロシア帝国海軍のバルチック艦隊を打ち破った人物。薩摩藩（現在の鹿児島県）の出身で、鹿児島城下の加治屋町で薩摩藩士の東郷実友の四男として生まれ、幼名は**仲五《ちゅうご》郎《ろう》**、元服後は**平八郎実良《さねよし》**と名乗った。

1863（文久3）年に薩英戦争が起きると、父や兄とともに従軍し、戊辰戦争では薩摩藩がイギリスから購入した軍艦・春日丸に乗って最終決戦となった箱館戦争まで転戦し、特に宮古湾海戦で旧幕府軍がしかけてきた奇襲攻撃を砲術仕官として目撃している（その経験が後に日本海海戦での采配に活かされた）。

1871（明治4）年から1878（明治11）年にかけてイギリスに官費留学し、ゴスポートにある海軍予備校バーニーズ・アカデミーと商船学校のウースター協会で学んだ。この時に国際法を学んだおかげで、1894（明治27）年に日清戦争で「浪速」艦長を務めていた**東郷**は、イギリス商船「高陞号《こうしょうごう》」の船内で清国兵士の反乱が起き、浪速への随行の警告に従わなかった際に、国際法に準じて高陞号を撃沈することができたのである。

日露戦争では旗艦「三笠」から旅順港閉塞作戦や黄海海戦などの作戦を指揮。日本海海戦では参謀の秋山真之の進言を受け、大胆な**敵前回頭戦法（丁字戦法）によってバルチック艦隊を破り、世界を驚嘆させた**。そのため、**東郷**は「アドミラル・トーゴー」と呼ばれて世界的な知名度を誇るようになり、当時ロシア帝国の南下によって苦汁をなめていたトルコのオスマン帝国では、**東郷**にあやかって男の子に「トーゴー」と名付けることが流行ったといわれている。

日露戦争での功績によって1907（明治40）年には伯爵位を授与され、1911（明治44）年には英国のジョージ5世の戴冠式に出席するため渡英する東伏見宮依仁《よりひと》親王に、同じく日露戦争の功労者である乃木希典とともに随行。大正時代に入ると、皇太子である裕仁親王（後の第124代昭和天皇）の教育を統括する東宮御学問所総裁を任されている。

1934（昭和9）年に喉頭がんや膀胱結石などの悪化により亡くなり、後日国葬が行われると、各国の儀礼艦が来日し、日本海軍の艦隊とともに横浜港で弔砲を撃ちその死を悼んだ。

267 軍事

乃木希典（のぎまれすけ）

1849〜1912年

日露戦争最大の激戦・旅順攻略戦を指揮した陸軍大将

明治時代に活躍した陸軍の軍人。日露戦争における陸軍の英雄の一人で、戦後は第10代学習院長に任じられ、皇太子であった迪宮裕仁親王（後の第124代昭和天皇）の教育係も務めたことで知られる。長州藩の支藩・長府藩（現在の山口県下関市長府）の藩士の子として生まれるが、幼い頃は虚弱で、過失により左目を失明している。

16歳の頃学者を志し、乃木家の親戚筋で、吉田松陰の叔父である兵学者・玉木文之進への弟子入りを志願。しかし、父の許しを得ることなく出奔したため、武士にならないのであれば農民になれと文武両道を諭され、住み込みで文之進の農作業を手伝うかたわら、学問の手ほどきを受けることになる。1864（元治元）年、長州藩の藩校「明倫館」の文学寮に通学を始め、一刀流剣術も学び始めた。

その後、江戸幕府が長州征討を開始したため、長府藩軍勢の報国隊を結成し、戊辰戦争では東北を転戦。維新後はフランス式軍事教育を受け、1871（明治４）年には陸軍少佐となっている。西南戦争では、歩兵一四連隊長として出陣。田原坂の激戦で西郷軍に軍旗を奪われたため、責任を感じ自殺未遂を繰り返した末に放蕩生活に入る。

1886（明治19）年のドイツ留学で戦術を研究したことが転機となり、帰国後、生活を質素に改め、軍人教育の重要性や軍紀を厳しくすることを説くようになる。

1894（明治27）年に勃発した**日清戦争では旅順要塞を１日で陥落**させ、２年後に台湾に進駐した際には第３代台湾総督となっている。1904（明治37）年の日露戦争では、第３軍司令官として出征。当時、**ロシアの基地となっていた難攻不落の旅順要塞の攻略を再び任され、203高地の占領に成功**。さらに最後の戦闘となった奉天会戦にも参加し、見事、勝利を挙げたのである。しかし**乃木**は、旅順攻略に半年もかかったことや多数の戦死者を出したことに対する自責の念を綴った手紙を第122代明治天皇に奏上。

自刃して罪を償いたいと申し出ると、天皇は「私が死んだあとにせよ」と述べたという。1907（明治40）年に軍事参議官と学習院院長を兼任することになったのも、**乃木**を生かすための天皇の意向とされる。そして1912（明治45）年、明治天皇の大葬が執り行われた日の夜に、**乃木**は自宅で割腹して62歳で殉死。夫人もその後を追った。

その後、**乃木**を祀る神社が各地に建立され、乃木坂など**乃木**にちなむ地名が登場する。

もっと深く知りたい人のための推薦図書

- **『乃木希典と日露戦争の真実　司馬遼太郎の誤りを正す』**桑原嶽／PHP研究所

268　軍事

秋山好古（あきやまよしふる）

1859〜1930年

当時最強とされたコサック騎兵を撃破した「日本騎兵の父」

明治時代から大正時代にかけて活躍した陸軍軍人。日本帝国海軍の連合艦隊先任参謀を務めた海軍中将・秋山真之の実兄でもある。伊予国の松山藩（現在の愛媛県松山市とその周辺）の藩士・秋山久敬の三男として生まれる。当時の秋山家は非常に貧しく、少年時代は銭湯の水汲みや釜焚きなどで家計を支えながら、藩校・明教館（現在の愛媛県立松山東高等学校）で勉学に勤めた。

1875（明治８）年に大阪師範学校（現在の大阪教育大学）に入学。卒業後は小学校の教員となったが、折から勃発した西南戦争に触発されて軍人の道に進み、1879（明治12）年に陸軍士官学校を卒業して騎兵少尉に任官。その後、陸軍大学校を卒業して1887（明治20）年にフランスに留学している。騎兵科の優等生として期待されたが、騎兵を選んだのは他の兵科よりも早く卒業でき、給金を受け取れるとの理由だったらしい。

この留学中に**好古**は、軍事視察のため渡仏した乃木希典の通訳を務め親交を深めている。一方、乃木も**好古**の通訳に感謝し、取材に訪れた現地の記者たちに「自己を犠牲にしても、人を助ける武士道は、人道の観点から社会主義より上である」と語っている。

日清戦争では、騎兵第一大隊長少佐として従軍。戦後は陸軍乗馬学校長を務め、フランス留学の経験を活かして、**騎兵科の編成、戦闘原則などの戦術を研究**。騎兵以外の兵科との連携が不可欠と結論し、**騎兵の作戦単位を大隊から連隊に再編成**している。

日露戦争では、騎兵部隊に歩兵や砲兵などを随伴させる、騎兵第一旅団基幹「秋山支隊」と呼ばれる戦闘集団を編成。奉天会戦では乃木の第三軍に属し、満洲の野の先陣を切った。途中でヨーロッパ方面から到着したロシア軍のビルゲル中将の支隊で、３倍の兵力をもつコサック騎兵を相手に奮戦し、勝利に貢献している。ビルゲル支隊が無傷のまま奉天西方に進軍していたら戦局は大きく変わっていたため、会戦の勝利後、乃木は**好古**の元を訪れ、「さすがの秋山も、戦地でスッポンを食ったことはなかろう」と、自ら料理を振る舞ってその武功をねぎらい、夜半まで語り合ったという。

1906（明治39）年、騎兵科の最高位の騎兵監となり、翌年、ハーグの第２回万国平和会議に軍事委員として出席。1916（大正５）年には大将に昇進し、以降は教育総監や軍事参議官を務めた。1923（大正12）年の予備役編入後は、請われて郷里の愛媛県松山市で私立北予中学校（現在の愛媛県立松山北高等学校）の校長を務めている。

269 軍事

秋山真之（あきやまさねゆき）

1868〜1918年

日本海海戦に勝利をもたらした「丁字戦法」を考案した名参謀

明治時代から大正時代にかけて活躍した海軍軍人で、日露戦争では連合艦参謀として出征。日本海海戦出撃の際の名電文「本日晴朗ナレドモ波高シ」の起草者でもある。

伊予国の松山藩（現在の愛媛県松山市とその周辺）の藩士・秋山久敬の五男として生まれ、家が貧しかったため陸軍軍人となった三兄の好古が15歳の**真之**を東京に呼び、経済的な面倒を見て大学予備門に入れている。予備門は後の第一高等学校（現在の東京大学教養学部）で、東京帝国大学を目指す学生が入ることが多く、**真之**は松山以来の友人の正岡子規と一緒に下宿して予備門に通ったが、卒業後は衣食住が支給され少額でも給与がつく海軍兵学校に入学。これは好古に負担をかけまいとする心遣いであった。

1890（明治23）年に海軍兵学校を首席で卒業し、少尉候補生となった**真之**は、座礁したオスマン帝国の軍艦「エルトゥールル号」遭難事件の生存者送還に従事。日清戦争では、偵察など後援活動に参加している。その後、海軍水雷術練習所（水雷学校）で水雷術を学び、卒業後に大尉となった。

1898（明治31）年に海軍が実施した派遣留学生に選ばれ渡米し、ワシントンに滞在中に海軍大学校校長で戦略家のアルフレッド・セイヤー・マハン大佐に師事した。兵術の理論研究に努め、秋山流戦略論の基礎を構築。イギリス出張を経て、帰国後に海軍大学校教官となり、**海図に軍艦の模型を配置して行う兵棋演習を取り入れた、戦略、戦術、戦務の系統的な講義は、帝国海軍兵学の基礎となっている。**

日露戦争では、連合艦隊司令官を名将・東郷平八郎が務めたが、黄海海戦、日本海海戦などで、実際の作戦を立案指導したのは参謀の**真之**だった。味方が砲撃される機会を減らし、相手を砲撃する時間を増やすとのコンセプトで考えられた「丁字戦法」は、ロシア艦隊を全滅させ、日本海軍の損害は水雷艇3隻という奇跡的な勝利をもたらす。

名文家の**真之**は連合艦隊の解散式における東郷の訓示も起草したとされ、その文章に感動した米大統領セオドア・ルーズベルトは、訳文を米国海軍に頒布したという。

その後は海軍大学校の教官、巡洋艦の艦長などを歴任。1916（大正5）年からは第一次世界大戦の視察のためヨーロッパ、アメリカへ渡るが、帰国後、体調を悪化させ、中将昇進と同時に待命となった。1917（大正6）年に虫垂炎を患い、翌年、悪化して腹膜炎を併発し小田原にて死去している。

270　政治　軍事

児玉源太郎（こだまげんたろう）

1852〜1906年

軍人でありながら行政官としての才をもった男

明治時代に活躍した陸軍軍人で、日露戦争では満州軍総参謀長を務めて勝利に貢献。後に台湾総督に就任してからは、行政面でも手腕を発揮した。

長州藩の支藩である徳山藩（現在の山口県周南市）の藩士・児玉半九郎の長男として生まれる。黒船来航により藩内が開国派と攘夷派に分かれて対立するようになると、尊王攘夷を唱えていた父が対立派閥に疎まれて蟄居を命じられ、そのまま病死してしまう。**児玉**は当時5歳だったため長姉の夫が家督を相続するが、今度は義兄が暗殺されて家名断絶となった。後に9代徳山藩主・毛利元蕃《もとみつ》から家名再興を許され、1868（明治元）年に徳山藩の献功隊に入隊して戊辰戦争に従軍。そのまま陸軍へと入隊する。

陸軍では士族の反乱鎮圧に従事し、1877（明治10）年の西南戦争では熊本鎮台の参謀副長として熊本城籠城戦に加わり、負傷した樺山資紀《かばやますけのり》に代わって指揮を執り防衛の任を果たした。陸軍で昇進を重ねた**児玉**は中央での要職に就き、1898（明治31）年から台湾総督を任され、この間に伊藤博文内閣の陸相や桂太郎内閣の内相なども担っている。

そんな時、ロシアが満州へと進出。もはや衝突は避けられない状況となったが、対露作戦の立案を担っていた陸軍参謀次長・田村怡与造が急死。この緊急事態に陸軍の重鎮・大山巌は、次期首相候補とも目されていた**児玉**に白羽の矢を立て、降格人事的に、参謀本部次長への就任要請をするのである。日露戦争では奉天会戦の勝利を受け、大本営はさらに北上してウラジオストクを目指し、沿海の占領までも計画していたが、**児玉**は政府首脳の意見を戦争終結の方向にまとめ、アメリカを仲介役として早期講和を図ることにした。**「戦争を始める者は、戦争を終わらせることを考えておかねばならない」**という**児玉**の考えは、遥かに先を見据える、為政者の戦略であったろう。

日露戦争終結後、**児玉**は南満洲の経営をどうするか検討を重ねる。ロシアは敗戦で混乱していたが、依然として南下しようと満洲を狙っていた。**児玉**は南満洲経営を国策会社に委ね、事業をなす入植者の治安が守られるような体制を整える。それが南満洲鉄道株式会社で、そのトップに信頼する後藤新平を推薦するのである。この時に後藤は逡巡するが、翌日、**児玉**が就寝中に脳溢血で急逝。驚いた後藤は、**児玉**の遺志を継ぐべく、自ら満鉄初代総裁に就任したといわれている。

墓所は東京都府中市の多磨霊園にあり、神奈川県の江の島、山口県周南市の児玉神社に祭神として祀られている。

271 **軍事**

大山巌（おおやまいわお）

1842〜1916年

器が大きく首相就任を嘱望されながら固辞し続けた謙虚の人

明治時代に活躍した陸軍軍人にして政治家。鹿児島城下の加治屋町に薩摩藩士の次男として生まれた**大山**は、子ども時代の怪我で左眼の視力が低く、同じく怪我で腕の自由が利かなかった従兄弟の西郷隆盛から、弟のように可愛がられたという。

青年時代は尊皇派の薩摩藩士に影響され過激派に属するが、1862（文久２）年の寺田屋騒動では、西郷の弟・従道らと投降し、**大山**は帰国謹慎処分となっている。しかし、翌年の薩英戦争時に謹慎を解かれ、砲台に配属される。この時に西欧列強の軍事力に衝撃を受け、日本に西洋砲術を普及させた江川英龍の塾で砲術を学んだ。

1868（明治元）年の戊辰戦争では西郷の幕下にあって、新式銃隊を率いて各地を転戦。会津戦争にも従軍したが、鶴ヶ城攻撃初日、右足を狙撃され負傷している。この時の狙撃者は後に新島襄の妻となる山本八重との説もある。

翌年、**近代式の軍事力研究のためにヨーロッパを視察**し、普仏戦争で勝利したプロイセン（後のドイツ帝国）軍に従ってパリに入城している。1870（明治３）年からはジュネーブに留学するが、「明治六年の政変」で下野した西郷に政府への復帰を説得するため、帰国を命じられている。しかし**大山**は説得に失敗し、後に西南戦争で西郷の敵となった。そのため、以降の**大山**は鹿児島の地を踏むことはなかったという。

なお、西郷は非常な写真嫌いで、イタリア人画家エドアルド・キヨッソーネが描いた有名な肖像画は、顔の上半分を弟の従道、下半分は**大山**をモデルにしている。

日清戦争では参謀総長に就任して元帥に列せられ、日露戦争では元帥陸軍大将として満州軍総司令官を務め、**同郷の東郷平八郎と並んで「陸の大山、海の東郷」と呼ばれた**。日露戦争後は、総理大臣候補としても名前が挙がるが、政治へは関与しなかった。

なお、留学経験が豊富なため**大山**は西洋かぶれで、前妻を亡くしたあとに津田梅子とともに日本初の女子留学生となった山川捨松を見初め求婚している。山川家は会津藩国家老の家系であるため幕末の遺恨から最初は求婚を断られるが、**大山**の熱心さに捨松は心を動かされ彼の後妻となっている。

1916（大正５）年、福岡県で行われた陸軍特別大演習を参観した帰途に胃病で倒れ、胆嚢炎を併発。療養中に内大臣在任のまま、好んでいた栃木県那須で死去している。

もっと深く知りたい人のための推薦図書

・**『鹿鳴館の貴婦人 大山捨松　日本初の女子留学生』**久野明子／中央公論新社

272 経済

岩崎弥太郎（いわさきやたろう）

1835〜1885年

強力なリーダーシップをもった三菱財閥の始祖

明治時代に活躍した実業家で三菱財閥の創業者。土佐藩（現在の高知県）の地下《じげ》浪人（土佐藩における身分で、郷士身分を他者に譲った者）の子として生まれ、成人後は藩の富国強兵政策の中心機関「開成館」の貨殖局に勤め、西欧の商社との交渉に当たることで商才を磨いていった。

明治維新後の1870（明治３）年、３隻の藩船を利用して九十九《つくも》商会という海運業の商社を設立。この商会は三川商会、三菱商会と名前を変え続け、1874（明治７）年に本社を東京に移した翌年に三菱会社と再度改めている。

商業戦略的見地から見た場合、**岩崎**はナショナリズムと政府高官との関係を重視し、それが彼の会社経営にも強く反映された。アメリカ系の太平洋郵船、イギリス系のP&O汽船を打ち破り日本の海運業の中心的会社となり、大久保利通や大隈重信といった政府高官の後ろ盾を受け、1874年の佐賀の乱及び台湾出兵、1875（明治８）年の江華島事件、1877（明治10）年の西南戦争などで、三菱は政府軍の軍事物資輸送を独占し、巨額の利益を獲得して飛躍的に発展したのである。

岩崎はこうして得た利益を、吉岡銅山や高島炭鉱の買収、三菱為替店による為替記入の開始および倉庫業の開始、東京海上保険への出資、長崎造船所の獲得など事業拡大のために投資し、三菱財閥の基盤を築いた。

政府との癒着や独占主義といった**岩崎**の経営方針は自社拡大のためには重要なものであったが、三菱の海運業独占に対抗するため渋沢栄一や三井財閥の益田孝らが共同運輸会社を設立するなど、反発もまた大きかった。また庶民からは「海坊主」というあだ名で呼ばれるなど、**岩崎**は悪役のイメージが強く、西郷従道が語ったという「三菱の暴富は国賊なり」という言葉は、そのよい例であるといえるであろう。

確かに彼の経営方針は極端であり、ワンマン社長である点は事実である。しかし、**三菱財閥の存在が近代日本の政治や経済を支えた**こともまた否定できない。歴史的に見て、彼が偉大な実業家であったかどうかを明確に判断するのは容易なことではないが、彼のさまざまな経済活動によって日本の近代化が促されていったことも、日本近代史において揺るぎない真実なのである。

もっと深く知りたい人のための推薦図書

- **『岩崎弥太郎と三菱四代』**河合敦／幻冬舎
- **『明治の巨人　岩崎弥太郎』**砂川幸雄／日本経済新聞出版
- **『三菱財閥形成史』**武田晴人・関口かをり／東京大学出版会

273 経済

渋沢栄一（しぶさわえいいち）

1840～1931年

経済近代化に尽力した日本資本主義の父

明治時代から大正時代にかけて活躍した実業家。造幣、金融、財政に関する日本近代化政策立案に深く関わっただけでなく、実業家としても日本経済に大きな影響を及ぼしたことから、**「日本資本主義の父」**と呼ばれている。

武蔵国榛沢郡血洗島村（現在の埼玉県深谷市）の豪農・商人の家に生まれる。幼少の頃は四書五経などを学んだといわれている。1861（文久元）年に江戸に出て儒学者の海保漁村の門下生となり、1864（元治元）年から一橋慶喜に仕え、慶喜が江戸幕府15代将軍になると幕臣となり、1867（慶応3）年に幕府の遣欧使節の一員として渡欧する。

明治政府成立後は、1869（明治2）年に大蔵省官吏となり、大蔵大輔の井上馨の下で重要な財務政策に深く関わった。**渋沢**は『立会略則《たちあいりゃくそく》』を書き、株式会社制度に対する知識の普及を進め、新通条例成立に尽力する。さらに国立銀行条例制定に関わり、抄紙会社（現在の王子ホールディングズ）の設立にも関わった。

1873（明治6）年に官職から退くと、第一国立銀行（現在のみずほ銀行）総監役に就任し、日本で初めての銀行の設立に大きく関わる。1875（明治8）年には商法講習所（現在の一橋大学）の経営委員となり、その翌年には秀英舎（現在の大日本印刷）を創業して中外物価新報（現在の日本経済新聞）の創刊を支援。以降、東京商法会議所（現在の東京商工会議所）と東京株式取引所、東京海上（現在の東京海上日動火災保険）、日本鉄道、大阪紡績（現在の東洋紡）などの設立に関わっている。1887（明治20）年には東京ホテル（現在の帝国ホテル）理事長、日本土木会社（現在の大成建設）委員長に就任し、1890（明治23）年には貴族院議員に選ばれるも一期で辞任している。

1900（明治33）年に大倉商業学校（現在の東京経済大学）の設立に関係し、1910（明治43）年に実業界引退を表明し、第一銀行と東京貯蓄銀行以外の61の会社の役員を辞める。その後は社会文化事業に貢献し、1931（昭和6）年に91歳で死去。

渋沢は近代日本の経済、社会、文化に大きく関わった人物であるが、その活躍はおおまかに三期に分けることができる。

第一期は官僚としての時期であり、日本が近代国家として成立するための経済機構を、つまりは資本主義経済体制の基盤となるシステムの構築に尽力した時期である。新通貨の発行、国立銀行の創設、株式機構の確立といった資本主義体制に不可欠なシステムを作り上げるために、井上の下で活躍したこの時期は政治・経済的な意味で重要である。

第二期は実業家としての時期である。**渋沢**は生涯に何十もの銀行や会社を設立し、あるいは、設立に関係した。それだけでも経済界に及ぼした影響はわずかなものではないが、それに加えて何十もの銀行や会社の役員として、企業経営の側から深く関わっていった。高齢になってもそうした活動を続けており、1910年にほとんどすべての役員を辞任すると宣言する前に61もの企業の役員を務めていた。これだけ多くの企業と関係し、経営に影響を与えた人物は日本経済史上存在していない。この点によっても**渋沢**が日本経済界に残した功績を推し量ることができると思われる。

第三期は晩年の社会・福祉実業家としての時期である。この時期、**渋沢**は多くの学校創設に関係した。**渋沢**は上記した学校の設立に関わっただけでなく、現在の工学院大学、現在の拓殖大学、日本女子大学の設立に深く関係し、大東文化大学の評議委員にもなった。また、生活困窮者救済事業である養育院（現在の東京都健康長寿医療センター）の運営に携わり、日本赤十字社の常議員となり、東京慈恵医院の委員長になり、癌研究会の設立に関係した。そのほかに、関東大震災後には罹災者の支援や政府帝都復興審議会の委員となり、復興都市計画をまとめるためにも尽くした。

渋沢の経済思想の柱という点に関しては、排閥主義、合本主義、道徳経済合一説の三つの基本精神があったと述べ得るであろう。第一のものは財閥による経済独占を否定し、経済活動をより民主的なものにするという考え方である。第二のものは公益を重視し、目標のために人材を適材適所に配置すべきであるという考え方である。第三のものは、富は国民全体で所有するものであり、道徳から離れた欺瞞、不道徳な商才は商才ではないという考え方である。この三つの経済哲学をベースとして**渋沢**は日本経済の近代化と民主化を確立していったのである。

ユダヤ系オーストリア人経済学者の**ピーター・ドラッガーは「20世紀、日本は経済大国として興隆したが、それは渋沢栄一の思想と業績によるところが大きい」**とさえ述べている。**渋沢**は日本国内で評価されているだけではなく、世界的にも高く評価されている経済人なのである。そして、**渋沢**の存在がなければ日本の経済的繁栄はなかったと断言できるほど、彼は偉大な経済人だったのである。

もっと深く知りたい人のための推薦図書

- **『論語と算盤』**渋沢栄一／KADOKAWA
- **『渋沢栄一―日本のインフラを創った民間経済の巨人』**木村昌人／筑摩書房
- **『渋沢栄一と岩崎弥太郎　日本の資本主義を築いた両雄の経営哲学』**河合敦／幻冬舎

五代友厚（ごだいともあつ）

1836〜1885年

近代化した大阪の経済基盤を作った実業家

明治時代に活躍した実業家で、近代大阪の経済の基盤を作り、大阪の恩人とも称されている人物。「東の渋沢栄一、西の**五代友厚**」といわれるほど、近代日本経済に及ぼした影響は大きく、さまざまな事業を起こし、大阪の発展に尽くした。

薩摩藩（現在の鹿児島県）の藩士の家に生まれ、1857（安政4）年に長崎海軍伝習所に第1期生として派遣された際に勝海舟と、1862（文久2）年に水夫に変装して上海に赴いた際に高杉晋作と会っている。翌年の薩英戦争では捕虜となるが、1865（慶応元）年にヨーロッパ各地を視察し、帰国後に御納戸奉行勝手方御用席外国掛に就任。1867（慶応3）年に鹿児島紡績所、長崎小菅修船場の設立に関わっている。

明治新政府では参与、外国事務掛、外国官権判事、大阪府判事など要職を歴任するが、1869（明治2）年に官職を辞して大阪通商会社と大阪為替会社の設立に尽力し、翌年には天和鉱山を取得し、後に全国の鉱山の管理事務所となる「弘成館」を設立した。

このほかにも、染料の藍を製造する会社「朝陽館」、大阪株式取引所（現在の大阪証券取引所）、大阪商法会議所（現在の大阪商工会議所）、大阪商業講習所（現在の大阪市立大学）、大阪青銅会社（現在の住友金属工業）など、**近代の大阪経済にとって不可欠な企業や組織を次々と設立**した。特に大阪商法会議所は**五代**自身が初代会頭に就任し、1884（明治17）年には**五代**の支援で大阪商船（現在の商船三井）が開業している。

名実ともに大阪の近代化と発展に寄与した**五代**だが、自身はその行く末を見ることは叶わず、1885（明治18）年に糖尿病の悪化により49歳でこの世を去ってしまう。

商人としての**五代**は、利益追求主義的な人間ではまったくなかったといわれている。商売人にとっては信用が最も大切であり、不正を容認することは信用を失い、不正を糾弾することで、信用を勝ち取ることができるという強い信念をもっていた。

五代が商業活動を始めた頃の大阪では、外国人による条約違反、購入料金の不払い、雇い人への賃金不払いなどが日常的に行われて大阪の商人たちを悩ませていた。しかし、英語が堪能で外交経験もあった**五代**はそうした不正に対して毅然とした態度で臨んだため、外国人たちも侮ることをやめて次第に不正がなくなっていったという歴史がある。

こうした点から見ても、彼は大阪人にとって忘れることができない人物となっているのである。

275　経済

大倉喜八郎（おおくらきはちろう）

1837～1928年

日本近代経済界で活躍した大倉財閥の創業者

明治時代から大正時代にかけて活躍した実業家。**製鉄、建築、繊維、食品などに関係するさまざまな企業を起こして大倉財閥を作り上げた**。鹿鳴館や帝国ホテルなどの建設に携わり、現在の東京経済大学を創立するなど多方面で活躍している。

大倉は越後国蒲原郡新発田町（現在の新潟県新発田市）で名主の子として生まれ、私塾で四書五経を学び、1851（嘉永４）年に江戸に出ると鰹節店で丁稚をして金を貯め、1857（安政４）年に乾物店大倉屋を開業している。しかし、それを廃業して1867（慶應３）年に鉄砲店大倉屋を開くと、翌年に有栖川宮熾仁親王のご用達となったのを皮切りに、1874（明治７）年に台湾出兵の征討都督府陸軍、1877（明治10）年に西南戦争の征討軍、さらに日清・日露戦争で日本軍の御用達となり事業を拡大していった。

さらに**大倉**は1871（明治４）年に横浜水道会社と貿易商社を横浜弁天通に開設。1875（明治８）年に東京会議所の肝煎となり、この年に渋沢栄一と出会っている。

以降、内務省所管羅紗製造所（後の千住製絨所）、東京商法会議所（現在の東京商工会議所）、横浜洋銀取引所（後の横浜株式取引所）、大阪紡績会社を設立。さらに1882（明治15）年に日本初の電力会社である東京電灯を蜂須賀茂韶らとともに開設している。

大倉の活躍はこれだけにとどまらず、1906（明治39）年には大日本麦酒株式会社設立に関係し、1907（明治40）年には日本皮革（現在のニッピ）、日本化学工業、東海紙料（現在の東海パルプ）などを開設。1909（明治42）年、日本ホテル協会会長就任。1918（大正７）年に大倉コンツェルンを組織化。1927（昭和２）年、日清火災海上保険を買収するが、同年に隠居して事業を息子に譲り、翌年に大腸がんにより90歳で亡くなった。

大倉はさまざまな分野の会社開設に関与し、日本の近代化を経済方面から支えた実業家の一人であったが、特に都市のインフラ整備に大きく携わった。ホテル、水道網、各種の工場の建設は近代都市のインフラの中核を担うものであり、こうしたものを**大倉**は積極的に作り上げていったのである。さらに、現在の東京経済大学を創立するなど教育・文化面での貢献も大きい。このため**大倉**は「世に稀なる商傑」と称される一方で、「死の商人」や「グロテスクな鯰《なまず》」など批判を受けることもあった。どちらの評価が正しいとしても、**日本の企業で初めて海外進出をしたのが大倉の会社**であったことを考えると、日本近代経済史における彼の貢献は無視できないものがある。

276 経済

豊田佐吉（とよださきち）

1867〜1930年

日本が世界に誇るトヨタグループの創始者

明治時代から昭和初期にかけて活躍した発明家・実業家。大政奉還の年に遠江国敷《ふ》知郡《ちのごおり》山口村（現在の静岡県湖西市）で農家兼大工の息子として生まれた**佐吉**は、1885（明治18）年の『専売特許条例（現在の特許法）』発布により発明で身を立てようと決意。1890（明治23）年に東京の上野で開催された第三回内国勧業博覧会に展示された最新の機械に刺激を受けた**佐吉**は、その年に豊田式木製人力《じんりょく》織機を発明する。この織機は従来の機《はた》織《お》り機《き》よりも効率的で品質のよい布が織れたが、基本的には手動のため効率向上には限界があった。

そこで動力織機の発明に向かった**佐吉**であったが、身近に役立つものとして、1894（明治27）年に織機にかける経糸《たていと》を準備する画期的な機械「豊田式糸繰返《いとくりかえし》機《き》」を完成させる。この機械が非常によく売れ、こうして得た資金をもとに**佐吉**は開発に専念でき、1896（明治29）年、ついに日本初の動力織機である「豊田式汽力織機」を完成させたのである。一人で３〜４台を操作でき、生産性は従来の織機の20倍という豊田式汽力織機は愛知県知多郡乙川村の有力者・石川藤八に高く評価され、1897（明治30）年、**佐吉**は石川と共同で乙川綿布合資会社を設立し、豊田式汽力織機で織り上げた綿布を販売。その品質が評判になると、1899（明治32）年に三井物産合名会社（現在の三井物産）から織機製作販売会社として合名会社井桁商会の設立をもちかけられ、**佐吉**はそこで技師長として新しい動力織機の研究を行うようになった。

不況により井桁商会の経営が悪化したことから、1902（明治35）年に個人経営の豊田商会を設立し、翌年に機械を止めずに織機の緯糸《よこいと》を自動に補充する機能を装備した**世界初の無停止杼《ひ》換式《がえしき》自動織機（Ｔ式）を発明**。その性能は満足いくものではなく、**佐吉**はあきらめずに開発を続け、1906（明治39）年、動力を空費せずに幅広の布を静かに織り上げる環状織機を開発する。**佐吉**はその後も高性能な織機の研究・開発を続け、1924（大正13）年、世界最高性能かつ完全な無停止杼換式豊田自動織機（Ｇ型）を完成させ、1926（大正15）年、この織機を製造・販売するために豊田自動織機製作所（現在の豊田自動織機）を設立。先見性があった**佐吉**は、息子の喜一郎に自動車の研究を進言した。Ｇ型自動織機の販売及び特許で得た利益などが自動車の開発・生産の資金となり、1937（昭和12）年、同社の自動車部門を分離独立しトヨタ自動車工業（現在のトヨタ自動車）を設立。その後、世界有数の企業グループであるトヨタグループが誕生したことを考えると、**佐吉**は名実ともに**トヨタグループの創始者**なのである。

277 政治

前島密（まえじまひそか）

1835〜1919年

「日本の郵政制度の父」と形容される男

明治時代に活躍した官僚にして政治家。越後国頸城《くびき》郡下池部村（現在の新潟県上越市大字下池部）で豪農の息子として生まれ、青年期に江戸に出て医学と蘭学と英語を学ぶ。1866（慶応２）年に幕臣の前島家の養子となり**前島来輔《らいすけ》**と名乗るようになり、15代将軍・徳川慶喜に対して「漢字御廃止之議」という建議書を提出している。これは国民に学問を振興させるために、むしろ習得が難しい漢字の使用をやめるべきという提言である。

江戸幕府崩壊後の1868（慶応４）年、新しく誕生する政府の都として大久保利通が大阪遷都論を発表すると、**前島**は長く政治の中心であった江戸に遷都すべきであると大久保に建議。その結果、同年９月に第122代明治天皇の江戸行幸が実現し、江戸から名前を改めた東京が日本の首都になったのである。そして、**前島**は1869（明治２）年に明治新政府に出仕を開始すると、この年に名前を「**密**」に改めた。1870（明治３）年に交通通信担当官である駅逓司《えきていのつかさ》になった**前島**は、**日本の近代化のために新しい通信制度の必要性を上司の大隈重信に訴え**、郵便制度の視察と鉄道建設借款契約締結のためにイギリスに赴く。翌年に帰国した**前島**は駅逓頭《えきていのかみ》に就任し、東京と大阪と京都の間で官営の郵便事業を開始させ、1873（明治６）年には**料金全国一律という日本の近代的郵便制度を確立**させた。実は、普段何気なく使っている**「郵便」、「葉書」、「切手」といった名称も実は前島が定めた**ものである。

江戸時代にも飛脚という遠隔地との通信制度は存在した。しかし、飛脚の利用料は非常に高価だったため、豪商などの一部の裕福な人々にしか利用できなかったため、誰もが手軽に利用できる郵便制度を構築した**前島**の功績は非常に大きい。

そのため**前島**は1879（明治12）年には内務省駅逓総監に就任するが、1881（明治14）年に起きた「明治十四年の政変」で政権を追われ、一緒に下野した大隈重信とともに立憲改進党を創立する。立憲改進党員として自由民権運動にも深く関わり、初期の新聞業に対しても少なからぬ援助を行っている。また、1887（明治20）年に東京専門学校（現在の早稲田大学）の校長に就任し、現在の早稲田大学の発展にも寄与している。

「日本の郵政制度の父」として歴史に名前を刻んだ**前島**は、その功績をたたえるために、現在使われている１円切手に彼の肖像画が用いられている。

もっと深く知りたい人のための推薦図書

・**『明治維新の理念をカタチにした　前島密の構想力』**加来耕三／つちや書店

278 教育 思想

福沢諭吉（ふくざわゆきち）

1835〜1901年

独立自尊を主張し、西洋近代主義を普及させた思想家

明治時代に活躍した教育者にして思想家。欧米列強からの独立を守るため、西洋文化を取り入れて富国強兵と殖産興業を推進した、日本に登場した啓蒙思想家の代表でもある。

豊前国の中津藩（現在の大分県中津市）で下級藩士・福沢百助の五男として生まれた**福沢**は、下級藩士ということで差別を受ける父の姿を見て封建的身分制度への反感をもったという。そのため父親が儒学者であり自身も儒学に通じていながら、封建的身分制度の確立に貢献した儒学を激しく批判するようになった。

1855（安政２）年、大坂に出た**福沢**は緒方洪庵の適塾で蘭学を学ぶ。しかし、1859（安政６）年に横浜の外国人居留地を訪れて英語の必要性を痛感した**福沢**は、独学で英語を勉強し、翌年に咸臨丸に乗って渡米。1862（文久２）年にはヨーロッパを視察し、そこで優れた近代資本主義文明を目の当たりにしたことで西洋の学問の必要性を痛感するとともに、**後進的アジアからの脱却を目指す脱亜論（脱亜入欧論）を志向**する。そのため**福沢**は、帰国後に『西洋事情』を発表して近代化への啓蒙活動を行った。

福沢が渡欧するまで、日本では天皇を崇拝し外国人を排斥しようとする尊王攘夷論が強かったが、その急先鋒であった長州藩が1863（文久３）年に列強４国を相手に下関戦争で惨敗したことで下火となり、**福沢**の主張は人々から支持されるようになった。

そのため明治維新後に誕生した新政府は**福沢**を誘うが、**福沢**は官職には就かずに学問に専念し、1868（慶応４）年、自身が開いた蘭学塾を慶應義塾と改称している。なお、**福沢**は廃藩置県を認めながらも地方分権を『分権論』などで主張したり、西南戦争の指導者として逆賊となった西郷隆盛を擁護する『丁丑公論』を発表したりしている。

1872（明治５）年、代表作である『学問のすゝめ』を発表。アメリカ独立宣言を翻案した「天は人の上に人を造らず、人の下に人を造らず」は名言として残る。これは**個人の自由・平等が天賦のものであるという天賦人権論であり、西洋の自然法思想を、儒教の天の観念を用い当時の人にわかりやすく解説した**ものである。

ただこの言葉には続きがある。「されど学問を勤めて物事をよく知る者は貴人となり豊人となり、無学なる者は貧人となり下人となるなり」。つまり学問をする人は貴人になり、しない人間は下人になる。だからこその『学問のすゝめ』であり、学問をしなければ人は平等ではないのである。もちろん、これも就学率の低い時代の言葉なので、そうした時代背景を無視して単純に解釈はできない。ただ、現代にあっても学問を身につけ

ることで、人間として知的で、精神的に豊かな生活が送れることを無視してはならない。

福沢は一人ひとりが自分に尊厳があることを自覚して、国家や他者に頼ることなく独立して生きなければならない、そのために学問を学ぶ必要があることを主張。こうした**福沢**の考えは、独立自尊の精神といわれる。同時に彼は、「実学」の重要性を説いた。実学とは、文字の習得から始まり、手紙の書き方、帳簿の付け方、そろばん、さらには化学・物理学、地理学、歴史学、経済学などである。一方、江戸時代の藩校で主流だった朱子学や漢文、古文、和歌などを重要ではない「虚学」とした。

これは『学問のすゝめ』が日本で義務教育制度が生まれた1872年に発表されたことと関係している。義務教育が始まったとはいえ、当初の就学率は3割台。一方で国としては、欧米列強から日本の独立を守り、列強諸国と肩を並べる国家建設に必要な人材の育成が不可欠であった。**福沢**はそんな時代に最適な道として実学を勧めた。そこには悠長に和歌を詠むような、江戸時代の学問では通用しないという意図があった。

そのため、**福沢**は安易に実学が素晴らしく虚学がよくないと述べているのではない。学問には高い芸術性のある文芸作品を鑑賞し、加えてそれにまつわる文献を読み、より深く味わい、高度な思考能力のもと自分なりの意見を伝えるという目的がある。これによって広い視野、論理的思考力、創造的思考力などが生まれ、それらはいずれ社会でも役立つ。しかし、近年の日本では『学問のすゝめ』を曲解しているのか、実学を重視し、人文科学などの社会に出て即役に立たない学問を切り捨てる傾向が強くなっている。

福沢は『時事新報』も創刊し、政治・社会・婦人問題も論じた。さらに『文明論之概略』『福翁自伝』などの名著を残した。彼はアジアの植民地化を進める西洋の勢力に対抗するため、国家と民衆が協調して富国強兵を進める官民調和を説き、日清戦争にも賛同した。列強の帝国主義支配が東アジアにしのび寄る時代のなか、彼はナショナリストを貫いた。その賛否はあるかもしれないが、日本の近代化にあたり、**福沢**が学問による啓蒙化を進めた重要な近代人であることは間違いない。

佐藤優の言葉

『学問のすゝめ』は、学問によって身分制を打破して自らの可能性を伸ばすという意味があった。現在の高等教育は富裕層の再生産としての機能を果たし、文脈が変化している。

もっと深く知りたい人のための推薦図書

- **『現代語訳　学問のすすめ』**福澤諭吉・著　齋藤孝・訳／筑摩書房
- **『現代語訳　福翁自伝』**福澤諭吉・著　齋藤孝・編訳／筑摩書房
- **『現代語訳　文明論之概略』**福澤諭吉・著　齋藤孝・訳／筑摩書房

279 教育

新島襄（にいじまじょう）

1843〜1890年

キリスト教教育に力を注いだ、近代日本最初期のキリスト者

明治時代に活躍した教育者。明治時代は理性的な近代人となることを主張する啓蒙思想家が次々と生まれたが、その中には新政府によって信仰を公認されたキリスト教の信者がおり、その先陣を切った一人が**新島**であった。

新島は上野国の安中藩（現在の群馬県安中市）の藩士の子として江戸で生まれ、本名を**新島七《し》五三《め》太《た》**といった。若き日に幕府の軍艦操練所で洋学を学んだ**新島**はアメリカとキリスト教に憧れをもち、1864（元治元）年、備中松山藩（現在の岡山県の一部）が所有する快風丸に乗り、当時の開港地・箱館（函館）に赴く。ここでロシア領事館付の司祭ニコライと会い、彼の協力もありアメリカ船ベルリン号に密航する形で出国。船を乗り継いで翌年、ボストンに到着するとフィリップス・アカデミーに入学した。なお、船内で船長から「ジョー（Joe）」と呼ばれていたことで「**襄**」と名乗ることになったという。

1866（慶応2）年、アンドーヴァー神学校付属教会でプロテスタントとしての洗礼を受ける。翌年、フィリップス・アカデミー卒業。1870（明治3）年、名門のアマースト大学を卒業。日本人初の学士取得となった。アマースト大学では、後に札幌農学校の教頭となるクラーク博士の授業も受けた。

1872（明治5）年にはアメリカ訪問中の岩倉使節団と会い、語学力を認められて使節団に参加にする。その後、ヨーロッパ数ヵ国を渡った**新島**はその報告書『理事功程』を編集。1875（明治8）年、ボストンで教師の任職を受ける。**新島**は日本にキリスト教大学の設立を誓い帰国する。翌年、彼に協力する山本八重と結婚する。

新島は**1875年に同志社英学校を開校するが、これが現在の同志社大学の前身になっている**。1877（明治10）年には同志社女学校（後の同志社女子大学）も設立。以降、**新島**は同志社を大学校とするために尽力する。一方で故郷（安中）の上州でキリスト教の講演も行い、この結果、1878（明治11）年に安中教会が設立された。

彼の元には徳富蘇峰や板垣退助などが集まり、彼を支援した。48歳で没してしまうが、**新島**は近代日本最初期のキリスト者として、また教育者としてその功績は大きく評価されるべきだろう。

佐藤優の言葉

古典ギリシア語やラテン語が不得手で、アマースト大学では文学士より一段下の理学士を取得。欧米流のリベラルアーツを基礎とする高等教育機関を目指し同志社英学校を創設した。

280　教育

津田梅子（つだうめこ）

1864～1929年

日本人初の女子留学生で、女性の解放を目指した教育者

明治時代に活躍した教育者にして啓蒙思想家の一人。女性に選挙権が与えられない男尊女卑が当たり前の時代に、女性の解放と地位の向上を目指して活躍した人物。

江戸の牛込南御徒町（現在の東京都新宿区南町）で幕臣である父・津田仙の次女として生まれる。明治維新とともに職を失った津田家だったが、父はさまざまな職業を経て、1871（明治４）年に北海道開拓使の嘱託となる。開拓次官の黒田清隆は女子教育に関心をもっていたため、仙は黒田を通して**梅子**を**岩倉使節団とともに渡米する日本人初の女子留学生**の一員にする。５人の女子留学生の中で、**梅子**は最年少の６歳だった。

アメリカに到着した**梅子**はワシントン近郊のランマン夫妻の家に預けられ、翌年にキリスト教の洗礼を受け、プロテスタントの信徒となった。後に**梅子**が設立する大学はミッション系大学ではないのにチャペルが残されているのは、彼女の信仰の名残である。なお、日本のミッション系大学にカトリックよりプロテスタントが多いのは、**梅子**や新島襄など当時の創設者にプロテスタントの国であったアメリカを訪れ、そこで教育について学ぶ者が多かったことからである。**梅子**はその後もランマン夫妻の元で現地の教育を受け、11年後の1882（明治15）年、帰国の途につく。

帰国後、**梅子**は日本女性の置かれている状況に驚き、女性の教育の必要性を感じるが、10代の女性一人に変えられることは何もなく、華族女学校の教授として働くしかなかった。しかし**梅子**は自分自身で大学を創る夢のために再度アメリカに留学。1889（明治22）年、ブリンマー大学で質の高い教育を受けた**梅子**は、少人数教育など、後の教育観の礎になる価値観を学んだ。同時に、自分のあとを続く日本女性のための奨学金制度を設立した。1892（明治25）年以降、彼女はヘレン・ケラーやナイチンゲールと会見する機会を経て、**日本女性のための高等教育設立に尽力**する。

1900（明治33）年、**梅子**は女子の高等教育機関として女子英学塾（現在の津田塾大学）を設立。**梅子**と一緒に留学した大山捨松や瓜生繁子も全面的に支援したという。

自分の意見を積極的に述べ、個性を磨き、視野の広い女性を育てた彼女は、100年以上もの先の日本を見通していたともいえる。なお、その功績によって新５千円札に**梅子**の肖像が使用されることが決まっている。

281 教育 思想

井上円了（いのうええんりょう）

1858〜1919年

哲学によって近代化を目指した東洋大学の創立者

明治時代から大正時代にかけて活躍した仏教哲学者であり教育者。「ものの見方・考え方」を人々の中に育てていく哲学に着目し、29歳の若さで哲学館（現在の東洋大学）を設立した。**迷信打破のために妖怪を研究したため、「お化け博士」「妖怪博士」などとも呼ばれて有名になった。**

越後国三島郡浦村（現在の新潟県長岡市）の浄土真宗大谷派慈光寺の長男として生まれた。幼名は**岸丸《きしまる》**、後に**襲常《しゅうじょう》**。10歳で漢学を学び、13歳で得度して「**円了**」と名乗るようになった。16歳から洋学を学び、19歳で京都東本願寺の教師教校に入学。翌年には東京大学予備門に入り、23歳で東京大学文学部哲学科の一期生となっている。

円了は大学で西洋哲学の目で「仏教」を見直し、そこに「東洋の哲学」が流れていることを発見。それを体系化し、在学中から独自の宗教論、哲学論を雑誌に連載。著書を著して一躍名を知られるようになる。

卒業後は著作活動のかたわら、哲学の研究と普及が、国家や社会の文明を発展させるために不可欠として、理想の学校へとつながる哲学会、国家学会を組織。卒業後わずか２年後の1887（明治20）年に、**私立「哲学館」（後の東洋大学）を創立**した。

その創立趣意書には「余資なく優暇なき者に教育を開放する」と書かれており、遠隔地の人々のために「館外員制度」を設け、今日の通信教育、あるいはオンライン教育の原型のシステムを作って日本全土に門戸を広げた。

さらに地方に出向いて講義をする「全国巡講」や、現在の公開講座のような「日曜講座」も実施。多くの人々へ、教育の場を提供することに情熱を注いでいる。

晩年は迷信否定のために『妖怪学講義録』を著し、世に妖怪博士として知られるようになった。**円了**は、妖怪学研究に着手した理由として「世の中の万有の法則を見るためには、心の光が必要で、その光を養うのが学問の油だ。光が明るくなれば、世界はますます美しくなる。その諸学の講究を怠らないようにするため」という旨を述べている。

哲学館が「私立東洋大学」に名称変更した1906（明治39）年に、**円了**は48歳で学校の運営から身を引き、全国巡講に出発。その旅は、遼寧省大連（旧満州）で客死する61歳まで続いた。全国巡講は、国内だけで全国60市2198町村の2831ヵ所、全5291回にのぼっている。

もっと深く知りたい人のための推薦図書

・**『井上円了：その哲学・思想』**竹村牧男／春秋社

282　思想　宗教

内村鑑三（うちむらかんぞう）

1861～1930年

社会正義と平和を主張した、近代日本のキリスト者

明治時代から大正時代にかけて活躍した思想家。上野国の高崎藩（現在の群馬県高崎市）で藩士の子として生まれ、1873（明治6）年に上京し、有馬学校英語科に入学する。同校で新渡戸稲造らと同級になる。この頃、初めて『旧約聖書』に触れた。

1877（明治10）年に札幌農学校に入学。これを機にキリスト教へ改宗をし、これが彼の人生を大きく変える。1881（明治14）年、札幌農学校卒業。その後、札幌基督教会を創立する。なお彼は教会に頼らず聖書を中心とする無教会主義を唱えた。

1884（明治17）年に渡米するが、人種差別や拝金主義のアメリカの現状を知って幻滅。それでも、1887（明治20）年にアメリカの大学を卒業し、帰国後の1890（明治23）年に第一高等学校の嘱託教員となる。当時の学校では教育勅語が絶対とされ、その奉読式では最敬礼することが義務とされていたが、1891（明治24）年、**内村**は最敬礼をしなかったため大問題となってしまう（内村鑑三不敬事件）。その結果、教育者としての道が閉ざされた**内村**は、キリスト教の伝道者の道を選ぶことを決心する。

内村は一方で**非常な愛国主義者であり、二つのJ（イエス：Jesus、日本：Japan）のために生涯を捧げた**。1892（明治25）年、名著となる『余は如何にして基督信徒となりし乎』をはじめ、『基督信徒の慰』『求安録』などの多くの著作を発表。1897（明治30）年に黒岩涙香の依頼もあり新聞社の朝報社に入社し、足尾銅山の鉱毒問題も取り上げた。1898（明治31）年には朝報社を退社しジャーナリストとして独立する。

内村はキリスト教の思想のもと平和主義を貫いた。1904（明治37）年には非戦論を主張し、日露戦争に反対した。日露戦争の勝利を現代でも称賛する意見は多く、その心情もわかる。当時は弱肉強食の時代だった。されど、戦争で他国を支配しようという思想は結局、第二次世界大戦で悲惨な結果につながった。**内村**の反戦主義がまるで的を射ていないとは言い切れない。なお、非戦を貫いた**内村**に文学者の中里介山らも賛同している。だが、**内村**は徴兵を受けた人には、あえて処刑を受け入れたキリストのように、それを受け入れ入隊することを勧めた。この時代、社会主義者も非戦を訴えたが、**内村**は社会主義者とは一線を画し、彼らを批判するようになる。

やがて第一次世界大戦を経て、1922（大正11）年に世界の伝道事業の組織を作る。1928（昭和3）年頃からは体調を崩すようになり、2年後に「非常に調和がとれて居るがこれでよいのか」との言葉を残して死去した。

283 文学

二葉亭四迷（ふたばていしめい）

1864〜1909年

ロシア文学の影響を受けながら、言文一致体を生み出す

本名は**長《は》谷《せ》川《がわ》辰《たつ》之《の》助《すけ》**といい、**二葉亭四迷**は「くたばってしまえ」という自虐的な冗句から付けられたペンネームである。東京で生まれた彼は、軍人や外交官を目指して挫折しており、決してエリート街道をたどってきたわけではなかった。

1885（明治18）年、東京外国語学校などでロシア語を学び、日本の近代文学を根付かせた文学者・坪内逍遥と交流を結ぶ。坪内は日本初の文芸評論『小説神髄』を発表。江戸時代の読本のような勧善懲悪ではない、人間関係などをあるがままに描き出す写実主義を提唱し、『当世書生気質』を発表した小説家でもあった。彼との交流のなか、**二葉亭**は文芸評論『小説総論』を発表する。これは『小説神髄』の影響を受けたものだったが、写実主義をより深く発展させた重要なものとなっている。

やがて**二葉亭**は、1887（明治20）年〜1891（明治24）年の間に、写実主義小説『浮雲』を発表し、**日本文学において初めて言文一致体を生み出す**。その内容も、文明開化の日本を背景に、仕事と恋人の両方を失い何もできない男の心理が描写されていることから、『浮雲』は日本の近代小説の嚆矢ともいわれる。

二葉亭は堪能なロシア語の能力を活かし、ロシア文学の翻訳も手掛けた。特にツルゲーネフの『猟人日記』の一部を訳した『あひびき』は高い評価を得た。とりわけ巧みな自然描写と洗練された口語体の文体は多くの作家に影響を与えた。

さらに社会主義の影響を受け、貧民の問題について深く考えるようになる。貧民街で出会った娼婦が最初の妻であった。やがて東京外国語学校でロシア語科の教授となる。1902（明治35）年、ロシア滞在中にエスペラントを学び、数年後、日本で入門書を出す。さらに森鷗外の『舞姫』や国木田独歩の『牛肉と馬鈴薯』のロシア語訳も行ったが、不眠症や同地の寒さのなか、肺結核を発病。1909（明治42）年、日本郵船の船に乗って帰国する途中に容体が悪化し、ベンガル湾上で45歳の若さで死去した。

坪内に続き、日本の近代文学を発展させたのは間違いなく**二葉亭**であった。「浮雲」とは空に浮かんで漂う雲。どこへ漂うかわからない存在。彼の小説は、ロシア文学の『オブローモフ』の影響を受けつつ、現代人に通じる人間の普遍性を描いている。それは世界をさまよい、その途上で果てた彼自身にも通じるところがあるのかもしれない。

もっと深く知りたい人のための推薦図書

・**『近代文学者たちのロシア　二葉亭四迷・内田魯庵・大庭柯公』**松枝佳奈／ミネルヴァ書房

284 文学

夏目漱石（なつめそうせき）

1867～1916年

近代人の自我の苦悩を描いた、日本の文豪

本名を**夏目金之助《きんのすけ》**といい、現在の東京都新宿区で生まれるが、幼少時に里子に出されたり養子に出されたり、複雑な少年時代を過ごし、21歳の時に生家の夏目家に復籍する。なお、養家との関係は自伝的小説『道草』でも描かれることになる。

1888（明治21）年に第一高等学校に入学し、ここで親友となる俳人・正岡子規と出会う。1890（明治23）年に帝国大学文学部英文科に入学し、1893（明治26）年に卒業した**漱石**は英語教師になるが、肺結核に加えて神経衰弱的症状を抱えていた。

1895（明治28）年、愛媛県の旧制松山中学に英語教師として赴任した**漱石**は、故郷に戻っていた子規と再会し、その弟子である高浜虚子《たかはまきょし》とも交流する。しかし、1900（明治33）年に文部省の命でイギリスに留学した**漱石**は、現地の生活になじめず、神経衰弱に陥り帰国を余儀なくされる。この留学体験から**漱石**は**他人の真似をし、迎合する生き方は自分を見失わせるものだと感じ、彼は「自己本位」こそ近代人にふさわしい態度と知る**。そのなかで個人主義の価値を説く。自己を尊重することは、同時に他者をも尊重することである。しかし現実の人生で人は、自我の要求の前に多様な障害が立ちはだかり、単純な自己本位ではエゴイズムに堕してしまう。彼はこうしたエゴイズムが渦巻く人間関係に悩み、後にいくつかの作品でこれを主題にする。

1905（明治38）年、虚子の勧めで書いた『吾輩は猫である』を発表。これは猫の目線という独創的な発想が支持され、**漱石**を人気作家にする。この猫のように余裕をもって人生を眺める姿勢から「高踏派」ともいわれた。以降、『倫敦塔』『坊っちゃん』などの作品を発表し、その人気ぶりから朝日新聞社の専属作家にもなった。

漱石には前期三部作がある。1910（明治43）年頃の『三四郎』『それから』『門』である。ここでは自我の確立や挫折が中心となった。同年、胃の不調を訴え、伊豆の修善寺で転地療養する。しかしそこで大吐血を起こし、危篤状態になる（修善寺の大患）。奇跡的に助かった**漱石**の作風はこれ以降変化する。後期三部作の『彼岸過迄』『行人』『こころ』では、前述したエゴイズムや罪の問題へ主題を変える。

先に述べた『道草』は私小説だが、自己の揺らぎが描かれる。そして最晩年には、小さな私を捨てて大きな天に身を委ねる「則天去私」の境地に至り、遺作『明暗』ではエゴイズムまでも、天の立場から諦念を持ち受け入れるという新たな姿勢を描く。しかし、長年患った胃潰瘍の悪化に伴う体内出血により、未完のまま49歳で没した。

285 文学

森鷗外（もりおうがい）

1862〜1922年

浪漫主義的立場から日本の近代文学を築いた、明治のエリート

本名は**森林《りん》太《た》郎《ろう》**といい、代々津和野藩主の典医を務めた家柄に生まれ、1872（明治５）年に上京してドイツ語を学び、翌年には東京医学校に入学。1881（明治14）年に19歳で東大医学部を卒業し、陸軍軍医となる。絵に描いたようなエリート街道を歩む**鷗外**は、軍医の仕事を終えた深夜に原稿を執筆し、時代や社会状況のなかで人に与えられた任務と、自己との葛藤に悩み生きる作品を多く残した。

1884（明治17）年に陸軍省の命を受け約４年のドイツ留学を経験。北里柴三郎とともにコッホに会いに行き細菌学も学んでいる（そのため、脚気の原因は脚気菌だと主張し、日露戦争で陸軍は戦死者より脚気が原因で亡くなった者のほうが多かったという）。

1889（明治22）年、前年に日本に帰国していた**鷗外**は、訳詩集『於母影』を発表する。さらに翌年にはドイツ留学体験をもとに描いた『舞姫』『うたかたの記』を発表。日本人男性とドイツ人女性の恋愛が題材の**『舞姫』は、平安時代の文体を模した雅文という流麗な文体が特徴の初期代表作となった**。文学者としては順調だった**鷗外**だが、論争好きで攻撃的な姿勢が周囲の反感を買い、軍医としては1899（明治32）年に九州の小倉に左遷される。しかし、この経験は**鷗外**の人間性を深め、初めて社会の周縁や底辺に生きる人々への共感や慈しみの感情をもつようになり、その後の作品にも影響を与えた。

日露戦争を経て、**鷗外**は1907（明治40）年に軍医のトップである陸軍軍医総監に就任するが、1909（明治42）年に理知的に性の問題を捉えた『ヰタ・セクスアリス』や、女性の自我の目覚めも描いた『雁』などを発表。これらの作品には、ありのままに描こうという自然主義に反対する、**鷗外**の思想の一貫性が見られる。

1912（大正元）年、陸軍大将の乃木希典の殉死を聞いて『興津弥五右衛門の遺書』を発表。これを機に歴史小説を書き始める。『阿部一族』も殉死が題材で、これらには封建制における主君への忠義と社会で生きる義務、それに対する近代人としての個人主義という矛盾を、人間が生きる意味にまで遡及して追求した。そこで**鷗外**が得た結論は、自らに与えられた運命を積極的に引き受けるという一種の諦念だった。

以降、**鷗外**は『山椒大夫』、『高瀬舟』、史伝『渋江抽斎』など名作を発表。過去の名誉や肩書きを捨て去るかのような「余ハ石見人森林太郎トシテ死セント欲ス」という遺言を残し、60歳で没する。

286 文学

樋口一葉（ひぐちいちよう）

1872〜1896年

悲運に生きた、近代日本初のプロ女性作家

東京府の下級役人の子として生まれ、本名（戸籍名）は**樋口奈津**《なつ》という。幼少時から読書を好み、草双紙（江戸時代の絵入り娯楽本）を読みふけっていた。1877（明治10）年に小学校入学。1881（明治14）年に上野の私立青梅学校に転校する。ここで初めて和歌を習う。1883（明治16）年に小学高等科を首席で卒業するものの、上級に進まず中退という形で学問をやめる。これは女子に学問は不要という母親の考え方があったからといわれる。しかし向学心の強かった**一葉**は、父の勧めもあって和歌の勉強を続ける。

1886(明治19)年、歌人の中島歌子の歌塾「萩の舎」に入門する。当時の萩の舎は人気で、名家の夫人や令嬢も習いに来ており、最盛期には千人を超える歌塾だった。そこで**一葉**は古典の素養を養う。実際、その素質は中島にも評価され、名家の令嬢だった三宅花圃(田辺花圃）とともに、萩の舎の二才媛ともいわれるようになった。

1887（明治20）年に樋口家の戸主だった兄の泉太郎が肺結核で亡くなったことで、**一葉**は父を後見人にして樋口家の戸主となる。しかし、その父も多額の負債を残したまま2年後に死去してしまい、17歳の**一葉**が一家を支えなければならなくなる。

一葉は内職をして生計を立てようとするが、それだけでは足りず、方々に借金をする生活となる。だが、三宅花圃が小説を出版したのを機に、小説家を志すことになる。1891（明治24）年、大衆文学者の半井桃水に師事する。1892（明治25）年、『闇桜』を半井の同人誌に発表する。一方で、半井と**一葉**との間でスキャンダラスな噂が立ち、**一葉**は半井から離れる。彼女は三宅花圃の紹介で、雑誌『都之花』に理想主義的な小説『うもれ木』を発表する。さらに『文学界』に『雪の日』を発表し、才能を開花させる。

1894（明治27）年には『文学界』に代表作『大つごもり』を発表する。翌年、同じく代表作**『たけくらべ』を発表**。さらに『にごりえ』『十三夜』といった優れた短編小説を発表し、**森鷗外や幸田露伴ら多くの文学者に激賞される**。彼女の作品の多くには登場人物の心理が繊細に描かれる。これからと期待された1896（明治29）年、**一葉**は肺結核であることが判明。同年11月、24歳の若さで死去した。

一葉の作家生活は14カ月余りといわれているが、近代以降の最初の職業女流作家としても、その功績の大きさは彼女が5千円札の肖像画になっていることからも明らかだろう。しかし、あまりにもその死が早すぎたため、日本女性の文学進出や近代人としての自我の目覚めが遅れたともいえる。

287 文学

与謝野晶子（よさのあきこ）

1878〜1942年

情熱的な愛を歌い、創作から私生活まで精力的にこなした近代女性

大阪・堺で和菓子屋を営む鳳家に生まれ、本名を**鳳《おおとり》志《し》よう**という。９歳で漢学塾に入り、その後、堺女学校に入学する。この頃から『源氏物語』などの古典を読み、『文学界』や尾崎紅葉、幸田露伴、樋口一葉などの小説を好んだ。卒業後は家業を手伝いながら短歌の投稿を始め、1900（明治33）年、雑誌『明星』の主宰者・与謝野鉄幹が大阪で歌会を行ったことで二人は出会う。当時の鉄幹には妻がいたが、**晶子**は翌年には鉄幹を頼って上京。彼女は『明星』に短歌を発表し続け、**鳳晶子**の名で第一歌集**『みだれ髪』を刊行**する。そこには鉄幹との愛や、自分の若さへの誇りや女性としての官能がおおらかに歌い上げられており、人間の感情を縛る**古い封建的道徳に対抗する晶子の作品は当時の歌壇で大きな反響を呼び**、彼女は浪漫派の歌人としてその名を高めた。

晶子は同年、早々に鉄幹と結婚。以後、子どもを12人出産している。その一方で、創作意欲もやむことはなく、『小扇』『舞姫』などの歌集を次々に発表。彼女の歌風は、しだいに王朝趣味をもった優雅なものへと変わっていった。

1904（明治37）年、日露戦争勃発。**晶子**は出征中の弟に向け、『君死にたまふこと勿《なか》れ』の詩を『明星』に発表する。これに対し、当時の常識だった「名誉の戦死」を「けものの道に死ぬ」とは何事だという批判があり、国粋主義者から国家をないがしろにする危険思想として非難され、『明星』は発売禁止の処分を受けた。しかし**晶子**は、天皇は戦争に自ら出ていかないとも主張。**晶子**はあくまで「歌はまことの心を歌うもの」として反論した。表現の自由も、人の命の重さもすでに彼女は知っていた。

1911（明治44）年には女性文芸誌『青鞜』の創刊号に『山の動く日きたる』の詩を発表した。翌年、パリに渡った鉄幹を追って渡欧。約４カ月、イギリス、ドイツ、ベルギー、オーストリアなどを訪れた。このヨーロッパの自由な文化を学んだことは、彼女の思想や作風にも影響を与えた。特に女性教育の必要性を重んじ、そうした評論を発表した。一方、1912（明治45）年には、ライフワークだった『源氏物語』の現代語訳である『新訳源氏物語』を刊行。同作に納得のいかなかった**晶子**は、1938（昭和13）年に**『新新訳源氏物語』を刊行して、現代語訳の『源氏物語』の代表作となっている。**

時代は前後するが、1921（大正10）年には男女平等教育を唱え、文化学院という日本最初の男女共学の学校を設立させ、晩年は女性解放思想家として評論活動も行った。

288 文学

芥川龍之介（あくたがわりゅうのすけ）

1892〜1927年

芸術至上主義に生きた、繊細な精神をもった国民的作家

現在の東京都中央区で生まれるが、生母のフクが精神を病んだため、生後７カ月で母方の実家・芥川家に引き取られた。1910（明治43）年に第一高等学校に入学。同期入学に菊池寛、久米正雄らがいた。1913（大正２）年、東京帝国大学の英文科に入学。翌年、山宮允らを中心に第三次『新思潮』が創刊。**芥川**も外国文学の翻訳や、小説『老年』などで参加した。1915（大正４）年、**代表作となる『羅生門』を『帝国文学』に発表**する。

1916（大正５）年、第四次『新思潮』発刊。これに掲載した『鼻』が夏目漱石に激賞され、急激に彼の評価は高まった。続けて彼は『芋粥』などを発表し、その名を高めていく。東京帝国大学を優秀な成績で卒業した彼は、海軍機関学校で英語を教えるかたわら、**『戯作三昧』『地獄変』『奉教人の死』『枯野抄』『蜘蛛の糸』などの作品を発表**する。

1919（大正８）年、大阪毎日出版社に入社して創作に専念。彼の『地獄変』（よい絵を描くために娘の命を犠牲にする話）からわかるように、彼には芸術は現実の人生よりも優れたものであるという芸術至上主義の思想が見られた。1921（大正10）年以降、心身に衰えが見え始める。それでも**芥川**は『藪の中』『トロッコ』『侏儒の言葉』といった代表作を発表する。『侏儒の言葉』はアフォリズム（箴言《しんげん》）による小説で、懐疑主義者ともいわれた彼の人生への疑問を鋭く突いた作品である。「人生は一箱のマッチに似ている。重大に扱うのは莫迦莫迦しい。重大に扱わないと危険である」などの名言が並ぶ。一方、『桃太郎』の作品などで、**芥川**は侵略行為を行う日本軍にも批判的姿勢を見せる。

1925（大正14）年に自伝的小説『大導寺信輔の半生』を発表するが、芸術至上主義の**芥川**と私小説との相性はよくなく、憂鬱な精神に引きずられるように体調が悪化してゆき、1926（大正15）年、療養のため鵠沼に移住する。

この頃、谷崎潤一郎の「物語の面白さ」が小説の質を決めるという意見に、自らの作品に物語性があるにもかかわらず反論。物語批判を行い、話らしい話がない作品の優越さを説いた。1927（昭和２）年、社会風刺あふれる『河童』や、狂気の境界にまで踏み込んだ『歯車』といった晩年の代表作を残した末に、同年７月35歳で服毒自殺をする。遺書には自殺の理由に「ぼんやりとした不安」と残されてあった。彼の作品の大半は短編小説でしかも傑作ぞろいであったため、その功績から日本で最も権威がある文学賞である芥川賞が創設されている。

289 思想

平塚らいてう（ひらつからいちょう）

1886〜1971年

女性の権利獲得のために戦い続けた真のフェミニスト

大正時代から昭和時代にかけて活躍した女性解放運動家。1911（明治44）年に発行された女性のための文芸誌『青鞜』を創刊し、有名な**「元始、女性は実に太陽であった」**で始まる創刊の辞を書いたことで知られる。なお、「**らいてう**」はその『青鞜』で使用していた筆名で、本名は**明子**《はるこ》という。

明治政府の会計検査院に勤務する官僚・平塚定二郎の娘として生まれる。母である光沢《つや》は江戸時代に御三卿の一つである田安家の奥医師を務めた飯島家の出身で、当時としては非常に恵まれた家庭に生まれている。小学校高等科を卒業後、東京女子高等師範学校附属高等女学校に進学。その後は「女性に女学校以上の学歴は不要」と考える父を説得して日本女子大学で学んだ。そして日本女子大学を卒業後、夏目漱石の門下である森田草平と恋仲になるが、1908（明治41）年に森田と心中未遂（塩原事件）を起こしたことで世間から好奇の目で見られてしまう。醜聞を収めるため、森田の師である漱石は平塚家に**らいてう**と森田の結婚を提案するが、**らいてう**はこれを拒否し、婦人解放運動の活動家となった。なお、振られる形となった森田は、塩原事件をモチーフにした『煤煙』という小説を執筆し、ちゃっかり文壇デビューを果たしている。

明治時代後期になると、日清戦争や日露戦争で男手を失い、家計を支えるために仕事に就く女性、いわゆる「職業婦人」が少しずつ増えていた。そして、自分の稼ぎで生活できる女性が登場すると、それまで当たり前と受け止められていた男尊女卑に疑問をもつ女性が出てくるようになり、大正時代には男性と同等の権利を求めて婦人解放運動を始め、「新しい女」と呼ばれる女性が増えていたのである。

「新しい女」の一人となった**らいてう**は、婦人解放運動を啓蒙するため女性のための文芸誌『青鞜』の創刊を決心。費用については、母の光沢が貯めていた**らいてう**の嫁入りの準備の資金を提供してくれたという。『青鞜』は発行されるや話題となるが、男性側の反応は冷淡なもので、青鞜社の社員が「五色の酒事件」や「吉原登楼事件」といった事件を起こすと、世間は「新しい女」を「ふしだらな女」というニュアンスで使うようになった。

1912（明治45）年、**らいてう**は茅ケ崎の海岸で画家志望の奥村博史と出会い恋に落ちる。奥村は**らいてう**より5歳下で経済力も乏しかったため、すでに女性解放運動家として著名だった**らいてう**との交際は、双方の関係者から反対を受けたという。そのため奥村は「静かな水鳥たちが仲良く遊んでいるところへ一羽の燕が飛んできて平和を乱してしまった。若い燕は池の平和のために飛び去っていく」という手紙をよこして身を引くが、**らいてう**は「燕ならきっとまた、季節がくれば飛んでくることでしょう」と返して奥村を自分のもとに引き留めたのである（この出来事から若い男の愛人を「燕」と表現するようになった）。

そして、**夫婦別姓を希望するらいてう**の意志を尊重して、二人は、1914（大正３）年から事実婚を開始。その顚末を『青鞜』で読者に報告すると、当時の価値観からすると不道徳であったため二人は世間から激しく批判された。しかし、**らいてう**は世間には負けず、後に奥村との間に一男一女を授かるが、やはり入籍はせず、**らいてう**が実家から分家して子どもたちを自分の戸籍に入れ、私生児として育てている。

なお、出産や育児のために『青鞜』の仕事が難しくなった**らいてう**は、その編集権を伊藤野枝に譲った。そして、彼女がアナキストである大杉栄と愛人関係に陥ったために、『青鞜』は無期休刊となっている。

1919（大正８）年、繊維工場を視察した**らいてう**は、女性労働者の現状に衝撃を受け、市川房枝や奥むめおらとともに新婦人協会の設立に奔走するが、房枝との対立で２年後には運営から離れている。さらに追い打ちをかけるように、野枝が堺真柄や山川菊栄らとともに社会主義の女性団体「赤瀾会《せきらんかい》」を結成し、新婦人協会や**らいてう**を敵視したのであった。ただし、赤瀾会自体は主要メンバーが逮捕・服役することが多く自然解消となり、野枝にいたっては関東大震災の混乱に乗じて発生した甘粕事件によって、内縁の夫である大杉とともに命を落としている。

昭和に入ると、日本は泥沼の戦争に突入し、婦人解放運動どころではなくなってしまうが、1941（昭和16）年に**らいてう**はついに奥村と入籍する。これは世論に屈したわけではなく、長男が私生児のままでは兵役に就く際に不利になるため、我が子を守るための決断だったという（姓は奥村を名乗った）。

交際開始当時、周囲の心配を裏切って**らいてう**は奥村と最後まで添い遂げている。いわば「格上」の妻に対して奥村は卑屈になることなく、自らがデザインした指輪を**らいてう**に贈るために、洋画家としてだけでなく、ジュエリーデザイナーとしても活躍している。

もっと深く知りたい人のための推薦図書

- **『平塚らいてう　信じる道を歩み続けた婦人運動家』**差波亜紀子／山川出版社
- **『『青鞜』の冒険　女が集まって雑誌をつくるということ』**森まゆみ／集英社
- **『平塚らいてう　その思想と孫から見た素顔』**奥村直史／平凡社

290 思想 政治

市川房枝（いちかわふさえ）

1893～1981年

女性解放運動に身を捧げ、多くの有権者に支持された政治家

明治に入っても男尊女卑の風潮は変わらなかったが、西洋の思想が伝わり、日本でも女性解放運動が始まった。女性の自立と地位向上を訴えるために雑誌『青鞜』を刊行し、「元始、女性は実に太陽であった」という創刊の辞を書いた平塚らいてうから大きな影響を受けた女性活動家が**市川**である。

市川は現在の愛知県一宮市の農家の三女として生まれ、愛知県女子師範学校を卒業後、教員、新聞記者を経て上京。1919（大正８）年にらいてうとともに日本初の婦人団体・新婦人協会を結成。女性の集会結社の自由を禁止していた治安警察法の改正を求める運動を展開した。1921（大正10）年に渡米してシカゴなどで働きながらアメリカの女性の参政権・労働運動を見学した。帰国後、1924（大正13）年に婦人参政権獲得期成同盟会に参加。同年、ILO（国際労働機関）の職員となり、女性の深夜労働などの実態調査を行った。

1925（大正14）年に男性だけの普通選挙が実現したあとも、女性の参政権が平等で平和な社会を築く鍵だとして、その後も女性参政権運動を続けた。一方、1930年代後半になり、日本は戦争へと向かう。**市川**は戦争に協力し、大政翼賛会に組み込まれ、大日本報告言論界理事になる。

1945（昭和20）年、敗戦と同時に**市川**は戦後対策婦人委員会を組織し、引き続き婦人参政権を要求。同年12月、念願の**男女普通選挙が実現**した。翌年の衆議院総選挙で39人の女性議員が誕生した。だが、**市川**は戦時中に大日本報告言論界理事であったことから、1947（昭和22）年から1950（昭和25）年まで女性で初めて公職追放されている。追放解除後は、公娼制度反対や再軍備反対などの運動に取り組んだ。

その後、1953（昭和28）年の参議院議員選挙に立候補して当選する。結局、国会議員は通算５期25年務めた。特定の政党には所属せず、個人的な支援者が手弁当で選挙運動を行うスタイルを貫き、「理想選挙」といわれた。1975（昭和50）年の国際婦人年には、全国組織の女性団体に呼びかけ、国際婦人年日本大会を開催。国会においても超党派の女性議員を組織し、**国連の女子差別撤廃条約に対して、日本政府の早期批准を求める活動を行った。市川**は1980（昭和55）年の総選挙でも、87歳の高齢にもかかわらず１位当選を果たすが、翌年に心筋梗塞のため死去している。

もっと深く知りたい人のための推薦図書

・『**闘うフェミニスト政治家　市川房枝**』進藤久美子／岩波書店

291　文学

正岡子規（まさおかしき）

1867〜1902年

写生を重視し、俳句や短歌の革新を行った夭逝の文学者

明治時代に活躍した文学者。伊予国の松山藩（現在の愛媛県松山市とその周辺）で生まれ、本名は**常規**《つねのり》という。儒学者だった母方の祖父から漢学を学び、自ら漢詩などの創作も行った。1880（明治13）年に松山中学入学。この頃、自由民権運動の影響を受け、一時期政治家を目指したこともあったとされる。1883（明治16）年には同校を中退して上京し、翌年に東大予備門に入学して夏目漱石と出会い、生涯の友人となるが、この頃に**子規**は肺結核を患い、初めての喀血《かっけつ》をしている。1890（明治23）年、帝国大学哲学科に入学するが、**子規**の興味は漱石の影響もあり文学に移り、国文科に転科。肺結核を抱えた**子規**は「鳴いて血を吐くホトトギス」の言葉にちなみ、ホトトギスの漢字名「**子規**」を名乗るようになり、与謝蕪村の研究を行いながら自らも句作を行うようになる。

1892（明治25）年に大学を退学し、新聞『日本』の記者となる。翌年には俳論『獺祭書《だっさいしょ》屋《おく》俳話』を連載し、**マンネリズムの俳句を批判し、俳句の革新運動を始めた**。松尾芭蕉を批判し、蕪村を評価するその姿勢には、俳句における写生へのこだわりが見られる。この時期、彼は高浜虚子や河東碧梧桐の指導も行っている。

1895（明治28）年、記者として日清戦争に従軍するが、その帰途に船内で大喀血をして重体に陥り以降は病床での生活となるが、創作意欲は衰えず、『俳諧大要』を連載。そして1898（明治31）年には短歌の革新にも乗り出す。

『歌よみに与ふる書』を新聞『日本』に連載。ここでは『古今和歌集』を否定して『万葉集』を称賛し、写実主義を主張した。特に紀貫之を酷評して源実朝を絶賛し、写実的で率直な歌を評価する。さらに**子規**は根岸短歌会を主催し、短歌の革新を目指した。ここからは伊藤左千夫や長塚節など、多くの歌人が生まれ、「アララギ派」へと発展する。

一方で肺結核は確実に彼の身体を蝕んでゆき、最晩年の3年間はほぼ寝たきりだった。それでも『仰《ぎょう》臥《が》漫録《まんろく》』『病牀六尺』を書き、死への恐怖や病の悲しみといった感情を描くことなく、客観的に自らの病状を写生的に描き尽くしている。**子規**はこうして自分の信念を曲げることなく34歳で夭逝した。

なお、**子規**はアメリカから輸入されたばかりの野球に熱中。「打者」や「走者」、さらに競技名の「野球」をはじめ、野球に関する多くの日本語訳を生み出し、野球の普及に貢献した。そのため2002（平成14）年に野球殿堂入りを果たしている。

292 文学

宮沢賢治（みやざわけんじ）

1896〜1933年

詩や童話で、独自の宇宙を構築した夭逝の作家

大正時代から昭和初期にかけて活躍した文学者。現在の岩手県花巻市で裕福な商家の子として生まれるが、震災や大凶作によって困窮する周囲の農民を見て、故郷の農業を何とかしたいという思いと、仏教への帰依が独特な**賢治**の世界を築いたといえる。

1915（大正４）年、盛岡高等農林学校に首席で入学する。生家は浄土真宗の門徒だったが、法華経に感銘を受けた**賢治**は1920（大正９）年に日蓮宗に改宗し、国柱会に入信している。一度は上京するが、最愛の妹・トシが病に倒れたことで帰郷し、花巻農学校の教員となる。1922（大正11）年にトシが死去すると、**賢治**はその死を悼んで『永訣の朝』『松の針』『無声慟哭』などを創作。これらは1924（大正13）年、『春と修羅』という第一詩集に収められた。同書は自費出版のためほとんど売れなかったが、後に詩人として大成する草野心平は**賢治**の才能を認め、二人は文通で交流している。

同年、**童話『注文の多い料理店』を刊行**するが、その内容には傲慢な上流階級への風刺が見られる。1926（大正15）年、花巻農学校を退職。以降、自炊と農耕の生活を始め、「羅須地人協会」という私塾を創設して農業指導を行った。この頃『セロ弾きのゴーシュ』のヒントをつかんだという。1931（昭和６）年、東北砕石工場花巻出張所が開設。ここで勤務を始めた**賢治**は東奔西走して業務を遂行。**代表詩『雨ニモマケズ』**はこの時期に手帳に綴られたという。

1932（昭和７）年、**賢治**は『グスコーブドリの伝記』を発表。さらに**『風の又三郎』や『銀河鉄道の夜』なども創作**するが、改稿を重ねるうちに**賢治**が亡くなったため、これらの作品は未完のままである。しかし、『銀河鉄道の夜』は自己犠牲の愛、弱者に対する献身行為、（日蓮宗でありながら）キリスト教的な救済思想など、**賢治**が求めたテーマが詰まっているため最大の代表作となっている。

1933（昭和８）年、体の不調と戦いながら、砕石工場での仕事を行っていた**賢治**だが急性肺炎となり、37歳で夭逝する。彼の作品には、農民らへの贖罪感や自己犠牲の精神があふれている。そしてその背景には法華経の思想がある。これらは架空の理想郷として作中に「イーハトーブ」も創り出した。彼は世界中の人々が幸福にならなくては、個人は幸福にならないと考え、人も動植物も、すべて命のあるものは宇宙に広がる永遠の命の中でつながっているという共生の思想をもっていたのである。

293 科学

野口英世（のぐちひでよ）

1876～1928年

左手の障害を乗り越え、伝染病の研究に生涯を捧げた医学者

明治時代から昭和時代初期にかけて活躍した医学者。現在の福島県猪苗代で生まれ、生まれた時は**清作**《せいさく》と命名された。1歳の時に囲炉裏に落ちて左手に大火傷を負い、その後遺症で実家の農作業ができなくなった**清作**は勉学に勤しんだ。

猪苗代高等小学校に通っていた1892（明治25）年、友人たちの寄付金のおかげで左手の手術を行った**清作**は医学の素晴らしさを知り、医師を目指すようになった。そのため手術から4年後に上京し、1897（明治30）年に20歳で医師免許を取得。しかし、開業資金がなく、左手を患者に見せたくないという思いから臨床医をあきらめ、研究者の道を目指す。やがて順天堂医院の助手を経て、北里柴三郎が所長を務める伝染病研究所に勤務する。この頃、坪内逍遥の『当世書生気質』の主人公である医学生・野々口精作と自分（**野口清作**）が似ていることに驚愕。特に、放蕩癖のあるところまで同じであったため、自分がモデルと思われることを懸念して「**英世**」と改名したのである。

1899（明治32）年から横浜港検疫所での勤務を開始し、同年に入港した船内でペスト患者を発見・診断する。こうした仕事ぶりが認められた**英世**は国際防疫班に選ばれ、清国に渡った。実はアメリカ留学の話もあったが、放蕩癖が高じて資金を使い切りチャンスをふいにしていた。1900（明治33）年に帰国した**英世**は、この年に婚約相手の持参金を使ってアメリカ留学を実現し、ペンシルベニア大学で蛇毒の研究をする。その後、デンマークの血清研究所にも留学している。

1904（明治37）年にニューヨークのロックフェラー研究所に入所した**英世**は、梅毒の研究に没頭し、梅毒のスピロヘータの研究に成功。この頃には**2度ノーベル賞候補に挙げられ、英世は海外で成功を収めた医師として日本国内で認められていた**。そして1918（大正7）年以降、黄熱病の研究のため南米を回り、黄熱病に効果のある野口ワクチンを生み出す。1927（昭和2）年、野口ワクチンがアフリカの黄熱病に効かないという連絡を受け、現地に赴いた**英世**自身が黄熱病にかかってしまい命を落とした。

子ども向けの伝記本で常連の**英世**だが、若い頃の放蕩癖など、決してすべてが完璧な聖人君子ではなかった。しかし、だからこそ人間味もある偉大な研究者としてその名を残す。

もっと深く知りたい人のための推薦図書

- **『遠き落日』**渡辺淳一／集英社

294 科学

北里柴三郎（きたさとしばぶろう）

1853〜1931年

近代日本医学の礎を築いた、細菌学の父

明治時代に活躍した医学者。肥後国阿蘇郡小国郷北里村（現在の熊本県阿蘇郡小国町）で庄屋の家に生まれ、1871（明治４）年に熊本医学校（現在の熊本大学医学部）に入学し、オランダ人医師マンスフェルトの指導を受けたことで医師を志すようになり、1874（明治７）年に東京医学校（現在の東京大学医学部）に進学。ここで医師の使命は病気の予防にあることを確信した**北里**は、予防医学を追究するため内務省衛生局に就職する。

1886（明治19）年から６年間、ドイツに留学し、病理微生物学研究の第一人者コッホに師事し研究に専念した**北里**は、1889（明治22）年に世界で初めて破傷風菌だけを取り出す純粋培養に成功。翌年にはその毒素に対する免疫抗体を発見し、**菌体を少量ずつ注射しながら血清中に抗体を生み出す血清療法を確立**する。この結果、世界的な研究者となった**北里**は翌年に血清療法をジフテリアに応用し、その成果を論文にまとめた共同研究者のベーリングが第１回ノーベル生理学・医学賞を受賞している（論文がベーリング単独の名義だったため）。

1892（明治25）年、欧米各国の研究所からのオファーを固辞して、日本の医療体制改善のために帰国。しかし、東大時代の恩師の脚気細菌説を批判したことでよい研究所が見つからず、福沢諭吉が支援を受けて私立伝染病研究所を設立し、伝染病と細菌学の研究に尽力する。1893（明治26）年、**日本初の結核専門病院を開設**。当時の難病であった結核の予防と治療に取り組む。さらに1894（明治27）年には香港で蔓延したペストの調査のため現地に赴き、ペスト菌を発見している。

1899（明治32）年、私立伝染病研究所が国立伝染病研究所となり、**北里**の研究はより順調なものになるが、1914（大正３）年に政府が国立伝染病研究所の所管を文部省に移し、**北里**と確執があった東大の下部組織にしてしまう。そのため**北里**は所長を辞任し、新たに私立北里研究所を設立し、予防医学の観点から細菌学や免疫学を研究した。

ここからは、ハブの血清療法を研究した北島多一や、赤痢菌を発見した志賀潔など、多彩な人材を輩出している。その後、慶應義塾大学医学科が誕生した際には、医学科学長に就任して研究所の北島や志賀などを教授にし、同大学の医学科の発展に尽くす。これは、かつて窮地を救ってくれた慶應義塾の創設者・福沢への恩返しでもあった。**北里**はこのほか、日本医師会の設立にも関わっている。

295　科学

南方熊楠（みなかたくまぐす）

1867〜1941年

在野に生きた博覧強記の巨人

明治時代から昭和時代初期にかけて活躍した**博物学者にして生物学者、民俗学者**。現在の和歌山県和歌山市で金物商を営む家に生まれた**熊楠**は、幼少期から知的好奇心が旺盛で並外れた記憶力をもち、８歳で全105巻もある百科事典『和漢三才図会』を同級生に借りてすべて筆写したという。ただし学校嫌いで山野を駆け回り、動植物の観察を続けることが多かった。1884（明治17）年、上京して大学予備門（後の東京大学）に入学。同級生には夏目漱石や正岡子規がいた。ここでも**熊楠**は授業より遺跡発掘や菌類の標本採集などに励み落第してしまう。そのため、1886（明治19）年に大学予備門を中退して渡米する。実は**熊楠**は語学の天才で、英語やフランス語、ドイツ語など18ヵ国語を自在に操ったという。アメリカではミシガン州農業大学に入学するが、ここでも読書と植物採集などに励み、最終的に中退してしまう。

1891（明治24）年、キューバに渡り、地衣新種ギアレクタ・クバーナを発見する。翌年にはイギリスに渡り大英博物館に出入りする。1892（明治25）年、科学雑誌『ネイチャー』に論文「東洋の星座」が掲載される（同誌にはその後も何度も寄稿）。考古学や人類学も独習した彼は、大英博物館で東洋図書目録編纂係の仕事を得ている。その後、ロンドン亡命中の孫文と出会い、以後交友関係をもつ。

1900（明治33）年に帰国した**熊楠**は、那智の大森林に感動して田辺を永住の地とする。そのため、1906（明治39）年に神社合祀令が公布され、小さな神社が大きな神社に統合され始めると、神社合祀反対運動に携わるようになる。小さな神社が潰されてしまえば、鎮守の森が伐採されて自然が失われるだけでなく、その神社が守ってきた民間信仰や伝統文化も消えてしまうからである。こうした**熊楠**の活動は、日本初の環境保護運動といわれている。また、1911（明治44）年から柳田國男との文通を始め、『十二支考』『南方随筆』などの民俗学の著作も残した。

1921（大正10）年、**熊楠**が発見した粘菌新属に「ミナカテルラ・ロンギフィラ」という学名がつけられ、以降も粘菌の採取や著書の執筆に専念。その結果、1929（昭和４）年には第124代昭和天皇に進講する栄誉にあずかっている。この時、キャラメルの空き箱に入れた粘菌標本を天皇に献上したエピソードは非常に有名である。

人としては異常な癇癪持ちで奇行も多かったが、彼の学問は博物学、民俗学、生物学など多様な分野にわたり、彼の研究は図として曼荼羅《まんだら》にもなぞらえられた。

296 科学

荻野吟子（おぎのぎんこ）

1851～1913年

婦人病に苦しむ女性のために、日本初の国家資格をもつ女医に

明治時代に活躍した女性医師。シーボルトの娘である楠本イネをはじめ、西洋医学を学んで医師として活動する女性は過去にも存在したが、明治新政府が医師として働くために義務づけた医術開業試験に合格し、**医師の国家資格を得た女性は吟子が初めてとなる。**

武蔵国の幡羅郡俵瀬村（現在の埼玉県熊谷市）の名主・荻野綾三郎と嘉与夫妻の五女として生まれ、当初は「**ぎん**」と名付けられた。

1868（慶応４）年、**ぎん**は埼玉郡上川上村（現在の埼玉県熊谷市）の名主の家に18歳で嫁ぐが、２年後に病気により実家での療養を余儀なくされ、最終的に協議離婚している。彼女が患った病気は夫からうつされた淋病で、その治療のために男性医師に下半身を診察される苦痛を味わい、**ぎん**は女性医師になることを決意したという。

そのため、1875（明治８）年に東京女子師範学校（現在のお茶の水女子大学）に入学し、この頃から「**吟子**」と署名するようになった。1879（明治12）年に師範学校を首席卒業すると、明治天皇の侍医を務めた高階経徳が運営する私立医学校である好寿院に特別に入学を許される。当然、周囲は男子学生ばかりだったため、**吟子**は彼らから嫌がらせを受けるが、ここでも好成績を残し無事に卒業する。

そして、1882（明治15）年に東京府に対して医術開業試験の願書を提出するが、女性の受験は前例がないことを理由に却下されてしまう。埼玉県でもやはり願書を受け付けてもらえなかった。そこで**吟子**は内務省に対して女性にも医術開業試験の受験資格を与えるよう請願書を提出するが、やはり却下されてしまった。

吟子はそれでもあきらめず、かつて好寿院に入学する際に知った、平安時代前期に編纂された律令の解説書『令義解』に女医に関する記載があったという前例を示して女性にも受験資格を与えるよう訴えた。さらに、**吟子**の志を応援する軍医監の石黒忠悳《ただのり》や横浜の実業家・高島嘉右衛門らの口添えもあり、1884（明治17）年に医術開業試験の受験を許され見事合格。翌年には湯島に**産婦人科医の医院を開業**したのである。離婚から15年の月日が経っていた。

当時は男性の女遊びは「男の甲斐性」として許容され、夫から性病をうつされて若き日の**吟子**と同じ苦しみを味わっている女性が多かった。そのため、新聞や雑誌で**吟子**のことが紹介されると、彼女の医院には多くの女性患者が訪れたのである。

297 科学

鈴木梅太郎（すずきうめたろう）

1874〜1943年

世界で初めてビタミンを発見した、農芸化学者

明治時代後期から大正時代にかけて活躍した農芸化学者。現在の静岡県牧之原市に生まれた**梅太郎**は幼い頃から勉強熱心で、1888（明治21）年に徒歩で上京して神田の日本英学館に入り、その後に農林学校予備校に入学。翌年、15歳で東京農林学校（帝国大学農科大学予科）に入学し、1893（明治26）年に予科を卒業後は帝国大学農科大学に進学した。1896（明治29）年に大学を首席で卒業した**梅太郎**は、さらに大学院に進み、研究者としての道を歩み始める。大学院では当初、桑の萎縮病の研究を行った。

1901（明治34）年に農学博士の学位を得た**梅太郎**は、同年にドイツのベルリン大学に留学し、エミール・フィッシャーのもとでタンパク質やアミノ酸の分析について学ぶ。帰国後は東京帝国大学教授となり、1910（明治43）年、米糠の有効成分が燐タングステン酸と結合して沈殿させて分離できること、そしてそれが新栄養素であることを発表する。**梅太郎**が**オリザニンと名付けた新栄養素は、現在でいうビタミンＢ１**である。この結果、当時の**日本で難病とされていた脚気の治療が進む**ことになる。しかし、**梅太郎**の論文は日本語で発表されたため注目されず、ドイツ語に翻訳された際も「新しい栄養素である」という１行が訳されなかったために、当時の欧米の医学界ではオリザニンの価値が評価されることはなかった。

翌1911（明治44）年、ポーランドの生化学者カシミール・フンクが米糠から有効成分を抽出。さらに翌年、ビタミンという名称で報告を提出。オリザニンと同質のものであるビタミンがフンクによって世界に認められた。なおビタミンの研究を完成させ、最終的にノーベル賞を受賞するのは1929（昭和４）年のオランダ人のエイクマンである。

その後も**梅太郎**は研究を続け、1915（大正４）年にはサルバルサン、サルチル酸の工業的製造に成功。1917（大正６）年には米を使わない合成酒の研究を始め、そのかたわらで理化学研究所の設立者の一人となる。なお、合成酒は1922（大正11）年に完成する。

晩年になっても**梅太郎**は研究を進め、国内外で高い評価を受け、ノーベル賞のような絶対的な名誉は得られなかったもののさまざまな賞を受賞した。特に国内では高い評価を受け、現代の重要サプリメントの一つビタミンの真の発見者として、**梅太郎**の名前は日本医学史に刻まれている。

298 思想

和辻哲郎（わつじてつろう）

1889〜1960年

日本ならではの倫理学や風土論を展開した哲学者

明治時代後期から昭和時代中期にかけて活躍した哲学者。現在の兵庫県姫路市で生まれ、1909（明治42）年、東京帝国大学哲学科に入学。**和辻**は在学中に第二次『新思潮』に参加して戯曲などを掲載するが、この時のメンバーだった谷崎潤一郎の才能に圧倒され、文学からは距離を置くようになる。

1912（明治45）年、大学卒業後に大学院へと進み哲学の勉強を続け、1913（大正2）年に『ニイチェ研究』を出版する。なお、この頃の夏目漱石は早稲田南町に住んでおり、そこは「漱石山房」と呼ばれて多くの文学者が木曜に集まる「木曜会」が開かれていた。このメンバーには、森田草平、鈴木三重吉、芥川龍之介といった小説家だけでなく、学者として寺田寅彦とともに、一高時代から漱石に敬慕の念を抱いていた**和辻**もいた。

1916（大正5）年に漱石が亡くなると、**和辻**は文学から完全に離れ、日本文化史に興味をもつようになり、奈良を旅行し古寺を巡る。そして、1919（大正8）年に代表作の一つである『古寺巡礼』を出版した。その後、ドイツ留学などを経て京都帝国大学教授や東京帝国大学教授を歴任する。なお、後者では倫理学を教えた。

和辻はドイツ留学時に影響を受けたハイデガーの『存在と時間』から、時間を空間に置き換え文化論を展開。『風土』を発表する。**和辻**は人々が住む風土から、その文化を三つに分類した。湿った季節風と豊かな自然の恵みに富み、受容的・忍従的な性格のモンスーン型の風土（日本を含む東アジアから南アジア）。乾燥した厳しい自然から、人々が強い対抗心をもつ砂漠型の風土（西アジアなど）。安定した気候と、人々の合理的な生活態度の牧場型の風土（ヨーロッパ）。この**風土が人間性に影響を与えるという思想**には、反グローバリズム的立場からの賛同がある一方、悪しき環境決定論であるという批判など、現代でも賛否両論ある。

また**和辻**が研究した倫理学は「人の間の倫理」ともいう。彼は『人間の学としての倫理学』において、個人に求める西洋の個人主義的倫理学を批判し、人と人との関係から人間のあり方を考察した。つまり、人を他者との間柄的存在としてとらえ、共同体を重んじる倫理学を主張したのである。ただし、個人をまったく無視したのではない。個人だけが突出すると利己的な個人主義に陥り、個人を否定しすぎると全体主義的な思想に陥ってしまう。そのため、個人と社会が相互に関わり合い、弁証法的に互いに高めていくことが理想だと考えたのである。

佐藤優の言葉

和辻は環境を重視する倫理学者として再注目されているが、1937（昭和12）年に文部省が作成した『国体の本義』に深く関与した。皇国史観の推進者だった面は軽視できない。

299　芸術　思想

柳宗悦（やなぎむねよし）

1889〜1961年

日用品に美を見出した民藝運動の父

大正時代から昭和時代中期に活躍した思想家で、民藝運動を牽引したことから「民藝運動の父」とも呼ばれる。東京麻布に生まれた**柳**は、学習院高等科在学中に、武者小路実篤、志賀直哉らと『白樺』の創刊に参加している。

1913（大正２）年に東京帝国大学哲学科を卒業した**柳**は、イギリスの詩人にして画家のウィリアム・ブレイクに傾倒し、翌年には研究書を上梓。さらに、アメリカの詩人ホイットマンの「直観」を重視する思想にも影響を受け、美の世界に関わるようになる。

最初の転機は、浅川伯教《のりたか》（後に朝鮮陶磁研究家となる）から贈られた朝鮮時代の壺だった。温かみのある乳白色の白磁釉と形状美をもつ白磁の壺に魅了された**柳**は、1916（大正５）年以降たびたび朝鮮半島に渡り、そこで優れた仏像や陶磁器と出会うことで民族に宿る固有の美を知る。**柳**は朝鮮半島を統治して日本化を進める日本政府の朝鮮支配自体を批判。1924（大正13）年には朝鮮民族美術館をソウルに設立し、朝鮮時代の王宮の遺構である光化門の取り壊しにも反対した。なお、**柳**の没後にこうした活動が韓国で評価され勲章を贈られている。

朝鮮民族美術館に陳列された作品のほとんどは、朝鮮時代の無名だが熟練した職人による日用雑器だった。誰もが気軽に手にとれるゆえに、その価値を評価する者がこれまでいなかった手仕事による日用雑器に備わった美しさ、いわゆる**「用の美」を見出した柳は、高名な芸術家の手による美術工藝とは相対する存在**として、1925（大正14）年にそれを**「民藝（民衆的工藝）」と名付けた**のである。

なお、1924（大正13）年に山梨県を旅した際に、江戸時代の遊行僧・木喰《もくじき》上人が残した木彫仏（木喰仏）との出会いが第二の転機となる。木喰仏に心を奪われた**柳**は、その調査のために全国各地を巡ることで、日本各地の風土に根ざした日用の品々に宿る美しさを目にすることになった。当時は機械化・効率化の波が押し寄せ、江戸時代に成熟した手仕事が軽んじられ始めていた状況に危機感を覚えた**柳**は、1931（昭和６）年に雑誌『工藝』を創刊。その３年後には民藝運動の活動母体となる日本民藝協会が発足され、1936（昭和11）年には東京駒場に日本民藝館が開設される。初代館長となった**柳**は朝鮮や日本のみならず欧米などの民藝品を精力的に紹介して民藝運動を牽引。さらに、民藝品に宿る美しさの源泉について「民藝美論」と呼ばれる独自の工芸理論にまとめたのである。

300 芸能

川上音二郎（かわかみおとじろう）

1864〜1911年

「オッペケペー節」で一世を風靡した興行師

明治時代に活躍した俳優にして興行師。彼の名前は「オッペケペー節」とともに日本の芸能史に刻み込まれているが、日本の演劇を海外に紹介し、逆にシェークスピア劇など外国の演劇作品を翻訳して日本で初めて上演するなど、国際文化交流と日本の演劇界においても多大な功績を残している。

福岡藩（現在の福岡県福岡市）で郷士の子として生まれるが、継母との仲が悪く、1878（明治11）年に家出をして上京。そこで福沢諭吉と会い、慶應義塾大学で学び、一時は警察官になるがすぐに辞め、自由民権運動の壮士となる。1883（明治16）年頃から「自由童子」と名乗り、反政府発言を繰り返ししばしば投獄された。

1891（明治24）年に「書生芝居(後の壮士芝居)」を旗揚げし、この頃から当時の政治や風俗を痛快に風刺したオッペケペー節が話題となり、人気を博した。1899（明治32）年にアメリカに渡り、『道成寺』などの日本の演劇を上演して人気を集める。1900（明治33）年にはロンドン・パリで公演し、翌年いったん帰国後に再び西欧公演を行い、1902（明治35）年に帰国した。帰国後はシェークスピア劇などの西欧劇を上演して人気を獲得し、1908（明治41）年に大阪に帝国座を開く。しかし、1911（明治44）年に急性腹膜炎により48歳の若さでこの世を去った。

川上が近代日本演劇界に残した足跡は大きなもので、まず挙げられるのが、書生劇や壮士劇と呼ばれた、それまでにはなかった**政府の圧政を批判する政治色の強い演劇ジャンルを確立**した点であろう。こうした劇の合間に語られたオッペケペー節は、政治権力の横暴に対する民衆的な抵抗の一つのスローガンにさえなった。壮士劇は後に新派劇となり、旧劇ともいわれる歌舞伎主流の日本演劇界に新たな息吹を吹き込んだ。このため**川上**は**「新派劇の父」**とも呼ばれている。

川上は演劇を愛し、演劇活動こそが彼の人生であった。それを証明するように、急性腹膜炎によって**川上**が昏睡状態に陥ると、彼の妻である貞奴《さだやっこ》は夫の死に場所として帝国座を選び、そこに運ばれて舞台の上で息を引き取っている。政府の弾圧に対してもまったくひるまずに、オッペケペー節と壮士劇で対抗した**川上音二郎**は、まさに自由と演劇を愛した人だったのである。

もっと深く知りたい人のための推薦図書

・『**オッペケペー節と明治**』永嶺重敏／文藝春秋
・『**川上音二郎と貞奴　明治の演劇はじまる**』井上理恵／社会評論社

301 教育 科学

クラーク

1826～1886年

北海道大学の礎を築いた農学者

明治時代にお雇い外国人として来日した農学者。フルネームを**ウィリアム・スミス・クラーク**といい、マサチューセッツ州アッシューフィールドで医師の息子として生まれ、幼少年期は神学校で学んだ。大学に進んだ彼は、化学および動物学をアメリカとドイツで学んだ。研究者となった**クラーク**は農学の研究に力を入れ、後にマサチューセッツ農業大学の第３代学長に就任している。

クラークがアマースト大学で教鞭をとっていた時に在籍していた日本人留学生の一人が、彼の講義を熱心に受講していた新島襄であった。**クラーク**が活躍した時代、日本は明治のはじめであり、あらゆる点で国家を近代化するために官民挙げての大改革運動が展開されていた。その中には産業生産の拡大という問題があり、それは殖産興業というスローガンに象徴されるように工業化を急ピッチで行うという側面が強かった一方で、国家の発展の基盤となる食糧供給の安定化も重要な問題であった。そのためには農業生産の拡大は欠くことのできない課題であった。

札幌農学校（現北海道大学）が設立されたのも、農業技術を進展させるためには高等教育機関が必要であったからである。そこで、この学校の教育システムを確立させるべく招聘されたのが、新島襄の推薦を受けた**クラーク**だった。**クラーク**の札幌滞在はわずか９カ月であったが、彼の尽力によって札幌農学校の教育基盤が整ったのである。

こうした**クラーク**の教育者としての真摯な態度は学生や大学の教職員スタッフから強く支持されただけでなく、大きな敬意を受けた。彼の残した名言として、**「少年よ大志を抱け（Boys, be ambitious）」**という言葉があるが、この言葉は日本の農業教育に情熱を抱き、この国の農業の近代化に多大な貢献をした**クラーク**が学生たちに述べたものであったからこそ、日本の近代史に残る名言となったのである。そのため、北海道大学のキャンパスには遥かかなたの到達点を示す**クラーク**の銅像が建立されている。

しかし、アメリカに帰国した**クラーク**の後半生は不幸なものであった。新たな教育機関設立のために奔走するが資金が集まらず、心臓病も患い、親族との訴訟事件も起き、**クラーク**は悲しい晩年を送り、寝たきりになり、マサチューセッツ州のアマーストで静かに息を引き取った。しかし、彼の存在はこれからも日本の人々の間で、日本の近代化を支えた外国人として語り継がれていくのである。

302 教育 科学

モース

1838〜1925年

大森貝塚を発見したアメリカの動物学者

明治時代にお雇い外国人として来日した動物学者で、フルネームは**エドワード・シルヴェスター・モース**という。アメリカのメイン州ポートランドで生まれるが、幼少年期は問題児であり、四つの小学校を退学させられた経歴がある。しかし、彼は動物や植物といった自然研究に興味をもち、研究者の道を進むようになる。1871年には大学を卒業していないにもかかわらずボウディン大学教授に就任し、翌年にはアメリカ科学振興協会の幹事にもなった。

モースはダーウィンの進化論の影響を強く受け、特に腕足動物の研究を行ったが、腕足動物の種類が多い日本をフィールドワークの地として選んだ。この研究の一大成果となったものが大森貝塚の発掘調査であった。

大森貝塚の発見、調査の意味は大きい。なぜなら、それは日本で初めての科学的大規模発掘調査であったからだ。また、この発掘に伴い縄文時代の研究の第一歩が開始されたからである。このように**大森貝塚の調査は日本古代史研究にとって画期的な発掘**であったがゆえに、大森駅のホームにある碑には「日本考古学発祥の地」と記されているが、この重要な発掘のきっかけを作ったものが横浜から新橋に向かう車窓から見た**モース**による大森貝塚の発見であったのだ。**モース**はこの発見の後、発掘を指揮し、日本古代史解明のために役立つ多くの貴重な出土品を見つけたのである。

だが、**モース**の功績はこれだけにはとどまらない。日本の産業や学問の発展を助けるために明治政府によって数多くのお雇い外国人が採用されたが、初期のお雇い外国人の知的レベルはかなり低く、日本で最初の高等教育機関である東京大学においても教授陣は貧弱なものだった。そこで**モース**は、教授陣のレベルを引き上げるために奔走し、フェノロサやメンデンホールをはじめとする**数多くの優秀な教授を日本に招く**。こうした教育という側面での**モース**の近代日本に対する貢献は非常に大きい。なお、**モース**はダーウィンの進化論を日本に初めて体系的に紹介した学者でもある。

モースは日本に対するさまざまな貢献によって、晩年に勲二等瑞宝章を受章している。87歳まで健康は衰えなかったが、マサチューセッツ州セイラムで、脳溢血によって倒れ、他界した。日本の近代化をリードしたお雇い外国人は少なからず存在するが、**モース**はその中でも特筆すべき人物といえるだろう。

もっと深く知りたい人のための推薦図書

・**『明治のこころ　モースが見た庶民のくらし』**小林淳一、小山周子・編著／青幻舎

303 教育 科学

コンドル

1852〜1920年

イギリス出身の近代日本建築学構築の父

明治時代にお雇い外国人として来日した建築家。フルネームは**ジョサイア・コンドル**（**コンドル**はオランダ語風の読みで、英語読みでは**コンダー**）といい、工部大学校（現在の東京大学工学部）の建築学科の教授として多くの日本人建築家を育てただけでなく、日本国内にある数多くの近代的建築物を設計したことで知られている。

イギリスのケニントンで銀行家の息子として生まれ、サウスケンジントン美術学校とロンドン大学で建築学を学んだ。1873年から1875年にかけてウィリアム・バージェスの建築事務所で働き、1876年に英国王立建築協会主催のソーン賞受賞が明治政府の目に留まり、５年契約で工部大学建築学教授となった。

コンドルは工部大学で辰野金吾《たつのきんご》、片山東熊《かたやまとうくま》、曽禰達蔵《そねたつぞう》、渡邊譲《わたなべゆずる》、久留政道《くるまさみち》といった教え子たちを育て、彼らが建築学会の重鎮として日本の近代建築界の基盤を作ったことを考えると、**コンドル**の存在なくして日本の近代建築学を語ることはできない。

工部学校を退任後も**コンドル**は日本にとどまり、民間の建築家として活躍。**三菱一号館、鹿鳴館、旧東京帝室博物館、ドイツ公使館、旧海軍省本館などを手掛けた**。その多くは関東大震災や戦災などで失われてしまったが、現在も残っているニコライ堂や岩崎久弥茅町本邸は国の重要文化財に指定されている。**コンドル**の設計した建物は師であるバージェスのゴシック・リヴァイヴァル建築様式の影響を受けつつも、柔らかさと温かみのある外観が特徴であった。

また**コンドル**は日本文化を愛し、日本文化に造詣が深かった。彼は日本画家の河鍋暁斎に弟子入りし、**暁英**《ぎょうえい》という画号も与えられ、華道も習い、英語で初めて書かれたといわれている生け花の本も執筆している。妻のくめは花柳流の日本舞踊家であったため**コンドル**は日本舞踊にも詳しく、落語の知識も豊富であった。数々の功績によって日本政府は1894（明治27）年に、彼に勲三等瑞宝章を贈っている。

日本文化に傾倒し、それを深く研究し、さらには日本各地に残る歴史的近代建築物を設計した**コンドル**であったが、1920（大正９）年に脳軟化症によって東京の麻布にあった自宅で永眠した。67歳であった。日本を愛した建築家は現在、妻とともに東京都文京区にある護国寺の墓で静かに眠っている。

もっと深く知りたい人のための推薦図書

・**『ジョサイア・コンドル』**建築画報社・編著　藤森照信、原徳三、鈴木博之・監修／建築画報社

304 思想 芸術 教育

フェノロサ

1853〜1908年

日本美術を評価し、日本人に誇りを取り戻させたアメリカ人

明治時代にお雇い外国人として来日した哲学者にして東洋美術史研究家。フルネームは**アーネスト・フランシスコ・フェノロサ**という。アメリカのマサチューセッツ州で生まれ、高校卒業後はハーバード大学で哲学などを学ぶ。大森貝塚を発見した動物学者モースの紹介で1878（明治11）年に来日し、東京大学で哲学や政治学、経済学などを教え、岡倉天心、嘉納治五郎、井上哲次郎、坪内逍遥などが彼の講義を受けた。**フェノロサ**の専門は美術ではなかったが、日本美術に触れるに従いその審美眼を発揮していく。

岡倉天心とともに古寺の芸術品を鑑賞し、例えば法隆寺の救世観音菩薩立像をギリシャ彫刻に匹敵するなどと絶賛。彼が日本芸術の伝統を絶やしてはいけないと言い、新しい発展の必要性を主張したことは、橋本雅邦《がほう》や狩野芳崖《ほうがい》など多くの日本画家を勇気づけた。特に芳崖は**フェノロサ**の指導のもと『悲母観音像』という傑作を残している。

フェノロサは日本画の優秀さを説いて回った。そして文化財保護にも関わり、芸術教育にも尽力し、天心とともに東京美術学校の設立を行ったのである。

西洋列強に追いつき日本の近代化を推し進めるために、明治新政府は西洋文化を積極的に取り入れたが、その影響は美術の世界にも及んだ。1861（万延2）年に来日したイギリスの報道画家ワーグマンに油絵を学んだ高橋由一は、日本の近代絵画の幕開けを告げる『花魁』『鮭』などの名画を描き、画塾を開いて油絵を日本に広めた。さらに1876（明治9）年、工部美術学校が誕生。イタリア画家フォンタネージに代表される優れた人材が教育者として招かれ、浅井忠《ちゅう》や山本芳翠などが学んだことで本格的な西洋絵画が推進された。しかし、この学校は6年で閉校となる。1882（明治15）年頃に**フェノロサ**が日本文化の優位性を強調したことで、西洋一辺倒ではなく、日本のよさを宣伝するほうが日本のためになると判断し、明治政府が政策を方針転換したからであった（一時停滞した洋画は、後に独力で立ち直り発展している）。

フェノロサは1890（明治23）年に帰国し、ボストン美術館東洋部長として日本美術を紹介。仏教に改宗し、遺言で日本の寺に葬られるなど日本愛にあふれた人生を送った。国宝級の美術品をボストン美術館に流出させた点は批判されているが、**フェノロサ**の存在なくして日本美術の評価も保護もなく、新たな創造者も多くは生まれなかったことを考えると、明治期の日本美術の恩人であることは間違いない。

305　教育

岡倉天心（おかくらてんしん）

1863～1913年

フェノロサを引き継いだ、日本画の革新者にして教育者

明治時代後期から大正時代にかけて活躍した教育者。福井藩の下級藩士の家に生まれ、本名は**岡倉覚**三《かくぞう》という。父が藩命により横浜で貿易商になったため、**天心**は横浜で生まれ育ち、宣教師が開いた英語塾で英語を身につけた。東京開成所に入所した**天心**が同校の講師となったフェノロサの助手となったのもその語学力を買われてのことである。

フェノロサは高い審美眼をもち、彼の日本美術の再評価に影響を受けた**天心**は、1882（明治15）年に専修学校の教官となり、教育者としての実績を高めていく。

1889（明治22）年、**東京美術学校（現在の東京藝術大学）が開校し、設立に尽力した天心が初代校長に就任**する。当初は日本画など日本の伝統的な芸術を学ぶ教室しかなかった同校には、横山大観、菱田春草、下村観山など後の美の巨匠たちが入学している。

同年、フェノロサらの日本美術再評価のあおりを受け、不遇の時代を過ごしていた洋画家たちが明治美術会を設立。ここには原田直次郎らがいたうえ、留学先のパリから黒田清輝が帰国したことで、フランスの印象派の影響を受けた、自然の光の下で明るく開放的に人物や風景を描こうという思想が根付いた。外光派と呼ばれた彼らの努力が実を結び、1896（明治29）年に東京美術学校に西洋画科・図案科が新設されたのである。

しかし、1898（明治31）年、強権的な学校運営に対する批判を受け、**天心**は校長を辞任する。これに殉じて、橋本雅邦、大観、春草、観山ら多数の教官が退任し、現在も続く日本美術院を発足させた。またアメリカの美術研究家ビゲローと交流をもっていた**天心**は、ボストン美術館の日本美術部の部長に迎えられている。

日清・日露の戦争に勝利し、日本が列強の仲間入りを果たしたことで、政府は文化の発展を目指すようになり、1907（明治40）年、文部省美術展覧会（文展）が誕生。日本美術界の重鎮として、**天心**も1912（明治45）年に文展の審査委員に就任している。

しかし、芸術大国であるフランスで国主導のサロンに反対する印象派の画家がいたように、国家が美を支配することはできず、大正時代に入ると文展に反発する画家も登場するようになり、日本画、洋画を問わず体制と反体制のはざまで多くの芸術家が生まれた。ある者は**天心**が定めた道をたどり、ある者は反発することになるが、**天心**が土壌を整えた大正以降に、日本美術はより大きな花を咲かせることとなる。

もっと深く知りたい人のための推薦図書

- **『茶の本 日本の目覚め 東洋の理想　岡倉天心コレクション』**岡倉天心・著　櫻庭信之、斎藤美洲、富原芳彰、岡倉古志郎・翻訳／筑摩書房

306 文学

黒岩涙香（くろいわるいこう）

1862〜1920年

翻案小説を書きながら、大衆に社会正義を伝えたジャーナリスト

明治時代に活躍した翻訳家兼小説家で、ジャーナリストでもあった人物。「**涙香**」は筆名で本名は**黒岩周六**《しゅうろく》という。土佐藩（現在の高知県）の郷士の家に生まれる。1879（明治12）年に大阪の中之島専門学校で英語を勉強し、翌年に上京して慶應義塾大学などで学ぶが中退。当時盛んであった自由民権運動に携わり、エネルギッシュな活動であったため、1882（明治15）年には官吏侮辱罪で有罪の判決を受けている。

その後、いくつかの新聞社に記者として入社。1885（明治18）年頃からは**海外の小説からその内容やあらすじはそのままに、風俗や地名、人名を自国に合わせて翻訳した『翻案小説』を手掛け始め**、『今日新聞』（後の『都新聞』）に連載した『法廷の美人』がヒットしたことで、その後、『月世界旅行』『鉄仮面』『白髪鬼』『幽霊塔』、そして**『巌窟王』（『モンテ・クリスト伯』）、『あゝ無情』（『レ・ミゼラブル』）などを発表**。**黒岩**はこれらの作品を逐語訳せず、原書を読み、筋を理解したうえで一から創作した。

一方で、1889（明治22）年には『無惨』という創作小説も発表している。これは探偵が殺人事件を推理するもので、日本初の探偵小説（推理小説）と呼ばれた。そして同年、**黒岩**は新社長と対立して『都新聞』を退社。1892（明治25）年に朝報社を設立し、大衆新聞『萬朝報』を創刊した。これはタブロイド判の日刊紙で、スキャンダルや社会悪の追及を中心とした。同紙は部数を大きく伸ばし、一躍東京発行紙のトップに躍り出た。現代の政治記者が記者クラブをもとに、政治家におもねった原稿を書くのとは違い、**黒岩**は取材対象にしつこく食らいつき、「まむしの**周六**」と呼ばれた。彼は大衆のための新聞の発行を続けた。彼は当時の著名人の愛人リストを公開するなど、報道の自由のため過激に戦った。その一方で新聞のもつ道徳も考えていた。

彼のもとには幸徳秋水、内村鑑三、堺利彦らが集まり、1901（明治34）年、「理想団」を設立。社会の改良を論じ人気を得た。しかし1903（明治36）年、日露戦争に非戦論を唱えていた『萬朝報』が、社の利益のため開戦論に変遷したことで、この優れた3人の論客は退社している。その後も**黒岩**は婦人雑誌を創刊したり、晩年には彼の思想を著す評論『天人論』などの著作を精力的に執筆したりしている。

黒岩は日本の大衆に新たな文化を紹介した清濁併せ呑む偉人だったといえるだろう。

もっと深く知りたい人のための推薦図書

・**『黒岩涙香　断じて利の為には非ざるなり』**奥武則／ミネルヴァ書房

307　政治

原敬（はらたかし）

1856～1921年

鉄道敷設による「我田引鉄」で立憲政友会の基盤を拡大

明治時代から大正時代にかけて活躍した外交官にして政治家。平民出身で、貴族制度であった華族の爵位を受け取らなかったため**「平民宰相」と呼ばれて親しまれた**。ただし、生家は陸奥国の盛岡藩（現在の岩手県中部から青森県東部）で家老職を務める家柄で、藩が戊辰戦争で新政府軍に敵対したため、原家は土地や屋敷を失い、菓子商売などで生計を立てた。

1871（明治４）年に上京して英学校の「共慣義塾」に入学するが、翌年に生家が盗難に遭い学費に困ったことで無料のカトリック神学校に転入。生家はすでに士族ではなく、1875（明治８）年、**原**は戸主として「平民籍」に編入され、翌年に司法省法学校に合格。ところが、寄宿舎の待遇改善を求めたことで退校処分を受け、郵便報知新聞社の記者となった。

1881（明治14）年、「明治十四年の政変」により政府中枢から追放された大隈重信派に会社が買収され犬養毅や尾崎行雄が乗り込んでくると、反発した**原**は退社して外務省に入省。1883（明治16）年、清とフランス間の関係が緊迫した際にはフランス語の能力を買われ天津領事となる。1885（明治18）年に在仏公使館書記官を経て帰国後は農商務省に移り、陸奥宗光や井上馨らの信頼を得る。陸奥の死後に退官し、1898（明治31）年には大阪毎日新聞の社長に就任している。

1900（明治33）年、伊藤博文に説得され、立憲政友会の創立に参画して政界に進出。翌年に桂太郎首相が誕生すると、党務を担った**原**は組閣の方針を巡る政友会分裂の危機を防いだ。地方政策では鉄道敷設などの利益誘導と引き換えに党勢を拡大。融和と対決を使い分けた**原**の積極主義は、政党政治と利益誘導型の行政の構造を作り上げた。

1906（明治39）年、第一次西園寺内閣の内務大臣に就任、1911（明治44）年には内務大臣と鉄道院総裁を兼任。その後、1918（大正７）年に第19代内閣総理大臣に任命されるのである。第一次大隈内閣に続き、議会で多数を占めた政党によって成立する、本格的な政党内閣であった。**原**は四大政綱（国防、産業、交通、教育）を掲げ、選挙資格などの選挙制度の改正、高等教育機関の増設、港湾の整備、海軍の充実化、そして**国勢調査を創始**した。しかし急激な変化は反発も生み、批判的な青年の凶刃に落命した。

佐藤優の言葉

平民宰相によって与党政友会の汚職が激しくなり、思い詰めた右翼青年に暗殺されてしまう。政党政治が汚職を生むが、きれいな政治は独裁制に傾く。政治はバランスが難しい。

308 政治

浜口雄幸（はまぐちおさち）

1870〜1931年

軍部と対立しても協調外交を進めた先見性ある首相

大正時代から昭和時代初期にかけて活躍した政治家。頑固な性格と、目力の鋭さ、獅子鼻といった風貌から「ライオン宰相」と呼ばれ、国民から人気を得る。現在の高知県高知市で林業を営む水口家の末子として生まれている。両親は仕事で家を空けることが多く、兄たちも学校で留守がちだったため、幼少期の**浜口**は、家で本を読んで過ごす、おとなしい子どもに育ったという。

1889（明治22）年に旧制高知中学（現高知県立高知追手前高等学校）を卒業後、資産家の長女との縁談があり、浜口家の養嗣子となる。1895（明治28）年に帝国大学法科政治学科（現在の東京大学）を卒業して大蔵省に入省。酒も煙草も嗜まず、正しいと思ったことには上司であっても一歩も引かない性格のため煙たがられ、入省後1年で山形県や島根県に左遷され、各地を転々とすることになる。

ある日、**浜口**の真面目な仕事ぶりを聞きつけた初代満鉄の総裁・後藤新平が、彼のもとを訪れて満鉄理事の就任を打診する。後藤は10倍以上の給与を約束するが、当時任されていた塩田整理の仕事を放り出せないと**浜口**は誘いを断った。後藤は**浜口**の人格に惚れ込み、1911（明治44）年、**浜口**の仕事に区切りがついたあとに再度ともに働くことを打診。この結果、**浜口**は第三次桂太郎内閣で逓信次官を務めることになる。

1915（大正４）年に立憲同志会（後に憲政会に改組）に入党し、大蔵大臣や内務大臣などを務める。そして若槻内閣が急遽総辞職した1929（昭和４）年、立憲民政党が結成されると初代総裁に就任し、内閣総理大臣を拝命する。

浜口内閣は中国に対しては融和外交を展開して緊張を和らげ、世界中で起きている大恐慌への経済立て直し策として、金解禁や産業の合理化を実施。またロンドン海軍軍縮会議では、列強と協調する形で軍事費削減を達成する。しかし、金解禁に踏み切ったため日本は昭和恐慌に陥り、軍事費縮小は天皇のもつ「統帥権」干犯と批判を受けた。**浜口**は日本の国際的な立場や国力を把握しており、列強と戦争をしても勝ち目がないと知っており、**協調外交に舵を切って軍部の暴走を押さえ込んだ**のだ。

しかし、そうした**浜口**の考えは理解されず、右翼団体の活動家に銃撃された傷が原因で総理大臣を辞任し、62歳で死去している。

もっと深く知りたい人のための推薦図書

・**『随感録』**浜口雄幸／講談社

309　政治

犬養毅(いぬかいつよし)

1855〜1932年

五・一五事件で凶弾に倒れた悲劇の宰相

大正時代から昭和時代にかけて活躍した政治家。備中松山藩の支藩である庭瀬藩（現在の岡山県岡山市北区）の大庄屋と郡奉行を務める郷士の子に生まれ、1876（明治9）年に上京すると慶應義塾大学で学び、翌年には後の報知新聞の記者として西南戦争を報道した。1882（明治15）年に大隈重信の設立した立憲革新党に入党。1890（明治23）年に第一回衆議院選挙に当選。以後42年間議員を務めた。政党の離合集散によって、1895（明治28）年に進歩党、1898（明治31）年に憲政党、憲政本党、1910（明治43）年に立憲国民党などに所属した。

1929（昭和4）年に政友会総裁になると、1931（昭和6）年には内閣総理大臣に就任。藩閥政治に反対し、憲法擁護、普通選挙制の実施といった民主化の実現を目指した**犬養**は**大正デモクラシーを推し進めた**存在で、尾崎行雄とともに「憲政の神様」と呼ばれた。その一方で、**犬養**は浜口雄幸内閣が推し進めたロンドン軍縮会議を強く批判し、日本の軍国主義化への道を開く要因となったことから、近年は批判的な意見も存在している。

しかし、一部の海軍将校はロンドン軍縮会議を締結した内閣そのものに不満をもっていた。そのため、海軍の青年将校たちが1932（昭和7）年5月15日に首相官邸を襲撃し、内閣のトップである**犬養**を暗殺するという五・一五事件が起きてしまう。

犬養が暗殺者たちに向かって「話を聞こう」と述べたのに対して、彼らが「問答無用」と語ったことは歴史的に大きな意味がある。それは民主主義の基本である話し合いが拒否され、軍国主義が幕を開けたことを端的に示す出来事であったからだ。政党政治の最後の巨頭である**犬養**の死によって、日本のデモクラシーは大きく後退し、軍国主義国家への道を突き進んでいくこととなる。

なお、「君側の奸」として襲撃対象だった内大臣の牧野伸顕（大久保利通の息子で吉田茂の舅）は、不思議なことにこの事件で難を逃れている。**犬養**は孫文ら中国の革命派の亡命を援助し、横浜にあった中国人居留民子弟の教育機関大同学校の校長にも就任するなどアジア主義者としても有名で、日本の中国進出には消極的だった。このため、五・一五事件は一部の青年将校たちの暴走ではなく、中国進出の障害となる**犬養**を消すための軍部の陰謀という説も唱えられている。

佐藤優の言葉

議会政治を徹底的に擁護する民主主義的信念をもった政治家だった。五・一五事件で犬養が暗殺されなければ、日本の民主主義はもっと長もちしたかもしれない。

310 政治

高橋是清（たかはしこれきよ）

1854～1936年

財務能力で国を支えたが、暗殺された政治家

明治時代後期から昭和時代初期にかけて活躍した政治家。ふっくらした体形に愛嬌のある顔立ち、さらにきれいに禿げ上がった頭から「ダルマさん」という愛称で親しまれたが、優れた財務能力で数々の経済問題を解決し、日本の財政を支えた人物として知られる。幕府御用絵師の子として生まれ、誕生時の姓は川村であったが、仙台藩の足軽の養子となり高橋姓となる。その後、ヘボン塾（現在の明治学院大学）に通い、1867（慶応３）年に海外留学を果たすが、騙されて奴隷にされるという経験もしている。

文部省や農務省での勤務を経て、1892（明治25）年に日本銀行に入行し、日露戦争では戦費調達に奔走して日本の勝利に貢献。1905（明治38）年に貴族院議員となり、1911（明治44）年には日銀総裁に就任している。1913（大正２）年、山本権兵衛内閣の大蔵大臣となった**高橋**は政友会に入党する。そして原敬内閣でも大蔵大臣を務め、原が1921（大正10）年に暗殺されると政友会総裁となり内閣総理大臣に就任している。

ただし、政治家としては財務能力が活かせる大蔵大臣の時に活躍しており、1927（昭和２）年に金融恐慌が起きた際は、支払い猶予措置（モラトリアム）の実施などの恐慌鎮静化政策を行い、何とか恐慌を乗り切っている。その実績が買われ、1929（昭和４）年９月にアメリカで始まった世界恐慌の波を乗り切るために、1931（昭和６）年に組閣した犬養毅首相から大蔵大臣就任を要請されている。この時、**高橋**が金輸出再禁止や軍事費の増額（生活のために入隊を希望する者が多かった）、さらに**公共事業による雇用を創出したことで、日本経済はいち早くデフレからの脱却に成功している**。

1932（昭和７）年、五・一五事件で犬養が暗殺されて斎藤実《まこと》内閣が組閣されると、**高橋**は大蔵大臣を続投。1934（昭和９）年に組閣された岡田啓介内閣でも６度目となる大蔵大臣を務めている。そして、世界恐慌時の景気回復策の影響でインフレが起きることを予測した**高橋**は、軍事費の大幅削減による経済立て直しを試みる。しかし、その深謀遠慮を理解できない軍部は**高橋**を恨み、1936（昭和11）年２月26日に陸軍青年将校が起こしたクーデター「二・二六事件」で**高橋**は凶弾に倒れてしまう。彼の死は当時の日本の政治・経済にとって大きな痛手だったが、軍国主義を突き進む日本はその意味を理解できず、やがて破滅の道をたどることとなるのである。

もっと深く知りたい人のための推薦図書

・『**随想録**』高橋是清・著　上塚司・編／中央公論新社

311　思想

幸徳秋水（こうとくしゅうすい）

1871〜1911年

でっちあげの大逆事件で命を落とした、明治の社会主義者

明治時代に活躍した社会主義者で、本名は**幸徳傳次郎《でんじろう》**という。現在の高知県四万十市で酒造業などを行う町の有力者だった幸徳家の子として生まれ、11歳で中村中学に入学するものの台風で校舎が全壊したこともあり退学。1887（明治20）年に上京すると、翌年には中江兆民の自由民権運動に影響を受け、兆民の家に住み込み門弟となる。その後、新聞記者として新聞社を転々とした後、1892（明治25）年、黒岩涙香が創刊した『萬朝報』の記者となる。権力者のゴシップの暴露記事を掲載し発行部数もトップだった同紙で、**秋水**は義和団の乱の際に日本軍が横領したという疑惑を追及している。

1901（明治34）年、**秋水**は**日本初の社会主義政党である社会民主党を結成**。だが政府は即日に解散を命じた。それでも**秋水**は同年『廿世紀之怪物帝国主義（帝国主義）』を刊行し、外国への侵略を企てる帝国主義を「いわゆる愛国心を縦《たていと》とし、いわゆる軍国主義を緯《よこいと》とする」と厳しく批判。これは当時としては世界的にも画期的な批評で、現在でも高い評価を受ける。また同年、田中正造が足尾銅山鉱毒事件について、明治天皇に直訴した直訴状は、**秋水**が原文を書き、正造が手を加えたものといわれる。

しかし、1903（明治36）年に会社が日露戦争開戦論に転換すると、**秋水**は内村鑑三、堺利彦らとともに萬朝報社を退社。同年、**秋水**は堺とともに平民社を設立して週刊の『平民新聞』を発刊し、日露戦争に反対して行動的な社会主義者の立場を取った。さらに著書『社会主義神髄』で、近代社会の貧困や罪悪の原因は資本主義だとして社会主義を唱えた。1904(明治37)年には堺と『共産党宣言』を翻訳発表するが即日で発禁処分とされる。その後、渡米した**秋水**は無政府主義の影響を受け、1906（明治39）年に結党が認められた日本社会党に入党するが、合法主義を掲げる党に対し、実力行使を主張したためすぐに離党。社会革命党を結成した**秋水**の活動はさらに先鋭化してゆく。

1910（明治43）年、天皇暗殺を企てた罪で政府は**秋水**ら12人の社会主義者や無政府主義者たちを逮捕し、全員が処刑される大逆事件（幸徳事件）が起きる。この事件は政府が反政府的な活動家を弾圧するために、**秋水**を首謀者に仕立て上げた国家による冤罪とされており、近年はその問題点を指摘するとともに、**秋水**ら大逆事件の犠牲者の名誉を回復しようとする運動が行われている。

もっと深く知りたい人のための推薦図書

- 『**大逆事件　死と生の群像**』田中伸尚／岩波書店

312 宗教

出口王仁三郎（でぐちおにさぶろう）

1871～1948年

メディアを利用した昭和初期のカリスマ教祖

明治時代に誕生した**新宗教「大本《おおもと》（いわゆる大本教）」の二大教祖の一人**。京都府南桑田郡穴太村（現在の亀岡市）の農家に生まれ、幼少期は登校できないほどの虚弱体質で、自宅で祖母から勉学を教わったという。祖母・上田宇能は、『日本言霊学』で有名だった江戸時代の国学者・中村孝道の妹で、伝承や言霊学をはじめとする知識をもっていた。

王仁三郎は、近所では「八つ耳」（直感力や理解力に優れた人）や「神童」と呼ばれ、13歳の教師と喧嘩になり小学校を退学するが、校長に見込まれてその教師の代用教員として採用された。２年後、正式な小学校教員が赴任してきたために辞職し、農業をはじめとするさまざまな職種を体験していく。ただし、**王仁三郎**の前半生は、自伝や大本の伝記以外の記録がなく、宗教的な聖人伝説的逸話も多い。その後、豪農家に奉公するが、小作人との格差を目の当たりにし、23歳の頃から牧場で働きながら獣医を目指すが不合格。なお、京都府巡査試験に合格するも、自ら拒否したとされる。

1898（明治31）年、喧嘩で負傷したのを機に、近郊の霊山高熊山に籠って修行。霊力を使った病気の治療を始め、静岡県清水の稲荷講社で霊学と行法を学び、村に皇道霊学会を作った。1900（明治33）年、大本の創始者である教祖・出口なおの五女すみと結婚。当初はなおや教団幹部と衝突したが、1908（明治41）年、衰えていた大本の教勢を再建するために大日本修斎会をつくり、第一次世界大戦中から戦後にかけ、大正日日新聞を買収して言論活動に進出するなど、全国的に教勢を伸ばしている。

1921（大正10）年、**王仁三郎**は不敬罪・新聞紙法違反で検挙される。これは「第一次大本事件」と呼ばれ、陸海軍や上流階級まで影響力をもつようになった教団が、強制捜査されたものだ。入獄から126日後に釈放されるが、81歳で死去した義母であり教祖であるなおの、皇族の墳墓に似せた墓は破壊が命じられている。

その後、保釈中に大陸に渡って海外進出を試みるが、仲たがいした張作霖《ちょうさくりん》に命を狙われ、日本領事館の介入で解放。帰国後は治安を乱す恐れがあるとして３年間の在留禁止処分が下っている。1934（昭和９）年頃、恐慌からファシズム台頭の時期に、**王仁三郎**は農村の救済と政治革新を主張して皇族内閣の創設を天皇に直接請願しようとしたため、治安維持法違反と不敬罪で逮捕される。不敬罪については大審院まで持ち込まれたが、敗戦による大赦令で無効となった。戦後は教団経営や地方巡教、返還された綾部・亀岡の教団施設の再建に尽力するが、脳出血で倒れ76歳で死去している。

佐藤優の言葉

王仁三郎の優れた組織力によって、大本は巨大教団に成長できた。国家から二度も大弾圧を受けたが、戦後、国に賠償を要求しなかった。

313 宗教 教育

牧口常三郎（まきぐちつねさぶろう）

1871〜1944年

現代も新宗教で大きな勢力をもつ創価学会の開祖

明治時代後期から昭和時代前期にかけて活動した教育者にして宗教家で、法華経系の在家仏教の**宗教法人「創価教育学会」（現在の創価学会）を創立したことで知られる**。

柏崎県刈羽郡荒浜村（現在の新潟県柏崎市）で生まれ、６歳の時に親戚の牧口家の養子となっている。尋常小学校を卒業後は、単身、北海道へと渡って小樽警察署の給仕をしながら苦学を重ね、北海道尋常師範学校（現在の北海道教育大学）に編入した。

1893（明治26）年、出生名の**長七**《ちょうしち》から「**常三郎**」に改名。母校の付属小学校の教師となり、1895（明治28）年には牧口家の次女と結婚。この時期は、経済的にとても苦労したようだが、以後40年間、初等教育に携わることになる。

1902（明治35）年、国粋主義者である地理学者・志賀重昂に入門し、地理学を学ぶ。翌年、東京で発刊した、環境と人との相互交渉の理解を論じた千ページもの著書『人生地理学』は好評を得て、第１回の文部省推薦図書にも選ばれている。そして同書は教育者の新渡戸稲造や民俗学者の柳田國男らの目に留まり、その後、**牧口**と柳田が一緒に、民俗学・地理学の現地調査を行ったとの記録もある。

1905（明治38）年、北海道での職を辞して上京。東京でも白金尋常小学校など、６校の校長を歴任している。1928（昭和３）年、池袋の日蓮正宗常在寺に所属する法華講「大石講」で、日蓮大聖人の仏法に共鳴した**牧口**は、日蓮正宗に入信。なお、**牧口**の説得により同じ時期に入信したのが戸田城聖（後の創価学会第２代会長）である。

1930（昭和５）年、「人生の目的は価値創造にある」という理念を唱え、経験科学としての教育学の樹立を目指した著書『創価教育学体系』第１巻を刊行。ここでいう価値とは「美・利・善」であり、それを実現する人格の形成を法華経信仰に見出したのだ。

翌年、教職を辞した**牧口**は、自身の宗教と教育の活動に専念。『創価教育学体系』第2巻で論じた「創価教育学」は、新渡戸稲造や柳田國男らからも評価されている。

しかし、戦時下になると、神社神道を批判したことで機関誌が廃刊となり、宗教と思想の統制を図りたい軍部による監視が続けられることに。そして1943（昭和18）年、伊豆下田での座談会開催の直後、伊勢神宮の神札を祀ることを拒否したため、治安維持法違反、不敬罪の容疑で、特別高等警察に連行されるのである。**牧口**は獄中でも転向を拒否し、後に巣鴨プリズンとして知られることになる東京拘置所内の病監で、栄養失調と衰弱のため獄死するのだった。

佐藤優の言葉

神社参拝や伊勢神宮の神札の受領を拒否して不敬罪と治安維持法違反で特高警察に逮捕された牧口は、獄中死することで創価学会が国家と一体化しない中間団体だと示した。

314 教育 競技

嘉納治五郎（かのうじごろう）

1860〜1938年

オリンピックを日本に招致するために奔走した柔道家

日本の講道館柔道の創始者となった柔道家で、**日本のオリンピック参加に尽力するなど「日本の体育の父」**とも呼ばれた教育者。摂津国菟原郡御影村（現在の兵庫県神戸市東灘区）で江戸幕府の廻船方御用達を務める嘉納治郎作の子として生まれる。10歳の時に明治政府に招聘された父に同行して上京し、1874（明治7）年に育英義塾に入塾。勉強家だった**嘉納**は、見事、官立の開成高等学校（現在の東京大学）に進学を果たす。

この頃、自身のように虚弱な体質な者でも、喧嘩の強い者に勝てる「柔術」を学びたいと考えた。そこで天神真楊流柔術に入門すると、**嘉納**はめきめき頭角を現し、1879（明治12）年には来日中のユリシーズ・グラント前アメリカ合衆国大統領の前で柔術の演武を行うほど上達。1881（明治14）年の東大卒業と同年に、技理論の確立などを経て独自に**「柔道」を編み出し**、翌年には講道館を設立。また教育者としても1882（明治15）年から学習院教頭、1892（明治25）年から1年間の欧州教育事情視察を行い、帰国後は文部省参事官に転じ、1894（明治27）年より東京高等師範学校の校長を務めた。

1909（明治42）年、フランス大使の要請で東洋初の国際オリンピック委員会（IOC）委員となり、1911（明治44）年には大日本体育協会（現、日本スポーツ協会）を組織する。柔道を海外に普及させ、海外のスポーツを教育に積極的に取り入れようとする**嘉納**の姿勢が評価されたのだ。**嘉納**もクーベルタン男爵の「スポーツにより、平和でよりよい世界の実現に貢献する」との理念と「勝利者となるかだけでなく、競技に出るために努力する過程、正々堂々と奮闘すること」との精神に感銘を受けて大役を引き受け、1912（大正元）年の第5回オリンピック・ストックホルム大会の選手団団長として、日本の初出場を実現させている。

1932（昭和7）年以降は、オリンピックの日本招致に情熱を傾け、1936（昭和11）年のベルリン総会で夏季大会の東京開催を獲得。さらに1938（昭和13）年のカイロ総会で冬季大会の札幌開催も実現するが、その帰途で肺炎により77歳でこの世を去った。

嘉納が提唱した、目的を達するために精神の力と身体の力とを最も有効に働かせる「精力善容」、自分だけでなく他人とともに栄えある世の中にするために、相手を敬い、感謝することで助け合う心が育まれるとの「自他共栄」の理念は、現代のスポーツや教育にも大きく影響を与えている。

315 経済

山葉寅楠（やまはとらくす）

1851〜1916年

日本の音楽産業発展に尽力したヤマハ創業者

日本楽器製造株式会社（現在のヤマハ株式会社）の創業者にして、日本の楽器生産において大きな役割を担った実業家である。幕末の紀州藩士の子として生まれた**山葉**は、天文方（天文学および暦算に関する役職）であり、優秀な技師でもあった父の影響もあり、幼少期から機械いじりが好きだったといわれている。その一方で、青年期は剣の道を究めようとするが、明治になって日本の近代化が始まると、職人の道を歩むことになる。

1871（明治４）年、長崎で時計の修理方法を学んだ**山葉**は、大阪の医療器具店で修理工として働き始めるが、1887（明治20）年に浜松でオルガンを修理したことをきっかけにオルガンの構造を学び、オルガンを作り出してしまう。

ただし、このオルガンは調律が不十分であると評価された。そこで**山葉**は独学で音楽理論と調律を学び、海外製品に劣らないオルガンを製作した。彼の技術者としての情熱が実を結んだのである。

1891（明治24）年には河合喜三郎らと山葉楽器製造所を設立。1897（明治30）年に日本楽器製造株式会社へと改組され、**山葉**は初代社長に就任する。この会社は**日本で初めての本格的な西洋楽器製造会社**であり、輸入品であるため非常に高価だったオルガンなどの価格を国内生産することで大幅に下げ、多くの人が西洋楽器を手に取れるようにした。**山葉**はオルガンの製造だけではなくピアノの製造にも興味を抱き、アメリカの楽器メーカーを視察し、1900（明治33）年にアップライトピアノの製造を始めた。もし**山葉**が楽器製造の道に進まなければ、日本では西洋音楽の普及が遅れ、音楽教育もまったく別なものとなっていたであろう。

晩年の**山葉**は長年にわたる社会貢献が評価され、1902（明治35）年に緑綬褒章を受章した。また、音楽関係の活動以外でも、浜松鉄道の取締役なども務め、1911（明治44）年には浜松市議会議員となり、同市議会の副議長にも就任した。なお、河合楽器を創業する河合小市は**山葉**の会社でピアノの調律法と製造技術を磨いていた。

日本の楽器産業、そして音楽教育の分野で大きな足跡を残した**山葉**だが、彼が創業した会社のグランドピアノは、1985（昭和60）年からショパン国際ピアノコンクールの公式ピアノに選ばれている。つまり、世界の音楽に影響を与える存在となっているのだ。

もっと深く知りたい人のための推薦図書

- **『日本のピアノ100年　ピアノづくりに賭けた人々』**前間孝則、岩野裕一／草思社

316 経済 科学

御木本幸吉（みきもとこうきち）

1858～1954年

発明王・エジソンからも称賛！　真珠の養殖に成功した男

真珠養殖技術の開発・実用化によって、御木本真珠店（現在のミキモト）を創業した人物。真珠の採取は運に左右されたため、その養殖技術を開発した**御木本幸吉**は、1930（昭和５）年に日本政府から日本の十大発明家として顕彰され、ミキモトパールが世界的なブランドに成長したことで「真珠王」とも称されている。

御木本の実家は志摩国鳥羽（現在の三重県鳥羽市）でうどんの製造･販売業を営んでいたが、家業に限界を感じた**御木本**は、13歳で行商を開始。20歳で海産物商となったことで、伊勢志摩の海の特産品・天然真珠に関心をもった。

偶然貝の中に入り込んだ異物を、母貝が分泌するカルシウムと有機質が包み込むことで天然真珠は生み出される。つまり、天然真珠は数千個の母貝を開いて１粒採取できれば運がよいほど希少で、それゆえに伊勢志摩では真珠の母貝となるアコヤ貝が乱獲され、その数が激減していた。**御木本**はアコヤ貝を保護するためにも、30歳で真珠の養殖に挑戦。試行錯誤の結果、1893（明治26）年に英虞《あご》湾に浮かぶ相島《おじま》（現在の真珠島）でまずは半円真珠の養殖に、1895（明治28）年には**天然真珠に勝るとも劣らぬ真円真珠の養殖に成功**したのである。

養殖技術の特許を取得した**御木本**は、1899（明治32）年に東京銀座に日本初の真珠専門店「御木本真珠店」を開き、本格的な販売に乗り出す。唯一生物が生み出す宝石であった真珠は古今東西で愛されており、世界的に天然物の生産量が減少していたこともあり、御木本真珠店は欧米からの客で大混雑したという。そのため、ロンドン、上海、ニューヨーク、パリに支店を開き、世界に販路を広げた**御木本**だが、養殖真珠に脅威を感じた宝石業界からは偽物扱いを受け、パリで裁判になってしまう（パリ真珠裁判事件）。しかし、1924（大正13）年、科学者たちによって**御木本**の養殖真珠は本物であることが証明され、かえってブランド価値が高まったのである。そしてこの結果、**当時の天然真珠の産地であったクウェートなどの中東諸国の経済に影響を与え、主要産業を石油輸出に大転換させた**という。

真珠養殖がまだ完全ではなかった時代に、**御木本**は第122代明治天皇に「世界中の女性の首を真珠で飾ってご覧に入れます」と述べたという逸話が残されているが、その言葉の通り、世界の真珠市場の多くをミキモトパールが占めている。

317　経済

木村安兵衛（きむらやすべえ）

1817～1889年

日本を代表する菓子パン「あんパン」を生み出した人物

あんパンの発明者であり、木村屋總本店の創業者。**安兵衛**は常陸国河内郡田宮村（現在の茨城県牛久市）の農家の生まれで、婿養子として川原代村（現在の茨城県龍ケ崎市）の木村家に入った。青年期に江戸に出た**安兵衛**は、木村家本家の重義の紹介により武家で働き始めるが、明治維新ですべての武士がその身分を失ったため**安兵衛**も失業してしまう。そこで、重義が所長を務める東京府職業授産所（現代の職業訓練所のような施設）で事務職に就いた**安兵衛**は、ここでパンの製法を学んだという。

1869（明治２）年、**安兵衛**は東京府職業授産所を辞め、芝日陰町（現在の東京都港区）に「文英堂」という日本人初のパン屋を開店する。しかし、翌年には火災によって銀座煉瓦街（現在の東京都中央区）に店を移し、屋号を「木村屋」に改めた。文明開化の影響による目新しさも手伝い最初は繁盛したが、当時のパンは天然酵母を使って生地を発酵させるタイプだったため酸味があり、クラスト（皮）の歯ごたえがよかった。そのため、ふっくらしてほのかな甘みがある米飯を食べ慣れた日本人にとって親しみやすい味ではなく、売り上げが落ちてしまった。その後、パンが当時の国民病であった脚気予防によいことがわかり、再び売上は回復するが、**安兵衛**はおいしいと思って食べてもらえるパンを作ることを決意。酒種で生地を発酵させる酒饅頭からヒントを得て、日本人好みのしっとりした食感の酒種あんパンを発明したのである。

1874（明治７）年、酒種あんパンは１個５厘で販売が開始されると、またたく間に大ヒット商品となった。そして、**安兵衛**が剣術を通じて交流を深めていた山岡鉄舟の仲介によって、翌年４月には水戸藩下屋敷に行幸した**第122代明治天皇と昭憲皇后に酒種あんパンを献上し、両陛下から「引き続き納めるように」とのお言葉を賜った**のである。この出来事により酒種あんパンの知名度は全国区となり、「東京名物の一つは木村屋のあんパン」とまでいわれるようになった。

なお、**安兵衛**は献上の際に季節感を出すために、奈良の吉野山から取り寄せた八重桜の花びらの塩漬けを、酒種あんパンのへその部分に埋め込んでいた。この伝統は現在も木村屋總本店で販売されている酒種あんパンに受け継がれている。

安兵衛は習った通りの西洋式のパンを作り続けるのではなく、日本人の口に合う酒種あんパンを生み出したことで、日本人の食生活にパン食という新しい選択肢をプラスする食の革命を起こしたのだ。

318 経済

松永安左エ門（まつながやすざえもん）

1875〜1971年

電力王と呼ばれ電力事業の基盤を作った男

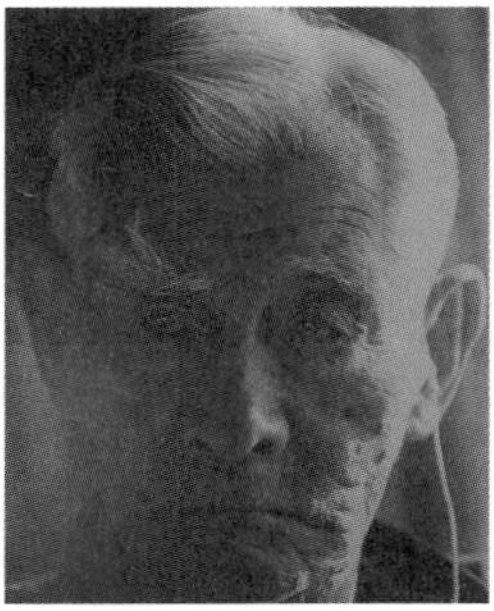

明治時代末期から戦後にかけて活躍した実業家で、**国家が独占していた電力体制を変革し「電力王」と呼ばれた人物。松永**は長崎県の壱岐島で商家の家に生まれ、1889（明治22）年に慶應義塾大学に入学する。父の死により中退して家業を継ぐが、事業を畳んで3年後に復学。しかし再び中退して1898（明治31）年に日本銀行に入行した。ところがここも1年で退職し、大阪や神戸で材木商や石炭業を営む。

1909（明治42）年、福博電気軌道の設立に関わり、以降、いくつかの電力会社を合併することで会社は九州電灯鉄道に成長し、1922（大正11）年に関西電気と合併したことで東邦電力が誕生。**松永**はその副社長となり、1928（昭和3）年には社長に就任している。なお、1923（大正12）年に関東大震災で東京が大きな被害を受けたこともあり、東邦電気は東京電力や東北電気を傘下にする大企業となっていた。

昭和に入ると軍部が台頭し、国家が電力も管理しようとするが、電力の国家統制は産業の発展を妨げると考える**松永**は反発する。しかし、1938（昭和13）年に電力の国家統制に関する法案が成立し、半官半民の日本発送電株式会社が設立されて電力を一元管理するようになる。その結果、東邦電力も解散することになり**松永**も引退する。

なお、**松永**は財界茶人としても有名で、隠居していた埼玉県所沢の柳ヶ瀬山荘では茶道三昧の日々を送ったという。そして彼が収集した数々の美術品は、死後に福岡市美術館や京都国立博物館などに寄贈されている。

戦後、日本を占領統治したGHQの指導で電力の民営化が推進されると、電気事業について詳しく、しかも軍国主義にも反抗した**松永**に白羽の矢が立ち、電力事業再編審議会会長に任命される。産業の再生なくして日本の復興はないと考える**松永**は、日本発送電を含むすべての設備を九つの配電会社に分割し、地域ごとに電力を配給させるプランを提案。これにGHQが難色を示すと熱心に説得し、サンフランシスコ平和条約の締結で占領統治の終了が決定したこともあり、最終的に**松永**のプランが認められた。

1951（昭和26）年、電力事業の民営化が開始されると、**松永**は電気料金の適正価格を算出し、世論の猛反発を押し切って電気料金の値上げを実施。その剛腕ぶりから「電力の鬼」とも呼ばれるが、そのおかげで各電力会社は発電設備の修繕・改良や電源開発に投資でき、その後の高度成長期を支えることができたのである。

319 経済

五島慶太（ごとうけいた）

1882〜1959年

東京急行電鉄の創始者にして、東の鉄道王

大正時代から昭和時代前期にかけて活躍した実業家。**東京急行電鉄（東急）の実質的な創業者**として、東京都と神奈川県をつなぐ鉄道網を完備させ、インフラ面で日本の経済成長に貢献した人物として知られる。

現在の長野県青木村で農家を営んでいた小林家の次男として生まれるが、結婚後に妻の祖母の実家の再興に伴い、五島姓を名乗るようになった。東京師範学校（現在の筑波大学）を卒業後に三重県四日市市で英語教員をしていた**五島**だが、1907（明治40）年に東京帝国大学に入学して法学部を卒業。高等文官試験に合格して農商務省に入省し、鉄道院で勤務したことが**五島**と鉄道との初めての関わりだった。

1920（大正9）年に鉄道院を退職した**五島**は、武蔵電気鉄道（現在の東急東横線の前身となる路線を経営）の常務取締役に就任。1922（大正11）年、住宅会社の田園都市株式会社が荏原電気鉄道（後の目黒蒲田電鉄。現在の東急目蒲線の前身となる路線を経営）を設立するが、その沿線には鉄道利用者が少なく、当初は経営が厳しかった。そのため阪急電鉄の創業者・小林一三が経営に参加するが、小林が多忙だったため、鉄道院の出身である**五島**が荏原電気鉄道の専務を兼任し、経営に携わるようになったのである。

1923（大正12）年に関東大震災が発生し、都心部が甚大な被害を受けると、人々は郊外に移り住むようになり、荏原電気鉄道の経営は回復。さらに**五島**は小林の手法を手本にし、百貨店や娯楽施設の建設や大学の誘致、さらに宅地開発によって沿線の価値を高め、鉄道利用者を増やした。そして、その利益により池上電気鉄道、東京横浜電鉄、玉川電鉄、小田急電鉄、京浜電気鉄道などを吸収合併して会社規模を拡大。1942（昭和17）年に東京急行電鉄が誕生したのである。

1944（昭和19）年には運輸大臣に就任した**五島**は、戦後に公職追放となり、さらに財閥解体によって東横百貨店（現在の東急百貨店）、小田急電鉄、京王電鉄などが東京急行電鉄の傘下から離れてしまう。しかし、1951（昭和26）年の公職追放解除により東京急行電鉄会長に復帰した**五島**は、東映の再建、白木屋買収、伊豆箱根の観光開発などを手掛けて東急グループを作り上げ、阪急の小林とともに「鉄道王」と呼ばれた。

強引な企業買収によって事業拡大したことで**五島**を批判する意見も存在するが、彼なくしては東京〜神奈川間の交通網は現在のように整備されていなかった可能性が高い。

320 経済

石川一郎（いしかわいちろう）

1885〜1970年

日本経済界を牽引した初代経団連会長

昭和時代に活躍した実業家。経済団体連合会の会長としてGHQとの交渉を行い、日本経済の民主化を推し進め、戦争により荒廃した日本経済復興のために尽力したことで知られる。

カセイソーダを製造する関東酸曹の経営者の子として東京で生まれ、1909（明治42）年に東京帝国大学の工科応用化学科を卒業し、同大の工科助教授となった。しかし、1915（大正4）年に大学を辞めて関東酸曹に入社し、1941（昭和16）年に戦時下の産業統制により誕生した日産化学工業の社長に就任。翌年には化学工業統制会の会長となり、1943（昭和18）年には電気化学協会の会長にもなっている。

しかし、**石川**の本領が発揮されるのは、1948（昭和23）年に発足された**経済団体連合会（経団連）の初代会長**に就任してからである。経団連は1922（大正11）年に財閥資本を軸にして結成された日本経済連盟会を再編成した組織で、戦前の名だたる企業の経営者たち、特に財閥系はGHQによって軒並み公職追放処分を受けていた。当初の経団連は政府だけでなくGHQに対しても経済界の要望を伝える役割があったため、非財閥系出身で十分な英語力を兼ね備えた**石川**に白羽の矢が立ったといわれている。

実際、東大の助教授を務めたこともある学者肌の**石川**は論理的で、国家が統制した戦前の経済体制からの脱却と戦後復興のためには各企業の協調が必要であると見抜き、経営者たちの結束を図るために共存共栄を説いて回るなど、当時多かったワンマン経営者とは一線を画す財界人であったという。

1950（昭和25）年に朝鮮戦争が勃発すると、アメリカ軍の補給基地として日本は「朝鮮特需」と呼ばれる特需景気に沸き立った。**石川**はこの機を逃さず、このあとに始まる高度経済成長の土台を築いた。さらにサンフランシスコ平和条約の発効によりGHQの占領統治が終了した1952（昭和27）年、防衛生産委員会を発足し、兵器の国産化など防衛産業の育成にも着手している（敗戦の影響で兵器製造に拒否感を示す人も多いが、外国製の兵器への依存は国防の観点から不健全かつ不適切となる）。

1951（昭和26）年に東京電力の取締役に就任している**石川**は、次世代エネルギーとしての原子力の可能性に注目し、1956（昭和31）年に経団連会長を退任すると、同年に原子力委員会を発足し、さらに日本原子力研究所（現在の日本原子力研究開発機構）の理事長に就任している。

321　経済

正力松太郎（しょうりきまつたろう）

1885〜1969年

「大正力」と称された読売新聞や日テレの社長

昭和時代に活躍した政治家であり実業家。読売新聞社を発展させ、日本テレビを創設し、プロ野球チーム「読売巨人軍」を設立してそのオーナーとなったことで知られる。

現在の富山県射水市で土木建築業者の息子として生まれ、金沢の旧制四高を経て、1907（明治40）年に東京帝国大学法学部に入学し、卒業後内閣統計局に入るが、翌年には高等文官試験に合格して警察庁に入っている。その後は警察官僚としての道を歩むが、1923（大正12）年に摂政宮（後の第124代昭和天皇）が襲撃された「虎ノ門事件」が起きると、翌年にはその責任を問われて免官されてしまう。

しかし、直後に摂政宮のご成婚があったことで恩赦を受けた**正力**は、同年に後藤新平の資金援助を受けて読売新聞社を買収し、社長に就任。『読売新聞』を地方にも普及させるために地方紙の買収などを行っている（戦時下の新聞統制で頓挫）。1934（昭和９）年には野球の本場・アメリカの大リーグからベーブ・ルースなどの有名選手を招聘し、日本のアマチュア野球の選手と交流試合をさせたことで、日本における野球人気を決定づけた。この結果、**大日本東京野球倶楽部（読売巨人軍の前身）が創設され、日本にプロ野球チームが誕生**することとなる。

1940（昭和15）年に大政翼賛会の総務に就任したのを皮切りに政治の世界にも足を踏み入れ、1944（昭和19）年には小磯國昭内閣で顧問を務めている。しかし、戦後はＡ級戦犯として巣鴨プリズンに収監され、1946（昭和21）年に公職追放処分を受けた。翌年には不起訴となり巣鴨プリズンを出獄しているが、近年アメリカ側で公開された資料によると、この時期にアメリカの諜報機関・CIAと接触し、**正力**がその協力者になっていたことが判明している。

日本でもテレビ放送の動きが本格化すると、**正力**はいち早く電波監理委員会にテレビジョン放送局の開局を申請。1952（昭和27）年に**日本テレビを設立して社長に就任し、日本放送協会（NHK）よりも早くテレビジョン放送局としての予備免許を交付されている**。ただし、放送機材がアメリカ製だったために輸入に時間がかかり、放送開始は国産の機材を揃えたNHKに先を越されたという。

実業家として再起した**正力**は1955（昭和30）年に衆議院議員となり、科学技術庁の初代長官に就任。翌年には原子力委員会の初代委員長にもなり、日本の原子力事業を牽引することとなる。

もっと深く知りたい人のための推薦図書

・**『原発・正力・CIA：機密文書で読む昭和裏面史』**有馬哲夫／新潮社

322 経済

石田退三（いしだたいぞう）

1888～1979年

大企業トヨタ自動車の基盤を作った実業家

昭和時代に活躍した実業家。「トヨタの大番頭」と称され、世界的自動車メーカーとなったトヨタ自動車の礎を築いた人物として知られる。

現在の愛知県常滑市で農家・澤田徳三郎の子として生まれるが、結婚時に石田家の婿養子となったため、石田の姓を名乗ることとなる。父を早くに亡くしたために進学できず丁稚奉公をしていたが、親戚の支援で滋賀県立一中（現在の滋賀県立彦根東高等学校）を卒業。一時期は滋賀県で高等小学校の代用教員として働いた。

1908（明治41）年、京都の洋家具店で働くようになり、７年後には綿糸や綿布を扱う服部商店（現在の興和グループ）に入社。服部商店は豊田紡績（現在のトヨタ紡績）とも取り引きがあり、**石田**は会社に出入りする豊田佐吉からその才覚を認められたという。そして、親しくしていた児玉一造（現在の豊田通商の前身の一つである東洋綿花株式会社の創業者）の紹介で、1927（昭和２）年に豊田紡織（現在のトヨタ紡織）に入社。1941（昭和16）年に系列会社である豊田自動織機製作所（現在の豊田自動織機）の常務となり、1948（昭和23）年には社長に就任している。

1949（昭和24）年のドッジ＝ラインの影響で、翌年にかけて日本では安定恐慌が起きてしまう。その結果、豊田自動織機製作所の自動車製造部門として誕生・独立したトヨタ自動車工業も業績悪化。1950（昭和25）年、責任をとるために創業家出身の２代目社長・豊田喜一郎が辞任し、代わりに**石田**が３代目社長に就任することとなった。

石田は業績悪化により起きた労使紛争を収束させ、同年に勃発した**朝鮮戦争に伴う朝鮮特需に乗って業績を回復させることに成功。このおかげでトヨタ自動車工業は自動車メーカーとして世界に挑戦することができた**ことから、**石田**は後に５代目社長となる豊田英二とともに「トヨタ中興の祖」とも呼ばれ、「経営の神様」と称された松下幸之助からも師と仰がれた。自動車産業が現在の日本経済を支え、その中心にトヨタ自動車が存在することを考えると、日本経済界に対する**石田**の功績は非常に大きいといえる。

石田は無駄を徹底的に排するという経営哲学をもっており、会社経営のみならず、実生活においても節約を徹底していた。紙は裏まで使い、鉛筆も短く使えなくなるまで使用したという逸話をもつ、こうした姿勢は現在のトヨタグループにも受け継がれており、内部留保を増やすことで、自前で機械を買うという商業戦略にも現れている。

323　経済

堤康次郎（つつみやすじろう）　1889〜1964年

一代で西武鉄道などを擁する西武グループを築いた男

大正時代から昭和時代中期にかけて活躍した実業家。**現在の西武グループを作り上げた人物**で、東急グループの五島慶太とは同じ大手私鉄を率いる経営者としてライバル関係でもあった。強引な経営手法や非常に派手な女性関係などにより評価が分かれる人物だが、ピストルで撃たれても動じなかったという逸話から「ピストル**堤**」とも呼ばれた。

現在の滋賀県愛荘町で農業兼麻仲買商の息子として生まれ、父親を早くに亡くし母親が実家に戻されたことで父方の祖父母に育てられた**堤**は、1907（明治40）年に海軍予備学校を卒業すると地元の郡役所に勤める。その祖父母も亡くなると、**堤**は実家の田畑を抵当に入れて学費を工面し、1909（明治42）年に早稲田大学の政治経済学部に入学。在学中から政治に関心をもち、大隈重信の後援会に参加しており、1913（大正２）年に大学を卒業すると、大隈がメディア戦略の一環として主宰していた総合月刊誌『新日本』を発行していた新日本社の社長に就任している。そして、『新日本』で主筆を務めた永井柳太郎の紹介で、当時の内閣総理大臣だった桂太郎や満鉄総裁の後藤新平といった大物政治家や財界人との人脈を築いたという。

しかし、新日本社の経営はうまくいかず、1914（大正３）年に第一次世界大戦が勃発したことで翌年から日本が大戦景気に沸き立つと、**堤**は不動産事業に進出して軽井沢や箱根の土地・観光開発を始める。そして1923（大正12）年に関東大震災が発生すると、以降は東京近郊の宅地開発や学園都市の建設を手掛けた。

そして、1924（大正13）年に衆議院議員に初当選すると、多数の鉄道を買収し、1945（昭和20）年に現在の西武鉄道を設立した。戦後はGHQによって公職追放処分を受けるが、それが解除されると西武百貨店や国土計画興行、さらに旧宮家の邸宅を買い取り、その敷地に建設したプリンスホテルを擁する西武グループという大企業を一代で築き上げた。

堤の存在がなければ、日本各地のリゾート地開発が遅れ、日本の観光業に大きな打撃を与えていた可能性がある。なお、箱根や伊豆の開発事業を巡る東急グループとの競争は、その熾烈さから「箱根山戦争」「伊豆戦争」などと呼ばれたが、おかげで箱根や伊豆の開発が進んだことは確実である。

堤は「人のやらぬこと、やれぬことのみやった。そしてそれで成功したのである」と述べたが、確かに彼は人と違うことを行ったことにより財をなした、高度成長期の日本を支える一人の実業家といえるだろう。

もっと深く知りたい人のための推薦図書

- **『西武王国—その炎と影—側近no.1が語る 狂気と野望の実録』**中嶋忠三郎／サンデー社

324 政治

児玉誉士夫（こだまよしお）

1911～1984年

政財界の黒幕と呼ばれた裏社会を知る男

昭和時代に活躍した人物で、何者かを正確に語ることが難しい人物。**右翼の大物であり、暴力団の顧問であり、旧日本軍の秘密工作員であり、CIAのスパイでもあった**。それゆえ、彼の実体は何かを判断することができない。

戸籍の上では西家の息子として現在の福島県本宮市で生まれ、幼くして児玉家の養子となったとされる。しかし、こうしたことは**児玉**が作ったフィクションではないかといわれている。ただ、若い頃から右翼団体と関係していたことは確かである。

1929（昭和４）年、赤尾敏が結成した建国会に入会し、同年に天皇直訴事件で最初の服役。以後、要人への脅迫や暗殺未遂で戦前では３度投獄される。1941（昭和16）年、上海に児玉機関を設立。日本軍への物資調達や宣撫活動を行った結果、戦後はA級戦犯となり巣鴨プリズンに収監されるが、1948（昭和23）年に釈放。**児玉**がCIAのスパイとなった時期は諸説あるが、おそらくこのタイミングで勧誘を受けたと考えられている。

児玉機関が集めた巨額の資金を鳩山一郎の自由党設立のために提供し、政治家との関係を強め、**政界のフィクサー**と呼ばれる。1950（昭和25）年、夕張炭鉱労組弾圧のため暴力団を送り込む。1954（昭和29）年、鳩山一郎が首相になるように画策し、1960（昭和35）年の安保闘争の時に、岸信介に頼まれ、**児玉**は反対派を阻止するための右翼、ヤクザの動員に手を貸す。1965（昭和40）年、日韓国交回復にも積極的な役割を果たした。

1976（昭和51）年、ロッキード事件で**児玉**が30億円の賄賂を自民党議員に渡し、そのうち５億円が首相だった田中角栄に渡ったことが判明。同年に**児玉**は衆議院での証人喚問直前に発作を起こし病床に伏している。そして、1983（昭和58）年に脱税の罪で有罪になると、翌年に再び発作を起こして72歳で亡くなった。

児玉は常に裏社会で暗躍した人物で、戦前の軍部との関係においても、黒い金を大量に集め、スパイ行為も行った。戦後も右翼の大立者として、日本の政治・経済界に大きな影響を与え続けた。**児玉**の集めた裏金の多くが自民党に渡ったことも歴史的事実である。また、彼はCIAの工作員であったことも死の直前に告白している。

児玉は昭和という時代の裏側、光が当たらない影の歴史の中心人物だった。しかし、彼が潜んだ影は鳩山一郎、岸信介、田中角栄といった歴代首相のものだったことから、政財界を裏側から動かした偉大な黒幕だったといえるだろう。

佐藤優の言葉

海軍の物資調達や裏金作りのために上海に作った児玉機関のカネを日本に持ち帰ることに成功し、戦後の保守政治においても暗躍したが、その全貌はいまだ明らかになっていない。

325 文学 教育

柳田國男（やなぎたくにお）

1875～1962年

日本民俗学の礎を築いたフィールドワーカー

明治時代に活躍した日本を代表する民俗学者。現在の兵庫県神崎郡福崎町で医師であり儒学者でもあった松岡操の六男として生まれるが、大学卒業後に信州飯田藩出身の柳田家に養子に入っているため、本項では**柳田**で統一する。

東京帝国大学に進学した**柳田**は在学中に森鷗外と交流をもち、雑誌『しがらみ草紙』に叙情詩を発表するなど、詩人としても活動。卒業後は農商務省に入省し、農政官僚として全国の村落を回った経験から民俗学に興味をもつ。1919（大正８）年に退職し、日本各地の風俗や生活、文化についての研究、つまり民俗学に専念する。

柳田は日本各地を視察し、**歴史学では扱わない常民《じょうみん》（民間伝承を担う、農業や林業などの従事者）の生活に触れ、そこに日本人は何かという本質を見出そうとした**。これは歴史編纂者や権力者の歴史書に頼ることなく、名もなき庶民の間でどういった文化と歴史が広まっていたのかを調査するものであり、当時としては画期的なことであった。

実際、こうしたフィールドワークが**柳田**の特徴でもあり、彼の活動の前期には九州・宮崎の椎葉村を取材し『後狩詞記』を発表した。さらに同じ前期には東北・岩手の遠野を取材した『**遠野物語**』を発表。これは当時の新進作家だった佐々木喜善《きぜん》による、遠野郷に伝わる伝承・昔話の語りを**柳田**が筆記・編纂し、格調高い文体でまとめたものであり、**柳田**の代表作である。その内容は、天狗、河童、座敷童といった妖怪にまつわるものから、山人、神隠し、臨死体験といった霊的なもの、祀られる神とそれを奉る行事や風習に関するものなど神秘的な領域にわたっている。

そして活動の後期、最晩年ともいえる1961（昭和36）年、**柳田**は自身の民俗学の集大成ともいえる『海上の道』を発表。日本民族はどこから来たのかという謎に対して、沖縄の島伝いに南方より渡来したという仮説を立て、その理論を展開した。なお、国立科学博物館が３万年前の航海を再現した実験航海を実施しており、2019（令和元）年に丸木舟で台湾から与那国島に渡ることに成功している。

そして、**柳田**の高弟・折口信夫《おりぐちしのぶ》は「まれびと」という概念を提唱する。これは異世界から来訪する霊的または神の存在のことで、実際、海に囲まれた日本にはまれびとを歓待し受け入れることでその共同体が活性化するという伝説が数多く残されている。

もっと深く知りたい人のための推薦図書

・『**口語訳　遠野物語**』柳田国男・著　佐藤誠輔・訳　小田富英・注／河出書房新社

326 文学 教育

金田一京助（きんだいちきょうすけ）

1882～1971年

言語学者にして、アイヌ語研究のパイオニア

明治時代後期から昭和時代にかけて活躍した言語学者。南部藩（現在の岩手県南部から青森県東部にかけた地域）の名家に生まれ、幼少期から文学に親しみ、盛岡中学時代には石川啄木と短歌の同人誌を出している。**京助**は東京帝国大学言語学科に進学。当時、イギリス人宣教師のJ.バチェラーが「アイヌ語辞典」を発刊していたが、当時は日本人にアイヌ語の研究者がおらず、**京助**がその最初の一人となる。

1906（明治39）年に**京助**は北海道に渡りフィールドワークを開始。1907（明治40）年にはサハリンで樺太アイヌ語（アイヌ語の方言的なもの）を調査する。この40日間の滞在で文法と多くの語彙を採集。その後も、機会のあるたびに聞き取り調査を行い、サハリンのユーカラ（アイヌ民族の叙事詩）に訳注をつけている。

1912（明治45）年、白瀬矗《のぶ》の南極探検に参加した樺太アイヌの山辺安之助が語った半生を筆記翻訳し、翌年『あいぬ物語』として発刊。1918（大正7）年にはアイヌ女性の知《ち》里《り》幸《ゆき》恵《え》にアイヌ語文法を教えてもらい、彼女に『アイヌ神謡集』を書かせた。そして1931（昭和6）年には、『ユーカラの研究：アイヌ叙事詩』を発表している。

なお、**京助**はアイヌを「偉大な民族」と評価する一方で、「未開人」を研究する自分に「さびしさ」を感じアイヌ語の日本語同化を支持する意見を述べたことから、アイヌの同化政策に協力したとして戦後に批判されているが、彼のアイヌ語研究にかける情熱は本物で、1959（昭和34）年には『アイヌ叙事詩ユーカラ集』を刊行している。

晩年、息子・春彦とともに三省堂の国語教科書を執筆。さらに**『明解国語辞典』の編纂**にも加わり、ベストセラーになる。**金田一**親子はその後、三省堂以外の出版社でも国語辞典の編者・監修者としてその名を連ね、**国語辞典といえば金田一というブームを生み、**それは春彦の子（**京助**の孫）である秀穂まで受け継がれている。

ただし、春彦も、その子である真澄と秀穂も言語学者だが、アイヌ語は専門ではない。春彦は日本語の押韻学を専門とし、日本語のアクセントの体系的変化について独自の理論を展開。言語の変化に興味をもつ春彦は、カタカナ語辞典（新語辞典）などの監修者にまで手を広げている。

なお、横溝正史が創作した名探偵・金田一耕助の名は**京助**から取ったものである。

もっと深く知りたい人のための推薦図書

・**『金田一京助　私の歩いて来た道』**金田一京助／日本図書センター

第9章

大正時代から昭和時代に活躍・誕生した人々

327 芸能

松井須磨子（まついすまこ）

1886〜1919年

演劇と歌、そして恋に生きた新時代の女優

大正時代に活躍した女優。長野県松代の士族の家に生まれ、本名は**小林正子**《こばやしまさこ》という。

上田の尋常小学校を卒業してから姉を頼って上京し、1903（明治36）年に親戚の世話で最初の結婚をするが1年で離婚。この頃から新劇女優を志し、俳優養成学校の入学試験を受けるが、鼻が低く顔が平坦なことを理由に不合格となる。女優になる夢をあきらめ切れなかった**須磨子**は、**当時最新の医療技術だった美容整形手術を受け、日本初の美容整形を受けた女優**となるが、その後はたびたび後遺症に悩まされたという。

1908（明治41）年、東京俳優養成所の講師である前沢誠助と再婚し、翌年には文芸協会演劇研究所第1期生となる。ただし、演劇に集中するために、**須磨子**は前沢とも離婚。同年、文芸協会の第1回公演でシェークスピア原作の『ハムレット』が上演され、**須磨子**はハムレットの恋人役のオフィーリアを演じ絶賛された。

1911（明治44）年、文学者にして演出家の島村抱月《しまむらほうげつ》の翻訳・演出で、本邦初公演のイプセン原作の『人形の家』が上演され、ヒロインであるノラ役の**須磨子**は、同作のテーマである**「女性の自立」にふさわしい新しい女性を好演**し、名声を獲得する。

当時、日本映画は黎明期で、演劇のような物語性のある作品も、女優が出演する作品もまだ作られていなかった（当初、映画は歌舞伎同様、男優だけだった）。もちろんテレビもない。したがって演劇で人気を得ることは、そのまま国民のアイドル（偶像）となることにもなった。**須磨子**はその後、抱月との恋愛が発覚し、文芸協会の厳しい規律に触れて退会を余儀なくされるが、1913（大正2）年、抱月が協会幹事を辞任すると、ともに芸術座を組織。ここで『復活』『サロメ』や『カルメン』などの名作に主演。特に1914（大正3）年のトルストイ原作の『復活』は、劇中、彼女が歌う『カチューシャの唄』とともに大ヒットし、**須磨子**の人気は大衆層にまで広がった。

須磨子は歌える女優として、この後も『ゴンドラの唄』や『今度生まれたら』などのヒット曲を出し、新劇も創作劇『飯』や、『エジポス王（オイディプス王）』『マクベス』『アンナ・カレニナ』など世界的な名作に出演し高い評価を得た。しかし1918（大正7）年に抱月がスペイン風邪で急逝。ショックを受けた**須磨子**は2カ月後、後を追って芸術倶楽部の道具部屋で縊死《いし》した。享年32。太く短い生涯だった。

もっと深く知りたい人のための推薦図書

・**『明治演劇史』**渡辺保／講談社

328　芸術

三浦環（みうらたまき）

1884～1946年

「マダム・バタフライ」の異名をもつ、世界が認めたオペラ歌手

明治時代から大正時代にかけて活躍したソプラノ歌手。東京の京橋で生まれ、出生名（旧姓）は**柴《しば》田《た》環**という。1900（明治33）年に東京音楽学校（現在の東京芸術大）に入学して声楽を学び、卒業後は母校で教職に就いている。なお、入学前に軍医・藤井善一と結婚するが、音楽家生活を優先するために1907（明治40）年に離婚している。

1911（明治44）年に帝国劇場が設立されると、同劇場の専属となりレコードの吹き込みなどを行うが、やがて帝国劇場を離れる。私生活では医師・三浦政太郎と再婚し、1914（大正３）年に夫婦で渡欧。ドイツを経てロンドンに着いた彼女は指揮者ウッド卿に才能を見出され、独唱会を行う。そして彼女の評価を絶対にしたのが、イタリアのプッチーニが作曲した**歌劇『蝶々夫人』**だった。同オペラはアメリカの小説・戯曲が原作で、長崎を舞台に没落藩士の令嬢・蝶々さん（マダム・バタフライ）と、アメリカ海軍士官ピンカートンとの悲恋を描いた作品で、1915（大正４）年に**環**が初めて演じた蝶々さんは、本物の日本人が日本髪に着物を身にまとったエキゾチックが目を引いただけでなく、彼女の明澄甘美な歌声が聴衆の心をとらえて各地で絶賛された。

好評を受け、**環**は**アメリカの各都市やヨーロッパの各地で舞台に立ち**、『イリス』『お菊さん』などにも出演。1920（大正９）年に夫が先に帰国しても海外にとどまり、彼が1929（昭和４）年に亡くなっても**環**は海外で暮らし続けた。帰国するまでの約20年間で、**環**は２千回も蝶々さんを演じたが、それは彼女が欧米諸国の人々のオリエンタリズム（そこには日本・アジアへのステレオタイプもある）を体現したからだが、それだけで本場で舞台に立てるわけもなく、優れた歌唱能力があったこともまた事実である。

1935（昭和10）年に帰国した**環**は仕事のペースを落とし、オペラの出演、レコード、ラジオ放送、教育活動などを行った。世界で大活躍したプリマドンナにしては、活躍は地味だったともいえるが、日本人は現在でも、スポーツ選手など一部を除けば、海外で活躍する邦人に案外、無関心である。**環**も知名度は高いが、芸術家だったことに加え、当時の感覚では高齢者にあたる年齢もあったためか、大衆はさほど熱狂したわけではなかった。

しかし**環**は最晩年になっても音楽に向き合い、第二次世界大戦を乗り越え、終戦の４カ月後にはリサイタルでシューベルトの『冬の旅』を歌っている。そして終戦の翌年、がんのため62歳でその生涯を終えた。

329 文学

小林多喜二（こばやしたきじ）

1903〜1933年

特高に虐殺された、プロレタリア文学の最高峰『蟹工船』の作者

昭和時代初期に活躍した小説家。秋田県で生まれるが4歳で北海道の小樽に移住し、小樽築港で酷使される労働者の姿を見て育つ。小樽高等商業学校（現・小樽商科大学）を卒業後は北海道拓殖銀行に就職。志賀直哉やドストエフスキーに傾倒していたが、葉山嘉樹やゴーリキーの作品に触れてプロレタリア文学に開眼し、労働運動に参加。

1928（昭和３）年、日本共産党で活動する者をはじめ、約300人が検挙された思想弾圧事件の三・一五事件が起きると、**小林**はこれをもとに『一九二八年三月十五日』を発表。特高による拷問などの現実を明らかにする。さらに翌年、**小林**は代表作**『蟹工船』を発表**する。北洋の船の上で酷使・搾取される労働者の生々しい現実を表現し、彼らが階級意識に目覚めて立ち上がる姿を描いた同作は、**日本のプロレタリア文学史上の金字塔**とされ、世界的にも評価された。

このように評価を高めた当時の**小林**だが、続く『不在地主』で小作争議を取り上げたことにより銀行を解雇。共産党員として革命運動に没入する。だがそうした思想と、特高などへの体制批判を当時の国家が許すはずはなかった。1930（昭和５）年以降、たびたび逮捕・検挙されていた**小林**だが、1933（昭和８）年、特高警察のスパイによって逮捕された**小林**は、同日警察の手で殺されることになる。取調べから死亡まで３時間とされ、あまりに短いその時間は最初から殺すつもりだったのだといわれている。

小林多喜二の死は、プロレタリア文学のみならず、文学全般の死であった。これ以降、さらに表現の自由は狭まり、プロレタリア文学から転向する者など、さまざまな傾向を見せたが、戦局の悪化もあり、終戦の日まで日本の文学は衰退へ向かった。

『蟹工船』は21世紀に入って再評価を受け、特にブームとなった2008（平成20）年には約80年の年月を経て異例のベストセラーとなった。これは先進国で盛んになった新自由主義によって、国家が社会的弱者への援助を削り、弱肉強食の世界を支持したことを受け、貧富の格差が日本でも生まれたからだとされる。派遣労働者など非正規雇用の増大、低賃金での過酷な労働は増え、富める者は富み、貧しい者はネットカフェ難民などの形で一層増え続けた。こうした貧しい人たちの姿が『蟹工船』の労働者とシンクロするため、再評価につながったのだろう。『蟹工船』のブームから10年以上経ったが、格差社会は変わるどころか新型コロナの蔓延によりますます悪化している。

330　芸術

山田耕筰（やまだこうさく）

1886〜1965年

西洋音楽の普及に努め、ジャンルを超えた幅広い音楽活動を行う

大正時代から昭和時代にかけて活躍した作曲家にして指揮者。東京の本郷でキリスト教伝道師の子として生まれ、1899（明治32）年、姉を頼って岡山の中学に入学し。姉の夫であるエドワード・ガントレットに西洋音楽を習う。翌年、関西学院中学部に転校。在学中に作曲活動を始める。1904（明治37）年、東京音楽学校予科（現・東京芸術大学）に入学。当時同校には作曲科がなかったこともあり、声楽科を1908（明治41）年に卒業する。1910（明治43）年にドイツに留学し、ベルリン高等音楽院で作曲を学んだ。1912（大正元）年には、日本人初の交響曲『かちどきと平和』を作曲する。1914（大正3）年に帰国すると、**山田**は**日本最初の交響楽団である東京フィルハーモニー管弦楽団を創設**。自分の曲を自ら指揮して発表した。

1918（大正7）年、渡米。ニューヨークのカーネギーホールで自作の管弦楽作品を演奏して、ニューヨーク近代音楽協会と全米演奏家組合の名誉会員となった。国内では、劇作家の小山内薫と劇団を設立するなど、新劇運動にも関わった。1920（大正9）年には、日本楽劇協会を設立し、オペラにも手を広げ、帝国劇場でワーグナーの『タンホイザー』を日本で初演する。1922（大正11）年には詩人の北原白秋と共同編集した月刊誌『詩と音楽』を創刊。1924（大正13）年、音楽家の近衛秀磨とともに、NHK交響楽団の前身となる日本交響音楽協会を設立する。だが、同楽団は内紛が起き分裂。**山田**は離脱する。この失敗の後、新たな住居で童謡などの作曲を続けた。

1941（昭和16）年に日本音楽文化協会が設立されると副会長に就任。音楽挺身隊を結成し、将官待遇で占領地での音楽指導も行った。さらに多数の軍歌を作曲したため、**山田**は戦後に戦争責任を問う批判を浴びることとなった。1948（昭和23）年に脳溢血で倒れ体が不自由になるが、79歳で亡くなるまで創作意欲は衰えなかったという。

山田は、音楽家として交響楽運動や楽劇運動を行う一方で、歌曲ほか多くのジャンルの作曲も行った。同時に、幅広いジャンルの創作者と協力して新たな芸術を生み出すために尽力した。そのなかには、舞踏家の石井漠とコラボレーションして、総合芸術を目指し、日本のモダンダンスの普及を目指したものもある。

彼の代表作には、交響曲では『曼荼羅の華』、オペラでは『黒船』などがある。また歌曲には『からたちの花』など、童謡では『赤とんぼ』『ペチカ』などと、巷間に流布した名曲も多い。このほか大学、高校、中学、小学校の校歌などまで幅広い作品が残る。

331 芸術 文学

竹久夢二（たけひさゆめじ）

1884～1934年

マルチな才能を発揮した大正ロマンを象徴する画家

明治時代後期から大正時代にかけて活躍した画家にして詩人。

岡山県邑久郡本庄村（現在の瀬戸内市邑久町本庄）で造り酒屋を営む竹久菊蔵と也須能《やすの》夫妻の次男（実質的な長男）として生まれる。「**夢二**」はペンネームで本名は**茂次郎**《もじろう》という。幼い頃から絵が好きで、あまりに夢中になるため、父から絵の具や筆を取り上げられることもあったという。

1899（明治32）年に高等小学校を卒業した**茂次郎**は、神戸に住む叔父・才五郎の家に下宿して神戸中学校に進学するが、実家の家業が傾いたために８カ月で退学し、家計を助けるために操業を開始して間もない九州の八幡製鉄所で製図筆工として働き始めた。

ところが、1901（明治34）年、突然製鉄所を辞め、母や６歳上の姉・松香の援助を受けて上京してしまう。そして、翌年には書生をしながら早稲田実業学校（現在の早稲田大学）に入学する。22歳で早稲田実業学校本科を卒業すると、続けて**茂次郎**は専攻科に進む。そして、将来画家として活躍する足掛かりを作るため、読売新聞や雑誌に短文や小間絵（挿絵の一種）を投稿。この時期から「**夢二**」というペンネームを使うようになった。そして、博文館が発行する雑誌『中学世界』夏期増刊号に小間絵が一等入選し、その賞金で油彩画の道具一式を購入したという。

そして、投稿に夢中になるあまり学業を疎かにして専攻科を退学したことから、それを知った実家は激怒し、**夢二**への仕送りをやめてしまう。困窮した**夢二**は、そこで得意の絵を活かして肉筆の絵葉書を絵葉書店に卸して生活費を稼いだのである。その結果、早稲田の鶴巻町で絵葉書店「つるや」を営む岸たまきと出会い、1907（明治40）年に結婚。長男を授かるが、結婚生活は２年で破綻し二人は離婚する。ところが、以降も再入籍はしないがくっついたり別れたりを繰り返し、次男と三男を授かっている。

たまきと離婚した1909（明治42）年、**夢二**は**これまで雑誌に投稿した小間絵を収録した『夢二画集　春の巻』を発行**。これが爆発的にヒットし一躍売れっ子作家となり、1912（大正元）年には京都で初の個展を開いている。

1914（大正３）年、**夢二**はたまきを経済的に自立させるために、生活小物を扱う「港屋絵草紙店」を開店する。**夢二**が下絵を描いた版画（通称「夢二版画」）や模様を考案した千代紙、さらに**夢二**がデザインした半襟・帯・浴衣などが購入できたため大繁盛し、詩人の荻原朔太郎や画家の東郷青児なども出入りしたという。そして、この港屋で**夢二**は

「永遠の恋人」と言われる笠井彦乃《ひこの》と出会うのである。

しかし、彦乃の父親は厳格な人間で**夢二**との交際に反対し、1916（大正5）年、**夢二**は発作的に京都に出奔してしまう。それでも**夢二**と彦乃は文通を続け、ついには**夢二**の次男と一緒に京都で同棲生活を始めるが、彦乃が病に倒れて実家に戻ることになり、面会も拒絶される。

失意の**夢二**は東京本郷菊坂の「菊富士ホテル」に滞在し、そこでモデルのお葉《よう》（本名・佐々木カ子《ね》ヨ）と出会い、彼女をモデルにした絵を次々と描いていった。**夢二**の代表作である黒猫を抱いた美女を描いた『黒船屋』は、このお葉をモデルとしている。

1920（大正9）年に彦乃が亡くなると、**夢二**は渋谷宇田川に家を構え、絵だけでなく詩歌や小説、ポスターや雑誌の挿絵、書籍や楽譜の装幀、そこから派生してレタリングの仕事もこなすようになった。実際、『婦人グラフ』『若草』『新少女』『小学少女』『少女の友』など、**大正時代の女性や少女たちが愛読した雑誌は軒並み夢二の絵を掲載していた**ことから、大正文化を語るうえで**夢二**は欠くべからざる存在といえる。

また忘れてはならないのが、**夢二**が表紙を手掛けた「セノオ楽譜」であろう。ハーモニカやマンドリンなどの西洋楽器の国産化が成功し、大正時代は西洋音楽が庶民層にも普及し、楽譜出版が盛んになった。**夢二**はセノオ楽譜の表紙に、収録されている曲のイメージを具体的な絵で描き下ろすことで、楽譜を手に取る人間の購買意欲を煽り、音楽に対する関心を高めたのである。実際、セノオ楽譜は普通の楽譜に比べると割高だったが**夢二**の絵のおかげで大ヒットした。1964(昭和39)年に開催された東京オリンピックで『オリンピック・マーチ』を作曲した古関裕而《ゆうじ》(NHKの朝ドラ『エール』の主人公のモデル)も、子ども時代にセノオ楽譜を集めて西洋音楽に親しんだという。

しかし、昭和に入ると戦争の影が少しずつ広がり、抒情的な絵が魅力である**夢二**の人気は少しずつ陰りを見せ、1933（昭和8）年に台湾で個展を開くが振るわず、しかも出品した作品すべてが行方不明になってしまう。翌年には病に倒れ、信州富士見高原療養所に入院しそのまま亡くなった。**夢二**の死後、唯一正式な妻となったたまきが療養所を訪れ、**夢二**への手厚い看病へのお礼として、約3カ月間のお礼奉公を行っている。

もっと深く知りたい人のための推薦図書

- 『**もっと知りたい竹久夢二　生涯と作品**』小川晶子／東京美術
- 『**竹久夢二　大正ロマンの画家、知られざる素顔**』竹久夢二美術館・監修／河出書房新社
- 『**竹久夢二　大正モダン・デザインブック**』石川桂子、谷口朋子・編集／河出書房新社

332 思想

吉野作造（よしのさくぞう）

1878〜1933年

民本主義を主張した、大正デモクラシーの指導者

大正時代に活躍した政治学者にして思想家。宮城県で糸綿商を営む家に長男として生まれるが、長男に跡を継がせないという地元の風習もあり家業を継がず、1900（明治33）年に東京帝国大学に入学し、政治学科を卒業後は大学院に進学。1906（明治39）年以降、中国や欧米に留学し、帰国後は助教授として東京帝国大学で政治史を教えた。

1914（大正３）年以降、『中央公論』などに日本における民衆運動の必要性を説く論文を発表し続け、1916（大正５）年に評論「憲政の本義を説いて其有終の美を済すの途を論ず」を発表する。これは大日本帝国憲法下での民本主義の意義を論じたもので、彼の代表的評論となった。

吉野の民本主義は、主権の所在を問わず人民多数のための政治を強調する思想である。これは民主主義が法律上も人民に主権があるとするのに対し、民本主義はあくまで政治上人民に主権があるものとする。つまり主権が君主にあっても、人民に民主政治を求める権利があるというものである。これは主権が天皇という大日本帝国憲法に配慮したものである。**吉野**は民衆の意見が反映される普通選挙から議員内閣制を唱えた。これは民主政治が未発達であった当時の日本において重要な意見となり、国民が民主性をもった政治を志向して、大正デモクラシーの動きへと向かうきっかけになった。

1918（大正７）年に新聞社に対し政府や右翼団体が言論統制・弾圧をした白虹事件が起きると、**吉野**は言論の自由を擁護。晩年は合法的社会主義政党である無産政党との関係を強め、民本主義の言葉をやめ、民主主義として結果だけでなく手段まで民主性を必要とする意見に傾く。このほか、朝鮮独立運動や孫文の辛亥革命に賛同し、関東大震災での朝鮮人虐殺事件への批判論文を書くなどリベラリズムを貫き、社会民主主義にも近づくが、肋膜炎によって55歳で死去している。

民主主義は現在の先進国では当たり前の政治思想だが、当時の日本では認められてなく、その意味で吉野の果たした役割は大きい。一部のマルクス主義者は**吉野**の思想は古いとして批判したが、1936（昭和11）年には二・二六事件が起きるなど、軍部のクーデターとともに日本政府は右傾化していった。この結果、昭和10年代にはデモクラシーはほとんど消滅し、軍部が政権を握り戦争へ向かっていった。民本主義と民主主義の差異は現実にはない。大正・昭和初期に民主主義を志向した**吉野**の貢献を語り継ぐべきだろう。なお似た立場に天皇機関説を唱えた美濃部達吉がいる。

333　芸能

小山内薫（おさないかおる）

1881～1928年

歌舞伎中心だった日本演劇に新劇を取り入れた、新劇の父

大正時代に活躍した劇作家にして演出家。また演劇評論家としても活躍している。さらに、演劇の影響の強かった初期の映画界にも彼の名は残る。日本の演劇界では江戸時代から歌舞伎が最も人気があったが、明治以降、西洋文学・戯曲が入ってくると、看板役者を目当てにする歌舞伎の様式は古臭いと見なされ、欧州風の演劇「新劇」が20世紀に一気に盛んになった。この**新劇の普及に大きな役割を果たした**のが**小山内**である。

広島県で生まれた**小山内**は5歳で東京に移住し、東京帝国大学に在学中から座付き作家として舞台演出や詩、小説の創作を行う。1906（明治39）年に大学を卒業すると、第一次『新思潮』を創刊し、ヨーロッパの演劇評論や戯曲を紹介した。1909（明治42）年、ヨーロッパから帰国した二代目市川左団次とともに自由劇場を設立。第1回公演はイプセン作、森鷗外訳の『ジョン・ガブリエル・ボルクマン』を上演。リアリズム演劇の確立を目指した。**小山内**は、役者中心の歌舞伎とは異なり、戯曲を重んじリアルな物語の展開を志向し、それに基づく演出・演技という位置づけで演劇をとらえた。

小山内は、1912（大正元）年～1913（大正2）年に渡欧し、ロシア演劇の巨匠スタニスラフスキーの自宅にも招かれている。「形で示す芸術」ではなく、「役を生きる芸術」を主導するスタニスラフスキーシステムを作り上げた演劇界の巨人の影響を受けた**小山内**は、確固とした脚本のもと、それを正しく演出することが近代演劇であると悟った。モスクワで女優の東山千栄子と面会後、親友で音楽家の山田耕筰と協力し、帰国後の1916（大正5）年、移動劇団「新劇場」を設立した。1918（大正7）年にはダヌンツィオ原作で**小山内**が翻訳した『緑の朝』に松井須磨子も出演している。

新劇の代表的演出家だった**小山内**は、1920（大正9）年以降、松竹の映画製作に協力し、キネマ俳優学校の校長にも就任。村田実《みのる》や牛原虚彦《きよひこ》、島津保次郎《やすじろう》といった後の名監督をスタッフにして映画製作にも加わった。映画黎明期の当時、映画と演劇は極めて近い関係だった。やがて**小山内**は松竹キネマ研究所を設立し、1921（大正10）年に村田監督による『路上の霊魂』を公開。これはアメリカの名匠グリフィスの『イントレランス』の影響が強い作品で、モンタージュを活かした、新派芸術とは異なる画期的な作品という評価もされている。**小山内**は1924（大正13）年には築地小劇場を創設。「演出」という**小山内**が作った言葉は定着し、新劇運動の拠点となった。**小山内**はその後も精力的に活躍するが病気により48歳で急逝した。

334 文学

江戸川乱歩（えどがわらんぽ）

1894～1965年

「本格」から「変格」まで。大衆に愛された日本推理小説の父

大正時代から昭和時代にかけて活躍した推理小説家。現在の三重県名張市に生まれ、本名は**平井太郎**という。「**江戸川乱歩**」という筆名は、世界で最初に推理小説を書いたエドガー・アラン・ポーに由来する。中学時代、黒岩涙香などの翻案小説に触れ、これをきっかけに欧米のミステリーを耽読。早稲田大学政治経済学部を卒業し、貿易商社をはじめ、造船所、古本屋、東京市役所、支那そば屋などさまざまな職業を転々とする。やがて推理小説（当時は探偵小説）を執筆。1923（大正12）年、雑誌『新青年』に初めて掲載された短編『**二銭銅貨**』は、編集長の森下雨村に激賞される。**暗号トリックを駆使した同作は、日本初の近代的推理小説といわれる。**

その後も『心理試験』『D坂の殺人事件』『屋根裏の散歩者』『人間椅子』『鏡地獄』『押絵と旅する男』などの短編を発表。卓抜な着想、緻密な構成で読者を引き込んだ。上記の初期作品群には、本格派といわれる謎解きをメインにした作品のほか、幻想・怪奇小説や犯罪小説に分類できるものなど、現代でも色あせない秀作が揃っている。

1926（大正15）年以降は、『パノラマ島奇談』や『陰獣』『孤島の鬼』などの中長編を執筆。昭和初期からは、より多くの読者を獲得し、推理小説のすそ野を広げようという戦略によって『黄金仮面』などの通俗サスペンスや、『蜘蛛男』といった残虐趣味の作品も執筆。さらに1936（昭和11）年、『**怪人二十面相**』などの、少年向けの小説も発表。少年向け作品では、初期短編から登場する名探偵・明智小五郎のほか、少年探偵団らも登場し、**乱歩**の作品は幅広い世代から支持されるようになった。

戦争が本格化すると表現の自由が失われ、**乱歩**も事実上の休筆に追い込まれる。戦後は小説の執筆以上に、推理小説の普及と若手の育成に回り、評論や講演を行い、1954（昭和29）年には江戸川乱歩賞を設定。1963（昭和38）年には、日本推理作家協会の初代理事長に就任。最後まで推理小説の未来を見つめながら70歳で没した。

なお、**乱歩**には変態趣味、猟奇的、エログロなどをテーマにした作品も多く、昭和以降の作品には初期作品に比べて破綻があるため、推理小説の低俗化を招いたという批判もある。文学筋からの推理小説に対する軽蔑のまなざしは、リアルな犯罪を描いた松本清張の登場で少しずつ和らぎ、1980年代頃から本格派の台頭により推理小説の地位も復活。現役のミステリー作家の多くが、**乱歩**の残した功績の大きさを再認識している。

335 文学

谷崎潤一郎（たにざきじゅんいちろう）

1886～1965年

女性の美を崇拝した、耽美派の代表的作家

大正時代から昭和時代にかけて活躍した小説家。東京都の日本橋に生まれた**谷崎**は幼い頃から成績が抜群によく、旧制一高から、1908（明治41）年に東京帝国大学に進学する。在学中に和辻哲郎らと第二次『新思潮』を創刊し、1909（明治42）年に『刺青』『麒麟』などを発表する。刺青師の女性に対する官能美の追求を描き、**谷崎**の初期代表作となった『刺青』は、永井荷風《かふう》によって『三田文学』誌上で激賞を受け、作家としての地位を確立する。**谷崎**のデビュー時は自然主義文学が全盛だったが、彼は反自然主義の立場を取り、女性の美を崇拝する世界を描き、耽美派の作家と称された。同時に『お艶殺し』『異端者の悲しみ』などの作品も書き、倫理を超えた徹底した官能美の追求を行い、悪魔主義とさえ呼ばれた。

1923（大正12）年に起きた関東大震災の影響で関西に移住した**谷崎**は、女性崇拝は変わらないものの、上方の風俗を取り入れながら、それまでのモダンで大衆的なものから、古典的・伝統的な題材やスタイルに作風を激変させる。この時期の代表作が妖婦ナオミに翻弄される男の姿を描いた**『痴人の愛』**。さらに『卍』、『蓼食ふ虫』、『吉野葛』、『春琴抄』などである。さらに西洋の文化が部屋を明るくして陰翳を消すのに対し、日本文化は陰翳を利用し、その中で映える芸術を作り上げたという随筆『陰翳礼賛《いんえいらいさん》』も発表。日本文化特有の美意識を説いた。また、私生活でも佐藤春夫との「細君譲渡事件」や２度の離婚、３度の結婚とスキャンダラスな恋愛を経験している。

1943（昭和18）年、『源氏物語』の影響を受け、大阪商家の美しい四人姉妹を描いた代表作『細雪』の連載を開始。軍部による発行差し止めに遭うが秘かに執筆を続け、戦後に全編を発表すると、その華麗な世界観を絶賛される。その後も**谷崎**は、口述筆記で創作した王朝物の時代小説『少将滋幹《しげもと》の母』、さらに高齢者の倒錯した愛欲心理を描いた『鍵』『瘋癲《ふうてん》老人日記』を書くなど、79歳で亡くなるまで創作意欲は落ちなかった。

谷崎は漢語や雅語、俗語、方言など多様な言葉を使いこなし、作品によって語り口も変え、通俗的な痴情を芸術性の高い文体でも描いた天才である。世界的な評価も高く、**ノーベル賞の最終候補にも２度入り**、受賞はできなかったが日本文学の評価を高め、間接的に1968（昭和43）年の川端康成の受賞につなげた。また**谷崎**自身も1964（昭和39）年に日本人初の米国文学芸術アカデミー名誉会員に選出されている。

もっと深く知りたい人のための推薦図書

・**『陰翳礼讃』**谷崎潤一郎／KADOKAWA

336 文学

中原中也（なかはらちゅうや）

1907～1937年

恋と死の悲しみを切ない言葉で表現した、夭逝の詩人

昭和初期に活躍した詩人で、その作品には心の琴線を揺らす魅力があることから、その人気は現代でも非常に高い。現在の山口県山口市で医師の長男として生まれた**中也**は、教育熱心な両親の過剰な干渉に反発するように文学に傾倒。中学時代は両親に隠れて短歌会に出席する一方、酒と喫煙を覚え、成績も下降し落第する。それを機に1923（大正12）年に京都の立命館中学に転校し、この頃にダダイズムに傾倒したという。このほかランボーやヴェルレーヌの影響を受け、詩の創作を始めた。

一方、京都では女優を志していた３歳年上の女優・長谷川泰子と同棲を開始。1925（大正14）年、中学を修了した**中也**は上京し、後に文芸評論家となる小林秀雄らと出会う。小林は**中也**にとってよき友人であったが、彼に泰子を奪われてしまう。この事件での**中也**の挫折は大きかったが、小林との友情は生涯続いた。

1926（大正15）年に日本大学予科に入学するがすぐに退学し、アテネ・フランセでフランス語を学ぶ。その後も中央大学予科に編入したかと思えば、東京外国語学校に入学するなど、東京の学校をさすらった（東京外国語学校は修了）。1933（昭和８）年、母の勧めで遠縁の上野孝子と結婚。さらに自ら訳した『ランボオ詩集《学生時代の詩》』を発刊。印税はなかったが初めての商業出版に大いに喜んだ。1934（昭和９）年に長男の文也が誕生。一方で２年前に書き上げたものの発刊できなかった詩集『山羊の歌』を刊行。現代でも有名な「汚れつちまつた悲しみに／今日も小雪の降りかかる」で始まる代表作**『汚れつちまつた悲しみに……』**などが入る同書は好評を得る。

しかし幸せは長く続かず、1936（昭和11）年に文也が小児結核によりわずか２歳で死去。**中也**はショックのあまり文也の遺体を抱いて離さず、次男の愛雅《よしまさ》が生まれても悲しみが癒えることはなかったという。この時の想いは『春日狂想』という詩に「愛するものが死んだ時には、／自殺しなけあなりません。」と綴られた。

1937（昭和12）年に**中也**は結核性脳膜炎によって30歳で夭逝するが、翌年、小林たち友人らによって詩集『在りし日の歌』が刊行され、彼の詩は死後に評価されることとなる。**中也**の詩には反復が多く、リズム感のある詩が多いのが特徴である。同時に生や恋の苦しみ、悲しみを歌う詩も多く、それゆえに時代を超える普遍的魅力をもっている。

もっと深く知りたい人のための推薦図書

・**『中原中也詩集』**中原中也・著　吉田凞生・編／新潮社

337 政治

昭和天皇（しょうわてんのう）

1901～1989年

日本国最後の立憲君主にして最初の象徴天皇

第123代大正天皇と貞明皇后の間に第一皇子として生まれ、第124代天皇となった人物。称号は**迪宮**《みちのみや》、諱は**裕仁**《ひろひと》と命名された。父帝が生来病弱であったため、1921（大正10）年には摂政に就任し「**摂政宮**」とも呼ばれた。1924（大正13）年に久邇宮家から良《なが》子《こ》女王を皇太子妃に迎え、1926（大正15／昭和元）年には大正天皇の崩御を受けて天皇に即位している。1933（昭和8）年に明仁《あきひと》親王（現在の上皇陛下）が誕生するまで男児に恵まれず、側室を周囲から勧められても拒否するなど愛妻家としても知られる。

大戦景気の反動からくる不景気、関東大震災によって支払いができなくなった手形によって引き起こされた昭和金融恐慌などによって、昭和の御世は国内の景気が悪い状態でスタートした。そして、1930（昭和5）年に発生した世界恐慌に連動して日本でも昭和恐慌が起き、日本の経済状態は最低最悪に陥ったことで、軍部は大陸進出を加速させ、1937（昭和12）年には日中戦争が勃発。さらに、1941（昭和16）年に日本海軍が真珠湾攻撃を行ったことで太平洋戦争に拡大してしまった。

1945（昭和20）年、**昭和天皇**はポツダム宣言を受諾し、同年8月15日に玉音放送で終戦の詔書を音読することで戦争を終結させる。しかし、天皇は立憲君主であると同時に陸海軍の統帥権を有する大元帥であったため、軍部の暴走を止めるべき立場であったことから、戦後に**昭和天皇**の戦争責任をどうするかという問題が持ち上がる。

明治時代に制定された大日本帝国憲法によって、天皇は国務大臣の輔弼《ほひつ》を受けなければ国策を決定できないよう権力を制限されていたこと、何より天皇の処刑や天皇制度を廃止することで国民の反発を招き占領統治が困難になることを恐れたGHQによって、**昭和天皇**の戦争責任は東京裁判でも訴追を免れた。

ただし、**昭和天皇**自身は敗戦国の元首として戦争責任を受け入れており、GHQの最高司令官であるダグラス・マッカーサーとの初会談でもその旨を伝えたという。

旧憲法では「神聖ニシテ侵スヘカラス」と定義された天皇は現人神《あらひとがみ》として神聖視されていたが、1946（昭和21）年1月1日、**通称「人間宣言」によって昭和天皇は自らの神性を否定し、その後の日本の民主化を推進**。同年12月に公布された日本国憲法によって「日本国の象徴であり日本国民統合の象徴」と定義された**昭和天皇**は、戦争で荒廃した日本各地を巡幸し、象徴天皇として復興に立ち上がって国民を励ましたのである。

もっと深く知りたい人のための推薦図書

・**『昭和天皇 －「理性の君主」の孤独』**古川隆久／中央公論新社

338 政治

愛新覚羅溥儀（あいしんかくらふぎ）

1906〜1967年

日本の傀儡国家の皇帝となった「ラストエンペラー」

約300年続いた**中国の清王朝の最後の皇帝**。満州民族によって建国された清朝は、19世紀には列強の帝国主義政策の犠牲となり弱体化し、1894（明治27）年の日清戦争にも敗れて下関条約を締結。20世紀に入っても列強の中国分割が止まらず、国内で清朝打倒を叫ぶ革命運動が盛んになっていた。そんな時代に、**溥儀**は1908（明治41）年にわずか2歳で清朝の皇帝に即位し**宣統帝**《せんとうてい》と名乗るが、政治の実権を握ったのは**溥儀**の父だった。しかし、1911（明治44）年に孫文の指導により辛亥革命が起きると、**宣統帝**は袁世凱《えんせいがい》により退位させられ清朝が滅亡し、中華民国が成立した。

溥儀は退位後も北京の紫禁城で生活していたが、1924（大正13）年にクーデターが起き、紫禁城から強制退去させられてしまう。当時の**溥儀**はまだ中国国内で影響力をもつ存在で利用価値があったため、日本政府は行き場を失った彼を庇護したのである。

1931（昭和6）年、日本の関東軍が自作自演の鉄道爆破事件を口実に、満州を根城にしていた張学良《ちょうがくりょう》軍と戦闘を始める（満州事変）。この動きは日本政府はもとより日本陸軍の意向をも無視したものだったという。戦闘は関東軍が圧倒し、全満州を占領し、翌年に日本が満州国を建設した。**溥儀**はこの国の執政に祭り上げられ、ついで1934（昭和9）年に満州国皇帝になるが、これは国際社会からの批判を避けるための方策で**溥儀**に実権はなく、すべて関東軍が権力を握る傀儡国家だった。**溥儀**自身は、清朝の復活を望んでいたため、それを条件に関東軍の要求を呑んだのだった。

1937（昭和12）年に日中戦争が勃発すると、敵対していた中国の国民党と共産党は国共合作をして日本に対抗。満州国軍は自国の防衛に徹して戦闘には加わらなかったが、**溥儀**は即位後に日本を2度訪れ、当時の政府や昭和天皇と親しい関係を示した。

1945（昭和20）年8月、日ソ中立条約をソ連が破棄し国境を越えて満州国に侵攻。日本の敗戦とともに満州国も解体され、**溥儀**はソ連に捕らえられる。その後、東京裁判で戦犯とされた。裁判で彼は、満州国皇帝即位は本意ではなく日本軍の強制であったこと、満州国は神道を強制された植民地だったことなどを言い、日本軍を批判した。その後、**溥儀**は中国政府に引き渡され、政治犯収容所に収監された。1959（昭和34）年に特赦で出所し、一般市民として歴史に翻弄された人生を終える。なお、ベルトリッチ監督の『ラストエンペラー』は**溥儀**の生涯を描いた映画である。

339　芸能　政治

李香蘭〈山口淑子〉（りこうらん〈やまぐちよしこ〉）

1920〜2014年

日本人でありながら中国人女優として脚光を浴びた女性

戦前・戦中に活躍した満州映画協会（満映）所属のスター女優。戦後は参議院議員として政治家にもなった女性。現在の中国遼寧省奉天郊外で、満鉄の中国語教師の娘として生まれ、両親とも日本人であったため**山口淑子**が本名だが、家族ぐるみで親しかった中国人の義理の娘（絆を深めるためにお互いの子どもを義理の子とする旧中国の習慣で、戸籍上は日本人のまま）となったことで、「**李香蘭**」という中国名を得る。1937（昭和12）年に北京のミッションスクールを卒業すると、翌年には満映に入社した。

淑子は満映の方針で「日本語がうまい中国人・**李香蘭**」として女優デビュー。長谷川一夫と共演した『白蘭の女』、『志那の夜』、『熱砂の誓ひ』などの映画が評判となり、一躍スターの座を手に入れた。さらに彼女が少女時代を過ごした奉天は、ロシア革命で亡命してきていた白系ロシア人が多数居住しており、その配偶者のイタリア人オペラ歌手から声楽を習った彼女は優れた歌声を持っていた。そしてその美声で、**『夜来香《イエライシャン》』、『蘇州夜曲』などの歌謡曲を大ヒットさせる**。そのため、日本の国策映画に出演した**李香蘭**は、戦後「漢奸（日本の中国侵略行為の片棒を担いだ裏切り者の中国人）」の容疑により軍事裁判にかけられた。日本人であったため無罪となり国外追放処分を受けた彼女は、清王朝の姫君でありながら日本人として育ち「東洋のマタハリ」と呼ばれた川島芳子が、中国人として漢奸の罪で処刑された事実に対して晩年まで複雑な想いを抱き続けたという。

1946（昭和21）年に日本に帰国して以降は、本名の**山口淑子**の名前で多くの映画に出演して三船敏郎とも共演。**シャーリー・ヤマグチ**の名前でハリウッドにも進出し、ブロードウェイのミュージカルにも出演した。1951（昭和26）年には日系アメリカ人の彫刻家であるイサム・ノグチと結婚している（ただし、4年後に離婚）。1952（昭和27）年から当時イギリス領だった香港に渡り、**李香蘭**の名前で香港映画にも出演している。

1958（昭和33）年、外交官との再婚を機に芸能界を引退するが、1969（昭和44）年に復帰してワイドショーの司会者やリポーターとして活躍。**1974（昭和49）年にはその知名度を活かして衆議院議員となり、1992（平成4）年まで政治活動を行っている。**

帰国後は女優としても政治家としても本名の**山口淑子**として活動するが、**李香蘭**の名前を併記されることが多く、過去の影を常に抱え続けた人生であった。

もっと深く知りたい人のための推薦図書

- **『李香蘭　私の半生』**山口淑子、藤原作弥／新潮社
- **『甘粕正彦と李香蘭　満映という舞台』**小林英夫／勉誠出版

340 政治

近衛文麿（このえふみまろ）

1891〜1945年

超名門の家柄も首相の肩書きも軍部の暴走の前には役に立たず

昭和時代前期の政治家で、太平洋戦争前とその間に３度、内閣総理大臣となった人物。

公家の名門・五摂家の筆頭である近衛家の長男として生まれ、1904（明治37）年に父の死によりわずか12歳で近衛家当主となった。華族の子弟でありながら学習院高等科ではなく第一高等学校に進学し、東京帝国大学哲学科に入学。しかし、河上肇や米田庄太郎に学ぶために京都帝国大学法科大学（現在の京都大学法学部）に転学し、華族の若君としては異色であるが社会主義思想について学んでいる。

1916（大正５）年、満25歳となった**文麿**は公爵位を正式に継承し、貴族院議員となった。そして、1919（大正８）年には同じく公家出身の西園《さいおん》寺《じ》公望《きんもち》に随行する形でパリ講和会議にも出席している。近衛家当主の威光もあり、1933（昭和８）年には貴族院議長に就任し、４年後には第一次近衛内閣を組閣。日中戦争を終結できないまま、日独伊三国防共協定を結び、翌年には国家総動員法を成立させて戦時体制に入っている。

1939（昭和14）年に内閣総辞職をするが、翌年には第二次近衛内閣を組閣して日独伊三国同盟を締結。この年に大政翼賛会が設立され、**文麿**は初代総裁にも就任している。そして、1941（昭和16）年には日ソ中立条約を締結し、同年７月に内閣総辞職をしてすぐに第三次近衛内閣を組閣するが、日米開戦回避に失敗したことで同年10月には再び内閣総辞職している（このあとに、近衛内閣のブレーン・尾崎秀実《ほつみ》を含むソ連の諜報組織の構成員が逮捕されるゾルゲ事件が起きている）。

太平洋戦争末期、**文麿**は終戦工作に着手するが大きな成果は得られず、1945（昭和20）年８月、終戦後の東《ひがし》久《く》邇宮《にのみや》稔彦《なるひこ》内閣に副総理格の無任所国務大臣として入閣。同年10月の内閣総辞職に伴い私人となるが、**日中戦争を泥沼化した責任、大政翼賛会総裁となり軍国主義政策に積極的に関わった責任、日米開戦回避を望みながらも結局それを断固とした態度で実行できなかった責任**などから、12月にはGHQによりＡ級戦犯と認定され巣鴨プリズンへの出頭命令が出される。すると**文麿**は戦犯として裁かれる屈辱に耐え切れず、収監直前に服毒自殺を遂げてこの世を去った。

気が弱く優柔不断な性格の**文麿**に首相の器があったとは言いがたく、五摂家筆頭の近衛家の当主という肩書きによって軍部が台頭する時代の国の舵取りを任されたことが、**文麿**にとっても日本という国にとっても大きな不幸であったといえるだろう。

341　軍事

山本五十六（やまもといそろく）

1884〜1943年

真珠湾攻撃を成功させた連合艦隊司令長官

昭和時代に活躍した海軍軍人。旧長岡藩（現在の新潟県長岡市）の藩士・高野貞吉の六男として生まれ、誕生時に父親が56歳だったため「**五十六**」と名付けられた。なお、山本姓を名乗るのは1916（大正５）年に旧長岡藩の家老を務めた山本家の養子となってからである。1904（明治37）年に海軍兵学校を卒業し、翌年の日露戦争では巡洋艦日進に乗って日本海海戦に参戦している。

1911（明治44）年に海軍砲術学校と海軍経理学校の教官となり、1913（大正２）年には海軍大学に入学し、1916（大正５）年に同校を卒業。1919（大正８）年にはアメリカ駐在武官として渡米してハーバード大学で学び、アメリカの産業、軍事などをくまなく視察している。このため、**山本は日米の戦力差を的確に把握しており、日独伊三国同盟および日米開戦には強く反対していた。**

帰国後は海軍大学教官、第一航空戦隊司令官、海軍航空本部長などを歴任し、島国である日本の国防には航空機が不可欠であることをいち早く理解していた**山本**は、航空戦力の充実のために尽力。1936（昭和11）年には海軍次官に就任している。

そして、1941（昭和16）年に日米開戦が決定されると、日米の戦力差を理解していた**山本**は日本に勝ち目はないことを理解して反対の立場をとっていたが、軍人として上層部の命令には素直に従い、その戦端を開く**真珠湾攻撃の作戦を立案・実行して大成功を収める**。長期戦は日本にとって圧倒的に不利であると考え、真珠湾攻撃では**山本**が増強していた航空戦力が投入されている。しかし、翌年のミッドウェー海戦では大敗北を喫し、空母４隻と熟練の搭乗員を多数失い海軍の航空戦力が大幅に低下したこともあり、戦局は日本にとって不利な方向に進んでいった。そのため、**山本**は劣勢の中で奮戦する前線を視察するようになり、1943（昭和18）年、搭乗機がソロモン諸島上空で敵機の攻撃を受けて墜落し、**山本**は戦死してしまった。

ミッドウェー海戦の大敗後は際立った戦果を挙げられなかったことで、**山本**は凡将であったとする意見も少なからずあるが、森田貫一中将が「**山本**に半年仕えれば、一体感をもつようになる。仮に**山本**が危険にさらされたら反射的に命を捨てて守るだろう」と述べているように、海軍内で多くの部下に敬愛された指揮官だったことは事実である。

もっと深く知りたい人のための推薦図書

- **『「太平洋の巨鷲」山本五十六　用兵思想からみた真価』**大木毅／KADOKAWA
- **『山本五十六　戦後70年の真実』**NHK取材班、渡邊裕鴻／NHK出版

342 軍事 政治

東条英機（とうじょうひでき）

1884～1948年

A級戦犯となった太平洋戦争時の首相

昭和時代に活躍した陸軍軍人で、後に政治の道に進み、太平洋戦争開戦時に首相であった人物。軍人の息子として東京で生まれ、父と同様に軍人になることを望んだ彼は陸軍幼年学校から陸軍士官学校を経て、陸軍大学に入学し、1915（大正4）年に同大学を卒業後に歩兵大尉となる。1921（大正10）年にドイツ駐在武官となり、ここで後の統制派のリーダーとなる永田鉄山らとともに陸軍改革を誓う「バーデン・バーデンの密約」を交わした。以降、陸軍省軍事調査部長、関東軍参謀長、陸軍次官を歴任し、1940（昭和15）年には陸軍大臣に就任している。

そして1941（昭和16）年から太平洋戦争末期の1944（昭和19）年まで内閣総理大臣として戦争を遂行。そのため、終戦後はGHQによりA級戦犯とされ、東京裁判で死刑判決を受けて1948（昭和23）年に巣鴨プリズンで絞首刑となっている。そのため**東条**の名前は**日本を太平洋戦争の泥沼に引き込んだ首相**として歴史に刻まれている。

そもそも、**東条**は軍人ではあるが実際の戦闘指揮の経験がなく、軍隊の指揮官としては無能と言ってよく、陰では「**東条上等兵**」と揶揄されてもいたという。また政治家としてもあまり有能ではなく、**東条**らが米英開戦を強く主張したことが太平洋戦争開戦の大きな要因の一つであった。開戦直前に首相となりようやく開戦回避に動くも遅きに失した判断から、**東条**が世界情勢や政治状況にいかに無知であったかがうかがえる。極端に言うならば、**東条**の成功は軍事官僚としての成功だけだったのである。

東条を肯定する意見として天皇に対する忠誠心が強かったというものがあるが、そうしたものは一国の首相として、さらに戦争を行った人間として評価されるものではまったくない。

当時の陸軍最大の戦術家と称され、**東条**によって徹底的に冷遇された石原莞爾は「自分にはいささかの意見・思想がある。しかし、**東条**には意見・思想が何も無い」と述べているが、当時の日本の不幸は、そのような意見・思想のない人間が一国のリーダーとなり、戦争指導者であったという点にあるのではないだろうか。こうしたリーダーのもとでは国家は破滅の方向に向かう。そのよい例が**東条英機**であり、現代に生きる我々はこの負の歴史をしっかりと見つめ直さなければならない。

佐藤優の言葉

実は民衆の生活にも関心をもつ人情家で、平時なら首相として十分な業績を残すことができただろうが、大局観に欠けていたので日本を泥沼の負け戦に引きずり込んでしまった。

343　軍事　政治

鈴木貫太郎（すずきかんたろう）

1868～1948年

日本の破滅を阻止し、終戦へと導いた首相

明治時代から大正時代にかけては海軍軍人として、昭和時代前期には政治家として活躍した人物。関宿藩（現在の千葉県野田市）の代官の子として、藩の飛び地であった現在の大阪府堺市で生まれた**鈴木**は、1884（明治17）年に海軍兵学校に入学。1895（明治28）年に日清戦争に参戦している。1897（明治30）年に海軍大学に入学し、1898（明治31）年に同校を卒業。日露戦争では1904（明治37）年の黄海海戦、翌年の日本海海戦でロシア艦隊と戦っている。1914（大正３）年に海軍次官となり、政界を巻き込んだ海軍の一大疑獄・シーメンス事件の事後処理を任されている。そして1924（大正13）年に連合艦隊司令長官に、翌年に海軍軍令部長に就任した。

1929（昭和４）年に予備役となり、第124代昭和天皇の希望で侍従長となる。後妻が天皇の乳母であったため天皇からの信頼は厚かったが、それゆえに国粋主義的青年将校からは天皇を意のままに操ろうとする「君側の奸」と見なされた。その結果、1936（昭和11）年に起きた二・二六事件では青年将校に襲われ重傷を負うが、奇跡的に一命を取り留める。太平洋戦争の終盤、1945（昭和20）年、戦局が思わしくないなか、総辞職した小磯國昭内閣の後を引き継ぐ形で内閣総理大臣に就任した。この内閣は**実質的に戦争終結のための内閣であり、同年の8月15日に終戦を迎え、終戦の一月後に首相を辞任**。1946（昭和21）年には公職追放処分を受けるが、晩年は故郷の千葉県関宿町（現在の野田市）に戻って農業を営んだ。

鈴木の功績は何といっても太平洋戦争を終わらせるために尽力したという点にあるが、組閣から終戦までの道のりは険しいものであった。この道のりについては半藤一利の『日本のいちばん長い日』などに詳しく書かれているが、戦争続行、本土決戦を強く主張する青年将校などによる終戦阻止の多くの工作を乗り越える必要があった。この困難を克服し、**鈴木**は戦争を終結させたのである。

なお、ポツダム宣言に対する記者会見で意見を求められた**鈴木**が「黙殺する」というコメントを出したために、広島と長崎への原爆投下やソ連の参戦を招いたという批判意見がある。確かにこの点に関しては批判される余地はあるが、**鈴木**なくして太平洋戦争をあのように終結することはできなかったであろう。その意味で、戦争終結における**鈴木**の存在は非常に大きかったといえる。

佐藤優の言葉

二・二六事件で陸軍青年将校の襲撃を受けたが、かろうじて一命を取り留めることができた。鈴木が天皇の御聖断を仰がなくては、太平洋戦争を止めることはできなかった。

344 政治

吉田茂（よしだしげる）

1878～1967年

日本の戦後復興をリードしていった政治家

戦前は外交官として活躍し、戦後は５度も内閣総理大臣に就任した政治家。戦争で廃した日本の復興に尽力し、1951（昭和26）年のサンフランシスコ講和会議の全権代表として参加し、第二次世界大戦中の多くの連合国と平和条約を結び日本の占領体制に終止符を打ったことが特筆に値する。

東京で自由民権運動家の竹内綱の息子として生まれるが、1881（明治14）年に横浜の貿易商・吉田健三の養子となる。いくつかの大学に入学、退学を繰り返し、1906（明治39）年に東京帝国大学法科大学を卒業して外務省に入省。その後、20年間中国で過ごし、中国との関係改善に尽力した。そして1936（昭和11）年にイギリス大使となったことで米英との関係を重視した**吉田**は日独伊三国同盟に反対するが、政府は彼の意見を聞き入れず、日米開戦前の1939（昭和14）年に外交の一線から離れる。第二次世界大戦中は和平工作をするも失敗し、1945（昭和20）年には終戦工作をしたことで憲兵隊に拘束され、勾留されている。そうした経歴が買われ、戦後は東久邇宮内閣や幣原内閣で外務大臣に就任し、1946（昭和21）年に日本自由党総裁となり、同年、第45代内閣総理大臣となる。**吉田**は大日本帝国憲法下の天皇組閣大命による最後の総理大臣であったが、翌年に選挙に敗れ総辞職している。しかし、この**第一次内閣で戦後に成立した民主憲法「日本国憲法」が公布・発行**され、この憲法をもとに戦後日本の民主主義体制が確立していったことを考えると、日本の戦後史にとって非常に重要な内閣といえる。

そして、1948（昭和23）年に民主自由党総裁となった**吉田**は、同年に第二次内閣を組閣。翌年も選挙で勝ったことで第三次吉田内閣が成立している。そして、首相である**吉田**が全権代表として1951年のサンフランシスコ平和条約を締結し、同時に日米安保条約も結ばれた。以降、第四次・第五次吉田内閣が成立するが、1954（昭和29）年に造船疑獄の責任を取る形で総辞職することとなった。

1963（昭和38）年に政界を引退した**吉田**は、最晩年の1966（昭和41）年に『ブリタニカ百科事典』のために論文を執筆している。

首相としての**吉田**の功績で忘れてはいけないのが、**サンフランシスコ平和条約の締結**であろう。この条約締結以前、日本はまだ連合国軍の占領下に置かれており、日本国民が主権となる独立した国家ではなかったが、この条約締結によって独立を果たすのである。この独立以後、日本は政治的にも経済的にも世界の舞台に進み出て、戦後復興が果たされ、その道は後の高度成長時代へと続いていくのである。この意味で、サンフランシスコ平和条約の締結は大きな意味があり、それを締結した**吉田**の功績も大きなものであると述べ得るのである。

そして、サンフランシスコ平和条約と同時に、アメリカとの間で結ばれた**日米安全保障条約**は、その後の日本の軍事的方向性を決定づけるものとなった。平和憲法成立に伴い、日本は憲法によって武力放棄を宣言したが、国家防衛という問題をどうするのかという課題が残っていた。日本防衛を日本に基地を置くアメリカ軍が担うことによって補うこの条約は、その後の日米政治・軍事関係の基軸となったものである。この条約への批判が大きいであろうことは予測でき、サンフランシスコ平和条約には**吉田**を含め代表６人全員が署名を行ったのに対して、日米安全保障条約には**吉田**一人だけで署名している。これは万が一の場合に、自分一人で責めを負う覚悟の末の判断とされている。

こうして見ていくと、**吉田**が内閣を組織していた時代に行った政策どれもが、その後の日本の歩む方向性を決定した根本的な政策であったと述べることができる。**吉田**が行った政策に基づき、戦後日本は経済復興し、平和国家として世界という舞台に再登板することができたのである。

吉田という政治家は彼の後継者となる政治家に大きな影響を与えた点についても特筆しておく必要性がある。**吉田**は**「吉田学校」といわれる元官僚を中心とした国会議員のグループを形成し、後に自民党の大物政治家となる人材を積極的に登用**した。彼らは**吉田**の下で政治方法や政治家のあり方を学んだといっても過言ではない。その中の代表的な人物が、佐藤栄作、池田勇人、田中角栄であり、彼らは後に内閣総理大臣として日本を指導していくこととなる。

吉田は終戦後、「今に立ち直る。必ず日本は立ち直る」と述べていたという。日本の復興を信じて、政治家としての務めを果たした。彼は「大志を抱けば、天下何ものか恐るるに足らず」とも述べている。こうした姿勢を貫いた彼は、確かに昭和史に残る首相の一人だったのである。

もっと深く知りたい人のための推薦図書

- **『日本を決定した百年　附・思出す侭』**吉田茂／中央公論新社
- **『吉田茂　戦後日本の設計者』**保阪正康／朝日新聞出版
- **『吉田茂と昭和史』**井上寿一／講談社

345 政治

白洲次郎（しらすじろう）

1902〜1985年

連合軍占領下の吉田茂政権を支えた男

吉田茂の片腕と称され、通産省設立やサンフランシスコ講和会議の成功に大きく寄与した人物。現在の兵庫県芦屋市で貿易商・白洲商店を営む白洲文平の息子として生まれる。祖父の退蔵がミッション系の神戸女学院の創設者で自宅に外国人女性教師が寄宿していたため、**白洲**は幼い頃から英語に親しんだ。1919（大正８）年にケンブリッジ大学クレア・カレッジに入学し、1925（大正14）年に卒業。そのまま大学院に進むが、1928（昭和３）年に昭和恐慌の煽りで父が経営する白洲商店が倒産したため、帰国を余儀なくされる。そんな状況下でも、樺山伯爵家の令嬢・正子と翌年に恋愛結婚をしている。

1929（昭和４）年に英字新聞ジャパン・アドバイザーに就職したのを皮切りに、セール・フレイザー商会や日本食糧工業（後の日本水産）の取締役に就任。商用で渡英することが多かったため、当時駐イギリス大使だった吉田茂の知遇を得た。また、日本国内でも近衛文麿のブレーンの一人になっている。

戦時中は「カントリージェントルマン」よろしく農業活動に専念するが、終戦後、吉田に請われて終戦連絡中央事務局参与に就任してGHQとの折衝に当たった。**敗戦国の人間だからと卑下せず断固たる態度で日本の立場を示した白洲**は、第124代昭和天皇の贈り物を粗略に扱った連合国軍総司令官・マッカーサーを一喝したという逸話をもつ。そのためGHQの要人たちは、**白洲**を**「従順ならざる唯一の日本人」**と形容した。

1948（昭和23）年に貿易庁初代長官となった**白洲**は、さまざまな経済復興プランを作り上げた。そして、1951（昭和26）年に東北電力会長だけでなくサンフランシスコ講和会議全権委員顧問にも就任。全権代表となった吉田を池田勇人や宮澤喜一らとともに支える。サンフランシスコ講話会議のハイライトである吉田の演説は、当初、英語で行われる予定だったが、日本の国威を保つためにも日本語で演説するほうがよいという意見が持ち上がると、迷う吉田を**白洲**が説得したといわれている（**白洲**が外務省の用意した英語の草稿に激怒して変更させたという説もある）。

1954（昭和29）年、吉田の首相辞任とともに政界からは退き、以降は大企業の顧問や役員に就任して経済界で活躍した。そんな彼は「いまの日本でいけないのはすぐ人の脚をひっぱることだね。これは大変な奴だと思うと脚をひっぱっちゃう。だから日本で何かのトップにゆく奴は、毒にも薬にもならない奴が大部分だよ」と述べている。

もっと深く知りたい人のための推薦図書

- **『プリンシプルのない日本』**白洲次郎／新潮社
- **『白洲次郎　占領を背負った男』**北康利／講談社

346　芸能

円谷英二（つぶらやえいじ）

1901～1970年

日本の特撮技術を世界に知らしめた鬼才

映画黎明期の昭和時代初期から活躍した映画監督で、「日本の特撮技術の神様」と称される人物。現在の福島県須賀川市で麹業を営む家に生まれ、幼少期の飛行士になる夢は叶わず、映画会社に入社してカメラマンの道を進む。1927（昭和２）年には後に大スターとなる長谷川一夫の初主演作『稚児の剣法』のカメラマンを務めている。

1933（昭和８）年に日活に入社するが幹部と対立し、翌年に退社して東宝の前身であるJD東京に入社。1935（昭和10）年には初監督作『赤道越えて』のメガホンを握っている。また日独合作映画『新しき土』でカメラマンを務めると、その撮影技術に対して監督のアーノルド・ファンク監督から高い評価を受けた。

戦時中は『燃ゆる大空』や『ハワイ・マレー沖海戦』など有名な戦争映画の政策に携わったため、戦後はGHQによって公職追放処分を受けてしまう。しかし、解除後は東宝に復帰し、特撮映画怪獣の金字塔である**『ゴジラ』シリーズを監督**している。また、1963（昭和38）年には円谷プロダクションを設立し、テレビ業界にも進出。特撮テレビドラマ**『ウルトラマン』シリーズを放映**し、子どもたちの間に怪獣ブームを巻き起こした。

映画史上の**円谷**の功績は大きく分けて二つあると考えられる。一つは彼があらかじめ撮影した映像をスクリーンに映写してその前で演技を行い、その二つを合成する「スクリーンプロセス」という手法を完成した点である。**円谷**が特撮を担当した『ハワイ・マレー沖海戦』はこの手法が用いられており、あまりにリアルな出来栄えに海軍の重鎮たちが思わず息を呑んだといわれている。

そして、もう一つの**円谷**の功績が、『ゴジラ』シリーズに代表される怪獣映画というジャンルの確立である。同じ東宝の『モスラ』シリーズだけでなく、大映（現在のKADOKAWA）では『ガメラ』シリーズが製作された。実は『ウルトラマン』シリーズも映画界のそうした動きを受けて製作されたのである。特殊撮影技術が遺憾なく発揮された迫力ある映像は、子どもだけではなく多くの大人も夢中にさせた。

円谷はその特殊撮影の技術によって、日本映画史に輝かしい足跡を残した。彼の発想力の豊かさと好奇心の強さが日本の特殊撮影技術を進歩させていったのである。**円谷**は**「まず『出来る』って言う。方法はそれから！」**という言葉を残しているが、行動力とアイデアをひねり出す力が彼にはあった。その力によって彼は、日本の映画およびテレビドラマ界の黄金期確立に大きく貢献したのである。

もっと深く知りたい人のための推薦図書

- **『大空への夢：特撮の神様 円谷英二伝』**鈴木和幸／大月書店

347 福祉

沢田美喜（さわだみき）

1901～1980年

敗戦により産み落とされた混血児の救済に尽力

戦後に活躍した社会事業家。太平洋戦争の敗戦後、日本はGHQによる占領統治下に入るが、**進駐軍兵士と日本人女性の間に生まれた混血児を保護する孤児院「エリザベス・サンダース・ホーム」を設立**したことで知られる。

東京府東京市本郷（現在の東京都文京区）で三菱財閥の３代目総帥・岩崎久弥と寧子夫妻の長女として誕生。東京女子高等師範学校附属幼稚園（現在のお茶の水女子大学附属幼稚園）に入園し、そのまま附属高等女学校まで進学するが、1916（大正５）年に中退し、以降は津田梅子などの家庭教師から教育を受けた。

1922（大正11）年、外交官の沢田廉三と結婚。岩崎家は真言宗であったが、廉三がクリスチャンであったことから**美喜**も洗礼を受けている。以降、夫の赴任に帯同し、翌年からアルゼンチン、中国、イギリス、フランス、アメリカなど各国を巡る。特にイギリスのロンドンでは孤児院「ドクター・バーナードス・ホーム」を視察し、捨てられた子どもに対する教育の大切さを学んだ。

美喜は廉三との間に三男一女に恵まれるが、1945（昭和20）年に三男の晃が戦死。敗戦後は実家の岩崎家も財閥解体を受けたり、洋館であった本邸をGHQに接収されたりしている。そして1947（昭和22）年、偶然乗り合わせた列車で混血児の赤ん坊の遺体が発見され、**美喜**がその母親と間違われたことをきっかけに、混血児救済を決意した。

敗戦によって福祉が崩壊し、親を亡くした子どもたちが浮浪児として町をさまよっている状態だったこともあり、当時は混血児に対する世間の目は冷たいものだった。そのため、1948（昭和23）年に混血児のための孤児院を設立するが、日本政府からの支援はなく、自国の兵士の不始末に触れてほしくないGHQからは迫害を受けて経済的には大変だった。しかし、多額の寄付をくれたエリザベス・サンダース（孤児院の名前の由来）のように、**美喜**の志に賛同し支援の手を差し伸べてくれる人もおり、上層部に隠れて必要な物資を届けてくれる進駐軍の兵士もいたという。

1949（昭和24）年には子どもたちの「父の国」であるアメリカに渡り、寄付を募るための講演会を行った。そして、成長した子どもたちが地元の学校で進学していじめられることを危惧し、1953（昭和28）年にはホーム併設の小中学校である聖ステパノ学園を創立。さらに、卒園生の働く場所を作るために、1962（昭和37）年にはブラジルのアマゾン川流域を開拓し、聖ステパノ農場を設立している。

もっと深く知りたい人のための推薦図書

- **『澤田美喜　黒い肌と白い心』**沢田美喜／日本図書センター
- **『「混血児」の戦後史』**上田誠二／青弓社

348　芸術

岡本太郎（おかもとたろう）

1911〜1996年

戦略的パフォーマンスで大衆に前衛芸術を伝えた、日本芸術の革新者

昭和時代に活躍した芸術家。現在の神奈川県川崎市で漫画家の岡本一平と歌人で小説家だった岡本かの子の間に生まれる。１９２９（昭和４）年、入学した東京美術学校を休学してパリに渡り、数年後にアブストラクシオン・クレアシオン協会に入会して抽象絵画運動に触れる。１９３７（昭和１２）年に発表した『傷ましい腕』をシュールレアリストの指導者アンドレ・ブルトンが絶賛。国際シュールレアリスト・パリ展に招待され、多くのシュールレアリストと親交をもつ。このように**太郎**は抽象絵画とシュールレアリスムという二つの前衛芸術運動で実績を残した。**太郎**はパリ大学で哲学や民族学も学び、文学者ジョルジュ・バタイユらとも親交を結ぶ。こうした体験をもとに、**太郎**は「芸術は商品ではなく、無償・無条件であるもの」「芸術とは全人間的に生きること」という芸術観に至った。それは後述する作品群で実現する。

１９４０（昭和１５）年、ナチス・ドイツのパリ侵攻を受けて帰国するが、日本も戦時下のため**太郎**も戦場に送られ、非道な日本の軍国主義を体験する。戦後帰国できた**太郎**は、戦火によって自宅も作品も失ったことにひるまず、新聞紙上に「絵画の石器時代は終わった。新しい芸術は**岡本太郎**から始まる」と宣言。**封建的で権威主義的な日本美術界に反旗を翻し、前衛芸術運動をひとり推し進める**。作品だけでなく出版物や講演でも自らの思想を伝えた。また花田清輝らと「夜の会」、瀧口修造らとアヴァンギャルド美術家クラブを創設。一方で縄文土器に美を見出し、民族学の視点から日本を再発見していった。

１９５０年代以降、**太郎**は大衆に前衛芸術を親しんでもらうために表現領域を広げ、飛行船に絵を描くなど、画期的な試みも行っている。１９７０（昭和４５）年に大阪で開催された万国博覧会では、高さ７０ｍのモニュメント『太陽の塔』を築く。土俗的な造形を持つ同作は、技術と産業の進歩の精神をもつ万博に対するアンチテーゼだった。**太郎**は万博の安易な進歩主義に、前衛と日本の根源回帰の立場から反対したのである。

戦略的に大衆に近寄り、時に扇動した**太郎**は、１９７０年代以降はテレビ番組やＣＭにも出演し、**「芸術は爆発だ」「職業は人間」**などの名言を残した。**太郎**の精神がよく描かれているのが、東京・渋谷駅に展示されている壁画『明日の神話』である。これは１９７０年にホテルのために制作されて行方不明になっていた作品で、２００３（平成１５）年にメキシコで発見された。左から右へ時間が流れ、中央で原爆が炸裂し、右面にはそれでも生き続ける人間の姿が描かれており、**太郎**の強い希望と確信が息づいている。

もっと深く知りたい人のための推薦図書

・**『自分の中に毒を持て』**岡本太郎／青春出版社

349 芸術

棟方志功（むなかたしこう）

1903～1975年

独学で奔放無類の個性を開花。木版画の傑作を作り続けた世界のムナカタ

昭和時代に活躍した木版画家。青森市に刀鍛冶職人の三男として生まれる。囲炉裏の煤で目を病んで極度の近視となるが、幼少期から絵が好きだった**棟方**はほぼ独学で油彩画を描き始めるが、18歳の時、文芸誌『白樺』に掲載されたゴッホの『ひまわり』を見て感動した彼は、「わだばゴッホになる」として芸術家を目指すようになる。

棟方は友人たちと美術サークルの青光画社を結成し、油彩画を制作。展覧会などを開く。1924（大正13）年に上京して帝展や白日会展に出品するが、落選が続き貧困生活を送る。1928（昭和３）年、帝展にて油絵『雑園』が初めて入選するが、同じ時期に国画創作協会の展覧会に出展された川上澄生の版画『初夏の風』に感銘を受け、**棟方**は版画家になることを決意。木版画の制作を始め、同年に日本版画協会展で入選を果たす。

1936（昭和11）年、出世作となる『大和し美し』を発表。同作は黒と白を基調とした独特のスタイルで柳宗悦の評価を受ける。柳や河井寛次郎《かわいかんじろう》らとの交流で民芸運動を知った**棟方**は、その中で仏教や古典文学に触れ、創作活動に多大な影響を受ける。特に仏教の影響は大きく、生涯で仏を題材にした作品を多く発表することになる。1938（昭和13）年、**謡曲「善知鳥《うとう》」をモチーフにした『勝鬘譜《しょうまんふ》善知鳥版画曼荼羅』で新文展の特選を得る。官展で史上初の版画の受賞だった**。1939（昭和14）年、『二菩薩釈迦十大弟子』を発表する。1942（昭和17）年以降、自らの木版画を「板画《はんが》」と呼び、木版の特徴を活かした作品を作り続けた。

1945（昭和20）年、戦時疎開で富山県に移住。**棟方**はこの地の自然をこよなく愛し、多くの作品を創作して1954（昭和29）年まで在住した。

戦後、**棟方**は1955（昭和30）年にサンパウロ・ビエンナーレの版画部門で最高賞を、翌年にはさらに権威あるヴェネツィア・ビエンナーレで国際版画大賞を受賞し、「世界のムナカタ」となる。1959（昭和34）年には、ロックフェラー財団とジャパン・ソサエティに招待され渡米し、アメリカの各地で個展の開催や大学での講義を行った。

1960（昭和35）年頃から左目が悪化し、ほとんど見えなくなるものの創作意欲は衰えず、『花矢の柵《さく》』『大世界の柵』など、「板壁画」と呼ぶ大作を発表した。同時に「倭画《やまとえ》」と呼ぶ肉筆画も手掛け、これも国内外で高い評価を受ける。こうして**棟方**は病没するまで、精力的に活動を続けた。

もっと深く知りたい人のための推薦図書

・**『もっと知りたい棟方志功 生涯と作品』**石井頼子／東京美術

350 芸術

山下清（やましたきよし）

1922〜1971年

障害を持ちながら、優れた貼り絵を描いた放浪の天才画家

昭和時代に活躍した画家。美術界にはアウトサイダーアートという言葉があり、主に障害を持った人によるアートを指す言葉だが、その先駆者とも言うべき人物。**清**は軽い言語障害と知的障害を持っていたが、芸術的価値の高いさまざまな作品を生み出した。

関東大震災の前年、東京・浅草で生まれた**清**は、３歳の頃に風邪をこじらせ、重い消化不良によって危篤状態に陥り、前述の障害を負った。1928（昭和３）年、浅草の石浜小学校に入学。1934（昭和９）年、千葉県の擁護施設・八幡学園に入園。この学園でちぎり紙細工に出合い、自ら創作を始めた**清**の作品は園内で高い評価を受ける。

1937（昭和12）年以降、「特異児童作品展」など、さまざまな展覧会に絵を出品。それを安井曾太郎や梅原龍三郎といった巨匠が絶賛。**「ゴッホやアンリ・ルソーの水準」**とまで言われ、**清**は後に「日本のゴッホ」とまで呼ばれることになる。

1940（昭和15）年に学園を脱走し、約15年間もの放浪の旅に出る。彼は小さい頃より学校生活などでいじめに遭って、トラウマになっていた。当時、日本は戦時下にあって、兵役に就く必要がある時代だった。だが軍隊に入ると罵倒や鉄拳制裁といった、いじめに遭うことを知っていた**清**は、それから逃れるためもあって放浪に出たのである。

清は旅先で見た光景を、学園や実家に戻ってから、驚異的な映像記憶力で描き出した（彼がサヴァン症候群だったと言う研究者もいる）。作品が完成すると、また自由を求めて旅に出るという生活を送った。その作品は色紙をちぎって画用紙に貼りつめる貼り絵や、マジックペンで描いた素朴な絵で、特に前者は強烈な個性を発揮した。日本各地の花火大会を描いた貼り絵などが多く、代表作には『長岡の花火』『桜島』、晩年の『東海道五十三次』などがある。

1954（昭和29）年、鹿児島で放浪を終えた**清**は、1961（昭和36）年には渡欧し、９ヵ国を訪問する。だが、1971（昭和46）年、脳出血のため49歳で死去する。

そのユニークなキャラクターもあり、**清**をモデルにした映画やテレビドラマなどが作られるが、特に1980（昭和55）年〜1997（平成９）年に放映されたドラマの**『裸の大将放浪記』**は人気を博した。

花火大会の作品を多数残すほど花火が大好きだった**清**は「みんなが爆弾なんか作らないで、きれいな花火ばかり作っていたら、きっと戦争なんて起きなかったンだな」という名言を残している。

351 文学

川端康成（かわばたやすなり）

1899～1972年

日本の美を追求し、日本人初のノーベル文学賞を受賞

昭和時代を代表する文豪。1968（昭和43）年、日本は**川端**のノーベル文学賞受賞に沸いた。現代に至るまで日本人のノーベル賞受賞者は数多存在するが、文学賞は後の大江健三郎を含め二人しかない。**川端**は大阪市で生まれるものの２歳で父母と死別し、祖父母に引き取られた。この記憶にない父母への思慕や憧憬は後に彼の作品に反映されることになる。しかし**川端**の祖父母も彼が15歳の時に亡くなり、天涯孤独な孤児になった。この体験が彼の孤独感・虚無感、そして独立精神を育て上げた。1920（大正９）年に東京帝国大学の英文学科に入学する。

やがて**川端**は今東光とともに第六次『新思潮』を発刊。1924（大正13）年に大学を卒業した後、横光利一とともに『文藝時代』を発刊。鋭い感覚的感性を象徴的文体で表現した「新感覚派」の作家として認められることになる。1926（大正15）年に『伊豆の踊子』を発表。同作は**川端**が伊豆を旅した時の実体験をもとにした初期の代表作である。同年、松林秀子と同棲し、結婚生活に入る。彼にとって本当に得た家族だった。一方、新感覚派は映画とも接近した。同年、ドイツ表現主義の影響下に『狂った一頁』の脚本を**川端**が書いた。同作は現代でも世界映画史上の傑作の一つと評価されている。以後、**川端**は『浅草紅団』『禽獣』のほか、掌編を多く発表する。

1937（昭和12）年に**『雪国』を発表**。雪深い越後湯沢の風景美と、哀しい日本女性の姿を描いた叙情的な同作は彼の最大の代表作となるとともに、ノーベル賞の対象作品の一つともなった。**「国境の長いトンネルを抜けると雪国であった。夜の底が白くなった」**の冒頭の２文はまさに文学史に残る美しいフレーズである。彼はこうして日本的な作家としてその地位を高めることになる。

やがて終戦とともに**川端**は執筆を再開。戦後の彼は日本の伝統美への思いを強め、『山の音』や『古都』を発表する。前者は成瀬巳喜男によって映画化され、小説も映画もともに評価されている。そしてノーベル賞受賞。授賞式で彼は世界に向けて「美しい日本の私」として日本の美をアピールした。だが、その４年後の1972（昭和47）年、自宅でガス自殺をする。この唐突な死は多くの人々に衝撃を与えた。彼の作品は「日本の美」と称されるが、実際は人間の美醜も善悪も、孤独もすべてを知ったうえで、それをあくまで美の世界に転化させたものであり、その手腕はまさに神技であった。

もっと深く知りたい人のための推薦図書

・**『川端康成・三島由紀夫往復書簡』**川端康成・三島由紀夫／新潮社

352　文学

太宰治（だざいおさむ）

1909〜1948年

何度も自殺未遂を行い、人の弱さを露わにした無頼派作家

昭和時代前期に活躍した小説家。その人気は21世紀に入り一層高まっている。映画化された作品も数多い。現代日本はうつ病患者が増加しているが、抑うつした人生を生きる人が、**太宰**に共感を覚えるのかもしれない。

出身は青森県の津軽地方で、本名は**津《つ》島《しま》修《しゅう》治《じ》**という。父は県でも有数の大地主で、貴族院議員などを務めた地元の名士だった。一方、母は病弱だったため乳母に育てられた。小学時代から成績優秀で、1927（昭和２）年に旧制弘前高校に入学。この年、芥川の自殺を知り衝撃を受ける。その後は左翼活動に加わるようになる。この時、大地主の父が零細農民から搾取によって成り上がったことに引け目を感じ、1929（昭和４）年、最初の自殺未遂を行う。その動機がブルジョワだったことの負い目といわれる。

1930（昭和５）年、東京帝国大学に入学。この頃、最初の結婚をするが反対され、その苦悩からバーの女給と心中を図る。だが**太宰**のみ生き残る。結局、左翼運動からも離脱し、創作活動に励む。1935（昭和10）年、大学を卒業できず就職も不採用。ここでも自殺未遂をする。その後、妻の初代の不貞行為が発覚。**太宰**は初代と心中するがまた未遂で終わり、初代とは離縁する。こんな中でも執筆活動は続け、『道化の華』が評価され、**第１回芥川賞候補になるが落選**する。

1938（昭和13）年に石原美知子と結婚。精神も安定し**『富嶽百景』『女生徒』『走れメロス』**といった代表作を発表する。これらの作品は、生や人間愛など希望に満ちた作品で、晩年の退廃的な作品とは明らかに一線を画す。だが、終戦とともに『ヴィヨンの妻』といった退廃的なものに再び変化した。1947（昭和22）年、没落家族を描いた**『斜陽』**を発表。ベストセラーになり「斜陽族」が流行語になり、「無頼派」作家と称される。1948（昭和23）年に結核を発病し**『人間失格』**を発表した**太宰**は、同年６月、当時の愛人と入水自殺をした。その理由は多くの説があったが1998（平成10）年に遺族が公開した遺書では、「小説を書くのがいやになつたから死ぬのです」とあった。彼の何度も試みた自殺未遂には、直接的な理由はあった。人生で誰もが死にたくなるような挫折を体験する。だがそのたびごとに死んでいては命がいくつあってもたりない足りない。それでも死ぬ。ここに彼の病的精神は見えてくる。とはいえ、彼の作品は他者に自らの絶望を生々しく訴えてくる。読者はこの絶望を知り、時に共感することで、暗闇の中から初めて立ち直る手がかりを見出せる。**太宰**は、現代日本人が切望しているものを描いたのだ。

353 文学

三島由紀夫（みしまゆきお）

1925〜1970年

硬質な文体で滅びの美学を追求し、憂国に生きた作家

昭和時代を代表する小説家。本名を**平岡公威**《きみたけ》といい、東京の名家に生まれた。幼少期から読書を好み、学習院の初等科に入学。やがて中等科に入るまで、文学にふけっていた。16歳の時に執筆した短編小説『花ざかりの森』が雑誌に掲載されると、「早熟の天才現わる」と絶賛された。

第二次世界大戦中、**三島**は日本の勝利を信じ続けていた。特に「神聖な日本古代精神」が米英に劣るはずはないとしていた。**三島**はムッソリーニに好感をもっていたという。しかし1945（昭和20）年の原爆投下と敗戦は、**三島**に強いショックと喪失感を与えた。これは後の彼の作風の「滅びの美学」にも大きな影響を与えたという。

第二次世界大戦後、ジャーナリズムが一変し、文学もリベラルなものが尊重される傾向のもと、**三島**の思想は変わらなかった。**三島**自身は1947（昭和22）年、東大卒業後、大蔵省に入省。しかし創作活動のほうに力を入れるため、1年で退職した。やがて**「私小説」として『仮面の告白』を1949（昭和24）年に発表**する。これは理知的かつ巧緻な文体で描かれ、同性愛までもテーマにした当時としては画期的な作品で、彼の名を有名にした。その後、能の謡曲をアレンジした『近代能楽集』など、多彩な作品を発表した。

1951（昭和26）年から半年の世界一周旅行に出発。そこで**三島**はギリシャ彫刻の美を目に焼き付ける。**三島**は肉体と知性の間にこそ、理想的な人間の姿があると信じて、帰国後もボディビルをするなど、肉体強化に打ち込むことになった。**三島**と同い年の丸谷才一は、いずれ行う切腹の痛みに耐えるためにこの時期から腹筋を鍛えたのではとも述べたが、その真偽はともかく、戦後の**三島**は自らの肉体にもギリシャ美術のような美を見出そうとした。一方、作家としては1954（昭和29）年発表の**『潮騒』**はすぐにベストセラーとなる。そして1955（昭和30）年、京都に取材に行き、青年僧侶が起こした金閣寺放火事件を題材に翌年から**『金閣寺』**の連載を開始する。同作は**三島**最大の代表作となった。吃音に悩む若い僧侶が金閣寺の圧倒的な美を自分だけのものにしようと火を放つ。これは、硬質な文体とともにまさに**三島**の「滅びの美」の象徴となった。

三島はこの後も『美徳のよろめき』『鹿鳴館』などを発表する。安保闘争など学生運動の激しさが増すなか、日本の物質文化偏重に危機感を覚えた彼は、1970（昭和45）年に『豊饒の海』を書き上げると、私兵部隊である「楯の会」のメンバーとともに、陸上自衛隊市ヶ谷駐屯地に立てこもり、自衛隊に決起を呼びかけたあとに割腹自殺を遂げた。

もっと深く知りたい人のための推薦図書

- **『川端康成・三島由紀夫往復書簡』**川端康成・三島由紀夫／新潮社

354　経済

安藤百福（あんどうももふく）

1910〜2007年

チキンラーメンやカップヌードルの発明者

インスタントラーメンをこの世に生み出した日清食品の創業者。**安藤**は日本の統治下の台湾・朴子市で生まれ、幼い時に両親を失い、呉服店を営む祖父母に育てられる。義務教育終了後は祖父の家業を手伝うが、1932（昭和７）年にメリヤスを販売する会社を設立して実業家の道を歩む。この事業が成功し、1933（昭和８）年に大阪にメリヤス問屋の日東商会を設立。太平洋戦争時には幻灯機やバラック住宅の製造販売を行った。

終戦後、おなかをすかせた人々が街にあふれる悲惨な光景を見た**安藤**は、「食」の大切さを痛感。すべての仕事をなげうち「食」への転向を決意した。またある時、大阪駅近くの闇市を通りかかった**安藤**は、寒空のもと、１杯のラーメンを食べるために屋台に並ぶ長い行列を目にして、日本人が麺類好きであることを改めて実感。同時に、この行列に大きな需要が隠されていることを確信した。

1957（昭和32）年、理事長を務めていた信用組合が破綻して**安藤**はすべての財産を失うが、自らを奮い立たせ、闇市のラーメン屋台に並んだ人々の姿を思い出し、**“お湯があれば家庭ですぐに食べられるラーメン”の開発を決意**。1958（昭和33）年に**世界初のインスタントラーメンであるチキンラーメンを発明**し、それが大ヒット商品となる。同年、**安藤**は日清食品を創業し、その後は一気に飛躍的な成長を遂げていく。

さらに**安藤**は、1971（昭和46）年にさまざまな知恵と革新的な発想を結集したカップヌードルを生み出し、その爆発的な人気によって日清食品はさらなる発展を遂げる。

チキンラーメンとカップヌードルによって、世界の食文化を革新した**安藤**であるが、このような大ヒット商品を二つも生み出せたのは、常に「何か人の役に立つことはないか？」と自問自答を続け、「クリエイティブな発想」と「最後まであきらめない執念」をもち続けたから。**世の中にはまだないが、消費者が「あったらいいな」と思える商品**だったからこそ、日本だけでなく世界中の人々に支持されたのだ。

日清食品の二大看板商品であるゆえ、時代の変化に対応するため、チキンラーメンとカップヌードルは新しいフレーバーの開発やリニューアルによって、消費者を飽きさせない努力を怠らないという。その人生のすべてを新しい“食”の創造に捧げた**安藤**の精神が、二つの商品に強く生き続けているのである。

佐藤優の言葉

インスタントラーメンは日本で生まれ世界に広がった食品。安藤がいなければ誕生しなかった可能性もあることを考えると、安藤は食文化に独自の歴史を刻んだ重要人物だ。

355 経済

松下幸之助（まつしたこうのすけ）

1894～1989年

「経営の神様」と称されたパナソニック創業者

大手電機メーカーである**パナソニックの前身・松下電器産業の創業者**。世界的な電機メーカーを一代で築き上げたことから、「経営の神様」とも称されている。また、出版事業でも有名なシンクタンク**「PHP研究所」**や、政財界人養成機関である**「松下政経塾」**を設立したことでも知られる。

松下は和歌山県の海草郡和佐村（現在の和歌山市）の比較的裕福な小地主の家に生まれるが、1899（明治32）年に父が米相場に手を出して破産したことで一気に生活が苦しくなったという。そのため**松下**も、1904（明治37）年に尋常小学校を4年生で中退し、大阪の丁稚奉公を開始することになった。

最初に働いた火鉢店は３カ月で閉店してしまったが、その次に働いた自転車店では約５年４カ月、少年時代の大半を過ごし、商売の楽しさや厳しさを学んでいく。そして、この店での使いの途中に電車を見た**松下**は、電気事業に関心をもつようになり、1910（明治43）年、大阪電燈に内線見習い工として入社し、持ち前の器用さや勤勉さから次第に大きな電灯工事を任されるようになった。

1917（大正６）年、22歳になった**松下**は検査員に昇進するが、自ら考案した改良ソケットの製造・販売に専念することを決意し、大阪電燈を退社する。改良ソケットはなかなか売れず厳しい生活が続いたが、翌年には松下電気器具製作所（後の松下電器産業）を設立し、新しいソケットの開発に挑戦した結果、「２灯用差し込みプラグ」が大ヒットする。その後、1920（大正９）年の第一次世界大戦後の恐慌によって日本各地で企業倒産が相次ぐが、1923（大正12）年に発売した新製品「砲弾型電池式ランプ」がヒットしたこともあり、**松下**の会社は順調に売り上げを伸ばした。

1927（昭和２）年には初めてナショナル（National）の商標を使うようになり、「ナショナルランプ（角型ランプ）」や「スーパーアイロン」などの人気商品のおかげで金融恐慌の荒波を乗り切ることができた。そして、太平洋戦争末期には空襲で各地の工場が大きな被害を受けるが、社員を守るために**松下**はできる限り人員整理を控えたという。

しかし、戦時中は軍の命令で軍需品の生産も行っていたため、1946（昭和21）年に**松下**は公職追放処分を受けてしまう。このほかにもGHQから制限会社の指定や財閥家族の指定など、合わせて七つの指定を受けたことで会社は解散の危機に陥った。しかし**松下**の粘り強い交渉と、労働組合の組合員たちによる**松下**に対する公職追放除外嘆願運動が功を奏し、1947（昭和22）年、**松下**は見事に社長に復帰したのである。

1950（昭和25）年に勃発した朝鮮戦争がもたらした特需景気以降、日本では好景気（神武景気・岩戸景気）が続き、オランダのフィリップス社との業務提携によって欧米の先進技術を手に入れた**松下電器産業は日本の「電化ブーム」を牽引**し、1950年に年間売上高25億円だった事業規模は、1960（昭和35）年には年間売上高1054億円に急拡大した。これを指揮した**松下**は、経営者として非常に優れた実行力をもっていた。

例えば、消費者に正しい商品知識を伝えられ、アフターサービスもしっかりしている特約店「ナショナルショップ（現在のパナソニックショップ）」の加盟数を増やしたことで、ナショナル製品の売り上げは確実に伸びた。その結果、**重労働だった家事の負担が家電によって軽減**したことを考えると、ナショナルショップの存在は、家庭における電化生活の普及を促進した原動力の一つといっても過言ではないだろう。

しかし、それゆえに家電製品の普及が一巡した1960年代後半には、量販店を中心とした家電各社の安売り競争が激化し、家電製品を目玉商品として扱いたいダイエーの創業者・中内功と対立し、30年にわたるダイエー・松下戦争が起きたりもしている。

かつて、**松下**の経営哲学は経営者の金科玉条のように扱われていたが、バブル崩壊や通信機器の進化によって消費傾向が大きく変化したこともあり、最近は彼を「経営の神様」として過剰に評価しなくなった。確かに、**松下**の経営戦略は高度成長期とその後の安定期には最適解ではあったものの、その後の経済状況や社会のインフラが大きく変化した現在の状況には、そのまま当てはめるのが難しい場合も多い。

しかし、**松下**が昭和から平成にかけた日本経済に大きな足跡を残した企業家であることは間違いなく、彼が残した経営哲学をじっくり学ぶことは、今後の時代の変化に対応するための「土台」となるはずである。

もっと深く知りたい人のための推薦図書

- **『血族の王　松下幸之助とナショナルの世紀』**岩瀬達哉／新潮社
- **『社員心得帖』**松下幸之助／PHP研究所
- **『社長になる人に知っておいてほしいこと』**松下幸之助・述　PHP総合研究所・編集／PHP研究所

356 経済

本田宗一郎（ほんだそういちろう）

1906〜1991年

Hondaの名を世界に轟かせた技術者にして経営者

二輪車や自動車、そして近年は航空機のHondaJetで有名な本田技研工業の創業者。**本田**自身は技術者の側面が強く、多くの製品を研究、開発していき、生産することで本田技研を世界企業に押し上げていった。

本田は静岡県の磐田郡光明村（現在の天竜市）で鍛冶職人の子どもとして生まれ、1922（大正11）年に尋常高等小学校を卒業したあと、当時一流の自動車修理工場であったアート商会（現在のアート金属工業）で徒弟奉公を始めた。この会社で修理技術だけでなく技術者としての精神を身につけた**本田**は、1928（昭和3）年に21歳の若さで暖簾分けを許され、アート商会の浜松支店の形で独立を果たしたのである。

開業時は従業員が一人しかいなかった浜松支店は、技術の確かさに**本田**の「発明力」が加わり、30人余りの従業員を抱えるほど規模を拡大。しかし、修理業だけでなく製造業も手掛けたくなった**本田**は、1936（昭和11）年に知人を社長に据えて東海精機重工業（現在の東海精機）を設立し、昼は修理工として働き、夜はピストリングの開発に専念した。さらに、浜松高等工業（現在の静岡大学工学部）の聴講生となり、冶金《やきん》の知識を学ぶという生活を2年続けた結果、**本田**はついにピストリングの試作に成功。そしてアート商会浜松支店を弟子に譲ると、**本田**は東海精機重工業の社長となってピストリングの製造に専念し、トヨタ自動車や中島飛行機に納品できるまでに品質を高めたのである。

1945（昭和20）年、**本田**は東海精機重工業のすべての株を売却し、その翌年に本田技術研究所を開設。そして1948（昭和23）年に**本田技研工業を設立**したのである。

1951（昭和26）年、箱根越えの伝説をもつ「ドリームE型」のヒットを受けて会社はモーターサイクルメーカーとして本格始動し、その4年後には二輪車生産台数日本一を達成。以降、欧米にも進出し、1980（昭和55）年には売り上げ一兆円を達成。1989（平成元）年には、**本田**は**アジア人初となるアメリカ合衆国の自動車殿堂入り**を果たした。

本田の人生は優れた二輪車や四輪車を創ることに捧げられたといっても過言ではなく、経営者としてよりもさまざまな製品を研究開発した技術者として評価する声が大きい。特に低公害車の開発は、**本田**がいち早く環境問題に取り組んだ結果でもある。そしてそれが可能だったのは、副社長として会社を支えた藤澤武夫のような副官、そして親愛を込めて**本田**を「オヤジさん」と呼んだ社員たちとの間に、強い信頼関係を築いていたからであることを忘れてはならない。

357　経済

井深大（いぶかまさる）

1908～1997年

盛田昭夫と並ぶ、世界企業ソニーの創業者

昭和時代に活躍した実業家。電機メーカー・**ソニーの創業者の一人**として知られる。技術者としても優秀だった**井深**の存在があったからこそ、ソニーは日本初や世界初となる革新的な電気機器を次々と創り出し、世界規模の企業に成長することができた。

現在の栃木県日光市で製銅所の技師の子として生まれ、早稲田大学第一高等学院に入学。実験好きの**井深**は科学部に入り、仲間とともに明治神宮球場に設置する巨大スピーカーを製作したという。大学卒業後は写真化学研究所に入社し、学生時代に発明した「走るネオン」を1937（昭和12）年のパリ万国博覧会に出品し、金賞を獲得している。その後、電子機器を開発する日本測定器株式会社の常務に就任した**井深**は、戦時技術委員会で海軍技術中尉だった盛田昭夫と出会う。

1945（昭和20）年、**井深**は日本橋の百貨店・白木屋の店内に間借りする形で、個人で東京通信研究所を設立。翌年には盛田とともにソニーの前身となる東京通信工業を設立し、専務に就任。会社の経営は当初苦しく、愛知県名古屋市で造り酒屋を営む盛田の実家から経済的な支援を受けていたという。1950（昭和25）年には社長に就任。

その後、1950年の**日本初のテープレコーダーを皮切りに、トランジスタラジオ、家庭用ビデオ・テープレコーダーなどを発売**。当時革新的だった家電を次々とヒットさせ、**井深**・盛田体制の下で会社は急成長した。1958（昭和33）年に社名を商標として使っていたソニーに変更している。

家庭用ビデオカセットの規格では、ベータマックスを開発。市場では日本ビクターが開発した規格であるVHSに一年先行したものの、グループ作りでVHS陣営の後塵を拝していたが、画質はVHSよりも優れていたことから、ベータマックスをベースとした放送業務用システム「BEATCAM」が世界中の放送業界で愛用されることとなった。

ノーベル物理学賞を受賞した江崎玲於奈は、**井深**の葬儀で「あなたは将来を訪ねてそこに指針を見出そうと努力されました」と故人を偲んだ。こうした江崎の言葉通り、**井深**は消費者が何を求めているのかを読み取る経営者としての才覚と、それを商品として形にできる技術者としての才能を兼ね備えていた。実際、1979（昭和54）年に発売が開始され、ソニーの名を世界に知らしめたポータブル・オーディオプレイヤーの「ウォークマン」は、当時、名誉会長だった**井深**の要望で開発が始まっている。

358 経済

中内㓛（なかうちいさお）

1922～2005年

スーパーマーケット業界を発展させた実業家

昭和時代に活躍した実業家で、スーパーマーケット「ダイエー」の創業者。日本の流通産業の仕組みを一新しただけでなく、**対面式の接客が普通だった時代にセルフサービスを採用・定着させ、日本の小売業界を変革した人物としても知られる**。現在の大阪市此花区で薬局を営む家に生まれ、1941（昭和16）年に現在の兵庫県立大学を卒業して日本綿花（現在の双日）に就職するが、1943（昭和18）年に召集されると、激戦地のフィリピン方面に派遣され、そこで終戦を迎えている。

1945（昭和20）年に帰国した**中内**は家業を手伝いながら起業を目指し、1957（昭和32）年に大栄薬品工業株式会社を設立する。しかし、すぐに薬品業から撤退し、同年、主婦の店ダイエー薬局を開業。オリジナルブランド（プライベートブランド）商品開発を推進し、急成長する。1964（昭和39）年、商品価格を巡って、現パナソニックと対立（ダイエー・松下戦争）、その後30年間法廷闘争が続いた。さらに1965（昭和40）年には、花王石鹸がダイエー出荷を停止したことでダイエー・花王戦争が勃発。こちらも調停が成立するまで10年がかかった。

1972（昭和47）年にはダイエーが日本の小売業売上トップとなり、1980（昭和55）年には売上１兆円を達成。さらに1988（昭和63）年には流通科学大学を創設する。そのわずか２年後にバブルが崩壊すると、ダイエーの業績が悪化の一途をたどり、2001（平成13）年、**中内**は責任をとってダイエー代表取締役を退任。翌年にはプランタン銀座最高顧問職、リクルート名誉会長も辞任している。

中内の現代史における功績は何といっても消費者中心主義の流通網を切り開いたことにある。「よい品を、どんどん安く、より豊かな社会を」という彼の言葉や「人の幸せとは、まず、物質的な豊かさを満たすことです」という彼の言葉にあるように、**中内**は大衆消費社会において、多くの人が多くのものを買うことで、経済がよりよく動いていくと信じていた。一部の富裕層のみが優遇される新自由主義的な発想ではなく、資本主義の発展の基盤的な考えを実践していったのである。その経済哲学を貫き通したことには重要な教えがあるのではないだろうか。**中内**は「馬鹿と天才とは、この世に存在することはまれである。全てがわれわれ凡人の世界である。その中で半歩前に踏み出すことのできる勇気を持つ事が大切である」とも述べているが、この言葉にも意義深いものがある。

359　科学

湯川秀樹（ゆかわひでき）

1907〜1981年

中間子理論を提唱し、日本人初のノーベル賞を受賞

昭和時代に活躍した物理学者。東京の麻布で地理学者の小川琢治の三男として誕生する。後に結婚する際に婿養子となり湯川の姓に変えた。**湯川**が1歳の時に父が京都帝国大学の教授に就任したことで、家族で京都に移住する。小川家は学者の家系で、二人の兄は冶金学者と東洋史学者、弟は中国文学の学者になっている。**湯川**自身も子どもの頃からすでに物理学に興味をもち、兄とも分子にまつわる議論を行ったりしたという。

1926（大正15）年、第三高校を卒業し、京都帝国大学の理学部に入学。量子力学に興味をもっていた**湯川**は理論物理学を専攻した。1929（昭和4）年に大学卒業後、副手を経て講師となり、京都帝国大学、その後大阪帝国大学で教鞭を執る。

当時の物理学では、原子核が陽子と中性子によって構成されていることまでわかっていた。だが、**湯川**は原子核の中で、なぜ陽子と中性子が結合しているのかという疑問を抱いた。陽子はプラスの電荷を持ち、中性子は電荷を持たない。したがってこの二つだけでは崩壊する。何か結合させる仕組みがあるのではと考えた。**湯川**は陽子と中性子の間を媒介し、結びつける粒子の存在に気づいた。それを彼は中間子と呼び、わずか28歳の1934（昭和9）年に論文としてまとめ発表する。まだ仮説にすぎなかったその理論は当初、ほとんど相手にされなかった。

しかし1937（昭和12）年、宇宙線から中間子に相当する重さの粒子が発見される。結局それは**湯川**の中間子とは違うものだったが、中間子の存在を説得するには十分であった。1940（昭和15）年、**湯川**は京都大学の教授に就任。終戦をはさみ、1947（昭和22）年にイギリスの物理学者・パウエルが宇宙線の中からパイ中間子を発見したことから、**湯川**の理論・予言は証明された。1948（昭和23）年から渡米し、プリンストン高等研究所客員教授を経て、1949（昭和24）年にコロンビア大学客員教授に就任。そして同年、ノーベル物理学賞を受賞。この**日本人初のノーベル賞受賞**のニュースには、日本中が沸き立ち、敗戦後の国民に希望を与えた。

湯川はアインシュタインとも親交をもった。戦後、アインシュタインは日本への原爆投下を食い止められなかったことを泣いて謝罪した。そんなアインシュタインを**湯川**は慕い、ともに反核運動に力を注ぎ、ラッセル＝アインシュタイン宣言にも名前を連ねた。1953（昭和28）年、京都大学に戻った**湯川**は、以降後進の指導に専念した。1981（昭和56）年、74歳で惜しまれながらこの世を去った。

360 科学

朝永振一郎（ともながしんいちろう）

1906〜1979年

くりこみ理論を発見し、ノーベル賞を受賞した物理学者

昭和時代に活躍した物理学者。東京・文京区小日向で哲学者の父の朝永三十郎の子として生まれる。**朝永**が7歳の時、父が京都帝国大学の教授になったため、家族で京都に移住した。こういった経緯は後に同級生となり、同じくノーベル物理学賞を受賞することになる湯川秀樹と非常によく似ている。子どもの頃から理科が好きだった**朝永**は、京都一中時代には物理学に興味をもった。1923（大正12）年、第三高校に入学。ここで、当時新しい理論であった量子力学について学ぶ。1926（大正15）年、京都帝国大学理学部に入学。しかし当時、量子力学を教える教師がいなかったため、同級生となった湯川らと独学した。大学卒業後、**朝永**は大学に残り、無給の副手として研究を続けた。

1931（昭和6）年、量子力学の創始者であるニールス・ボーアのもとで研究をしていた仁科芳雄が、京都帝国大学で量子力学の講義を行う。受講した**朝永**は感銘を受け、この世界的な物理学者である仁科に師事することになる。仁科が東京に理化学研究所を設立すると、1932（昭和7）年、**朝永**は仁科を追って同研究所に入所する。1937（昭和12）年、ドイツに留学。しかし第二次世界大戦勃発のため、1939（昭和14）年に帰国。**朝永**は東京文理科大学（現在の筑波大学）の教授となる。だが日本も1941（昭和16）年に太平洋戦争を始め、学問をするうえでも暗い時代に突入する。

戦後、**朝永**は大学教授として研究を続け、1947（昭和22）年に「くりこみ理論」を発見。**量子力学（量子電磁力学）を発展させ**、こうした功績によって、**朝永**は1965（昭和40）年に**ノーベル物理学賞を受賞**する。

朝永の研究した量子力学とは、これ以上分けられないミクロな粒子の世界を支配する法則を示す理論である。**朝永**が研究した時代、粒子の一つである電子の質量は、物理学の実験で測定すると、特定の値を示すことができた。だが量子力学の理論で電子の質量を計算すると、無限大という結果が導き出された。この矛盾は量子力学の大きな課題であった。戦後、**朝永**は無限の一部を電子の質量にくりこみ、無限の残りの部分を電荷にくりこむことで、計算値が有限になるという「くりこみ理論」を見出す。この発見により量子力学の矛盾は解決し、量子力学が相対性理論と結びつくことも可能になった。

朝永は73歳で喉頭がんにより息を引き取るまで、自らの研究だけでなく、多くの後進の指導を行った。また日本に落とされた原爆に嘆き、核兵器の製造や使用に反対する平和運動にも精力的に取り組んだ。

361 軍事 政治

マッカーサー

1880～1964年

多くの日本人から支持されたGHQ司令長官

GHQ（連合国軍最高司令官指令本部）の最高指導者として、日本の占領政策を担い、日本の戦後民主化に大きな影響を与えたアメリカ陸軍元帥。アメリカのアーカンソー州リトルロックで軍人の子どもとして生まれ、ウェストポイント士官学校を卒業後、フィリピンに配属される。その後、参謀本部に配属され、第一次世界大戦時にはヨーロッパ戦線に従軍。1919年に陸軍師範学校長に就任。1930年に陸軍参謀長になり、1937年に退役している。

第二次世界大戦が始まると現役に復帰し、フィリピン駐留アメリカ極東軍司令官に就任。1942（昭和17）年に日本軍の攻勢を受けてフィリピンを脱出するが、南西太平洋軍最高司令官となって対日作戦を指揮。1944（昭和19）年に元帥となり、翌年7月にはフィリピンの奪還に成功する。

戦後は**連合国軍最高司令官として日本に進駐し、日本占領の最高権力者として多くの占領政策を実施**した。日本の民主主義にとって特に重要視されているのが、次の①～⑤の五つの政策である。

①日本国憲法の制定（国民が主権者となり、戦争放棄と議会制民主主義を明文化）

②財閥解体（一部の資本家による経済的独占の廃止）

③農地改革（地主による小作人の搾取を禁止し、小作人の土地所有を実現）

④教育改革（6・3・3・4制に基づく民主的な教育制度の制定）

⑤政教分離と信仰の自由の確立、

特に①の日本国憲法第十四条では性別による差別も禁止されたため、婦人参政権が認められ、1946（昭和21）年に実施された戦後初の衆議院議員選挙では39名の女性議員が誕生している。現代の若者が当たり前のように享受している「自由」や「平等」の礎は、**マッカーサー**が率いたGHQの戦後改革に築かれたのである。

このため、日本人からは人気があった**マッカーサー**だが、1950（昭和25）年に朝鮮戦争が勃発すると、トルーマン大統領と意見が対立し更迭され帰国。退役後は共和党員として大統領の座を目指すが、その夢は果たされずに84歳で亡くなっている。

ただし、GHQの戦後改革が成功したのは**マッカーサー**の下で働いて政策を立案した幕僚たちが優秀だっただけで、**マッカーサー**個人の評価は「軍人としての戦術能力が劣っている」「自信家で野心家だった」など、歴史家の間でも分かれている。

362 政治

岸信介（きしのぶすけ）

1896〜1987年

政界に長期間影響力をもった「昭和の妖怪」

昭和時代に活躍した大物政治家。**岸**は東大法学部きっての秀才ともいわれ、官僚および政治家の道を歩むが、その個人史には常に金と権力との関係がつきまとっていた。それゆえ、**戦前の東条政権打倒工作や戦後の安保条約批准といった表舞台での政治的動きよりも、裏の動きのほうが多くの人々の目に留まり**、「昭和の妖怪」と呼ばれた。

山口県田布施町で酒造業を営む佐藤家の息子として生まれ、後に婿養子だった父の実家・岸家に養子に入った。なお、佐藤栄作は実弟である。1920（大正9）年に東京帝国大学法学部を卒業して農商省に入るが、1925（大正14）年に農商省の分割に伴い、商工省に入省。以降、商工大臣官房文書課長、商工省工務局長を歴任し、1936（昭和11）年には満州国国務院実業部総務司長となって満州に渡った。

1939（昭和14）年には帰国して商工次官に就任するが、財界と官僚の対立が激化すると官僚側のトップだった**岸**は矢面に立たされ、企画院の職員が左翼活動の嫌疑で逮捕される「企画院事件」が発生したことで次官辞任を余儀なくされる。しかし、1941（昭和16）年に東条英機内閣が組閣されると、**岸**は商工大臣として入閣。翌年に衆議院議員に初当選すると、1943（昭和18）年には軍需省の次官を兼任している。

このため、戦後はGHQによりA級戦犯の被疑者として逮捕され、巣鴨プリズンに勾留されているが、1948（昭和23）年に不起訴・釈放された。ただし、公職追放処分は1952（昭和27）年まで解けなかった。1953（昭和28）年、追放処分が解除された**岸**は自由党に入党するが、翌年には除名され、鳩山一郎とともに日本民主党を設立して幹事長に就任している。1955（昭和30）年結成の自由民主党でも幹事長となっている。

1956（昭和31）年、自民党総裁の座を争った石橋湛山《たんざん》内閣が組閣されると、**岸**は外務大臣として入閣。しかし、石橋が病に倒れたことで翌年には石橋内閣をそのまま継承し、外相を兼任する形で内閣総理大臣に就任した。

1958（昭和33）年には第二次岸内閣が成立する。当時の政府は日米安全保障条約の改定問題を抱えており、条約改定に反対するデモ隊が国会議事堂を取り囲むと、**岸**は警察だけでなく右翼団体や児玉誉士夫を通じてヤクザをも動員し、デモ隊を抑えて新条約の自然承認に持ち込んだ。そして、騒動の責任を取る形で1960（昭和35）年には首相を辞任。しかし、1979（昭和54）年に政界を引退するまで衆議院議員であり続け、引退後も政界への影響力をもち続けた。なお、元首相の安倍晋三は**岸**の孫に当たる。

363　政治

池田勇人（いけだはやと）

1899～1965年

所得倍増計画により高度成長期確立した首相

昭和時代に活躍した政治家。1960（昭和35）年から1964（昭和39）年にかけて内閣総理大臣を務め、彼の政権下で戦後日本の高度成長期が始まった。**池田**が唱えた**「所得倍増計画」**は絵空事ではなく、確かなものとして実現され、国民はそれを実感した。それが日本現代史における**池田**の最大の功績であるといえる。

現在の広島県竹原市で生まれ、京都帝国大学法学部を卒業後に大蔵省に入省。函館などの地方の税務署勤務を経て、1941（昭和16）年に主税局国税課長に、1945（昭和20）年に主税局長となっている。

終戦後は1947（昭和22）年に組閣された第一次吉田茂内閣で大蔵大臣を務めた石橋湛山の下で大蔵次官に就任し、戦後の財政再建に尽力。1948（昭和23）年に大蔵省を退官し、翌年の衆議院選挙で当選して政界入りを果たす。そして、同年に組閣された第三次吉田内閣で大蔵大臣に抜擢され、「ドッジ・ライン」による財政均衡に尽力。その後、石橋湛山内閣、岸信介内閣でも大蔵大臣を務めた。なお、通産大臣も3度務めている。

1960（昭和35）年、第二次岸内閣が安保闘争で倒れると、自由民主党総裁となった**池田**は内閣総理大臣に就任。3期首相を務めるが1964（昭和39）年に末期の喉頭がんであることが判明し、その年に開催された東京オリンピック閉会後に内閣総理大臣を辞任。その後療養に努めたが1965（昭和40）年に東京で死去した。

優秀な大蔵官僚だった**池田**は、その経験と知識を活かしてドッジ・ライン遂行のために均衡政策を取ったが、それは**池田**にとって本意ではなく、彼自身は「所得倍増計画」をベースとした積極政策を得意とした。実際、**彼の政策によって高度経済成長の基盤が築かれ、重工業を軸とする工業化によって日本経済は飛躍的に発展**したのである。

蔵相時代の**池田**は「中小企業の一部倒産もやむを得ない」や「貧乏人は麦を食え」といった失言が多く、多くの国民の反発を受けた。そのため、首相就任後は低姿勢で、国民にわかりやすい政治を心掛けたという。失敗に学ぶ謙虚さを兼ね備えていたのである。

池田内閣によって始まった高度経済成長のおかげで、多くの国民は豊かで安定した生活を手に入れ、戦後復興を果たした日本は先進国の仲間入りを果たすことができた。しかし、環境への配慮を怠ったまま工業化が加速した結果、水俣病やイタイイタイ病といった公害問題が引き起こされ、その被害者たちが現在も苦しんでいるという影の部分を、現代を生きる我々は忘れてはならない。

364 政治

佐藤栄作（さとうえいさく）

1901〜1975年

ノーベル平和賞を受賞した高度成長期の首相

昭和時代に活躍した政治家で、内閣総理大臣として高度成長期の日本に経済発展を促しただけでなく、**日本人初のノーベル平和賞を受賞**した人物。

山口県田布施町で酒造業者を営む佐藤家に生まれ、岸信介は養子に出た実兄にあたる。1924（大正13）年に東京帝国大学を卒業すると鉄道省に入省。1934（昭和９）年には海外留学をして２年間欧米諸国を視察している。以降、鉄道省監督局の総務課長や局長を歴任し、1941（昭和16）年の帝都高速度交通営団成立に尽力。1944（昭和19）年には大阪鉄道局の局長となっている。

戦後は、1947（昭和22）年に運輸次官に就任し、翌年に民主自由党に入党すると第二次吉田茂内閣で内閣官房長官を務めている。さらに1949（昭和24）年に衆議院議員に初当選すると、翌年には自由党幹事長に就任。1951（昭和26）年には第三次吉田内閣で郵政大臣兼電気通信大臣として初入閣を果たしている。

なお、1956（昭和31）年に政治資金規正法違反で訴追されているが、国際連合加盟に伴う恩赦で免訴され、翌年に自由民主党に入党している。閣僚としては建設大臣、大蔵大臣、通商産業大臣、北海道開発庁長官、科学技術庁長官なども経験している。

「所得倍増計画」を実践した池田勇人は、吉田茂が育成した若手グループ「吉田学校」で鎬《しのぎ》を削った間柄で、病に倒れた池田の跡を引き継ぐ形で、**佐藤**は1964（昭和39）年に内閣総理大臣に就任する。1972（昭和47）年に辞任するまで３期首相を務めた。

なお、首相としての**佐藤**の業績は大きく分けて二つある。一つ目は**「非核三原則」の提唱**である。これは東西冷戦の深刻化に伴い、世界で核兵器の所有こそが核攻撃の抑止力となるという風潮が高まっていたことを受けたもので、1967（昭和42）年の衆議院での国会質問に対して、**佐藤**が「核兵器を持たず、作らず、持ち込ませず」と答えている。以降、これが核兵器に関する日本政府の基本方針となった。

二つ目は1952（昭和27）年にGHQによる日本本土の占領統治が終了したあとも、アメリカ軍の軍政下に置かれていた**沖縄県の返還**である。1972年に国家間交渉によって日本に復帰させたのは**佐藤**の功績である。

非核三原則の制定により、1974（昭和49）年に**佐藤**はノーベル平和賞を受賞しているが、当初から**佐藤**の受賞に対しては疑問の声が少なくなく、しかも有事の際は核兵器の再度の持ち込みを日本政府が認める密約の存在が発覚し、その評価は揺らいでいる。

もっと深く知りたい人のための推薦図書

・**『佐藤栄作 ― 戦後日本の政治指導者』**村井良太／中央公論新社

365 政治

田中角栄（たなかかくえい）

1918〜1993年

実行力と金権政治、二つの顔をもつ政治家

昭和時代に活躍した大物政治家。内閣総理大臣として日中国交正常化を実現した一方で、戦後最大の汚職事件・ロッキード事件を引き起こし、首相経験者が逮捕されるという政治史に汚点を残した人物としても知られる。

現在の新潟県柏崎市で農家に生まれた**田中**は、1933（昭和８）年に地元の高等小学校を卒業後、現在の専門学校にあたる中央工学校に入学し、働きながら同校を1936（昭和11）年に卒業している。1939（昭和14）年に召集され満州に行くが肺炎を患ったために帰国・除隊となり、1941（昭和16）年に田中建築事務所を開業する。妻の実家の事業を継承したことで、1943（昭和18）年には田中土木工業を設立している。

戦後は1947（昭和22）年に民主党の公認を受けて衆議院議員に初当選するが、紆余曲折を経て吉田茂が総裁を務める民主自由党に所属するようになった。なお、1950（昭和25）年に民主党から合同支持派を受け入れて自由党（吉田自由党）と改称し、1955（昭和30）年には保守合同により自由民主党が誕生している。

1957（昭和32）年に第一次岸内閣の郵政大臣として初入閣を果たしている。以降、自由民主党内では政調会長や幹事長などを、閣僚としては大蔵大臣や通産大臣などを経験している。そして、1972（昭和47）年に田中派を結成して**「日本列島改造論」**を発表し、工業再配置と交通・情報通信の全国的ネットワークの形成を確立することで、人と金と物の流れを巨大都市から地方に逆流させるという大胆な考えを示した。発表当時は批判的意見が多かったが、地方分権の先駆けでもある。同年7月に内閣総理大臣に就任すると、その２カ月後に**日中国交正常化**を果たした。

戦争によって長らく断絶していた中国との国交の復活は、日本外交史にとっても非常に意味のある出来事で、首相としての**田中**の大きな功績といえる。貧しい家庭から首相にまで上り詰めた**田中**は、「今太閤」などと呼ばれて大衆人気が高かった。しかし、三流の人間を意味する『論語』の一節「言必信行必果」と書かれた色紙を周恩来《しゅうおんらい》から渡された際に無邪気に喜ぶなど、首相としての教養は十分ではなかったという。

1974（昭和49）年に金脈問題がきっかけで退陣した**田中**は、1976（昭和51）年に**ロッキード事件で逮捕**され、自由民主党を離党する。しかし、その後も衆議院選挙で何度もトップ当選を果たし、1985（昭和60）年に脳梗塞の後遺症で行動困難となるが、1990（平成２）年の政界引退まで衆議院議員であり続けるなど、地元からは絶大な支持を受けた。

もっと深く知りたい人のための推薦図書

・**『田中角栄のふろしき 首相秘書官の証言』**前野雅弥／日本経済新聞出版

人名索引 INDEX

ま

画像出典一覧 ※明記が必要なもののみ記載しています

第1章

003　応神天皇／006　聖徳太子／009　天武天皇／010　中臣鎌足／017　聖武天皇／020　行基……国立国会図書館蔵『集古十種』

008　天智天皇／012　柿本人麻呂／013　持統天皇……国立国会図書館蔵『錦百人一首あつま織』

014　藤原不比等／015　太安万侶／019　藤原房前／025　吉備真備／026　和気清麻呂……国立国会図書館蔵『前賢故実』

第2章

032　藤原冬嗣／033　藤原良房／034　在原業平／042　紀貫之／043　藤原兼家／053　平清盛……国立国会図書館蔵『前賢故実』

035　小野小町／055　崇徳上皇……国立国会図書館蔵『錦百人一首あつま織』

038　平将門……国立国会図書館蔵『武者かゞ美』

039　藤原秀郷……国立国会図書館蔵『新形三十六怪撰』

040　源信……国立国会図書館蔵『肖像集』

041　安倍晴明……国立国会図書館蔵『肖像』

047　清少納言……国立国会図書館蔵『古今名婦伝』

049　源義家……国立国会図書館蔵『武者无類外二三枚続キ画帖』

050　藤原清衡……国立国会図書館蔵『本朝百将伝』

第3章

056　源頼朝／057　源義経／059　北条政子／060　北条時政／062　和田義盛……国立国会図書館蔵『武者かゞ美』

058　静御前……国立国会図書館蔵『古今名婦伝』

066　三浦義澄／081　兼好法師……国立国会図書館蔵『前賢故実』

067　梶原景時……国立国会図書館蔵『本朝百将伝』

068　藤原頼経／069　藤原定家……国立国会図書館蔵『集古十種』

070　後鳥羽上皇／072　西行……国立国会図書館蔵『錦百人一首あつま織』

071　北条時宗……京都大学附属図書館蔵「北条時宗肖像」

074　法然……国立国会図書館蔵『法然上人行状画図』

075　親鸞……国立国会図書館蔵『撰雪六々談』

076　一遍……国立国会図書館蔵『一遍聖繪』

080　鴨長明……国立国会図書館蔵『肖像』

第4章

086　足利尊氏／088　新田義貞……国立国会図書館蔵『武者かゞ美』

087　楠木正成／094　一休宗純／099　雪舟……国立国会図書館蔵『肖像』

092　足利義満／096　足利義教／100　足利義政……国立国会図書館蔵『集古十種』

097　足利持氏……国立国会図書館蔵『結城合戦絵巻』

098　上杉憲実／102　細川勝元／103　山名持豊……国立国会図書館蔵『本朝百将伝』

108　宗祇……京都大学附属図書館蔵「宗祇法師絵像」

第5章

110　北条早雲／134　本因坊算砂……国立国会図書館蔵『肖像集』

111　大内義隆……国立国会図書館蔵『武者かゞ美』

112　上杉謙信……国立国会図書館蔵『先哲像傳』
114　織田信長……豊田市長興寺蔵・狩野元秀筆「紙本著色織田信長像」／写真提供・豊田市郷土資料館
116　足利義昭……国立国会図書館蔵『集古十種』
119　豊臣秀吉……佐賀県立名護屋城博物館蔵「豊臣秀吉画像」
120　徳川家康……堺市博物館蔵「徳川家康画像」
121　千利休……堺市博物館「千利休画像」
122　曲直瀬道三……武田科学振興財団 杏雨書屋所蔵「曲直瀬道三肖像」
124　伊達政宗／126　長宗我部元親／138　出雲阿国……PIXTA

第6章

143　支倉常長／155　天草四郎／161　徳川光圀／171　市川團十郎／205　二宮尊徳／206　間宮林蔵……PIXTA
151　尾形光琳／153　南光坊天海／167　竹本義太夫／181　柄井川柳……国立国会図書館蔵『先哲像傳』
154　徳川家光……堺市博物館蔵「徳川家光画像」
156　宮本武蔵／164　新井白石／166　近松門左衛門／185　本居宣長／192　山東京伝／195　平賀源内／196　伊能忠敬／197　杉田玄白／200　渡辺崋山／212　円山応挙／213　歌川広重／216　歌川国芳……国立国会図書館蔵『肖像』
165　井原西鶴……国立国会図書館蔵『西鶴置土産』
168　松尾芭蕉……国立国会図書館蔵『芭蕉肖像真蹟』
169　徳川吉宗……和歌山市立博物館蔵「徳川吉宗肖像」
177　菱川師宣……国立国会図書館蔵『鹿野武左衛門口伝咄』
182　松平定信……国立国会図書館蔵『南天荘次筆』
186　塙保己一／188　与謝蕪村……国立国会図書館蔵『肖像集』
187　平田篤胤……国立国会図書館蔵『平田篤胤肖像』
198　華岡青洲……和歌山市立博物館蔵「華岡青洲像」
199　シーボルト……国立国会図書館蔵『施福多先生文献聚影』
201　大塩平八郎……東北大学附属図書館蔵「大塩平八郎像」
214　葛飾応為……国立国会図書館蔵『北斎仮宅之図』

第7章

217　松平慶永〈春嶽〉／219　山内豊信〈容堂〉／221　鍋島直正／222　松平容保／231　島津久光／232　小栗忠順／233　勝海舟／234　徳川慶喜／235　近藤勇／236　土方歳三／237　坂本龍馬／238　西郷隆盛／239　大久保利通／240　高杉晋作／241　木戸孝允〈桂小五郎〉／242　大村益次郎／243　榎本武揚／246　岩倉具視／247　佐久間象山／249　安田善次郎／252　河竹黙阿弥……国立国会図書館蔵「近代日本人の肖像」
220　伊達宗城／229　徳川家茂……福井市郷土歴史博物館蔵
228　吉田松陰……京都大学附属図書館蔵「吉田松陰画像附松陰自賛」
248　グラバー……PIXTA
250　田中久重……久留米市教育委員会提供

第8章

254　明治天皇……国立国会図書館蔵『明治天皇御一代』
255　伊藤博文／256　井上馨／257　山県有朋／258　江藤新平／259　大隈重信／260　板垣退

助／261 陸奥宗光／262 小村寿太郎／263 後藤新平／264 田中正造／265 中江兆民／266 東郷平八郎／267 乃木希典／268 秋山好古／269 秋山真之／270 児玉源太郎／271 大山巌／272 岩崎弥太郎／273 渋沢栄一／274 五代友厚／275 大倉喜八郎／277 前島密／278 福沢諭吉／279 新島襄／280 津田梅子／282 内村鑑三／283 二葉亭四迷／284 夏目漱石／285 森鷗外／286 樋口一葉／287 与謝野晶子／288 芥川龍之介／289 平塚らいてう／290 市川房枝／291 正岡子規／293 野口英世／294 北里柴三郎／296 荻野吟子／300 川上音二郎／306 黒岩涙香／307 原敬／308 浜口雄幸／309 犬養毅／310 高橋是清／314 嘉納治五郎／319 五島慶太……国立国会図書館蔵「近代日本人の肖像」

276 豊田佐吉……株式会社豊田自動織機提供

292 宮沢賢治／311 幸徳秋水……日本近代文学館提供

295 南方熊楠……南方熊楠顕彰館（田辺市）提供

297 鈴木梅太郎……理化学研究所提供

299 柳宗悦……日本民藝館提供

305 岡倉天心……福井市郷土歴史博物館蔵

315 山葉寅楠……ヤマハ株式会社提供

316 御木本幸吉……株式会社ミキモト提供

317 木村安兵衛……株式会社木村屋總本店提供

318 松永安左エ門……壱岐市教育委員会提供

322 石田退三……一般財団法人 石田退三記念財団提供

325 柳田國男……成城大学民俗学研究所提供

326 金田一京助……盛岡市先人記念館提供

第9章

327 松井須磨子／332 吉野作造／333 小山内薫／340 近衛文麿／341 山本五十六／342 東条英機／343 鈴木貫太郎／344 吉田茂／362 岸信介／363 池田勇人……国立国会図書館蔵「近代日本人の肖像」

328 三浦環……国立国会図書館蔵『日本歌劇俳優写真名鑑』

329 小林多喜二／331 竹久夢二……日本近代文学館提供

330 山田耕筰……国立国会図書館蔵『幕末・明治・大正回顧八十年史』

334 江戸川乱歩……立教大学江戸川乱歩記念大衆文化研究センター提供

335 谷崎潤一郎……芦屋市谷崎潤一郎記念館提供

336 中原中也……中原中也記念館提供

350 山下清……山下清作品管理事務所提供

352 太宰治……五所川原市教育委員会提供

354 安藤百福……日清食品株式会社提供

355 松下幸之助……パナソニック株式会社提供

356 本田宗一郎……本田技研工業株式会社提供

357 井深大……ソニー株式会社提供

358 中内㓛……流通科学大学提供

359 湯川秀樹……大阪大学湯川記念室提供

360 朝永振一郎……筑波大学 朝永記念室提供

主要執筆者紹介 ✢ WRITERS

菅原こころ（すがわら・こころ）

1976年生まれ。大陸の民族や文化に憧れ、学生時代から地図と一眼レフを持って世界の国々を旅する。同志社大学文学部文化学科卒業後、広告代理店の制作ディレクターを経て独立、フリーの取材ライターに。宝島社「別冊宝島シリーズ」を始め、教養誌、ムック、書籍の取材ライターとして活躍。『くり返し読みたい 日本の神様』『ブッダの言葉エッセイ』『般ニャ心経』『柴犬まるのワン若心経』（以上、リベラル社）ほか執筆多数。

水野春彦（みずの・はるひこ）

1967年、山形県生まれ。早稲田大学大学院文学研究科修士課程中退。学習研究社（現・学研プラス）で、辞書や学習参考書、サッカー本などの編集・執筆に関わる。現在フリーランスで執筆を行う。編集・執筆に『そのまま使える　小論文キーワード2500』『クリエーターのためのネーミング辞典』『ことば選び実用辞典』『心のゴールネットをゆらした　日本代表監督８人の言葉』（以上、学研プラス）、共著に『教養としての世界の名言365』『考え方の基本がゼロからわかる！ ロジカルシンキング見るだけノート』（以上、宝島社）など。

濱田浩一郎（はまだ・こういちろう）

1983年、兵庫県生まれ。歴史家・作家・評論家。皇學館大学大学院文学研究科博士後期課程単位取得満期退学。博物館学芸員資格取得。兵庫県立大学内播磨学研究所研究員・姫路日ノ本短期大学講師・姫路獨協大学講師を歴任。大阪観光大学観光学研究所客員研究員。『播磨赤松一族』（新人物往来社）、『昔とはここまで違う！歴史教科書の新常識』（彩図社）など著書多数。『ＮＨＫ大河ドラマ歴史ハンドブック麒麟がくる』（ＮＨＫ出版）のような共著も多い。

髭郁彦（ひげ・いくひこ）

1961年、北海道生まれ。パリ第５大学人間社会学部言語学科卒業。パリ第５大学言語学博士。宇波彰現代哲学研究所員。中央大学、東洋大学ほか講師。専門分野は言語学、記号学、対話理論。主要著書：Dialogue, interprétation et mouvement discursif (Presses Universitaires du Septentrion)、『多言語多文化学習のすすめ』(共著・朝日出版社)、『フランス語学概論』、『フランス語学小事典』(以上、共著・駿河台出版社)など。論文：「戦争画とプロパガンダ」、「フランス語における歴史的未来とベンヤミン弁証法」、「ルポルタージュ絵画の可能性」、「エスペラントと金石範」など多数。

※その他の執筆者

安倍季実子、上野臺恵介、佐藤勇馬、早川清、幕田けいた、山下孝子

●STAFF

編集協力 … 佐藤裕二、山下孝子（株式会社ファミリーマガジン）

本文デザイン……山下真理子（株式会社ファミリーマガジン）

DTP……松原卓（ドットテトラ）

佐藤優写真 … 読売新聞／アフロ

監修／佐藤 優（さとう・まさる）

1960年、東京都生まれ。作家、元外務省主任分析官。1985年に同志社大学大学院神学研究科修了後、外務省に入省。在英国日本国大使館、在ロシア連邦日本国大使館に勤務。その後、本省国際情報局分析第一課で、主任分析官として対ロシア外交の最前線で活躍。2002年、背任と偽計業務妨害容疑で逮捕、起訴され、2009年6月に執行猶予付き有罪確定。2013年6月、執行猶予期間を満了し、刑の言い渡しが効力を失った。『国家の罠 外務省のラスプーチンと呼ばれて』（新潮社）で第59回毎日出版文化賞特別賞受賞。『自壊する帝国』（新潮社）で新潮ドキュメント賞、大宅壮一ノンフィクション賞受賞。『読書の技法』（東洋経済新報社）、『勉強法 教養講座「情報分析とは何か」』（KADOKAWA）、『危機の正体　コロナ時代を生き抜く技法』（朝日新聞出版）など、多数の著書がある。

人物で読み解く日本史365人

2021年12月25日　初版発行
2022年２月15日　第２刷発行

監修者　佐藤 優
発行者　富永靖弘
印刷所　誠宏印刷株式会社

発行所　東京都台東区台東２丁目24　株式会社 新星出版社
〒110－0016　☎03（3831）0743

ISBN978-4-405-10814-1